요가수트라 주석

개정판

비야사
Vyāsa
지음

—

정승석
옮김

요가수트라 주석

Yogasūtra Bhāṣya

개정판

씨아이알

이 책은 2007년도 정부재원(교육과학기술부 인문사회연구역량강화사업비)으로
한국학술진흥재단의 지원을 받아 연구되었음(KRF-2007-A00038).

역주자 서문

요가 철학을 가르치거나 논하고자 하면 요가수트라를 인용하지 않을 수 없다. 그래서 요가수트라만 잘 숙지하면 요가 철학은 저절로 이해될 것으로 기대된다. 그러나 정작 요가수트라는 이런 기대를 전혀 충족시켜주지 못한다. 사람들에게 알려진 요가 철학의 구체적인 내용은 모두 요가수트라를 해설한 주석서들에서 유래한 것이다. 그리고 이 주석서들의 교본이, 이 책으로 소개하는 『요가수트라 주석』이다.

그렇다고 해서 『요가수트라 주석』이 독자의 기대를 온전히 충족시켜주는 것도 아니다. 이것도 그 당시 인도 철학의 대가들끼리 통용된 지식을 바탕에 깔고 요가수트라를 해설했기 때문이다. 그래서 당시 통용된 지식을 한눈에 간파할 수 없는 후대 사람들에게는 그 주석마저 난해한 고전으로 취급되었다. 다행히 시대의 간격을 메우는 몇몇 대가들이 출현하여 그 주석을 다시 해설해준 덕분에, 원저자의 해설에 어느 정도 접근할 수 있게 되었다.

요컨대 요가 철학을 제대로 이해하기 위해서는 요가수트라를 이해해야 하고, 요가수트라를 이해하기 위해서는 『요가수트라 주석』을 이해해야 하며, 『요가수트라 주석』을 이해하려면 다시 『요가수트라 주석』의 주석(복주)들을 참고해야만 한다. 『요가수트라 주석』을 해설한 후대의 대가들 사이에서도 원저자의 생각을 저마다 다르게 파악한 경우가 적지 않다. 그러나 이들의 견해를 선택하거나 취합하여 원저자의 생각을 엮어볼 수 있다. 역주자의 이 책은 이와 같은 연구 과정의 산물이다.

역주자는 1993년부터 『요가수트라 주석』의 원전을 본격적으로 연구하기 시작했다. 물론 그동안 이 연구에만 전념한 것은 아니었지만, 간격을 크게 벌리지 않고 꾸준히 연구의 질을 심화해온 덕분에 이제나마 일단의 결실을 거두게 되었다. 이 과정에서는 줄곧 경의와 회의가 교차했다. 저마다 난해한 연구의 결실을 거둔 선학들에 대해 경의가 우러나왔지만, 한편으로는 이 결실을 활용하는 사람들이 그것을 제대로 이해하고 있는지에 대해서는 회의가 일지 않을 수 없었다. 연구자마다 상이하게 이해한 대목들이 적지 않기 때문이다. 이 점은 이 책을 읽는 독자가 충분히 공감할 수 있을 것이다.

그러므로 여기서는 원전의 난해성은 크게 거론하지 않을 생각이다. 역주자는 이 난해성을 해소하고자 최대한 노력했지만, 이것도 어디까지나 인도 철학의 전공자를 일반 독자로 고려한 수준이다. 그럼에도 불구하고 이런 독자들이 공감할 수밖에 없을 난해성은 역주자에게도 큰 숙제로 남아 있다. 이 숙제는 이 책에서 참조한 세 복주들을 모두 번역하는 과정에서야 어느 정도 풀릴 수 있을 것으로 기대하지만, 여생에 이 작업이 가능할지는 장담하지 못한다.

요가에 관심 있는 독자라면 이 책에서 사실 그러한 난해성은 간과해도 좋을 만한 매력을 발견할 수 있을 것이다. 요가수트라의 핵심 주제로 꼽을 수 있는 것은 단연 요가 수행의 원리, 요체, 목적, 구체적 방법이다. 『요가수트라 주석』은 이것들을 상술하면서 업과 윤회의 개념 및 논리, 실체와 속성의 전변, 언어와 관념의 관계, 인식의 작용과 성립 등을 주요한 철학적 문제로 취급하고 있다. 이것들이 주로 난해한 진술을 형성하지만, 그 과정에서는 간결하고 명쾌한 설명으로 독자의 의문을 풀어 주는 대목이 자주 눈에 띈다. 다음 몇 가지 예를 드는 것으로 이 책의「해제」에서 생략한 소개를 대신해둔다.

사람들은 흔히 큰 번뇌를 물리치면 작은 번뇌들은 가볍게 해결될 수 있을 것으로 생각하기 쉽지만, 오히려 작은 번뇌들이 더 무서운 적이 된다는 것을 다음과 같이 설명한다.

"예를 들어 옷들의 경우, 처음에는 거친 먼지를 털어내고 나중에 열의와 수단을 다해 미세한 것을 제거한다. 바로 그와 같이 번뇌들의 경우, 거친 작용들은 작은 장애이지만, 미세한 것들은 큰 장애가 된다."

다음과 같이 즐거움과 고통을 설명하는 데서는 명쾌한 심리 이해로 즐거움에 대한 탐닉을 경계한다.

"향수(享受)하는 데서 감관들이 만족함으로써 평온해지는 것이 곧 즐거움이며, 열망으로 인해 평온해지지 못하는 것이 곧 고통이다. 그리고 감관들이 향수를 반복하는 것으로는 갈망으로부터 벗어날 수 없다. 왜 그러한가? 향수를 반복하는 데 따라서 감관들의 기교와 탐욕이 증진하기 때문이다. 따라서 향수의 반복은 즐거움의 바른 방편이 아니다. 즐거움에 탐닉하여 대상에 잠기다가 깊은 고통의 수렁에 빠진 자, 바로 그는 참으로 전갈의 독을 두려워하다가 독사에게 물린 것과 같다."

인도 철학에서 '무지'는 번뇌의 근본 원인인 만큼 다양하게 설명되지만, 대체로 그 설명은 난해하다.『요가수트라 주석』도 예외가 아니기는 하지만, 그중에서 "무지는 그릇된 인식의 훈습을 의미한다."라고 설명한 것은 간명성의 전형에 속한다. 또한 "생물들을 해치지 않고서는 향수가 있을 수 없다."라고 하는 서술은 일상적 삶의 정곡을 찌른다. 인도 종교의 핵심 주제 중 하나인 '속박'을 다음과 같이 간명하게 설명한 것도 탁월하다.

"속박이란 변덕스럽고 불안정한 마음이 잠재업의 힘 때문에 몸속에 고착되어 있음을 의미한다. 삼매의 힘을 통해 속박의 원인인 그 업은 완화된다."

이 책에서는 원저자의 서술이 모호할 때마다 『요가수트라 주석』을 해설한 후대의 주석자들의 설명에 의거하여 원저자의 생각을 파악하였다. 그들도 원저자에 못지 않은 재치로 원저자의 생각을 대변하곤 한다. 예를 들어 과거와 현재와 미래가 모두 실재한다는 원저자의 주장은 난해하기 그지 없지만, 이 주장을 부연하여 설명하는 후대 주석자의 다음과 같은 서술은 반론의 여지가 없을 것처럼 그럴 듯하다.

"만약 현재에는 존재하지 않는다는 이유로 과거와 미래를 존재하지 않는 것으로 간주한다면, 아뿔싸! 이보게, 현재 또한 존재하지 않을 것이다. 왜냐하면 과거와 미래에는 현재가 존재하지 않기 때문이다."

그런가 하면 이 주석자는 초능력을 "불행하게 태어난 자가 푼돈의 재산을 갖고서도 큰 재산을 가진 것처럼 생각하는 것과 같다."라고 비유한다. 그는 이런 비유로 초능력이 삼매의 장애가 된다는 원저자의 설명을 명료하게 부연한다.

앞서 언급했듯이 『요가수트라 주석』에는 난해한 대목이 적지 않고, 이것이 매력보다는 더 큰 중압감을 유발한다. 그러나 인도 철학의 다른 원전에 견주어보면 중압감보다는 실용성과 매력이 더 크게 부각되는 것이 『요가수트라 주석』이다. 물론 실용성이 상대적으로 크다는 것이 누구나 쉽게 적용할 수 있음을 의미하는 것은 아니다. 그렇더라도 요가를 정신 수행의 지침으로 실천하고 있거나 실천하려는 사람이라면, 이 책의 가르침에 한결 더 친숙해질 수 있을 것이다. 이런 독자들이 이 책으로 마음의 빛을 자각한다면, 이것이야말로 삼매일 것이다.

삼매도 한결같지는 않다. 그러나 자신의 마음 상태를 자각하는 데서부터 삼매로 진입하는 길이 열린다는 것은 수행의 기본 원리이다. 이 진입 이후 진전하는 평정과 평온의 심도는 마음을 채우는 빛의 강도와 비례한다. 이 같은 심도와 강도에 따라 삼매도 진전하고 차별된다. 『요가수트라 주석』에서 저자는 종종 현학적 논의를 전개하지만, 이것도 결국은 삼매의 진전을 지도하는 과정이다. 저자는 이 지도의 원리를 다음과 같은 표어로 천명해두었다.

"요가는 요가에 의해 알 수 있으며, 요가는 요가를 통해 진전한다."

이 책으로 그 지도의 취지와 내용이 잘 전달되지 않는다면, 이는 일차적으로 역주자의 역량이 부족한 탓일 것이다. 우선은 이 책으로 독자에게 삼매 또는 요가 철학의 진입로가 열릴 수 있기를 기대하며, 남은 숙제에 매진하는 것으로 부족한 역량을 충당할 것을 기약한다.

역주자는 은사이신 정태혁 박사님의 후광으로 요가 철학을 전공으로 공부하게 되었다. 미흡한 결실이지만 선생님 생전에 이 책으로 그간의 은혜에 보답할 수 있게 된 것을 큰 다행으로 여긴다. 그리고 이 보은을 가능하게 한 한국연구재단에 감사한다. 한국연구재단의 지원이 없었더라면 이 책의 출판은 요원했을 것이다.

이 결실을 맺기까지 그간 많은 제자들이 습작 단계의 지도를 받으며 함께 공부했다. 이 제자들의 자극과 격려가 이 결실로 이끈 원천적인 힘이었다. 이제 이 책으로 그 후원에 보답하며, 그간 다하지 못했던 지도를 대신한다.

2010년 1월

정승석

개정판 서문

이 책은 2010년 6월에 출판된 지 올해로 10년째를 맞게 되었다. 역주에서 출판에 이르기까지 한국연구재단의 지원으로 가능했던 이 책은 이후로도 다시 한국연구재단의 지원을 받게 하는 큰 원동력이 되었다. 2011년에는 이 책이 교육과학기술부로부터 기초연구 우수성과로 인증받았는데, 역주자는 이를 계기로 『인도의 이원론과 요가』라는 저술을 계획하였다. 이 저술 계획은 2014년도 인문사회 분야 우수학자지원사업에 선정되어, 역주자에게 학문적 과업과 영예를 동시에 부여해 주었다.

초판 이후 두 차례 인쇄된 과정에서 이 책의 내용에는 부분적인 개정 및 수정이 있었으며, 이는 2014년의 3쇄본에 반영되었다. 수정은 초판에서 발견한 오기나 탈자 그리고 원문의 표기 오류를 바로잡는 데 그쳤다. 개정 또는 보완도 특수한 대목에 한정되었지만 내용상으로는 매우 중요하다. 그 대목은 주로 불교를 비판하면서 요가 철학의 타당성을 천명하는 서술인데, 『요가수트라 주석』만으로는 저자의 진의를 파악하기 쉽지 않다. 역주자는 그간 이 문제를 다음과 같은 일련의 논문으로 해결하는 데 주력해왔다.

「요가 철학에서 비판한 불교의 실체」(『인도철학』 제34집, 2012)
「요가 철학에서 비판한 절멸론자의 다의성」(『인도철학』 제35집, 2012)

「유식(唯識)의 '동시 지각의 필연성' 개념에 대한 요가 철학의 비판」(『인도철학』 제38집, 2013)
「요가 철학에서 거론하는 소지성(vedyatva) 개념의 함의(含意)」(『인도철학』 제40집, 2014)
「유식(唯識)의 이유에 대한 요가 철학의 비판」(『불교연구』 제42집, 2015)

이것들 중 앞의 세 논문으로 앞서 말한 문제를 대부분 나름대로 해결하여 3쇄본에 반영하였고, 이는 나머지 두 편의 논문에 큰 기여가 되었다. 그리고 내용상의 취지에는 큰 변화가 없더라도, 조만간 출판할 예정인 저서 『인도의 이원론과 요가』를 준비하면서 이 책을 전면적인 개정판으로 출판할 필요성을 실감하게 되었다. 그 하나는 이 책에서 구사한 일부 용어를 새로운 저서와 통일하는 것이다. 다른 하나는 『요가수트라 주석』의 산스크리트 원문을 독해에 용이한 표기법으로 개편하는 것이다. 이 작업을 진행하면서 이 책에서 인용한 모든 원문들을 더욱 정확하게 교정하여 번역에 반영했으며, 각주와 주제별 역주를 부분적으로 수정하거나 보완하였다.

이제 대학의 교단에서 은퇴하는 해를 맞아, 이 개정판으로 그간의 묵은 짐을 하나 덜게 된 것을 큰 다행과 보람으로 여긴다. 아울러 개정판의 간행을 기꺼이 떠맡은 도서출판 씨아이알의 노고와 성의에 감사드린다.

2020년 9월
정승석

차 례

역주자 서문 v
개정판 서문 x
일러두기 xiv

해 제

1. 요가수트라와 요가 철학 3
2. 요가수트라의 성립과 구성 6
    2.1. 요가수트라의 저자 6
    2.2. 요가수트라의 구성 10
3. 요가수트라 주석 15
    3.1. 저자의 생존 연대 15
    3.2. 『요가수트라 주석』의 주석 18
    3.3. 『요가수트라 주석』의 번역 22
4. 요가수트라 및 주석의 주제 24
    4.1. 주제의 대강(大綱) 25
    4.2. 주제의 세목과 경문의 요점 27

본 문

제1장 삼 매 37
제2장 수 단 93
제3장 초능력 161
제4장 독 존 237

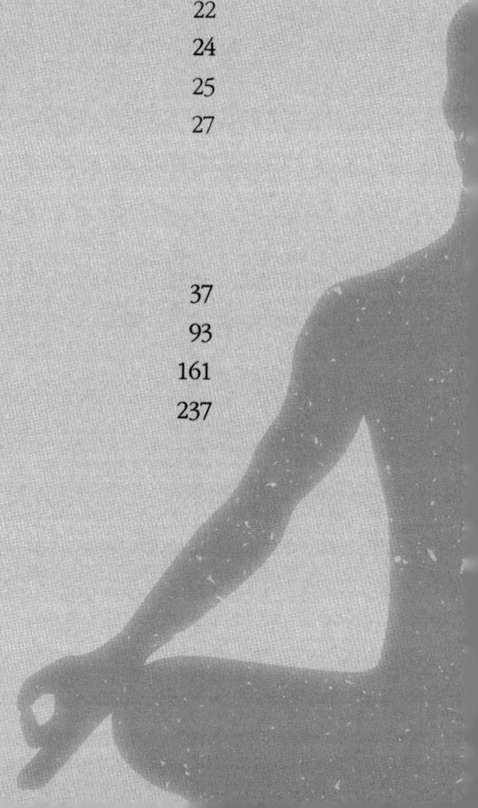

부 록

부록 1 주제별 역주 293
- 1-1. 요가수트라의 개시 선언 293
- 1-2. 요가는 삼매이다 295
- 1-3. 물질 원리의 공통 요소인 3질 296
- 1-4. 마음의 의미, 전변설, 식별지 299
- 1-5. 유상 삼매와 등지의 분류 300
- 2-1. 『요가주』와 『구사론』에서 상통하는 업의 관념 302
- 2-2. 3종의 단식 방법 305
- 2-3. 16분에 대한 지식(Ṣoḍaśakalāvidyā) 306
- 2-4. 좌법 해석의 다양한 양상 309
- 2-5. 레차카, 푸라카, 쿰바카 320
- 2-6. 제3 조식과 제4 조식 321
- 3-1. 요가 철학의 전변설과 유부의 4논사 323
- 3-2. 우주의 전체 구도 327
- 3-3. 잠부 주(염부제)의 구조 329
- 3-4. 다섯 가지 숨(5풍) 331
- 3-5. 초능력 일람 332
- 3-6. 초능력과 식별지 334
- 4-1. 훈습과 잠세력과 기억의 관계 336
- 4-2. 잠재업과 훈습의 관계 341
- 4-3. 마음의 객체성 논증 344
- 4-4. 불가능한 사태의 비유 347

부록 2 『요가수트라 주석』의 원문 351
- 제1장 prathamaḥ samādhipādaḥ 352
- 제2장 dvitīyaḥ sādhanapādaḥ 376
- 제3장 tṛtīyo vibhūtipādaḥ 411
- 제4장 caturthaḥ kaivalyapādaḥ 448

부록 3 용어 풀이 469

약호 및 참고문헌 480

찾아보기 485

저자 및 역자 소개 509

일러두기

1. 원어 처리

특정한 고유명사를 제외하고, 주요 개념으로 사용되는 대부분의 원어는 번역어로 제시했다. 이러한 번역어들의 용도나 의미는 부록의 「용어 풀이」로 제시한다.

2. 부호의 용도

( ) : 혼동 예방을 위해 한자 또는 원어를 병기하거나, 지시하는 동일 내용을 제시한다.

[ ] : 저자가 서술하지 않았으나 원문에 함축된 의미로 추정하거나 확정할 수 있는 보충 내용을 제시한다. 보충 내용은 대부분 후대 주석(복주)에 의거한 것이며, 이 밖의 경우는 전후 맥락이나 전제된 관념에 의거한 것이다. 따라서 전문가라면 이 부분은 건너뛰고 읽어도 무방하지만, 대부분의 독자에게는 필수적인 내용이다.

' ' : 우리말 맞춤법의 기본 용도 외에 맥락상 주요한 말, 특히 앞의 형용구가 한정하는 말을 표시한다.

숫자.숫자_ : 해당 본문 표시. 둘 또는 세 단위의 숫자로 장과 경, 각 경에 대한 주석의 문단을 표시한다. 마침표 앞의 숫자는 장, 마침표 다음의 숫자는 경의 번호, 밑줄 다음의 숫자는 문단 번호. 예: 2.32_4 → 제2장 제32경의 주석에서 넷째 문단.

↬: 연관되어 있거나 참조할 설명이 있는 위치를 지시한다.

3. 주제별 역주와 원문

(1) 주제별 역주: 서술할 내용의 분량이 많아 본문의 역주로 처리하기 곤란한 경우 또는 전문적인 보충 설명이 필요한 경우, 부록에서 특정한 주제로 설정하여 상술했다. 연관된 본문의 위치를 ↬로 표시해두었다.

(2) 원문: 번역문의 문단과 일치하도록 원문의 단락마다 번호를 부여하여 제시하고, 주요한 판본에 따른 원문의 차이를 각주로 제시했다.

해제

해 제

1. 요가수트라와 요가 철학

인도의 다양한 정통 철학의 유파들 중에서 현대에 이르기까지 여전히 생동하면서 인류에게 진정한 해방의 길을 탐구하고 제시하는 것은 단연 요가 철학이다.『인도철학사』의 저자인 다스굽타가 1926년 미국 노스웨스턴 대학의 초청 강의에서 토로한 다음과 같은 발언은 암묵적으로 요가 철학의 의의를 역설하는 것이다.

> 죽음을 널리 퍼뜨리고 인간성을 노예화하기 위한 수단으로 타락해버린 과학을 우리는 발전이라고 부르는 경향이 있다. 그리고 더욱더 새로운 선정(煽情)을 얻기 위해 미묘하고 새롭게 변화해가는 덧없는 욕망의 소용돌이 속에서 보내버리는 삶, 강력한 돈을 숭배하며 보내는 삶을 이루기 위한 수단으로 타락해버린 과학을 또한 우리들은 발전이라고 부르곤 한다. 우리는 갈수록 더 우리의 영혼보

다 육체를 위한 삶을 산다.[1]

인도 철학의 관점에서 볼 때, 현대 세계에서 타락한 과학을 대체할 수 있는 것은 요가이다. 이 경우의 요가는 오늘날 '타락한 과학'처럼 유행하고 있는 육체 단련의 요가가 아니라, 자아 실현의 과정으로서 인도의 신비주의를 대변하는 정신 수련의 요가이다. 그것은 곧 '육체를 위한 삶'의 수단이 아니라, '영혼을 위한 삶'의 수단이다. 이 점에서 요가의 정수는 그 독특한 신비주의를 실현하는 것이다. 인도의 철학적 전통에서 요가가 해탈의 길로 공인되었던 것도 이 때문이다.

요가의 정수는 정신 수련이고 이 수련의 원리를 제시한 것이 『요가수트라』(*Yogasūtra*)이다. 그러나 요가수트라 자체만으로는 요가의 원리를 제대로 이해할 수 없다. 요가수트라는 '요가의 원리를 최대로 응축한 금언'이기 때문이다. 간결하게 응축된 금언(즉 수트라)이 함축한 의미를 풀어낼 때라야 요가의 원리는 이해될 수 있다. 이 작업을 최초로 수행한 것이 『요가수트라 주석』(*Yogasūtra-Bhāṣya*)이며, 소위 '요가 철학' 또는 '고전 요가'라는 유파도 실질적으로는 이로부터 성립되었다. 따라서 후대 사람들은 『요가수트라 주석』(이하 『요가주』로 약칭)에 의거하여 요가의 원리라든가 요가수트라의 사상을 이해했고, 다시 『요가주』를 이해하기 위한 2차 주석을 작성하여 요가 철학을 확장 전개해 나갔다. 이처럼 『요가주』는 요가 철학의 중핵이자 요가 전통의 최고 권위이다.

『요가수트라』에서 제시한 요가의 교의는 모든 요가의 최상, 즉 라

1 다스굽타(1997) p. 60.

자 요가(Rāja-yoga)로 간주된다. 이것은 하타 요가(Haṭha-yoga)와 같은 다른 유형과는 차별된다. 하타 요가는 주로 질병을 방지하고 온갖 종류의 육체적 고난과 긴장을 인내하고 해소할 수 있도록 신체를 조련하는 육체적인 운동 체계로 이루어진다. 대부분의 요가 강습소에서 가르치는 요가는 바로 이 하타 요가의 차원을 벗어나지 못한다. 하타 요가는 라자 요가의 차원으로 진입할 수 있을 때 또는 적어도 그 차원을 지향할 때, 비로소 인생의 질적 향상에 공헌할 수 있다.

요가가 체질과 체형 개선의 수단으로 또는 일종의 건강 비결로 인식되는 데 그친다면, 이러한 요가는 변덕스러운 유행의 바람을 이겨내지 못하고 다른 종류의 수단이나 비결로 대체될 게 뻔하다. 이러한 사태가 바람직하지 않다고 생각하는 것은, 정신과 육체의 양면으로 건전한 삶에 유익한 요가의 진정한 가치가 왜곡되거나 사장될 것이기 때문이다.

요가는 아무나 할 수 있는 것처럼 보이지만, 요가가 추구하는 목적은 아무나 달성할 수 있는 것이 아니다. 인간이 추구하는 목표가 육체적으로든 정신적으로든 가장 안락하고 자유로운 상태의 행복이라면, 요가는 이 목표에 접근하는 가장 가까운 길이면서도 거기에 도달하기까지는 인생 전체를 바쳐야 할 먼 길이다. 다시 말해서 요가는 해탈로 인도하는 길이다. 이 때문에 일찍이 요가는 수행의 철학으로 전개되었다. 이것이 곧 요가 철학이다.

인도의 제3대 대통령을 역임했던 철학자 라다크리슈난(Radhakrishnan)은 가장 이상적인 자유, 즉 해탈을 일체 해탈이라고 부른다. 해탈이란 인간 내면의 참다운 자아를 발견하고 깨달음으로써 실현되는 것이다. 그러나 이처럼 개인적으로 해탈을 성취했다면, 이제는 타인의 구제에 대해 책임을 져야 한다. 해탈에 의해 자기중심적 의식에서 완전히 벗어날 때 타인과 이 세계와 나는 하나가 되며, 이때부터는 보편적이고 우주적인 구제가 목표가 된다. 라다크리슈난이 말하는 일체 해탈이란 이 목표를 달성하는 것이다. 인도의 전통에서는 일체 해탈을 실현하는 수단을 요가라고 부른다고 라다크리슈난은 지적했다.

일체 해탈을 실현하는 수단으로서의 요가란 라자 요가, 즉 요가 철학을 가리킨다. 그리고 파탄잘리(Patañjali)라는 성현의 금언(즉 요가 수트라)에서 유래한 이 요가의 이론과 실천을 상설한 것이 곧 『요가주』이다. 이 점에서 『요가주』는 정신 건강의 심화를 추구하는 사람에게 필독서가 된다. 이와 아울러 그것은 요가에 대한 상투적인 지식과 관심을 더욱 건전하고 이상적인 정신 세계로 유인하고 승화하는 참고서가 될 수 있다.

2. 요가수트라의 성립과 구성

2.1. 요가수트라의 저자

요가학파의 창시자를 파탄잘리(Patañjali)로 신봉하는 것은 그가 『요가수트라』의 저자(실제로는 편찬자)로 알려져 있기 때문이다. 예를 들어 일찍이 인도에서 요가수트라는 '파탄잘리의 요가수트라'(Pātañjala-yogasūtra) 또는 '파탄잘리의 철학'(Pātañjala-darśana)이라는 별칭으로 통용되었다. 그러나 요가수트라의 저자와 성립 시기는 학자들 사이에서도 설왕설래의 가설을 거치면서 재고되어 왔다.

파탄잘리라는 이름은 일찍이 파니니(Pāṇini)의 범어학을 완성한

『대주석(大註釋)』(Mahābhāṣya)의 저자로 잘 알려져 있다. 인도 고래의 전통에서는 이 파탄잘리가 요가수트라도 저술한 것으로 간주된다. 이 전통을 대변하는 다스굽타는 두 문헌의 작성자가 동일인임을 지지하는 증거는 다소 있는 반면, 이것을 결정적으로 뒤집을 수 있을 만한 증거는 아무것도 없다고 한다.[2] 그러나 인도 출신이 아닌 현대의 많은 학자들은 이 전통을 신뢰하지 않는다. 즉 요가학파의 파탄잘리와 문법학자인 파탄잘리는 동일인일 수 없다는 것이다. 이런 견해에서는 두 문헌에서 사용하는 어휘가 너무 다르다는 점을 결정적인 이유로 지목한다. 아래에서는 일찍이 이 문제에 관여했던 대표적인 학자들의 견해를 간략히 소개한다.[3]

『대주석』의 저자인 파탄잘리는 기원전 2세기에 생존한 인물이다.[4] 그런데 이 파탄잘리와 요가수트라의 저자인 파탄잘리를 동일한 사람으로 믿게 된 전통은 서기 7세기 무렵부터 시작된 것으로 추측된다. 이런 믿음을 기정 사실로 간주한 문헌이 최초로 출현한 것은 서기 10세기 이후의 일이다. 즉 서기 10세기(또는 11세기 초)에 보자데바(Bhojadeva)는 요가수트라를 주석한『라자 마르탄다』(*Rāja-mārtaṇḍa*)의 서두에서 두 파탄잘리를 동일인으로 기술했다. 이후 이 견해는 점차 유력해져 인도에서는 정설처럼 신뢰되었다.

그러나 19세기 후반 이래 인도의 고전이 본격적으로 연구되면서

2 Cf. Dasgupta(1973) p. vii.

3 岸本 英夫(1955) pp. 94-109 참조.

4 우이 하쿠쥬(宇井 伯壽 1932:137)에 의하면 이 파탄잘리는 기원전 185년을 전후로 생존한 인물이 된다.

기존의 견해는 재평가되었다. 이에 따라 학자들 사이에서는 『대주석』의 저자와 『요가수트라』의 저자는 별개의 인물이라는 견해가 유력하게 되었다. 먼저 도이센(Deussen)은 두 문헌의 성격이 판이하다는 사실을 이유로 들어 동일인설에 대해 최초로 의혹을 표명했다. 이에 대해 가르베(Garbe)는 초기의 저서에서는 동일인으로 보았으나,[5] 나중의 저서에서는 동일인으로 간주할 만한 증거가 없다고 기술하였다.[6] 일본의 학자로서 기무라 다이켄(木村 泰賢)은 도이센의 견해에 찬성하면서 다음과 같은 의견을 제시했다.

> 만약 파탄잘리가 기원전 2세기 무렵의 사람이고 요가수트라의 작자라면, 현존하는 문헌의 골자가 되는 부분만을 저술한 사람일 것이다. 만약 그를 전체의 작자로 간주한다면, 4~5세기 무렵에 종전의 소품들을 대성한 요가학자로 간주하는 것이 지당할 것이다.[7]

한편 우즈(Woods)는 『요가주』를 번역하면서 이 문제를 면밀히 검토하여, 출판본의 서문에서 동일인설의 불합리를 낱낱이 지적했다.[8] 이에 의하면 우선 동일인설의 근거는 확실한 것이 아니다. 더욱이 동일인설의 출현은 문헌상으로 기껏해야 서기 10세기 이후밖에 되지 않는다. 끝으로 『대주석』과 『요가수트라』의 철학 사상을 비교 연구한 결과로 보더라도, 두 문헌의 저자를 동일인으로 결정할 만한 아무런 근거가

5 Richard Garbe, *Sāṃkhya und Yoga*(1896), s. 36.

6 Richard Garbe, *Sāṃkhya Philosophie*(1917), s. 147.

7 木村 泰賢(1915) pp. 252-253.

8 Woods(1973) pp. xiii f.

발견되지 않는다.

이와 같은 우즈의 견해는 주로 인도 바깥의 학계에서 지금까지 호응을 얻고 있다. 다만 앞서 소개한 다스굽타와 같은 인도 출신의 학자들에게는 우즈의 견해도 동일인설을 폐기할 만한 결정적인 증거로 간주되지는 않는다.

『대주석』과 『요가수트라』의 저자가 같은 사람인가 다른 사람인가의 여부에 따라 요가수트라의 성립 시기도 결정된다. 동일인이라면 요가수트라는 『대주석』의 성립 시기인 기원전 2세기 무렵에 작성된 것으로 추정된다. 그러나 요가수트라의 내용을 분석한 학자들은 그 시기를 신뢰하지 않는다. 저자의 문제를 차지하더라도 현행의 요가수트라를 일시에 작성된 것으로는 인정할 수 없다는 데 그 일차적인 이유가 있다. 다수의 학자들은 현행의 요가수트라는 여러 단편들이 특정인의 이름으로 집성되었다고 판단한다. 이에 따르면 요가수트라는 저작된 것이 아니라 편찬된 것이다. 그리고 요가수트라가 현재의 형태로 편찬된 시기는 서기 400~450년경일 것으로 추정되어 있다.[9] 다만 근래의 연구에 의하면 그 시기는 서기 2세기 후반에서 서기 540년 사이로까지 확장될 수 있다.[10]

9 宇井 伯壽(1932) pp. 137-138 참조.

10 일본의 혼다 메구무(本多 惠) 교수는 상키야 철학의 논서 중 중국에서 번역된 『金七十論』을 요가수트라와 대조하여 요가수트라의 성립 연대를 이렇게 추정하였다. 그러나 여기에는 두 가지 가정이 전제된다. 먼저, 『금칠십론』이 작성될 시점에 현존의 요가수트라가 아직 완성되지 않았다고 한다면, 요가수트라의 제1~3장은 서기 450년 이후, 제4장은 서기 540년 이후에 성립된 것이 된다. 다음으로, 『금칠십론』의 저자가 요가수트라의 존재를 알지 못했다고 한다면, 그는 설일체유부의 대표적 논서인 『대비바사론』으로부터 요가수트라의 지식을 인용했을 가능성이 있다. 그러므로 이 경우, 제1~3장의 상한은 서기 2세기 후반이 된다. 本

2.2. 요가수트라의 구성

요가수트라는 4장에 걸쳐 195개[11]의 수트라로 구성되어 상대적으로 규모가 작은 문헌에 속한다. 경(經)으로 번역되는 '수트라'는 의미를 최대로 간결하게 함축하여 전달하는 문체를 지칭하는 전문어이다. 따라서 수트라 체로 작성된 문헌의 대부분은 문법적 지식만으로는 함축한 의미를 파악할 수 없기 일쑤이다. 다만 요가수트라는 의미 파악이 어느 정도 용이한 편에 속한다. 그러나 이것도 요가 철학에 정통한 전문가에게나 기대할 수 있을 뿐, 실제로는 주석의 도움이 없이는 실용적인 이해가 불가능하다.

요가수트라의 내용적 구성은 별도로 소개하기로 하고, 여기서는 요가수트라의 성립과 연관된 구성의 문제를 소개하고자 한다. 요가수트라의 구성 체계를 다음과 같이 개괄할 수 있다.

장의 구성	한자 번역명/원어	설정 취지
제1장 삼매: 51경	삼매품(三昧品)/ Samādhi-pāda	요가 수행이 추구하는 목적
제2장 수단: 55경	실수품(實修品)/ Sādhana-pāda	요가의 목적을 달성하는 수행 방법
제3장 초능력: 55경	자재품(自在品)/ Vibhūti-pāda	수행의 부산물로 얻는 특수 능력
제4장 독존: 34경	독존품(獨存品)/ Kaivalya-pāda	목적과 방법에 적용되는 철학적 원리

....

多惠(1978) p. 27.

11 간혹 요가수트라에 수록된 수트라를 194개로 언급한 경우가 있는 것은 제3장 또는 제4장에 하나가 결락된 판본도 유통되었기 때문이다. Prasāda는 제3장에 한 수트라(제20경)가 결락된 판본으로 『요가주』를 번역하였다.

요가수트라의 내용은 대체로 위와 같은 구성 체계를 갖추고 있으나, 세부적으로 살펴보면 내용적 중복이나 용어의 착란이 적지 않음을 발견할 수 있다. 이것은 요가수트라의 성립에 관해 원천적인 의문을 불러일으킨다. 그리고 이 의문으로부터 요가수트라는 이전에 존재했던 여러 가지 단편(斷片)이나 자료들의 조합일 가능성이 검토되었다. 여기서 주목한 것은, 전체를 숙독하면 한 사람의 작품일 것으로 믿기 어려운 부분들이 적지 않다는 사실이다. 이 점에서 요가수트라는 비체계적인 조직을 내포하고 있다. 대표적인 예를 들면 다음과 같다.

첫째, 각 장은 무리한 배열로 이루어져 있다. 앞의 표로 제시한 것처럼 장의 구성과 설정 취지는 전체적으로 정연한 체계를 갖추고 있지만, 그 내용에서는 장의 설정 취지와 상응하지 않는 것이 많다.

둘째, 술어의 내용에 일관성이 없다. 같은 취지를 다른 술어로 중복하여 서술하거나 같은 술어가 다른 의미로 사용되는 경우가 있어, 이것들이 원래는 별개의 자료로 분리되어 있었을 것으로 추정된다.

셋째, 도처에서 단편들을 집성하여 봉합한 기교의 흔적이 발견된다. 두 가지 단편을 접속할 경우, 그 접합이 자연스럽게 보이도록 하기 위해 그 중간의 접합점에 공통 술어를 삽입하여 양쪽을 매개한다. 대표적인 예를 들면 제2장 제26~27경의 앞뒤 내용은 판이한 주제를 취급한다. 이 경우, 앞뒤의 내용은 '식별지(제26경)－예지(제27경)－식별지(제28경)'로 자연스럽게 연결된다.

넷째, 특히 제3장의 제16경 이하에서는 30경에 걸쳐 초능력들을 잡다하게 나열한다. 그런데 이것들의 배열에서는 체계나 질서를 인정하기 어렵다. 이는 단지 총제(總制)라는 수단을 강조하기 위해 다른 자료들에서 끌어 모은 초능력들을 한 군데에 나열한 것으로 보인다.

이상과 같이 요가수트라에는 다른 군소 문헌에서 부분적으로 도입한 흔적이 역력하고, 여러 단편들이 아직 충분히 정리되지 않은 생경한 모습도 드러난다. 요가수트라를 특정한 개인의 순수 저작이라기보다는 편찬으로 간주할 수밖에 없는 이유가 여기에 있다. 그러므로 요가수트라는 특정인의 구상에 따라 일시에 작성된 것이 아니라, 몇 개의 단편들이 시대를 경과하면서 점진적으로 집성되었을 것으로 추정된다.

이상과 같은 시각으로 요가수트라를 분석한 하우어(Hauer)는 요가수트라가 대체로 세 시기에 걸쳐 집적된 5개의 단편으로 구성되었다고 고찰하였다.[12] 즉 그는 요가수트라 전체를 다음과 같은 다섯 단편으로 분석하였다.

구분	해당 범위(장. 경)	단편의 성격(주제)
①	1.1~22	Nirodha 자료(마음 작용의 억제)
②	1.23~51	Īśvara-praṇidhāna 자료(자재신에 대한 명상)
③	2.1~27	Kriyāyoga 자료(행작 요가)
④	2.28~3.55	Yogāṅga 자료(요가의 지분)
⑤	4.1~34	Nirmāṇa-citta 자료(화생심)

하우어의 고찰에 따르면 다섯 단편 중 가장 오래된 것은 ④이며, 이것의 작성자는 기원전 2세기의 문법학자인 파탄잘리로 추정된다. 이후 요가의 독자적 전통이 일반화하면서 부가된 것이 ③이다. 끝으로 기원전 1세기 무렵, 불교를 중심으로 한 종교 철학이 고조되면서 요가수트라는 ①②⑤를 첨가하여 확장되었다.

12 J. W. Hauer, *Der Yoga als Heilweg*(Stuttgart: Kohlhammer, 1932), s. 81-100.

그러나 하우어의 분석과 고찰은 일종의 시안(試案)에 속한 것으로 단편을 지나치게 포괄적으로 분류하여, 수긍하기 어려운 점을 내포하고 있다. 이 때문에 기시모토 히데오(岸本 英夫)는 하우어의 견해에서 납득할 수 없는 점을 크게 세 가지로 지적했다.[13]

첫째, 다섯 단편으로 분류하더라도 요가수트라의 내용에 포함되어 있는 중복과 모순을 충분히 해소할 수 없다.

둘째, 다섯 단편의 연대 추정에도 많은 난점이 있다. 예를 들어 파탄잘리의 저작이라고 하는 ④에는 적어도 불교의 『대비바사론』 이후(서기 2세기 이후)의 것으로 생각되는 것(제3장 제13~14경)이 포함되어 있다.

셋째, ⑤(요가수트라 제4장)를 기원전 1세기에 첨가된 것으로 고찰했지만, 여기에는 극히 오래된 형태의 것(제1~6경)도 포함되어 있다. 더욱이 제15경 앞뒤의 것들은 불교의 유명한 논사인 세친(世親, Vasubandhu)과 동시대거나 그 이후(빨라야 4세기 이후)에 성립된 부분이다.

위와 같은 비평을 고려하면, 결국 하우어의 견해는 요가수트라의 성립에 관한 선도적 고찰로서의 의의를 지닌다. 어쨌든 그의 고찰은 요가수트라의 성립과 구성을 재고하는 데 기여한 것으로 평가받을 만하다. 다른 학자들은 요가수트라의 구성을 더욱 세분하여 분석했는데, 그 예를 다음과 같이 하우어의 견해와 대조할 수 있다.

....

13 岸本 英夫(1955) pp. 99-100.

Hauer	Deussen	岸本 英夫
1.1～22	1.1～16	1.1～18
	1.17～51	1.19～22
1.23～51		1.23～29
		1.30～33
		1.34～40
		1.41～51
2.1～27	2.1～27	2.1～27
2.28～3.55	2.28～3.55	2.28～3.8
		3.9～15
		3.16～55
4.1～34	4.1～6	4.1～5
	4.7～13	4.6～11
	4.14～23	4.12～23
	4.24～33	4.24～34

요가수트라 전체에서 제4장은 가장 분량이 적음에도 다양한 주제를 취급하면서 복합적인 내용을 담고 있다. 이 때문에 많은 학자들은 제4장이 맨 나중에 추가되었을 것이라는 추정에 동의한다. 이 같은 추정에 결정적인 단서가 되는 것은 제4장 중 제14～16경이다. 『요가주』의 설명을 참고하면 이 경문들은 특히 대승불교의 유식설(唯識說)을 의식하고 있는 것으로 판단되기 때문이다.

일찍이 요가수트라의 성립 연대를 추정하는 데 선도적 연구를 개진했던 야코비(Jacobi)는, 제3장의 제13경을 요가수트라의 저자가 세친의 『구사론』을 인지하고 있었다는 증거로 지목하였다. 실제 이 대목을 해설하는 『요가주』에서는 『구사론』에서 언급하는 유부(有部) 4논사들의 주장과 거의 일치하는 내용을 발견할 수 있다.[14] 야코비는 이를 근

14 이 책의 부록으로 첨부한 「주제별 역주」 3-1 참조.

거로 요가수트라의 상한 연대를 5세기로 추정하였던 것이며, 이 추정이 현재까지 통용되고 있다. 다만 그 제13경에서 언급하는 개념들을 반드시 『구사론』의 전유물로 단정할 수는 없다는 지적은 재고의 여지를 남긴다. 『구사론』에 언급된 것만이 오랜 역사를 가진 설일체유부의 일부 견해를 대변할 수는 없기 때문이다.[15]

3. 요가수트라 주석

3.1. 저자의 생존 연대

『요가수트라』는 4장으로 구성되지만, 총 195경의 각 경(수트라)은 거의 대분분이 1행으로 기술된다. 그러므로 요가수트라는 전체 분량이 200여 행에 불과한 소품이다. 이 낱낱의 경들은 요가수트라의 골격에 상당한다. 그리고 이 골격에 피와 살을 붙여 한 편의 철학 교전으로 완성한 것이 『요가수트라 주석』(이하 『요가주』)이며, 이의 저자는 비야사(Vyāsa)로 알려져 있다.[16] 이에 따라 이 비야사의 '주석'은 예부터

....

15 中村 元(1996) pp. 71-72 참조.

16 비야사의 후대에 작성된 『요가수트라』의 주석으로는 11세기 초반의 저작으로 Bhojadeva(또는 Bhoharāja)의 *Rājamārtaṇḍa*(Larson 2008:266-281)와 16세기(또는 17세기 초)의 저작으로 Rāmānanda Sarasvatī의 *Yoga-maṇīprabhā*(Larson 2008:282-294)가 있다. 그러나 이 두 주석은 비야사의 빛에 가려 거의 주목을 받지 못했을 뿐만 아니라, 주석의 내용도 간략한 용어 해설 수준에 머물러 있어 특기할 만한 가치가 인정되지 않는다. 이 밖의 후대 주석으로 Nārāyaṇa Bhikṣu의 *Yogasiddhāntacandrika*, Ananta의 *Yogacandrika*, Bhāvāgaṇeśa Dīkṣita의 *Pātañjalavṛtti*, Sadāśivendra Sarasvatī의 *Yogasudhākara*, Baladeva Miśra의 *Yogapradīpika* 등이 알려져 있지만(中村 1996:70),

'수트라'와 연결된 단행본으로 취급되었다. 즉 이것을 지칭하는 Śrī-Pātañjala, Yoga-śāstra, Vyāsa-bhāṣya 등은 '요가수트라 및 이에 대한 주석'을 일컫는 통념이며, 이 통념이 현재까지 『요가주』에 그대로 적용된다. 이 때문에 때로는 주석(Bhāṣya)까지도 파탄잘리의 저작으로 간주되기도 했다. 이를 역으로 말하면, 『요가주』, 즉 비야사의 주석은 요가수트라와 거의 동등한 권위를 인정받았다는 것이 된다.

그러나 비야사는 요가수트라의 작자와 전적으로 동일한 사상을 천명한 것으로는 보이지 않으며, 시대적으로는 후대의 인물임이 확실하다. 비야사의 생존 연대를 상세히 고찰한 과거의 연구에 의하면, 그 연대는 서기 650~850년경으로 추정된다.[17] 그러나 이 초기 연구의 결함을 지적한 근래의 연구에 의하면, 그 연대는 서기 540~650년경으로 정정된다.[18] 이하에서는 이 연대를 주장한 혼다 메구무(本多惠) 교수의 고찰을 소개한다.[19] 그의 주장은 650~850년경을 제시한 우즈의 논거를 네 가지로 반박하면서 도출한 결론이다.

(1) 우즈 교수는 비야사의 연대를 서기 350년 이전으로 소급할 수

....

이것들은 요가 철학의 연구에서 거의 배제된다.

17 Woods(1973) p. xxi.

18 本多惠(1978) p. 33. 나카무라 박사도 『요가와 상키야의 사상』(中村 1996)에서 이 견해를 그대로 채택했다. 비야사의 연대를 추정한 학자들의 견해는 대체로 저마다 다르다. 혼다(本多) 교수의 조사에 의하면 비야사의 연대를 Garbe와 Strauss는 7세기, Radhakrishnan은 4세기, Dasgupta는 400년, 우이(宇井) 박사는 450년경, 가나쿠라(金倉) 박사는 500년경으로 추정했다. 本多惠(1978) p. 262, n. 36.

19 本多惠(1978) pp. 32-33. 本多는 원어를 제시하지 않을 뿐만 아니라, 관련 지식이 없는 사람에게는 이해하기 곤란하게 서술하고 있으므로, 여기서는 역자가 그의 서술을 재구성하고 부연해서 소개한다.

없다고 단정한다. 비야사는 바르샤간야(Vārṣagaṇya)가 말한 것을 인용하고 있는데, 바르샤간야는 세친과 동시대의 사람이라는 것이 그가 제시한 근거이다. 그러나 '바르샤간야'라는 이름은 이미 『마하바라타』(*Mahābhārata*)에서도 발견되므로, 바르샤간야를 반드시 세친과 동시대의 인물로만 간주할 수는 없다. 더욱이 한역(漢譯) 불전 중에 세친과 동시대인으로 언급되는 외도(外道)는 대체로 빈디야바사(Vindhyavāsa, 頻闍訶婆娑)이다. 우즈 교수는 이 빈디야바사를 『유가사지론』 등에서 말하는 우중(雨衆, Vārṣagaṇya)으로 혼동한 듯하다.

(2) 우즈 교수는 비야사의 연대가 서기 500년 이전일 수 없다는 근거로 제시한 것은 10진법의 사용이다. 비야사는 요가수트라 제3장 제13경을 주석하면서 10진법을 사용하고 있다.[20] 그런데 10진법이 등장하는 가장 오래된 문헌은 6세기의 *Varāhamiśra*로 간주되고 있으므로, 비야사는 서기 500년 이전의 사람일 수 없다는 것이 우즈의 주장이다. 그러나 한역(漢譯)으로만 현존하는 『대비바사론』에도 10진법은 이미 인지되어 있다. 따라서 10진법의 상한은 적어도 『대비바사론』의 성립 연대인 서기 2세기 혹은 그 이전이 된다. 이 점에서 우즈의 논거는 타당하지 않다.

(3) 우즈 교수는 서기 650년 무렵의 작가인 마가(Māgha)를 비야사의 연대와 결부시킨다. 그에 의하면 마가의 시집 *Śiśupālavadha* 중에는 (4.55) 요가수트라 제1장 제33경뿐만 아니라, 『요가주』에서 사용한 말들도 언급되어 있다. 더욱이 이 시는 『요가주』에 있는 '마음의 정화'(citta-parikarma)라는 말도 포함하고 있다. 그러므로 비야사는 서기 650

....

20 이 책의 본문 3.13_17 참조.

년 이전의 사람일 수 없다는 것이 우즈의 결론이다. 그러나 이것은 앞뒤가 잘 들어맞지 않는다. 비야사가 마가를 인용한 것이라만 그럴 수도 있겠지만, 마가가 비야사를 인용하고 있기 때문에 서기 650년을 비야사의 하한으로 간주해야 납득할 수 있을 것이다.

(4) 끝으로, 우즈 교수는 『요가주』에 대한 바차스파티 미슈라(Vācaspati Miśra)의 주석을 근거로 들어, 비야사는 이 주석의 연대인 서기 841년 이전의 사람이어야 한다고 주장한다. 그러나 현재는 샹카라(Śaṅkara)의 주석도 알려져 있으므로 비야사의 연대를 서기 700년 이전으로 추정해야 할 것이다.

이상과 같은 고찰에서 도출할 수 있는 것은 비야사의 하한 연대이다. 즉 앞의 (3)과 (4)에 의하면 비야사는 서기 650~700년 이전에 생존했던 인물이 된다. 여기서는 비야사의 상한 연대를 확정할 수 없지만, 혼다 교수는 자신이 고찰한 요가수트라의 연대를 고려하여 상한 연대를 서기 540년으로 추정하였다.[21] 이에 따라 그는 비야사의 생존 시기로 가능한 연대를 서기 540~650년으로 추정한 것이다.[22]

3.2. 『요가수트라 주석』의 주석

비야사의 주석은 그 해설의 우수성과 권위에서 큰 의의를 발휘할

21 앞의 각주 10 참조. 『요가주』는 요가수트라가 성립된 이후에야 작성될 수 있으므로, 요가수트라의 하한 연대는 『요가주』의 상한 연대가 된다.

22 이 견해를 Leggett(1992:4)도 채택하였다. 혼다(本多) 교수의 이 추정에서 하한 연대는 샹카라의 주석도 크게 고려한 것이지만, 이 샹카라의 정체성은 아직 숙제로 남아 있으므로 그의 추정도 가변적인 것이다. 다음 각주 참조.

뿐만 아니라, 풍부한 인용에서도 귀중한 연구 자료를 제공한다. 다른 문헌에서는 볼 수 없는 다양한 인용들을 통해, 특히 요가 및 상키야 학파에 속했던 옛 논사들의 사상의 편린을 엿볼 수 있다. 이 같은 의의와 가치에도 불구하고 비야사의 주석, 즉 『요가주』도 후대의 사람들에게는 난해한 대상이었다. 이 때문에 일찍이 『요가주』를 해설하는 주석, 즉 복주(復註)가 작성되었다.

요가 철학의 골격이 『요가수트라』이고, 여기에 피와 살을 붙인 것이 비야사의 주석이라면, 여기에 계속 수혈하여 요가 철학이 오늘날까지 생동할 수 있게 한 것이 복주라고 말할 수 있다. 이 같은 기능을 발휘한 것으로 인정받는 복주는 아래의 세 문헌이다.

(1) 샹카라(Śaṅkara)의 *Yogasūtra-bhāṣya Vivaraṇa*: 베단타 철학의 거장인 샹카라의 진작(眞作)이 아닐 것이라는 저자에 대한 시비가 있으나, 샹카라의 진작으로 간주한다면 가장 먼저 작성된 복주이다.[23] 이것은 종파적 색채를 드러내지 않고 대체로 간결하게 부연 설명하여, 『요가주』의 본문을 일차적으로 독파하는 데 적절하다. 그러나 종종 주요 쟁점에 대해서는 현학적이고 치밀한 논의도 전개한다. 여기서는 인도 논리학의 방법론을 구사하는 것이 특징이다.

....

23 이 복주를 번역한 Rukmani(2001.1)는 이 복주가 아래 (2)에 의존한 흔적이 많다는 것을 근거로 들어 베단타 학자인 샹카라의 저작이 아닐 것이라고 추론하였다. 이에 의하면 이 복주는 서기 8~9세기 이후에 작성된 것이 된다(pp. xxv-xxix). 이것을 14세기의 저작으로 추론한 학자도 있다. 그러나 이것을 샹카라의 저작으로 보는 학자들도 적지 않다. 특히 이 복주를 번역한 Leggett는 이것을 샹카라의 진작으로 간주하였다. 따라서 이 문헌의 저자와 성립 연대는 아직도 미해결의 문제로 남아 있다. cf. Larson(2008) pp. 239-240.

(2) 바차스파티 미슈라(Vācaspati Miśra)의 *Tattva-vaiśāradī*: 서기 9세기 또는 10세기 인물로 추정되는 저자는 인도 철학 전반에 박식하여 각 학파의 주요 문헌들에 대한 주석을 남겼다. 그는 표본적인 주석으로 유명한 만큼, 이 복주에서 『요가주』의 주요 술어 및 애매한 서술을 거의 짚어내어 객관적 시각으로 해설하였다. 이 때문에 그는 요가 철학의 체계를 정비하여 한층 더 완성시키는 데 공헌한 것으로 평가된다. 특히 이 복주에는 하타 요가의 색채도 드러난 점이 주목된다.

(3) 비갸나 비크슈(Vijñāna Bhikṣu)의 *Yoga-vārttika*: 서기 16세기에 생존한 저자는 위의 바차스파티에 비견할 만큼 박식한 학자로서 중세 인도 철학의 거장이다. 이 복주는 전대의 주석을 섭렵하고 후대의 힌두 문헌까지 충분히 인용하여 방대한 분량으로 작성한 복주의 완결판이다. 저자는 고대와 후대를 불문하고 중요한 문헌이라면 거의 모든 고전, 성전, 철학서들을 인용하여 애매하거나 미심쩍은 것을 거의 남기지 않을 만큼 치밀하게 『요가주』를 해설했다. 그러다 보니 그의 주석은 자신의 관점을 뒷받침하기 위해 다른 문헌을 인용하는 데서 과장하는 경향이 있고, 중언부언이 잦은 것으로 지적된다. 반면에 그의 문장은 매우 간결하고 복합어 사용을 최대로 절제하는 장점을 드러낸다.[24] 저자는 또한 이 복주로 바차스파티의 해석을 공격하기도 함으로써 기존의 요가 철학에 변화를 시도했다. 그는 실제 독자적인 요가 강요서 *Yogasāra-saṃgraha*를 저술하였는데, 이것으로 그는 상키야와 베단타와 요가를 종합 절충하여 독특한 철학 체계의 구축을 시도하였다.[25]

....

24 Cf. Rukmani(1981) pp. 16-17.

25 本多恵(1978) p. 34 참조.

이상의 세 문헌은 『요가주』를 이해하는 데 필수적인 참고서가 된다. 비야사의 주석은 다의적 해석이 가능한 난해한 구문이나 함축적 어휘 사용, 생략, 모호한 인용 등이 적지 않으므로, 이 같은 경우의 해결책은 오로지 복주에서 구할 수밖에 없다. 세 복주 중에서는 바차스파티의 주석인 (2)가 객관적이고 표본적인 주석으로 평가되므로, 『요가주』를 번역한 이 책에서도 (2)를 가장 일차적으로 참고했다.

이 밖에 『요가주』의 주석으로는 아래와 같은 두 문헌이 있으나, 아직 학술적 고전으로서의 가치는 인정되지 않는다.

(4) Rāghavānanda Sarasvatī의 *Pātañjala Rahasya*: 저자는 Rāghavendra Sarasvatī로도 불린다. 저자는 간기(刊記)에 의해 Vāsudeva Bhagavatpāda의 제자인 Advayabhagavatpāda의 제자로만 알려져 있을 뿐이다. 그는 16세기에 생존했을 것으로 추정되기도 하지만, 이보다는 더 후대의 인물일 가능성이 많다. 저자가 스스로 천명하고 있듯이 이것은 주석이라기보다는 (2)의 생략이나 누락을 보충한 교정판에 가깝다. 따라서 (2)의 수준을 벗어난 새로운 해석은 드러나 있지 않다.[26]

(5) Hariharānada Āraṇya의 *Bhāsvatī*: 저자는 20세기를 전후로 생존했던(1869~1947년) 근대의 인물이다. 그는 수행과 학문을 겸비한 전통적 학자로서 현대 인도에 상키야 및 요가 철학의 전통을 보존하기 위해 헌신했다. 따라서 그의 복주는 『요가주』에 대한 현대적 해석을 반영한 것으로 참고할 만하다.[27]

---

26 Cf. Larson(2008) p. 294.

27 초판은 1934년에 발간되었고, 현재는 주로 1967년의 제5판이 유통되고 있다. cf. Larson(2008) pp. 379-396.

3.3. 『요가수트라 주석』의 번역

그간 『요가주』는 전공 학자들에게만 연구의 대상이었고, 이들에 의해 번역되었다. 대부분의 학자들이 이것을 영어로 번역하여 발표하였으므로, 원전에 접근할 수 없는 독자들은 영역본에 의지하여 그 내용을 이해할 수밖에 없다. 그러나 영역본은 그 자체로도 난해할 뿐만 아니라, 원문 해석에서도 차이를 드러내는 경우가 적지 않다. 기존의 번역은 이 같은 문제점을 내포하므로, 그러한 번역본으로 『요가주』를 제대로 이해한다는 것은 거의 불가능하다. 특히 앞에 소개한 복주까지 참고하지 않고서는 원문 해석의 차이를 해결할 수 없다. 사용 언어를 불문하고 새로운 번역이 필요한 일차적 이유가 여기에 있다.

『요가주』의 원전은 1912년 이래 여러 학자들에 의해 번역되었다. 번역의 양태를 원전 채택의 범위에 따라 개괄하면 다음과 같다. 이 범위는 비야샤의 주석만을 채택한 경우와 복주를 채택한 경우로 대별된다.

(1) 비야사의 주석

① Swāmi Hariharānanda Āraṇya의 역주, *Yoga Philosophy of Patañjali*: 이 역주는 정규 교육을 받은 후 출가하여 옛 성자들의 방식대로 전통적 수행에 전념했던 Āraṇya[28]에 의해 벵골어(Bengali)로 작성되었다. 이것은 Mukerji의 영역(1963년 초판)에 의해 유통되어 있다.[29] 철저한 의역은 원작자에 기인한 것인지 이중 번역에서 기인한 것인지 불확실하지

....

28 앞의 3.2.(5)로 소개한 Bhāsvatī의 저자이다.

29 이 영역은 원서의 범어 제목인 *Kapilāśramīya-patañjalīya-darśana*(또는 *Kapilāśramīya-pātañjaliyoga-darśana*)를 부분적으로 번역한 것이라고 한다. Larson(2008) p. 367.

만, 원전의 요점을 파악하는 데는 우선적으로 유용하다. 특히 인도의 전통적 해석을 반영한 역주가 장점이다. 원문을 범자(梵字, 데바나가리)로 제시하고 있으나 오기가 많은 점에 유의해야 한다.

② 本多 惠의 일역, 『ヨ-ガ書註解』: 역자가 시역(試譯)이라는 부제를 달고 출판(1978년)했듯이, 간혹 모호한 부분도 있으나, 바차스파티의 복주를 발췌하여 대비한 점과 직역으로 일관한 점에서 유용하다. 원문은 제시하지 않고, 주로 Woods의 영역(아래 ①)을 참고했음이 드러난다.

(2) 바차스파티 미슈라의 복주

① James Haughton Woods의 영역, *Yoga-System of Patañjali Or the Ancient Hindu Doctrine of Concentration of Mind*: 비야사의 주석까지만 범자로 제시하고, 복주에는 원문이 없다. 직역을 원칙으로 채택한 학술적인 표본 번역(1914년 초판)으로 평가된다. 그러나 고전적인 영문 표현과 독자적인 번역어로 비전공자에게는 실용 가치가 거의 없다. 뒤에 소개할 Rukmani도 『요가주』를 번역하면서 적지 않게 이 영역의 번역어를 채택했다.

② Rāma Prasāda의 영역, *Pātañjali's Yoga Sūtras with the commentary of Vyāsa and the gloss of Vāchaspati Miśra*: 비야사의 주석까지만 범자로 제시하고, 복주에는 원문이 없다. 완역으로는 최초 출판(1912년)이지만, 지나치게 축어적인 의역으로 일관하여 요점 파악에만 유용하다. 요가수트라의 번역에 어휘 설명을 첨부한 점이 장점이지만, 여기서 사용한 판본은 초창기의 것이다.

(3) 비갸나 비크슈의 복주

T. S. Rukmani의 영역, *Yogavārttika of Vijñānabhikṣu*: 범자 원문과 번역을 대비하여 제시한다. 인도 출신 여류 학자로서의 이점을 활용하여 7년에 걸쳐(1981~1987년) 4권으로 출판한 최신의 번역이다. 난해한 구문이나 용어에는 Woods의 영역을 채택했으며, 번역 양산의 결함을 각주로 어느 정도 보완했다. 그러나 주석과 복주에서 반복되는 동일 구문에 대한 번역이 일치하지 않는 등, 번역의 질에는 정교함이 결여되어 있다.

(4) 샹카라의 복주

① Rukmani의 영역, *Yogasūtrabhāṣyavivaraṇa of Śaṅkara*: Rukmani의 번역 연구로는 최신작(2001년)이며, 번역 양태는 상기의 복주와 동일하다.

② Trevor Leggett의 영역, *Śaṅkara on the Yoga Sūtras*: 위의 Rukmani보다 먼저 번역, 출판(1992년)되었다. 원문은 제시하지 않으며, 비야사의 주석 부분을 기울임체로 구분했다. 역자는 깔끔하고 독자적인 의역으로 요가 철학의 전공자보다는 일반 독자들의 이해를 도모한 듯하다.

4. 요가수트라 및 주석의 주제

앞서 요가수트라의 구성을 고찰하면서 요가수트라 각 장의 주제와 설정 취지는 체계적인 균형을 갖추고 있으나, 세부적인 내용에서는 일관성의 결여가 발견된다는 사실을 지적하였다. 이에 따라 여기서는 요가수트라 전체를 주제별로 세분하고, 각 주제에 해당하는 경문들의 요점을 제시한다. 다만 여기서 제시한 주제와 각 경의 요점은 요가수트라 자체의 서술만으로 추출한 것이 아니라, 경의 서술이 불명료할 경우에는 『요가주』의 설명을 반영한 것이다. 그러므로 이로써 파악할 수 있는 요가수트라의 내용은 실제로는 『요가주』의 주제가 된다.

4.1. 주제의 대강(大綱)

요가수트라의 주제를 세목으로 제시하기에 앞서, 요가수트라의 핵심 내용을 좀 더 포괄적으로 분류하여 그 대강을 다음과 같이 추출할 수 있다.

(1) 요가의 정의와 목적(제1장 제1~4경)

요가의 목적은 마음의 작용을 억제하는 데 있음을 천명하고, 이 억제에 따른 순수정신의 상태를 설명한다.

(2) 마음 작용의 이해 및 수행의 기본 원리(제1장 제5~16경)

먼저 마음의 작용을 ①바른 인식, ②그릇된 인식, ③망상, ④수면, ⑤기억으로 구분하고, 이것들을 낱낱이 설명한다. 다음으로 마음 작용을 억제하는 보편적인 기본 방법으로 수련과 이욕(離欲)을 제시하여 설명한다.

(3) 삼매의 종류와 기능(제1장 제17~51경)

요가의 목적을 성취하는 과정에서 필수적으로 거치게 될 집중의 단계를 유상(有想), 무상(無想), 무종(無種)으로 대별한 후, 유상을 ①유심(有尋), ②무심(無尋), ③유사(有伺), ④무사(無伺)로 구분하여 설명한다. 이 과정에서 기본적인 지식으로 수행의 방법과 요령 및 유의 사항 등을 제시한다.

(4) 본격적인 수행을 보조하는 일반 수단과 지식(제2장 1~27경)

삼매를 고무하고 번뇌를 약화시키는 수단으로 행작(行作) 요가를 ①고행, ②자기 학습(성전 공부), ③신에 대한 헌신으로 제시하고, 수행에 장애가 되는 5종의 번뇌를 ①무지, ②자아의식, ③탐욕, ④혐오, ⑤삶에 대한 애착으로 설명한다. 더 나아가 업과 고통을 상술한 후, 식별지가 궁극적인 수단임을 설명한다.

(5) 본격적인 요가 수행의 여덟 가지 단계(제2장 제28경~제3장 제8경)

먼저 '8지(支) 요가'로 불리는 체계적인 수행법을 ①금계(禁戒), ②권계(勸戒), ③좌법(坐法), ④조식(調息), ⑤제감(制感), ⑥총지(總持), ⑦정려(靜慮), ⑧삼매로 구분하여 낱낱이 설명한다. 다음으로 이 중 ⑥⑦⑧을 일련의 유기적인 집중 수단인 총제(總制)로 통칭하여 그 효과와 적용을 설명한다.

(6) 마음의 전변과 실체 전변의 진상(제3장 제9~15경)

마음이 억제, 삼매, 집일(集一)이라는 세 양태로 전변하는 것을 속성(法)과 시간적 형태(相)와 상태(位)의 전변으로 설명한 후, 실체는 과거와 현재와 미래라는 시간적 속성을 수반하여 존재한다고 교시한다. 따라서 전변은 실체의 변형이며, 전변의 차별은 순차적 단계의 차이이다. 결국 전변은 항존하는 하나의 실체(마음)에서 속성이 순차로 출몰하는 한 가지일 뿐이다.

(7) 총제에 의한 각종의 초능력(제3장 제16~55경)

식별지를 달성하는 과정에서 부수적으로 발생하는 30여 종의 초능력들을 열거한다. 그러나 이것들은 식별지에 미치지 못하므로, 총제로써 초능력을 초월한 식별지에 도달할 때라야 독존이 가능하다고 설명한다.

(8) 마음의 변화 양상과 인식 기능(제4장 제1~24경)

요가 철학 특유의 인식론을 전개한다. 먼저, 화생심(자신의 의지로써 생성된 마음)의 활동 요인인 업과 훈습이 속성으로서 존속하는 실상을 상술하고, 이 속성과 사물의 관계를 단일한 전변으로 해명한다. 다음으로, 사물(대상)을 인식하는 주체인 동시에 순수정신에게 대상이 되는 객체로서의 마음이 담당하는 인식의 기능과 한계를 설명한다.

(9) 요가의 목적인 독존(해탈)의 성취(제4장 제25~34경)

요가 철학 특유의 해탈론을 전개한다. 삼매의 진전에 따라 마음이 무지로부터 식별지를 지향하면서 이전의 잠세력을 제거함으로써 번뇌와 업도 소멸한다. 이에 따라 무한정한 지혜가 발생하고 전변의 요인들이 더 이상 발동하지 않는 단계에서, 순수정신의 지성만이 존속하는 독존에 도달한다.

4.2. 주제의 세목과 경문의 요점

이하에서는 주제의 개요를 더욱 상세히 분류한 세목, 그리고 이 세목에 배속된 경문들의 내용을 요점으로 발췌하여 제시한다.

제1장 삼매

범위	주제의 대강	주제의 세목	경	경문의 요점
1.1～4	(1) 요가의 정의와 목적	요가의 정의와 목적	1	요가 교시의 개시
			2	마음 작용의 억제
			3	억제 이후의 순수정신
			4	억제가 없는 경우의 순수정신
1.5～11	(2) 마음 작용의 이해 및 수행의 기본 원리	①마음 작용의 다섯 가지	5	유해한 것과 무해한 것
			6	바른 인식, 그릇된 인식, 망상, 수면, 기억
			7	바른 인식. 직접지각, 추리, 성언(聖言)
			8	그릇된 인식의 정의
			9	망상의 정의
			10	수면의 정의
			11	기억의 정의
1.12～16		②마음 작용의 억제 방법	12	수련과 이욕에 의한 마음 작용의 억제
			13	수련의 정의
			14	수련의 방법
			15	이욕의 방법
			16	이욕의 위상
1.17～18	(3) 삼매의 종류와 기능	①삼매의 종류	17	유상(有想) 삼매의 네 양태
			18	무상(無想) 삼매와 무종(無種) 삼매
1.19～23		②삼매의 다양한 수단	19	존재연(세속에 의거하는 것)
			20	방편연(정신적 수단에 의거하는 것). 신념, 정진, 기억, 삼매, 예지.
			21	삼매의 임박
			22	수단의 강도 차이
			23	자재신에 대한 명상
1.24～28		③순수정신과 자재신	24	자재신은 특수한 순수정신
			25	전지자(全智者)의 종자
			26	자재신은 선조들의 스승
			27	옴(Om)은 자재신의 표지
			28	옴(Om)에 대한 명상

제1장 삼매(계속)

범위	주제의 대강	주제의 세목	경	경문의 요점
1.29~34		④마음의 장애와 청정	29	지성의 획득으로 장애 해소
			30	아홉 가지 장애
			31	산란을 동반하는 다섯 가지
			32	산란을 격퇴하는 하나의 원리
			33	자애, 연민, 기쁨, 무관심에 의한 마음의 청정
			34	숨의 배출과 중지
1.35~39		⑤마음의 안정 달성	35	대상에 대한 직접지각의 효력
			36	비애로부터 벗어나 빛을 발하는 효력
			37	집중의 대상. 열망이 사라진 마음
			38	집중의 대상. 꿈속과 수면중의 인식
			39	바라는 것에 대한 명상
1.40~47		⑥등지(=삼매)의 분류와 정의	40	집중 대상의 제압
			41	등지(等至)의 정의
			42	유심(有尋) 등지의 정의
			43	무심(無尋) 등지의 정의
			44	유사(有伺) 등지와 무사(無伺) 등지의 정의
			45	미세한 대상의 한계
			46	유종(有種) 삼매의 범위
			47	무사(無伺) 삼매의 효과.
1.48~51		⑦예지와 무종 삼매	48	진리의 보유자인 예지
			49	삼매의 예지의 특수한 대상
			50	예지로부터 발생한 잠세력
			51	잠세력의 억제와 무종 삼매

제2장 수단

범위	주제의 대강	주제의 세목	경	경문의 요점
2.1~11	(4) 본격적인 수행을 보조하는 일반 수단과 지식	①번뇌 약화의 방책	1	행작(行作) 요가의 세 가지
			2	행작 요가의 기능
			3	다섯 가지 번뇌
			4	무지는 다른 번뇌들의 기반
			5	'무지'의 정의와 기능
			6	'자아의식'의 정의와 기능
			7	'탐욕'의 정의
			8	'혐오'의 정의
			9	'삶에 대한 애착'의 기능
			10	환원에 의한 번뇌의 파기
			11	정려에 의한 번뇌 파기
2.12~14		②잠재업의 감수와 과보	12	현생과 내생의 잠재업
			13	잠재업의 세 방면의 과보
			14	과보의 즐거움과 고통
2.15~16		③고통 개관	15	모든 것이 고통인 이유
			16	파기되어야 할 고통
2.17~24		④고통의 원인 분석	17	지각자와 지각 대상의 결합
			18	지각 대상인 3질의 기능과 목적
			19	네 가지로 구분되는 질(guṇa)들
			20	보는 자(순수정신)의 특성
			21	지각 대상의 본성
			22	지각 대상과 순수정신의 관계
			23	지각 대상과 순수정신의 결합
			24	결합의 원인인 무지
2.25~27		⑤예지로서 식별지(識別智)	25	파기의 의미
			26	식별지는 파기의 수단
			27	일곱 가지의 예지

제2장 수단(계속)

범위	주제의 대강	주제의 세목	경	경문의 요점
2.28~29	(5) 본격적인 요가 수행의 여덟 가지 단계	①요가의 실천 수단	28	요가의 지분(支分)들을 실행한 효과
			29	요가의 여덟 지분
2.30~31		②제1지 금계(禁戒)	30	다섯 가지 금계
			31	다섯 금계의 무조건성
2.32		③제2지 권계(勸戒)	32	다섯 가지 권계
2.33~34		④금계와 권계의 원조 수단	33	반대의 것에 대한 명상
			34	반대의 것에 대한 명상의 적용
2.35~39		⑤다섯 금계의 효과	35	불상해의 효과
			36	진실의 효과
			37	불투도의 효과
			38	금욕의 효과
			39	무소유의 효과.
2.40~45		⑥다섯 권계의 효과	40	청정의 외적 효과
			41	청정의 내적 효과
			42	만족의 효과
			43	고행의 효과
			44	자기 학습(성전 공부)의 효과
			45	신에 대한 헌신의 효과.
2.46~48		⑦제3지 좌법(坐法)	46	좌법의 정의
			47	좌법 완성의 원리
			48	좌법의 효과
2.49~53		⑧제4지 조식(調息)	49	조식의 정의
			50	조식의 세 가지 작용
			51	제4의 조식
			52	조식의 효과
			53	총지(總持)의 예비 조건.
2.54~55		⑨제5지 제감(制感)	54	제감의 정의
			55	제감의 효과

제3장 초능력

범위	주제의 대강	주제의 세목	경	경문의 요점
3.1~3	(5) 본격적인 요가 수행의 여덟 가지 단계	⑩명상의 심화, 총제(總制)	1	제6지. 총지(總持)의 정의
			2	제7지. 정려(靜慮)의 정의
			3	제8지. 삼매의 정의
3.4~8		⑪총제(總制)의 적용과 위상	4	총제의 정의
			5	총제의 효과
			6	총제의 단계적 적용
			7	유상 삼매의 내적 수단
			8	무종 삼매의 외적 수단.
3.9~12	(6) 마음의 전변과 실체 전변의 진상	①마음의 세 가지 전변	9	억제 전변의 정의
			10	억제 전변의 효과
			11	삼매 전변의 정의
			12	집일(集一) 전변의 정의
3.13~15		②전변설의 요체, 실체 전변의 진상	13	마음의 전변을 바꿔 말한 세 가지 전변
			14	시간적 속성으로 존재하는 실체
			15	전변의 순차적 단계
3.16~48	(7) 총제에 의한 각종의 초능력	①총제에 부수하는 초능력들	16	과거와 미래에 통달
			17	모든 생물의 소리에 통달
			18	전생에 통달(숙명통)
			19	타인의 마음에 통달(타심통)
			20	타심통(他心通)의 예외
			21	신체의 은몰(隱沒)
			22	죽음에 통달
			23	불굴의 용기
			24	코끼리 따위와 같은 힘
			25	투시력과 같은 인식력
			26	모든 세계에 통달
			27	천체에 통달
			28	천문에 통달
			29	신체 구조에 통달
			30	기아와 갈증의 소멸

제3장 초능력(계속)

범위	주제의 대강	주제의 세목	경	경문의 요점
			31	마음의 안정
			32	성취자(초능력자)를 지각
			33	직관으로 일체에 통달
			34	마음에 통달
			35	순수정신의 직관적 인식
			36	초인적 감각
			37	초능력은 삼매의 장애
			38	타인의 몸속으로 마음의 이동
			39	사후에 승천
			40	광채 발생
			41	신묘한 청각
			42	공중 부양
			43	번뇌, 업, 과보의 소멸
			44	요소들을 정복
			45	여덟 가지 신통력
			46	완전한 신체
			47	감관들을 정복
			48	무형의 자유자재, 근본원질 정복.
3.49~52		②식별지의 성취 단계	49	전지자(全智者)의 조건은 식별지
			50	독존의 조건은 초능력의 초월
			51	요기의 유의 사항
			52	식별지를 낳는 총제
3.53~55		③식별지에 의한 독존	53	식별지의 일반 용도
			54	식별지의 정의
			55	독존의 조건

제4장 독존

범위	주제의 대강	주제의 세목	경	경문의 요점
4.1~5	(8) 마음의 변화 양상과 인식 기능	①원질의 전변에 따른 마음의 생성	1	초능력 발생의 일반 요인
			2	원질로부터 출생의 전변
			3	동력인의 작용 방식
			4	화생심(化生心)의 발생
			5	선도하는 하나의 마음
4.6~11		②업과 훈습의 작용 원리	6	잠재력(잠재업)이 없는 것, 정려(=삼매)
			7	네 가지의 업
			8	훈습의 현현
			9	훈습의 연속
			10	시초가 없는 훈습
			11	훈습의 존재 요인
4.12~14		③속성들의 존재 양태	12	과거, 현재, 미래와 속성의 관계
			13	과거, 현재, 미래와 질(guṇa)들의 관계
			14	전변의 단일성에 의한 사물의 실재
4.15~24		④마음의 인식론적 기능 (관념론 비판)	15	사물과 인식의 다양성
			16	사물과 마음의 관계
			17	인식에 미치는 사물의 영향
			18	마음 작용과 순수정신의 관계
			19	지각 대상으로서 마음의 한계
			20	동시에는 불가능한 인식
			21	인식의 무한 소급과 기억의 혼란
			22	순수정신과 통각의 상호 의탁
			23	지각자와 지각 대상의 영향을 받는 마음
			24	마음의 존재 이유
4.25~34	(9) 요가의 목적인 독존(해탈)의 성취	독존의 과정과 완성	25	자아의 존재 상태에 대한 성찰의 정지
			26	마음의 독존 지향
			27	잠세력의 여진(餘震)
			28	잠세력의 제거
			29	법운(法雲) 삼매의 발생
			30	번뇌와 업의 소멸
			31	전지(全知)의 무한정한 지혜
			32	전변의 종료
			33	최종에 파악되는 상속
			34	독존의 정의

본문

제1장

삼 매

제1경: 이제 요가의 교시가 [시작된다.]

'이제'란 여기서는 [요가, 즉 삼매를 대상으로 하는] 주제가 시작된다는 것이다.[1] [그러므로 경문의 의미를] 요가의 교시인 교전(敎典)이

---

1 이 구문의 원문은 일반적으로 "이제란 여기서는 '시작'을 의미한다."라고 번역된다. 그러나 후대의 일부 주석자들의 해석을 반영하여 이 평범한 번역을 더욱 구체적인 의미로 바꾸면, 이와 같은 번역이 원의에 근접한다. '시작'의 원어인 adhikāra는 일반적으로 지배, 권위, 임무 등의 의미로 사용된다. 그러나 주석자들의 상식에 의하면, 여기서 '이제'라는 말은 '시작'을 의미한다. 어원적으로 adhikāra는 '선두에 서다'라는 의미의 동사에서 파생된 명사이다.
YV에 의하면, adhikāra가 시작를 의미하는 것은 어원 및 관용상의 용법에 따른 것이다. 즉 "adhikāra라는 말은 어원 및 관용상 오직 '시작'으로서 중요하다는 것이다."(adhikāra-śabdo yogarūḍhatayā ārambhaṇa eva mukhya iti)라고 한다. 다만 이 말의 의미 제시는 부수적인 문제이고, 이 구문 전체에 함축된 의의를 이해하는 것이 관건이다. 제1경은 요가의 가르침을 개시한다는 간단한 도입구에 불과한 것으로 보인다. 이에 대한 『요가주』(YBh)의 해설 역시 매우 간결하다. 그러나 후대의 주석자들은 『요가주』의 이 간결한 해설에 장황한 설명을 할애했다. 이들의 설명에서

시작된다는 것으로 알아야 한다._1

요가는 삼매이다. 그리고 그것(삼매)은 [마음의] 모든 단계(상태)에 관한 마음의 속성이다.[2] 마음의 단계들이란 동요, 미혹, 산란, 집중, 억제이다. 이 중에서 의식이 산란할 때, 산란함에 종속된 상태로 있는 삼매는 요가의 범주에 속하지 않는다._2

그러나 의식이 집중될 때, 참으로 진실한 대상이 [충분히[3]] 빛을 발하게 하고, 번뇌들을 멸하고, 업의 속박들을 완화시키고, 억제로 향하게 하는 그것이 유상(有想)[4] 요가라고 불린다. 그리고 그것으로는 심(尋)과 사(伺)와 환희와 자아의식에 뒤따르는 것이 있음을 우리는 나중에 [제1장 제17경에서] 밝힐 것이다. 그러나 모든 작용을 억제하는 데에 무상(無想) 삼매가 있다._3

....

'이제'로 시작되는 구문의 요지를 다음과 같이 추출할 수 있다. "요가수트라는 저자로 알려진 파탄잘리(Patañjali)의 창작품이 아니라, 고대의 위대한 스승이 이미 공포한 요가의 진리를 다시 전달하는 교전이다." ↪「주제별 역주」 1-1.

2 "요가는 삼매이다."라고 정의하고서 다시 이 삼매를 '마음의 속성'이라고 설명한 취지는 쉽게 이해되지 않는다. 후대 주석자들의 설명에 의하면 이 경우의 삼매란 마음의 모든 단계(TV에 의하면 '상태')에 적용되는 공통 요소로 이해된다. 예를 들어 YV는 이 삼매를 "앞으로 설명할 동요 따위의 모든 상태에 공통하는 것"(sarvāsu vakṣyamānāsu kṣipādy-avasthāsu sādhāraṇaḥ)이라고 해석한다. YsV도 이와 같이 해석한다. 이 문제에 대한 후대 주석자들의 설명은 용의주도하다. ↪「주제별 역주」 1-2.

3 TV는 '빛을 발하게 한다'(pradyotayati)라는 동사의 접두사 pra에 이런 뜻이 담겨 있다고 설명한다.

4 대상을 의식하는 상태, 즉 대상에 대한 분별이 있는 의식 상태(saṃprajñāta)를 용어화한 것이다. 따라서 무상(無想)은 대상을 의식하지 않는 상태, 즉 대상에 대한 분별이 없는 의식 상태이다. 이 경우의 유상과 무상은 명상에 몰입한 이후 정신 집중의 심도를 차별한 것이므로, 평상시의 의식 상태에는 적용되지 않는다.

이에 대한 정의를 제시하고자 하여 [다음의] 이 경문이 개시되었다._4

제2경: 요가란 마음의 작용을 억제하는 것이다.

[경문에서] '모든'이라는 말이 언급되지 않기 때문에 유상(有想)도 요가라고 불린다.[5] 왜냐하면 마음은 조명과 활동과 지속의 성향을 가지므로 3질[6]인데, 조명의 성질인 마음의 순질(純質)은 동질(動質) 및 암질(暗質)과 결합하여 전능성(초능력)과 대상을 애착하게 되기 때문이다._1

암질로 뒤섞인 바로 그것(순질)은[7] 악과 무지와 탐착과 부자유로

5 이 해설의 취지를 다음과 같이 이해할 수 있다. 제1경의 주석에서는 "모든 작용을 억제하는 데에 무상(無想) 삼매가 있다."라고 하여 유상과 무상을 차별했다. 이에 의하면 '모든' 작용까지 억제하지 못한 단계는 유상이 된다. 그런데 만약 이 제2경에서 "요가란 '모든' 마음의 작용을 억제하는 것이다."라고 교시했다면, 유상은 요가로 불리지 못할 것이다. 그러나 경문에서는 '모든'이라는 조건을 명시하지 않으므로 유상도 요가로 불릴 수 있다.

6 3질(質)은 tri-guṇa를 번역한 전문어이다. guṇa는 실의 가닥을 의미하는 데서 유래하여 구성 요소, 성분, 속성 등을 가리키는 의미로 통용되며, 윤리적으로는 덕(德)을 의미한다. 상키야(sāṃkhya) 및 요가 철학에서 guṇa는 물질적 요소 또는 성분뿐만 아니라 정신적 기질 또는 성질까지 함의하여, 이원론 특유의 전변설을 형성하는 핵심적인 개념이다. '3질'은 이러한 특수성을 고려한 번역이다. 물질 원리들은 아무리 다양하게 전변하더라도 그것들은 모두 순질(sattva), 동질(rajas), 암질(tamas)이라는 3질의 배합에 불과하다. 이 때문에 물질이란 사실상 3질의 복합체를 의미한다. ↪ 「주제별 역주」 1-3.

7 바탕에 깔린 관념(3질의 상관 작용)을 적용하면, "바로 그것(순질)이 암질로 뒤섞일 때는"이라는 의미이다.

향하게 된다. 미망의 장애가 소멸된 바로 그것은[8] 어디에서나 빛을 발하면서, 동질(動質)의 요소로 뒤섞여 선(善)과 지혜와 이욕(離欲)과 자재로 향하게 된다. 동질의 사소한 티끌마저도 떨쳐 버리고 본성에 안주하는 바로 그것은[9] 오로지 [통각(統覺)의] 순질과 순수정신이 다르다고 알고서 법운(法雲) 정려[10]로 향하게 된다. 그것이 최상의 명상이라고 정려에 든 자들은 선언한다._2

[순수정신인] 지성의 능력(정신력)[11]은 변하지 않고, [대상과] 혼융하지 않고, 대상을 드러내고, 청정하고, 무한하다. 그리고 순질이라는 성질을 본질로 갖는 것(통각)을 이것(지성의 능력, 즉 순수정신)과는 다른 [것이라고 아는 것을] 식별지(識別智)라고 한다. 이로부터 [더

....

8 즉 "바로 그것(순질)이 미망이라는 장애를 소멸할 때는"

9 즉 "바로 그것(순질)이 동질의 사소한 티끌마저도 떨쳐버리고 본성에 안주할 때는"

10 정려(靜慮)는 불교에서 말하는 선정(禪定)과 원어(dhyāna)가 동일하다. 이 책에서는 불교적 관념과 구분하기 위해 정려를 번역어로 채택했다. 요가수트라에서는 이 용어가 다의적으로 사용된다. 즉 삼매와 동의어로 사용되기도 하며, 8지(支) 요가로서 수행 단계를 지칭할 때는 제8지(삼매) 직전의 제7지이다. 법운 정려는 제4장 제29경에서 '법운 삼매'로 표현되며, 『요가주』는 이것을 무종(無種) 삼매로 설명한다. 이 법운 정려 또는 법운 삼매는 가장 이상적인 최종 단계의 삼매를 가리킨다. 영역자들 중 Woods가 이것을 '[인식 대상이 될] 사물들에 대한 비구름'(Rain-cloud of [knowable] things)으로 번역한 것은 법(dharma)의 철학적 의미를 중시한 것이다. 그러나 이것은 최상의 삼매를 비유적으로 표현한 것이므로, Rukmani의 번역처럼 '덕(德)의 구름'이라는 의미로 이해해도 충분하다.

11 TV는 '지성의 능력'(citiśakti)이 곧 순수정신(puruṣa)이라고 명시한다. 이는 TV의 독창적인 해석이 아니라, 요가수트라의 마지막 경문(제4장 제34경)을 설명하는 데서 "순수정신에게는 지성의 능력만이 단독으로 존재한다."(puruṣasya citiśaktir eva kevalā)라고 하는 『요가주』의 설명과 상응한다.

나아가] 그것(식별지)에서 초연한 마음은 그 [식별하는] 지각력(식별지)도 억제한다.[12] 이 상태에서 [마음은] 잠세력(潛勢力)으로 접근하게 되는데,[13] 이것이 무종(無種) 삼매이다. 거기서는 어떠한 것도 분별되지 않는다라는 것이 무상(無想) [요가 또는 삼매]이다._3

마음의 작용을 억제하는 그 요가는 2종이다._4

마음이 그러한 상태에 있을 때, 대상은 존재하지 않으므로, 통각을 지각하는 본체인 순수정신이 어떠한 존재 상태로 있는가 하면,_5

....

12 TV는 "참으로 지고한 이욕(離欲)인 오직 청정한 지식만으로 식별지도 억제한다는 의미이다."(jñāna-prasāda-mātreṇa hi pareṇa vairāgyeṇa vivekakhyātim api niruṇaddhīty arthaḥ)라고 설명한다.

13 원문은 분명히 '잠세력으로 접근한다'(saṃskāropagam)라는 의미이다. YsV에서도 "이 상태란 억제된 상태를 가리키고, 잠세력으로 접근한다는 것은 잠세력만 남아 있다는 것이다."(tad avasthaṃ nirodhāvasthaṃ, saṃskāropagaṃ saṃskāra-mātrāvaśeṣam)라고 설명한다.

그러나 Woods와 本多가 이것을 '잠세력을 초월한다'라는 의미로 번역한 것은 삼매 구분의 논리와 체계(정승석 2005)를 고려한 것으로 이해된다. 우선 제1장 제51경에 의하면, 무종 삼매는 잠세력이 억제될 때 도래한다. 이 점을 고려하면 무종 삼매의 조건으로는 '잠세력으로 접근한다'는 것보다는 '잠세력을 초월한다'는 것이 타당하다. 그러나 원문이 전자의 의미가 분명하다면, 자의적 해석 이전에 그 맥락을 먼저 파악해야 한다. 이 맥락은 제1장 제51경에 대한 『요가주』의 설명에서 읽을 수 있다. 이에 의하면 이 경우의 잠세력은 독존(해탈)으로 이끄는 잠세력을 가리킨다. 즉 잠세력은 번뇌를 산출하는 동력이기도 하고 번뇌를 억제하는 동력이기도 하다. 특히 삼매의 잠세력은 후자의 기능으로 작용한다. 그래서 『요가주』는 독존으로 연결되는 잠세력들을 동반함으로써 마음은 정지하고, 마음이 정지할 때 순수정신은 본성에 안립함으로써 청정한 해탈이 성취된다고 설명한다.

제3경: 그때 '보는 자'(순수정신)는 본성에 안주한다.

그때 지성의 능력은 마치 독존[의 상태]에 있는 것처럼 본성에 안주한다. 그러나 마음이 활동 상태에 있을 때는 [지성의 능력이] 그와 같이 [본성에 안주하는 것처럼] 존재하고 있더라도 [사실은] 그와 같이 [본성에 안주해] 있지는 않다._1

왜 그러한가? 대상이 [자신에게] 보이기 때문이다._2

제4경: 이 밖의 경우에 [보는 자(순수정신)는 마음의] 작용과 동일한 양상을 갖는다.[14]

[마음이] 활동 상태에 있을 때 순수정신은, 마음의 작용들이라면 그 어떠한 것과도 차이가 없는 작용을 갖는다. 그래서 [판차쉬카의][15] 경문은 그와 같이 "[통각과 순수정신에게] 관찰은 오직 한 가지이고, 지각하는 것만이 관찰이다."[16]라고 말한 것이다._1

....

14 아래 『요가주』의 설명을 고려하면, 순수정신이 본성에 안주하지 않을 때(즉 마음이 활동 상태에 있을 때), 순수정신의 인식은 곧 마음의 작용과 동일하게 되어버린다는 의미이다. TV의 해설에 의하면, 이 경문의 근거는 제4장 제22경이다. 제4장의 각주 75 참조.

15 TV는 여기서 인용한 경문의 작자를 상키야 요가 학파의 초기 논사인 판차쉬카(Pañcaśikha)로 간주한다.

16 YsV는 이 인용구의 의미를 다음과 같이 설명한다.
"그래서 그와 같이 옛 스승의 경문에 의하면 통각과 순수정신에게 관찰은 오직 한 가지이다. 그것이 무엇인가? 이에 답하여 지각하는 것만이 관찰이라고 말한 것이다. 관찰은 오로지 통각의 작용이다. 그런데 순수정신에 의해서 알려진다는 것이 지각이며, 또한 이것(지각)에 의해 통각과 순수정신의 본성이 알려진다는 것이 지각이다." (tathā ca pūrvācārya-sūtram ekam eva darśanam buddhi-puruṣayoḥ/

마음은 자석처럼 단지 접근(연관)하는 것만으로 [순수정신을] 조력하여, [순수정신에게] 드러남으로써 순수정신이라는 주인의 소유물이 된다. 따라서 순수정신은 무시이래로 [마음과] 연관하기 때문에 마음의 작용을 지각한다._2

마음이 [다음과 같은] 많은 [작용을] 일으킬 경우, 그것들은 다시 억제되어야 한다._3

제5경: [마음의] 작용은 다섯 가지로서, 유해한(고통을 낳는) 것들과 무해한(고통을 낳지 않는) 것들이다.

번뇌를 야기하는 것들로서, 잠재업이 축적되는 밭이 되는 것이 유해한 것들이다. [식별하는] 지각력(식별지)을 대상으로 삼는 것들로서, 질들(3질)의 임무(지배)[17]를 차단하는 것들이 무해한 것들이다. 무해한

kiṃ tad ity āha khyātir eva darśanam/ buddhi-vṛttir eva darśanam/ khyāyate puruṣeṇeti ca khyātiḥ khyāyate 'nayā ca buddhi-puruṣayoḥ svarūpam iti khyātiḥ/)
요가 철학에서는 마음(citta)을 포괄적인 의미로 사용한다. 다만 상키야 철학의 이론을 적용할 때는 통각(buddhi)을 가리키는 경우가 흔하다. ↪ 「주제별 역주」 1-4.

17 이 말의 원어인 adhikāra의 용도가 제1경의 경우와는 판이하게 다르다(제1장의 각주 1). 여기서 이 말은 전변, 즉 현상적 전개를 주도(지배)하는 기능을 지칭한다. 따라서 '질들의 임무'가 실제로 의미하는 것은 '3질의 지배'이다. 그러나 상키야 및 요가 철학에서 그 기능을 '임무'로 표현한 이유는, 3질 또는 마음의 작용을 독존(해탈)이라는 목적을 위한 임무로 간주하기 때문이다. 이 관념을 목적론적 전변설이라고 한다. 이것은 해탈을 위해 윤회한다는 역설적인 관념이다. 이 같은 관념은 『요가주』 전체에 걸쳐 주로 마음과 결부되어 '임무를 지닌', '임무 완수' 등으로 빈번히 드러난다. 여기서 임무는 '마음의 작용'이라는 부정적인 현상을 '목적을 위함'이라는 긍정적인 의미로 표현한 개념이다.

것들은 유해한 것들의 흐름에 떨어지기도 한다. 즉 무해한 것들은 유해한 것들의 틈새에도 있을 수 있다. [또 이와는 반대로] 유해한 것들은 무해한 것들의 틈새에도 있을 수 있다._1

오로지 [마음의] 작용들에 의해서만 그와 같은 종류의 잠세력들이 생성되며, 잠세력들에 의해서 작용들이 [생성된다.] 이와 같이 [마음의] 작용과 잠세력이라는 바퀴는 끊임없이 회전한다. 바로 이와 같이 존재하는 마음은 [질들(3질)의] 임무를 종식시켜 [본래의 순수한] 자신처럼 안주하거나 혹은 [원질 상태로] 환멸(還滅)해간다._2

그 유해한 것들과 무해한 것이라는 작용들은 [다음과 같은] 5종이다._3

제6경: 바른 인식, 그릇된 인식, 망상, 수면, 기억[이 그 다섯 가지]이다.

그중에서_1

제7경: 바른 인식은 직접지각, 추리, 성언(聖言)[18]이다.

직접지각이라는 바른 인식은 감관이라는 매체에 의해 마음이 외부 사물의 영향을 받음으로써 그것(외부 사물)을 자신의 대상으로 삼아, 대상의 보편성과 특수성이라는 본질 중에서 특수성을 우선적으로 확정하는 작용이다. [이 직접지각의] 결과는 [순수정신과 통각의 작용

18 성전의 말씀을 지식의 근거로 삼는 것이 성언(āgama) 또는 전승(śruta)이며, 이 둘은 증언에 해당한다. 제1장 제49경의 『요가주』에 의하면 성언(즉 성전)에 의한 지식이 전승이다. 따라서 성언, 전승, 성전은 동일한 인식 수단을 가리킨다.

이 서로] 구별되지 않은 것이며, 순수정신으로부터 유래하여 마음의 작용을 지각한 것이다. "통각의 의식자가 순수정신이다."[19]라고 나중에 우리는 밝힐 것이다._1

추리란, 추리될 수 있는 것과 같은 종류에 속한 것들 중에서는 승인되고 다른 종류에 속한 것들로부터는 배제되는 바로 그 연관(결합 관계)을 취급하는 것으로서, 보편의 확인을 중시하는 활동이다. 예를 들면, 달과 별은 다른 장소에 도달하기 때문에 '차이트라'[라는 사람]처럼 운동을 지니지만, [다른 장소에] 도달하지 않는 빈디야[산]은 운동이 없다[라고 추리하는 것]과 같다._2

신뢰할 만한 사람에 의해 경험되거나 추론된 어떤 것은 다른 사람에게 자신의 지각을 전달하기 위해 말로써 지시된다. 말을 통해 그 의미를 취급하는 청각의 작용이 성언이다. 어떤 것에 대해 말한 것이 경험되거나 추리되지 않은 것이어서 신뢰할 수 없는 그러한 성언은 허공에 뜬 것이 된다. 그러나 그것이 경험되거나 추리된 것에 의거하는 말일 경우에는 합당한 것이 될 것이다._3

제8경: 그릇된 인식[20]은 형성된 그대로의 것에 의거하지 않은 허위의 지식이다.

그것(그릇된 인식)은 왜 바른 인식이 아닌가? 바른 인식은 실제로 존재하는 것을 대상으로 지니므로, 그것은 바른 인식에 의해 파기되는 것이기 때문이다. 여기서는 바른 인식으로 바르지 않은 인식을 파기하

19 이 관념은 제1장 제29경, 제2장 제17경, 제4장 제21경에 대한 해설에서 취급된다.

20 한자어로는 흔히 전도(顚倒)로 표현된다.

는 일이 경험된다. 예를 들면, 둘로 보이는 달이 하나로 보이는 달인 진실한 대상에 의해 파기되는 것과 같다._1

바로 이 무지는 5종이다. 즉 [제2장 제3경에서] "번뇌들은 무지, 아집, 탐욕, 증오, 애착이다."라고 한다. [우리] 자신의 전문어에 의하면 이것들은 곧 암(暗), 치(癡), 대치(大癡), 중암(重暗), 맹암(盲暗)이라고 한다.[21] 이것들은 마음의 오염과 연관하여 설명될 것이다._2

제9경: 망상이란 [대응하는] 사물이 없이 말[이 가리키는] 지식 내용을 따르는 것이다.

그것(망상)은 바른 인식에도 도달하지 않고 그릇된 인식에도 도달하지 않는다. [대응하는] 사물이 없을지라도 말의 지식 내용을 깊이 고려함으로써 발생하는 관행이 인지된다. 예를 들면, 지성은 순수정신의 본성이라고 말하는 것과 같다. 지성이 곧 순수정신[이라고 말할] 때, 여기서 무엇이 무엇에 의해 지시되는가?[22] '차이트라의 소'라고 말하는

....

21 이 다섯은 인식의 혼미 상태, 즉 어리석음을 어두움에 비유하여, 그 어두움의 강도를 최대 상태까지 다섯 단계로 구분한 것이다. 상키야 철학의 근본 교전인 SK 제47송에서는 그릇된 인식에 5종이 있다고 하며, 제48송에서는 그 5종을 다시 총 62종으로 세분한다. 즉 8종의 暗(tamas), 8종의 癡(moha), 10종의 大癡(mahāmoha), 18종의 重暗(tāmisra), 18종의 盲暗(andha-tāmisra)이다. 그러나 SK 자체는 이들 62종의 내용을 명시하지 않는다. 현재 알려진 그 내용은 모두 주석서에서 유래할 뿐이다. YD, JM, SC에 의하면, 暗 등의 다섯 가지는 각각 무지(avidyā), 자아의식(asmitā), 탐욕(rāga), 혐오(dveṣa), 애착(abhiniveśa) 따위에 상당한다. 이 설명은 요가수트라 제2장 제3경을 도입한 것으로 보인다. 실제로 JM은 SK 제47송을 해설하면서 요가수트라 제2장의 제3~4경을 인용하고 있다. 정승석(1992) p. 95 참조.

22 전제된 답은 지성이 순수정신을 지시하거나 순수정신이 지성을 지시한다는 것

것과 같이, [지시하는] 명칭이 있으면 [그 명칭이 지시하는 대상과 연결시키는] 작용이 있다.[23]_1

사물의 성질이 부정되는 순수정신은 활동하지 않는 것이다[라고 말하]는 것도 그와 마찬가지이다. 화살이 정지해 있다, 정지할 것이다, [이미] 정지되었다라고 말하는 [경우처럼] 운동의 소멸에서는 오직 어근의 의미만이 인정된다.[24]_2

이와 마찬가지로 순수정신은 불생(不生)의 성질을 지닌 것이라고 말하는 [경우에는] 생기하는 성질이 없다는 사실만이 이해되고, 순수정신에 속하는 성질 [자체는] 지각되지 않는다. [그래도 그 말은 관행으로 통용된다.] 따라서 그 성질은 망상된 것이며, 이것에 의해 [표현상의] 관행은 존재한다._3

제10경: [각성 상태에서는] 존재하지 않는 의식[25]에 의거하는 작용이 수면이다.

그런데 그것(수면)은 깨어난 상태에서 [수면의 상태에 있었음을]

....

이다.

23 여기서는 말에 의한 관념 형성을 지적한다. 실재하는 것은 '차이트라'와 '소'라는 별개물이다. 그러나 그 둘을 결부시켜 하나의 대상으로 인식하는 관행에 의해 '차이트라가 소유하는 소'라는 하나의 관념이 형성된다는 것이다. 이 같은 '망상'은 제1장 제42경에서 다시 거론된다.

24 화살이 활시위에서 날아가 떨어지는 과정을 묘사할 때 '정지'라는 말로도 표현하지만, 그 과정 자체는 정지가 아니다. 그러므로 이 경우에는 '정지하다'라는 동사의 의미만 인정된다는 것이다.

25 깨어난 상태에서는 존재하지 않지만, 깨어나기 전에는 존재했던 것으로 상기되는 의식.

상기하기 때문에 특수한 의식이다._1

어떻게 그러한가? "나는 안락하게 잤다. [그래서 지금] 나의 마음은 평온하고, 나의 예지(叡智)를 명석하게 만든다. 나는 고달프게 잤다. [그래서 지금] 나의 마음은 나태하고 불안정하게 배회한다. 나는 우둔하게 깊이 잤다. [그래서 지금] 나의 온몸은 무겁고, 나의 마음은 피곤하며 무기력하게 마치 도둑맞은 것과 같은 상태에 있다."라고 말하는 것과 같다._2

[수면 상태에서] 의식의 경험이 없다면, 참으로 바로 이 각성(覺醒) 상태의 상기는 있을 수 없을 것이며, 그것(수면 중의 경험)에 의존하고 그것을 취급하는 기억들도 없을 것이다. 따라서 수면은 특수한 의식이다. 그리고 그것은 삼매에서 다른 의식과 마찬가지로 억제되어야 할 것이다._3

제11경: 경험한 대상을 잃지 않는 것이 기억이다.

마음은 관념에 대해 기억하는가 혹은 대상에 대해 기억하는가?_1

인식된 것(대상)의 영향을 받은 관념은 인식됨(인식된 대상)과 인식함(인식하는 작용)이라는 두 양태를 드러내며, 그것과 같은 종류의 잠세력을 생성한다. 자신의 현현들을 일으키는 그 잠세력은 그 [현현의] 양태인 인식됨(대상)과 인식함(작용)을 본질로 하는 기억을 낳게 한다._2

이 중에서 인식하는 작용의 양태와 결부된 것은 통각이고, 인식되는 대상의 양태와 결부된 것은 기억이다. 그것(기억)은 2종이다. 즉 가공의 것(상상된 것)을 기억할 수 있는 것과 가공이 아닌 것(사실인 것)

을 기억할 수 있는 것이다. 꿈에서는 가공의 것을 기억할 수 있다. 그러나 깨어나 있을 때에는 가공이 아닌 것을 기억할 수 있다._3

모든 기억들은 바른 인식, 그릇된 인식, 망상, 수면, 기억들의 경험으로부터 유래한다. 그리고 이 모든 [마음의] 작용들은 즐거움과 고통과 미망을 본질로 하는 것들이며, 즐거움과 고통과 미망들은 번뇌들에 속한 것으로 설명할 수 있다. 즐거움에 너무 집착하는 것이 탐욕이고, 고통에 너무 집착하는 것이 혐오이며, 또한 미망은 무지이다._4

이 모든 작용들은 억제되어야 할 것들이다. 이것들이 억제될 때, 유상 또는 무상 삼매가 있다._5

그렇다면 그것들을 억제하는 데는 어떠한 수단이 있는가?_6

제12경: 수련과 이욕(離欲)[26]에 의해 그것(마음 작용)들은 억제된다.

마음의 강이라고 불리는 두 줄기의 흐름은 선(善)으로 인도하고 악(惡)으로 인도한다. 그런데 독존을 지향하여 식별의 영역으로 나아가는 그것(마음의 강)은 선의 흐름이며, 윤회의 방향을 지향하여 무식별의 영역으로 나아가는 그것은 악의 흐름이다._1

거기서 대상으로 향하는 흐름은 이욕에 의해 약화되고, 식별로 향하는 흐름은 식별지를 수련함으로써 개방된다. 이와 같이 두 가지에 따르는 것이 마음 작용의 억제이다._2

26 이처럼 요가수트라에서는 수련과 이욕이 요가 수행의 보편적인 2대 수단으로 중시되어 있다. 이에 대해서는 1.20_2(제1장 각주 43) 참조.

제13경: 그 [둘] 중에서 안정을 위해 노력하는 것이 수련이다.

안정이란 작용하지 않는 마음이 적정(寂靜)의 상태로 흐르는 것이다. 수련이란 그것(안정)을 위한 지속적 노력, 힘, 인내이며, 그것을 완성시키고자 하여 그것의 수단을 실행하는 것이다._1

제14경: 그리고 그것(수련)은 오랜 기간과 지속성과 주의력으로 열심히 실천되는 견고한 기반이다.

[그것은] 오랜 기간에 걸쳐 실천되고, 끊임없이 실천되며, 주의를 쏟아 실천된다.[27] 즉 [그것은] 고행, 금욕, 지혜, 신념에 의해 성취되어 주의력을 갖는 견고한 기반이 된다. [이 말은] 장애가 되는 잠세력으로 인해, 지향하는 것을 그렇게 신속하게 정복하지는 못한다는 뜻이다._1

....

27 여기에 명기된 '주의력'이 YsV의 해설에서는 다음과 같이 전혀 언급되지 않는다. "그런데 그것은 어떻게 견고한 것이 될 수 있는가? 이에 대해 답하여 '오랜 기간과 지속성으로 실천되는'이라고 말한 것이다. 오랜 기간이 없거나 [지속성이 없다면] 수련은 견고한 기반이 될 수 [없다.] 이 때문에 그 둘도 단지 형용사의 성격을 갖는다." (sa tu kathaṃ sthirī bhavatīty ata āha/ dīrghakāla-nairantarya-sevitaḥ/ dīrghakālatva-varjito vā [nairantarya-varjito vā na] dṛḍha-bhūmir bhavaty abhyāsaḥ/ tasmād ubhayor api viśeṣaṇatvam eva/)
만약 YsV의 저자가 주의력에 대한 언급을 고의로 무시한 것이라면, 이는 주의력과 수련을 동일시하여 주의력을 갖는 것이 곧 수련이라고 이해했기 때문일 것이다.

제15경: 이욕이란 경험한 대상이나 [베다의] 성전에서 유래한 대상을 갈구하지 않는 자가 가진 [자기] 통제의 의식이다.[28]

여자나 음식이나 초능력이라는 경험의 대상에 대한 갈망으로부터 벗어난 경우, 천상의 행복이나 육신에서 벗어남이나 원질과의 융합[29]을 성취하는 것, 즉 [베다의] 성전에 따른 대상에 대한 갈망으로부터 벗어난 경우, 신성하거나 세속적인 대상과 접촉해 있더라도 명상의 힘을 통해 대상의 결점을 알아차리는 경우, 이러한 경우의 마음이 갖는 통제의 의식, 즉 향락의 성질을 갖지 않고 버리거나 취할 것도 갖지 않는 의식이 이욕이다._1

제16경: 그것(이욕)은 순수정신의 지각력을 통해 [3]질들에 대한 갈망으로부터 벗어나는 최상의 것이다.

경험의 대상이나 [베다의] 성전에 따른 대상의 결점을 알아차리는 자는 초연한 상태에 있다. [또한] 순수정신의 지성을 수련함으로써, 그것(순수정신)의 순수함과 완전한 식별[지]가 충족된 통각은 전개와 미전개의 성질을 갖는 질들(3질)로부터 초연해 있다. 이 두 가지가 이

....

28 기존에 "경험의 대상이나 전승에서 유래한 대상에 대한 열망을 제압하는 의식이 이욕이다."라고 의역했던 것을 직역으로 수정했다.

29 '원질과의 융합'(prakṛti-layatva)을 TV는 다음과 같이 설명한다.
"그러나 다른 이들은 원질만을 자아로 생각하여 원질을 숭배하고 [자아실현의] 임무를 지닌 원질에만 몰입하는데, 그들의 상태가 원질과의 융합이다." (anye tu prakṛtim evātmanam abhimanyamānāḥ prakṛty-upāsakāḥ prakṛtau sādhikārāyām eva līnās teṣāṃ bhāvaḥ prakṛti-layatvam/)

욕이다. 여기서 후자는 오직 지식의 청정이다._1

이것이 발생할 때, [순수정신의] 지각력을 일으킨 자(요기[30])는 다음과 같이 생각한다. '달성되어야 할 것(독존)은 달성되었고, 소멸되어야 할 번뇌들은 소멸되었으며, 단절이 없는 탓으로 태어나서는 죽고, 죽고 나서는 태어나는 단단하게 연결된 그 생존의 과정은 단절되었다.' 바로 이 인식의 최고의 정점이 이욕이다. 오직 이것의 연속이 독존이기 때문이다._2

그렇다면 두 가지 수단(수련과 이욕)에 의해 마음의 작용을 억제한 다음에, 유상 삼매는 어떻게 [일어난다고] 설명되는가?_3

제17경: 심(尋), 사(伺), 환희, 자아의식의 양태를 수반함으로써 유상 [삼매가] 있다.[31]

심(尋)은 마음이 [지각의] 거친 대상에 대해 향수(享受)[32]하는 것이

……………

30 Prasāda(2000)의 판본에는 'yogī'로 명기되어 있다. 요기(yogī)는 요가를 추종하여 실천하는 수행자를 일컫는 통용어이다.

31 여기서는 유상 삼매의 4종을 심, 사, 환희, 자아의식으로 열거한다. 마음의 작용에서 개략적인 사고는 심(尋), 미세한 사고는 사(伺)라고 말할 수 있다. 명상의 대상으로 구분하면 대상이 조대한 것일 경우는 심(尋), 미세한 것일 경우는 사(伺)이다. 조대한 대상에 대한 명상의 강도에 따라 유심(有尋)과 무심(無尋)으로 구분되며, 미세한 대상의 성격(미세성의 차이)에 따라 유사(有伺)와 무사(無伺)로 구분된다. 여기서 무(無)는 없다는 의미가 아니라 앞 단계를 능가한다는 의미이다. 이러한 정의는 제1장 제46경의 주석에서 서술된다. 유상 삼매의 확장 분류는 「주제별 역주」 1-5 참조.

32 향수는 감각이나 지각으로 대상을 경험한다는 것을 먹거나 마시는 데서 발생하는 즐거움에 비유한 전문어이다. 따라서 이 말의 실제 의미는 경험 또는 체험이다.

고, 사(伺)는 [지각의 대상이] 미세한 것이며, 환희는 즐거워하는 것이고, 자아의식은 [순수정신과 대상의] 동일성을 의식[33]하는 것이다._1

거기서 네 가지에 따른 첫째 삼매가 유심(有尋) 삼매이다. 둘째의 것은 심(尋)이 없고 사(伺)를 지닌 것(유사 삼매)이다. 셋째의 것은 사(伺)가 없고 환희를 지닌 것(환희 삼매)이다. 넷째의 것은 그것(환희)이 없고 자아의식일 뿐인 것(아견 삼매)이다. 이 모두는 [지각의] 대상을 지닌 삼매들이다._2

그렇다면 무상 삼매는 무엇을 수단으로 삼으며, 혹은 어떠한 본성을 지니는가?_3

제18경: [마음 작용의] 정지를 일으키는 수련에 뒤따르는 것으로서 잠세력이 잔존하는 다른 것(삼매)이 있다.

모든 [마음의] 작용이 멈출 때, 잠세력은 잔존하고 마음은 억제된 것이 '무상 삼매'이다. 이것의 수단이 지고한 이욕이다. 왜냐하면 대상을 지닌 수련은 그것(무상 삼매)을 성취하는 데 적합하지 않기 때문이다. 따라서 [마음 작용의] 정지를 일으키는 것(즉 지고한 이욕)은 실체를 갖지 않는 것으로서 [무상 삼매의] 기반이 된다.[34] 그리고 그것(정지

....

33 이 자아의식, 즉 아견(我見)을 YsV는 '본성과 하나가 된 의식'(eka-rūpātmikā-saṃvid)으로 묘사하고, YV는 '초연해 있는 의식의 형상일 뿐인 것'(vivikta-cetanākāratā-mātra)으로 묘사한다.

34 YV의 해설을 참고하면 이 구문은 "따라서 모든 마음 작용의 정지는 실체를 갖지 않고 [무상 삼매의] 기반이 된다."라는 의미로 이해된다. YV는 '실체를 갖지 않는 것'에 대해 "왜 그것은 실체를 갖지 않는 것인가? 거기에는 생각해야 할 실체가 없다는 의미이다."(sa yato nirvastukaḥ/ nāsti vastu cintanīyaṃ yatrety arthaḥ/)라고 설명

를 일으키는 것)은 대상이 없는 것이다.[35] [이 경우] 그것에 대한 수련에 뒤따르는 마음은 기반이 없게 되고, 마치 무(無)에 도달한 것처럼 된다. 따라서 이것이 무상의(대상에 대한 분별이 없는) 무종(無種) 삼매이다._1

그것[36]은 실로 이러한 두 가지, 즉 방편연(方便緣)과 존재연(存在緣)[37]이다. 요기들에게는 그중에서 방편연이 있다._2

....

한다. 여기서 실체는 대상을 가리키는 것으로 이해해도 무방하다.

35 이 구문을 Woods는 "왜냐하면 거기에는 대상이 없기 때문이다."라고 번역한다. 이는 접속사 ca를 '그리고'가 아니라 '왜냐하면'의 용도로 적용한 것이다.

36 YsV에서는 대명사 '그것'을 '무종 삼매'로 명시하지만, YV에서는 '무상 삼매'로 명시한다. 이는 바로 앞에 언급된 '무상의 무종 삼매'를 적용하는 관점의 차이이다. 그런데 무종 삼매는 제1장의 끝(제51경)에서 삼매의 마지막 단계로 교시된 점을 고려하면, 여기서는 유상 삼매를 지목한 것으로 이해하는 것이 전체적 맥락에 더 부합한다. 더욱이 이하 제19, 20경은 무상 삼매에 적용되는 교시이다. 이 점에서 '무상의 무종 삼매'란 무종 삼매를 목표로 지향하는 무상 삼매를 의도하는 것으로 이해할 수 있다. 다만 이 대목에 대한 TV의 시각은 매우 판이하다. 즉 TV는 여기서 "그것은 실로 이러한"이라고 말한 것을 "'그것은 실로'란 억제 삼매를 둘로 구분하여 버려야 할 것과 취할 것을 제시한 것이다. '이러한'이란 억제 삼매를 가리킨다."(nirodha-samādher avāntarabhedaṃ hānopādānāṅgam ādarsayati sa khalv ayam nirodha-samādhir)라고 해설한다. TV는 바로 이 같은 시각으로 다음의 제19경에 대한 주석을 재해석한다.

37 방편연(upāya-pratyaya)과 존재연(bhava-pratyaya)은 각각 '정신적 수단에 의거하는 것'(정신적 수단을 원인으로 갖는 것)과 '세속에 의거하는 것'(세속을 원인으로 갖는 것)을 용어화한 것이다. 제19경에서는 존재연을, 제20경에서는 방편연을 교시한다.

제19경: 육신이 없는 자(천신)들이나 원질과 융합[38]하는 자들에게는 존재연(세속에 의거하는 것)이 있다.

육신이 없는 신들에게는 존재연[39]이 있다. 왜냐하면 오직 자신의 잠세력만을 향수하는 마음으로 마치 독존의 단계와 같은 것을 경험하는 그들은, 그것과 같은 종류에 속하는 자신의 잠세력의 과보를 누리기 때문이다. 이와 마찬가지로 원질과 융합하는 자들은, 임무를 지닌 의식이 원질로 몰입해갈 때, 임무[40]의 힘으로 인해 마음이 다시 윤회하지 않는 한, 마치 독존의 단계와 같은 것을 경험한다._1

38 앞의 제15경, 특히 각주 29 참조.

39 TV에 의하면 존재연(세속에 의지하는 것)은 무지의 중생 세계에서 진실을 깨닫는다는 것을 의미한다. 즉 TV는 "중생들이 이곳에서 태어나 존속하는 것을 일컬어 세속, 즉 무지라고 한다."(bhavanti jāyantesyāṃ jantava iti bhavo 'vidyā)라고 전제한 후, 이욕을 달성한 중생들이 순수자아를 발견하는 과정을 설명한다. 그러나 YV는 이것을 '출생에 의거하는 것'으로 해석한다. 즉 "존재연(출생에 의거하는 것)은 신들의 세계에서 출생만을 원인으로 갖는다는 것이다."(devaloke bhava-pratyayo janma-mātra-kāraṇakaḥ)라고 설명한다. 영역자 Woods(1973:44)는 YV가 이 대목을 무상 삼매의 2종에 관한 논의로 생각한 듯하다고 지적하고 나서, 그러나 그 2종은 마음 작용의 억제를 분류한 것이라고 이해한다. 즉 하나는 다시 마음 작용으로 이끌 일시적인 억제이며, 이것을 존재연이라고 한다. 다른 하나는 지고한 이욕의 결과인 신념(다음 각주 43 참조)에 뒤따르는 것이며, 이것을 방편연이라고 한다. 방편연은 해탈을 추구하는 사람에게 적합하지만, 존재연은 사이비 요가로서 배척되는 것이다. Woods의 이 같은 이해는 TV의 해설(앞의 각주 34 참조)에 의거한 것이다.

40 상키야 철학에 의하면, 이 임무는 원질이 순수정신에게 향수(경험)를 제공하여 종국에는 독존에 도달하게 하는 것을 가리킨다. 원질로 몰입하는 것은 이 임무를 실행하는 것이다. 앞의 각주 17 참조.

제20경: 다른 이들에게는 신념, 정진, 기억, 삼매, 예지(叡智)[41]에 기인하는 것(무상 삼매)이 있다.

방편연(정신적 수단에 의거하는 것)은 요기들의 것이다.[42]_1

신념(믿음)은 의식의 평정이다. 왜냐하면 그것은 고결한 어머니처럼 요기를 보호하기 때문이다. 실로 그러한 신념을 갖고 식별지를 추구하는 자에게는 정진이 발생한다. 발생된 정진에는 기억이 뒤따른다. 그리고 기억이 뒤따르는 데서 산란하지 않는 마음이 확립되며(삼매에 들며), 확립된(삼매에 든) 마음에는 예지의 식별지가 다가온다. 이로써 사물을 있는 그대로(정확하게) 안다. 이러한 수련을 통해, 그리고 이것을 지향하는 이욕을 통해 무상 삼매가 가능하다.[43]_2

---

41 예지의 원어인 prajñā는 불교에서 반야(般若)라는 음역어로 통용된다. 이것은 다른 관념이 개입하기 이전에 대상을 있는 그대로 직접 지각하는 순수한 인식이다. 번역에서는 '직관'이라는 상투어와 구별하기 위해 '예지'로 통일했다. 한편 여기서 열거하는 다섯은 불교의 37조도법(助道法)에도 포함되어 있다.

42 이 서술은 여기(제20경)서 열거하는 다섯 가지가 방편연임을 명시한다. 따라서 여기에는 요기들은 이것들을 수단으로 삼아 무상 삼매에 도달한다는 의미가 함축되어 있다.

43 이 마지막 구문을 음미함으로써 수련 및 이욕과 앞서 설명한 다섯 가지(신념 → 정진 → 기억 → 삼매 → 예지)의 관계를 파악할 수 있다. 즉 이욕은 신념 이하 다섯 가지를 발동시키며, 이 다섯은 수련에 포함된다. 따라서 이 설명의 전체 취지를 "이욕 → 수련(신념 → 정진 → 기억 → 삼매 → 예지) → 해탈"의 과정으로 도시할 수 있다. 여기서 다섯 가지는 결국 수련과 이욕의 요목이 된다. 이 같은 맥락에서 Dasgupta(1973:128)도 신념, 정진, 기억, 삼매는 이욕 및 수련과 다르지 않다고 이해한다. 다시 말해서 신념이 이욕에 포섭되고, 신념의 다른 결과(정진, 기억, 삼매, 예지)를 수련으로 포괄함으로써, 수련과 이욕은 요기의 최종 목표를 성취하는 두 가지 내적 수단이 된다.

실로 그 요기에게는 연성(軟性)과 중성과 강성[으로 분류되는] 9종의 수단들이 있다. 즉 유연한 수단과 중간인 수단과 과도한 수단이다. 그중에서 유연한 수단들은 다시 강도(强度)[44]가 유연한 것과 중간인 것과 강렬한 것이라는 3종이다. 중간인 수단도 그와 같고, 과도한 수단도 그와 같다._3

여기서 과도한 수단을 지닌 자들에 대해 [다음과 같이 교시한다.]_4

제21경: 강도가 강렬한 [수단을 지닌] 자들에게는 [삼매가] 가까이 있다.

[이 경문의 의미는] 삼매의 획득과 삼매의 결과가 [가까이] 있다는 것이다._1

제22경: [강렬한 수단도] 유연하거나 중간이거나 과도하기 때문에 그로부터도 차이가 있다.

유연한 강렬함과 중간인 강렬함과 과도한 강렬함이 있다는 것이다. "그로부터도 차이가 있다."라는 말의 의미는 이러하다. 그 [강렬한

....

한편 YV는 신념의 결과인 이욕을 신념과 다른 것으로 간주할 수 없다고 주장한다. 이에 대해 Dasgupta(1973:127)는 이욕은 신념의 음성적인 양상이라고 이해한다. YV의 견해는 신념(믿음)을 특히 중시한 것이지만, 전체적 맥락에서는 Dasgupta의 이해와 어긋나지는 않는다.

44 TV는 강도(saṃvega)라는 말이 이욕(vairāgya)을 의미한다고 해석한다. 그러나 YV는 어원적으로 그 말이 이욕을 의미하지 않는다고 지적하면서, "강도란 수단을 실천할 때의 신속성이다."(saṃvegaś copāyānuṣṭhāne śaighryam)라고 설명한다. 이에 의하면 강도라는 말은 '신속성'을 의미한다.

강도의] 차이[가 있기] 때문에, 유연한 강렬함의 강도[를 지닌 자]에게는 삼매의 획득과 삼매의 결과가 가까이 있고, 이로부터 나아가 중간인 강렬함의 강도[를 지닌 자]에게는 더욱 가까이 있으며, 이것보다 과도한 강렬함의 강도[를 지닌 자], 즉 과도한 수단[을 지닌 자]에게는 가장 가까이 있다._1

오직 이로부터(과도한 수단으로부터) 삼매는 가장 근접하게 되는가? [아니면] 그 밖에 이것의 획득에는 다른 어떤 수단도 있는가 혹은 없는가? [이에 대해 다음과 같이 설한다.]_2

제23경: 혹은 자재신에 대한 경건한 명상을 통해서도 [삼매에 도달한다.]

경건한 명상이라는 특별한 성신(誠信)을 통해 호의를 갖게 된 자재신은 오직 [헌신자의] 열망에 의해 그를 지원하며, 그 열망을 통해서도 요기에게는 삼매의 획득과 결과가 가장 근접하게 된다._1

그렇다면 근본원질[45]이나 순수정신과는 다른 자재신으로 불리는 이것은 무엇인가?_2

....

45 근본원질(pradhāna)은 원질(prakṛti)의 동의어로서 사용 빈도도 거의 비슷하다. 원질은 대개의 경우 순수정신(puruṣa)과 대립하는 원리를 가리키며, 이 경우에는 근본원질의 별칭이 된다. 다만 원질은 간혹 3질로 이루어진 원리들을 통칭하는 복수로 사용되는 경우도 있으므로, 이 경우의 원질과는 차별하여 특칭한 것이 근본원질이다. 상키야 철학에서는 근본원질의 원어로 pradhāna보다는 mūla-prakṛti를 더 많이 사용하지만, 요가수트라와 『요가주』에서는 mūla-prakṛti를 사용하지 않는다. ↪ 「주제별 역주」 1-3.

제24경: 번뇌, 업, 과보, 잠재력들의 영향을 받지 않는 특수한 순수 정신이 자재신이다.

번뇌들이란 무지 따위들이다. 업들이란 선(善)과 불선(不善)들이다. 과보란 그 [업들의] 결과이다. 잠재력이란 그것(결과)에 따르는 훈습(熏習)들이다. 그리고 그것들은 마음에서 진행되고 있지만 [실은] 순수정신에서 지시된 것들이다. 왜냐하면 그것(순수정신)은 그 결과의 향수자이기 때문이다. 예를 들면 병사들 사이에서 진행되고 있는 승리나 패배가 군주에게서 지시된 것과 같다. 실로 이 향수의 영향을 받지 않는[46] 그 특수한 순수정신이 자재신이다._1

그런데 독존에 도달한 많은 독존자들이 있으며, 그들은 실로 세 가지 속박을 끊고서 독존에 도달한 자들이다. 그러나 자재신에게는 그 속박이 있지도 않았으며, 있지도 않을 것이다. 예를 들면 해탈한 자에게는 이전에 속박의 치성함이 있었음이 알려지지만, 자재신의 경우에는 그렇지 않은 것과 같다. 또 예를 들면 원질로 몰입하는 자에게는 이후에 속박의 치성함이 있을 수 있지만, 자재신의 경우에는 그렇지 않은 것과 같다. 그리고 그(자재신)는 항상 해탈해 있고, 항상 자재하다._2

순질을 현저하게 사용함으로써 자재신에게 구비된 저 영원한 우월성은 원인이 있는 것인가, 아니면 원인이 없는 것인가? 성전이 그것의 원인이다. [그렇다면] 다시 성전은 무엇에 의거하는가? 현저한 순질에 의거한다. 자재신의 순질에 존재해 있는 그 성전과 그 [자재신의] 우

....

46 향수자란 향수를 직접 겪는 자가 아니라, 향수의 결과를 인지할 뿐인 자를 의미한다. 향수자인 순수정신은 향수를 직접 담당하지 않으므로 향수의 영향을 받지 않는다. 이 대목의 취지는 제2장 제18경의 주석에서 더욱 명료하게 드러난다.

월성 사이에는 무시이래의 연관이 있다. 이 때문에 자재신은 오직 언제나 이렇게 존재하고 오직 언제나 해탈해 있다._3

그런데 이 경우, 그(자재신)에게는 다른 전능성에 의해 압도되지 않을 만큼 [다른 것과의] 대등함이나 [다른 것의] 우월함이 배제되는 그러한 전능성이 있다. 오직 우월한 것이 있다고 한다면, 바로 그것(자재신의 전능성)뿐일 것이다. 따라서 어디에서나 전능성이 최정상에 도달해 있는 그것이 자재신이다._4

그래서 그것(자재신의 전능성)과 대등한 전능성은 존재하지 않는다. 왜 그러한가? 대등한 두 사람이 동시에 바라는 하나의 대상에 대해 [한쪽은] "이것이 새롭게 되기를"이라고 말하고 [다른 한쪽은] "이것이 낡게 되기를"이라고 말할 경우, 한쪽이 성취될 때 다른 쪽은 바라는 바가 파괴되므로, [대등한 두 사람에게 똑같이] 충족되지는 않는 결과를 초래하기 때문이다. 그래서 목적이 상반하기 때문에, 대등한 두 사람이 동시에 바라는 목적을 달성하는 일은 [있을 수] 없다._5

따라서 [다른 것과의] 대등함이나 [다른 것의] 우월함이 배제되는 전능성을 가진 자, 그는 곧 자재신이며, 그는 특수한 순수정신이다._6

더욱이_7

제25경: 그 경우에 최상의 것이 전지자(全智者)의 종자이다.

과거와 미래와 현재에 분산해 있기도 하고 집합해 있기도 하는 초감각적인 것을 적거나 많게 지각한다는 것이 바로 그 전지자의 종자이다. 실로 이렇게 증대해가면서 어디에서나 최상의 것이 되는 그것이 전지자이다._1

[자를 가지고] 측량하는 것처럼, 능가하는 성질을 갖기 때문에 전지자의 종자는 최정상에 도달한다고 하며, 어디에서나 [자신의] 지혜가 최정상에 도달한 그것이 전지자이고, 그것이 곧 특수한 순수정신이라고 한다._2

추리는 오직 일반적인 결론에만 치우쳐서 특수한 것을 이해하는 데는 적합하지 않으므로, 그(전지자)의 징표 따위와 같은 특수한 것에 대한 이해는 전승(성전)을 통해 추구되어야 한다. 그에게는 자신의 이익이 없을지라도 중생을 이롭게 하는 것은 동기가 된다. [즉] "우주의 작은 주기와 큰 주기의 종말에서 나는 지혜와 법을 교시함으로써 윤회하는 사람들을 구제할 것이다."라고 [하는 동기이다.]_3

다음과 같이 말한 것이 그와 같다. "최초의 현자요 존자인 최상의 성현은 자비심으로 인해 화생심(化生心)[47]을 사용하여, 알기를 원하고 있는 아수리(Āsuri)에게 교의를 설파했다."[48]_4

47 YsV의 설명에 의하면, 화생심이란 자신의 의지로써 생성된 마음을 가리킨다. 즉 YsV는 "화생심이란 [타인을] 가르치기 위해 집으로 들어가는 것처럼, 단지 의지에 의해 생성된 요기의 마음"(nirmāṇa-cittaṃ saṃkalpa-mātra-nirmitaṃ yogi-cittam āveśa-grahavad upadeśanārtham)이라고 설명한다. 따라서 화생심은 결국 어떤 목적을 갖고 자신의 의지로 일으킨 마음을 의미한다(다음 각주 참조). 이것은 제4장의 제4경과 제6경에서 다시 언급된다.

48 TV에 의하면 이 인용문은 판차쉬카(Pañcaśikha)의 진술이며, 여기서 말하는 '최초의 현자요 존자인 최상의 성현'은 카필라(Kapila)를 지칭한다. 일찍이 『마하바라타』에서 "상키야의 선포자인 카필라는 최상의 성현으로 불린다."(sāṃkhyasya vaktā kapilaḥ paramarṣiḥ sa ucyate/ Mbh 12.349.65)라고 언급된 이래, 카필라는 신화적 인물로 묘사되어 왔다. 이에 의하면 그는 불의 화신, 태양의 구체(球體)에 거주하는 빛, 브라마(Brahmā) 신의 마음으로 생긴 아들들 중의 하나이며 비슈누(Viṣṇu) 또는 쉬바(Śiva)와 동일시된다. 특히 *Bhāgavata Purāṇa*에서는 카필라를 비슈누의 다

그(자재신)는 이러하다._5

제26경: [자재신은] 시간에 의해 한정되지 않기 때문에, 선조들에게도 스승이다.[49]

실로 선조들은 시간에 의해 한정된다. [그러나] 시간이 한정을 위해 적용되지 않는 [자재신의] 경우에는 그가 곧 선조들에게도 스승이다. [자재신은] 이 창조의 시초에 완전한 상태로 확립되어 있듯이, 지나간(과거에 반복되었던) 창조의 시초들에서도 그와 같았다고 인정되어야 한다._1

....

섯째 화신로 간주하여 다음과 같이 서술한다.
"카필라라고 불리는 다섯째는 '성취자의 신'으로서 암흑을 분쇄하는, 일군의 원리들을 확정한 수(數)를 아수리에게 설파했다."(pañcamaḥ kapilo nāma siddheśaḥ kālaviplutam provācāsuraye saṃkhyaṃ tattva-grāma-vinirṇayam/ 1.3.10)
한편 Chakravarti(1975:111)에 의하면, 이 인용문에서 '화생심'은 카필라가 초자연적 힘으로 어떤 형체를 취하여 상키야의 지식을 전파했음을 의미하며, 이는 카필라가 육체를 취하지 않은 존재로서 역사적 인물로 간주될 수 없음을 의미한다. 특히 YsV에서는 "최상의 성현이란 카필라, 나라야나 등으로 불리는 자재신 자체"(paramarṣir īśvara eva kapila-nārāyaṇādi-saṃjñaḥ)라고 하여, 카필라를 자재신과 동일시한다.

49 TV는 이 경문의 도입구인 "그는 이러하다."를 "여기서는 브라마 등으로부터 존자를 구분하여 '그는 이러하다'고 말한 것이다."(saṃprati bhagavato brahmādibhyo viśeṣam āha sa eṣa iti)라고 설명한다. YsV에 의하면 물질적 번영과 정신적 지복을 위한 수단과 목적 사이의 관계를 가르치는 자들이 선조이며, 이 선조들에게 그런 지혜를 가르치는 자가 스승이다. 그리고 이 스승이란 결국 제25경의 인용문에서 시사한 최상의 자재신 또는 전지자이다.

제27경: 그(자재신)를 표시하는 소리가 옴(Om)이다.

'옴'이 가리킬 수 있는 것은 자재신이다. 이것(신과 옴의 관계)은 언표되는 대상(신)과 언표하는 것(말)으로서 약정된 것인가, 아니면 등과 불빛처럼 확정된 것인가?_1

[옴이라고] 언표하는 것과 이 언표되는 대상의 결합 관계는 확립되어 있다. 그리고 자재신에 대한 약정은 오로지 확립된 것을 이끈다. [예를 들면] "이 남자는 저 남자의 아버지이고, 저 남자는 이 남자의 아들이다."라고 말하듯이, 아버지와 아들 사이에 확정된 결합 관계는 약정[된 말]에 의해 명시되는 것과 같다._2

바로 그와 같이 다른 창조들에서도 언표되는 대상과 언표하는 말[사이]의 힘에 의거하는 약정이 이루어진다. [그래서] 성언(성전)을 따르는 사람들은 "합의는 영원한 것이므로 말과 대상의 결합 관계는 영원하다."라고 단언한다._3

언표되는 대상과 언표하는 말을 분별한 요기에게는_4

제28경: 그것(옴)의 음송, 그것의 의미에 대한 명상이 [필요하다.]

[요기에게는] 옴(Om)의 음송과 '옴'이라고 불려야 할 자재신에 대한 명상이 [필요하다.]

그렇게 '옴'을 음송하고 '옴'의 의미를 성찰하고 있음으로써 이 요기의 마음은 집중으로 향하게 된다._1

다음과 같이 말한 것이 그와 같다. "자신에 대한 공부를 통해 요가를 지속해야 하며, 요가를 통해 자신에 대한 공부를 지속[해야] 한다. 자신에 대한 공부와 요가의 완성에 의해 최상의 자아는 빛을 발한다."_2

그러면 그에는 무엇이 있는가?[50]_3

제29경: 그로부터 내부로 향하는 지성을 획득하고 또 장애가 없게 된다.

질병 따위인 장애들은 있는 그만큼 자재신에 대한 명상을 통해 없게 되며, [자재신을 명상하는] 그(요기)는 자신을 관찰하기도 한다. 자재신은 청정하고 밝고 독존하고 재앙이 없는 바로 그 순수정신인 것처럼, 그(요기)도 통각의 의식자가 곧 순수정신이라고 그와 같이 이해한다._1

그렇다면 어떤 것들이 마음을 산란하게 하는 장애인가? 혹은 또 그것들은 얼마나 많이 있는가?_2

제30경: ①병, ②침체, ③의심, ④부주의, ⑤나태, ⑥무절제, ⑦그릇된 지각, ⑧[요가의] 단계를 얻지 못함, ⑨불안정이 마음의 산란이며, 이것들이 장애이다.[51]

아홉 가지 장애들이 마음을 산란하게 한다. 이것들은 마음의 작용들과 함께 일어난다. 이것들이 없을 때, 앞에서 말한 마음 작용들은 일

....

50 TV는 이 말의 의미를 "그러면 이로부터 무엇이 뒤따르는가?"(kiṃ cāparam asmāt)로 파악한다. YsV는 이보다 더 구체적으로 "그런데 다른 것도 있는가? 혹은 단지 마음에 집중함만 있는가?"(kiṃ cānyad apy asti/ āhosvic cittaikāgratvam eveti/)라고 묻는 것으로 해석한다. 이에 의하면 다음 경문은 요기가 추가로 얻게 될 결과를 제시한 것이다.

51 번호는 이해의 편의를 위해 부여한 것이다. 불전의 용어로 ②는 혼침(惛沈), ③은 의(疑), ④는 방일(放逸), ⑤는 해태(懈怠)로 번역된다.

어나지 않는다._1

①병이란 [생리적] 요소, 분비물, 감관이 균형을 이루지 못한 것이다.[52] ②침체란 마음이 활동하지 않는 것이다. ③의심이란 '그것은 이러할 것이다. 그것은 이러하지 않을 것이다.'라고 양 극단과 접촉하는 식별이다. ④부주의란 삼매의 성취 수단들을 촉진시키지 않는 것이다. ⑤나태란 몸과 마음이 무겁기 때문에 게을러지는 것이다. ⑥무절제란 마음이 대상에 집착하는 성질인 탐욕에 빠지는 것이다. ⑦그릇된 지각이란 전도된 인식이다. ⑧[요가의] 단계를 얻지 못함이란 삼매의 단계에 도달하지 못한 것이다. ⑨불안정이란 도달한 [어떤] 단계에서 마음이 동요하는 것으로서, [진실한] 삼매를 얻게 될 때라야 실로 [마음이] 안정하게 될 그러한 것이다.[53]_2

마음을 산란시키는 이 아홉 가지는 요가의 불순물, 요가의 적, 요가의 장애라고 불린다._3

제31경: ①고통, ②낙담, ③신체의 동요, ④들숨, ⑤날숨은 [마음의] 산란과 함께 일어난다.

고통은 자기 자신으로부터 유래하는 것, 중생으로부터 유래하는 것, 신령스런 원인으로부터 유래하는 것이 있다.[54]_1

52 요소는 풍(風), 담즙, 점액 따위를 가리키고 분비물은 마시거나 먹은 자양물의 특수한 변화를 가리킨다.

53 Dasgupta(1973:126)는 불안정을 "삼매 상태에 어느 정도 도달할 수 있을지라도 거기서 마음이 불안정한 것"으로 이해한다.

54 여기서 열거하는 고통은 상키야 철학에서 '3고'로 불린다. 상키야 철학은 이 3고

그것들(세 가지 고통)의 타파를 위해 노력하는 중생들을 괴롭히는 것이 ①고통이다. ②낙담이란 욕망의 파괴로 인해 마음이 동요하는 것이다. 온몸을 교란시키고 전율하게 하는 것이 ③신체의 동요이다. 외부의 공기를 흡수하는 호흡이 ④들숨이고, 복부의 공기를 내보내는 호흡이 ⑤날숨이다._2

이것들이 '산란과 함께 일어난다'는 것은, 흐트러진 마음에는 이것들이 있고 집중된 마음에는 이것들이 없다는 것이다._3

그러므로 삼매의 적인 이 산란들은 오로지 수련과 이욕이라는 그 둘에 의해 억제되어야 한다. 이 중에서 수련의 대상을 개괄하여 이렇게 (다음 경문으로) 설했다._4

제32경: 그것들을 격퇴하기 위해 하나의 원리[55]를 수련한다.

산란을 격퇴하기 위해서는 하나의 원리에 의존하는 마음에 주의

....

의 타파를 천명하는 것으로부터 출발한다. 상키야의 주석서인 금칠십론(金七十論)에서 이것들은 의내고(依內苦), 의외고(依外苦), 의천고(依天苦)로 번역된다.

55 Dasgupta(1973:126)는 '하나의 원리'에 대한 주석자들의 견해 차이를 다음과 같이 개괄한다. "Vācaspati(TV)는 마음이 집중하여 안정해야 할 하나의 원리란 자재신(Īśvara)이라고 말하고, Rāmānanda Sarasvatī와 Nārāyaṇa Tīrtha도 이에 동의한다. 그러나 Vijñāna Bhikṣu(YV)는 하나의 원리가 조대하거나 미세한 어떤 대상을 의미한다고 말한다. Bhoja도 이를 지지하여 하나의 원리는 어떠한 것이든 바라는 대상을 의미할 수 있다고 말한다."
이 같은 견해 차이에 대해 Dasgupta(1973:126-7) 자신은 다음과 같은 견해를 표명한다. "이제 이 하나의 원리가 자재신이냐 아니면 다른 어떤 대상이냐 하는 것은 그다지 중요한 문제가 아니다. 왜냐하면 요가의 진정한 원리는 마음을 하나의 진리, 원리, 대상에 맞추는 것이기 때문이다."

를 집중해야 한다. 그러나 마음이 오직 관념일 뿐이고 찰나적인 것으로서 제각기 대상에 고정된 [것이라고 주장하는] 자[56]에게는, 모든 마음이 오직 집중되어 있으며 결코 흐트러짐이 없을 것이다. 그렇지만 만일 이것(마음)이 모든 방면으로부터 물러나 하나의 대상에 확립된다면 그때 [비로소] 집중이 있다. 따라서 [마음이] 제각기 대상에 고정되는 것은 아니다._1

또한 혹자는 유사한 관념의 흐름에 의해 마음이 집중된다고 생각한다. 이런 사람의 경우에, 집중이라는 것이 흐르는 마음의 속성이라면, 이때 흐르는 마음은 찰나적인 것이기 때문에 단일한 것으로서 존재하지 않는다. 혹은 [집중이] 흐름의 일부일 뿐인 관념의 속성이며, 유사한 관념의 흐름이거나 상이한 관념의 흐름인 그 모든 것(관념)은 제각기 대상에 고정되기 때문에 오직 집중되어 있다고 한다면, 산란한 마음은 일어나지 않아야 할 것이다.[57] 따라서 마음은 단일한 것으로서 많은 대상을 갖고 안정되는 것이다.[58]_2

....

56 TV와 YV에서는 이것을 절멸론자(vaināśika)로 표현한다. 『요가주』의 주석자들 사이에서 절멸론자는 불교도의 통칭이지만, 불교의 교학적 계파 중에서도 특히 유식학(唯識學) 계열을 지칭한 것으로 이해된다. 제4장의 각주 78 참조.

57 그러나 실제로는 산란한 마음이 일어나고 있음을 지적하여 혹자의 생각을 부정하는 반론이다.

58 이 구문은 저자의 의도를 단도직입으로 표명하는 결론이며, 뒤에서 한 차례 더 반복된다. TV는 후속하는 본문이 이 구문에 대한 설명이라고 언급할 뿐이다. YV는 이 대목에서는 "안정이란 견고함(sthira)이다."라고만 언급하지만, 이 구문이 반복되는 뒷 부분에서는 "그(저자)는 '따라서 ~'라는 설명으로 바로 이 마음의 견고성을 개괄한다."(tad idaṃ cittasthair yam upasaṃharati tasmād iti)라고 그 취지를 제시한다. 이에 따르면, 저자의 결론은 마음의 찰나성을 부정하여 마음의 실체성

또한 만일 단일한 마음과 결합하지 않으면서 서로 다른 본성을 지닌 관념들이 발생한다면, 이때 어떻게 어느 한 관념에 의해 알려진 것을 이와는 다른 것(관념)이 기억할 수 있을 것이며, 또한 어느 한 관념에 의해 축적된 잠재업을 이와는 다른 관념이 경험할 수 있겠는가?[59] 이것

....

을 강조하는 데 초점이 있는 것으로 파악된다. 이러한 맥락에서 이 구문의 의미를 "마음은 많은 대상의 기반이 되는 하나의 실체이고, 찰나적 존재가 아니라 견고하게 지속되는 것이다."라고 이해할 수 있다. 다른 한편으로 저자가 제1경에서 마음의 단계를 동요, 미혹, 산란 등으로 열거했던 점을 고려하면, 이 구문의 취지는 선뜻 이해되지 않는다. 이 의문은 다음과 같은 YsV의 설명으로 해소될 수 있다.
"따라서 교전이 마음의 정화를 지시한다면, 마음은 단일한 것으로서 많은 대상을 갖고 안정되는 것임을 인정해야 할 것이다."(tasmād ekam anekārtham avasthitaṃ ca cittam abhyupagantavyam/ yadi śāstreṇa citta-parikarmopadekṣyate/)
이 경우, 안정은 마음의 정화를 전제한 것으로 이해된다. 이와 직결되는 설명은 다음 각주 참조.

59 여기서 '단일한 마음'(eka-citta)이란 모든 관념의 공통 기반이 되는 마음을 가리키는 것으로 이해된다. 따라서 그러한 공통 기반으로서의 단일한 마음이 없다면, 우리에게 기억이 일어날 수도 없다는 것이 이 반문의 요점이다. 즉 저자가 의도하는 요지는, 단일한 마음이 다른 관념들과 결합하기 때문에 그 단일한 마음에 의존하여 기억과 잠재업의 경험이 가능하다는 것이다. TV는 다음과 같이 이 반문의 이유를 제시하는 것으로 그 취지를 드러낸다.
"왜냐하면 [이 반문은] 다음과 같은 의미를 갖기 때문이다. 마이트라가 학습한 교전의 내용을 차이트라는 암기하지 못한다. 혹은 마이트라가 쌓은 선하거나 악한 잠재업의 과보를 이와는 무관한 차이트라가 경험하지는 못한다. 이와 마찬가지로 어느 한 관념에 의해 알려진 것을 이와는 다른 관념이 기억할 수는 없을 것이다. 혹은 어느 한 관념에 의해 축적된 잠재업의 과보를 이와는 다른 관념이 경험할 수는 없을 것이다." (yathā hi maitreṇādhītasya śāstrasya na caitraḥ smarati/ yathā vā maitreṇopacitasya puṇyasya pāpasya vā karmāśayasya phalaṃ tad asaṃbandhī caitro na bhuṅkte/ evaṃ pratyayāntara-dṛṣṭasya pratyayāntaraṃ na smaret/ pratyayāntaropacitasya vā karmāśayasya phalaṃ ca na pratyayāntaram upabhuñjītety arthaḥ/)

은 어느 정도 승인되고 있을지라도 쇠똥과 우유의 이치[60]에는 어긋나는 것이다._3

더욱이 마음이 다른 것이 된다는 것을 승인하는 것은 자기 자신의 경험을 부정하는 것이다. [만일 그렇게 승인한다면] 모든 관념에는 차이가 있음에도 불구하고, "내가 보았던 것을 내가 만진다."라고 하거나 "내가 만졌던 것을 내가 본다."라고 말하는 '나'라는 관념이 어떻게 관념의 주체에서 동일한 것으로서 일어날 수 있겠는가? 단일한 관념을 대상으로 하는 한결같은 자아가 곧 '나'라고 하는 이 관념이 어떻게 완전히 다른 마음들에서 현존하면서 단일하고 보편적인 '관념의 주체'에 의존할 수 있겠는가? 그런데 자신의 경험으로 인정될 수 있는 것은 '한결같은 자아가 곧 나'라고 하는 이 관념이다. 그리고 직접지각의 권위(우월성)는 다른 인식 수단에 의해 압도되지 않으며, 다른 인식 수단은 오직 직접지각에 의해 타당성을 얻는다._4

따라서 마음은 단일한 것으로서 많은 대상을 갖고 안정되는 것이다._5

마음이 안정되는 경우의 이것(안정)을 교전은 [다음 경문에서] 정화라고 제시한다.[61] 그것은 어떠한 것인가?_6

....

60 암소라는 동일한 원천에서 나온 것이라는 이유로, 쇠똥과 우유가 동일한 것이라고 말할 수는 없다는 이치. 이는 서로 전혀 다른 것이 동일한 원천에서 나올 수 있다는 사실을 지적하는 것이다. 이 이치를 적용하면, 집중과 산란도 '단일한 마음'이라는 동일한 원천에서 성립될 수 있다.

61 여기서 저자는, 다음의 제33경은 정화를 제시한 것이며, 이 정화로써 마음은 안정된다고 설명하고 있다. 다음과 같은 YV의 해설이 이 같은 이해를 뒷받침한다. "원인을 내포하여 한정하는 말로서 '마음이 안정되는 경우의 이것'이란 다음과 같은

제33경: 즐거움, 고통, 선(善), 악(惡)의 대상에 대해 [각각] 자애, 연민, 기쁨, 무관심을 계발함으로써 마음은 청정하게 된다.[62]

여기서 즐거움을 향유하게 된 모든 중생에게는 자애를 계발해야 할 것이고, 고통받는 자들에게는 연민을, 선한 본성을 지닌 자들에게는 기쁨을, 악한 본성을 지닌 자들에게는 무관심을 계발해야 할 것이다._1

이와 같이 이것이 [각각] 증진하기 때문에 순수한 성질이 발생한다. 그리고 이로부터 마음은 청정하게 되며, 청정한 것(마음)은 집중이 이루어진 확고한 기반(안정 상태)에 도달한다._2

제34경: 혹은 숨의 배출과 중지에 의해 [마음은 안정된다.][63]

배출이란 특수한 노력으로 두 콧구멍을 통해 복부의 공기를 방출

....

의미이다. 뒤따르는 경문(제33경)으로 언급할 정화에 의한 '마음의 청정'은 견고함(안정)을 강화하는 원인이며, [이것이] 교전들에서는 정화로서 제시된다."(hetu-garbha-viśeṣaṇena yasya sthira-cittasyedam āgāmi sūtra-vakṣyamāna-parikarma-citta-prasādanaṃ sthiti-dārḍhya-hetuḥ pariṣkāraḥ śāstreṣu nirdiśyata ity arthaḥ/) 이처럼 마음의 안정을 정화와 결부시킨 것은, 결국 마음을 지속하는 실체로 간주하는 견해를 부각시킨다. 이 점을 지적하여 Rukmani(2001.1:159, n. 4)는 "마음을 정화하라고 권유하는 것은 마음이 지속하는 실체라는 주장을 강화한다."라고 부연한다.

62 자애, 연민, 기쁨, 무관심을 불교에서는 각각 자(慈), 비(悲), 희(喜), 사(捨)라는 4무량심(無量心)으로 중시한다.

63 호흡에 관한 전문어로 숨의 배출, 즉 날숨을 출식(出息), 숨의 중지를 지식(止息), 들숨을 입식(入息)으로 표현하며, 이것들을 제어하는 것을 조식(調息)이라 한다. 아래 주석에서는 "중지란 숨의 억제이다."라고 설명한 것은 제2장의 제49~53경에서 상술하는 조식의 정의와 합치한다. 여기서 말하는 '숨의 억제'를 전문어로 옮긴 것이 '조식'이다. 즉 제2장의 제49경에서는 숨의 진행을 중지하는 것을 '조식'으로 정의한다.

하는 것이다. 중지란 숨의 억제이다. [경문의 의미는] 혹은 그 둘에 의해 마음의 안정을 성취할 수 있다[는 것이다].」

제35경: 혹은 대상에 대한 [직접지각의] 효력이 발생하여 마음의 안정으로 이어진다.[64]

코끝에 전념하고 있는 그(요기)가 신묘한 향을 의식하는 것은 곧 향에 대한 [직접지각의] 효력이다.[65] [이와 마찬가지로] 혀끝에서 [신묘

64 이 경문은 "혹은 감각적 인식이 발생하여 마음을 안정시키는 끈이 된다."라는 평범한 의미로 이해될 수 있다. 그러나 이 경문은 일상의 의식 상태를 지적한 것이 아니라, 지각 능력이 진전되어 가는 수행자에게 적용되는 교시이다. 영역자들의 번역이 다양한 것은 이 점을 고려했기 때문이다. 예를 들어 직역에 충실한 Woods는 "혹은 대상과 접촉하여 마음을 안정으로 연결하는 감각 활동이 발생할 [때 그는 안정을 얻는다.]"라고 번역했다. 이 밖에 Rukmani는 "혹은 대상에 대한 직접지각을 갖는 감각 활동이 발생할 때, 마음의 안정을 얻는다.", Prasāda는 "혹은 보다 고차원의 감각 활동이 발생하여 마음을 안정시킨다.", 특히 Leggett는 『요가주』의 설명을 반영하여 "혹은 신묘한 대상에 대한 비범한 지각을 성취함으로써 마음이 안정된다."라고 번역했다. 이에 관한 TV의 설명은 다음 각주 참조.

65 TV는 이 대목을 다음과 같이 설명한다.
"그(저자)는 [경문의 의미를] '코끝에 전념하고 있는 ~'이라고 설명한다. [이 설명의 취지는 다음과 같다.] 총지(總持)와 정려(靜慮)와 삼매를 실행하는 자는 이것들을 정복하는 데 시발이 되는 신묘한 향에 대한 의식, 즉 이것(향)에 대한 직접지각을 갖는다. [신묘한 맛, 색, 촉감, 소리와 같은] 다른 진전들의 경우에도 이와 같이 적용된다."(vyācaṣṭe nāsikāgre dhārayata iti/ dhāraṇā-dhyāna-samādhīn kurvatas taj-jayādyā divya-gandha-saṃvit tat-sākṣātkāraḥ/ evam anyāsv api pravṛttiṣu yojyatam/)
이에 의하면 『요가주』의 설명은 직접지각으로부터 발생하는 비범한 지각 능력, 즉 초능력을 예시한 것으로 이해된다. 초능력은 제3장의 주제이고, 이것은 총제(總制)로 불리는(제3장 제4~5경) 총지와 정려와 삼매를 수행하는 과정에서 부수

한] 맛을 의식하고, 입천정에서 [신묘한] 색을 의식하고, 혀의 중간에서 [신묘한] 촉감을 의식하고, 혀뿌리에서 [신묘한] 소리를 의식하는 이것들은 [직접지각의] 효력이 발생한 것들이며, 마음을 고정시키고 의심을 불식하며 삼매의 예지에 [도달하는] 문이 된다._1

이로써 달, 해, 행성(별), 보석, 등불 따위에 [전념하여 직접지각의] 효력이 발생하는 것이 곧 대상에 대한 [직접지각의 효력이 발생하는] 것이라고 알아야 한다._2

참으로 이러저러한 성전, 추리, 스승의 교시에 의해 대상의 진상이 오직 실재하는 그대로 알려진다고 하더라도, 그것들은 사실 그대로의 대상을 설명하기 때문에, 여전히 자신의 감관으로는 지각할 수 없는 어떠한 한 부분이라도 존재하는 한, 모든 것이 파악되지는 않는 것과 같으며, [특히 자아의] 해방 따위와 같은 미세한 대상에 대해서는 완전한 지각을 일으키지 못한다._3

따라서 바로 그 성전, 추리, 스승의 교시를 확정하기 위해서는 반드시 무엇이든 특수한 대상을 직접 지각해야 한다. 이 경우에는 그것들(성전, 추리, 스승의 교시)에 의해 알려진 대상의 일정 부분에 대한 직접지각이 있을 때, [자아의] 해방에 이르기까지 모든 미세한 대상도 확신된다. 마음의 정화라는 이것은 오직 그러한 목적으로 제시된다._4

불안정한 작용들이 있을 경우에는, 이것들에 대해 제압하는 의식이 일어날 때, [마음은] 이러저러한 대상을 직접 지각할 수 있다고 한다.[66] 그리고 그와 같이 있을 때, 이것(불안정한 작용)의 방해를 받지 않

....

적으로 발생한다.

66 이는 "경험의 대상이나 전승에서 유래한 대상에 대한 열망을 제압하는 의식이 이

고 [요기에게는] 신념, 정진, 기억, 삼매가 있을 것이라고 한다.[67]_5

제36경: 혹은 비애로부터 벗어나 빛을 발한다.

"[직접지각의] 효력이 발생하여 마음의 안정으로 이어진다."라는 말이 [이 경문에] 뒤따른다.[68]_1

심장의 연꽃에 전념함으로써 통각을 의식하게 된다. 왜냐하면 통각의 순질[69]은 [장애 없는] 창공[에 있는 것]처럼 빛을 발하기 때문이다. 거기서 명석함이 확립됨으로써 [직접지각의] 효력은 태양, 달, 별, 보석의 빛과 같은 형상을 띠게 된다._2

이와 마찬가지로 자아의식에 집중한 마음은 파도 없는 대양처럼 고요하고 무한한 바로 그 자아의식 자체가 된다. 이에 관해 다음과 같은 말씀이 있다. "원자만한(극히 미세한) 그 자아(아트만)를 성찰하고서 '나는 있다'라고 이제 그와 같이 확실하게 안다."_3

비애로부터 벗어나는 이것은 두 가지이다. 즉 대상에 대한 [직접지각의] 효력과 오직 자아의식일 뿐인 효력으로서 '광휘를 발하는 것'이라고 불린다. 이로써 요기의 마음은 안정 상태에 도달한다는 것이다._4

....

욕이다."라는 경문(제1장 제15경)을 고려하여, 이욕으로써 직접지각이 가능하다고 설명하는 것으로 이해된다.

67 이는 "다른 이들에게는 신념, 정진, 기억, 삼매, 예지(叡智)에 기인하는 것(무상 삼매)이 있다."(제1장 제20경)라는 경문을 인용한 것이다.

68 이에 의하면 제36경의 온전한 의미는 "혹은 비애부터 벗어나 빛을 발하는 [직접지각의] 효력이 발생하여 마음의 안정으로 이어진다."라는 것이다.

69 이것은 제3장 제25경을 설명하는 데서 '마음이 빛을 발하는 활동'으로 묘사된다.

제37경: 혹은 열망이 사라진 것(마음)을 대상으로 갖는 마음은 [안정을 얻는다.]

혹은 요기의 마음은, 열망이 사라진 마음을 [집중의] 대상으로 견지함으로써[70] [그] 영향을 받아 안정 상태에 도달한다는 것이다._1

제38경: 혹은 꿈속과 수면 중의 인식을 [집중의] 대상으로 견지하는 [마음은 안정을 얻는다.]

꿈속의 인식을 [집중의] 대상으로 견지하거나 수면 중의 인식을 [집중의] 대상으로 견지하여, 그것의 형상을 취하는 요기의 마음은 안정 상태에 도달한다는 것이다._1

....

70 Leggett는 "열망이 사라진 마음을 [집중의] 대상으로 견지함으로써"를 "열망이 사라진 마음을 명상함으로써"라고 간결하게 번역했다. 여기서 '[집중의] 대상으로 견지함'에 해당하는 원어 ālambana는 요기가 실천하는 정신 수련의 의지처 또는 기반이 되는 대상을 의미한다. 이에 따라 ālambana는 의지처, 기반, 대상 등으로 번역되며, 포괄적으로는 명상을 함의한다. 『요가주』의 이 간결한 설명은 YV의 해설을 참조해야 그 의미가 잘 드러난다. 다음과 같은 YV의 설명에 의하면 '열망이 사라진 마음'이란 이미 높은 경지에 도달한 다른 요기의 마음을 가리킨다.
"[저자의 설명은] 다음과 같은 의미이다. 열망이 사라진 사나카 등과 같은 [요기의] 그 마음만이 [집중의] 대상이다. 요기는 그것에 집중함으로써 똑같은 형상을 얻어 초연하게 되고 다른 대상에 대해서도 항상 안정을 얻을 수 있다." (vīta-rāgaṃ yat sanakādīnāṃ cittaṃ tad evālambanaṃ tenoparaktaṃ tad-dhāraṇayā tadākāratā- pannaṃ yogi-cittaṃ viraktaṃ sadālambanāntare 'pi sthiti-yogyatāṃ labhata ity arthaḥ/)
이 같은 설명에 의거하여 Rukmani(1981:202, n. 4)는 다음과 같이 부연한다. "이 경문(제37경)에서는 마음의 안정을 위한 대상으로 Sanaka, Dattātreya, Vyāsa, Śukadeva와 같은 요기의 마음을 언급한다. 그 마음과 동일하게 됨으로써 견고한 안정을 얻는다."

제39경: 혹은 무엇이든 바라는 것에 대한 명상(정려)을 통해 [마음은 안정을 얻는다.]

자신이 바라는 바로 그것을 명상할 수 있다. 거기서(바라는 어떤 대상에서) 안정을 얻는다면, 다른 데서도(다른 대상에서도) 안정 상태에 도달한다는 것이다._1

제40경: 그(요기)는 극미에서 극대에 이르기까지 제압한다.

미세한 것에 몰입하고 있는 것(마음)은 극미에 이르기까지 안정 상태에 도달한다는 것이다. 조대한 것에 몰입하고 있는 마음은 극대에 이르기까지 안정 상태에 [도달한다.]_1

이와 같이 그 양쪽 극단을 따르면서도 이 [마음]에 방해가 없는 것이 곧 최상의 제압이다. 그 제압을 통해 요기의 마음은 완전하게 되고, 수련으로 성취되는 정화[71]가 다시는 필요하지 않다._2

그렇다면 안정을 얻은 의식(마음)의 등지(等至)[72]는 어떠한 본성을 지니며, 혹은 어떠한 대상을 지니는가? 이에 대해 [다음과 같이] 설한다._3

---

71 앞의 제34~39경에서 제시한 구체적인 명상법.

72 등지(samāpatti)는 마음의 평정 상태를 의미하는 전문어이며 삼매의 동의어로 사용된다.

제41경: 등지(等至)란 작용이 쇠진한 것(마음)이 마치 투명한 보석처럼, 인식자나 인식 기관이나 인식 대상에 대해서 이것[들 중의 어느 하나]에 의지하여 그 색조를 띠는 상태이다.[73]

'작용이 쇠진한'이라는 말은 '관념이 중지된'이라는 뜻이다. '투명한 보석처럼'이란 실례를 적용한 것이다._1

마치 수정이 다양한 의지물(주변의 물건)을 통해 이러저러한 색깔로 물들어 의지물의 형태를 지닌 형상처럼 보이듯이, 인식 대상에 집중한 마음은 인식 대상이라는 기반의 영향을 받아 인식 대상 그 자체의 형태를 지닌 형상처럼 보인다._2

[예컨대] 미세한 요소에 집중한 [마음은] 미세한 요소의 영향을 받아 미세한 요소 그 자체의 형태를 지닌 것처럼 되고, 마찬가지로 [조대한 요소에 집중한 마음은] 조대한 [요소라는] 기반의 영향을 받아 조대한 [요소의] 형태를 지닌 것처럼 되며, [또한] 마찬가지로 특별한 어떤 것에 집중한 [마음은] 특별한 어떤 것의 영향을 받아 [그] 어떤 것의 형태를 지닌 것처럼 된다.[74]_3

인식 기관인 감관들에 대해서도 그와 같다고 알아야 한다. [즉] 인식 기관에 집중하는 [마음은] 인식 기관이라는 기반의 영향을 받아 인식 기관 그 자체의 형태를 지닌 형상처럼 보인다. [또] 그와 같이 인식자

....

73 이하 『요가주』의 설명에 의하면, 대상의 형상을 있는 그대로 비추어내는 상태, 즉 대상을 왜곡하지 않고 곧이곧대로 드러내는 거울과 같은 상태의 마음이 등지이다.

74 '미세한 요소'란 5유(唯)로 불리는 성(聲), 촉(觸), 색(色), 미(味), 향(香)을 가리킨다. '조대한 요소'란 5대(大)로 불리는 공(空), 풍(風), 화(火), 수(水), 지(地)를 가리킨다. ↪ 「주제별 역주」 1-4.

인 순수정신에 집중한 [마음은] 인식자인 순수정신이라는 기반의 영향을 받아 인식자인 순수정신 그 자체의 형태를 지닌 형상처럼 보인다. [더 나아가] 그와 같이 해탈한 순수정신에 집중한 [마음은] 해탈한 순수정신이라는 기반의 영향을 받아 해탈한 순수정신 그 자체의 형태를 지닌 형상처럼 보인다는 것이다._4

바로 이상과 같이 인식자나 인식 기관이나 인식 대상, 즉 순수정신이나 감관이나 요소에 대해서,[75] 투명한 보석과 같은 마음이 이것[들 중의 어느 하나]에 의지하여 그 색조를 띠는 상태, [다시 말해서] 그것들에 대해 안정되어 있으면서 그것[들 중의 어느 하나]의 형상으로 바뀌는 이것이 곧 등지라고 [경문은] 말하는 것이다.[76]_5

75 인식자는 순수정신, 인식 기관은 감관, 인식 대상은 요소(5唯와 5大)를 의미한다는 것이다.

76 이 결론적인 설명에 의하면, 제41경의 의미는 다음과 같다. "투명한 보석과 같은 마음이 순수정신이나 감관이나 요소에 대해서, 안정되어 있으면서 그것[들 중의 어느 하나]의 형상으로 바뀌는 것이 등지이다."

제42경: 거기서[77] 말(명칭)과 대상과 지식(개념)에 대한 망상[78]들로 뒤섞인 것이 유심(有尋) 등지[79]이다.

예를 들면 '소'라는 말, '소'라는 대상, '소'라는 지식은 구별되는 것들임에도 이에 대한 인식은 [그러한] 구별 없이 일어난다. 그런데 구별되고 있는 것들은 말의 속성이 다르고, 대상의 속성이 다르고, 식별의 속성이 다르다고 그것들의 길(용도)들이 [각기] 구별된 것이다._1

그 경우, 집중하고 있는 요기의 삼매의 예지에서 떠오른 소 따위의 대상이 만약 말과 대상과 지식에 대한 망상과 혼합된 것으로서 다가온다면, 뒤섞인 그것을 '유심(有尋) 등지'로 부른다.[80]_2

....

77 '거기서'는 제41경에서 교시한 '등지에서'라는 의미이다. 이제부터는 등지의 종류를 제시하겠다는 것이다. 이 말('거기서')을 경문에 포함시키지 않고 제42경에 대한 『요가주』의 도입구로 간주하는 판본들도 있다.

78 Dasgupta(1973:150)는 망상(vikalpa)을 다음과 같이 설명한다.
"사물(artha)과 개념(jñāna)과 명칭(śabda)이 전혀 다르다는 것은 쉽게 알 수 있다. 그러나 그 셋이 연합한 힘에 의해 말, 즉 명칭은 여전히 사물과 이에 대한 개념을 모두 의미한다. 즉 그것들의 연결은 아무런 실제의 일치성이 없는 것으로서 실재하지 않는 것임에도 불구하고, 마음의 작용 덕분에 명칭이 사물이나 이에 대한 관념과 구분될 수 없을 만큼 이것들이 그렇게 연합된 것처럼 보인다. 이러한 경우에 그 마음의 작용을 vikalpa라고 부른다."

79 여기서는 삼매를 등지(等至)로 표현했을 뿐이다.

80 Dasgupta(1973:150-1)는 이 유심 등지(또는 유심 삼매)를 다음과 같이 설명한다.
"가장 낮은 단계의 삼매를 유심(有尋) 삼매라고 한다. 이 삼매의 상태에서는 마음이 사물은 물론이고 그 사물의 명칭 및 개념과 하나가 된 것처럼 보인다. 이것은 가장 낮은 단계이다. 왜냐하면 여기서는 조대한 대상이 마음에서 그것의 진실한 모습으로 드러나지 않을 뿐만 아니라, 착각을 일으키는 그릇된 방식으로 일상의 개념 및 명칭과 연합하여 나타나기 때문이다. 이 상태는 평범한 구상(構想)의 상태와 다르지 않다. 여기서는 특수한 사물이 개념 및 이에 대한 명칭과 연합할 뿐만 더 나아가 말의 약정에 의한 기억이 정화될 때, 즉 전승(성언)과 추리에 의한 지식으로 망상된 것이 없게 될 때, 삼매의 예지에서 단지 자기 본래의 형태로서 확립된 대상은 바로 그 자기 본래의 형태를 지닌 그대로의 형상에 의해 [다른 것과] 구별되는데, 이것이 '무심(無尋) 등지'이다._3

그것이 최상의 직접지각이고, 그것이 전승과 추리의 종자(근거)이며, 이로부터 전승과 추리가 발생한다. 그리고 그 지각은 전승과 추리에 의한 지식과 결합하지 않는다. 따라서 무심(無尋) 삼매에서 발생하는 요기의 지각은 다른 인식 수단과 뒤섞이지 않는다는 것이다._4

이 무심 등지의 특징이 [다음의] 경문에 의해 밝혀진다._5

제43경: 기억이 정화될 때, 자신의 성질[81]은 없어진 것처럼 대상만 현출하는 것이 무심(無尋) [등지]이다.

말의 약정[에 기인한 망상이요], 전승이나 추리에 기인한 지식의 망상인 기억이 정화될 때,[82] 인식 대상 그 자체의 영향을 받은 예지는 마

아니라, 다른 개념들이나 이와 관련된 다양한 것들과도 연합한다. 이와 같이 한 마리의 소는 그 개념 및 명칭을 지닌 채 마음에 나타날 뿐만 아니라, 관련된 다른 것들이나 소들과 연결된 생각들도 동반하여 나타난다. 예를 들면 '이것은 소다. 이것의 주인은 이러저러한 사람이다. 이것은 몸에 많은 털을 갖고 있다.' 하는 식으로 생각하는 상태이다. 따라서 이 상태는 삼매의 첫 단계이며, 여기서 마음은 안정되지 않게 되며, 우리의 일상적 의식의 범위를 아직 벗어나 있지 않다."

81 내가 인식자라든가 내가 알고 있다고 하는 관념(Āraṇya 1983:96, n. 3). 여기서 기억이란 명칭(말)과 대상이 연합하는 것이고, 이 연합을 제거하는 것이 정화이다.

82 이 번역은 다음과 같은 YsV의 해설에 의거한 것이다.

치 자기 자신을 버린 것처럼 인식의 본질에 속하는 예지의 성질을 버리고서, 인식 대상 그 자체에 도달한 것처럼 오직 사물의 본래 형태를 지닌 것이 된다. [이때] 이것이 곧 무심(無尋) 등지이다.[83]_1

"말의 약정에 기인한 망상, 전승에 기인한 지식의 망상, 추리에 기인한 지식의 망상, 이러한 것이 바로 기억이다. 왜냐하면 기억은 어떤 것에 다른 속성을 투사하기 때문이다."(śabda-saṃketa-vikalpaḥ śruta-jñāna-vikalpaḥ anumāna-jñāna-vikalpaś ca sa eva smṛtiḥ/ smaraṇena hy anyasyānya-dharmo 'dhyāropyate/)

『요가주』의 원문은 여덟 단어의 복합어로 구성되어, 이에 대한 번역자들의 판독 방식은 일치하지 않는다. Woods의 판독 방식에 따르면 "전승된 것이나 추리의 지식 형태로 있는 망상으로부터 그리고 말의 약정으로부터 기억이 정화될 때"라고 번역될 수 있고, Rukmani의 방식에 따르면 "전승되었거나 추리의 형태로 있는 말의 약정인 망상으로부터 기억이 정화될 때"라고 번역될 수 있다. 그런데 TV와 YV는 말의 약정과 전승과 추리의 관계를 중심으로 그 원문을 해석한다. 먼저 TV는 다음과 같이 설명한다.

"말의 약정에 대한 기억에 뒤따라 실로 성언(전승)과 추리가 발생한다. 이 약정은 '소'라는 말과 대상과 지식(개념)이 서로 의탁하는 본성을 갖는다."(śabda-saṃketa-smaraṇa-pūrve khalv āgamānumāne pravartete/ saṃketaś cāyaṃ gaurīti śabdārtha-jñānānām itaretarādhyāsātmā/) 이에 대해 YV의 해석은 약간 다르다.

"말의 약정에 대한 기억이 선행할 때, 그만큼 차례로 성언(전승)에 기인하는 지식과 추리에 기인하는 지식이 발생한다. 이 약정은 '소'라는 말과 대상이 서로 의탁하는 본성을 갖는다." (śabda-saṃketa-smaraṇa-pūrvake tāvat krameṇāgamānumāna-jñāne bhavataḥ, saṃketaś cāyaṃ gaurīti śabdārthor itaretarādhyāsātmakaḥ/)

『요가주』는 제3장 제17경을 해설하는 데서 이 주제를 상술한다.

83 Dasgupta(1973:151)는 이 무심(無尋) 등지를 유심(有尋) 등지와 비교하여 다음과 같이 설명한다.

"마음이 자신의 안정성에 의해 그 대상과 하나가 될 수 있을 때, 즉 명칭과 개념의 다른 모든 연합이 제거되어 마음이 연합으로 오염되지 않고 사물의 진실성과 직접 접촉할 때, 유심(有尋)의 단계로부터 무심(無尋)의 단계가 일어난다. 이 상태에서 사물은 나의 의식의 대상으로 나타나지 않지만, '나'라든가 '나의 것'을 모두 상

그런데 [이에 대해서는] 다음과 같이 설명된다.[84] 그것(무심 등지)의 경우, 소나 항아리와 같은 세간[의 대상]은 단일한 지각(관념)에 접근한 것이고, 실로 [망상이 개입되지 않은] 그 자체로서의 대상이며, 원자들이 특수하게 집적된 그 자체이다. 그리고 [예를 들어 항아리와 같은] 그 특수한 집합은 미세요소들의 보편적인 속성으로서 스스로 존재하는 것이며, 전개된 결과에 의해 추론되며, 자신의 표상을 드러내어 출현하고, 파편 따위와 같은 다른 속성이 발생할 때 사라진다._2

바로 이 [특수한 집합으로서의] 속성이 [부분을 지닌] 전체라고 불린다. 하나이면서 크기도 하고 작기도 하고 접촉성을 갖고 활동성을 갖는 이것이 전체이며, 이 전체에 의해 [표현상의] 관행이 이루어진다._3

....

실하게 된 나의 의식은 대상 자체와 하나가 된다. 이에 따라 여기에는 '내가 이것을 안다'와 같은 관념이 없고, 마음은 사물과 하나가 된다. 그래서 주관과 객관은 사라져 가고, 그 결과 마음은 한 가지로 꾸준하게 집중의 대상으로 변형된다. 이 상태는 착각을 일으키는 다른 그릇된 연합을 제거하여 사물에 대한 진실한 지식을 자각하게 한다. 그 연합은 대상의 본성을 설명하지 못하고 감추는 역할만 할 뿐이다. 이 삼매의 지혜, 즉 예지(叡智)를 '무심'이라고 한다. 조대한 물질적 대상과 감관이 이 상태에서는 대상이 될 수도 있다."

한편 Āraṇya(1983:96-97)의 설명에 의하면 무심(無尋)의 지식이란 단적으로 말해서 말의 도움이 없는 지식이다. 즉 집중의 과정에서 퇴적된 인상을 보유한 상태, 그러나 말의 관행은 없고 잠세력이 모여 마음을 채우는 상태가 무심 등지라면, 말의 도움으로 그러한 인상을 상기하는 상태가 유심 등지이다.

84 TV에 의하면, 저자는 이 설명으로 무심 등지의 상태에 대상의 다양성이 있다고 하는 반론자의 주장을 배척한다. Woods(1973:85, n. 2-5)는 TV를 번역하면서 이 설명에는 설일체유부(Sarvāstivādin)와 유가행파(Yogācāra)의 이론 또는 교의가 함축되어 있는 것으로 이해한다. 이에 의하면 저자는 여기서 자신의 해설을 정당화하는 방향으로 불교 측의 견해를 구사하고 있다.

그러나 그 특수한 집적은 실체가 아니며 미세한 원인은 지각되지 않는다고 속단하는 자에게는 전체가 없기 때문에, 형성된 그대로의 것에 의거하지 않은 허위의 지식이 있다는[85] 것이며, 거의 모든 것은 오직 허위의 지식에 봉착한다는 것이다._4

그렇다면 대상(전체)은 존재하지 않는 셈이 되므로, 무엇이 실로 바른 지식일 것인가? 지각되는 것이라면 그것은 무엇이나 전체인 것으로서 진술된다. 따라서 크기 따위로 [표현상의] 관행을 얻어 전체로서 존재하는 것은 무엇이나 무심(無尋) 등지의 대상이 된다._5

제44경: 바로 이것[86]에 의해 유사(有伺) [등지]와 무사(無伺) [등지]가 미세한 대상을 지닌 것으로서 설명된다.

그중에서 속성이 드러나고 장소와 시간과 원인에 대한 경험에 의해 구분되는 미세한 요소들에 대한 등지가 곧 '유사(有伺) [등지]'[87]라고 불린다. 거기서도 특수한 속성이 드러나 단일한 지각(관념)으로 파악

....

85 이는 앞에서 "그릇된 인식은 형성된 그대로의 것에 의거하지 않은 허위의 지식이다."라고 교시한 제8경을 가리킨다.

86 앞의 43경에서 교시한 무심(無尋) 등지를 가리킨다.

87 Dasgupta(1973:151-2)는 이 유사 등지를 다음과 같이 설명한다.
"여기서는 마음이 대상의 조대한 모습을 무시하고 대상의 보다 미세한 요소에 갈수록 깊이 침잠한다. 보다 조대한 양상으로 있는 사물의 모습은 사라져 가고, 깊이 침잠한 마음이 미세요소에 집중하여 자신을 이것과 동일시한다. 즉 여기서는 마음이 대면하는 미세한 대상과 하나가 된다. 이것은 유심 삼매와 매우 유사하지만, 그 대상이 조대요소가 아니라 미세요소인 점에서 그것과 다르다. ... 이 [사(伺)의] 단계에서는 미세요소뿐만 아니라 아만(我慢), 통각, 원질을 포함한 다른 미세한 실체도 이 단계에서는 집중의 미세한 대상이 된다는 점을 주목해야 한다."

될 수 있는 미세한 요소는 [집중의] 기반이 되어 [유사(有伺)] 삼매[88]의 예지에서 나타난다._1

더 나아가, 어느 때 어느 곳에서든 과거와 현재와 미래의 속성들에 의해 구분되지 않으면서도 모든 속성이 결과로서 뒤따르고 모든 속성의 본질을 이루는 것(미세요소)[89]들에 대한 등지가 곧 '무사(無伺) [등지]'라고 불린다._2

실로 그 미세요소란 이와 같은 본성을 지닌 것이며, 바로 이 본성에 의해 [집중의] 기반(대상)이 되는 것만이 삼매의 예지를 지닌 [마음의] 본성에 영향을 미친다. 그리고 예지가 마치 자신의 성질은 없는 것처럼 오로지 대상이 될 때, 무사(無伺)라고 불린다._3

여기서 큰 것을 대상으로 갖는 것(등지)은 유심(有尋)과 무심(無尋)이고, 미세한 것을 대상으로 갖는 것은 유사(有伺)과 무사(無伺)이다.[90] 이와 같이 바로 그 무심(無尋)에 의해, 둘[91]에서는 망상이 소멸한다는

....

88 여기서는 등지가 '삼매'라는 용어로 바뀌었다.

89 무사(無伺) 등지의 대상이 되는 미세요소를 세 가지로 묘사하고 있다. 이에 의하면, 과거와 현재와 미래의 속성들에 의해 구분되지 않고, 모든 속성의 원인이 되고, 모든 속성의 본질을 이루는 미세요소가 무사 등지의 대상이다. 이에 해당하는 미세요소는 원질의 요체인 3질(tri-guṇa)뿐이다. 원문에서는 과거와 현재와 미래를 각각 [이미] 정지된 것, [지금] 드러나 있는 것, [아직] 한정할 수 없는 것으로 표현한다.

90 집중 대상의 크기에 따라 심(尋)과 사(伺)를 네 가지로 개괄한다. 즉 등지에서 집중의 대상이 조대할 때는 유심(有尋)과 무심(無尋)의 구분이 있으며, 미세할 때는 유사(有伺)와 무사(無伺)의 구분이 있다. 이에 대한 후대 주석자들의 확장 분류는 「주제별 역주」 1-5 참조.

91 경문(제44경)의 내용으로 보더라도 이 둘은 유사(有伺)와 무사(無伺)를 가리키는 것으로 이해된다. YsV와 YV도 "둘이란 유사 등지와 무사 등지이다."라고 단언한다. 그러나 TV는 "둘이란 그 자신과 무사 등지이다."(ubhayor ātmanaś ca nirvicārāyāś ceti)

점이 설명된다고 [경문은] 말하는 것이다._4

제45경: 그런데 미세한 대상은 '표징이 없는 것'(원질)[92]으로 끝난다.

지(地) 원자의 경우에 미세한 대상은 향(香)이라는 미세요소이고,

....

라고 해석한다. 여기서 '그 자신'이란 문맥상 무심(無尋) 등지를 가리키므로, 이에 의하면 둘이란 무심 등지와 무사 등지이다. Woods(1973:89, n. 2)는 유사 등지는 망상을 갖기 때문에 YV의 해석에는 약간의 모순이 있다고 지적한다. 그러나 이 문제에 관해 Rukmani(1981:233, n. 6)는 다음과 같이 설명한다.

"이 둘(유사, 무사 등지)에서는 망상이 없는 무심 등지의 상태가 유지된다. 이는 유사와 무사가 무심 등지보다 더 높은 차원의 등지이기 때문이기도 하다." 이 설명은 다음과 같은 YV의 해설에 의거한다. "이전 단계에서 폐기된 망상은 다음 단계에서 발생할 수 없기 때문이다."(pūrva-bhūmikāyāṃ tyakta-vikalpasyottara-bhūmikāyām asaṃbhavād iti)

이에 따르면 YV는 등지의 단계를 "유심 → 무심 → 유사 → 무사"로 이해하고 있음이 분명하지만, TV는 "유심 → 유사 → 무심 → 무사"로 이해한 듯하다. 이 중 일반적으로 통용되는 것은 YV의 견해이다.

92 '표징이 없는 것'(aliṅga)이란 용어화하기 곤란한 요가 철학의 전문어이다. 여기서 말하는 표징(liṅga)이란 '원인을 갖는다는 표징'을 가리킨다. 따라서 '표징이 없는 것'은 더 이상을 원인을 갖지 않는 원리를 상징하는 말로서, 실제로는 모든 물질 현상의 근본 원인인 원질(prakṛti)을 의미한다. 이에 따라 '표징이 없는 것'은 '분해할 수 없는 것'(Woods 1973:148)으로 이해되기도 한다.

한편 이 원질로부터 맨 처음 발생하는 원리인 통각(buddhi)은 '표징뿐인 것'(liṅga-mātra)으로 표현된다. 이것은 바로 그 원질의 표징을 갖는다는 의미를 함축하고, 실제로는 원질과 가장 밀접한 표징, 즉 '일차적 표징'을 의미한다. 상키야 철학에서 표징(liṅga)은 주로 감관으로는 직접 지각할 수 없는 미세한 형태의 원리를 지칭하며, 전문어로는 세상(細相)이라고 표현된다. 이 경우의 표징(세상), 즉 '표징이 있는 것'은 원질과 5조대요소(5大)를 제외한 나머지 원리(「주제별 역주」 1-4 참조)들을 가리키는데, 이런 의미가 이 요가 철학에서도 적용된 것이다. '표징이 없는 것', '표징뿐인 것' 등의 실제 의미는 나중에 제2장 제19경에서 상술된다.

수(水)의 경우에는 미(味)라는 미세요소가, 화(火)의 경우에는 색(色)이라는 미세요소가, 풍(風)의 경우에는 촉(觸)이라는 미세요소가, 공(空)의 경우에는 성(聲)이라는 미세요소가 미세한 대상이다._1

이것들(5미세요소)의 경우에는 아만(我慢)이, 또한 이것(아만)의 경우에는 '표징뿐인 것'(통각)이 미세한 대상이며, '표징뿐인 것'의 경우에도 '표징이 없는 것'(원질)이 미세한 대상이다._2

그러나 '표징이 없는 것'보다 더욱 미세한 것은 존재하지 않는다. [혹자가] "순수정신은 미세한 것이 아닌가?"라고 [묻는다면, 우리는] "그렇다."[라고 대답한다.] '표징이 없는 것'의 경우에는 미세성이 '표징이 있는 것'보다 뛰어나지만, 순수정신의 경우에는 그와 똑같지 않다._3

그러나 순수정신은 '표징이 있는 것'과 동일 부류의 원인(물질적 원인)이 아니라 동기(정신적 원인)라고 한다.[93] 따라서 근본원질에 있는 미세성은 그 이상의 것이 없는 것이라고 설명된다._4

제46경: 그것들이 곧 유종(有種) 삼매이다.

그 네 가지 등지(等至)들은 외적인 것을 종자로 지니므로, 삼매도 종자를 지닌다. 그 [등지들] 중에서 조대한 대상에 [집중하는 것은] 유심(有尋)과 무심(無尋)이고, 미세한 대상에 [집중하는 것은] 유사(有伺)와 무사(無伺)이다. 따라서 [유종] 삼매는 네 가지에 따라 열거된다._1

....

93 TV에서는 '동일 부류의 원인', 즉 동류인(同類因)을 질료인(質料因, upādāna)으로, 동기를 동력인(動力因, nimitta)으로 바꾸어 설명한다. '표징이 있는 것'은 바로 앞의 각주 참조.

제47경: 무사(無伺) [삼매]의 명석함에는 내적인 청정이 [있다.]

통각(統覺)의 순질(純質)은 빛을 그 본질로 지닌 것으로서, 불순한 장애의 오염으로부터 벗어나는데, 이 순질의 순수하고 견실한 흐름이 동질(動質)과 암질(暗質)에 의해 압도되지 않는 것이 명석함이다._1

무사(無伺) 삼매에서 이 명석함이 발생할 때, 요기에게는 내적인 청정이 있으며, 실제로 존재하는 것을 대상으로 하면서 [경험의 일반적인] 순서에 따르지 않는[94] 예지의 안목이 열린다._2

다음과 같이 말한 것이 그와 같다. "현명한 자는 산 위에 서서 지상에 있는 모든 사람들을 보듯이, 슬퍼할 것이 없는 자는 예지의 망루에 올라 슬퍼하고 있는 사람들을 바라본다."_3

제48경: 거기서 [발휘되는] 예지가 '진리의 보유자'이다.

거기서 마음이 집중된 자에게 발생하는 예지의 명칭이 '진리의 보유자'이다. 그리고 이것(명칭)은 그 의미가 자명한 것으로서 진실만을 보유하며, 거기에는 전도된 인식의 냄새(자취)도 존재하지 않는다는

....

94 YsV의 해설을 적용하면 "[경험의 일반적인] 순서에 따르지 않는"은 "순서에 따르는"으로 바뀌어야 한다. 왜냐하면 YsV에서는 '순서에 따르지 않는'을 다음과 같이 '순서에 따르는'(kramānurodhī)이라는 반대 의미로 파악하기 때문이다.
"실제로 존재하는 것을 대상으로 하면서 순서에 따른다는 것은 차례대로 그만큼 번뇌의 소멸을 도모한다는 것이다. 순서에 따르는 예지의 안목, 즉 더욱 명료하고 더욱 청정한 성질을 갖는 오직 예지의 안목이 열린다. 왜냐하면 그는 이것(예지)으로 사물을 있는 그대로 알기 때문이다."(bhūtārtha-viṣayaḥ kramānurodhī paripāṭikayā yāvat kleśa-kṣayam anuruddhyata iti kramānurodhī sphuṭaṃ viviktataraṃ śuddhatarātmakaḥ prajñālokaḥ prajñaivālokaḥ tayā hi yathāvastu jānāti//)

것이다._1

이는 다음과 같이 말한 것과 같다. "성언에 의해, 추리에 의해, 정려를 수련하는 기쁨에 의해 세 가지로 예지를 강구하고 있는 자는 최상의 요가에 도달한다."_2

그것(진리의 보유자인 예지)은 또한 [다음과 같이 교시된다.]_3

제49경: [진리의 보유자인 예지는] 특수한 대상을 갖기 때문에, 전승과 추리에 의한 예지와는 다른 것을 대상으로 갖는다.

전승이란 성언(聖言)에 의한 지식이며, 이것은 일반적인 것을 대상으로 갖는다. 왜냐하면 성언에 의해서는 특수한 것을 설명할 수 없기 때문이다. 왜 그러한가? [성전의] 말씀은 특수한 것에 의해서 이루어진 약정이 아니기 때문이다._1

마찬가지로 추리도 오직 일반적인 것을 대상으로 갖는다. [예를 들어] 도달함이 있을 때는 거기에 운동이 있다고 말하고, 도달함이 없을 때는 거기에 운동이 없다고 말한다. 그래서 [이 같은] 추리에 의해 보편적인 것으로서 결론이 [성립된다.]_2

따라서 전승과 추리의 대상은 어떠한 특수한 것이 아니라고 [경문은] 말하는 것이다._3

그런데 미세하거나 은폐되어 있거나 멀리 있는 이 사물이 세상 사람들의 직접지각에 의해서는 인식되지 않지만, 입증할 수 없는 이 특수한 것이 존재하지 않는 것은 아니라고 한다.[95] 미세요소에 속하거나 순

95 이는 원질(prakṛti)이 지각되지 않는 이유를 열거하는 다음과 같은 SK 제7송 중 ①

수정신에 속하는 그 대상은 오직 삼매의 예지에 의해 인식될 수 있는 것으로서 존재한다._4

따라서 '그러한 [삼매의] 예지'는 특수한 대상을 갖기 때문에, 전승과 추리에 의한 예지와는 다른 것을 대상으로 갖는다고 [경문은] 말하는 것이다._5

삼매의 예지를 얻을 때, 요기에게는 예지로 형성된 새로운 잠세력이 계속 발생한다._6

제50경: 그로부터 발생한 잠세력은 다른 잠세력을 저지한다.

삼매의 예지로부터 발생하는 잠세력은 휴식하는 잠세력의 각성(활동)[96]을 저지한다. 각성의 잠세력을 제압하고 나면, 그로부터 발생하는 관념들은 존재하지 않으며, 관념이 소멸할 때 삼매가 나타난다._1

그다음에 삼매로부터 발생한 예지가 [나타나고], 그다음에 예지로 형성된 잠세력이 [나타나며], 이와 같은 방식으로 휴식하는 잠세력이 계속 새롭게 발생한다. 즉 그 [삼매]로부터 예지가, 그리고 그 [예지]로부터 잠세력이 [발생한다]는 것이다._2

....

⑤⑥을 인용한 것이다. "①너무 멀리 있기 때문에, ②가까이 있기 때문에, ③감관이 훼손되어 있기 때문에, ④마음이 불안정하기 때문에, ⑤미세하기 때문에, ⑥은폐되어 있기 때문에, ⑦압도되어 있기 때문에, ⑧같은 것과 뒤섞여 있기 때문에 [범부에게는 지각되지 않는다.]"

96 '휴식하는 잠세력의 각성'에서 각성은 잠세력이 활동 상태로 바뀌는 것을 잠에서 깨어난 것에 비유한 것이다. 이 번역은 다음과 같은 YV의 설명을 적용한 것이다. "휴식이란 잠들어 있다는 것이다. '잠세력-휴식'[이라는 복합어]는 '잠세력과 이 휴식'으로 분석되므로 '깨어나지 않은 잠세력'을 의미한다."(āśeta ity āśayaḥ saṃskāraś cāsāv āśayaś ceti vigrahāt saṃskārāśayam anudbuddha-saṃskāram ity arthaḥ/)

"어떻게 그 과다한 잠세력이[97] 마음에게 임무를 부여하지 않을 것인가?"[98]라고 [묻는다면, 우리는 다음과 같이 답한다.] 예지로 형성된 그 잠세력들은 번뇌를 소멸하는 원인이 되기 때문에 특수한 임무를 지닌 마음을 형성하지 않는다._3

참으로 그것들은 마음을 그 자신의 기능으로부터 가라앉게 한다. 왜냐하면 마음의 발동은 [식별하는] 지각력(식별지)에 의해 종식되기 때문이다._4

더욱이 그(요기)[99]에게는 어떤 것이 있는가?_5

제51경: 그것[100]도 억제될 때에는 모든 것이 억제되므로 무종(無種) 삼매[101]가 [도래한다.]

그것(무종 삼매)은 오로지 삼매의 예지만을 차단하는 것이 아니라, 예지로 형성된 잠세력들도 저지한다. 왜 그러한가? 억제로부터 발생하는 잠세력은 삼매로부터 발생하는 잠세력들을 저지한다고 말하기[102] 때문이다._1

....

97 YsV에 의하면, "어떻게 그 휴식하는 잠세력이"

98 이것은 "잠세력이 과다하게 쌓인다면, 이 잠세력은 다시 마음의 작용으로 표출되는 힘이 되지 않겠는가?"라고 묻는 것이다. 임무의 의미 및 용도는 앞의 제1장 각주 17 참조.

99 『요가주』의 맥락(제49경의 마지막 구문)에 의하면, '삼매의 예지를 얻은 요기'를 가리킨다.

100 앞의 제50경에서 언급한 "그로부터 발생한 잠세력", 즉 "삼매의 예지로부터 발생하는 잠세력"을 가리킨다.

101 이하 『요가주』의 해설에서 무종 삼매는 요가의 최종 목적인 독존(해탈)을 지칭한 것으로 간주된다.

102 이는 바로 앞 제50경의 교시를 해석한 것이다.

억제를 지속하는 동안, [그] 시간의 경과를 경험함으로써[103] 억제하는 마음에 의해 형성된 잠세력이 존재함을 추측할 수 있다. 각성과 억제의 삼매로부터 발생하면서[104] 독존에 유용한 잠세력[105]들과 함께,

....

103 YsV는 이것을 "억제의 지속, 이것(지속)의 시점, 그리고 그 시간을 단계적으로 경험한다."(nirodhasya sthitis tasyāḥ kālaḥ sa ca kālaḥ krameṇānubhūyate)라고 설명한다.

104 '각성－억제－삼매－발생'으로 이루어진 이 복합어를 YsV는 "각성의 삼매로부터 발생하고 억제의 삼매로부터 발생하면서"(vyutthāna-samādhi-prabhavaiḥ nirodha-samādhi-prabhavaiś ca)라고 명료하게 해석한다. 이 경우 '각성의 삼매'는 유상(有想) 삼매를 지칭한다. 예를 들어 YV는 다음과 같이 설명한다.

"무상 [삼매]와 견주어보면 [유상] 삼매의 예지도 각성이다. 이에 따라 각성은 일반적인 지혜(예지)이며, 억제의 삼매는 무상 [삼매]이다." (asaṃprajñātāpekṣayā samādhiprajñāpi vyutthānam/ ato vyutthānaṃ jñāna-sāmānyaṃ nirodha-samādhiś cāsaṃprajñātaḥ/)

특히 TV는 제3장 제9경에서 "무상 삼매와 비교하여 유상 [삼매]가 각성이다." (asaṃprajñātaṃ samādhim apekṣya saṃprajñāto vyutthānam)라고 명기한다. 한편 TV는 문제의 복합어를 '각성과 이 각성을 억제하는 삼매로부터 발생'으로 해석한다. 즉 TV는 이 대목의 의미를 다음과 같이 해설한다.

"각성도 갖고 이것(각성)을 억제하는 삼매도 갖는 것이 유상 [삼매]인데, 이로부터 발생하는 잠세력들이 독존에 유용한 것, 즉 억제로부터 발생하는 잠세력들이다." (vyutthānaṃ ca tasya nirodha-samādhiś ca saṃprajñātas tat-prabhavāḥ saṃskārāḥ kaivalya-bhāgīyā nirodhajāḥ saṃskarāḥ)

이에 따라 Āraṇya(1983:110)는 '각성－억제－삼매'를 아예 '유상 삼매'로 번역한다. 여기서 TV는 각성과 억제를 포괄하는 삼매를 유상 삼매로 간주한 반면, YV는 각성과 억제를 각각 유상 삼매와 무상 삼매로 간주한다. TV에 의하면 유상 삼매 중에서 억제로부터 발생하는 잠세력이 '독존에 유용한 잠세력'이 된다. 유상 삼매로부터 발생하는 억제의 잠세력은 무상 삼매를 낳는다. 그러므로 '독존에 유용한 잠세력'이란 억제로부터 발생하는 무상 삼매의 잠세력을 가리킨다. 이것이 TV의 관점이다. 결국 이 복합어의 취지는 무상 삼매의 잠세력이 독존에 유용하다는 것이다.

105 YV에 의하면 '독존에 유용한 잠세력'이란 "독존의 원인으로 작용하는 잠세

마음은 그 자신의 근원(원질) 상태로 용해되어 간다._2

따라서 그 잠세력들은 마음의 임무를 차단하지만 마음을 안정시키지는 않는다.[106]_3

[경문은] 이러한 이유에서 임무가 종식된 마음은 독존에 유용한 잠세력들을 동반함으로써 정지하며, 그것(마음)이 정지할 때 순수정신은 본성에 안립하고, 이로부터 청정한 독존인 해탈이 [성취된다]고 말하는 것이다._4

이상으로 성자 파탄잘리에서 유래한 상키야(sāṃkhya)의 교설인 요가의 교전에 대한 존귀한 비야사(Vyāsa)의 주석 중, 첫째인 삼매의 장(삼매품)이 [끝났다.][107]_5

력"(kaivalya-hetu-karma-saṃskāra)이다. 앞의 각주 참조.

106 '독존에 유용한 잠세력'만이 마음의 안정을 도모한다는 의미이다.

107 각 장을 마감하는 이 종결구는 판본에 따라 약간씩 다르다. YsV의 판본에서는 "이상으로 성자 파탄잘리에서 유래하는 요가수트라의 주석으로서, 존귀한 지식을 가진 비야사가 작성한 것 중, 첫째인 삼매의 장이 [끝났다.]"라고 한다. 한편 Āraṇya가 채택한 판본에서는 "이상으로 성자 파탄잘리에서 유래하고 비야사가 작성한 상키야의 교설 중, 첫째인 삼매의 장이 [끝났다.]"라고 한다.

제2장

수 단

[앞에서는] 집중된 마음을 지닌 자의 요가가 상술되었다. [이제] 이것(제2장)[1]은 "산만한 마음을 지닌 자도 어떻게 요가에 전념할 수 있는가?"[2]라고 [하는 의문에 답하여] 시작된다._1

1 제2장은 요가의 실천법을 성취 수단으로 제시하므로, 그 제목이 실수품(實修品)으로 번역되기도 한다.

2 YsV는 여기서 활동을 '동요'로, 요가를 '삼매'로 해석한다. "동요하는 마음을 지닌 자도 도대체 어떻게 삼매에 적합할 수 있겠는가?"(vikṣipta-citto 'pi kathaṃ nāma samādhi-yogyo syād) 제1장 제1경의 주석에서 '동요'는 마음의 다섯 단계 중 첫째로 열거된다.

제1경: 고행, 자기 학습(성전 공부), 신에 대한 헌신은 행작(行作) 요가[3]이다.

고행을 실천하지 않는 자는 요가를 성취하지 못한다. 시작도 없는 업과 번뇌의 훈습으로 더럽혀지고, 현전해 있는 대상에 의해 사로잡혀 있는 [이] 불순한 것(마음)은 고행이 없이는 파괴되지 않는다. 따라서 고행이 채택된다. 그리고 이것(고행)으로 압박이 없는 그 마음의 청정을 연마해야 한다고 생각된다._1

자기 학습은 신성한 음절[4] 등과 같은 정화 수단들을 음송하거나 해탈[을 가르치는] 성전을 읽는 것이다._2

신에 대한 헌신이란 모든 행위를 최고의 스승에게 바치거나 그 과보를 포기하는 것이다._3

바로 그 행작 요가는_4

제2경: 삼매를 고무하기 위한 것이고, 번뇌를 약화시키기 위한 것이다.

실로 연마되고 있는 그것(행작 요가)은 삼매를 고무하고 번뇌들

....

3 행작 요가는 다음 제2경에서 삼매를 고무하고 번뇌를 약화시키는 수단으로 정의된다. 이것은 본격적인 요가 수행을 원조하는 기본적이고 필수적인 노력을 총칭한 것이라고 말할 수 있다. Āraṇya(1983:114)는 이것을 마음의 안정을 목적으로 실천하는 행동, 요가로 인도하는 간접적인 행동, 요가를 달성하려는 행동, 3업을 요가의 달성에 적용하는 것 등으로 설명한다. 예를 들어 행작 요가의 세 범주 중 고행은 신업(身業), 자기 학습은 구업(口業), 신에 대한 헌신은 의업(意業)에 상당한다.

4 성전이나 기도문의 시작과 끝에서 발성하는 옴(om)이라는 성스럽고 신비로운 소리를 가리킨다.

을 약하게 만든다. [즉] 명상의 불(식별지)로써, 약화된 번뇌들을 타 버린 씨앗처럼 생산력이 없게 만들 것이다._1

[그리고] 그것(번뇌)들이 희박해지기 때문에, 다시는 번뇌들과 접촉하지 않고 오직 순질(純質)과 순수정신의 차이[를 식별하는] 지혜는, 섬세한 예지(반야)로서 임무를 완수하여 환원[5]에 적합하게 될 것이다._2

여기서 그 번뇌들은 어떤 것들이며, 혹은 얼마나 많은가 하면,_3

제3경: 무지, 자아의식, 탐욕, 혐오, [삶에 대한] 애착이 [다섯] 번뇌들이다.

번뇌란 다섯 오류들을 의미한다. 발동하고 있는 그것들은 [3]질의 힘을 강화하고, 전변을 존속시키며, 인과의 흐름을 고양하고, 서로 원조하는 요소가 되어 업보를 완성한다._1

제4경: 무지는 잠들어 있거나 쇠약하거나 저지되어 있거나 활성화하고 있는 나머지 것(번뇌)들의 밭(기반)이다.

무지는 ①잠들어 있거나 ②쇠약하거나 ③저지되어 있거나 ④활성화하고 있는 나머지 것들, 즉 자아의식을 비롯한 네 가지 망상(번뇌)들의 출생지가 되는 밭이다._1

그중에서 ①잠들어 있음(수면)이란 무엇인가? 마음속에서 오직 힘

5 환원은 전변 이전의 상태, 즉 원질이 통각 이하의 원리들로 전개되기 이전의 상태로 회귀하는 것을 의미한다. 이것의 실제 의미는 독존 또는 해탈이다(↪ 「주제별 역주」 1-4). 따라서 이 대목의 설명은 요가수트라를 종료하는 제4장 제34경의 교시와 직결되어 있다.

(능력)으로서 자리잡고 있는 것들이 종자의 상태로 들어간 것이며, 대상과 마주칠 때 그것은 깨어난다._2

번뇌의 종자가 타버린 명상자에게는 대상과 마주치더라도 그것(잠든 번뇌의 각성)이 다시는 일어나지 않는다. 타버린 종자가 어떻게 발아할 수 있겠는가? 이 때문에 번뇌가 사라진 현자(요기)는 최후의 육신에 있다고 언급된다.[6]_3

다른 곳이 아니라 바로 거기에 다섯째 번뇌의 단계인 그 타버린 종자 상태가 있다는 것이다. 그때는 번뇌들이 존재하더라도 종자의 능력은 소멸되어 있다. 따라서 대상과 대면해 있을 때라도 이것(번뇌)들이 깨어나는 일은 있을 수 없다. 잠들어 있음, 그리고 타버린 종자들이 발아하지 못함은 이상과 같이 설명된다._4

②쇠약함에 대해 말하자면, '반대의 것에 대한 명상'[7]을 통해 손상된 번뇌들이 허약하게 되는 것이다._5

③저지됨이란 그와 같이 단절되는 그때마다 그 자신의 본성에 의해 [계속하여] 다시 발동한다는 것을 가리킨다. 어떻게 그러한가?_6

탐욕이 있을 때는 분노가 지각되지 않기 때문이다. 실로 탐욕이 있을 때, 분노는 발동하지 않는다. 그런데 어디선가 지각되고 있는 탐욕이 다른 대상에 대해서는 존재(발동)하지 않는 것은 아니다.[8] [예를

....

6 문법의 적용에 따라 "최후의 육신에 있다고 언급된다."라는 "최후의 육신을 지닌 자로 불린다."라고 번역될 수 있다.

7 이것을 용어화하면 '대응수습'(對應修習)으로 표현할 수 있다. 이에 대해서는 제2장 제33, 34경에서 상세히 설명한다.

8 어떤 것에 대한 탐욕이 발동한다면, 나중에는 다른 것에 대해서도 발동하게 마련이라는 의미이다.

들어] 차이트라가 한 여자에게 애착한다는 것이 다른 여자들에게 무관심하다는 것을 가리키는 것은 아니다. 오히려 그 [한 여자의] 경우에 탐욕은 [지금] 작용을 일으킨 것이지만, 다른 [여자들의] 경우에는 [앞으로] 일어날 작용인 것이다. 왜냐하면 그것(탐욕)은 그때(다른 여자들의 경우에) 잠들어 있거나 쇠약하거나 저지되어 있기 때문이다.[9]_7

④활성화란 대상에 대하여 [마음의] 작용을 일으키는 것이다._8

바로 이 모든 것은 번뇌의 영역을 벗어나지 않는다.[10] 그렇다면 ③저지되거나 ①잠들어 있거나 ②쇠약하거나 ④활성화하는 것이 번뇌인가?[11] 이에 답하자면, 그것[12]은 물론 사실이지만, 이것들은 [이상의 설명처럼] 차별되는 경우에만 ③저지 따위의 상태가 된다. 반대의 것에 대한 명상을 통해 [번뇌가] 멈추듯이, 바로 그와 같이 자신의 징표를 드러냄으로써 [번뇌는] 현현한다._9

바로 이 모든 번뇌들은 무지를 구분한 것이다. 왜냐하면 무지만이

---

9 이 구문은 한 여자에게 애착해 있을 있을 때, 다른 여자들에게 탐욕이 일어나지 않는 이유를 제시한 것이다.

10 여기서 설명하는 번뇌의 네 가지 양태(①②③④)에 대해 반론이 제기될 수 있다. 즉 ①②③④ 중 ④는 장애가 되므로 번뇌로 불릴 수 있지만, 나머지는 장애가 되지 않으므로 번뇌로 불릴 수 없다는 반론이다. TV의 해설에 의하면, 이와 같은 반론에 답한 것이 "바로 이 모든 것은 번뇌의 영역을 벗어나지 않는다."라는 설명이다.

11 YsV는 이 의문의 취지를 다음과 같이 부연한다.
"이와 같이 [네 가지로] 차별하여 말하는 것은 적절하지 않으며, 오직 하나의 예시로 충분하다. 더욱이 활성화의 상태가 없다면 결과를 생성하지 않을 것이다."(na yuktam evaṃ bhedena vacanam/ ekam evodāharaṇam astu/ na codārāvasthāyā anyatra kāryaṃ kariṣyati/)

12 "바로 이 모든 것은 번뇌의 영역을 벗어나지 않는다."라는 것.

모든 것들 속에 범람하기 때문이다. 번뇌들은 무지가 불러내는 바로 그 사물(대상)에 달라붙어 있다가 망상하는 관념이 있을 때는 지각되고, 무지가 소멸되어 가면 이에 따라 소멸된다._10

여기서 [다음 경문으로] 무지의 본성을 설한다._11

제5경: 무지는 무상한 것을 영원한 것으로, 불결한 것을 깨끗한 것으로, 고통인 것을 즐거운 것으로, 자아가 아닌 것을 자아로 인식하는 것이다.

무상한 결과를 영원한 것으로 인식하는 것이란 예를 들면 '대지는 영원하다, 달과 별을 지닌 하늘은 영원하다, 신들은 죽지 않는다'라고 [생각하는 것이다.]_1

마찬가지로 불결하고 최고로 혐오스러운 신체를 [깨끗한 것으로 인식한다. 그래서 말하기를][13] "[태아의] 거처, [잉태의] 근원, [신체의] 지탱, 분비물,[14] 죽음(시신) 때문에, 또한 정화를 받아야 하기 때문에, 현자들은 실로 신체를 불결한 것으로 이해한다."라고 한다. [이 말로써, 현자가 아닌 사람은] 불결한 것을 깨끗한 것으로 인식한다는 점이 드러난다._2

[또 다른 예로서][15] "초승달의 윤곽처럼 아름답고 사지가 꿀과 감

....

13 [ ]는 Prasāda, Āraṇya, YV의 판본에 의거한 내용이다. 이 내용을 고려할 때 주석의 취지가 잘 파악된다.

14 TV에 의하면 거처는 자궁, 근원은 어머니의 피(월경)와 아버지의 정액, 지탱은 음식의 자양분, 분비물은 땀을 가리킨다. YsV는 이 중에서 분비물을 땀, 오줌, 똥으로 예시하지만, 지탱의 의미를 TV와는 다르게 해석하여 풍(風), 담즙, 점액으로 제시한다.

15 TV는 다음의 인용문도 불결한 것을 깨끗한 것으로 인식하고 있음을 예시한 것이라고 설명한다.

로로 이루어진 듯하며, 푸른 연꽃의 꽃잎처럼 펼쳐지는 두 눈은 교태로 가득한 눈빛으로 세상 사람들에게 활력을 불어넣는 듯한 이 소녀는 달을 열고 나온 것처럼 보인다."라고 말할 경우, [여기서는] 무엇이 어느 것과 연관을 갖는가?[16] 그와 같이 불결한 것(소녀)을 깨끗한 것으로 망상하는 관념이 있다는 것이다._3

이로써 악한 것을 선한 것으로 보는 관념, 또한 바로 그와 같이 무익한 것을 유익한 것으로 보는 관념이 상술되었다._4

마찬가지로 고통인 것을 즐거움인 것으로 인식함을 [다음의 제15경에서] "전변과 고뇌와 잠세력의 고통들로 인해, 그리고 질들(3질)의 작용이 상충하기 때문에, 식별력을 지닌 자에게는 모든 것이 고통일 뿐이다."라고 설명할 것이다. 여기서 [말하는 고통을] 즐거움으로 인식하는 것이 무지이다._5

자아가 아닌 것을 자아로 인식함이란 자아가 아닌 것, 즉 정신적이거나 비정신적인 외적 도구들[17]을, 혹은 향수의 근거지인 육신을, 혹

....

16 이 의문은 그 자체가 자명한 답을 함축한다. 답은 앞의 인용문에 함축되어 있기 때문이다. 예를 들어 YV는 "무엇이란 천박한 여인의 몸, 어느 것이란 극히 청정한 달의 윤곽 따위, 연관이란 유사성이다."(kasya strīkāyasya nikṛṣṭasya kena candrakalādinātinirmalenābhisaṃbandhaḥ sādharmyam)라고 설명한다. 이에 따르면 이 의문문은 그 자체가 "천박한 여인의 몸이 극히 청정한 달의 윤곽 따위와 연관, 즉 유사성을 갖는다."라는 의미를 지닌다. 이와 같은 독법으로 TV는 "최고로 혐오스러운 여인의 몸은 유사성이 가장 빈약한 초승달의 윤곽 따위와 연관을 갖는다."(kasya strīkāyasya parama-bībhatsasya kena mandatama-sādṛśyena śaśāṅkalekhādinā saṃbandhaḥ)라고 설명한다.

17 5지근(知根)으로 불리는 다섯 지각기관(눈, 귀, 코, 혀, 피부)과 5작근(作根)으로 불리는 다섯 행위기관(성대, 손, 발, 항문, 생식기)을 가리킨다. ↪ 「주제별 역주」 1-4.

은 순수정신의 도구인 마음을 자아로 인식하는 것이다._6

이에 관해 다음과 같은 말씀이 있다. "현현 혹은 미현현인 순질(純質)을 자아인 것으로 오인하고서 그것(순질)의 성공을 자아의 성공으로 생각하여 기뻐하고, 그것의 실패를 자아의 실패로 생각하여 통곡하는 그런 사람은 전혀 깨닫지 못한 자이다."_7

넷[18]으로 이루어진 이 무지(avidyā)는 번뇌의 상속이고 과보를 초래하는 이 잠재업의 근원이다. 그리고 그것(무지)은 amitra(적)이나 agoṣpada(넓은 곳 또는 숲)처럼 실체성을 지닌 것이라고 알아야 한다.[19]_8

예를 들어 amitra는 친구가 없음도 아니고 친구에 불과한 것도 아니라, 이와는 반대인 경쟁자(적)를 가리킨다. 이와 마찬가지로 agoṣpada는 소[가 출몰한] 발자국이 없음도 아니고 소[가 출몰한] 발자국에 불과한 것도 아니라, 그 둘과는 다른 특수성을 지닌 것으로서 특정한 장소(숲)를 가리킨다.[20] 이와 같이 무지는 바른 지각도 아니고 바른 지각이 없

....

18 경문에서 무지를 설명하면서 열거한 네 가지.

19 여기서는 무지(avidyā)가 강력한 별개의 번뇌임을 설명하기 위해 범어의 조어(造語) 해석을 적용하고 있다. 알기 쉬운 예로 a-mitra는 부정(否定)을 표시하는 접두사 a와 친구를 의미하는 mitra가 합성된 말이므로, 이 둘을 적용하면 '친구가 없음' 또는 '친구가 아님'이라는 추상적 의미가 된다. 그러나 이 말의 실제 용도는 '적'이라는 구체적 의미이다. 이와 같이 a-vidyā(무지)도 '지혜가 없음'이라는 추상적 관념이 아니라, 지혜가 작용하는 것과 같은 실질적인 힘을 발휘하는 번뇌이다. a-goṣpada에 대해서는 다음 각주 참조.

20 다른 예로 든 a-goṣpada의 의미는 상대적으로 난해하다. 이 때문에 후대 주석자들도 이것을 설명하는 데 주력했다. 조어상의 의미로 보면 a-goṣpada는 '소의 발자국이 없음'이지만, 그 실제 의미는 '소의 발자국'과는 무관한 특정 대상을 가리킨다는 것이 후대 주석의 요지이다. 예를 들어 YsV는 다음과 같이 설명한다.
"그러므로 [agoṣpada에] 부정의 의미가 가능하다면, 그것만 타당하다는 것이며,

는 것도 아니라, 지혜와는 반대의 것으로서 별개의 인식이 무지이다._9

제6경: 자아의식이란 [순수정신의] 직관 능력과 [이에 의한 통각(마음)의] 인식 능력이 동일한 본성인 것처럼 [생각하는 것]이다.[21]

직관 능력이란 [지각의 근원인] 순수정신이고, 인식 능력이란 [지각의 도구인] 통각이다. 따라서 그 둘이 동일한 본체가 되어버린 것처럼 [생각하는 것]이 자아의식이라는 번뇌로 불린다._1

완전히 구별되고 결코 뒤섞이지 않는 향수자(순수정신)의 능력과 피향수자(통각)의 능력이 동일한 상태에 있는 것처럼 될 때, 향수(경험)가 발생한다. 그러나 [그것들의 상이한] 본성을 이해할 때, 그 둘은 오로지 독존할 수 있다. [이때] 향수는 어떻게 [가능한가]라고 한다면,

....

[소가] 출몰할 가능성도 의도하지 않고 출몰했을 뿐이라는 것도 의도하지 않는다. agoṣpada라는 말에 고려된 것은 소의 출몰과는 전혀 양립하지 않는 장소이다." (tasmāt, sati sambhave nañ arthaḥ sa eva yukta iti na sevita-prasaṅgo nāpi sevitamātra iṣyate/ go-sevita-viruddha eva deśo 'goṣpada-śabdenābhidhīyate/)

21 이 경문의 취지를 쉽게 표현하면, 현상 세계에서 마음(통각)의 활동을 순수정신의 작용으로 혼동하는 것이 자아의식이라는 것이다. 마음은 인식 기관이며, 순수정신에게는 감관이 된다. 따라서 인식 기관을 자아(순수정신)와 동일시하는 것이 자아의식이며, 감관들을 자아로 간주하는 것은 자아의식에서 유래한다(Āraṇya 1983:124). 한편, 경문에서 언급하는 '직관 능력'(dṛś)은 순수정신의 고유한 기능으로서 인식을 성립시키는 근원이며, '인식 능력'(darśana)은 마음의 일반 기능이다. Chakravarti(1975:232)처럼 dṛś를 '인식자'로, darśana를 '인식 대상'으로 구분할 경우, 여기에 함축된 의미를 고려하지 않으면 원의를 오해하기 쉽다. 특히 여기서 '인식 대상'이란 마음을 가리키며, 이 마음은 순수정신의 인식 대상이 된다는 의미가 함축되어 있다.

다음과 같이 말한 것과 같다._2

"최상의 순수정신을 양태와 기질과 지성 따위에 의해 통각과는 구별되는 것으로 보지 못하는 자는 미망에 의해 그것(통각)을 자아로 지각할 것이다."_3

제7경: 탐욕이란 즐거움에 집착하는 것이다.[22]

즐거움을 잘 아는 자가 이전의 즐거움을 기억하여 즐거움이나 그 수단을 요망하고 갈망하고 열망하는 것이 곧 탐욕이다._1

제8경: 혐오란 고통에 집착하는 것이다.[23]

고통을 잘 아는 자가 이전의 고통을 기억하여 고통이나 그 수단에 대해 격분하고 파괴하려 하고[24] 분노하는 것이 곧 혐오이다._1

제9경: [삶에 대한] 애착이란 자신의 성향에 의해 흘러가는 것으로서, 현자도 그와 같이 이끌리는 것이다.

'나는 없어지지(죽게 되지) 않기를,[25] 나는 존재하기를'이라고 하여, 모든 중생은 이렇게 자아가 영원하기를 희구한다. 그런데 죽음의

22 YsV의 판본에 의하면 "탐욕이란 즐거움에 뒤따라 일어나는 것이다."

23 YsV의 판본에 의하면 "혐오란 고통에 뒤따라 일어나는 것이다."

24 YsV의 판본에 따르면 '격분하고 파괴하려 하고'는 '기피하고자 하고'로 바뀐다.

25 YsV의 판본에 따르면 "나는 죽음을 경험하지 않기를"(maraṇaṃ mā'anvabhūvaṃ) cf. YBh 4.10_1.

성질을 경험한 적이 없는 자에게는 자아에 대한 이러한 희구가 [있을 수] 없으며, 이것(자아의 영원성에 대한 희구)에 의해 전생의 경험이 인정된다.[26]_1

그리고 바로 이 [삶에 대한] 애착은 단지 태어난 것일 뿐인 곤충에게도 자신의 성향에 의해 흘러가는 번뇌가 된다. [또한 이것은] 직접지각과 추리와 성언(聖言)에 의해서도 파악되지 않는 '죽음에 대한 공포'로서 단멸론의 성질을 지니며, 전생에서 경험한 것이 죽음의 고통일 것이라고 추측하게 한다._2

또한 이 번뇌는 극히 둔감한 자들에게서 발견되는 것과 마찬가지로, 앞뒤의 한계(시작과 종말)를 식별하는 현자에게도 그와 같이 일어난다. 왜 그러한가? [번뇌의] 이 훈습은 죽음의 고통을 경험한 이래, 선인(유능한 자)과 악인(무능한 자) 모두에게 공통하기 때문이다._3

제10경: 그 미세한 것(번뇌)들은 환원에 의해 파기되어야 한다.

요기의 마음이 임무를 완수하고 소멸할 때, 타버린 씨앗과 같은 그 다섯 번뇌는 바로 그것(요기의 마음)과 함께 폐기되어간다._1

그러나 [그것들이] 종자의 상태에 도달하여 존속하는 동안에는_2

....

26 후속 설명을 고려하면, 여기에는 다음과 같은 관념이 추론으로 전제되어 있다. '자아의 영원성에 대한 희구'는 곧 '죽음에 대한 공포'에서 유래하며, '죽음에 대한 공포'는 '전생의 경험'에서 유래한다.

제11경: 그것(번뇌)들의 작용은 정려에 의해 파기되어야 한다.

번뇌들의 작용으로서 거친 것들은 [먼저] 행작(行作) 요가에 의해 약화되고, [다음에] 명상인 정려에 의해 미세하게 될 때까지, 타버린 씨앗처럼 될 때까지 제거되어야 한다는 것이다._1

그리고 예를 들어 옷들의 경우, 처음에는 거친 먼지를 털어내고 나중에 열의와 수단을 다해 미세한 것을 제거한다. 바로 그와 같이 번뇌들의 경우, 거친 작용들은 작은 장애이지만, 미세한 것들은 큰 장애가 된다._2

제12경: 번뇌가 그 근원인 잠재업은 현생과 내생에서 감수될 것이다.[27]

여기서 선과 악의 잠재업은 애욕과 욕망과 미망과 분노[28]로부터 발생한다. 그것(선악의 잠재업)은 '현생에서 감수되어야 할 것'(現生受業)과 '내생에서 감수되어야 할 것'(來生受業)[29]으로서 존재한다._1

그 [선악의 잠재업] 중에서 강한 [해탈의] 열정에 의해, 즉 주문과 고행과 삼매[와 같은 것]들에 의해 성취되고, 혹은 자재신이나 [다른]

....

27 경문은 여기서부터 큰 장애가 되는 미세한 번뇌를 취급한다. 여기서부터 이하 제14경까지 『요가주』가 주력하여 설명하는 내용은 요가 철학의 업론(業論)에 상당한다. 즉 『요가주』는 잠재력으로 존속하는 미세한 번뇌를 업력(業力)과 동일시하여, 이 업력의 작용 양태를 윤회와 결부시켜 설명한다.

28 YV의 판본에는 '애욕'이 없다. 이것을 제외한 '욕망과 미망과 분노'는 불교에서 말하는 3독(毒)과 일치한다. 즉 3독 중 탐(貪)은 욕망, 진(瞋)은 분노, 치(癡)는 미망을 가리킨다.

29 불교의 논서 중 『구사론』에서도 이와 동일한 개념을 구사한다. 한역(漢譯) 『구사론』의 용어를 적용하면 '현생에서 감수되어야 할 것'은 현생수업(現生受業), '내생에서 감수되어야 할 것'은 내생수업(來生受業)이다. ↪ 「주제별 역주」 2-1.

신들이나 위대한 현자들의 위대한 권능에 대한 숭배를 통해 완성되는 것으로서 즉시 결과를 낳는 그것이 곧 선(善)의 잠재업이다._2

이와 마찬가지로 두려워하거나 병들어 있거나 비참한 자들에게, 혹은 신뢰를 얻은 자들에게, 혹은 위대한 권위를 지닌 고행자들에게, 강한 번뇌에 의해 계속 반복하여 위해를 가하는 것이 곧 악의 잠재업이며, 이것도 바로 그 즉시 결과를 낳는다. 예를 들면 동자(童子)가 된 행운의 자재신이 인간이라는 변신을 버리고서 신격으로 변한 것처럼, 신들의 우두머리가 된 나후사[30]도 자신의 변신을 잃고서 [뱀이라는] 축생으로 변한 것과 같다._3

그중에서 현생에서 감수되어야 할 잠재업(現生受業)이 지옥의 거주자들에게는 존재하지 않으며, 내생에서 감수되어야 할 잠재업(來生受業)은 번뇌가 사라진 자들에게도 존재하지 않는다._4

제13경: [번뇌라는] 근원이 존재할 때, 그 [잠재업의] 과보로서 출생과 수명과 향수가 있다.[31]

번뇌들이 존재하는 한, 잠재업은 과보를 생성하지만, 번뇌라는 근

....

30 인도의 신화에 의하면(Mbh, 5.9-18), 아유스(Ayus)의 다섯 아들 중에서 첫째인 나후사(Nahuṣa)는 신들의 왕인 인드라의 반열에 오른 적이 있었다. 그러나 호색한이 되어 인드라의 아내를 강탈하고자 했던 나후사는 성현들을 수레에 태우지 않고 그들에게 가마를 메게 했으며, 심지어는 가장 위대한 성현의 머리를 발로 건드렸다. 이 때문에 그는 성현들의 저주를 받아 그 지위에서 지상으로 떨어져 뱀으로 변신했다. 上村勝彦(1981) pp. 93-100 참조.

31 이 경문에 대한 『요가주』의 설명은 크게 두 가지 주제로 진행된다. 전반부에서는 과보의 인과를 검토하면서 '과보의 일반 법칙'을 설명하고, 후반부에서는 '정업(定業)과 부정업(不定業)'을 설명한다.

원이 파괴된 잠재업은 그렇지 않다. 예를 들면 왕겨에 싸여 있고 종자가 타버리지 않은 상태로 있는 쌀알들은 발아할 수 있지만, 왕겨가 벗겨져 있거나 종자가 타버린 상태로 있는 것들은 그럴 수 없다. 이와 마찬가지로 번뇌에 싸인 잠재업은 과보를 증식하고 있지만, 번뇌가 제거되어 있거나 명상으로 번뇌라는 종자가 타버린 상태로 있는 것(잠재업)은 그렇지 않다._1

그리고 그 과보는 세 가지, 즉 출생과 수명과 향수(享受)이다. 이에 대해서는 다음과 같은 것이 성찰된다. [첫째 성찰은] ①하나의 업은 하나의 출생의 원인인가, 혹은 ②하나의 업이 많은 출생을 이끄는가 하는 것이다. 둘째 성찰은 ③많은 업이 많은 출생을 일으키는가, 혹은 ④[32]많은 업이 하나의 출생을 일으키는가 하는 것이다._2

[이에 대해 답하자면] 첫째로, ①하나의 업이 하나의 출생의 원인은 아니다. 왜 그러한가? 시작도 없는 긴 세월에 축적되어 무수하게 잔존하는 업과 현재의 업은 [그] 과보의 순서에 규칙이 없게 됨으로써[33] 세상 사람에게 무기력(좌절)을 초래하며, 이는 바람직하지 않기 때문

....

32 저자는 이 ④를 바른 견해로 간주하여, 이것을 이하의 검토에서 일생업(一生業)과 다생업(多生業)으로써 설명한다.

33 후대 주석자들의 해설을 종합하면 이 첫째 이유의 요점은, 과보를 초래하는 인과관계가 무질서하게 됨으로써 인과응보에 대한 불신을 초래한다는 것이다. 즉 "과보의 순서에 규칙이 없게 됨"이란 TV에 의하면, 전생의 나머지 많은 업에 현생의 업이 추가됨으로써 업보의 상속에 규칙이 없게 된다는 것이다. YsV에 의하면, 내생을 초래하는 원인은 전생의 어떤 업일 수 있고 또한 현생의 어떤 업일 수 있으므로, 과보의 순서에 규칙이 없게 된다는 것이다. YV에 의하면, 과보를 초래하는 데서 어느 업이 먼저이고 어느 업이 나중인지에 관한 법칙이 없게 됨으로써 업보에 대한 믿음을 상실하게 된다는 것이다.

이다._3

②또한 하나의 업이 많은 출생의 원인은 아니다. 왜 그러한가? 많은 업들 중에서 오직 어느 하나의 업이 많은 출생의 원인이 되므로, 나머지 업에게는 과보의 시기가 없는 결과가 되는데, 이것 역시 바람직하지 않기 때문이다.[34]_4

③또한 많은 업이 많은 출생의 원인은 아니다. 왜 그러한가? 그 [많은 업에 대한] 많은 출생이 동시에 일어날 수는 없으므로[35], 오직 '순서대로'라고 말해야 하는데, [이것은] 마찬가지로 앞의 경우와 같은 결함[36]과 연결되기 때문이다._5

④따라서 선하거나 악한 잠재업은 탄생과 임종 사이에서 다양하게 축적되어, 우선적(일차적)이거나 부수적(이차적)인[37] 상태(관계)로서 존속하다가 죽음을 통해 현현되는데, 하나의 주도적인 것에 의해[38]

34 이 이유의 취지도 앞서 말한 것과 동일하다. 예를 들어 YsV는 "이 역시 '과보의 순서에 규칙이 없다'는 앞의 경우와 같은 결함을 갖는다."(phala-kramāniyamaś ceti pūrva-doṣo 'pi)라고 해설한다.

35 TV와 YV 등에 의하면, 요기처럼 신통력을 지닌 자에게는 이 이유가 적용되지 않는다. 즉 신통력을 지닌 자는 많은 출생을 동시에 경험할 수 있다.

36 TV에 의하면 첫째 경우(①)와 같은 결함.

37 업들은 두 가지 방식으로 결과를 초래한다. 우선적인 것들은 절대적 강도로 즉시 결과를 일으키고, 부수적인 것들은 지연된 후 결과를 일으킨다. Rukmani(1983) p. 51, n. 5.

38 여기서 말하는 '주도적인 것'(praghaṭṭaka)의 기본 의미는 '법칙'이지만, 영역자들(Woods, Rukmani, Leggett)은 이것의 의미를 '추진력'으로 이해한다. YsV는 '하나의 주도적인 것'을 '하나의 가변(可變) 상태'(ekalolībhāva)로 해설한다. 그러나 이 원어에 대한 이해도 영역자들 사이에 일치하지 않는다. Woods는 그 원어를 '내생'으로 의역했지만, Prasāda는 '하나의 활동력'으로, Rukmani는 '하나의 압박'으로 번

죽음을 달성한 다음에 응결되어 오직 하나의 출생을 형성한다._5

그리고 바로 그 업에 의해서 수명을 얻은 그 출생이 존재하며, 그 수명[을 누리는] 동안에는 바로 그 업에 의해서 향수가 성취된다. 이러한 잠재업은 출생과 수명과 향수의 원인이기 때문에 '세 가지 과보를 갖는 것'으로 불린다. 이 때문에 '하나의 생존에서 유래하는 것'(一生業)[39]이 잠재업으로 불리는 것이다._6

그런데 '현생에서 감수되어야 할 것'(現生受業)은 향수의 원인이기 때문에 하나의 과보를 생성하든가, 혹은 수명과 향수의 원인이기 때문에 행운의 자재신이나 나후샤처럼 두 가지 과보를 생성한다.[40]_7

....

역했다. TV는 이 원어를 구사하여 다음과 같이 해설했으므로, 여기서 그 원어의 의미를 파악할 수 있다.

"[선하거나 악한 잠재업은] 하나의 주도적인 것에 의해, 출생 등의 형태로 성취되어야 할 결과로 일제히 응결되고 하나의 가변 상태에 도달하여, 많은 출생이 아니라 오직 하나의 출생을 형성한다." (eka-praghaṭṭakena yugapat saṃmūrchito janmādi-lakṣaṇe kārye kartavya eka-lolībhāvam āpanna ekam eva janma karoti nānekam/)

이 해설을 고려하면, '하나의 가변 상태'를 '내생'으로 해석하는 것이 가능하다. 결국 '하나의 주도적인 것에 의해서'라는 본문의 취지는, 선하거나 악한 업들 중의 어느 하나가 주도하여 하나의 출생을 내생으로 형성하는데, 이 형성에는 다른 나머지 업들도 함께 응결된다는 것이다.

39 여기서 '하나의 생존에서 유래하는 것'이란 탄생과 임종 사이라는 하나의 생존에서 유래하여 다른 하나의 생존을 이루는 업을 의미하는 개념으로 사용되고 있다. 따라서 기능적 측면에서 이것은 '하나의 생존을 이루는 것'이기도 하다. 이 때문에 Woods는 이것을 '하나의 생존에 국한되는 것'으로 이해하고, Rukmani는 '하나의 생존을 일으키는 것'으로 이해한다. 이것을 한자어로 용어화하면 일생업(一生業)으로 명명할 수 있다. 반면에 '많은 전생에서 유래하는 것'은 다생업(多生業)으로 명명할 수 있다.

40 행운의 자재신과 나후샤는 앞의 제12경에서 예시되었다. 전자는 인간이었다가

그러나 번뇌로 인한 업의 과보를 감수(경험)한 데서 발생된 훈습들에 의해, 시작도 없는 긴 세월에 응결되어 채색된 것과 같은 이 마음은, 어망(魚網)이 매듭들에 의해 확장되듯이 어느 곳으로든지 확장된다. 따라서 이렇게 '많은 전생에서 유래하는 것들'(多生業)이 훈습이다. 반면에 잠재업인 그것은 바로 그렇게 '하나의 생존에서 유래하는 것'(一生業)으로 불린다. 기억의 원인인 잠세력들이 곧 훈습이며, 이것(훈습)은 시작도 없는 긴 세월에 속한 것이다.[41]_8

그런데 그렇게 하나의 생존에서 유래하는 그 잠재업(즉 일생업)으로는 '과보가 정해진 것'(정업)과 '과보가 정해지지 않은 것'(부정업)이 있다.[42]_9

이 중에서 [하나의 생존에서 유래하는 것이 잠재업이라는] 이 정칙(定則)은 '현생에서 감수되어야 할 것'(現生受業)으로서[43] 과보가 정

신으로 격상했다는 선행의 과보를 예시하고, 후자는 신이었다가 뱀으로 추락했다는 악행의 과보를 예시한다.

41 잠재업과 훈습의 관계는 「주제별 역주」 4-2, 기억과 잠세력과 훈습의 관계는 「주제별 역주」 4-1 참조.

42 한역(漢譯) 불전에서는 일생업(一生業)과 다생업(多生業)이라는 용어가 구사되지 않는다. 그러나 '과보가 정해진 업'은 정업(定業), '과보가 정해지지 않은 업'은 부정업(不定業)이라는 번역어로 통용된다. 『요가주』가 여기서부터 설명하는 주제는 '정업과 부정업'로 바뀌는데, 특히 '부정업의 존재 양식'을 설명하는 데 주력한다.

43 YsV의 판본에 의하면 '현생에서 감수되어야 할 것'은 '내생에서 감수되어야 할 것'(adṛṣṭajanma-vedanīya)이 된다. YV의 저자도 '내생에서 감수되어야 할 것'을 채택한다. 이는 일생업, 즉 '하나의 생존에서 유래하는 잠재업'에 대한 개념 차이에서 기인한다. YsV와 YV를 따르면 일생업은 내생(정확히 말하면 次生)에서 과보를 초래하는 잠재업이 된다. 이 경우, 일생업은 다른 생(生)들에 의해 격리되어 존속하는 것이 아니라 '곧장 뒤따르는 생'(次生)에서 그 결과를 낳는다. 그리고 이것이

해진 것(정업)에게만 적용되고, '내생에서 감수되어야 할 것'(來生受業)으로서 과보가 정해지지 않은 것(부정업)에게는 적용되지 않는다.[44]_10

왜냐하면 '내생에서 감수되어야 할 것'(來生受業)으로서 과보가 정해지지 않은 것(부정업)에게는 세 가지 존재 양식이 있기 때문이다. 즉 [그 셋이란] ①준비되어 있다가 성숙하지 않고 소멸함, 혹은 ②주요한 업으로 뒤섞여 감, ③혹은 과보가 정해진 주요한 업에 의해 압도되어 오랫동안 지속함이다._11

그중에서 ①준비되어 있다가 성숙하지 않고 소멸함이란 백업(白業)이 흥기함으로써 바로 이 세상에서 흑[업]이 소멸하는 것과 같다. 이에 관해서는 다음과 같은 말씀이 있다. "한 더미의 선행은 악인의 것으로 알아야 할 참으로 바로 그 두 가지 업(흑업과 흑백업)을 격퇴한다.[45] 이와 같이 현자들은 그대에게 업을 알려주노니, 그대는 바로 이 세상에서 선행의 업을 짓도록 추구하라."_12

정업(定業)이다. cf. Dasgupta(1973) pp. 110, 112.

44 여기서는 다음과 같은 취지도 끌어낼 수 있다. 잠재업이 내생에 과보를 초래한다고 할지라도, 어느 내생에서 과보를 초래하는지 결정되어 있지 않다면, 이 잠재업은 일생업으로 간주될 수 없다. 따라서 이 같은 잠재업은 부정업이다.

45 TV는 두 가지 업을 흑업(黑業)과 흑백업(黑白業)으로 간주한다. 이것은 『요가주』의 제4장 제7경에서 흑(黑), 백흑(白黑), 백(白), 비백비흑(非白非黑)으로 설명하는 4업 중 앞의 둘에 해당한다. 한편 YV는 이 구문을 해설하는 데서 "√jāsi, ni나 pra에 후속하는 √han, √nāṭ, √krāth가 '해치다'를 의미할 때, 이 동사들의 목적어는 제6격(소유격)을 취한다."라고 하는 파니니(Pāṇini)의 규정(2.3.56)을 적용하여, 소유격 '악인의'를 '격퇴한다'라는 동사의 목적어로 해석한다. 이에 의하면 이 구문은 "참으로 업은 바로 그 두 가지라고 알아야 한다. [그중] 한 더미의 선행은 [다른 한 쪽의] 악을 격퇴한다."라고 번역된다. cf. Woods(1973) p. 125, n. 1.

②주요한 업으로 뒤섞여 감에 관해서는 다음과 같은 말씀이 있다. "[희생제(犧牲祭)처럼 큰 선업과 작은 악업이 있을 경우, 악업과의] 사소한 뒤섞임이 있을 것이고, [좋은 과보의] 유보와 [나쁜 과보에 대한] 인내가 뒤따를 것이지만,[46] 선(善)을 감손하기에는 충분하지 않을 것이다. 왜 그러한가? 나에게는 다른 많은 선이 있기 때문이다. 이 경우에 그 뒤섞임에 봉착한 자는 천계에서도 사소한 감손을 겪을 것이다."_13

③혹은 과보가 정해진 주요한 업에 의해 압도되어 오랫동안 지속함이란 어떠한 것인가? 오직 내생에서 감수되어야 할 것(來生受業)으로서 과보가 정해진 업(정업)에게는 일반적으로 죽음이 현현의 원인이라고 하지만, 내생에서 감수되어야 할 것(來生受業)으로서 과보가 정해지지 않은 업(부정업)에게는 그렇지 않다._14

그런데 업을 현현시키는 [죽음과] 유사한 원인이 그것(부정업)을 과보로 이끌지 않는 한, 내생에서 감수되어야 할 것(來生受業)으로서 과보가 정해지지 않은 업(부정업)인 그것은 소멸할 수도 있고, 뒤섞여 갈 수도 있고, 압도되어 오랫동안 대기할 수도 있다._15

[그리고] 오직 그 과보의 경우에는 장소와 시기와 원인(동력인)이 확정되어 있지 않기 때문에, 이러한 업의 존재 양식은 다양하고 난해하다. 그러나 일반 법칙이 예외로 인해 중단되지는 않으므로, 하나의 생존에서 유래하는 잠재업은 인정되는 것이다._16

46 Woods는 이 대목을 "희생제에서 아주 사소한 죄악의 혼합이 있을 것이지만, 제거되거나 간과될 것이다."라고 간결하게 번역했다.

제14경: 그것들(출생, 수명, 향수)은 선과 악의 원인이 되기 때문에 즐거움과 고통을 결과로 갖는다.

그것들, 즉 선(善)에서 유래하는 출생과 수명과 향수는 즐거움을 결과로 갖고, 악(惡)에서 유래하는 그것들은 고통을 결과로 갖는다는 것이다. 그런데 이 고통은 역조(逆調)의 성질[47]을 지니므로, 대상을 즐기고 있을 때에도 요기에게는 그와 같이 역조의 성질을 지닌 고통이 있을 뿐이다._1

[요기가] 어떻게 그럴 수 있는가?_2

제15경: 전변과 고뇌와 잠세력의 고통들로 인해, 그리고 [3]질들의 작용이 상충하기 때문에, 식별력을 지닌 자에게는 모든 것이 고통일 뿐이다.

모든 이들에게 이 즐거움의 경험은 탐욕으로 가득 찬 것으로서 정신적이거나 비정신적인 수단[48]에 의존한다. 따라서 거기(즐거움의 경험)에는 탐욕으로부터 발생하는 잠재업이 있다. 또한 마찬가지로 고통의 수단들을 혐오하고 미혹에 빠지므로 혐오와 미망으로 조성된 잠재업도 있다._1

또한 그와 같이 [혹자는] 말하기를 "생물들을 해치지 않고서는 향

---

47 '역조의 성질'이란 심리적으로 바람직하지 않은 상태, 즉 불쾌를 유발하는 성질이다.

48 YsV는 이 대목을 해설하면서 수단(sādhana)을 언급하지 않는다. 그러나 『요가주』의 후속 설명이나 YsV의 해설을 고려하면, 정신적 수단은 의업(意業), 비정신적 수단은 신업(身業)과 구업(口業)을 지칭한 듯하다.

수가 있을 수 없다."라고 했다. [이 말은] 신체로부터 생성된 잠재업으로서 살생으로 조성된 것도 있다는 것이다. 또한 "대상을 즐기는 것은 무지이다."라는 말이 있다._2

향수(대상을 경험)하는 데서 감관들이 만족함으로써 평온해지는 것이 곧 즐거움이며, 열망으로 인해 평온해지지 못하는 것이 곧 고통이다. 그리고 감관들이 향수를 반복하는 것으로는 갈망으로부터 벗어날 수 없다. 왜 그러한가? 향수를 반복하는 데 따라서 감관들의 탐욕과 기교가 증진하기 때문이다. 따라서 향수의 반복은 즐거움의 [바른] 방편이 아니다._3

즐거움에 탐닉하여 대상에 잠기다가 깊은 고통의 수렁에 빠진 자, 바로 그는 참으로 전갈의 독을 두려워하다가 독사에게 물린 것과 같다. 이것이 '전변의 고통성'으로 불리는 역조(불쾌)이며, 즐거움의 상태에서도 요기만을 괴롭힌다._4

그렇다면 고뇌의 고통성이란 무엇인가? 모든 이들에게 고뇌의 경험은 혐오로 가득 찬 것으로서 정신적이거나 비정신적인 수단에 의존한다. 따라서 거기(고뇌의 경험)에는 혐오로부터 발생하는 잠재업이 있다._5

그리고 즐거움의 수단들을 추구하고 있는 자는 몸과 말과 마음으로 활동하고,[49] 이로부터 남을 돕기도 하고 해치기도 한다. 이런 방식으로 그는 남을 돕고 해침으로써 선(善)과 악[의 업]을 축적한다. 이 잠재업은 욕망과 미망을 통해 존재한다. 따라서 이것이 '고뇌의 고통성'으

49 몸과 말과 마음으로 활동한다는 것은 신업(身業), 구업(口業), 의업(意業)이라는 3업을 지칭한다.

로 불린다._6

또한 잠세력의 고통성이란 무엇인가? 즐거움의 경험을 통해 즐거움이라는 잠세력의 잠복이 있고, 고통의 경험을 통해서도 고통이라는 잠세력의 잠복이 있다는 것이다. 이와 같이 업들을 통해 과보가 즐거움 혹은 고통으로서 경험되고 있을 때, 다시 잠재업의 축적이 있다는 것이다._7

이와 같이 이 고통의 흐름은 무시이래 확장되어, 역조(逆調)의 본성을 가짐으로써 오로지 요기를 위협한다. 왜 그러한가? 현자는 안구(眼球)와 같기 때문이다. 예를 들어 안구 위에 놓인 털실은 접촉으로 괴롭히지만, 신체의 다른 부위들에서는 그렇지 않다. 바로 이와 같이 그러한 [역조의] 고통들은 [민감한] 안구와 같은 요기만을 괴롭히고, 다른 지각자를 괴롭히지는 않는다._8

그러나 [요기가 아닌] 다른 사람은 자신의 업이 초래한 고통을 감수할 때마다 버리고 버릴 때마다 수용하기를 반복하며, 무시이래의 훈습으로 잡색이 된 마음 작용에 의해 완전히 장악되어 있는 것과 같으며, 오직 제거되어야 할 것에 대해 무지로써 '나'라든가 '나의 것'이라는 관념을 추종하여 태어나기를 반복한다. 외부와 내부의 양쪽에서 야기된[50] 3종의 고통은 바로 그러한 자를 따라다닌다._9

....

50 本多惠(1978:113)가 "외부와 내부의 양쪽에서 야기된"을 "외부, 내부, 양쪽이라는 [3]원인에 의거한"으로 번역한 것은 후속하는 '3종'에 꿰어 맞춘 오역이다. TV는 '양쪽'과 '3종'의 불일치를 "중생으로부터 유래하는 고통(依外苦)과 신령스런 원인으로부터 유래하는 고통(依天苦)이라는 외적인 것으로 [양쪽 중의] 한쪽을 말하고자 한다."(ādhibhautikādhidaivikayos tāpayor bāhyatvenaikatvaṃ vivakṣitam)라고 해명한다. 따라서 이에 의하면 '3종의 고통'은 제1장 제31경에서 설명하는 3고를

이리하여 그와 같이 무시이래의 고통의 흐름에 의해 배열되고 있는 자기 자신과 중생의 무리를 보고서, 요기는 모든 고통을 소멸하는 원인인 바른 견해를 의지처로 간주하는 것이다._10

"그리고 질들(3질)의 작용이 상충하기 때문에, 식별력을 지닌 자에게는 모든 것이 고통일 뿐이다."[라는 경문의 의미는 다음과 같다.] 광휘(순질)와 활동(동질)과 고착(암질)의 성질을 지닌 마하트[51]의 질들은 상호 원조에 의지하여, 고요하거나 격렬하거나 우둔한 관념인 바로 그 3질[의 작용]을 개시한다._11

또한 질들(3질)의 작용은 불안정하므로 마음은 이내 변한다고 한다. [즉 다음과 같이 말한 것이 그와 같다.] "양태와 작용에서 우세한 것들끼리는 상충한다. 그러나 일반적인(약한) 것들은 우세한 것들과 함께 발동한다."[52]_12

....

가리킨다. 즉 양쪽 중 외부는 의외고와 의천고를 함축하고 내부는 의내고(依內苦)를 지칭한다. 그러나 YsV는 이것을 전혀 다르게 해설한 점에서 특이하다. 즉 YsV는 3종이 의미할 수 있는 것을 과거와 미래와 현재 또는 번뇌와 잠재업과 업보 또는 전변과 불행과 잠세력 등으로 열거한다.

51 '위대한 것'(大)을 의미하는 마하트(mahat)는 통각(buddhi)의 별칭으로 빈번하게 사용된다. 원질로부터 전개되는 23원리들 중 가장 중요한 위치에 있으므로 '위대한 것'으로 불린다.

52 TV는 이 인용문을 우세한 양태(선과 악)끼리 상충하고 우세한 작용끼리(지혜와 무지) 상충한다는 의미로 해설한다. 『요가주』는 이것을 제3장 제13경에서 다시 인용한다. TV는 이것을 판차쉬카(Pañcaśikha)의 견해로 간주하지만, 상키야 철학의 주석서인 YD는 이것을 바르샤간야(Vārṣagaṇya)의 견해로 인용한다(SK 제13송). 이 같은 출처 문제에 관해 Chakravarti(1975:115)는 "모든 것을 고려할 때, 『요가주』에서 인용한 대부분의 산문체 장문은 Vācaspati(TV의 저자)의 생각과는 달리, 판차쉬카의 것이 아니라 바르샤간야의 것인 듯하다."라는 견해를 피력한다.

이와 같이 이 질들은 상호 의존에 의해 즐거움과 고통과 미망의 관념을 획득한 것들이므로, 모든 것은 [3질의] 모든 성질(양상)을 지니게 된다. 그러나 이것들(모든 것)의 차이는 종속과 지배의 상태로[53] 결정된다. 따라서 [경문은] "식별력을 지닌 자에는 모든 것이 고통일 뿐이다."라고 말한 것이다. 바로 이 거대한 고통의 집적을 일으키는 근원은 무지이며, 이것(무지)을 없애는 원인은 바른 견해이다._13

의학이 병, 병의 원인, 건강, 치료라는 네 부문으로 이루어지듯이, 이 교전(요가수트라)도 그와 같이 바로 네 부문으로 이루어져 있다. 즉 윤회, 윤회의 원인, 해탈, 해탈의 수단이다. 이 중에서 파기되어야 할 것은 고통으로 가득한 윤회이며, 파기되어야 할 것(윤회)의 원인은 원질과 순수정신의 결합이며, 파기(해탈)는 결합의 완전한 중지이며, 파기의 수단은 바른 견해이다._14

그 경우에 '파기하는 자'(순수정신)의 본성(본래 상태)은 취득될 수 있거나 파기될 수 있는 것이 아니다. 파기할 수 있다면 단멸론(斷滅論)과 결부되고, 취득할 수 있다면 유인론(有因論)과 결부되며, 양쪽을 거부할 경우에는 상주론(常住論)과 결부되므로, [양쪽을 거부하는] 이

....

53 '종속과 지배의 상태'에서 종속의 원어는 '질'을 의미하는 guṇa이다. 이 의미를 적용하면 '종속과 지배의 상태'는 '질들의 우월 관계'를 의미할 수 있다. 그래서 Leggett도 이것을 "어느 질이 주도적 위치에 있느냐에 따라"라고 번역했다. 그러나 여기서 '종속과 지배의 상태'는 다음과 같은 TV의 해설에 따른 번역이다.
"종속과 지배란 일반적 성질에 의해서는 종속 상태가 되고, 우세한 성질에 의해서는 지배[상태]가 된다는 것이다." (guṇa-pradhāneti sāmānyātmanā guṇa-bhāvo 'tiśayātmanā ca pradhānam/)
Woods는 이것을 반영하여 "종속 상태에 있는지 지배 상태에 있는지에 따라"라고 번역했다.

것이 바른 견해이다.[54]_15

바로 이것을 일컬어 "교전은 네 부분으로 이루어져 있다."라고 한다._16

제16경: 파기되어야 할 것(제거의 대상이 되는 것)은 닥쳐올[55] 고통이다.

향수에 의해 감내된(이미 경험하여 지나가버린) 과거의 고통은 파기되어야 할 위치에 있지 않다. 그리고 현재의 것(고통)은 그 자체의 찰나에 향수를 얻는다. 따라서 그것(현재의 고통)은 다른(다음) 찰나에는 파기되어야 할 상태에 있을 수 없다._1

그러므로 닥쳐올 고통인 바로 그것만이 안구(眼球)와 같은 요기를 괴롭히고 다른 지각자는 괴롭히지 않으며,[56] 그것(닥쳐올 고통)만이 파기되어야 할 상태에 빠진다._2

54 단멸론은 자아(순수정신)가 파괴된다는 견해, 유인론은 자아가 원인을 갖는다는 견해, 상주론은 자아가 영원하다는 견해이다.

55 '닥쳐올'(anāgata)이란 아직 도래하지 않은 '미래'를 의미한다. 그런데 YsV는 이 미래를 내생으로 국한하여 다음과 같이 해설한다.
"현재의 고통을 제지하기 위해서가 아니라, 오직 내생[의 고통]이 없도록 노력해야 한다." (bhaviṣyaj-janmābhāvāyaiva yatitavyam/ na vartamāna-duḥkha-nirodhāya/)
이에 대해 Rukmani는 "내생의 고통을 강조하는 것은 타당하지 않다. 현생에서 아직 도래하지 않은 고통도 제거될 수 있다는 것이 『요가주』의 취지인 듯하다." (2001.1:285, n. 5)라고 이해한다. 그러나 바로 앞에서 잠재업과 훈습을 내생과의 관계에서 고찰한 제15경의 주제를 고려하면, YsV의 해석을 부당한 것으로만 평가할 수는 없다.

56 바로 앞의 2.15_8에 언급된 내용이다.

따라서 파기되어야 할 것으로 언급된 바로 그것만의 원인을 [다음 경문으로] 지적한다._3

제17경: 파기되어야 할 것(닥쳐올 고통)의 원인은 지각자와 지각 대상의 결합이다.

지각자란 통각을 의식하는 순수정신이고, 지각 대상들이란 통각의 순질에 떠오르는 모든 속성[57]들이다. 이 경우, 단지 가까이 있음으로써 도움이 되는 자석처럼, 이 지각 대상은 지각되는 상태가 됨으로써 직관을 특성으로 갖는 소유자인 순수정신의 소유물이 된다.[58] 이 때문에 [지각 대상은[59]] 경험(향수)이 작용하는 대상이 되고, 다른 것의 본성을 가짐으로써 [새로운] 성질을 얻어,[60] 자립해 있더라도 타자(他者)를

....

57 Woods는 속성(dharma)을 '외적 양상'으로 번역했는데, 이는 "소리 따위들도 속성들인 지각 대상이라는 의미이다."(śabdādyo 'pi dharmā dṛśyā ity arthaḥ)라고 하는 TV의 해설을 반영한 것이다. 이에 의하면 소리 따위인 외적 양상이 지각 대상이며, 속성이란 이것을 일컫는다.

58 여기서 자석이 비유하는 것은 지각 대상이 아니라 지각자인 순수정신이다. 지각자는 움직이지도 않고 접촉을 시도하지도 않으나, 지각 대상은 지각자에 가까이 있다는 사실만으로 지각자에게 끌려들어가 인식된다. 자석은 순수정신이고, 자석의 유인성(誘引性)은 순수정신의 지성(知性)이다. 특히 Āraṇya(1983:151 ff)는 자석의 비유에서 주의해야 할 점을 지적한다. 즉 '가까이 있음'은 공간적 인접을 가리키는 것이 아니라, 지각자(순수정신)와 지각 대상(통각) 사이에 있는 밀접한 관계의 유형을 의미한다는 것이다. 그는 이것을 양자의 결합으로 생각하는 것은 오해이자 무지라고 지적한다.

59 문맥상으로는 주어가 '지각 대상'이지만, TV는 이것을 '통각의 순질'로 한정한다.

60 YsV는 '작용하는 대상', '다른 것의 본성', '[새로운] 성질'을 낱낱이 해설한다. 이에 의하면 '작용하는 대상'이란 작용 자체가 대상이 된다는 것이다. 즉 "그것(작

위한 것이기 때문에 타자(순수정신)에 의존한다.[61]_1

[순수정신의] 직관 능력과 [이에 의한 통각의] 인식 능력이라는 그 둘의 결합은 무시이래의 것이고 목적을 위해 이루어진 것으로서, 파기되어야 할 것[62]의 원인, 즉 고통의 원인을 의미한다. 다음과 같이 말한 것이 그와 같다. "그것(통각)과의 결합이라는 [고통의] 원인을 회피함으로써, 고통을 방지하는 이것은 절대적인 것이 될 것이다."[63]_2

왜 그러한가? 단절되어야 할 고통의 원인에 대한 처방을 알기 때문이다. 예를 들어 발바닥은 찔리는 대상이 되고, 가시는 찌르는 자가 되는데, [가시로 인한 고통을] 배제하는 길은 가시를 발로 밟지 않거나 보호물로 감싼 발로 밟는 것이다._3

세상에서 이 셋[64]을 아는 자는 거기서 처방(대책)을 파악하여 관통

용)이란 지각하는 성질을 가진 대상이 지각되는 상태로 바뀌는 것이다."(viṣayo dṛśi-rūpasya dṛśyatām āpanna ity etat/)라고 설명한다. '다른 것의 본성'이란 자신이나 타인의 순수정신의 본성 그리고 소리 따위의 본성이다. '[새로운] 성질'이란 특수성, 즉 순수정신과 소리 따위의 본성이며, 이것은 결국 순수정신의 본성에 의해 획득되는 성질이다. 한편 Woods가 "경험(향수)이 작용하는 대상이 되고, 다른 것의 본성을 가짐으로써"를 "다른 것의 본성을 갖는 한, 경험이 작용하는 대상으로 변하게 되고"라고 번역한 것은 TV의 해설 취지를 반영한 것이다.

61 '타자를 위함'과 타자의 의미는 제4장 제24경에서 설명된다.

62 Rukmani는 '파기되어야 할 것'을 '윤회'로 번역했는데, 이는 앞의 제15경에 "파기되어야 할 것은 고통으로 가득한 윤회이며"(2.15_14)라고 설명한 것을 적용한 듯하다.

63 TV와 YV는 이것도 판차쉬카(Pañcaśikha)의 진술로 간주한다. 특히 YV는 이 구문의 시작과 끝을 명시함으로써 오인하기 쉬운(다음 각주 66) 인용문의 범위를 한정한다.

64 발바닥의 상처로 인한 고통, 그 원인인 가시, 이런 고통의 방지책. 그러나 YsV의 판

으로 발생하는 고통에 빠지지 않는다. 왜 그러한가? 세 가지 것[65]을 이해할 수 있기 때문이다.[66] 여기서도 고통을 일으키는 동질(動質)에게는 오직 순질이 고통받을 대상이 된다.[67]_4

왜 그러한가?[68] [순질은] 괴롭히는 활동(동질)의 대상에 포함되기 때문이다. 괴롭히는 활동은 전변이 없고 행위가 없는 지전자(순수정신)[69]가 아니라 대상인 순질에 [적용된다.] 그러나[70] 순질이 고통당하고

....

본에 의하면 '셋'이 아니라 '둘'이다. YsV에 의하면 둘이란 '찔리는 것'과 '찌르는 것'이며, 또는 두 가지 처방(가시를 밟지 않는 것과 발을 보호물로 감싸는 것)이다.

65 문맥상 바로 앞서 언급한 셋과 동일한 것을 가리키는 것으로 이해된다. 그러나 YsV는 세 가지를 순수정신, 원질, 이 둘의 결합으로 제시한다.

66 本多惠(1978:270, n. 43)가 이 대목까지를 판차쉬카의 진술로 주기(注記)한 것은 YV를 참고하기 못했기 때문일 것이다. 앞의 각주 63 참조.

67 동질과 순질의 관계에서 동질은 괴롭히는 가해자인 반면, 순질은 괴로움을 당하는 피해자가 된다는 의미이다. TV는 이 설명의 요지를 다음과 같이 서술한다.
"바로 그 질들(3질)은 고통을 주고받는 관계에 있다. 이 중에서 순질은 발바닥처럼 약하기 때문에 고통을 당하는 자가 된다. 반면에 동질은 예리함으로 괴롭히는 자가 된다." (guṇānām eva tapya-tāpaka-bhāvaḥ/ tatra mṛdutvāt padatalavat sattvaṃ tapyam/ rajas tu tīvratayā tāpakam/)

68 TV는 이것을 "왜 순수정신이 아닌 순질만이 고통을 당하는 대상인가?"라고 묻는 것으로 파악한다.

69 지전자(知田者)란 순수정신을 지칭하는 비유적 개념이다. 원어의 의미는 '밭을 아는 자'인데, 밭은 일차적으로 육체를 비유하지만 결국에는 순수정신의 대상인 원질을 의미한다. 상키야 및 요가 철학의 이론에서 육체는 원질의 소산이기 때문이다.

70 TV는 '그러나' 이후의 설명이 "그렇다면 순수정신은 전혀 고통을 당하지 않는가? 만약 그렇다면 고통을 받는 것은 생명 없는 순질이라는 사실이 우리에게 무슨 문제가 되는가?"라는 질문에 답한 것이라고 해설한다. Woods의 다음과 같은 번역은 원문의 취지를 쉽게 전달한다.
"그것(순수정신)은 그것에 드러난 대상을 갖기 때문이다. 그러나 순질이 고통에

있을 때는 [고통당하는 그] 대상(순질)이 드러나기 때문에, [드러난] 그 형상을 따르는 순수정신도 아울러 괴로워한다._5

[이제] 지각 대상의 본성을 [다음과 같이] 설한다._6

제18경: 지각 대상은 비추고 활동하고 정체(停滯)하는 성향을 지니며, 요소와 감관을 본질로 가지며, [순수정신의] 향수와 해탈을 위해 존재한다.[71]

비추는 성향(조명성)이란 순질, 활동하는 성향(활동성)이란 동질, 정체하는 성향(정체성)이란 암질(暗質)을 가리킨다._1

이 질들(3질)은 별개이면서도 서로 영향을 주고받고 전변하며, 결합과 분리의 속성을 가지며, 상호 의존으로 유형의 양태를 얻으며, 서로 주종(主從)의 관계에 있을지라도 파괴되지(뒤섞이지) 않는 독자적인 힘을 가지며, 같은 종류나 다른 종류에 속하는 다양한 힘을 따른다. [또한 그것들은] 주된 것의 경우에는 [거기서] 현존하는 것들로서 지각되며, 종속적인 것의 경우에도 오직 작용에 의해, 주된 것 속에 내재하여 실존하는 것들로서 추리된다. [또한 그것들은] 순수정신을 위함이라는 임무에 의해 능력을 사용하며, 마치 자석처럼 단지 가까이 있는 것만으로도 조력하며, [상관하는] 원인 없이 어느 하나의 작용을 따르

....

처한다면, 순수정신은 이 순질의 형상을 따르는 것처럼 되어 그 자신도 순질에 따라 고통을 받는다."

TV는 제1장의 제4경이 이와 관련되어 있다고 지적한다.

71 "향수와 해탈을 위해 존재한다"는 것은 "향수와 해탈을 목적으로 갖는다"는 것과 동일한 의미이다.

며, 근본원질이라는 말로 표시되어야 할 것들이다. 이러한 것이 '지각 대상'으로 불린다.[72]_2

그리고 '요소와 감관을 본질로 갖는다'는 것은 바로 그것(지각 대상)이 미세하거나 조대한 지(地) 따위의 요소 상태로 전변하고, 또한 미세하거나 조대한 귀(耳) 따위의 감관 상태로 전변한다는 것이다. 그러나 그것(지각 대상)은 목적이 없는 것이 아니라 오히려 목적을 떠맡고서 발동한다. 왜냐하면 그 지각 대상은 순수정신의 향수와 해탈을 위해 존재하기 때문이다._3

그중에서 향수란 [아직 질들(3질)과 순수정신의] 구별에는 도달하지 못한 채 바람직하거나 바람직하지 않은 질들의 본성을 확인하는 것이며, 해탈이란 향수자의 본성을 확인하는 것이다. 이 둘로부터 벗어난 다른 인식은 없다. 다음과 같이 말한 것이 그와 같다._4

"그러나 실로 이런 사람은 3질과 순수정신에게 제시되어 초래된 모든 대상들을 보고 나서는 다른 인식을 [존재하는 것으로] 상정하지

---

72 상당히 난삽하게 전개되는 이 설명을 다음과 같이 재구성하여 이해의 편의를 도모할 수 있다.
"이 3질을 '지각 대상'이라고 부르는데, 3질이란 다음과 같은 것들이다. ①별개이면서도 서로 영향을 주고받고 [변화한다.] ②결합과 분리의 속성을 지니고 있다. ③상호 의존으로 유형의 양태를 얻는다. ④서로 주종(主從)의 관계에 있을지라도 파괴되지(뒤섞이지) 않는 독자적인 힘을 지니고 있다. ⑤같은 종류나 다른 종류에 속하는 다양한 힘을 따른다. ⑥주된 것의 경우에는 [거기서] 현존하는 것들로서 지각되며, 종속적인 것의 경우에도 오직 그 작용에 의해, 주된 것 속에 내재하여 실존하는 것들이라고 추리된다. ⑦순수정신을 위함이라는 임무에 의해 능력을 사용한다. ⑧마치 자석처럼 단지 가까이 있는 것만으로도 조력한다. ⑨[상관하는] 원인 없이 어느 하나의 작용을 따른다. ⑩근본원질이라는 말로 표시된다."

않는다. 그런데 [여기서] 3질은 행위자이다. [반면에] 순수정신은 행위자가 아니며, [통각과] 같은 종류에 속하기도 하고 다른 종류에 속하기도 하는 제4[의 원리]로서 그 [3질의] 활동을 목격한다."[73]_5

통각에 의해 이루어지고 오직 통각에 있는 바로 그 향수와 해탈을 어떻게 순수정신의 탓으로 돌리는가? 예를 들면 병사들에게 있는 승리나 패배를 군주의 탓으로 돌리는 것과 같다. 왜냐하면 그(군주)가 그 결과의 향수자이기 때문이다._6

그와 마찬가지로 오직 통각에 있는 속박과 해탈을 순수정신의 탓으로 돌리는 것은, 그(순수정신)가 그 결과의 향수자이기 때문이다. 오직 통각이 순수정신의 목적[74]을 완수하지 못하는 것이 속박이고, 그 목적을 종료하는 것이 해탈이다._7

이처럼 통각에 있는 [직접] 지각[75], [이것의] 보유(기억), 숙고[76], [오류의] 제거, 진실한 인식[77], [삶에 대한] 애착이[78] 순수정신에 실재하는

....

73 이 번역은 원전의 난해한 구문을 해체하여 재구성한 것이다.

74 '순수정신의 목적'이 함축하는 의미는 다음 각주 85 참조.

75 TV와 YV에 의하면 지각은 "오직 있는 그 자체대로 대상을 인식하는 것"(svarūpamātreṇārthajñānam)이므로, 이것은 직접지각에 상당한다. YsV는 이것을 "귀 따위로 소리 따위를 파악하는 것"(śabdādīnāṃ śrotrādibhir upādānam)이라고 예시한다.

76 YV의 해설을 예로 들면 "대상이 내포하는 특수성들에 대해 궁리하는 것" (artha-gata-viśeṣāṇāṃ vitarkaṇam)이 숙고이다.

77 '진실한 인식'이란 YsV에 의하면 "논리에 따라 확정하는 것"(yathānyāyāvadhāraṇam)이고, YV에 의하면 "가정된 것 중에서 하나를 성찰함으로써 어떤 특수한 것을 확정하는 것"(vitarkita-madhya ekaṃ vicārataḥ kiyad viśeṣāvadhāraṇam)이다.

78 이상 여섯 가지는 인식의 과정을 단계적으로 열거한 것이다. TV에 의하면 이것들

것처럼 가탁(假託)된 것은 그것(순수정신)이 그 결과의 향수자이기 때문이다._8

그런데 지각 대상인 질들의 다양한 본성을 확정하기 위해 이것(제19경)이 개시된다._9

제19경: 질들은 차별(차이가 있는 것), 무차별(차이가 없는 것), 표징뿐인 것, 표징이 없는 것으로 구분된다.

거기서 공(空), 풍(風), 화(火), 수(水), 지(地)라는 요소들은 성(聲), 촉(觸), 색(色), 미(味), 향(香)이라는 미세요소인 무차별이 차별로 [전변]된 것이다. 또한 귀, 피부, 눈, 혀, 코라는 지각기관들, 성대(聲帶), 손, 발, 항문, 생식기라는 행위기관들, 모든 것을 대상으로 삼는 제11[기관]인 마음이라는 이것들은 자아의식을 특성으로 갖는 무차별이 차별로 [전변]된 것이다.[79]_1

질들 중에서 16[80]으로 이루어진 이것이 차별 전변이다. 여섯 무차

....

은 모두 순수정신과 결부된다. 즉 TV는 "지각 따위(이하)의 것들도 순수정신과 연관된 것으로 알아야 한다."(grahaṇādayo 'pi puruṣa-saṃbandhino veditavyāḥ)라고 해설한다.

79 이 내용을 '차별 전변'으로 명명할 수 있다. 차별 전변이란 무차별의 원리가 차별의 성격을 지닌 원리로 변형되는 것을 의미한다. 여기서는 이것을 두 단계로 설명하고 있는데, 다음과 같이 도식화할 수 있다.
①5唯(聲, 觸, 色, 味, 香) → 5大(空, 風, 火, 水, 地). ②자아의식(=아만) → 5知根(귀, 피부, 눈, 혀, 코), 5作根(성대, 손, 발, 항문, 생식기), 마음.
여기서 유(唯)는 미세요소, 대(大)는 조대요소, 지근(知根)은 지각기관, 작근(作根)은 행위기관을 의미한다. ↪「주제별 역주」 1-4.

80 5대, 5지근, 5작근, 마음. 앞의 각주 참조.

별이란 예를 들어 [5조대요소로 전변할 때] 성유(聲唯), 촉유(觸唯), 색유(色唯), 미유(味唯), 향유(香唯)라는 1, 2, 3, 4, 5의 특성을 갖는 것들,[81] 즉 소리(聲) 따위의 다섯 무차별과 자아의식뿐인 제6 무차별이다.[82]_2

이 여섯은 그 본질이 존재성일 뿐인 마하트(통각)의 무차별 전변[83]이다. 무차별들보다 상위에 있는 그 '마하트'라는 원리가 '표징뿐인 것'

---

81 이 숫자의 나열은 5미세요소(唯)로부터 5조대요소(大)가 전개되는 방식을 함축한 것이다. 상키야 철학에서는 5唯로부터 5大가 각기 일 대 일의 방식으로 전개된다는 견해도 통용되었으나, 여기서는 점층적으로 누적되어 전개된다는 견해를 채택한 것이다. 이것을 도식화하면 다음과 같다.

聲 → 空, 觸 + 聲 → 風, 色 + 聲 + 觸 → 火, 味 + 聲 + 觸 + 色 → 水, 香 + 聲 + 觸 + 色 + 味 → 地.

여기서 聲(소리)은 空이라는 하나(1)의 특성을 갖는다. 그러나 觸은 聲과 함께 風으로 전변하므로, 이 경우에는 둘(2)이라는 특성을 갖는다. 이와 같은 식으로 香은 聲, 觸, 色, 味과 함께 地로 전변하므로, 이 경우에는 다섯(5)이라는 특성을 갖는다. 후대 주석자들은 숫자의 나열을 이와 같이 이해했다.

82 여기서 차별과 무차별은 '무차별 → 차별'이라는 전변의 인과 개념으로 설명되고 있다. 그러나 상키야 철학에 의하면 16원리를 '차별'이라고 칭하는 것은, 범부에게는 16원리가 물질을 구성하는 3질(순질, 동질, 암질)의 차별상(즉 3질의 상호 기능)으로 인식되기 때문이며, 6원리를 '무차별'이라고 칭하는 것은, 신이나 높은 경지에 이른 수행자에게는 6원리가 3질 중 주로 순질(sattva)의 기능으로서만 인식될 수 있기 때문이다. 정승석(2001) pp. 162-168 참조.

83 무차별 전변이란 통각이 여섯 무차별의 원리, 즉 5미세요소와 자아의식으로 변형되는 것을 일컫는다. 바로 앞에서 마하트(mahat, 통각의 별칭)를 '그 본질이 존재성일 뿐'이라고 표현한 것은, 마하트가 미현현 상태의 근본원질로부터 최초로 전개되는 존재의 원리이기 때문이다. 순수정신을 제외한 모든 현상적 존재 중 최초로 현현되는 것은 통각(buddhi)이다(「주제별 역주」 1-4 참조). 이 통각을 마하트, 즉 '위대한 것'으로 부르는 이유가 여기에 있다. 이와 같은 이유로 후속하는 서술에서 이것을 '위대한 본질(자아)'로 표현한다. 따라서 위대한 본질(자아)은 독존(해탈)에 도달하지 못한 상태의 자아에 적용된다.

인데, 이것들(6무차별)은 존재성만으로 위대한 본질(자아)인 그것(마하트)에 병합된 후, 증진의 정점에 도달한다. 그리고 창조에 역행하고 있는 것들은 존재함 그 자체이자 위대한 본질인 바로 그것에 병합된 후, 존재도 비존재도 아니고 실체도 비실체도 아니며, 비실체가 아닌 미현현으로서 '표징이 없는 것'인 바로 그 근본원질로 되돌아간다._3

표징뿐인 이것(마하트)이 그것(질)들의 [셋째][84] 전변이고, 존재도 비존재도 아닌 것은 '표징이 없는 것'으로의 전변이다. '표징이 없는 것'의 상태에서는 순수정신의 목적[85](향수와 해탈)이 [전변의] 원인이 아니다. [즉] '표징이 없는 것'의 상태인 시초에는 순수정신의 목적이라는 것이 원인일 수 없다._4

[따라서] 그것[86]은 순수정신의 목적이라는 것을 원인으로 갖지 않

....

84 여기에 '셋째'가 함축되었다고 이해한 것(Rukmani)은 경문에서 '표징뿐인 것'(통각=마하트)을 차별, 무차별 다음에 셋째로 열거하기 때문일 것이다. 그러나 Woods가 이것을 '첫째'로 이해한 것은 전변설의 순서에 따른 것이다. ↪「주제별 역주」 1-4.

85 '순수정신의 목적'(puruṣārtha)이라는 말은 순수정신이 목적을 갖는다는 의미로 오해되기 쉽다. 그러나 순수정신 자체는 해탈의 원천으로 설정되어 있으므로 목적을 갖지 않는다. 상키야 및 요가 철학에 공통하는 기본 관념에 의하면, 원질에 속하는 원리들(특히 통각)은 순수정신의 향수(경험)와 해탈을 위해 활동한다. 이러한 관념을 '순수정신의 목적'이라는 개념으로 표현한다. 따라서 '순수정신의 목적'이란 순수정신의 향수와 해탈을 위해 활동하는 것을 의미하고, 이 목적의 주체는 주로 통각이다. 그리고 목적의 주체가 순수정신 또는 통각으로 종종 혼동이 발생하는 것은 양자의 유사성 때문이다(다음의 제20경 참조). 결국 '순수정신의 목적'이라는 말의 실제 의미는 '순수정신의 향수와 해탈이라는 목적'이며, 이 말은 종종 문맥에 따라 '순수정신을 위함'이라는 번역으로 그 실제 의미를 함축하기도 한다.

86 경문에서 넷째로 열거한 '표징이 없는 것', 즉 원질을 가리킨다.

는다는 것이다. [결국] 이것('표징이 없는 것')은 순수정신의 목적에 의해 조성된 것이 아니므로 영원한 것으로 불린다._5

그러나 세 가지(차별, 무차별, 표징뿐인 것) 상이한 상태의 시초에는 순수정신의 목적이라는 것이 원인이 된다. 그리고 그 목적은 [전변의] 이유이자 동력인으로서의 원인이 되므로 무상한 것으로 불린다. 그러나 자신을 모든 속성에 들어맞게 하는 질들(3질)은 소멸하지도 않고 발생하지도 않지만, 질들과 결부되어 과거와 미래, [즉] 지나감과 도래함을 지닌 바로 그 현현들에 의해 발생과 소멸의 속성을 갖는 것처럼 보이게 된다._6

예를 들어 "데바닷타는 궁핍하다. 왜냐하면 그의 소들이 죽고 있기 때문이다."라고 말하는 것과 같다. 그의 궁핍은 그 자신의 포기 때문이 아니라 단지 소들의 죽음 때문이라는 것은 [질(=데바닷타)과 현현(소)의 경우를 이해하는 데] 적절한 증명이 된다._7

'표징뿐인 것'(통각)은 '표징이 없는 것'(원질)에 곧장 후속하는데, 거기서(표징이 없는 것에서) 그것(표징뿐인 것)은 건너뜀이 없는(적합한) 순서를 통해 창조되어 구분된다. 이와 마찬가지로 정해진 전변의 순서를 통해 여섯 무차별은 '표징뿐인 것'에서 창조되어 구분되며, 이와 마찬가지로 요소와 감관들이 창조되어 구분된다._8

그런데 앞서 말한 바와 같이[87] 차별들에 후속하는 다른 원리는 없다. 따라서 차별들의 경우에는 다른 원리로 전변하는 일이 없다. 그리고 그것들에게 있는 속성(法), 시간적 형태(相), 상태(位)의 전변은 [나중

---

87 이 경문에 대한 설명의 시작 부분(2.19_1). 전변의 인과에서 16차별은 결과일 뿐이고 원인이 되지는 않는다. ↪ 「주제별 역주」 1-4.

에 제3장의 제13경에서] 상술될 것이다._9

[이상으로] 지각 대상이 상술되었으므로, 이제 '보는 자'(순수정신)의 본성을 확정하기 위해 이것(제20경)이 개시된다._10

제20경: '보는 자'는 보기만 할 뿐이고 청정하지만, [통각의] 관념을 지각한다.

'보기만 할 뿐'이란 보는 능력일 뿐이며 한정된 것과는 [직접] 접촉하지 않는다는 의미이다. 이 순수정신은 [반영(反映)에 의한] 통각의 의식자이며,[88] 이것(순수정신)은 통각과 같지도 않고 완전히 다르지도 않다._1

먼저, 같지도 않다는 것은 무엇 때문인가? 자신의 대상이 알려지기도 하고 알려지지 않기도 함으로써 통각은 전변하[는 것이 되]기 때문이다. 즉 그것(통각)의 대상인 소 따위 혹은 항아리 따위가 알려지기도 하고 알려지지 않기도 한다는 것은 [그 통각이] 전변하는 것임을 드러낸다._2

그러나 [순수정신의 경우에] 자신의 대상이 항상 알려진다는 것은 순수정신이 전변하지 않는 것임을 명시한다. 왜 그러한가? 순수정신의 대상인 통각이 [순수정신에게] 지각되기도 하고 지각되지 않기도 한다는 것은 사실상 불가능하므로, 순수정신에게는 항상 자신의 대

88 TV에 해설에 의하면, 통각이라는 거울에 순수정신의 영상이 비치는 것을 가리켜 순수정신이 통각을 의식한다고 말한 것이다. 즉 '보는 자'(순수정신)의 영상을 반영하는 통각과 접촉된 소리 따위가 지각 대상이 된다는 것이다. 이 같은 해설의 요지는, 순수정신의 직접적 지각 대상은 통각일 뿐이며, 나머지 것들은 통각과 접촉함으로써 지각될 수 있는 간접적 대상이라는 것이다.

상이 알려진다는 사실이 입증되고, 또한 이로부터 [순수정신은] 전변하지 않는 것이라는 사실도 입증되기 때문이다._3

더욱이 통각은 결합하여 활동하는 것이기 때문에 타자(他者)를 위해 존재하지만, 순수정신은 자신을 위해 존재한다. 이와 마찬가지로 통각은 모든 대상을 결정[89]하는 것이기 때문에 3질로 이루어지며, 3질로 이루어진 것이기 때문에 '지성이 없는 것'(무지)이다. 그러나 순수정신은 질들의 관찰자이므로, 이 때문에 [통각과는] 유사하지 않다. 그렇다면 그것(순수정신)은 [통각과는] 다른 것이라고 해야 할 것이지만, 완전히 다른 것도 아니다. 왜 그러한가?_4

그것(순수정신)은 "청정하지만, [통각의] 관념[90]을 지각하기" 때문이다. [즉] 그것은 통각에 있는 관념을 지각하며, 이것(관념)을 지각하면서도 이것을 본질로 갖지는 않지만, 마치 이것을 본질로 갖는 것처럼 보이게 된다._5

다음과 같이 말한 것이 그와 같다. "실로 향수자(순수정신)의 능력은 전변하지 않고 [대상과] 혼융하지 않지만, 마치 전변하는 대상(통각) 속에 혼융해 있는 것처럼 그것(대상)의 작용을 따른다. 그리고 그것

....

89 '결정'이란 3질에 의한 변형을 의미한다. 예를 들어 TV는 이것을 다음과 같이 해설한다.
"통각은 고요하거나 격렬하거나 둔감한 모든 대상을 그 형상에 따라 변형되도록 결정한다. 그리고 이것들은 순질과 동질과 암질의 전변이므로 3질로 이루어진 것이 통각이다." (sarvārthāñ śānta-ghora-mūḍhāṃs tad-ākāra-pariṇatā buddhir adhyavasyati sattva-rajas-tamasāṃ caite pariṇāmā iti siddhā triguṇā buddhir iti/)

90 여기서 말하는 '통각의 관념'은 앞서 말한 '결정'과 상통한다. 즉 이 '관념'은 통각이 대상과 접촉하여 3질에 따라 변형된 형상이다. 앞의 각주 참조.

(향수자의 능력)이 지성(향수자)의 조력을 얻는 것을 본성으로 갖는 [즉 지성의 영향을 받는] 통각의 작용과 닮아 있는 한, 그것은 실로 통각의 작용과 다를 바 없는 인식 작용으로 불린다."[91]_6

제21경: 오로지 그것(순수정신)에 봉사하는 것이 지각 대상의 본질이다.

오로지 그것에 봉사하는 것이 지각 대상의 본질, 즉 본성이라고 말하는 것은, 지각하는 성질을 가진 순수정신에게 지각 대상이 활동 상태가 된다는 의미이다._1

그러나 [그] 본성은 다른 성질의 것(즉 순수정신)에 의해[92] 지각되는 성질을 지니며, 향수와 해탈이라는 목적이 완수되면, 순수정신에 의해 지각되지 않는다. [그] 본성의 정지를 통해 이것(지각 대상)은 파멸에 도달하지만, 완전히 사라지는 것은 아니다._2

왜 그러한가?_3

....

91 TV와 YV에 의하면 이 인용문은 판차쉬카(Pañcaśikha)의 진술로 간주된다. 다만 YV는 이 인용문의 후반부("그리고 그것이 ~")로 한정한다. 제4장 제22경의 주석에서 이 내용이 그대로 다시 인용된다.

92 TV에 의하면 여기서 '본성'이란 지각 대상에게는 본래 지성이 없음을 의미하고, '다른 성질의 것'이란 순수정신의 지성을 의미한다. 즉 TV는 이 구문을 "그러나 지각 대상의 무감각한 본성(무지성)은 다른 성질의 것, 즉 자아의 성질인 지성에 의해"(svarūpaṃ tu dṛśyasya jaḍaṃ para-rūpeṇātma-rūpeṇa caitanyena)라고 풀이한다. 여기서 자아(ātman)가 순수정신(puruṣa)의 동의어로 사용되고 있다는 점은, 『요가주』가 제1장 제9경에서 "예를 들면, 지성은 순수정신의 본성이라고 말하는 것과 같다."(1.9_1)라고 설명한 것으로 알 수 있다.

제22경: 그것(지각 대상)은 목적을 달성한 자(순수정신)에 대해서는 소멸하더라도, 다른 것(순수정신)들에게 공통하기 때문에 소멸하지 않는다.

[지각 대상은] 목적을 달성한 하나의 순수정신에 대해서는 지각 대상이 소멸하더라도, 즉 소멸에 도달하더라도, 그것은 다른 순수정신들에도 공통하기 때문에 [완전히] 소멸하지는 않는다. [그것은 지각이] 올바른 순수정신에 대해서는 소멸에 도달하지만, 그릇된 순수정신들에 대해서는 목적을 달성한 것이 아니다. 이것(그릇된 순수정신)들의 경우, 그것(지각 대상)은 지각력의 활동 대상이 되어, 다른 성질의 것에 의해 자신의 형상을 얻을 뿐이라는 것이다.[93]_1

따라서 [순수정신의] 직관 능력과 [이에 의한 통각의] 인식 능력은 영원하기 때문에 [그 둘의] 결합은 무시이래의 것이라고[94] 상술된 것이다. 다음과 같이 말한 것이 그와 같다. "실체들이 [순수정신과] 무시이래로 결합하기 때문에, 일반 속성들도 무시이래로 결합한다."_2

결합의 본성을 설명하고자 이 경문(제23경)이 개시되었다._3

제23경: 소유물의 능력과 소유자의 능력이라는 둘의 본성을 인식하게 하는 원인이 결합이다.

주인인 순수정신은 관찰을 위해 소유물인 지각 대상과 결합한다.

....

93 '자신의 형상을 얻을 뿐'이란 앞에서 언급한 순수정신의 '반영에 의한 대상 인식'(2.20_1)과 연관성을 지닌다. Woods는 이것을 "다른 것의 형상을 지닌 것처럼 존재하는 자신의 형상을 지각한다."라고 이해했다.

94 제2장의 제17경에서 설명한 것을 가리킨다(2.17_2). 이의 전거는 제2장 제6경이다.

그 결합을 통해 지각 대상을 인식하는 것이 곧 향수(경험)이고, '보는 자'(순수정신)의 본성을 인식하는 것이 곧 해탈이다._1

관찰이 초래될 때 결합은 종지(終止)하므로, 관찰은 분리의 원인으로 불린다. 관찰은 착오(무지)[95]의 반대이므로, 착오는 결합의 원인(동력인)으로 불린다._2

여기서(즉 요가 철학의 입장에서) 관찰은 해탈의 원인이 아니다. [그러나] 오로지 착오가 없음으로써 속박이 없고, 이것은 해탈이 된다. 관찰이 있을 때 속박의 원인인 착오가 소멸하므로, 이 때문에 관찰로서의 인식[96]은 독존의 원인으로 불린다._3

그렇다면 착오로 불리는 이것은 무엇인가? [97]①질들(3질)의 임무(지배)인가? ②혹은 지각의 성질을 지닌 소유자(순수정신)에게 대상을 현시하는 근본원질 소속의 마음이 효력을 발생하지 않는다는 것인가? 즉 지각 대상인 소유물이 존재하는데도 관찰이 없다는 것인가? ③[혹은] 질들이 목적을 지닌다는 것인가? ④혹은 자신의 마음과 함께 억제되었다가 자신의 마음을 다시 일으키는 근원인 무지라는 것인가? ⑤[평형 상태로] 정지(靜止)하는 잠세력이 소멸할 때, [전변 상태로] 활동하는 잠세력이 출현하는 것인가?_4

이에 관해서는 다음과 같은 말씀이 있다. "근본원질이 [평형 상태

95 다음의 제25경에 의하면(2.25_1) 착오는 무지를 의미한다.

96 Āraṇya의 판본에 의하면 '관찰로서의 인식'은 '관찰지'라는 복합어가 된다. Woods는 이것을 '오직 관찰에 의한 대상 인식'으로 이해했다.

97 이하 임의로 붙인 번호는 Woods의 분석에 따라 다양한 이설(異說)들을 구분한 것이다. Rukmani(1983 ; 2001.1)가 채택한 판본도 이와 동일하게 번호를 부여했다. 그러나 Āraṇya와 Leggett는 저마다 다르게 이설을 구분했다.

의] '정지'에 의해서만 현존하는 것이라면, 이것은 변화를 일으키지 않기 때문에 근본원질일 수 없을 것이다. 이와 마찬가지로 [전변 상태의] '활동'에 의해서만 현존하는 것이라면, 이것은 항상 변화하는 것이기 때문에 근본원질일 수 없을 것이다. 그래서 이것(근본원질)은 [정지와 활동이라는] 두 가지 방식으로 작용하여 근본원질이라는 명칭을 얻는 것이지 다른 방식으로 얻는 것이 아니다. [근본원질이 아닌] 다른 원인들이 상정되더라도 이러한 동일한 것이 고려된다."[98] _5

⑥어떤 이들은 착오가 곧 관찰의 능력이라고 말한다. "근본원질은 자신을 알리기 위해 활동한다."라는 성전의 말씀 때문이다. 알려져야 할 모든 것을 알 수 있는 순수정신은 [근본원질이] 활동하기 전에는 보지 않으며, 모든 결과를 일으킬 수 있는 지각 대상[99]은 이때 보이지 않는다._6

⑦어떤 이들은 그 둘(순수정신과 근본원질)도 착오를 속성으로 갖는다고 말한다. 이 경우, 이것(착오)이 지각 대상에게는 자신의 본성이지만, 순수정신에 [반영되어] 있는 관념에 의존하는 관찰은 지각 대상의 속성으로서 존재한다. 이와 마찬가지로 순수정신에게는 본성이 아니지만, 지각 대상에 [반영되어] 있는 관념에 의존하는 착오는 순수정신의 속성인 것처럼 나타난다._7

⑧혹자는 관찰로서의 인식이 곧 착오라고 말한다._8

이상과 같은 이것들이 논서들에 있는 이설(異說)들이다._9

....

98 후대 주석자들은 이 인용문의 출처를 명기하지 않았으나, Woods(1973:161, n. 2)에 의하면 이것도 판차쉬카(Pañcaśikha)의 진술이다.

99 Āraṇya(1983:191)는 지각 대상을 아예 '근본원질'(pradhāna)로 번역했다.

[100]여기서 다수의 이설을 가진 이것(착오)은 모든 순수정신들과 질들(3질)의 결합(관계)에 관한 일반 주제이다._10

그러나 [각개의] 내적 정신과 그 자신의 통각과의 결합(관계)에 대해서는 [제24경으로 교시한다.]_11

제24경: 그것(결합)의 원인은 무지이다.

[무지는] 그릇된 인식의 훈습을 의미한다._1

그런데 그릇된 인식의 훈습으로 물든 통각은 활동의 종착점인 순수정신의 지각력에 도달하지 못하고서, 임무[101]를 지닌 채 되돌아온다. 그러나 [그릇된 인식의 훈습으로 물들지 않은] 그것(통각)은 순수정신의 지각력으로 종식되는 활동의 종착점에 도달하며,[102] 임무를 달성하고 착오를 소멸하여 [더 이상] 속박의 원인이 없기 때문에 다시는 돌아오지 않는다._2

혹자는 이에 대해 고자(鼓子)의 일화로 [결점을] 드러낸다.[103] [즉]

....

100 YsV와 YV의 판본에는 이하의 원문이 약간 다르게 판독되어 있다. 이에 의하면 원문의 내용은 다음과 같이 번역된다.
"거기에는 이러한 다수의 이설이 있다. 모든 순수정신들의 경우, 질들과의 결합에는 차별이 없다. 그러나 [각개의] 내적 정신이 자신의 통각과 결합하는 것은 특별한 주제가 된다."

101 임무의 의미에 관해서는 제1장의 각주 17 참조.

102 "그러나 ~ 도달하며"는 SY와 Āraṇya의 판본으로 번역하면, "그러나 순수정신의 지각력으로 종식되는 그것(통각)은 활동의 종착점에 도달하며"가 된다. Woods는 이 판본을 채택하여 번역했다. 문맥으로 보면 이 판본이 더 적합하다.

103 TV는 '드러낸다'를 '비웃는다'(udghāṭayati)라는 의미로 해설한다.

우매한 마누라가 말하기를, "여보! 고자 양반! 나의 자매는 아이를 갖고 있는데 도대체 왜 나는 아닌가요?"라고 하자, 그는 그녀에게 "내가 죽을 때 당신에게 아이를 낳을 것이오."라고 말했다. 이와 마찬가지로 현존하는 이 지식이 마음의 평정을 일으키지 못하는데, [미래에] 소멸을 일으킬 것이라는 것을 어떻게 기대할 수 있겠는가?_3

이에 관해 시골 선생[104]은 말한다. "통각의 평정(정지)이야말로 곧 해탈이 아닌가?[105] 착오라는 원인이 없기 때문에 통각의 평정이 있으며, 속박의 원인인 그 착오는 관찰로 인해 소멸한다."_4

그 경우에는 마음의 평정이야말로 해탈이다. [그렇다면] 왜 그렇게 변덕스럽게 그에게는[106] 사고의 혼란이 [일어나는가]?_5

파기되어야 할 고통, 그리고 '결합'으로 불리는 것으로서 파기되어야 할 원인은 [그] 이유와 함께 설명되었다. 이제 다음으로 [결합의]

....

104 일부만 사실인 것을 말하는 이류 학자를 일컫는다.

105 "해탈이란 참으로 통각의 평정일 뿐이다."라는 의미의 반어법이다. '통각의 평정'은 통각이 활동을 정지하는 것이다.

106 '그'가 누구를 지칭하는지에 대해서는 후대 주석자들도 언급하지 않으므로, Woods(1973:166, n. 2)는 가능한 두 가지 해석을 제시한다. 즉 하나는 '시골 선생'일 수 있고, 다른 하나는 시골 선생이 지칭하는 '무신론자'일 수 있다는 것이다. 이는 어디까지를 시골 선생이 말한 것으로 파악하느냐에 달려 있다. "그 경우에는 마음의 평정이야말로 해탈이다. [그렇다면] 왜 그렇게 변덕스럽게 그에게는 사고의 혼란이 [일어나는가]?"라는 구문까지 시골 선생의 말로 간주할 경우, '그'는 '무신론자'를 지칭한다. 그러나 이것을 주석자의 진술로 간주할 경우, '그'는 '시골 선생'을 지칭한다. 전자의 경우에는 '마음의 평정이야말로 해탈'이라는 점을 부정하여 '통각의 평정이야말로 해탈'이라고 주장하는 것이 된다. 후자의 경우에는 이와 반대로 '마음의 평정이야말로 해탈'이라는 요가 철학의 관점을 천명하는 것이 된다.

파기가 설명되어야 한다._6

제25경: 그것(무지)이 없기 때문에 결합도 없는 것이 파기이며, 이것이 지각자(순수정신)의 독존이다.

그 착오가 없기 때문에 통각과 순수정신의 결합도 없는 것, 즉 속박의 완전한 중지가 그 파기의 의미이다. '이것이 지각자의 독존이다'라는 것은, 순수정신에게는 뒤섞임이 없으며 질들과 다시 결합하는 일이 없다는 의미이다._1

고통의 원인이 사라질 때 고통이 멈추는 것이 파기이다. 이때 순수정신은 자신의 본성에 안주한다고 설명된다._2

이제 파기에 도달하는 수단이 무엇인가 하면,_3

제26경: 혼동 없는 식별지(識別智)가 파기의 수단이다.

식별지란 [통각의] 순질과 순수정신이 다르다는 관념이다. 그러나 허위의 지식이 사라지지 않으면 그것은 동요한다._1

허위의 지식이 종자가 타버린 상태인 생산 불능의 상태가 될 때, 번뇌의 동질(動質)을 내쫓은 순질은 최상의 무과실성(無過失性), 즉 의식을 정복한 최고 상태[107]에 머무는데, 이 순질에 속하는 식별 관념의 흐름은 청정하게 된다._2

혼동 없는 그러한 식별지가 파기의 수단이다. 이로부터 허위의 지

107 '의식을 정복한 최고 상태'는 '정복-의식'이라는 복합어를 풀이한 것인데, Woods의 풀이를 적용하면 이것은 '지배자가 될 만한 최고 의식'이 된다.

식은 종자가 타버린 상태가 되어 다시는 발생하지 않는다. 따라서 이것이 해탈의 길이며 파기의 수단이다._3

제27경: 그(요기)에게는 일곱 가지의 최종 단계인 예지가 있다.[108]

'그에게는'이란 [식별하는] 지각력(식별지)이 발생한 자를 다시 언급하는 것이다. '일곱 가지'란 더러움을 감추는 불순물로부터 벗어난 후, 마음이 다른 관념을 일으키지 않을 경우, 식별력을 지닌 자(요기)에게는 오직 일곱 가지로 된 예지가 일어난다는 것이다._1

즉 ①파기되어야 할 것(즉 고통)은 완전히 파악되어, 더 이상 관찰되어야 할 그것(고통)이 없다. ②파기되어야 할 것의 원인들이 소멸하여, 더 이상 소멸되어야 할 그것(원인)들이 없다. ③억제 삼매에 의해 [파기되어야 할 원인의] 파기가 직관된다. ④식별지와 같은 파기의 수단이 개발된다._2

넷으로 이루어진 이것은 예지를 통해 실현할 수 있는 해탈이다.

....

108 '일곱 가지의 최종 단계인 예지'라는 말은 일곱 가지의 각 단계마다 예지가 최종이라는 의미이다. 따라서 이 경문의 취지를 "그에게 있는 예지는 일곱 가지이며, 이 예지는 일곱 가지의 각 단계마다 정점에 도달한 것이다."라고 이해할 수 있다. TV에 의하면 예지를 일곱 가지로 언급한 것은 대상의 차이에 따라 예지도 구분되기 때문이다. 즉 TV는 다음과 같이 해설한다.
"대상의 차이에 따라 예지의 차이가 있다. 특출한 경계를 가진 단계들, 즉 상태들의 그것(예지)들을 그와 같이 말한 것이다. 그 이상의 것이 없는 것이 특출이다. 최종의 단계들을 가진 예지, 즉 식별지(識別智)의 그것(최종 단계)을 그와 같이 말한 것이다." (viṣaya-bhedāt prajñā-bhedaḥ/ prakṛṣṭo 'nto yāsāṃ bhūmīnām avasthānāṃ tās tathoktāḥ/ yataḥ paraṃ nāsti sa prakarṣaḥ/ prāntā bhūmayo yasyāḥ prajñāyā viveka-khyāteḥ sā tathoktā/)

그러나 마음의 해탈은 [다음과 같은] 세 가지이다._3

⑤통각은 자신의 임무를 완수한다. ⑥질들은 바위들이 산봉우리에서 미끄러져[109] 떨어지듯이 안주하는 데가 없이 자신의 원인 속으로 융합해 나아가(즉 환멸하여), 그것(통각)과 함께 종말에 이른다. 그리고 이렇게 해체된 것들은 목적(동기)이 없기 때문에 다시는 생기(生起)하지 않는다. ⑦이 상태에서 순수정신은 질들과의 결합을 초월하여 오직 본래의 모습으로 빛나며, 순수한 그대로 독존하게 된다._4

최종 단계의 예지인 이러한 일곱 가지를 관조하는 순수정신[110]은 통달자로 불린다. 마음이 환원할 때에도 그것(순수정신)은 질들을 초월해 있기 때문에 오직 해탈한 통달자로 불리게 된다._5

식별지는 제거의 수단이 될 수 있다. 수단이 없이는 달성도 없다. 그러므로 이것(수단)을 [이제부터 교시하기] 시작한다._6

제28경: 요가의 지분(支分)들을 실행함으로써 불순물이 소멸할 때, 식별지에 도달하기까지 지혜는 밝아진다.

[이제] 요가의 여덟 지분들을 설명할 것인데, 그것들의 실행을 통해 불순한 형상인 5종의 오류가 파괴되어 소멸한다. 그것들이 파괴될 때, 바른 지혜가 발현된다. 그리고 [그] 수단이 실행되는 그만큼 불순물은 감소하게 된다._1

또 파괴되는 그만큼 파괴의 과정에 따라 지혜의 빛도 증대한다. 참으로 바로 그 증대함이란 [3] 질과 순수정신의 본성을 인식하는 식별

109 다른 판본들에 의하면 "산봉우리의 꼭대기로부터"

110 이 대목에서 순수정신은 '순수정신을 지닌 사람', 즉 '요기'로 이해해도 무방하다.

지에 도달하기까지 [식별지의] 우세를 경험한다는 의미이다._2

요가의 지분을 실행하는 것은, 마치 도끼가 절단되어야 할 것에 대해 그러하듯이, 불순물로부터 벗어나는 원인(도구)이다. 그리고 선(善)이 즐거움에 대해 그러하듯이, [그것은] 식별지의 획득 원인이다. 다른 목적으로는 원인이 되지 않는다._3

그런데 성전에는 그러한 [목적 달성의] 원인들이 얼마나 많이 [제시되어] 있는가? 오직 아홉이라고 설했다. 즉 다음과 같이 말한다._4

"①[인식의] 발생, ②[자아를 위한] 지속, ③[형상의] 현현, ④[대상에 따른] 변화, ⑤[추리하는] 관념, ⑥[식별지의] 획득, ⑦[불순물의] 분리, ⑧[다르게 보는] 차별, ⑨[모든 것의 상호] 지탱이라는 9종이 원인으로서 열거된다."_5

여기서[111] ①발생이라는 원인은 마음이 인식의 [발생 원인임을 가리킨다.] ②지속이라는 원인은 음식물이 신체의 [지속 원인]이듯이, 순수정신을 위함이 마음의 [지속 원인임을 가리킨다.]_6

....

111 9종 원인에 대한 이 부연 설명의 내용을 다음과 같이 간결하게 변환할 수 있다.
①발생 원인: 인식을 발생시키는 마음.
②지속 원인: 순수정신의 목적을 추구하는 것.
③현현 원인: 형상을 인식하는 것.
④변화 원인: 마음을 변화시키는 다른 대상들.
⑤관념 원인: 연기를 보고 불을 추리하는 인식.
⑥획득 원인: 식별지를 얻게 하는 요가 지분의 실행.
⑦분리 원인: 불순물을 분리시키는 요가의 지분.
⑧차별 원인: 연금사가 금을 달리 보게 하는 원인이듯이, 여자에 대한 무지, 혐오, 욕정, 진실이 각각 여자를 혼미, 고통, 즐거움, 무관심의 대상으로 보게 하는 것.
⑨지탱 원인: 신체는 감관들을, 감관들은 신체를, 조대요소들은 신체들을 그리고 축생과 인간과 신들은 서로 모든 것을 원인으로서 지탱하는 것.

③현현이라는 원인은 빛이 형상의 [현현 원인인 것처럼], 그와 같이 형상을 [비추어] 인식하는 것이다.[112]_7

④변화라는 원인은 불이 [음식을] 익히는 [변화 원인]이듯이, 다른 대상이 마음의 [변화 원인임을 가리킨다.]_8

⑤관념이라는 원인은 연기를 인식하는 것이 불에 대한 인식의 [원인임을 가리킨다.]_9

⑥획득이라는 원인은 요가의 지분을 실행하는 것이 식별지의 [획득 원인인 것과] 같다._10

⑦분리라는 원인은 바로 그것(요가의 지분)이 불순물의 [분리 원인임을 가리킨다.]_11

⑧차별이라는 원인(달리 보게 하는 원인)은 연금사가 금의 [차별 원인]이듯이, 그처럼 여자라는 하나의 관념에 대해 혼미가 있을 때는 무지가 [차별 원인]이고,[113] 고통이 있을 때는 혐오가 [차별 원인]이고, 즐거움이 있을 때는 욕정이 [차별 원인]이며, 무관심이 있을 때는 진실을 아는 것이 [차별 원인임을 가리킨다.]_12

감관들에게는 신체가, 그것(신체)에게는 그것(감관)들이, 신체들에게는 조대요소들(5大)이, 그리고 모든 것들에게는 그것들, 즉 축생과 인간과 신들이 서로 ⑨지탱의 원인이 된다. 왜냐하면 서로 유용하기 때문이다._13

이상과 같은 것이 아홉 원인들이다._14

....

112 YsV에 의하면, "형상에 빛이 있을 때, 형상을 인식하는 것이다." (yadā rūpasyālokas tadā rūpa-jñānam)

113 "그처럼 무지 때문에 여자를 다르게 보아 혼미에 빠지고"라는 의미이다.

그런데 그것들은 다른 대상들에 대해서도 가능한 데까지 적용될 수 있는 것들이다._15

그러나 요가의 지분의 실행은 [식별지의 획득과 불순물의 분리라는] 두 가지[114]만을 원인이 되는 것으로 인정한다._16

여기서 [식별지를 얻게 하고 불순물을 분리시키는] 요가의 지분들이 확정된다._17

제29경: (1)금계(禁戒), (2)권계(勸戒), (3)좌법(坐法), (4)조식(調息), (5)제감(制感), (6)총지(總持), (7)정려(靜慮), (8)삼매가 [요가의] 여덟 지분이다.[115]

우리는 이것들의 실행과 본성을 [열거된] 순서대로 설명할 것이다._1 그중에서_2

제30경: (1)금계란 ①불상해(不傷害), ②진실, ③불투도(不偸盜), ④금욕, ⑤무소유이다.

그중에서 ①불상해는 어떠한 경우에도 모든 중생에게 상해를 가하지 않는 것이다._1

그리고 이후의 금계들[116]과 권계들은 그것(불상해)을 근본으로 하는

....

114 두 가지는 9종 원인을 설명하는 데에 제시되어 있다. 즉 요가의 지분과 관련된 것은 ⑥획득과 ⑦분리이다.

115 이하 제3장 제8경에 이르기까지 '8지 요가'로 불리는 실천법을 상술한다. 8지는 다시 부속항으로 낱낱이 설명되므로 이해의 편의를 위해 번호를 부여했다.

116 경문에서 ①불상해 다음으로 열거한 ②진실, ③불투도, ④금욕, ⑤무소유를 가리

것들이며, 그것의 완성에 열중함으로써 그것을 성취하기 위해 실천되고, 그것을 오직 순수하고 아름다운 것으로 만들기 위해 부가된 것들이다._2

[이에 관해] 다음과 같은 말씀이 있다. "참으로 이 바라문은 많은 맹세(종교적 실천)를 명심하고자 하는 그만큼, 부주의로 저질러진 상해의 원인들을 제거하여, 오로지 그 불상해를 순수하고 아름다운 것으로 만든다."_3

②진실이란 대상을 있는 그대로 말하고 생각하는 것을 의미하며, 본 그대로, 추리한 그대로, 들은 그대로 말하고 생각하는 것이다._4

만일 다른 누구에게든 자신의 생각을 전달하기 위해 말을 한다면, 그 말은 속임수이거나 모호하거나 이해를 방해해서는 안 될 것이다. 그것은 모든 중생을 돕기 위해 발생된 것이지 중생을 해치기 위한 것이 아니다. 이와 같더라도, 만약 하고 있는 말이 중생을 해치는 것에 지나지 않을 뿐이라면, 그것은 진실이 아니라 오로지 악이 될 것이다._5

그렇게 덕인 것처럼 보이는 사이비 덕에 의해 그것은 나쁜 암흑에 도달할 것이다. 따라서 모든 중생의 이익을 숙고하여 진실을 말해야 한다._6

투도(偸盜)는 불법적으로 다른 사람의 물건들을 전유(專有)하는 것이다. 이것을 물리치고 또한 [남의 것을] 갈구하는 성질[조차] 없는 것이 ③불투도이다._7

④금욕이란 감춰진 기관인 생식기에 대한 절제이다._8

대상들에게는 획득, 보호, 소멸, 집착, 손상이라는 결점이 있음을 보기 때문에 [그것들을] 나의 것으로 만들지 않는 것이 ⑤무소유이다. 이상의 것들이 (1)금계이다._9

....

킨다.

그런데 그것들은[117]_10

제31경: [다섯 금계는] 종성, 장소, 시간, 관습으로 한정되지 않고 마음의 모든 상태와 연관되는 '위대한 맹세'[118]이다.

그중에서 종성으로 한정되는 불상해란, 어부는 물고기들에 대해서만 살상하고 다른 경우에는 [살상하지] 않는 것이다._1

장소로 한정되는 바로 그것(불상해)이란 "나는 성소에서는 죽이지 않을 것이다."라고 말하는 것이다._2

시간으로 한정되는 바로 그것(불상해)이란 곧 "14일에도 길일(吉日)에도 나는 죽이지 않을 것이다."라고 말하는 것이다._3

[앞의] 셋과는 무관한 자의 경우에 관습으로 한정되는 바로 그것(불상해)이란, "나는 신과 바라문을 위해 죽일 것이고 다른 목적으로는 죽이지 않을 것이다."라고 말하는 것이다. 또 크샤트리야들이 전쟁에서만 살상하고 다른 경우에는 살상하지 않는 것과 같다._4

이러한 종성, 장소, 시간, 관습으로 한정되지 않는 불상해 따위(불상해를 비롯한 다섯 금계)는 어떠한 경우에도 준수되어야 한다. [위의 경문은] 어떠한 곳에서나 모든 대상에 대해 어떠한 경우에도 결코 위반할 줄을 모르며, 마음의 모든 상태와 연관되는 것이 '위대한 맹세'라고 말하는 것이다._5

....

117 '그것들은'이란 다음 경문(제31경)의 주어를 제시한 것이며, 앞에서 설명한 다섯 금계를 가리킨다. 그러나 제31경의 주석에서는 다섯 금계 중 첫째인 불상해만을 예로 들어 설명하고 나머지는 이에 준하는 것으로 설명을 생략한다.

118 '위대한 맹세'는 대서계(大誓戒)로 번역되어 주로 자이나교의 용어로 사용된다.

제32경: ①청정, ②만족, ③고행, ④자기 학습(성전 공부), ⑤신에 대한 헌신이 (2)권계(勸戒)이다.

그중에서 ①외적인 청정은 흙과 물 따위로 [몸을 정화하여] 발생하고 '공물로 적합한 것을 음식으로 취하는'(청결한 음식을 섭취하는) 따위로 발생하며, 내적인 청정은 마음의 때를 말끔히 씻어낸 것이다._1

②만족은 현재 확보되어 있는 것보다 과도한 것을 바라지 않는 것이다._2

③고행은 상반하는 것을 인내하는 것이다. 상반하는 것이란 배고픔과 목마름, 추위와 더위, 서 있음과 앉아 있음, [몸짓도 허용하지 않는] 목석 침묵과 [몸짓만 허용하는] 형상 침묵이다. 또 [고행은] 필요(상황)에 따라 크릿츠라, 찬드라야나, 산타파나 따위를 오로지 종교적으로 실천하는 것이다.[119]_3

④자기 학습(성전 공부)은 해탈[을 가르치는] 성전들을 공부하거나 성스런 소리인 옴(Om)을 음송하는 것이다._4

⑤신에 대한 헌신은 그 최고의 스승들에게 모든 행위를 위임하는 것이다. [예를 들어 다음과 같은 말씀이 있다.] "누워 있거나 앉아 있거나 서 있거나 더욱이 길을 걷고 있으면서도, 거친 생각(尋)의 그물을 제거하고 윤회의 씨앗이 소멸함을 바라보면서 스스로 서 있는 자는, '불사의 향수자요 소유자'라고 영원히 회자될 것이다."_5

이에 관해서는 다음과 같은 말씀이 있다. "그로부터 내적 정신에

119 YsV에서 크릿츠라(kṛcchra), 찬드라야나(cāndrāyaṇa), 산타파나(sāntapana)는 세 가지 종류의 단식 방법으로 설명된다. 즉 크릿츠라는 몸을 여위는 고행, 찬드라야나는 달에 맞추어 여위는 고행, 산타파나는 해와 연관하여 여위는 고행이다. ↪ 「주제별 역주」 2-2.

도달함은 물론이요 장애가 없게 된다."_6

이러한 금계와 권계에 대해 [다음 경문들로 설명을 추가한다.]_7

제33경: 거친 생각이 방해할 때는 반대의 것을 명상한다.

이 바라문에게 "나는 해로운 자를 죽여야겠다. 나는 거짓도 말해야겠다. 나는 그의 물건도 내 것으로 만들어야겠다. 나는 그의 아내들과 간통해야겠다. 나는 그의 소유물들에 대해 주인이 되어야겠다."라고 그와 같이 그릇된 길로 기울어지는 거친 생각의 불타오르는 열정에 의해 살생 따위의 거친 생각들이 일어난다면, 이때 방해받고 있는 자는 그 반대의 것들에 전념해야 한다._1

"무서운 윤회의 숯에서 불타고 있는 나는 모든 중생에게 안전을 베풂으로써 요가의 법이라는 의지처에 도달했다. 참으로 그러한 내가 거친 생각들을 버리고 나서 다시 그것들을 취하는 것은 개처럼 사는 것과 같다."라고 생각해야 할 것이다._2

"버린 것을 다시 취하는 것은 개가 토한 것을 즐겨 핥는 것과 같다."라고 [생각해야 할 것이다.] 다른 경전(가르침)들의 경우에도 이와 같이 [반대의 것을 명상하는 방법이] 적용되어야 한다._3

제34경: 살생 따위의 거친 생각들은 능동적인 것, 수동적인 것, 승인된 것들이 있고, 탐욕이나 분노나 우치(愚癡)를 뒤따르며, 유연한 것과 중간의 것과 과도한 것들로서 고통과 무지라는 무한한 결과를 초래한다는 것이 '반대의 것에 대한 명상'이다.

여기서 먼저 살생은 능동적인 것, 수동적인 것, 승인된 것이라는 세 가지이다. 그 각각은 다시 세 가지이다. 즉 고기와 가죽을 목적으로 삼는 탐욕, 그에 의해 공격(손상)당했다고 하는 분노, 나에게 덕이 있을 것이라고 하는 우치이다. 탐욕과 분노와 우치는 다시 유연한 것과 중간의 것과 과도한 것이라는 세 가지이다. 이와 같이 27종의 살생이 있다._1

유연한 것과 중간의 것과 과도한 것은 다시 [각기] 세 가지이다. 즉 약하게 유연한 것, 중간쯤 유연한 것, 강하게 유연한 것이 있고, 마찬가지로 약한 중간의 것, 중간쯤 중간의 것, 강한 중간의 것이 있으며, 마찬가지로 약하게 과도한 것, 중간쯤 과도한 것, 강하게 과도한 것이 있다. 이와 같이 81종의 살생이 있다._2

그것(살생)은 또한 [관습에 의한] 한정과 선택과 집합으로도 구분되기 때문에 무수하다. 생명체의 종류는 수를 헤아릴 수 없기 때문이다._3

[살생 이하의] 거짓 따위에 대해서도 이와 같이 적용되어야 한다._4

참으로 [금계에 어긋난] 바로 이 거친 생각들은 고통과 무지라는 무한한 결과를 초래한다는 것이 '반대의 것에 대한 명상'이다. 즉 그것(앞에 열거한 거친 생각)들의 결과는 고통과 무지[일 뿐이]라는 것이 '반대의 것에 대한 명상'이다. 예를 들면, 먼저 살생하는 자는 우선 살해할 대상의 힘을 박탈한다. 그다음, 칼 따위로 공격하여 괴롭히고, 그 다음에는 생명마저 빼앗는다._5

따라서 힘을 박탈했기 때문에, 그(살생자)의 정신적 비정신적 기관은 힘을 상실하게 된다. 고통을 일으켰기 때문에, 그는 지옥과 축생과 아귀 따위[의 세계]에서 고통을 겪는다. 생명을 빼앗았기 때문에, 순간마다 생명이 위험한 상태에서 죽음을 바라고 있더라도, '고통이라는 과보는 정해진 과보를 감수해야 하는 것이므로',[120] 그는 어떤 식으로

120 불전의 한자 조어로 직역하면, "고통이라는 과보의 정이숙수성(定異熟受性)으로

든 그와 같이 목숨을 유지한다. 그리고 만약 살생[의 죄]가 얼마간 공덕을 얻게 된다면,[121] 거기서 즐거움을 얻더라도 수명은 짧을 것이다._6

[살생 이하의] 거짓 따위에 대해서도 이와 같이 저마다 적용되어야 한다._7

그러므로 이와 같이 거친 생각들에 대해서는 바로 그렇게 뒤따르는 나쁜 과보를 생각하면서, 마음이 거친 생각들로 향하지 않게 해야 한다. 거친 생각들은 '반대의 것에 대한 명상'이라는 수단을 통해 단절되어야 한다._8

그에게 [거친 생각들을 증식하지 않는] 불모(不毛)의 실천들이 있을 때면, 요기에게는 이로 인해 형성된 초능력(신통력)이 성취의 표시로서 발생한다. 예를 들어_9

제35경: 불상해가 확립되면, 이 사람의 앞에서는 적의(敵意)를 버린다.

'모든 중생이'[라는 말이 '적의' 앞에 생략되어] 있다.[122]_1

....

인해"가 된다.

121 YsV와 Āraṇya의 판본에 따르면 "그리고 만약 공덕으로 인해 살생[의 죄]가 얼마간 사라진다면"이 된다. 이 경우에 공덕은 희생 제물을 바치는 제사의 공덕을 가리킨다. 이런 살생은 제사의 일부로 무시될 것이므로 그것만으로는 죄가 되지 않을 것이라는 종교적 관념이 깔려 있다. cf. Woods(1973) p. 185, n. 3.

122 이에 따라 생략된 말을 보충하면 제35경은 "불상해가 확립되면, 이 사람의 앞에서는 모든 중생이 적의(敵意)를 버린다."라는 경문이 된다.

제36경: 진실이 확립되면, [말하는] 행위는 결과와 일치하게 된다.

"그대는 덕 있는 자가 되기를"이라고 말하면 그는 덕 있는 자가 되고, "그대가 천계로 가기를"이라고 말하면 그는 천계에 도달한다. [이와 같이] 그의 말은 헛되지 않게 된다._1

제37경: 불투도가 확립되면, 모든 보물이 모여든다.

[경문의 의미는] 온갖 방향에 있는 보물들이 그에게 모인다[는 것이다]._1

제38경: 금욕이 확립되면, 힘을 얻는다.

[경문의 의미는] 그는 그것(힘)의 획득을 통해 불굴의 덕들을 증진할 것이며, 제자들에게 지혜를 전수할 수 있는 성취자[123]가 된다[는 것이다]._1

제39경: 무소유가 확립되면, 출생이 어떠한지를 완전하게 안다.

'그는'[이라는 말]이 ['출생이' 앞에 생략되어] 있다._1

나는 누구였는가, 나는 어떻게 있었는가, 이것은 도대체 무엇인가, 이것은 도대체 어떻게 있는가, 혹은 우리는 무엇이 될 것인가, 우리는

....

123 힌두교의 관념에서 성취자(siddha)는 특수한 의미를 갖는다. siddha는 초인간적 능력을 얻었지만 신격에 도달하지는 못한 단계의 초능력자를 일컬으므로, 흔히 신인족(神人族) 또는 반신족(半神族)으로 번역된다. 이런 관념이 『요가주』에는 "하늘과 대지 사이의 공간에서 배회하는 성취자"(3.32_1)로 드러나 있다.

어떻게 될 것인가 하고 이와 같이 그에게는 전생과 내생과 현생에서 자아의 존재 상태가 어떠한지를 알고자 하는 욕구가 저절로 일어난다._2

이것들이 금계가 확립된 경우에 성취되는 것들이다._3

[이제부터] 우리는 ⑵권계들에 대해 말할 것이다._4

제40경: ①청정을 통해 자신의 사지(四肢)를 혐오하고 남들과 교접하지 않는다.

자신의 사지를 혐오할 때, 청정을 고수하는 자는 신체의 결함을 보고서 신체에 집착하지 않는 고행자가 된다._1

아울러 신체의 본성을 보고서 남들과 교접하지 않고, 자신의 몸도 포기하려 하며, 흙이나 물 따위로 정화하고 있더라도 신체가 청정하다고는 보지 않는다. 이처럼 도무지 정결할 수 없는 남들의 몸과 어떻게 교접할 수 있겠는가?_2

이와 아울러_3

제41경: 순질(純質)의 청정, 바른 이해[124], 집중, 감관의 정복, 자기에 대한 관찰의 적합성이[125]

[맨 끝에] '있다'라는 말을 보충해야 한다._1

....

124 '바른 이해'는 '기쁨'이나 '유쾌함'으로도 번역할 수 있으나, 주석의 맥락으로 보면 '바른 이해'가 더 적합하다.

125 Prasāda(2000:166)의 판본(제40경)에 의하면 "순질이 청정할 때 바른 이해, 집중, 감관의 정복, 자기에 대한 관찰의 적합성이"라고 번역된다. 『요가주』는 여기서 열거한 것들을 점층적인 인과 관계로 설명하므로 "순질이 청정할 때"라는 조건도 원의에서 벗어나지는 않는다.

순수함을 통해 순질의 청정이, 이로부터 바른 이해가, 이로부터 집중이, 이로부터 감관의 정복이 있으며, 이로부터 통각의 순질은 자기를 관찰하는 데 적합하게 된다._2

이상과 같은 것은 청정을 견지함으로써 달성된다._3

제42경: ②만족으로부터 위없는 기쁨을 얻는다.

[이에 관해서는] 다음과 같은 말씀이 있다. "세상에서 누리는 애욕의 즐거움이든 천계에서 누리는 엄청난 즐거움이든, 그것들은 갈애가 사라진 즐거움의 16분의 1에도 필적하지 못한다."[126]_1

제43경: ③고행을 통해 불순물이 사라지기 때문에 신체와 감관의 초능력(신통력)이 있다.

오로지 완성되고 있는 고행이 부정한 장애의 불순물을 제거한다. 그 장애의 불순물이 사라지기 때문에 미세하게 되는 능력을 비롯한 신체의 초능력이 있고, 마찬가지로 멀리서 듣거나 보는 능력을 비롯한 감관의 초능력이 있다.[127]_1

제44경: ④자기 학습(성전 공부)을 통해 바라는 신격과 접속한다.

신들과 성현들과 성취자들은 자기 학습에 열중하는 사람에게 보이게 되며, 그가 하는 일을 돕는다._1

....

126 '16분의 1'에 대해서는 「주제별 역주」 2-3을 참조.

127 이 같은 능력에 대해서는 제3장의 제44~45경에서 설명한다.

제45경: ⑤신에 대한 헌신을 통해 삼매가 성취된다.

모든 묵상이 신에게 고정된 자는 삼매를 성취하며, 이것(삼매의 성취)에 의해 또 다른 장소와 또 다른 신체와 또 다른 시기에 관해 진실한 것이기를 바라는 모든 것을 안다. 이로부터 그의 예지는 있는 그대로 이해한다는 것이다._1

[이상으로] 초능력과 아울러 금계와 권계를 설명했다. [이제] 우리는 (3)좌법(坐法) 등을 설명할 것이다. 이 중에서_1

제46경: 견고하고 안락한 것이 (3)좌법이다.[128]

[좌법이란] 예를 들면 ①연화좌, ②영웅좌(용맹좌), ③행운좌, ④길상좌(卍자좌), ⑤장좌(杖坐), ⑥보조물 사용, ⑦옥좌 [자세], ⑧마도요 자세, ⑨코끼리 자세, ⑩낙타 자세, ⑪평탄한 상태, 그리고 '안락한 그대로'라고 말하는 것과 같은 따위(종류)의 따위들로서 ⑫'견고하고 안락한 것'이다.[129]_1

....

128 인도 밖에서 유행하게 된 근래의 하타 요가에서는 좌법이라는 용어가 범어를 음역한 '아사나'(āsana)라는 용어로 통용되고 있다. 그러나 『요가주』를 따르는 정통 요가에서 아사나는 말 그대로 좌법을 뜻한다. 예를 들어 YV에 이 점이 다음과 같이 명시되어 있다.
"'견고하고 안락한 것이 좌법이다.'에서, 견고함이란 동요가 없고 안락을 낳는다는 것이며, 좌법이라는 말의 의미는 이러한 방법으로 앉는 것이면 무엇이든 좌법이라는 것이다." (sthira-sukham āsanam/ sthiraṃ niścalaṃ sukhakaraṃ ca yat tad āsanam āsyate 'nena prakāreṇety āsanam ity arthaḥ/)

129 이것들의 구체적인 양상은 「주제별 역주」 2-4 참조.

제47경: [좌법은] 심한 노력의 완화와 무한한 것에 대한 몰입에 의해서

[맨 끝에] '이루어진다'라는 말을 보충해야 한다._1

심한 노력을 멈춤으로써 좌법은 완성되고, 이로써 사지는 동요하지 않게 된다. 혹은 무한한 것에 몰입한 마음이 좌법을 완성시킨다._2

제48경: [수행자는] 그 때문에 상반하는 것에 의한 손상을 입지 않는다.

좌법에 능통하기 때문에, 추위와 더위 따위의 상반하는 것들에 의해 굴복당하지 않는다._1

제49경: 그것(좌법)이 이루어져 있을 때, 들숨과 날숨[130]의 진행을 중지하는 것이 (4)조식(調息)이다.[131]

외부의 공기를 마시는 것이 들숨이고, 뱃속의 공기를 내보내는 것이 날숨인데, 좌법에 능통해 있을 때,[132] 이 둘의 진행을 중지하여 둘이 없게 되는 것이 조식이다._1

....

130 날숨에 해당하는 원어 praśvāsa가 일반적으로 '들숨', 즉 입식(入息)을 가리키지만, 여기서는 '날숨'으로 정의된다. 한역(漢譯) 불전에서도 출식(出息), 즉 날숨으로 번역된 예가 있다.

131 제1장 제34경의 주석에서 "중지란 숨의 억제이다."라고 설명한 '숨의 억제'가 여기서 말하는 조식이다.

132 TV는 이 대목을 설명하는 데서 후대의 요가에서 널리 통용될 전문 용어, 즉 레차카(recaka), 푸라카(pūraka), 쿰바카(kumbhaka)를 구사한다. ↪ 「주제별 역주」 2-5.

그런데 그것은 [다음 경문에서 상술된다.]_2

제50경: [조식의] 외적 작용, 내적 작용, 억제 작용은 장소(호흡이 미치는 범위)와 시간(찰나의 양)과 수(호흡의 횟수)에 의해 관찰될 때, 길고 미세하게 된다.

여기서 숨을 내쉬고 나서 진행이 없는 것이 그 외적 작용이며, 여기서 숨을 들이쉬고 나서 진행이 없는 것이 그 내적 작용이다.[133]_1

셋째인 억제 작용이란 여기서 단번의 노력[134]을 통해 [숨이 들고

....

133 Leggett(1992:275)의 번역에는 착오가 있다. 날숨으로 이해해야 할 praśvāsa를 '들숨'으로 번역함으로써, 외적인 것과 내적인 것이 정반대로 묘사되었다. "이것들 중에서 [충분한] 들숨 후에 진행을 멈추는 것이 외적인 것이고, 다음으로 [충분한] 날숨 후에 진행을 멈추는 것이 내적인 것이다." 그러나 제49경의 번역에서는 praśvāsa를 '날숨'으로 번역했다.

134 현대의 번역자들 사이에서 일치하는 인식을 따르면, '단번의 노력'이란 곧 '단일한 노력'이다. 영역자들은 '단번의 노력'의 원어인 sakṛtprayatna를 한결같이 '단일한 노력'으로 이해했다. 즉 Prasāda(2000:172), Woods(1973:193), Mukerji(Āraṇya 1983: 232, 235), Rukmani(1983:222), Leggett(1992:276) 등은 이것을 a single effort 또는 one effort로 번역한다. '한 번(一度)의 노력'으로 번역한 本多 惠(1978:146)도 이와 유사하다. 그러나 Āraṇya를 제외하고는 어느 누구도 '단일한 노력'이 함축하는 의미를 명시하지 않는다. 일례로 Leggett(1992:276)는 문제의 원문을 "들이쉬지도 않고 내쉬지도 않는 다른 둘의 어느 한쪽이 앞서지 않고, '단일한 노력'으로 초래되는 정지 작용이 셋째이다."라고 번역했다. 이 대목에 대한 TV의 정통적 설명은 다음과 같다.

"그와 같이 흐름의 성질을 가진 이 숨도 강력한 억제의 노력으로 자신의 활동이 중지될 때, 한껏 미세한 상태로 바로 그 신체에 흡수된다. 이로써 [억제 작용은] 채우는 푸라카도 아니며, 이로써 방출하는 레차카도 아니다." (evam ayam api māruto vahana-śīlo balavad-vidhāraka-prayatna-niruddha-kriyaḥ śarīra eva sūkśmī-bhṛto 'vatiṣṭhate

나는] 그 둘이 없게 되는 것이다. 예를 들면, 뜨거운 돌에 부은 물은 어느 곳에서나 증발할 수밖에 없듯이, 그 둘은 동시에 없게 된다.[135]_1

이 셋은 또한 "이것의 범위는 이만한 정도의 장소(공간)이다."라고 장소에 의해 관찰된다._2

시간에 의해 관찰된다는 것은, [세 작용의 상태가] 찰나들의 지속 정도에 의해 구분된다는 의미이다.[136]_3

수(數)에 의해 관찰된다는 것은, 얼마만큼의 들숨과 날숨인가에 따라 첫째 우드가타(udghāta)[137]가 [관찰되고,] 이렇게 파악된 것에 대

....

na tu pūrayati yena pūrakaḥ/ na tu recayati yena recaka iti/)

이 같은 설명들의 요점은, 단번의 노력 또는 단일한 노력의 결과로 들숨과 날숨의 활동이 모두 중지된다는 것이다. 여기서 중요한 사실은, 억제 작용의 결과로 숨은 신체에서 완전히 사라지는 것이 아니라, 미세한 상태로 존속한다는 것이다. 또 하나 중요한 것은 '강력한 억제의 노력'이다. 즉 단번 또는 단일에는 '강력한'이라는 의미도 함축되어 있는 것이다. 다음의 제51경에 대한 해설에서 TV는 억제 작용이 '단번의 노력으로 즉각'(sakṛt-prayatnād ahnāya) 발생하는 특성을 지닌 것으로 이해한다(↪「주제별 역주」 2-6). 이에 관한 상세한 고찰은 정승석(2007) pp. 107-112 참조.

135 여기서 '뜨거운 돌'이란 들숨과 날숨이 모두 강력하게 억제된 상태를 가리킨다. "억제 상태에서는 뜨거운 돌에 닿아 금방 증발하는 물처럼, 들숨과 날숨이 극히 미세하고 짧은 순간에 이루어지고 사라진다. 억제된 상태가 뜨거운 돌과 같다." Rukmani(1983) p. 224. n. 2.

136 시간에 대해서 후대 주석자들은 특별히 설명할 필요를 느끼지 않는다. YsV는 이것을 아예 무시해버린다. TV와 YV는 찰나가 눈 깜박임의 4분의 1에 해당하는 시간 단위임을 언급하는 데 그친다. 여기서 시간은 다음에 말하는 수(數)를 계측하는 토대로서의 의의를 지닌다. Rukmani(1983:225, n. 1)는 이 대목을 "찰나들로써 조식을 계측하는 것이 시간에 따른 조식의 구분이다."라고 해석한다.

137 건강한 사람의 정상적인 한 차례의 호흡이 1 mātra(약 4초). 1 udghāta는 12 또는 16(YV) 또는 36(TV) mātra.

해 [다시] 얼마만큼[의 들숨과 날숨]인가에 따라 둘째 우드가타가 [관찰되고, 다시] 이와 같이 셋째 [우드가타가 관찰되며, 또] 그와 같이 약한 것(하급), 그와 같이 중간인 것(중급), 그와 같이 강한 것(상급)이라고 수를 관찰하는 것이다.[138]_4

그것(조식)은 참으로 이와 같이 실행하여 길고 미세한 것이 된다._5

제51경: 외부와 내부의 범위를 제거[139]하는 것이 넷째 것(조식)이다.

장소와 시간과 수에 의해 외부의 범위로 관찰된 것을 제거하며,

....

138 시간과 수에 의한 관찰의 성패는 호흡 수련의 지속성에 달려 있다. 수행의 실제에서 그 둘은 차별되지 않는다. 그래서 TV는 시간과 수를 거의 동일시하면서 다음과 같은 설명으로 이 주제에 대한 해설을 마무리한다.
"찰나들의 수량으로 말하고자 하는 것은 시간이며, 들숨과 날숨의 수량으로 [말하고자 하는 것은] 수이므로, [시간과 수는] 거의 차이가 없다. 그것(조식)은 참으로 이렇게 매일 실행하여 장소와 시간의 증진이 충족됨으로써 하루, 보름, 한 달 따위로 점차 길어지게 된다." (kṣaṇānām iyattā kālo vivakṣitaḥ/ śvāsa-praśvāseyattā saṃkhyeti kathaṃcid bhedeḥ/ sa khalv ayaṃ pratyaham abhyasto divasa-pakṣa-māsādi-krameṇa deśa-kāla-pracaya-vyāpitayā dīrghaḥ/)

139 번역자들은 '제거'의 원어인 ākṣepī를 초월(Āraṇya, Woods), 능가(Rukmani), 방기(本多惠), 감지(Leggett) 등으로 번역했다. 이 중에서 '감지'를 제외한 나머지는 '제거'를 대신할 수 있다. 『요가주』는 이 제51경에서 ākṣepī를 ākṣipta(버림, 폐기)로 바꾸어 설명을 진행한다. TV는 ākṣipta의 의미를 "수련에 의해 정복하는 방식으로 없애 가는 것"(abhyāsa-vaśīkṛtād rūpād avaropitaḥ)이라고 풀이한다. 이 말을 '초월'로 이해할 수 있는 전거로는 "장소 따위도 오직 함께 제거하고 초월하게 된다."라는 YV의 해설을 들 수 있다. 그러나 이 경우는 '제거'가 '초월'보다 적합한 번역이라는 전거이기도 하다. 한편 "넷째 것은 외적 범위와 내적 범위가 모두 감지될 때 도래한다."(Leggett 1992:277)라는 번역에서, '감지'는 파격적인 의역에 따른 표현이다. 이 번역은 원문의 취지를 쉽게 이해하는 데 유익하다.

마찬가지로 내부의 범위로 관찰된 것을 제거한다. [이러한] 두 경우에 [호흡은] 길고 미세하게 된다._1

이에 뒤따라 순차적으로 단계를 정복함으로써 그 둘(들숨과 날숨)의 진행이 없게 되는 것이 제4의 조식이다._2

그러나 [그 둘의] 진행이 없는 셋째 것은 범위를 고려하지 않고 오직 단번에 착수된 것으로서, 장소(미치는 범위)와 시간(찰나의 양)과 수(호흡의 횟수)에 의해 관찰되는 길고 미세한 것이다._3

그런데 넷째 것이란 들숨과 날숨의 범위를 한정하는 것으로부터 [출발하여] 순차적으로 단계를 정복함으로써 둘(들숨과 날숨의 범위)을 제거하고 나서 [그 둘의] 진행이 없게 된 제4의 조식이다. 따라서 이것이 [셋째 것과의] 차이이다.[140]_4

제52경: 이로써 [지혜의] 빛을 가로막는 것이 감소된다.

조식을 수련함으로써 그 수행자에게는 식별지를 가로막는 업이 감소된다. 이것(업)에 대해 다음과 같이 설명한다. "그것(업)은 큰 미혹으로 이루어진 인드라의 그물에 의해 조명의 성질을 지닌 순질(純質)을 가로막고서 오직 그 그릇된 행위에 의존하게 한다."_1

그 경우에 조명을 가로막고 윤회에 얽매이는 그(수행자)의 업은 조식을 수련함으로써 미약하게 되고, 순간마다 감소된다. 다음과 같이 말한 것이 그와 같다. "조식보다 나은 고행은 없다. 이로부터 오염된 것

140 여기서는 제3 조식과 제4 조식의 차이를 이해하는 것이 관건이다. 이 점을 후대 주석자들도 의식하여 해명에 주력한다. ↪ 「주제별 역주」 2-6.

들은 완전히 정화되고, 지혜는 빛난다."_2

더욱이_3

제53경: 또한 마음은 총지(總持)에 적합하게 된다.

오로지 조식을 수련함으로써 [마음은 총지에 적합하게 된다는 것이다.] "혹은 숨의 배출과 중지에 의해 [마음은 안정된다.]"[141]라고 말하기 때문이다._1

이제 제감(制感)이란 무엇인가?_2

제54경: 감관들이 자신의 대상과 결합하지 않으므로 마음 자체의 상태를 닮은 것처럼 되는 것이 (5)제감이다.

자신의 대상과 결합함이 없으므로 마음 자체의 상태를 닮은 것처럼 된다는 것은, 마음이 제어될 때 감관들은 마음처럼 억제되어, 이 밖에 감관을 정복하는 것과 같은 다른 수단이 필요하지 않다는 것이다._1

예를 들면, 벌들은 여왕벌이 날아가면 따라서 날아가고 내려오면 따라서 내려오듯이, 마음이 제어될 때 감관들도 억제된다. 이와 같은 것이 곧 제감이다._2

제55경: 이로부터 감관들은 최상으로 통제된다.

어떤 사람은 말하기를, 소리 따위에 탐닉하지 않는 것이 감관의

141 제1장 제34경의 인용이다.

정복이라 하고, 탐닉이란 집착이며 그를 최상의 것으로부터 내쫓는 것이라고 한다._1

다른 곳에서는(다른 사람들은) [성전의 말씀에] 어긋나지 않은 지각은 합당한 것이라 하고, 자기 자신의 의지에 의해 소리 따위와 결합하는 것이 [감관의 정복이]라고 한다.[142]_2

[또] 어떤 사람은 탐욕과 혐오가 없을 때, 즐거움과 괴로움이 없이 소리 따위를 인식하는 것이 감관의 정복이라고 한다._3

자이기샤비야[143]는 마음을 한곳에 집중함으로써 지각이 없을 뿐인 것이 [감관의 정복이]라고 한다._4

그러므로 이로부터 다음과 같은 최상의 통제가 있다. 마음이 제어됨으로써 감관들이 억제된 경우라면, 요기에게는 이 밖에 감관의 정복처럼 노력을 쏟는 다른 수단이 필요하지 않다._5

....

142 현대의 역자들은 이 문장을 제각기 다음과 같이 이해한다.

Leggett: "어떤 이들은 감관의 정복이 금지되지 않은 것의 수용을 의미한다고 생각하는데, 이는 자신의 의지에 따른 대상들과의 감각 접촉으로 입증된다."

Rukmani: "성전에서 금지하지 않은 감각 대상의 향수는 정당하다[는 것이 이 감관의 정복이다.] 다른 이들은 말하기를, [대상들의 노예가 되지 않고] 자신이 바랄 때[만] 소리 따위와 같은 감각 대상과 접촉하는 것이 [감관의 통제이다.]"

Āraṇya: "다른 이들은 말하기를, 성전에서 금지하지 않은 소리 따위와 같은 대상의 향수는 허용된다고 하고, 이런 의미에서 이것은 감관의 정복이라고 한다."

本多: "[성언(聖言) 등과] 모순하지 않는 바른 지각이 [감관의 제어라고 혹자는 말한다.] [자주적인] 자기의 의욕에 의해 음성 따위[의 대상]과 결합하는 것이 [감관의 제어]라고 다른 사람은 말한다."

143 자이기샤비야(Jaigīṣavya)는 상키야 학파의 논사로 간주되는 인물로서 석가모니의 생애를 서술한 *Buddhacarita*(佛所行讚)에서 언급된다. 『요가주』는 제3장 제18경에서 그의 견해를 더 자세히 소개한다.

이상으로 성자 파탄잘리에서 유래한 상키야의 교설인 요가의 교전에 대한 존귀한 비야사의 주석 중, 둘째인 수단의 장(실수품)이 [끝났다.][144]_6

144 판본에 따른 이 종결구의 차이는 다음과 같다.

YsV: "이상으로 성자 파탄잘리에서 유래하는 요가수트라의 주석으로서, 존귀한 지식을 가진 비야사가 작성한 것 중, 둘째인 수단의 장이 [끝났다.]"

YV: "이상으로 성자이자 위대한 성현인 파탄잘리가 작성한 요가의 교전 중 둘째인 수단의 장이 [끝났다.]"

Āraṇya: "이상으로 성자 파탄잘리에서 유래하고 비야사가 작성한 상키야의 교설 중, 둘째인 수단의 장이 [끝났다.]"

제3장

초능력

[앞에서는] 다섯 가지 외적 수단들을 설명했다. [이제] 총지를 설명할 것이다._1

제1경: 마음이 [한] 곳에 고정되는 것이 (6)총지(總持)이다.

배꼽의 원에, 심장의 연꽃에(연꽃으로 형상화한 심장에), 머리에서 발하는 광휘에, 코끝에, 혀끝에, 이와 같은 따위의 여러 장소 혹은 외부의 대상에, 마음이 오직 [그 자신의] 작용만으로 고정되는 것이 총지이다._1

제2경: 거기(총지)서 '관념이 오직 한 가지로 지속하는 상태'[1]가 (7)정려(靜慮)이다.

정려란 [총지 상태에서 마음이 고정된] 그곳에 대해 명상(집중)의

1 이 상태가 의미하는 것은 '관념이 오직 하나의 대상에 집중된 상태로 지속하는 것'이다. Rukmani(1987:4)는 이것을 '동일한 인식의 지속적 흐름'으로 이해한다.

대상을 지탱하는 관념이 오직 한 가지로 지속하는 상태이며, 다른 관념에 의해 영향을 받지 않는 균일한 흐름이다._1

제3경: 바로 그것(정려)이 자신의 성질은 없는 것처럼 대상으로서만 빛을 발하는 것이 (8)삼매이다.

바로 그 [동일한] 정려가 명상 대상의 본래 상태에 몰입함으로써 관념으로 이루어진 자신의 성질은 없는 것처럼 되어, 명상 대상의 형상으로서 빛을 발할 때, 그것은 삼매로 불린다.[2]_1

제4경: 셋은 통틀어 총제[로 불린다.]

바로 그 총지와 정려와 삼매라는 셋은 통틀어 총제(總制)가 된다._1

대상이 동일한 세 가지 성취 수단을 총제라고 말한다. 이 셋에 대한 전문 용어가 총제이다._2

제5경: 그것(총제)을 통달함으로써 지혜의 빛이 있다.

그 총제의 통달을 통해 삼매의 지혜는 빛을 발한다. 총제는 그 입장이 확고하면 할수록 삼매의 지혜도 그만큼 더욱 명석하게 된다._1

---

2 이 설명의 요점을 말하자면, 명상하는 자의 관념은 사라지고 그 대상만이 남아 빛나는 상태가 삼매라는 것이다.

제6경: 그것은 단계적으로 적용된다.

거기서 곧장 후속하는 단계라면 어느 것이나 그 총제의 달성 단계 이후에 적용된다. 왜냐하면 달성되지 않은 낮은 단계가 곧장 후속하는 단계를 뛰어넘어, 말단의 단계들에서 총제를 얻을 수는 없기 때문이다. 그리고 그것(총제)이 없는 데서 어떻게 그것은 지혜의 빛을 발하겠는가?_1

또한 신의 은총을 통해[3] 높은 단계가 달성된 자는 타인의 마음을 아는 따위의 낮은 단계들에 총제를 적용하지 않는다. 그 목적은 이미 다른 것[4]으로부터 달성되었기 때문이다._2

저 단계 다음에는 이 단계가 곧장 후속한다고 말하는 요가만이 여기서는 스승(지침)이다. 왜 그러한가? 다음과 같은 말씀이 있기 때문이다._3

"요가는 요가에 의해 알 수 있으며, 요가는 요가를 통해 진전한다. 그리고 요가로 주의를 쏟는 자는 요가에서 오랫동안 기쁨을 누린다."_4

제7경: 셋은 앞의 것들과 비교하여 내적인 수단이다.

바로 그 총지, 정려, 삼매라는 셋은 금계(禁戒)를 비롯한 앞의 다섯 성취 수단들과 비교하여 유상 삼매의 내적 수단이다._1

제8경: 그것(총제)은 또한 무종(無種) [요가]의 외적인 수단이다.

내적인 수단으로서 세 가지 성취 수단인 그것도 무종(종자가 없

3 Prasāda가 채택한 판본에 의하면 "신에 대한 헌신을 통해"

4 TV에 의하면 '다른 것'이란 '신에 대한 헌신'(īśvara-praṇidhāna)이다.

는) 요가의 외적인 수단이다. 왜 그러한가? 그것이 없을 때 [무종 요가가] 있기 때문이다._1

그런데 [판차쉬카는 말하기를] 마음이 억제되는 순간들에도 질들(3질)의 작용은 불안정하다고 한다. 그때 마음의 변화는 어떠한가?_2

제9경: 각성(覺醒)의 잠세력이 퇴각하고 억제의 잠세력이 출현하게 되며, 억제되는 순간마다 마음이 연속되는 것이 억제 전변이다.

각성[5]의 잠세력들은 마음의 속성이고, 그것들은 관념(상념)에 속한 것이 아니므로, 관념을 억제한다고 해서 제거되는 것은 아니다. 억제의 잠세력도 마음의 속성이다._1

그 둘의 퇴각과 출현이 있다는 것은, 각성의 잠세력이 감소되고 억제의 잠세력이 충당된다는 것이다. 그것(이러한 사태)은 억제하는 순간의 마음을 따라간다. 이와 같은 식으로 순간마다 하나의 마음의 잠세력이 다르게 되는 바로 이것이 억제 전변이다._2

이때 잠세력이 잔존하는 마음에 대해서는 억제 삼매에서[6] 언급한 바 있다._3

5 TV에 의하면 이 경우의 각성은 유상 삼매를 의미한다. 잠세력과 결부되는 각성의 의미, 억제의 의의는 제1장의 각주 104 참조.

6 제1장 제18경에 대한 『요가주』의 해설을 가리킨다. 특히 제1장의 각주 35 참조.

제10경: 잠세력을 통해 그것(마음)의 고요한 흐름이 있다.

[억제의 잠세력을 통해, 즉] 억제의 잠세력을 수련하는 강도에 따라, 마음의 고요한 흐름이 있다. 그 [억제의] 잠세력이 약화될 때에는 각성하는 속성의 잠세력이 억제하는 속성의 잠세력을 압도한다._1

제11경: 모든 것을 대상화하는 마음이 소멸하고, 하나로 집중하는 마음이 발생하는 것이 삼매 전변이다.

모든 것을 대상화하는 것은 마음의 속성이고, 하나로 집중하는 것도 마음의 속성이다. 모든 것을 대상화함의 '소멸'은 사라진다는 뜻이고, 하나로 집중함의 '발생'은 나타난다는 의미이다. 마음은 그 둘의 속성을 지닌 상태를 수반한다._1

바로 이 마음이 자기의 본성을 이루는 두 가지 속성인 [산만의] 소멸과 [집중의] 발생을 수반하면서 명상에 전념하는 그것이 마음의 삼매 전변이다._2

제12경: 그로부터 다시, 진정되는 관념(상념)과 상기하는 관념이 동일하게 되는 것이 마음의 집일(集一) 전변이다.

명상에 안립한 자에게는 선행하는 관념이 진정되고 이와 유사한 것이 후속하여 상기한다. 또한 두 가지를 수반하는 삼매의 마음은 삼매가 흐트러질 때까지 오직 그대로 있다._1

참으로 바로 이것이 실체인 마음의 집일 전변이다._2

제13경: 이로써 원소들과 감관들에 대한 '속성(法)'과 '시간적 형태'(相)와 '상태(位)'의 전변이 설명되었다.[7]

이로써, 즉 먼저 언급된 '마음의 전변'으로서 속성과 시간적 형태와 상태의 양상에 의해, 원소들과 감관들에서 [발생하는] ①속성의 전변과 ②시간적 형태의 전변과 ③상태의 전변이 설해졌다고 알아야 한다._1

그중에서 ①속성의 전변이란 각성(활동)의 속성과 억제의 속성이 실체(마음)에서 퇴각하거나 출현하게 되는 것이다._2

그리고 ②시간적 형태의 전변이란 [다음과 같은 것이다. 먼저] 억제는 세 가지 시간과 결부된 세 가지 형태이다. 그것(억제)은 실로 그 형태가 미래인 제1의 시간을 버리고 나서도 [그 시기의] 고유한 본성을 위반하지 않고 현재라는 형태를 얻는 것이다. 이 경우, 그것(억제)은 자신의 본성에 의해 현현한다. 바로 이것(현현)이 제2의 시간(현재)이며, 과거와 미래라는 두 형태와는 단절되지 않는다._3

마찬가지로 각성도 세 가지 시간과 결부된 세 가지 형태이다. [즉 그것은] 현재라는 형태를 버리고 나서도 고유한 본성을 위반하지 않고 과거라는 형태를 얻는 것이다. 이것이 그것(각성)의 제3의 시간(과거)이며, 미래와 현재라는 두 형태와는 단절되지 않는다._4

....

7 『구사론』과 『대비바사론』 등의 한역(漢譯) 불전에서는 속성, 시간적 형태, 상태에 해당하는 원어를 각각 법(法), 상(相), 위(位)로 번역했다. 그리고 불전에서 이에 관한 논의는 이하에서 전개되는 『요가주』의 논의와 개념상으로 밀접한 연관이 있다. 여기서 쟁점이 되는 것은 속성(dhama, 法)이다. 불교측에서 유부(有部)의 4논사는 세계가 변화하는 현상을 속성으로 간주하고 이 속성을 저마다 존재 양태(類), 시간적 형태(相), 작용 상태(位) 등으로 설명한다. 이에 관한 부연 설명 및 4논사의 주장은 「주제별 역주」 3-1 참조.

다시 이와 같이 [지금] 나타나고 있는 각성(활동)은 미래라는 형태를 버리고 나서도 고유한 본성을 위반하지 않고 현재라는 형태를 얻는다. 이 경우, [각성하는] 본성의 현현이 있을 때, 그것(각성)은 작용한다. 이것이 그것(각성)의 제2의 시간이며, 과거와 미래라는 두 형태와는 단절되지 않는다._5

이와 같이 억제와 각성은 반복된다._6

③상태의 전변도 그와 같다. 거기서는 억제의 순간마다 억제의 잠세력은 강화되고, 각성의 잠세력은 약화된다고 하는 이것이 속성들의 상태의 전변이다._7

거기서 실체(마음)는 속성들에 의해 전변하고, 속성들은 3세(世)의 시간적 형태에 의해 전변하며, [3세의] 시간적 형태들도 상태들에 의해 전변하는 것이다. 이와 같이 질(質, guṇa)의 작용(활동)은 ①속성과 ②시간적 형태와 ③상태의 전변이 없이는 한순간도 지속되지 않는다. 그래서[8] "질들(3질)의 작용은 불안정하지만, [3]질은 존재하는 자체로 발생의 원인이 된다."[9]라고 질들에 대해 설해졌다._8

이상으로 속성과 실체의 차이 때문에 원소와 감관 따위에서 3종의 전변이 있다고 알아야 하지만, 실제로는 오직 하나의 전변이 있다. 왜냐하면 속성은 실체 자신의 성질일 뿐이고, 단지 실체의 변형일 뿐인 이것이 속성을 통해 확장되기 때문이다._9

....

8 TV는 '그래서'(ca)가 원인을 의미한다고 해설한다. 이에 따르면 이하 구문은 "왜냐하면 '질들(3질)의 작용은 불안정하지만, 질은 존재하는 자체로 발생의 원인이 된다.'라고 질들에 대해 설해졌기 때문이다."라고 번역된다.

9 TV에 의하면 이 인용문은 판차쉬카의 단편이다. 이 구문에서 '질들(3질)의 작용은 불안정하다'는 앞 구절은 이미 두 차례(2.15_12 ; 3.8_2) 언급되었다.

그 경우, 과거와 미래와 현재라는 시간들 중에서 오직 현재라는 속성의 실체에는 외양의 차이는 있지만 본질의 차이는 없기 때문이다. 마치 파괴되고 나서 다르게 만들어지고 있는 금 그릇에게는 외양의 차이는 있지만 금의 차이는 없는 것과 같다.[10]_10

어떤 이들은 말한다. "실체는 속성에 지나지 않다. [실체는] 이전의 본질을 능가하지 않기 때문이다. 전과 후가 다른 상태에 빠진 것이 만일 [전과] 동종에 속한 것이라면, 그것은 단지 불변의 것으로서 전변한 것일 것이다."[11]_11

[이에 답하자면, 우리의 입장에서] 이것은 오류가 아니다. 왜냐하면 [우리가] 절대적 단일성을 인정한 것은 아니기 때문이다. 바로 이 3계(界)는 현현하고 나서 물러간다. 왜냐하면 [우리는 그것의] 상주성을 부정하기 때문이다. [그러나] 물러난 것도 존재한다. [우리는 그것의]

....

10 이 설명은 유부의 4논사 중 Dharmatrāta(法救)의 주장과 유사하다. 그는 과거, 현재, 미래의 구분을 '존재 양태(bhāva)의 차이'로 설명하는데, 이것은 '속성(dharma)의 전변'과 다르지 않은 것으로 간주된다. 즉 이 경우의 속성과 존재 양태는 동일한 것을 지칭한다. cf. Chakravarti(1975) p. 97. ↪「주제별 역주」 3-1.

11 여기서 인용한 반론의 요지는 "실체가 곧 속성이다."라는 것이다. TV에 의하면 '어떤 이들'이란 실체와 속성을 구분하지 않는 불교측의 논사들을 가리킨다. 즉 이 대목에 대한 TV의 상세한 해설은 다음과 같은 서술로 시작된다.
"'어떤 이들은 말한다.'란 [실체와 속성의] 절대적 단일성을 주장하는 자를 거론하고자 불교도를 지목한 것이다. [그들은 말하기를] '그와 같이 출현해 있는 금목걸이 따위는 속성일 뿐이며, 실질적인 의미에서는 실체이다. 더욱이 금으로 불리는 하나의 실체로서 어떠한 것도 많은 것(속성)들과 [다르면서도] 들어맞지는 않는다.'라고 한다." (vakṣyamāṇābhisaṃdhir ekāntavādinaṃ bauddham utthāpayati/ apara āheti/ rucakādyas tathotpannāḥ paramārtha-santo na punaḥ suvarṇaṃ nāma kiṃcid ekam anekeṣv anugataṃ dravyam iti/)

절멸을 부정하기 때문이다. [원질과] 융합하기 때문에[12] 그것은 미세하고, 미세하기 때문에 지각되지 않는다._12

시간적 형태의 전변이라는 속성은 시간들 중에서 현재로서 [존재한다. 현재로서 존재하는] 과거는 과거라는 형태와 결합되면서 미래와 현재라는 두 형태와는 단절되지 않는다. 마찬가지로 [현재로서 존재하는] 미래는 미래라는 형태와 결합되면서 현재와 과거라는 형태와는 단절되지 않는다. 마찬가지로 현재는 현재라는 형태와 결합되면서 과거와 미래라는 두 형태와는 단절되지 않는다.[13] 예를 들면,[14] 한 여자에게 애정을 품은 사람이 다른 여자들에게 관심이 없는 것은 아닌 것과 같다._13

여기서(이에 대해) "시간적 형태의 전변에서는 모든 것(속성)이 모든 형태와 [동시에] 결합하므로 시간의 혼란이 나타난다."[15]라고 다

....

12 여기서 융합이란 환원의 동의어로 사용되었으며, 결과인 물질 세계가 원인으로 회귀하는 것을 의미한다. TV는 이 대목을 "융합하기 때문에, 즉 자신의 원인으로 병합되기 때문에"(saṃsargāt svakāraṇa-layāt)라고 해설하고, 제4장 제34경에서는 '환원'에 대해 "자신의 원인인 원질로 환원한다, 즉 병합된다."(pratiprasavaḥ svakāraṇe pradhāne layaḥ)라고 해설한다.

13 TV는 이처럼 설명하고 있는 '시간적 형태의 전변'을 "[과거, 현재, 미래 중] 각각의 시간적 형태가 저마다 다른 둘과 연접한다는 의미이다."(ekaikaṃ lakṣaṇaṃ lakṣaṇāntarābhyāṃ samanugatam ity arthaḥ)라고 간결하게 정의한다.

14 이 비유는 유부의 4논사 중 Ghoṣaka(妙音)의 주장에서도 발견된다. ↪ 「주제별 역주」 3-1.

15 TV는 이 반론의 의미를 다음과 같이 해설한다.
"①속성이 현존하는 바로 그때가 과거이기도 하고 미래이기도 하다면, 3세(과거, 현재, 미래)는 뒤죽박죽이 될 것이다. ②그리고 시간(3세)들이 순차적으로 존재한다면, 없는 것이 발생한다는 과실이 될 것이다." (yadā dharmo vartamānas tadaiva yady atīto 'nāgataś ca tadā trayo 'py adhvānaḥ saṃkīryeran/ anukrameṇa cādhvanāṃ

른 사람들이 결점을 제기한다면, 이에 대해 [우리는 다음과 같이] 논박한다. "속성들이 특정한 속성을 갖는다는 것은 성립될 수 없다. 그런데 [속성들의] 특정한 속성이 존재한다면, [그 속성의] 시간적 형태의 차이도 설명되어야 할 것이지만, 이 경우의 특정한 속성은 현재라는 시간에만 존재하는 것이 아니다.[16] 만일 그러하다면(특정한 속성이 현재에만 존재한다면) 분노가 있을 때 탐욕은 발동하지 않기 때문에, [분노가 발생한 현재] 실로 마음은 탐욕을 속성으로 갖지 않아야 할 것이다.[17]"_14

....

bhāve 'sad utpāda-prasaṅga iti)

이 반론의 취지를 도식화하면 ①은 "속성=현재=과거=미래", ②는 "속성=미래(현재, 과거) → 속성=현재(미래, 과거) → 속성=과거(미래, 현재)"가 된다. ①을 전제로 할 경우, ②에서 괄호 안의 2세는 각기 순차적으로 존재하는 미래, 현재, 과거에 동반하므로 없는 것이 발생하는 셈이 된다.

16 이 논박의 취지를 한눈에 파악하기는 곤란하다. TV도 다음과 같은 해설로 그친다. "속성들이 현재에 존재한다는 것은 경험으로 입증되기 때문에, 이로부터 전후(前後) 시간과의 연관이 인식된다. 참으로 존재하지 않는 것은 발생하지 않으며, 존재하는 것은 절멸하지 않는다." (vartamānataiva hi dharmāṇām anubhava-siddhā tataḥ prāk-paścāt-kāla-saṃbandham avagamayati/ na khalv asad utpadyate na ca sad vinaśyati/)

그러나 선행하는 논의(시간적 형태의 전변)가 미래, 현재, 과거라는 3세를 속성으로 규정하여 진행된 점을 고려하면, "속성들이 특정한 속성을 갖는다는 것은 성립될 수 없다."에서 '속성들'은 3세를 지목하고, '특정한 속성'은 3세 중의 하나를 지목한 것으로 이해할 수 있다. 이에 따르면 이 논박의 취지는 "미래, 현재, 과거는 불가분리의 관계에 있는 속성이므로 이것들 중의 어느 하나만을 속성으로 특정할 수 없다."라는 것이다.

17 이 반어법의 논박은, 현재 분노가 발생하더라도 마음은 탐욕이라는 속성을 갖고 있다는 것을 기정 사실로 간주하고 있다. TV는 '분노가 있을 때 탐욕은 발동하지 않는' 이유를 다음과 같이 설명한다.

"왜냐하면 분노가 뒤따를 때의 마음은 [이미] 탐욕의 속성을 가진 것으로 경험되어 있기 때문이다. 그리고 만약 분노가 있을 때 미래에 있을 만큼의 탐욕이 없었다 더욱이 하나의 [마음이] 드러나는 데서 동시에 세 가지 시간이 존재할 수는 없다. 그러나 순차적으로 자신을 표시하는 상징의 양태가 있을 수 있다. 그래서 다음과 같은 말씀이 있다. "양태와 작용에서 우세한 것들끼리는 [서로] 상충한다. 그러나 일반적인(약한) 것들은 우세한 것들과 함께 발동한다." 따라서 혼란은 없다._15

예를 들면 오로지 탐욕이 어떻게 발동한다고 말할 경우에, 그때 [그것(분노)이] 다른 방식으로 존재하지 않는 것은 아닌 것과 같다(즉 다른 방식으로 잠복되어 있는 것과 같다). 더욱이 [분노가] 저 혼자서 [발동하지 않는] 평범한 것으로서 수반되어 있다고 한다면, 이때 거기에 그것의 존재 방식이 있는 것이다. 시간적 형태의 [존재 방식도] 그와 같다._16

실체는 3세로서 존재하지 않지만 속성들은 3세로서 존재한다. 그것(속성)들은 지각되기도 하고 지각되지 않기도 한다. 그중에서 지각되는 것들은 이러저러한 상태에 도달하면서 다른 것으로서 다시 나타나기도 하는데, [이는] 실체(본질)가 다르기 때문이 아니라 상태가 다르기 때문이다. 예를 들면[18] 하나의 선(線)이 100의 지점에서는 100이

....

면 [나중에] 이것(탐욕)이 어떻게 발생할 수 있겠는가? 또한 발생하지 않았던 것을 어떻게 경험할 수 있겠는가?" (krodhottara-kālaṃ hi cittaṃ rāga-dharmakam anubhūyate/ yadā ca rāgaḥ krodha-samaye 'nāgatatvena nāsīt katham asāv utpadyeta/ anutpannaś ca katham anubhūyeteti/)

이와 직결된 설명은 이미 제1장 제4경에서 다음과 같이 개진되었다. "탐욕이 있을 때는 분노가 지각되지 않기 때문이다. 실로 탐욕이 있을 때, 분노는 발동하지 않는다. 그런데 어디선가 지각되고 있는 탐욕이 다른 대상에 대해서는 존재(발동)하지 않는 것은 아니다."(1.4_7)

18 이 비유는 유부의 4논사 중 Vasumitra(世友)가 사용한 것과 동일한 취지이다. ↪「주

되고, 10의 지점에서는 10이 되고, 1의 지점에서는 1이 되는 것과 같다. [또] 예를 들면 여자가 한 사람임에도 어머니, 딸, 누이로 불리는 것과 같다고 한다.[19]_17

상태의 전변에서는 불변하는 것으로 연결되는 오류가 있다고 혹자는 말한다. 어떻게 그럴 수 있는가? 시간은 작용에 의해 구분되기 때문이다. 속성이 자신의 작용을 발휘하지 않을 때는 미래이고, 발휘하고 있을 때는 현재이며, 발휘하고 나서 [작용이] 정지될 때는 과거라고 한다. 이와 같이 속성과, 실체의 시간적 형태와, 상태들은 불변성에 도달한다고 다른 사람들에 의해 오류가 지적된다._18

그러나 이것은 오류가 아니다. 왜냐하면 실체가 상주하더라도 질들(3질)이 다양하게 충돌하기 때문이다. 예를 들면 기원(원질)을 가진 [5조대요소의] 집합체[20]는 불멸하는 소리 따위(즉 5미세요소)의 질들의 속성일 뿐이며 [원질 속으로] 소멸한다. 이와 마찬가지로 기원을 가진 표징[21]은 불멸하는 순질 따위의 질들의 속성일 뿐이며 [원질 속으로]

....

제별 역주」 3-1.

19 이 비유는 유부의 4논사 중 Buddhadeva(覺天)가 사용한 것과 동일하다. 다만『요가주』의 이 대목에서는 그의 견해가 世友의 견해와 구분되지 않고 통합되어 있다. ↪ 「주제별 역주」 3-1.

20 '집합체'란 형체를 의미하지만, 특히 TV는 이 말을 5조대요소(地, 水, 火, 風, 空)의 집합체에 적용한다. cf. Woods(1973) p. 224, n. 1.

21 표징이란 일반적으로 원질로부터 전개된 것들 중에서 5조대요소를 제외한 나머지 원리들을 가리키지만(제1장의 각주 92 참조), 여기서는 근본 실체인 원질은 제외하고 3질로 이루어지는 원리 전체를 포괄적으로 지칭한 것으로 이해된다. 다만 Rukmani(1987:24)가 이것을 아예 'mahat'로 이해한 것은 그 원리들 중 mahat가 가장 일차적인 결과임을 고려한 것이다. 다음 각주 참조.

소멸한다.[22] 변형이라는 말은 이 경우에 적용된다._19

그 점에 대해 이러한 실례가 있다. 진흙이라는 실체가 덩어리라는 형상의 속성과는 다른 속성을 얻어, 속성을 통해 변형된 것이 항아리라는 형상이다. 항아리라는 형상이 미래라는 시간적 형태를 버리고서 현재라는 형태에 도달한다. 따라서 [흙이라는 실체는] 시간적 형태를 통해 변형된다. 항아리는 순간마다 새로운 것과 낡은 것을 경험하는 상태의 전변을 겪는 것이다._20

실체의 경우에도 다른 속성을 [거치는] 상태[의 전변]이 있고, 속성의 경우에도 다른 시간적 형태를 [거치는] 상태[의 전변]이 있는 것이다. 사물(대상)의 전변은 [방식상] 오직 하나이지만 여러 가지로 설명된다. 일반적 사물들의 경우에도 이와 같이 적용되어야 하는 것이다._21

속성과 시간적 형태와 상태의 그러한 전변들은 실체의 본성을 능가하지 않는다(즉 본성을 그대로 유지한다). 따라서 오직 한 가지 [방식]의 전변이 그 모든 대상을 향해 항진한다._22

그렇다면 [이제] 전변이란 무엇인가? 존속하는 실체의 이전의 속성이 사라질 때(정지할 때) 다른 속성이 일어나는(발동하는) 것이 전변

....

22 이 설명은 전변설의 인과 관계에서 결과는 원인의 속성이 된다는 논리를 적용한 것이다. 즉 전변(변형)의 순서에서 최종 단계인 5조대요소는 그 원인인 5미세요소의 속성으로 간주된다. 그 원인을 더 거슬러 올라가면 이것들은 통각(buddhi, 즉 mahat)의 속성이 된다. 이 점을 일반화하면, 모든 원리들은 3질의 소산이므로, 통각 이하의 모든 원리들은 3질의 속성이 된다. 그리고 이 모든 원리들은 근본 원인이자 실체인 원질의 속성이며, 종국에는 그 원질 속으로 소멸한다. 결국 이것들은 동일한 하나의 실체의 양상이며, 3질의 양태에 따라 다양한 원리로 차별된다. 이 같은 차별상을 설명하는 것이 "실체가 상주하더라도 질들이 다양하게 충돌하기 때문"이라는 진술이다.

이다. 여기서_23

제14경: 실체는 정지됨(과거)과 일어남(현재)과 한정되지 않음(미래)이라는 속성을 수반하는 것으로서 [존재한다.]

속성은 실체의 힘, 즉 [실체와의] 적합성에 의해 한정된 힘일 뿐이다.[23] 그리고 그것(속성)은 결과를 낳는 차이로부터 추리되어 나타나고 있는 존재이며, 하나(실체)에 속하면서 서로 [다른] 것으로서 지각된다._1

그(3세) 중에서 현재는 자신의 작용을 경험(지각)하고 있는 속성이며, 다른 속성들인 정지된 것(과거)들과 한정되지 않은 것(미래)들과는 구별된다. 그러나 [속성이] 보편을 수반해 있을 때는 실체의 본성일 뿐이므로 그것(속성)을 무엇으로 구분할 수 있는가?_2

거기서 실체의 세 가지 속성이란 실로 정지된 [과거], 일어나는 [현재], 한정되지 않는 [미래]이다. 그중에서 작용하고 나서 경험을 멈춘 것으로서 정지된, [또] 경험을 갖추고서 일어난 그것들은 [후자의 경우

23 원문에서 '실체'는 단수 소유격일 수도 있고 복수 주격일 수도 있다. TV의 해석에 따라 실체를 복수 소유격으로 파악하면, "능력에 의해 한정된 것들이 실체들이며, 속성은 그 힘(능력)일 뿐이다."라고 번역된다. 문법을 어떻게 적용하든 이 설명의 취지는, 실체의 힘이 발현된 것이 결과이며 힘의 발현이 곧 전변이라는 것이다. 예를 들면 근본 실체인 원질에는 결과를 낳는, 즉 전변하는 능력이 갖추어져 있다. 이 같은 능력을 소유한 것이 실체이다. 그리고 그 능력(힘) 자체는 속성이다. 이 점을 TV는 "그것(실체)들의 능력만이 속성이라는 의미이다."(teṣāṃ yogyataiva dharma ity arthaḥ)라고 설명한다. TV는 흙과 항아리의 관계를 예로 든다. 흙은 실체이고 항아리는 흙의 능력이 발현된 결과이다. 여기서 항아리를 조성할 수 있는 흙의 능력이 속성이다. 그렇다면 이 능력을 흙과 항아리의 필수 관계라는 적합성으로 이해할 수 있다. 이 때문에 동일한 원어(yogyatā)가 능력 또는 적합성으로 번역된다.

에는] 미래라는 시간적 형태의 연속이며, [전자의 경우에는] 현재의 연속인 과거이다._3

왜 현재는 과거에 연속하여 존재하지 않는가? 전(前)과 후(後)의 성질이 없기 때문이다. 미래와 현재에는 전후 관계가 있지만 과거는 그와 같지 않다. 따라서 과거에 연속하는 것은 없다. 오직 그 미래만이 현재와의 연속 관계로서 존재한다._4

그렇다면 한정되지 않는 것들이란 무엇인가? 모든 것을 내포하는 모든 것이다. 이에 관해서는 이런 말씀이 있다. "물과 대지의 변화에서 유래하는 맛(味) 따위의 다양성은 식물들에서 발견된다. 이와 마찬가지로 식물들의 [그 다양성이] 동물들에서, 동물들의 [그 다양성이] 식물들에서 [발견된다.]" 이와 같이 일반 속성이 파괴되지 않으므로, 모든 것은 모든 것을 내포한다고 말하는 것이다._5

그런데 장소, 시간, 형태, 원인과 결부되기 때문에 [그 모든] 성질들이 동시에 현현할 수는 없다.[24] 드러나거나 드러나지 않는 이 속성들에 순응하는 것으로서 보편성(과거와 미래)과 특수성(현재)을 본질로 갖는 그것이 [속성들과] 같은 부류에 속하는 실체이다._6

....

24 TV는 이것을 비유로써 설명하는데, Chakravarti(1975:207-8)에 의하면 그 내용은 다음과 같다.
"사프란(saffron)이 카슈미르가 아닌 곳에서는 다른 조건들이 동일하더라도 번성하지 않는 것과 같다. 이는 공간(장소)상의 한정 때문이다. 건기(乾期)에 이식된 벼는 쌀을 생산하지 못한다. 벼는 건기가 아니라 우기(雨期)에 번성하기 때문이며, 이는 시간상의 한정이다. 암사슴이 사람을 낳지는 않는다. 인간의 형태가 암사슴에서 발육하지는 않기 때문이다. 이는 형태상의 한정이다. 악인이 행복을 체험할 수는 없다. 선(善)의 형태로 실현하는 원인이 그에게는 없기 때문이다."

그러나 오직 속성일 뿐인 이것(이 세계)은 [실체와의] 연관성이 없다[고 주장하]는 자에게는 향수(享受)가 존재하지 않는다. 왜 그러한가? 어떤 의식(識)[25]에 의해 지어진 업의 [경우, 이 업을 지은 의식과는] 다른 것이 어떻게 향수자가 될 수 있겠는가? 또한 어떤 것(의식)이 본 것을 다른 것(의식)이 상기할 수는 없으므로 그 [어떤 것이 본 것에 대한] 기억이 없을 것이다.[26]_7

그런데 [어떤] 사물에 대한 재인식을 통해, 속성의 차이를 허용하는 상주하는 실체가 [기억된 속성과] 같은 부류에 속하는 것으로 재인식된다. 따라서 이것(이 세계)은 속성일 뿐이지만 [실체와의] 연관성이 없는 것은 아니다._8

제15경: 전변이 다르게 된 데에는 순차적 단계의 차이라는 원인이 있다.

하나의 실체에는 오직 하나의 전변이 있다[27]라는 말을 적용하는 데서 "전변이 다르게 된 데에는 순차적 단계의 차이라는 원인이 있다."

....

25 의식의 원어는 불교에서 식(識)으로 통용되는 vijñāna이며, 여기서 이 용어는 유식(唯識) 학파의 견해를 대변한다. TV는 여기서 이 학파를 절멸론자(vaināśika)로 표현했고, Woods는 Yogācāra로 명기했다. 그러나 TV에서는 절멸론자와 유식론자를 구분하는 경우도 있다. 제4장의 각주 78 참조.

26 TV는 비유를 들어 다음과 같이 해설한다.
"왜냐하면 데바닷타(어떤 사람)가 본 것을 야갸닷타(다른 사람)가 재인식하지는 못하기 때문이다. 따라서 경험한 자만이 재인식한다." (na hi devadattena dṛṣṭaṃ yajñadattaḥ pratyabhijānāti/ tasmād yaś cānubhavitā sa eva pratyabhijñāteti/)

27 "하나의 실체는 오직 한 가지로 전변한다."라는 의미이다. 이는 앞의 제13경에서 도달한 결론에 해당한다(3.13_9).

라고 말하는 것이다. 그것은 [예를 들어] 가루 [상태의] 흙, 덩어리 [상태의] 흙, 항아리 [상태의] 흙, 파편 [상태의] 흙, 입자 [상태의] 흙이라는 순차적 단계와 같다._1

[어떤] 속성의 직후에 이어지는 [다른] 속성은 그 [어떤 속성]의 순차적 단계이다. 덩어리가 박탈되고 항아리가 생성된다는 것이 속성 전변의 순차적 단계이다._2

시간적 형태가 전변하는 순차적 단계란, [덩어리에는] 항아리로 될 미래가 존재하기 때문에 현재가 [덩어리로서] 존재하는 단계이다. 이와 마찬가지로 덩어리의 현재가 존재하기 때문에 [그 덩어리에는 흙이었던] 과거가 존재하는 단계이다._3

과거의 [경우에는 순차적] 단계가 없다. 왜 그러한가? [과거에] 전후 관계가 있다면 즉각 후속하는 일이 있을 수 있다. 그러나 과거의 경우에는 그것(전후 관계)이 없다. 왜냐하면 두 가지 시간적 형태의 경우(현재, 미래)에만 순차적 단계가 있기 때문이다._4

상태가 전변하는 순차적 단계도 그와 같다. 즉 아주 새로운 항아리도 종국에는 낡음을 드러내며, 그것(낡음)은 순간의 연속을 따르는 순차적 단계에 의해 현시되면서 [목격하는 현재의 찰나에] 가장 뚜렷한 모습으로 바뀌는 것이다. 그리고 속성과 시간적 형태와는 다른 이것(상태의 전변)이 제3의 전변이다._5

바로 이 단계들은 속성과 실체의 구별이 있을 때, [각기] 지각되는 그 [실체] 자신의 모습들이다. 속성도 다른 속성의 본질에 관해서는 실체일 수 있다.[28]_6

....

28 이 설명의 취지를 다음과 같은 예로 이해할 수 있다. 항아리는 흙을 빚어 형성된

그러나 진실한 의미에서는 이(위의 설명)에 따라 실체와 다르지 않다고 비유적으로 표현된 그것만이 속성으로 불리므로, 이 [변화의 순차적] 단계는 오직 하나[의 전변으]로서 드러나게 된다.[29]_7

마음의 속성들은 지각되는 것과 지각되지 않는 것들이라는 두 가지이다. 그중에서 지각되는 것들은 관념을 형성하는 것들이고, 지각되지 않는 것들은 [실체인 마음의] 본질적 속성을 형성하는 것들이다._8

그리고 그것(지각되지 않는 것)들은 오직 일곱 가지인데, 추리에 의해 오직 본질적 속성으로서 존재하는 것으로 지각하게 되는 양상이다. [즉 그 일곱 가지란] "억제, 선[과 악], 잠세력, 전변, 그리고 생기(生氣), 활동(노력), 능력이라는 마음의 속성들로서 지각이 배제된 것들이

....

것이므로 항아리의 본질(즉 실체)은 흙이고 흙의 속성은 항아리이다. 이 항아리가 파괴되어 파편을 남길 경우, 항아리는 그 파편의 본질(실체)이고 항아리의 속성은 파편이다. 여기서 항아리라는 속성은 파편이라는 다른 속성의 실체가 된다.

29 TV의 해설에 의하면, 이 구문은 "하나의 실체에는 오직 하나의 전변이 있다."라는 서두의 전제에 대한 결론적인 설명이다. TV는 다음과 같이 이 구문의 낱말을 차례로 풀이하면서 그 전제의 의미를 명쾌하게 제시한다.

"'이에 따라', 즉 [실체가 속성이 될 수 있는] 공통의 기능에 따라 진실한 의미의 '실체', 즉 표징이 없는 것(원질)과 다르지 않다고 '비유적으로 표현된', 즉 적용된 실체만을 속성이라고 말하는 만큼, 이때 [드러나게 된다고 하는] '오직 하나'란 전변, 즉 오직 실체의 전변을 의미한다. 속성, 시간적 형태, 상태[라는 세 전변]들은 실체 그 자체 속에 결정되어 있기 때문이다." (yadā paramārtha-dharmiṇy aliṅge 'bhedopacāra-prayogas tad-dvāreṇa sāmānādhikaraṇya-dvāreṇa dharmy eva dharma iti yāvat/ tadaika eva pariṇāmo dharmi-pariṇāma evety arthaḥ/ dharma-lakṣaṇāvasthānāṃ dharmi-svarūpābhiniveśāt/)

이상으로 『요가주』는 속성, 시간적 형태, 상태라는 세 가지로 장황하게 전개했던 전변설의 요체를 하나의 전변, 즉 '실체의 전변'으로 귀결한다. 따라서 그 셋은 실체의 변형(즉 원질의 전변)에 대한 이해를 세 방면에서 다각적으로 예시한 것일 뿐이다. 이는 하나의 사실을 세 방면에서 면밀하게 파악하는 것과 같다.

다."라고 한다._9

이제 알고자 하는 목적을 달성하기 위해, 모든 수단을 사용하는 요기의 총제(總制)의 영역이 설명된다._10

제16경: 3종의 전변에 대한 총제를 통해 과거와 미래를 안다.

속성, 시간적 형태, 상태의 전변에 대한 총제를 통해 요기들에게는 과거와 미래에 대한 앎이 있다._1

총지(總持), 정려(靜慮), 삼매라는 셋으로 이루어진 것을 통틀어 총제로 일컫는다. 이것(총제)으로 세 가지 전변을 직관하고 있을 때, 그것(전변)들에 [포함되어] 있는 과거와 미래에 대한 앎이 발생한다._2

제17경: 말(소리), 대상(의미), 관념(인식)들이 서로 의탁[30]하기 때문에 혼동이 있는데, 그것들의 차이에 대한 총제를 통해 모든 생물이 내는 소리를 안다.

거기서 말(음성)은 음절(자모)들에서만 대상에 부합하며(의미를 지니며), 귀는 [그 음절의] 소리가 [어떤 단어로] 변화된 것만을 대상으로

....

30 의탁(adhyāsa)은 어떤 것에 다른 것을 씌움으로써 그 어떤 것을 인식하게 되는 사태를 가리키는 인도 철학의 전문어이다. 예를 들어 '소'라는 소리를 듣고서 두 뿔을 가진 짐승의 형상을 떠올릴 경우, 이 형상은 '소'라는 소리에 의탁한 것이다. 또한 언어적 약속으로 '소'라는 말에 그 짐승의 형상을 부가하는 것이 의탁이다. Āraṇya는 이것을 중첩 또는 연결로, Woods와 Rukmani는 '그릇된 동일시'로 풀이한다. 여기서 '그릇된 동일시'라고 풀이한 것은 '소'라는 소리 자체가 실재하는 짐승일 수 없음에도 양자를 동일한 것으로 인식하는 것이 의탁이기 때문이다. 판본에 따라 이 말은 무구분(avibhāga), 즉 '동일시'라는 더 쉬운 말로 표현된다.

로 하며, [의미를 지닌] 단어는 다시 [그 말의] 소리에 따라서 [의미를] 집약하는 통각에 의해 파악될 수 있다.[31]_1

음절들은 동시에 존재할 수 있는 것이 아니기 때문에, 서로 조력하는 본질이 없는 것들이다. 그것들은 단어를 형성하지 않고 야기하지도 않고서 나타났다가 사라지므로, 하나씩으로는 단어로서의 본성이 없는 것들이라고 한다._2

그럼에도 불구하고 각각의 음절은 단어의 본질로서, 함께 발동하는 다른 음절과 연합하기 때문에, 마치 다양성을 획득한 것처럼 모든 것을 표현하는 능력을 갖추고 있는 것이며, 뒤의 것은 앞의 것을, 앞의 것은 뒤의 것을 병합시켜 특정한 것(단어)이 된다. 이와 같이 순서에 따른 많은 음절들은 의미의 약정에 의해 [어떤 대상을 지시하도록] 특정되어 있다. 이렇게 모든 것을 표현하는 능력이 존속하는 것들로서 일정한 수량[의 소리들], 즉 ga라는 소리와 au라는 소리와 ḥ는 [차례로 병합하여] 군턱 따위를 갖고 있는 대상(소)을 의미한다.[32]_3

....

31 여기서는 언어 철학적 사변이 전개된다. 이하의 설명에 의하면, 발성되는 어떤 소리가 특정 의미를 갖게 되기까지 그 소리는 다음과 같이 단계마다 다른 명칭으로 구분된다.

입 → vāc(목청에서 발성된 소리) → varṇa(음절, 즉 자모로 형성된 소리) → dhvani(귀에 음절로서 청취된 소리) → pada(단어로 인식되는 소리) → nāda(의미를 지닌 말을 형성한 소리) → 의미(통각에 의해 파악되는 소리, 즉 말의 의미).

32 이 문장은 '의미의 약정'을 설명한다. 이 설명에서는 gauḥ라는 어휘를 예로 든다. gauḥ는 go(소)의 단수 주격 또는 호격으로 소(牛)를 의미하는 어휘가 된다. 그런데 gauḥ는 ga, au, ḥ라는 음소가 열거된 순서대로 결합된 말이다. 이 같은 사전 지식을 적용하면 이 문장의 취지를 다음과 같이 이해하기 쉽게 드러낼 수 있다. "자모로 발성되는 소리들은 이렇게 모든 것을 표현하는 능력을 담지하고 있는데, 그중에

이 경우, 의미의 약정에 의해 특정(구별)되고 순서에 따라 병합된 이 소리들(ga, au, ḥ)에 대해, 통각이 하나로 현시하는 그 단어(gauḥ)가 표현되어야 할 것(지시 대상, 즉 소)에게 약정되어 있는 말이다._4

그리고 [의미가 약정된] 하나의 단어는 단일한 통각 [활동]의 대상이고, 단일한 주의가 투입된 것이며, 부분도 갖지 않고(음절로 분할되지도 않고), 순서도 갖지 않고(즉각적이고), 음절도 갖지 않으며, 통각에 속한 것으로서 끝에 있는 소리[가 이끄는] 관념의 작용으로 초래된 것이다. [33][또한 그것은] 다른 사람에게 전달하려는 의욕에 의해 발설되면서 청취자들이 듣고 있는 바로 그 음절들에 의해, 말의 관행에 의한 시작도 없는 훈습으로 가득 찬 세상 사람들의 통각에 의해, 합의로서 확립된 그대로 이해된다._5

약정된 것을 지각함으로써 그것(하나의 단어)은 구분되고, [많은 말이 있는] 그만큼 많은 것들 중에서 그렇게 [구분된] 종류로서 추출된 것이 하나의 대상에 [적용되는] 말인 것이다. 그리고 약정이란 단어와 [그] 단어의 의미(대상)가 서로 의탁하는 양식이며, 기억의 성질을 갖는 것이다. 이러한 말은 이러한 의미이고, [이러한] 의미는 [이러한] 말

....

서 일정한 수량의 소리들, 예를 들면 ga, au, ḥ라는 소리로 결합된 gauḥ는 '소'를 의미한다." 여기서 gauḥ에 소라는 의미를 부여한 것이 의미의 약정이다.

33 원문의 형식대로 직역한 이하의 구문을 명료하게 이해하기 위해 그 형식을 해체하면 다음과 같이 환치할 수 있다.
"[어떤 사람이 그것(하나의 단어)을] 다른 사람에게 전달하고자 할 때, 청취자들이 듣고 있는 바로 그 음절들로 [그것을] 발설한다. [한편] 세상 사람들의 통각은 말의 관행에 의한 시작도 없는 훈습으로 가득 차 있다. [따라서 그 하나의 단어는] 그 음절들과 그 통각에 의해 합의로서 확립된 그대로 이해된다."

이라고[34] 말하는 것과 같이, 서로 의탁(동일시)하는 양식이 약정이다. 이와 같이 서로 의탁하기 때문에 그러한 말(소리)과 대상과 관념들, 즉 gauḥ라는 말(소리)과 gauḥ라는 대상과 gauḥ라는 인식은 혼동된다.[35]_6

이것들의 차이를 아는 자는 모든 것을 안다._7

그런데 모든 단어들에는 문장(진술)의 능력이 있다. [혹자가] '나무'라고 말할 때, '그것(나무)이 있다'라고 이해된다. 단어의 대상은 존재성을 벗어나지 않는다.[36]_8

마찬가지로 [달성] 수단이 없이는 [동사로 표현되는] 행동도 있을 수 없다. 또한 마찬가지로 [혹자가] '요리한다'라고 말할 때, [동사에 대한 명사의] 모든 관계(格)들이 적용된다. ["차이트라는 불로 쌀을 요리한다."라는 문장을 예로 들면] 의미를 결정(한정)하기 위해 차이트라(Caitra)는 [독립된] 작자(주격)로서, 불은 [가장 효과적인] 수단(구격)으로서, 쌀은 [가장 요망되는] 대상(목적격)으로서 부연된다.[37]_9

....

34 YsV의 판본에 의하면 "이러한 의미는 이러한 말이며, 관념은 곧 의미와 말이라고"가 된다.

35 말과 대상과 관념 사이에서 발생할 수 있는 인식의 혼동을 다음과 같이 이해할 수 있다. 어떤 사람이 '소'라고 말할 때 청취자는 이 말에 약정된 대상들을 자신이 아는 형상으로 떠올린다. 즉 한국 소, 인도 소, 미국 소, 물소, 들소, 젖소, 황소 따위이다. 그리고 청취자는 그것들 중의 하나를 선택하여 '소'라는 관념을 형성한다. 즉 어떤 사람이 말한 '소'를 인식한다. 그러나 그 사람이 말한 '소'가 청취자가 인식한 '소'와 반드시 동일할 수는 없다. 이 때문에 인식의 혼동이 발생한다.

36 단어가 의도하는 대상은 존재의 범위를 벗어날 수 없다는 의미이다.

37 이 설명에서는 범어 문법학의 전문어를 구사하고 있으므로, 이에 대한 지식을 적용하지 않고서 그 취지를 파악하기란 거의 불가능하다. 설명에서 언급되는 '관계'의 원어는 kāraka이다. 이 말의 일반 의미는 행동을 일으키는 수단이 될 능력을 지닌 것, 즉 간단히 말해서 조작 수단이다(제4장 제20경의 주석에서는 이런 의미로

그리고 문장의 의미를 [파악하기] 위해 단어의 구성(배열)이 고려된다. [예를 들어] "찬가를 암송한다."[라고 구성된 문장은] '베다에 정통한 자'[를 의미하고]), "숨을 지탱한다."[라고 구성된 문장은] '살아 있다'[를 의미한다.]_10

그 경우, 문장에는 단어의 의미가 드러나 있다. 따라서 단어는 행동을 표현하는 것(동사)[38]인지 혹은 [명사의 동사에 대한] 관계를 표현하는 것(격)[39]인지를 구분하고 나서 해석되어야 한다. 그렇지 않으면 bhavati, aśvah, ajāpayas 따위와 같은 경우, [형태상] 명사와 동사가 같기 때문에 식별되지 않는 것을 어떻게 행동에 관한 것인지 혹은 [명사의 동사에 대한] 관계에 관한 것인지 해석할 수 있겠는가?[40]_11

....

사용된다). 그러나 여기서 이 말은 범어학의 전문어로서 명사와 동사 또는 다른 말들과의 관계, 즉 격(格)을 의미하며, 주로 동사에 대해 명사가 갖는 관계를 일컫는다. 바로 이 관계(kāraka)는 6종으로 분류된다.

①kartṛ(주격), ②karaṇa(구격), ③karman(대격, 목적격), ④apādāna(탈격), ⑤sampradāna(여격), ⑥adhikaraṇa(처격).

설명에서 예로 든 "차이트라는 불로 쌀을 요리한다."라는 문장에는 6종 중 ①②③이 적용되어 있다. 고전 범어를 정립한 파니니(Pāṇini)는 이 3종을 다음과 같이 정의했다.

①"독립적인 것이 주격(kartṛ)이다." (svatantraḥ kartā/ Pāṇ 1.4.54)

②"가장 효과적인 수단이 구격(karaṇa)이다." (sādhakatamaṃ karaṇam/ Pāṇ 1.4.42)

③"작자가 직접 달성하기를 바라는 대상이 목적격(karman)이다." (kartur īpsitatamaṃ karma/ Pāṇ 1.4.49)

38 바로 앞의 예문에서 "숨을 지탱한다."는 '살아 있다'라는 동사를 표현한다.

39 앞의 설명에 나온 예문에서 "찬가를 암송한다."는 '베다에 정통한 자는'이라는 주격으로 연결되는 관계를 형성한다.

40 예시한 bhavati, aśvaḥ, ajāpayas는 각각 문장에 따라 명사가 될 수도 있고 동사가 될 수도 있다.

그러한 말(소리)과 대상(의미)과 관념(인식)들 사이에는 차별이 있다. 예를 들어 "궁전은 하얗게 빛난다."라는 것은 행동(동사)에 의미를 둔 말이고, '하얗게 빛나는 궁전'이라는 것은 [명사의 동사에 대한] 관계(명사)에 의미를 둔 말이다. 행동과 [이 행동과의] 관계를 본질로 갖는 것이 그것(말)의 대상이며, 관념이다. 왜 그러한가? "그것은 이러하다."라는 연결을 통해 [의미의] 약정에서는 오직 하나의 형상이 관념이 되기 때문이다.[41]_12

그리고 [외계의 사물 자체로서] '빛나는 대상'은 말과 관념의 기반이 된다. 왜냐하면 그것은 그 자신의 상태들에 의해 변형되고 있는 것으로서, 말을 동반하는 것도 아니고 통각을 동반하는 것도 아니기 때문이다.[42] 이와 같이 말과 관념도 서로 동반하는 것이 아니다. 그러므로 말이 따로 있고 대상이 따로 있고 관념이 따로 있다는 구분이 있다._13

이와 같이 요기는 그 구분에 대한 총제를 통해 모든 생물의 소리에

---

①bhavati: 동사로는 √bhū(있다)의 3인칭 단수이다. 명사로는 bhavat(당신)의 여성 단수 호격 또는 남성 단수의 처격이 된다.

②aśvaḥ: 명사로는 남성 단수 주격으로 '말(馬)은'이 된다. 동사로는 √śvi(부풀다)의 2인칭 단수 a 아오리스트(aorist)로서 '너는 부풀었다'가 된다.

③ajāpayas: 명사로는 중성 단수 주격으로 '염소의 젖(ajā-payas)은'이 된다. 동사로는 √ji(승리하다)의 사역형 2인칭 단수 과거로 '너는 승리하게 했다'가 된다.

41 예를 들면 '궁전'과 '하얗게 빛나는 것'을 연결함으로써 "궁전은 하얗게 빛나는 것이다."라는 의미의 약정이 성립된다. 이로부터 하얗게 빛나는 형상은 '궁전'이라는 말이 가리키는 대상이 되고, 그 말의 관념이 된다.

42 이 설명은 외계의 대상, 이 대상을 표현하는 말, 대상과 말의 연결을 파악하는 통각의 관계는 고정되어 있지 않다는 것이다. 대상이 변형되면 나머지 둘도 바뀔 수 있다. 예를 들어 하얀 궁전이 퇴색하여 잿빛을 띠는 경우가 흔하게 되면, 궁전에 대한 관념은 '하얗게 빛나는 것'에서 '잿빛으로 어두운 것'으로 바뀔 수 있다.

대한 앎을 성취한다._14

제18경: 잠세력을 직관함으로써 이전의 생존 양태(전생)를 안다.

실로 이 잠세력들은 두 가지이다. [즉 하나는] 그 특성이 훈습인 것들로서 기억과 번뇌의 원인이 되는 것이고, [다른 하나는] 그 특성이 선과 악인 것들로서 과보의 원인이 되는 것이다. 그것들은 전생에 형성된 것들로서 전변, 활동, 억제, 능력, 생기(生氣), 선[과 악]처럼 보이지 않는 마음의 속성들[43]이다._1

그것들에 대한 총제는 잠세력을 직관할 수 있다. 그리고 장소와 시간과 원인[44]에 대한 경험이 없이는 그것들에 대한 직관도 없다. 그러므로 요기에게는 [경문에서 설한] 그와 같이 [그런 경험을 간직한] 잠세력을 직관함으로써 이전의 생존 양태(전생)에 대한 앎이 발생한다._2

다른 경우(사람들)에도[45] 바로 이와 같이 잠세력을 직관함으로써

....

43 앞의 제15송에서는(3.15_9) 여기서 열거한 것들이 잠세력을 포함한 일곱 가지로 열거되었다.

44 YV의 해설에 의하면 장소는 도시 등의 출생지, 시간은 우주 순환의 어느 시기(yuga), 원인은 부모 등을 가리킨다.

45 주석자들 사이에서 '다른 경우(paratra)'에 대한 해석이 다르다. TV는 "'다른 경우에도 이와 같이'란 자신의 잠세력에 대한 총제를 다른 사람들에게 확장하여 적용한다는 것이다."(sva-saṃskāra-saṃyamaṃ parakīyeṣv atidiśati paratrāpy evam iti)라고 해설한다. 이 경우, '다른 경우'란 '다른 사람들'을 의미한다. 이에 대해 YV는 다음과 같이 해설한다. "다른 경우에도라는 말에는 '내생에 발생할 수 있는 잠세력에 대한 직관을 통해'라는 말을 보충해야 한다." (paratrāpīti bhāvi-janma-saṃskārāṇam anāgatāvasthānāṃ sākṣātkārād iti śeṣaḥ/)
이 같은 YV의 해설을 반영하면『요가주』의 설명을 다음과 같이 재구성할 수 있다.

다른 이들의 [이전의] 생존 양태를 안다._3

이에 대해서는 이러한 전설이 있다. 열 가지 대창조의 세계에서 잠세력을 직관함으로써 출생과 전변(삶의 변화)의 순서를 성찰하고 있는 존자 자이기샤비야(Jaigīṣavya)에게 식별로부터 발생한 지혜(식별지)가 현출했다._4

이때 화신(化身)한 존자 아바티야(Āvaṭya)는 그에게 말했다. "열 가지 대창조의 세계에서 훌륭한 성품 때문에 통각의 순질이 압도되지 않은 채, 지옥과 축생들 속에서 발생하는 고통을 통찰하면서 신과 인간의 세계 속에 거듭 태어나고 있는 그대는 즐거움과 고통 중에서 어느 것이 더 우세하다고 이해했는가?"_5

존자 아바티야에게 자이기샤비야는 말했다. "열 가지 대창조의 세계에서 훌륭한 성품 때문에 통각의 순질이 압도되지 않은 채, 지옥과 축생의 삶인 고통을 통찰하면서 신과 인간의 세계 속에 거듭 태어나고 있는 나로서는 경험된 것이면 무엇이나 모두 고통일 뿐이라고 파악한다."_6

....

"다른 경우에도 내생에 발생할 수 있는 잠세력에 대한 직관을 통해, 바로 이와 같이 잠세력을 직관함으로써 [나의] 내생을 안다."

이러한 두 가지 해석에 대해 Rukmani는 다음과 같은 설명으로 TV의 해석을 지지한다.

"paratrāpi(다른 경우에도)를 Bhikṣu(YV)는 다르게 해석했다. Vācaspati(TV)에 의하면 이 말은 '타자(他者)에 관한'을 의미한다. 즉 다른 사람들의 잠세력을 직관할 때, 그들의 전생을 안다. 그러나 Bhikṣu는 이것을 자기 자신의 내생을 안다는 뜻으로 이해한다. 그는 pūrva와 para를 대비하여 각각 전생과 내생으로 파악한 듯하다. 그러나 이것은 요가의 철학적 입장에 부합하지 않는다. 요기가 일단 이 단계에 도달하면 그는 어떠한 내생도 갖지 않을 것이다. … 따라서 Vācaspati(TV)의 해석을 수용하는 것이 요가의 이론에 부합한다." Rukmani(1987) p. 97, n. 1.

존자 아바티야가 말했다. "장수자(長壽者)[인 그대]는 바로 그렇게 원질을 지배하는 최상의 것이자 만족의 즐거움인 이것까지도 고통의 일단(一團)으로 간주하는가?"_7

존자 자이기샤비야가 말했다. "오직 [감각적] 대상에 의한 즐거움을 고려하면 그것은 최상의 것인 만족의 즐거움으로 불리지만, 독존의 즐거움을 고려하면 고통일 뿐이다. 통각의 순질에 속하는 이 특색(만족의 즐거움)은 3질로 이루어진 것이며, 3질로 이루어진 관념은 파기되어야 할 부류로 간주된다. 갈망의 끈(기질)은 고통의 본성에 속한다. 그러나 고통을 달구는 갈망으로부터 벗어남으로써 앞서 말한 그 즐거움은 평온하고, 걸림이 없으며, 모든 것과 조화하는 것이 된다."_8

제19경: 관념에 대한 [총제를 통해] 타인의 마음을 안다.

관념[46]에 대한 총제를 통해 관념에 대해 직관하기 때문에, 그로부터 타인의 마음을 안다.[47]_1

....

46 TV는 이 관념을 '타인의 관념'(para-pratyayasya)으로 해석하지만, YV는 '탐욕 따위를 가진 자기 마음의 작용'(rāgādi-matyāḥ svakīya-citta-vṛtteḥ)으로 해석한다. YV는 '타인의 마음을 깨닫게 되는 과정'을 생각의 기반인 자기 마음을 알게 됨으로써 이로부터 타인의 마음도 알게 된다는 것으로 이해한 듯하다. 한편 Hariharānanda Āraṇya는 자기 마음이 텅 비면 그 자리에 타인의 마음이 품고 있는 관념이 들어선다고 이해한다. cf. Rukmani(1987) p. 100, n. 3.

47 YsV의 판본을 따르면 "관념에 대한 총제를 통해 관념에 대한 직관이 [발생하고,] 이로부터 타인의 마음을 안다."라고 번역된다.

제20경: 그러나 그것(타인의 마음을 아는 것)은 [그 타인의] 인식 대상[48]을 포함하지 않는다. [이것은] 그(요기)의 대상이 되지 않기 때문이다.

그는 집착되어 있는 관념을 알지만, 어떠한 대상에 집착되어 있는지는 알지 못한다. 요기의 마음은 타인에게 관념의 기반(인식 대상)이 되는 그것을 대상으로 삼지 않고, 타인의 관념만이 요기에게 마음의 대상이 된다._1

48 여기서 인식 대상(ālambana)이란 어떤 인식의 기반이 되는 대상을 의미한다. 다른 용례는 제1장의 각주 70 참조.

제21경: 신체의 형상에 총제함으로써 그것(신체의 형상)의 피지각 능력이 정지되어[49] 눈의 빛과 결합하지 않을 때,[50] [그 신체는] 보이지 않게 된다.

그(요기)는 신체의 형상에 대해 총제함으로써 [그] 형상의 피지각 능력을 저지한다. 피지각 능력이 멈추어 눈의 빛과 결합하지 않을 때,

49 피지각(被知覺) 능력이란 지각될 수 있는 능력, 즉 알려질 수 있는 능력이다. 이 개념은 '지각하는 능력'과 '지각되는 능력'을 구분하는 데서 성립한다. TV의 설명에 의하면, 신체를 형성하는 본질은 5미세요소 중의 색(色)이다. 이 색 때문에 신체의 형상은 눈으로 지각된다. 이 경우, 색은 지각될 수 있는 능력을 갖고 있으며, 이 능력은 신체의 형상에 대한 직접지각의 원천이 된다. 그런데 요기가 이 형상에 총제함으로써 색이 가진 그 피지각 능력은 정지된다. YV에 의하면 피지각 능력이란 '타인의 눈과 결합하는 능력'(para-cakṣuḥ-saṃyoga-yogyatā)을 의미한다. 다음 각주 참조.

50 '눈의 빛'(cakṣuḥ-prakāśa)이라는 말의 형태는 단순하지만, 함축된 의미는 다양하게 해석될 수 있다. 예를 들어 Rukmani(1987:102)는 이 말을 번역할 때마다 '[타인의] 눈의 빛', '[타인의] 눈으로 전달하는 빛', '[타인의] 눈으로부터 나오는 빛' 등으로 다르게 이해했다. 그러나 후대 주석자들의 해설을 고려하지 않고 이 경문만으로 보면, 이 대목은 "[타인의] 눈과 [형상의] 빛이 결합하지 않을 때"를 의미한 것으로 이해된다. Woods도 이 같은 취지로 이해한 듯하다. 그런데 YsV와 YV의 해설에 의하면 이것은 요컨대 '타인의 시력'을 의미한다. 즉 YsV는 "이 때문에 타인들의 '눈의 빛'은 요기의 신체의 형상과 결합하지 않는다."(tataḥ pareṣāṃ cakṣuḥ-prakāśo yogi-kāya-rūpeṇa na samprayujyate)라고 해설한다. 이보다 상세한 YV의 해설은 다음과 같다.

"그(요기)는 그 자신의 형상이 가진 피지각 능력, 즉 타인의 눈과 결합하는 능력을 저지한다. 이 때문에 타인의 눈의 빛, 즉 그 광선들과 결합하지 않을 때, 요기의 은몰이 발생한다." (svakīya-rūpasya dṛśyatā-śaktiṃ para-cakṣuḥ-saṃyoga-yogyatāṃ pratibadhnāti/ tataś ca para-cakṣuḥ-prakāśais tat-kiraṇair asaṃyoge 'ntardhānam utpadyate yoginaḥ/)

한편 TV는 '눈의 빛'에 대해 특기하지 않는다.

요기의 은몰(隱沒)이 발생한다(요기의 몸은 보이지 않게 된다)._1

이것으로 음성 따위의 은몰도 설명된 것으로 알아야 한다._2

제22경: 결실이 빠른 업과 느린 업이 있는데, 이것에 총제함으로써 혹은 [죽음의] 징조를 통해 죽음을 안다.

수명을 과보로 갖는 업은 결실이 빠른 것과 느린 것이라는 두 가지이다. 예를 들어 젖은 천이 펼쳐져 있으면 빠른 시간에 건조될 것인데, 그중에서 결실이 빠른 것이란 이와 같은 것이다. 그리고 바로 그것이 쌓여 있으면 천천히 건조될 것인데, 결실이 느린 것이란 이와 같은 것이다._1

또한 마른 덤불에 떨어진 불은 바람에 의해 사방으로 번져 나가 더욱 빠른 시간에 타오를 것인데, 결실이 빠른 것이란 이와 같은 것이다. 혹은 바로 그 불을 차츰차츰 국지적으로 풀더미에 던지면 그것은 천천히 타오를 것인데, 결실이 느린 것이란 이와 같은 것이다._2

하나의 생존에서 유래하여 수명을 형성하는 그 업은 결실이 빠른 것과 느린 것이라는 두 가지이다. 그것에 총제함으로써 삶의 과정인 죽음에 대해 안다. 혹은 [죽음의] 징조를 통해서[도 죽음에 대해 안다.]_3

[죽음의] 징조로는 내적인 것(자기 자신에서 유래하는 것), 외적인 것(다른 중생에서 유래하는 것), 신적인 것(초자연적 작용에서 유래하는 것)이라는 세 가지가 있다. 그중에서 내적인 것이란 귀가 닫혀서 자기 몸에 있는 소리를 듣지 못하는 것이며, 혹은 눈이 차단되어 빛을 보지 못하는 것이다.[51]_4

....

51 죽음의 내적인 징조에 대한 설명을 Woods는 "그중에서 내적인 것이란 청각이 중

마찬가지로 외적인 것이란 야마(Yama)의 사자(使者)들을 보거나 작고한 조상들을 불시에 보는 것이다. [마찬가지로] 신적인 것이란 불시에 천계나 [초인간적] 성취자들을 보는 것이며, 혹은 [이제까지 본 것과는] 상반하는 모든 것을 [보는 것이다.]_5

그(요기)는 이것(이상의 징조들)으로도 죽음이 다가옴을 안다._6

제23경: 자애 따위에 [총제함으로써] 힘들을 [얻는다.]

[자애 따위란] 자애(慈), 연민(悲), 기쁨(喜)이라는 세 가지 명상[의 대상]이다.[52]_1

그중에서 [첫째는] 즐거워하는 중생들에 대한 자애를 명상하여 자애의 힘을 얻는 것이다. [둘째는] 괴로워하는 자들에 대한 연민을 명상하여 연민의 힘을 얻는 것이다. [셋째는] 선량한 품성을 가진 자들에 대한 기쁨을 명상하여 기쁨의 힘을 얻는 것이다._2

[이러한] 명상을 통한 삼매가 곧 총제이며, 이로부터 불굴의 용기인 힘들이 발생한다. 그러나 악한 근성을 가진 자들에 대한 무관심(捨)

....

지되어 자신의 몸 안에서 [생령의] 소리를 듣지 못하는 것이며, 혹은 눈이 닫혀서 [내적인] 빛을 보지 못하는 것이다."라고 번역했다. TV는 이에 대해 더 이상 언급하지 않지만, YV는 다음과 같은 구체적인 설명을 부연한다.

"귀가 닫혀서 자신의 몸 안에서 불타는 소리와 같은 특별한 소리를 듣지 못하는 것이 한 가지 내적인 징조이며, 다른 한 가지는 손가락으로 눈을 덮고 눈알을 굴릴 때 불티와 비슷한 빛을 보지 못하는 것이다." (pihita-karṇaḥ sva-dehāntar-ghoṣaṃ vahni-jvalana-śabdavac-chabda-viśeṣaṃ na śṛṇoti ity ekam ariṣṭam ādhyātmikam, avaṣṭabdhe 'ṅgulyādinā bhrāmite cakṣuṣi vahnikaṇa-tulyaṃ jyotir na paśyati ity aparam/)

52 제1장 제33경에서 『요가주』는 자애, 연민, 기쁨, 무관심이라는 넷을 설명했으나, 여기서 '무관심'은 명상의 대상이 되지 않는다.

은 명상이 아니다. 그러므로 그것(무관심)에는 삼매가 없다고 말하는 것이다. 따라서 [삼매가 없는] 거기에는 총제가 없기 때문에 무관심을 통해서는 힘이 발생하지 않는다._3

제24경: 힘들에 [총제함으로써] 코끼리 따위들의 힘이 [발생한다.]

[이 경문은] 코끼리의 힘에 총제함으로써 코끼리의 힘이 발생하고, 금시조(金翅鳥, Garuḍa)의 힘에 총제함으로써 금시조의 힘이 발생하며, 바람의 힘에 총제함으로써 바람의 힘이 발생한다는 따위처럼 말하는 것이다._1

제25경: [마음에서] 활동하는 빛을 투사함으로써 미세한 것이나 가로막힌 것이나 멀리 있는 것을 안다.

마음이 빛을 발하는 활동은 [제1장 제36경에서[53]] 설명되었다. 요기는 그 [활동의] 빛을 미세하거나 가로막혀 있거나 멀리 있는 대상에 투사하여 그 대상을 알아낸다._1

제26경: 태양에 총제함으로써 [온갖] 세계를 안다.

그것(세계)을 모두 열거하면 일곱 세계이다._1

....

53 "심장의 연꽃에 전념함으로써 통각을 의식하게 된다. 왜냐하면 통각의 순질은 [장애 없는] 창공[에 있는 것]처럼 빛을 발하기 때문이다. 거기서 명석함이 확립됨으로써 [직접지각의] 효력은 태양, 달, 별, 보석의 빛과 같은 형상을 띠게 된다." (1.36_2)

그중에서 [첫째는] 무간 [지옥]으로부터 메루 산의 정상까지 [포함하는] 이 같은 지상의 세계이다.[54] [둘째는] 메루 산의 정상으로터 북극성에 이르기까지 행성과 항성과 [이 밖의] 별들로 다채로운 [천계와 대지 사이의] 중간 세계이다._2

그것을 초월하는 천계는 다섯 가지이다. 즉 셋째는 위대한 인드라의 세계이고, 넷째는 프라자파티(Prajāpati)의 거대 세계이다. [그 위의] 세 가지는 브라만(Brahman)의 세계, 즉 중생의 세계, 고행자의 세계, 진실 세계이다.[55]_3

[이상을] 게송으로 요약하여 다음과 같이 설한다. "천계라고 불리는 것으로는 세 단계로 이루어진 브라만의 세계가 있고, 그다음(아래)에 [차례로] 프라자파티의 거대 세계와 위대한 인드라의 세계가 있고, 하늘에는 별들이, 지상에는 생물들이 있다."_4

....

54 이에 의하면 대지의 맨 밑바닥에는 무간(無間) 지옥이 있고, 맨 꼭대기에 수미산이 있다. 이것이 지상 세계의 범위이다. 수미산은 메루 산의 아칭(雅稱)이다. 후속하는 설명에 의하면 무간 지옥 밑으로는 일곱 단계의 지하 세계가 있다.

55 이상의 일곱 세계를 다음과 같은 표로 체계화할 수 있다. 이하 여기서 상설하는 이 세계들은 힌두교의 전통적인 신화적 우주관을 반영한 것이지만, 힌두교의 우주관을 이 설명으로 한정할 수는 없다. 이 같은 우주관은 성전에 따라 상이하고 혼잡한 양상을 드러내기 때문이다. 지하 세계까지 포함한 일곱 세계의 전체 구도는 「주제별 역주」 3-2 참조.

<table>
<tr><td rowspan="5">천상 세계
(天界, Svar)</td><td rowspan="3">브라만의 세계
(梵界, Brāhma)</td><td>(7) 진실 세계(Satya)</td></tr>
<tr><td>(6) 고행자의 세계(Tapas)</td></tr>
<tr><td>(5) 중생의 세계(Jana)</td></tr>
<tr><td colspan="2">(4) 프라자파티의 거대 세계(Prājāpatya Mahar)</td></tr>
<tr><td colspan="2">(3) 위대한 인드라의 세계(Mahendra)</td></tr>
<tr><td colspan="3">(2) 중간 세계(空界, Antarikṣa)</td></tr>
<tr><td colspan="3">(1) 지상 세계(地界, Bhū)</td></tr>
</table>

그중에서 무간 [지옥]으로부터 점차 위쪽에 있는 여섯 대지옥의 단계들은 [각각] 고체(地), 액체(水), 열(火), 바람(風), 허공(空), 암흑이 지탱하고 있는 대흑(大黑), 유과(油鍋), 규환(叫喚), 대규환(大叫喚), 흑승(黑繩), 맹암(盲暗)[의 지옥]들[56]이다. 거기서 자신의 업으로부터 야기된 고통을 감수하는 중생들은 고달프고 긴 수명을 좇아 태어난다.[57]_5

그다음(밑)에는[58] 마하탈라(mahātala), 라사탈라(rasātala), 아탈라(atala), 수탈라(sutala), 비탈라(vitala), 탈라탈라(talātala), 파탈라(pātāla)로 불리는 일곱의 지하 세계가 있다.[59]_6

....

56 여섯 대지옥들 중에서 '유과'를 제외한 나머지는 한역(漢譯) 불전을 통해서도 익숙한 명칭이다. 유과(油鍋)는 튀김 판, 즉 프라이팬에 비유한 지옥의 이름인데, 중국에서 작성된 불전에 이러한 용례가 있다.

57 YV에 의하면 "긴 수명을 좇아(ākṣipya) 태어난다"는 것은 "긴 수명을 받고서(gṛhītvā) 태어난다"는 뜻이다.

58 YV에 의하면 '그다음'이란 무간 지옥의 밑이다. "'그다음에는'이란 '무간 [지옥] 밑으로'라는 의미이다."(tato 'vīcer adha ity arthaḥ)

59 『요가주』의 이 설명은 지하 세계가 마하탈라 → 라사탈라 → 아탈라 → 수탈라 → 비탈라 → 탈라탈라 → 파탈라의 순서로 점차 아래쪽으로 배열된 것처럼 이해되기 쉽다. 그러나 YV는 다음과 같이 이것들을 밑에서 점차 위쪽으로 배열된 순서로 해석한다.

"이와 같이 그는 '이 대지는 여덟째'라는 말로 14세계가 있다고 지적한다. 여기서는 대지가 여덟째라고 말한 것을 통해, 모든 것의 밑에 있는 마하탈라로부터 점차 위쪽으로 [마하탈라를 포함한] 일곱 지하 세계들이 있다고 이해해야 한다." (tad evaṃ caturdaśa lokā bahvantīti sūcayati/ bhūmir iyam aṣṭamīti/ atra bhūmer aṣṭamītva-vacanāt sarvādhaḥ sthitān mahātalād uparyupari-krameṇa sapta-pātālānīty avagantavyam/)

여기서 YV의 설명은 지옥과 지하 세계를 하나의 범주로 간주한 해석이다. 『요가주』에서 여덟째 영역으로 다음에 설명할 대지는 7주(洲)로 이루어져 있으므로, '7 + 7 = 14'가 된다.

이 대지는 일곱 주(洲)를 지닌 여덟째 영역이다.[60] 이것의 중앙에는 산들의 왕으로서 금으로 이루어진 수메루(수미산)가 있다. 거기(수메루)에는 은, 청금석, 수정, 금[과 같은] 보석으로 이루어진 봉우리들이 있다. 거기서 하늘의 남쪽 부분은 청금석의 광채로 가득 차기 때문에 청련(靑蓮)의 꽃잎과 같은 암청색을 띠고, 동쪽은 [은처럼] 하얗고, 서쪽은 [수정처럼] 투명하며, 북쪽은 [황금처럼] 노란색을 띤다._7

그리고 이것(수메루)의 남쪽 비탈에는 잠부나무가 있는데, 이로부터 [우리가 사는] 이 잠부 주[61]가 유래한다. 태양이 [수메루 주위를] 선회하기 때문에 밤낮은 그것(태양)에 고정된 것처럼 회전한다.[62]_8

그것(수메루)의 북쪽에는 [각각] 2천 [요자나의] 너비를 갖고 ⓐ닐

....

60 서두에서 세계를 모두 일곱으로 설명하다가 대지를 여덟째 영역이라고 말한 것은, 대지를 지옥 및 지하 세계와는 구분한 것으로 이해된다. 위의 각주 참조. 이 대지를 포함한 우주의 전체 구도는 「주제별 역주」 3-2 참조.

61 한역(漢譯) 불전의 용어로 잘 알려진 염부제(閻浮提), 섬부제(贍部提) 등은 이 잠부 주(jambū-dvīpa)를 음역한 말이다. 이하에서는 수메루, 즉 수미산을 중심으로 배치된 대지의 세계를 개설한다. 이 설명에 의하면 잠부 주는 수메루를 중심으로 ①~⑨의 경역(境域)을 포함하는 세계이다. 이 세계관은 불교에서 통용된 수미산의 세계와 부분적으로 상통하지만, 구체적인 명칭과 세부 양태에는 차이가 적지 않다. 더욱이 『요가주』의 설명만으로는 이 세계의 구조를 명료하게 이해하기 어렵다. 주석서들 중에서는 YV가 가장 상세하게 이 대목을 해설한다. 이하 번역에서는 이해의 편의를 위해 원 문자를 삽입해두었다. ⓐⓑⓒ 따위는 산(山)을 표시하고, ①②③ 따위는 일정한 거주지를 표시한다.

62 Woods는 이 구문을 "태양이 전진하는 대로 밤낮은 그(태양)에게 고정된 것처럼 [수메루 주위를] 회전한다."라고 번역했다. TV는 이 구문의 의미를 간명하게 설명한다. "그것(수메루) 중에서 태양이 떠나는 부분, 바로 거기에 밤이 있고, 태양이 장식하는(비추는) 부분, 바로 거기에 낮이 있다." (yam evāsya bhāgaṃ sūryas tyajati tatra rātriḥ/ yam eva bhāgam alaṃkaroti tatra dinam iti/)

라(nīla), ⓑ슈웨타(śveta), ⓒ슈링가바트(śṛṅgavat)라는 세 산[63]들이 있다. 그 사이에는 각각 9천 요자나[의 너비]를 갖고 ①라마나카(ramaṇaka), ②히란마야(hiraṇmaya), ③북방의 쿠루(kuru)들로 불리는 세 경역(境域)[64]이 있다.[65]_9

....

63 이것들이 여기서는 고유 명사이지만 ⓐnīla는 청색(靑), ⓑśveta는 백색(白), ⓒśṛṅgavat는 '봉우리를 가진 것'을 의미한다. 이 때문에 대부분의 영역자들은 이 대목을 "청색과 백색의 봉우리를 가진 세 산"으로 번역했고, Āraṇya만이 "닐라 산, 슈웨타 산, 슈링가바트 산"으로 번역했다. 이는 원문의 복합어에 대한 해석의 차이이다. 그런데 다음과 같은 YV의 해설을 적용하면 Āraṇya의 번역이 타당하다.
"[『요가주』에서 설명한] 그와 같이 그것, 즉 메루(=수메루)의 북방에 '닐라'를 비롯한 세 산들은 각각 2천 요자나로 펼쳐져 있다." (tathā tasya meror uttara-diśi nīlādyās trayaḥ parvatāḥ pratyekaṃ dvisahasrayojana-vistārās tiṣṭhanti/)
여기서 요자나(yojana)는 거리의 단위로서 그 길이를 특정하기 곤란하다. 최소는 약 6km, 최대는 약 16km의 거리이다.

64 여기서 경역(varṣa)이란 대양에 분포되어 있는 대륙, 즉 주(洲)에 상당한다. 세 경역 중 ramaṇaka는 희락(喜樂), hiraṇmaya는 황금을 의미한다. '북방의 쿠루(uttara-kuru)'는 한역(漢譯) 불전에서 다양한 번역어로 통용되는데 그중에서 대표적인 것은 북구로(北俱盧)이다. 北俱盧는 의역(uttara=北)과 음역(kuru=俱盧)을 조합한 번역이지만, 울다라구로(鬱多羅拘盧) 따위는 온전한 음역이다. 같은 의미의 번역어 중 북구루월(北鳩婁越)이나 북울단월(北鬱單越)은『요가주』의 이 대목과 동일한 구문 형태의 원어, 즉 'uttarāḥ kuravaḥ'를 번역한 말이다. 쿠루(kuru)는 인도에 정착한 종족 또는 이 종족의 영토를 지칭하는 고유명사이다.

65 이 설명으로는 세 산과 세 경역이 어떻게 배치되는지 정확히 가늠하기 어렵다. 다만 '그 사이'의 시발을 수메루로 간주하면 아래의 A와 같은 배치를 상정한 것으로 이해할 수 있다. 그러나 다음과 같은 YV의 명료한 해설에 의하면『요가주』의 설명은 아래의 B와 같은 배치를 상정한 것으로 파악된다.
"거기서 ⓐ닐라 산은 메루(=수메루)와 연접해 있고, 닐라 산의 북쪽에 ①라마나카가 있다. ⓑ슈웨타의 북쪽에 ②히란마야가 있으며, ⓒ슈링가바트의 북쪽에는 대양에 이르기까지 ③'북방의 쿠루'들이 있다. [저자의 설명은] 이와 같은 의미이다.

남쪽으로는 2천 [요자나의] 너비를 가진 ⓓ니샤다(niṣadha), ⓔ헤마쿠타(hemakūṭa), ⓕ히마샤일라(himaśaila)가 있으며, 그 사이에는 각각 [길이가] 9천 요자나이고 ④하리바르샤(harivarṣa), ⑤킴푸루샤(kiṃpuruṣa), ⑥바라타(bhārata)로 불리는 세 경역이 있다.[66]_10

수메루의 동쪽에는 ⓖ말리야바트(mālyavat) [산]을 경계로 하는 ⑦바드라슈와(bhadrāśva)들이 있고, 서쪽에는 ⓗ간다마다나(gandhamādana) [산]을 경계로 하는 ⑧케투말라(ketumāla)들이 있으며,[67] 중앙에 있는 경

....

[메루의] 남쪽에도 이와 같은 방식의 배열이 있다고 알아야 한다." (tatra ⓐnīlagirir meru-lagnaḥ nīlasyottare ①ramaṇakaṃ ⓑśvetasyottare ②hiraṇmayaṃ ⓒśṛṅgavata uttare samudra-paryantam ③uttarāḥ kurava ity arthaḥ/ dakṣiṇa-diśy api saṃniveśa evaṃ bodhyaḥ/)
↪「주제별 역주」 3-3.

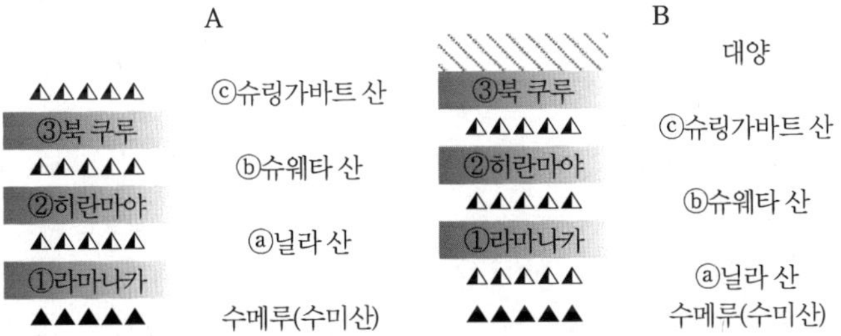

66 이 지명들 중 ⓕhimaśaila는 설산(雪山), 즉 히말라야를 지칭하며, ⑥bhārata는 오늘날의 인도를 지칭한다.

67 영역자들 사이에 이 대목에 대한 판독의 불일치가 있으나, 이 번역이 다음과 같은 YV의 해설과 일치한다.
"ⓖ말리야바트 산은 메루의 동쪽에 이와 연접해 있고, 바로 그것을 경계로 하여 대양에 이르기까지(즉 말리야바트 산과 대양 사이에) ⑦바드라슈와로 불리는 지역들이 있다. 그곳이 바로 바드라슈와로 불리는 경역이다. 이와 마찬가지로 메루의 서쪽에는 이와 연접해 있는 ⓗ간다마다나 [산]을 경계로 하여 대양에까지 이르는 ⑧케투말라로 불리는 지역들이 있다. 그리고 [그중에서] 오직 하나의 경역이 케투말라로 불린다. [저자의 설명은] 이와 같은 의미이다." (meroḥ pūrva-diśi tat-saṃyukto

역은 ⑨일라브리타(ilāvṛta)이다.[68]_11

10만 요자나[의 너비]를 가진 바로 이것은[69] 수메루로부터 각 방향에 이것의 반절(5만 요자나)로 배분되어 있다.[70] 참으로 이와 같이 10만 [요자나의] 너비를 가진 그 잠부 주는 이보다 [양쪽으로] 2배인 팔찌 모양의 소금 바다로 둘러싸여 있다.[71]_12

다시 [너비가] 이것(잠부 주)보다 점차 2배씩인 샤카(śāka), 쿠샤(kuśa), 크라운차(krauñca), 샬말라(śālmala), 고메다(gomedha), 푸슈카라(puṣkara)라는 주(洲)들[72]이 있다. 또한 [각 주들 다음에는] 겨자씨 더미

....

ⓖmālyavāt parvataḥ, tam eva sīmānaṃ kṛtvā samudra-paryantaṃ ⑦bhadrāśva-nāma-deśāḥ, tatra bhadrāśva-nāmakam eva varṣam/ evaṃ meroḥ paścima-diśi tat-saṃyukta-ⓗgandhamādana-sīmānaḥ samudra-paryantāḥ ⑧ketumāla-nāma-deśāḥ, varṣaṃ caikam eva ketumāla-saṃjñam ity arthaḥ/) ↪ 「주제별 역주」 3-3.

68 YV에 의하면 수메루는 우산의 형상이고 그 아래에 있는 것이 ⑨일라브리타이다.

69 YV에 의하면 '바로 이것'이란 '잠부 주로 불리는 지역'을 가리킨다(tad etaj jambūdvīpākhya-sthānam).

70 YV는 여기에 "수메루를 포함하여"라는 말이 생략되어 있다(sumerum ādāyeti śeṣaḥ)고 부연한다. 이에 의하면 중앙의 수메루를 포함한 잠부 주의 지름이 10만 요자나이다. 이에 관해 Rukmani(1987)는 수메루 자체의 너비가 5만 요자나이므로 나머지 5만 요자나는 잠부 주의 다른 지역이라고 주해를 붙였다(p. 116, n. 1). 그러나 이 주해는 여기서 설명하는 세계 전체의 구조와 부합하지 않을 뿐만 아니라, 『요가주』에서는 수메루의 너비를 언급하지 않는다.

71 YV는 *Viṣṇu-purāṇa*를 인용하여 소금 바다(鹽海)가 양쪽으로 잠부 주의 2배이기 때문에, 잠부 주로부터 소금 바다의 너비는 10만 요자나라고 설명한다. 즉 소금 바다의 너비는 양쪽을 포함하여 잠부 주의 2배인 20만 요자나이지만, 한쪽의 너비는 그 반절인 10만 요자나가 된다.

72 잠부 주 이외의 다른 6주를 열거한다. 이것들 중 krauñca와 gomedha를 제외한 나머지는 모두 식물의 이름이다. śāka는 티크나무, kuśa는 길상초(吉祥草)로 불리는 풀,

처럼 보이고,[73] 아름다운 산들로 테두리를 형성하며, [소금물 이외에] 사탕수수즙, 술, 녹은 버터, 커드, 크림, 우유와 같은 감미로운 물(맛)을[74] [각각] 가진 [일곱] 대양이 있다._13

일곱 대양으로 둘러싸여 있고, 팔찌 모양으로 이루어져 있으며, 로카로카(lokāloka) 산으로[75] 에워싸인 [이] 것들은 [그 너비가] 5억 요자

....

śālmala는 목화나무, puṣkara는 청련이다. gomedha는 우제(牛祭), 즉 소를 제물로 바치는 제사를 의미하지만, 이것을 후추나무인 magadha로 기재한 판본도 있다. krauñca만은 마도요나 물수리와 같은 새의 이름이며, 혹은 산의 이름이기도 하다.

73 겨자씨 더미의 비유를 TV와 YV는 다음과 같이 설명한다.

TV: "겨자씨 더미는 쌀더미처럼 수북하지도 않고, 대지처럼 편편하지도 않다. 대양들도 이와 같다는 의미이다." (yathā sarṣapa-rāśir na vrīhi-rāśir ivocchrito nāpi bhūmi-samas tathā samudrā apīty arthaḥ/)

YV: "[대양들은] 가운데 있는 많은 파도 때문에 겨자씨 더미처럼 중앙이 약간 솟아 있다." (sarṣapa-rāśivan madhye kiñcin mātrocchūnāḥ, madhye taraṅga-bāhulyāt/)

74 영역자들 중에서는 Woods만이 여기서 열거한 물(맛)의 종류를 일곱으로 해석한다. 그는 이것을 "①사탕수수즙, ②술, ③버터, ④커드, ⑤크림, ⑥우유 ⑦당밀의 물"로 헤아렸다. 여기서 '당밀의 물'(svādūda: svādu-uda)을 본문의 번역처럼 '감미로운 물'로 해석하면 그 숫자는 여섯이 된다. 특히 잠부 주 다음의 대양을 '소금 바다'로 먼저 언급한 점을 고려하면 여섯 가지로 해석할 수 있다. 만약 Woods의 해석을 따른다면 소금 바다의 물맛은 사탕수수즙이 된다. 『요가주』의 주석자들은 이에 관해 언급하지 않는다.

75 푸라나(Purāṇa)의 우주관에 의하면, 로카로카는 일곱째 대양의 테두리로서 '세계와 비(非)세계'(loka-aloka)의 경계선이며 그 바깥에 있는 비세계는 우주의 알(宇宙卵)의 껍질로 둘러싸인 암흑이다. Rukmani만이 로카로카 산을 단수로 번역했는데, 이는 다음과 같은 YV의 설명과 일치한다.

"이 일곱 주들은 일곱 대양의 바깥에 위치한 로카로카 산으로 둘러싸여 있고, [그 너비는] 5억 요자나로 산정된다는 의미이다. [이것들은] 비세계의 대지와 연접해 있다고도 알아야 한다." (ete sapta-dvīpāḥ sapta-samudrād bahiḥ sthitena lokāloka-parvatena parivṛtāḥ pañcāśad-yojana-koṭi-parimitā ity arthaḥ/ aloka-bhūmi-sahitā ity api

나로 산정된다. 바로 이 모든 것은 [우주의] 알 속에 잘 확립된 거처로 배열되어 있으며, [이 우주의] 알은 원질의 미세한 일부로서 마치 허공 속의 반딧불이와 같다._14

거기서는 지하 세계 또는 대양 또는 이 산들에 아수라(asura), 간다르바(gandharva), 킨나라(kiṃnara), 킴푸루샤(kiṃpuruṣa), 야크샤(yakṣa), 라크샤사(rākṣasa), 부타(bhūta), 프레타(preta), 피샤차(piśāca), 아파스마라카(apasmāraka), 아프사라스(apsaras), 브라마라크샤사(brahmarākṣasa), 쿠슈만다(kūṣmāṇḍa), 비나야카(vināyaka)와 같은 신들의 무리가 살고 있다.[76]_15

(1) [지상 세계의][77] 모든 주(洲)들에는 순수한 정신의 신들과 인간들이 살고 있다. 수메루는 '서른 세 신들'(33천)의 유원지이다. 거기에는 미슈라바나(miśravana), 난다나(nandana), 차이트라라타(caitraratha), 수마나사(sumānasa)라는 유원지가 있다. [거기서] 수다르만(sudharman)은 신들의 집회장이고, 수다르샤나(sudarśana)는 성(城)이며, 바이자얀타(vaijayanta)는 궁전이다._16

[중간 세계:] (2) 그리고 행성과 항성과 [이 밖의] 별들은 바람의 운

....

bodhyam/)

76 여기서 열거한 것들은 귀신이나 악귀의 부류를 포함한 잡신들로서 대부분이 한역(漢譯) 불전에 다양하게 음역되어 있다. 대표적인 예를 하나씩만 들면 asura는 아수라(阿修羅), gandharva는 건달바(乾達婆), kiṃnara는 긴나라(緊那羅), yakṣa는 야차(夜叉), rākṣasa는 나찰(羅刹), bhūta는 부타(浮陀), preta는 필례다(畢隷多), piśāca는 비사차(毘舍遮), apasmāraka는 아파사마라(阿婆娑摩羅), apsaras는 아파사라(阿婆娑羅), vināyaka는 비나야가(毘那夜迦)와 같은 음역으로 통용된다.

77 여기서부터는 이제까지 소개한 일곱 세계의 거주자들을 낮은 세계에서 높은 세계의 순서로 설명한다.

동이 통제하는 대로 운행이 지정되어, 수메루로부터 점차 위쪽에 자리를 잡고 창공에서 북극성에 고정된 채 회전한다._17

[천상 세계:] (3) 위대한 인드라의 세계의 거주자들은 여섯 무리의 신들이다. 즉 서른 세 신들, 화장의 불을 음미하는 신(祖靈神)들, 야마(yama) 휘하의 신들, 도솔천의 신들, 일정한 힘을 갖지 않은 신들, 일정한 힘을 가진 신들이다. [그] 모두는 의지대로 성취하고, 원자처럼 작아지는 따위의 신통력[78]을 갖추고, 1겁(kalpa)의 [긴] 수명을 갖고, 존경을 받고, 사랑을 즐기고, 저절로 생성되는 신체를 가지며, 가장 빼어나고 상냥한 요정들의 시중을 받는다._18

(4) 프라자파티의 거대 세계에는 신들의 무리로서 다섯 부류가 있다. 즉 쿠무다(kumuda)들, 리부(ṛbhu)들, 프라타르다나(pratardana)들, 안자나바(añjanābha)들, 프라치타바(pracitābha)들이다. 이들은 조대요소들을 지배하고, 정려(靜慮)를 음식으로 섭취하며, 1천 겁의 [장구한] 수명을 지닌다._19

(5) 브라만의 첫째 세계인 중생의 세계에는 신들의 무리로서 네 부류가 있다. 즉 브라만의 대리인이 되는 신들, 브라만의 신체가 되는 신들, 브라만의 거대 신체가 되는 신들, 불사(不死)의 신들이다. 이들은 요소들과 감관들을 지배하며, [각각] 점차 두 배씩 상회하는 수명을 지닌다._20

(6) [브라만의] 둘째 세계인 고행자의 세계에는 신들의 무리로서 세 부류가 있다. 즉 빛과 소리의 신[79]들, 위대한 빛과 소리의 신들, 진실하

....

78 이러한 신통력에 관해서는 이 장의 제45경에서 상세히 설명한다.

79 한역 불전에서 이 신은 광음천(光音天)으로 번역되어 있다. 불교에서 광음천은 4선천(禪天)으로 구성되는 색계(色界)의 제2 선천 중 최상의 단계이다.

고 위대한 빛과 소리의 신들이다. 이들은 요소들과 감관들과 원질을 지배하며, [각각] 점차 두 배씩 상회하는 수명을 지닌다. 모두는 정려를 음식으로 섭취하고 순결을 고수하며, [이들의] 상방에는 지식의 장애가 없고 하방의 각지에는 지식을 흐리게 하는 대상이 없다._21

(7) 브라만의 셋째 [세계인] 진실 세계에는 신들의 무리로서 네 부류가 있다. 즉 불멸의 신들, 청정에 안주하는 신들, 진실한 광휘의 신들, 상념의 유무를 초월한 신들이다.[80] 그들은 고정된 거처로 조성된 것이 없이 스스로 안주하면서 [각각] 점차 위쪽에 머물고, [우주의] 근원을 지배하며, 창조[가 존속하는] 만큼의 수명을 가진다._22

그중에서 불멸의 신들은 유심(有尋) 정려를 즐기고, 청정에 안주하는 신들은 유사(有伺) 정려를 즐기고, 진실한 광휘의 신들은 온통 환희인 정려를 즐기며, 상념의 유무를 초월한 신들은 온통 자아의식인 정려를 즐긴다. 그들도 3계(界)[81] 속에서 안주한다.[82]_23

....

80 YsV의 판본에는 네 부류의 신들을 열거한 이 부분이 누락되어 있다. 이 중 마지막 단계인 '상념의 유무를 초월한 신'은 용어 및 개념에서 불교의 비상비비상처(非想非非想處)와 동일하다. 비상비비상처는 불교에서 상정한 3계(界)의 최상위로서 무색계의 4처 중 최상 단계이다.

81 이 3계는 이제까지 설명한 일곱 세계를 지상 세계, 중간 세계, 천상 세계로 재분류한 것이다. 앞의 설명 중 부분적으로는 불교의 3계(욕계, 색계, 무색계)와 상통하는 관념을 엿볼 수는 있으나, 여기서 말하는 3계를 불교의 3계로 간주할 근거는 전혀 없다.

82 후속 설명에 의하면 이 말은 해탈하지 못한 상태로 3계의 영역에서 지낸다는 의미이다. TV에 의하면 이들 모두가 대상에 대한 집중 의식에 의존해 있기 때문이다. 이에 대한 YV의 해석은 특이하다. 그는 이 말을 "브라만의 알의 바깥에서가 아니라 오직 14거처 속에서 머문다는 의미이다."(caturdaśa-bhuvana-madhya eva tiṣṭhanti na brahmāṇḍād vahir ity arthaḥ)라고 해설한다. 여기서 14거처는 일곱 세계가 열 넷

바로 이 일곱 세계는 그 전체가 브라만의 세계이다. 그러나 육신이 없는 자들이나 원질과 융합하는 자들은 [거의] 해탈 상태에 있으므로, [그 일곱] 세계 속에 정착해 있지는 않다.[83]_24

태양의 문[84]에 총제하고 나서, 요기는 이것(모든 세계)[85]을 직관해야 하며, 그다음에는 [태양 이외의] 다른 대상에 대해서도 [총제한다.]

....

으로 분할된 것이라고 한다. 후속 설명에 의하면 그것들(14거처)은 모두 브라만의 세계이다. 왜냐하면 브라만, 즉 Hiraṇyagarbha의 미세한 신체가 거기에 편재해 있기 때문이다. 그리고 아버지와 아들의 관계처럼 부분과 전체의 관계를 통해, 모든 영혼(jīva)과 브라만 사이에는 동일성의 관계가 성립되어 있다.

83 『요가주』는 이에 관해 이미 제1장 제19경에서 설명했다. YV는 이 두 부류가 일곱 세계에 정착하지 않는 이유를 다음과 같이 두 가지로 설명한다.
"그들은 거의 해탈에 도달했기 때문이며, 자신의 의지대로 '브라만의 알'의 안팎으로 활동할 수 있는 자재신의 부류이기 때문이다." (teṣāṃ mukta-prāyatvād īśvara-koṭitvāc ca brahmāṇḍasyāntarbahiḥ svātantryeṇa vyāpāravattayā)

84 TV에 의하면 "태양의 문이란 '수슘나'라는 맥관이다."(sūrya-dvāre suṣumnāyāṃ nāḍyām) 이에 대해 YV는 이 개념이 요가 본래의 것이 아니라 『요가주』에서 본격적으로 도입된 것이라고 해설한다. 즉 YV는 세 가지 전승을 인용하여 이 점을 입증하기에 앞서 다음과 같이 서술한다.
"여기서 짐작되는 것은 '문'이라는 말이 요가의 교전에서 고유한 견해로 강화되었다는 것이다. [전승에 의하면] '태양의 문'이란 브라만의 세계로 [들어가는] 문이 된다는 것이다." (atra yogaśāstrāntara-darśanena dvāra-śabdaḥ pūrita ity unnīyate/ sūrya-dvāre ca brahmaṇo loka-dvāra-bhūtaṃ)

85 YV는 '이것'의 의미를 명시하지 않지만, TV에 의하면 다음과 같이 모든 세계 중에서 진실 세계는 배제된다. "요기는 진실 세계를 제외하고 무간 지옥에 이르기까지 바로 이것을 직관해야 한다." (tad etad āsatyalokam ā cāvīcer yoginā sākṣātkaraṇīyam/) 이렇게 해석할 경우, 진실 세계는 직관의 대상이 아니라는 관념이 여기에 깔려 있다. 그러나 문법적으로는 이 구문을 "요기는 무간 지옥으로부터 진실 세계에 이르기까지 바로 이것을 직관해야 한다."라고 번역할 수도 있다. cf. Prasāda(2000) p. 230.

이와 같이 그(요기)는 이 모든 것을 볼 때까지 그만큼 [총제를] 실천해야 한다._25

제27경: 달에 [총제함으로써] 별들의 배열을 안다.

달에 총제를 실행하여 별들의 배열을 식별할 수 있다._1

제28경: 북극성에 [총제함으로써] 그것(별)들의 운행을 안다.

그다음에[86] 북극성에 총제를 실행하여 별들의 운행을 식별할 수 있다. [그리고] 그는 천상의 수레(황도대의 별)들에 총제를 실행하여 그것들[의 운행]을 식별할 수 있다._1

제29경: 배꼽 바퀴(신경총)에 [총제함으로써] 신체의 배열을 안다.

배꼽 바퀴(신경총)에 총제하여 신체의 배열을 식별할 수 있다. [신체에는] 풍(風), 담즙, 점액이라는 세 가지 병적 요소(기질)가 있다. [신체의] 요소들로는 피부, 피, 살, 근육, 뼈, 골수, 정액이라는 일곱 가지가 있는데, 이 배열은 선행하는 것일수록 바깥에 있다는 것이다._1

제30경: 목구멍에 [총제함으로써] 기아와 갈증이 소멸한다.

혀 밑에 줄이 있고, 그 [줄] 밑에 인후가 있으며, 그 [인후] 밑에 구

....

86 YV는 '그다음에'란 "별들의 배열을 알고 나서"라는 뜻이라고 설명한 후, "별들의 배열에 대한 앎 속에서라는 의미이다."(tārāvyūha-jñānāntaram ity arthaḥ)라고 부연한다.

멍이 있다. 거기에 총제함으로써 기아와 갈증이 괴롭히지 않는다._1

제31경: 거북 [모양]의 맥관에 [총제함으로써, 마음의] 안정을 [얻는다.]

[목]구멍 아래의 가슴에 거북 모양의 맥관이 있다. 거기에 총제를 실행하여 마치 뱀이나 이구아나(악어)와 같은 [마음의] 안정 상태를 얻는다는 것이다.[87]_1

제32경: 이마의 광휘에 [총제함으로써] 성취자를 지각한다.

두개골 내부에는 광휘가 번쩍이는 틈새가 있다. 거기에 총제함으로써 하늘과 대지 사이의 공간에서 배회하는 [신적인] 성취자들에 대한 지각이 [발생한다.]_1

....

87 YV는 이것을 "거북 모양이란 연화심(蓮花心)으로 불리는 신경총이 똬리를 튼 뱀처럼 안주함으로써 거북 모양이 된다는 것이다."(kūrmākāreti/ kuṇḍalita-sarpavad-avasthitayā kūrmākāraṃ hṛdaya-puṇḍarīkākhyaṃ nāḍī-cakram/)라고 해설하면서, '똬리를 튼'이라는 말을 보충해야 한다(kuṇḍalita iti śeṣaḥ)고 부연한다. Rukmani (1987: 127, n. 3-4)는 이에 대해 "거북 모양으로 불리는 이유를 설명하고자 한다. 그러나 똬리를 튼 뱀은 거북 모양보다도 더욱 절대적인 부동(不動) 상태를 의미한다."라고 생각하여, 뱀 또는 악어와 거북 형상의 유사성은 이해하기 어렵다고 지적한다.

제33경: 혹은 직관을 통해서도 모든 것을 [안다.]

직관이란[88] 실로 구제자[89]이다. 그것은 태양이 떠오를 때의 빛처럼 '식별로부터 발생하는 지혜'(식별지)의 전조이다. 직관에 의한 인식이 발생할 때, 요기는 그것으로도 바로 그 모든 것을 안다는 것이다.[90]_1

제34경: 심장에 [총제함으로써] 마음을 이해한다.

여기 이 브라만의 성채에는 작은 연꽃[과 같은] 집이 있고,[91] 거기서 의식이 [거주한다.] 이곳에 총제함으로써 마음을 이해한다._1

....

88 TV와 YV는 직관을 약간 다르게 해설한다. TV는 "지성의 숙고, 이로부터 발생한 것이 직관이다."(pratibhohas tad-bhavaṃ prātibham)라고 설명하지만, YV는 "직관이란 교시에 의거하지 않고 자신의 지성으로부터 발생하는 인식이다."(prātibham svapratibhottham anaupadeśikam jñānam)라고 설명한다. TV의 설명은 다음 단계의 총제, 즉 '마음을 이해함'(제34경)과 '순수정신을 인식함'(제35경)과의 질적 차이를 고려한 것으로 이해된다.

89 TV는 구제자의 의미를 "구제자란 윤회로부터 구제한다는 것이다."(saṃsārāt tārayatīti tārakam)라고 제시한다.

90 YsV의 판본에 따르면 "혹은 그로부터, 즉 직관에 의한 인식이 발생하기 때문에 요기들은 모든 것을 식별한다는 것이다." (tasmād vā sarvam vijānanti yoginaḥ prātibhasya jñānasyotpādād iti//)

91 이러한 관념의 전거를 우파니샤드에서 찾을 수 있다.
"이제 여기 이 브라만의 성채에는 작은 연꽃[과 같은] 집이 있고, 이 내부에 작은 공간이 있는데, 그 내부에 있는 그것을 탐구해야 하고, 참으로 그와 같은 것을 알고자 추구해야 한다." (atha yad idam asmin brahma-pure daharaṃ puṇḍarīkaṃ veśma, daharo 'smin antarākāśaḥ, tasmin yad antaḥ, tad anveṣṭavyam, tad vā va vijijñāsitavyam// *Chāndogya-up*, 8.1.1.)

제35경: 결코 혼합되지 않는(절대적으로 다른) 순질과 순수정신을 동일시하는 관념이 향수(경험)이다. [이 향수는][92] 타자(他者)를 위한 것이기 때문에, 자신을 위한 것에 총제함으로써 순수정신의 [직관적] 인식이 [발생한다.][93]

투명성을 지닌 통각의 순질은 순질에 공통으로 결부되어 있는 동질과 암질을 지배하여 순질과 순수정신을 구별하는 관념으로 변한다. 그런데 변할 수밖에 없는 그 순질과는 전혀 다른 본성을 갖고, 청정한 별개의 것으로서 오직 순수한 의식의 성질을 지닌 것이 순수정신이다._1

결코 혼합되지 않는 그 둘을 동일시하는 관념이 향수이다. 순수정신은 [자신에게] 보이는 것을 대상으로 갖기 때문이다.[94] [그러나] 그 향수의 관념은 순질에 속한 것이며, 타자(순수정신)를 위한 것이기 때문

....

92 이 보충어를 Woods는 순질로, Āraṇya는 향수로 파악했다. 상키야의 이론으로든 문맥으로든 향수가 더 적합하지만, 어느 것으로 파악하더라도 경문의 취지는 동일하다. 아래 『요가주』의 설명처럼, 향수의 관념은 순질에 속하기 때문이다.

93 상키야 철학의 이원론에 입각하여 서술된 이 경문은 난해하다. 이와 관련된 배경지식은 제2장의 제6, 7, 20경에 대한 『요가주』의 설명으로 얻을 수 있다. 통각의 기능 중 순질의 작용이 향수이지만, 이것은 순수정신의 지각 대상이 되기 때문에 순수정신의 관념인 것으로 오해받기 쉽다. 따라서 그 향수에 총제하는 것이 아니라, 순질의 작용으로 왜곡되지 않은 순수한 의식에 총제해야 한다는 것이 이 경문의 취지이다. 결국 이와 같이 총제한다는 것은, 명상자(요기)의 의식이 순수정신의 상태로 전환해간다는 것을 의미한다.

94 이 구문은 본래 순질에 의해 발생한 향수가 순수정신의 소산인 것처럼 보이는 이유를 설명한다. 『요가주』는 이미 제1장 제4경에서 "[마음이] 활동 상태에 있을 때 순수정신은, 마음의 작용들이라면 그 어떠한 것과도 차이가 없는 작용을 갖는다."(1.4_1)라고 설명한 바 있다.

에 [순수정신의] 지각 대상이다.[95]_2

그러나 그것(순질)과는 다르고, 오직 순수한 의식의 성질을 지니고, 별개의 것이며, 순수정신에 속하는 관념인 것, 바로 거기에 총제함으로써 순수정신을 대상으로 하는 예지(반야)가 발생한다._3

그런데 순수정신의 관념이 통각의 순질을 본질로 가질 경우, 그 관념에 의해서는 순수정신이 지각되지 않는다. 순수정신만이 자기 자신에 의거하는 그 관념을 지각한다. 예를 들어 "이보게! 무엇으로 식별자를 식별할 수 있겠는가?"라고 [우파니샤드에서] 설한 바와 같다.[96]_4

....

95 이 대목의 취지를 이해하는 데는 다음과 같은 Āraṇya(1983:310)의 번역도 참고할 만하다. "두 가지 다른 실체(통각의 순질과 순수정신)를 동일시하는 관념이 경험(향수)이며, 그것은 순수정신에 귀속된다. 사실상 보이는 것, 즉 경험된 것이 순수정신에게 드러나기 때문이다. 향수의 관념은 통각에 속하며, 그것은 타자를 위한 것이므로 '보는 자'의 인식 대상으로 간주된다." 그는 마지막 구절에서 순질(sattva)을 아예 통각(buddhi)으로 바꾸어 번역했다. '보는 자'는 순수정신을 지칭한다. 그리고 첫 구절에서 "그것은 순수정신에 귀속된다."라고 말한 것은 "그것을 순수정신의 탓으로 돌린다."라는 의미이다. 그의 번역은 『요가주』의 다음과 같은 설명을 반영한 것이다. "통각에 의해 이루어지고 오직 통각에 있는 바로 그 향수와 해탈을 어떻게 순수정신의 탓으로 돌리는가? 예를 들면 병사들에게 있는 승리나 패배를 군주의 탓으로 돌리는 것과 같다. 왜냐하면 그(군주)가 그 결과의 향수자이기 때문이다."(2.18_6)

96 여기서 인용한 우파니샤드의 출처는 *Bṛhadāraṇyaka-up*, 2.4.14. 그런데 우파니샤드에서 이 대목의 취지는 이원성을 전제로 할 때, 인식자인 아트만 자체는 인식될 수 없다는 것이다. 그렇다면 우리가 보통 '자아(순수정신, 즉 아트만)를 인식한다'고 말하거나 생각하는 사태의 진실은 무엇인가? 상키야 및 요가 철학에 의거하여 Āraṇya(1983:311-2)는 다음과 같이 설명한다.
"순수정신은 통각에 의해 대상으로서 인식될 수 없는 것이다. 그렇다면 순수정신을 인식한다는 것은 무엇을 말하는가? 이에 답하여, 주석자는 (다른 모든 인식 대상이 제거된 상태에 있고) 순수정신의 모습을 취한 통각이 순수정신에 의해 목격

제36경: 그로부터[97] 직관, 초인적 청각, 초인적 촉각, 초인적 시각, 초인적 미각, 초인적 후각이 발생한다.[98]

직관을 통해서는 미세한 것, 은폐된 것, 멀리 있는 것, 과거, 미래를 안다. 초인적 청각을 통해서는 신묘한 소리를 듣고, 초인적 촉각을 통해서는 신묘한 감촉을 파악하고, 초인적 시각을 통해서는 신묘한 형체를 이해하고, 초인적 미각을 통해서는 신묘한 맛을 이해하며, 초인적

……………

된 것을 순수정신의 대상이라고 말한다. 통각이 순수정신의 모습을 취한다는 것은 앞에서 설명되었다. '내가 보는 자(인식자)다'라고 하는 이런 형태의 인식은 순수정신의 모습을 취한 통각이다. 순수정신 그 자체는 총제의 대상이 될 수 없지만, 순전한 '나 의식'이고 '그 자신을 보는 자로 간주하는 나'인 의사(擬似) 순수정신이 총제의 주체이다."

97 이 말을 Āraṇya는 '순수정신의 인식으로부터', Woods는 '자신을 위해 존재하는 것에 대한 총제로부터'라고 파악한다. 이 말은 앞 경문의 요지를 가리키므로 양쪽이 모두 타당하지만, 특히 Woods의 파악은 TV의 부연 설명과 합치한다. 그러나 이 경우, 명상에 전념하는 요기가 '순수정신의 직관적 인식'을 성취하게 되면 여기서 열거하는 초능력들이 발생한다는 것으로 오해하기 쉽다. 이 때문에 TV는 독자적으로 이 제36경의 설정 취지를 다음과 같이 설명한다. 이에 의하면 이 초능력들은 '순수정신의 직관적 인식'을 성취하기 이전에 또는 그 과정에서 발생한다.
"자신을 위한 것에 대한 이 총제는 원질이 자신의 임무인 순수정신의 [직관적] 인식을 충족시킬 때까지 [지속되는] 만큼, 그(YS의 저자)는 그것(순수정신의 직관적 인식)에 앞서 그(요기)가 얻는 초능력을 모두 [이 경문으로] 제시한다." (sa ca svārtha-saṃyamo na yāvat pradhānaṃ svakāryaṃ puruṣa-jñānam abhinirvartayati tāvat tasya prastādyā vibhūtir ādhatte tāḥ sarvā darśayati/)

98 청각 이하 다섯은 일상의 감각 능력지만, 여기서는 '초인적'이라는 의미를 함축한 특수한 용어로 구사되어 있다. 그래서 TV는 다음과 같이 설명한다.
"청각 등(이하 후각까지)은 귀 따위의 다섯 가지가 신묘한 소리 따위를 지각하는 것에 대한 전문어이다." (śrotrādīnāṃ pañcānāṃ divya-śabdādy-upalambhakāṇāṃ tāntrikyaḥ saṃjñāḥ śrāvaṇādyāḥ/)

후각[99]을 통해서는 신묘한 향기를 식별한다. 이와 같은 것들은 항상 발생한다._1

제37경: 그것들은 삼매에서는 장애이며, [마음이] 산만할 때는 초능력이다.

마음이 집중된 경우에 발생하고 있는 그 직관 따위들은 그 [집중된 마음의] 관찰과는 반목하기 때문에 장애(불행)가 된다. [그러나] 마음이 산만한 경우에 발생하고 있는 그것들은 초능력이 된다.[100]_1

....

99 여기서 원어인 vārtā(=vārttā)는 일반적으로 일상의 업무를 바르게 실행하거나 이로 인해 얻게 되는 좋은 결과를 의미한다. 그러나 이 대목에서 vārtā가 '초인적 후각'을 의미한다는 것은 맥락으로 보아 의심의 여지가 없다. 이에 따라 역자들도 이 단어에 '비범한 후각'(Rukmani 1987:142) 또는 '뛰어난 후각'(Prasāda 2000:236) 등의 의미를 부연한다. 그런데 YsV에서는 이 대목의 원문을 "saṃvyavahāratatva-rūpaṃ yathāvat adhigacchati"로 대체하여 다음과 같이 해설한다.
"생활(vṛtti)에서 유래하는 일상(vārta)은 세상살이를 아는 것이다. 따라서 이것은 세상사의 양태를 바르게 이해하는 것이다." (vṛttau bhavaṃ vārtaṃ loka-saṃvyavahāra-jñānaṃ, tasmād eṣa saṃvyavahāratatva-rūpaṃ yathāvat adhigacchati adhigacchati//)
이것은 YsV의 저자가 vārtā의 일반 의미를 적용한 해설이지만, 5감의 초능력을 설명하는 원문의 맥락으로 보면 납득하기 어렵다. 이 때문에 Rukmani(2001.1:88)도 YsV의 저자가 『요가주』의 설명을 방치하고 독자적으로 설명한 것으로 맥락에서 벗어나 있다고 지적했다.

100 초능력은 온전한 삼매에 도달하지 못한 상태에서 발생한다는 것이다. TV는 초능력을 대단한 것으로 생각하는 자들을 "불행하게 태어난 자가 푼돈의 재산을 갖고서도 큰 재산을 가진 [것처럼 생각하는] 것과 같다."(janma-durgata iva draviṇa-kaṇikām api draviṇa-saṃbhāram)라고 비유한다. 그러나 간접적 수단으로서 초능력의 가치는 인정된다. 제3장의 각주 156 참조.

제38경: 속박의 원인이 완화되고 [마음의] 행상(行相)을 지각하기 때문에 마음은 타인의 몸속으로 들어갈 수 있다.

속박이란 변덕스럽고 불안정한 마음이 잠재업의 힘 때문에 몸속에 고착되어 있음을 의미한다. 삼매의 힘을 통해 속박의 원인인 그 업은 완화된다._1

그리고 마음의 행상을 지각하는 것은 오직 삼매로부터 발생한다. [이에 따라] 요기는 업의 속박을 소멸하고 자기 마음의 행상을 지각함으로써 마음을 자신의 몸으로부터 추출하여 타인들의 몸속에 설치한다._2

그리고 감관들은 [타인의 몸속에] 설치된 마음을 추종한다. 벌들이 [여]왕벌이 상승하는 데 뒤따라 상승하고 하강하는 데 뒤따라 하강하듯이, 감관들도 그와 같이 마음이 타인의 몸속에 들어갈 때 [그 마음을] 추종한다.[101]_3

제39경: '상승하는 숨'을 정복함으로써 물, 진흙, 가시 따위와 접착하지 않으며, [사후에] 상승한다.[102]

'들어오는 숨' 따위를 특징으로 갖는 모든 감관들의 활동이 생명력이다._1

....

101 TV는 이것을 다음과 같이 해설한다. "그리고 감관들도 마음을 뒤따라 타인의 몸에서 [자기의 몸에 배치된] 그와 같은 자리로 들어간다." (indriyāṇi ca cittānusārīṇi paraśarīre yathādhiṣṭhānaṃ niviśanta iti/)

102 Āraṇya가 "[사후에] 상승한다"를 "뜻대로 신체로부터 빠져나갈 수 있다."라고 의역한 것은 자의적인 해석이다. 이에 대해『요가주』는 "죽을 때 상승이 있다."라고 명시할 뿐만 아니라, TV에 의하면 이는 사후에 신들의 세계로 올라간다는 것을 의미한다.

그것(생명력)의 작용은 다섯 가지이다.[103] '들어오는 숨'은 얼굴과 코를 기점(起點)으로 가지며 [코끝으로부터] 심장에 이르기까지 활동한다. 그리고 '균배(均配)하는 숨'은 [양분을] 균등하게 운반하기 때문에 [심장으로부터] 배꼽에 이르기까지 활동한다.[104] '하강하는 숨'은 [배설물을[105]] 아래로 운반하기 때문에 [배꼽으로부터] 발바닥에 이르기까지 활동한다. '상승하는 숨'은 위로 운반하기 때문에 [코끝으로부터] 머리에 이르기까지 활동한다. '편재하는 숨'은 [신체에] 널리 퍼지는 것이다. 이것들 중에서 가장 중요한 것은 '들어오는 숨'이다.[106]_2

[경문의 의미는] "상승하는 숨을 정복함으로써 물, 진흙, 가시 따위와 접착하지 않으며, 죽을 때 상승이 있다.[107] [그러므로 요기는 상승

....

103 우파니샤드 이래 숨을 다섯 가지로 세분한 소위 5風(vāyu)을 가리킨다. 여기서는 이 5풍을 설명한다. 이것들을 한자어로 번역하면 들어오는 숨(들숨)은 생기(生氣), 균배하는 숨은 등기(等氣), 하강하는 숨(날숨)은 하기(下氣), 상승하는 숨은 상기(上氣), 편재하는 숨은 매기(媒氣)이다. ↪「주제별 역주」 3-4.

104 Woods는 '배꼽에 이르기까지 활동한다'(ā-nābhi-vṛttiḥ)를 "배꼽으로부터 자신의 기능을 갖는다."라고 번역했다. 이는 시발점뿐만 아니라 종착점도 지시하는 불변화사(부사) ā의 용도를 후자로 채택하여, 배꼽이 신체의 중심에 위치한다는 점을 고려한 것으로 이해된다. 그러나 TV는 이 말의 의미를 "그런데 이것(균배하는 숨)의 영역은 심장으로부터 배꼽까지이다."(ā hṛdayādā ca nābher asyāvasthānam)라고 구체적으로 명시한다.

105 TV의 해설에 의거한 보충어이다. "소변, 대변, 태아 따위를 아래로 운반하는 원인이 '하강하는 숨'이다." (mūtra-purīṣa-garbhādinām apanayana-hetur apānaḥ/)

106 TV는 다음과 같은 *Bṛhadāraṇyaka-up*(4.4.3)의 한 구절을 인용하는 것으로 그 이유를 제시한다. "모든 숨들은 '들어오는 숨'이 나아가는 것을 뒤따라 나아간다." (prāṇam utkrāmantam anu sarve prāṇā utkrāmanti/)

107 TV는 이에 대해 "죽을 때는 불꽃의 광선으로 시작하는 길에 의한 상승이 있다."(utkrāntiś cārcir- ādi-mārgeṇa bhavati prāyaṇa-kale)라고 부연한다. 여기서 '불꽃

하는 숨을] 지배함으로써 그것(상승)을 얻는다."[라는 것이다.]_3

제40경: '균배하는 숨'을 정복함으로써 광채가 [일어난다.]

'균배하는 숨'을 정복한 자는 [몸속의] 불을 지펴서 빛을 발한다.[108]_1

제41경: 청각과 공(空)의 관계에 총제함으써 신묘한 청각이 [발생한다.]

공(비어 있음)은 모든 청각과 모든 소리의 기반이다. 예를 들어 다음과 같은 [판차쉬카의] 말씀이 있다. "청각의 장소가 동일한 모든 이들에게는 [그] 동일한 장소의 청력이 있다."[109] 그리고 바로 이것(동일

....

의 광선으로 시작하는 길'이란 신의 길(神道, devāyāna)을 가리킨다. 신의 길은 우파니샤드(*Bṛhadāraṇyaka-up*, 6.2 ; *Chāndogya-up*, 5.3-10)의 유명한 윤회설에서 고행자가 사후에 화장의 불길을 따라 브라만의 세계에 도달하는 길로 교시되어 있다.

108 TV는 "지핀다는 것은 신체의 불을 부채질한다는 것이다."(tejasaḥ śarīrasyopadhmānam uttejanam)라고 부연하고, YV는 여기에 Satī의 신화를 더 추가한다.
"지펴서, 즉 부채질하여 빛을 발한다는 것은, 사티(Satī)처럼 자신의 몸을 태운다는 의미이다." (upadhmānam uttejanaṃ kṛtvā jvalati satīvat sva-śarīram dahatīty arthaḥ/) 여기서 '사티처럼'이란 힌두교의 신화에서 사티가 요가의 힘으로 자신을 태운 것을 가리킨다. 사티의 분사(焚死)에 관한 이야기는 다양한 변형이 있지만, 공통 요소는 요가의 힘으로 자신을 태운다는 것이다. cf. Rukmani(1987) p. 152, n. 5.

109 TV는 이 인용문의 의미를 "모든 이들의 청각은 공(空)에 있다는 의미이다."(sarveṣāṃ śravaṇāny ākāśa-vartīnīty arthaḥ)라고 간결하게 해설한다. Āraṇya(1983:317)는 그 의미를 "동일한 소리 요소로 형성되는 모든 청각은 모두 허공과 동조한다."라고 풀이했다. 그러나 인용문에서 모호한 것은 '청각의 장소'이다. 이와 관련하여 Rukmani(1987:154, n. 3)는 그 의미를 명료하게 이해할 수 있는 지식을 다음과 같이 제공한다.

한 장소의 청력이 있다는 사실)은 공의 [첫째] 징표이며, 장애가 없음[은 공의 둘째 징표]라고 한다.[110] 또한 형체가 없는 것은 장애 없이 인식되기 때문에[111] 공은 편재한다는 점도 인정된다._1

소리를 파악하여 추리하는 것이 청각이다. [즉 이는] 귀먹은 사람과 귀먹지 않은 사람 중에서 한 사람은 소리를 파악하고 다른 사람은 파악하지 못한다는 것이다. 따라서 청각만이 소리를 대상으로 갖는다._2

청각과 공의 관계에 총제를 실행하는 요기에게는 신묘한 청각이 발생한다._3

제42경: 신체와 공(空)의 관계에 총제하고, 솜처럼 가벼운 것에 집중[112]함으로써 공중으로 이동할 수 있다.

신체가 있는 곳에는 공이 있다. 그것(공)은 [신체에게] 공간을 부

....

"요가 학파에서는 청각의 기반을 귓구멍에 있는 허공으로 간주한다. 이에 대해 니야야 학파에서는 귀 또는 청각을 귓구멍 내부에 있는 허공으로 간주한다." 이에 따르면 인용문에서 말하는 '청각의 장소'를 '귓구멍의 공간'으로 간주할 수 있다.

110 이 번역은 다음과 같은 TV의 해설을 반영한 것이다.
"그리고 그 동일한 장소의 청력이 있다는 것은 공의 [첫째] 징표이다. … 또한 장애가 없음은 공의 [둘째] 징표이다." (anāvaraṇaṃ cākāśā-liṅgam/ … tac caikadeśa-śrutitvam ākāśasya liṅgam/)

111 YsV의 판본을 따르면 "또한 형체가 있는 것은 다른 한편으로 공(空)으로 둘러싸여 인식되기 때문에"(tathā mūrtasyānyatrākāśād āvaraṇa-darśanād-)라고 번역된다. 이 원문은 무형의 것이 인식된다는 의미가 적절하지 않다고 판단한 데서 유래한 듯하다.

112 이 경우 집중의 원어는 samāpatti, 즉 등지(等至)이다.

여하기 때문에, 그것과 신체의 관계가 성립되어 있다._1

거기(관계)에 총제를 실행한 자는 그 [신체와 공과의] 관계를 정복하고서 극미에 이르기까지 솜 따위의 가벼운 것들에 대한 집중을 달성한 후,[113] 관계를 극복한 가벼운 자가 된다. 그리고 가볍기 때문에 두 발로 물 위에서 걷는다. 그런데 이 다음에는 오로지 거미줄 위에서도 걷고 나서 빛살들 위에서도 걷는다. 이후 이런 사람에게는 뜻하는 대로 공중에서 이동하는 것이 가능하다._2

제43경: [신체의] 외부에 상상된 것이 아니라 [실제로 마음이] 작용하는 것이 '위대한 신체 이탈'[114]이며, 이로부터 조명의 장애가 제거된다.

신체의 외부에서 마음이 작용하는 것을 지각하는 것이 '신체 이탈'로 불리는 총지(總持)이다.[115] 만약 그것(신체 이탈)이 신체 속에 고정되어 있는 마음의 외적 작용으로서만 존재한다면, 그것은 '상상된 것'이라고 불린다. 그러나 신체와는 관계 없이 오직 외부에 존재하는 마음의 외적 작용은 참으로 '상상되지 않은 [실제의] 것'이다._1

그 [둘(상상된 것과 상상되지 않은 것)] 중에서 상상된 것에 의해

....

113 YsV의 판본에 의하면, "가벼운 것들에 대한 집중을 달성한 후"는 "가벼운 것들에 집중함으로써"가 된다.

114 이것의 원어(mahāvidehā)를 직역하면 대이신(大離身)이 된다. 이것은 특수한 사태나 상태가 아니라 신체로부터 이탈한 마음 또는 신체의 외부에서 작용하는 마음을 가리킨다.

115 YsV의 판본에 의하면 "신체의 외부에서 마음이 작용하는 것이 곧 '신체 이탈'로 불리는 총지이다."

'위대한 신체 이탈'이라는 상상되지 않은 것을 완성시키고, 요기들[의 마음]은 이것[116]으로 타인의 몸속으로 들어간다. 그리고 이로부터, 즉 [위대한 신체 이탈인] 총지로부터, 조명을 본성으로 갖는 통각의 순질에게 장애가 되는 것, 즉 동질과 암질로부터 유래하는 번뇌와 업과 3종의 과보(출생, 수명, 향수)[117]는 소멸하게 된다._2

제44경: 조대성, 본성, 미세성, [3질과의] 연계성, 유목적성에 총제함으로써 요소들을 정복한다.

그중에서 조대라는 말이 명시하는 것은 지(地) 따위이고 [이것들의] 특수 양태인 소리 따위이며, 이와 아울러 형상 따위의 속성들이다. 이것은 요소들의 첫째 양태이다._1

둘째 양태는 그 자신의 보편 양태이다. 즉 지(地)는 고체, 수(水)는 액체, 화(火)는 열, 풍(風)은 구부림, 공(空)은 편재라고 하는 이것(보편 양태)을 본성이라는 말이 나타낸다. 이 보편 양태는 소리 따위를 특수

....

116 '이것'은 '상상된 것'을 지칭할 수도 있고, '상상되지 않은 것'을 지칭할 수도 있다. Rukmani는 이것을 '상상된 것'(kalpitā)으로 파악했다. TV는 다음과 같이 '상상된 것은 수단'이라고 해설하므로, 이 점을 고려하면 Rukmani의 파악은 타당하다. "상상된 것은 수단이고 상상되지 않은 것은 목적이라는 것을 '그중에서'라고 말한 것이다. 여기서는 타인의 몸속으로 들어갈 뿐인가? 그렇지 않다는 것을 '그리고 이로부터'라고 말한 것이다. 이로부터, 즉 위대한 신체 이탈인 총지로부터 마음의 작용은 완전하게 된다는 것이다." (upāyopeyate kalpitākalpitayor āha tatreti/ kiṃ para-śarīrāveśa-mātram ito nety āha tataś ceti/ tato dhāraṇāto mahāvidehāyā manaḥ-pravṛtteḥ siddhiḥ/)

117 이 대목을 Yardi(1979:225)처럼 "번뇌와 업과 과보라는 세 가지"로 오해하기 쉽다. 그러나 제2장 제13경에 의하면 '세 가지'는 과보에 적용된다. "[번뇌라는] 근원이 존재할 때, 그 [잠재업의] 과보로서 출생과 수명과 향수가 있다."

양태로 갖는다. 다음과 같이 말한 것이 그와 같다. "한 가지 종류에 귀속되는 이 [모든] 것들은 오직 속성에 의해서만 구분된다."[118] 여기서는 보편 양태와 특수 양태의 집합이 실체이다. _2

실로 집합은 두 종류이다. [하나는, 자신을 구성하는] 다른 부분들에 들어맞는 것이 [말에서] 사라진 것, 즉 몸, 나무, 짐승 떼, 숲과 같은 것이다.[119] [다른 하나는, 자신을 구성하는] 다른 부분들에 들어맞는 것이 말에 의해 파악되는 집합이다. 즉 천인(天人)들은 두 가지를 뜻한다. 집합 중에서 天(신)들이 하나의 부분이고, 人(사람)들이 둘째 부분이다. [이 같은 경우] 집합은 오직 그 둘에 의해 명명된다._3

그리고 [사람들은] 그것(집합)을 차별성 혹은 동일성에 의해 표현하고자 한다. 즉 [차별성을 의도하여] 망고나무들의 숲, 바라문들의 회중이라고 말하며, [동일성을 의도하여] 망고나무 숲(망고나무들인 숲), 바라문 회중(바라문들인 회중)이라고 말한다._4

그것(집합)은 다시 두 가지이다. 즉 부분(구성 요소)들이 분리되어 성립된 것[120], 그리고 부분들이 분리되지 않고 성립된 것이다. 부분들

....

118 YV는 인용문의 출처를 '옛적 스승의 말씀'이라고 서술하는데, Rukmani(1987:166)는 이것도 판차쉬카의 단편으로 간주한다. 이 인용문에서 '한 가지 종류'란 실체를 가리키는 것으로 이해된다. 그래서 Yardi(1979:225, n. 1)는 『요가주』의 저자(Vyāsa)가 이것을 인용한 취지를 다음과 같이 설명한다. "비야사는 결국 실체(dravya)를 보편성과 특수성의 집합으로 정의하며, 니야야의 실체 개념과 요가의 실체 개념을 일치시키고자 시도한다. 즉 니야야의 실체는 부분(avayava)으로 이루어진 전체(avayavin)이며, 요가의 실체(dharmin)는 속성(dharma)으로 이루어진다."

119 예를 들어 몸은 오장육부(五臟六腑)의 집합이지만, '몸'이라는 말에는 그 오장육부에 해당하는 것이 드러나지 않다는 것이다.

120 TV는 이것을 다음과 같이 해설한다.

이 분리되어 성립된 집합은 숲이나 회중과 같은 것이고, 부분들이 분리되지 않고 성립된 집합은 몸, 나무, 원자와 같은 것이다. "[자신을 구성하는] 다양한 부분들이 분리되지 않고 성립된 것에 들어맞는 집합이 실체이다."라고 파탄잘리는 말한다. [경문에서] 본성이라고 말한 것은 이러한 것이다._5

이제 이것(요소)들의 미세한 양태란 무엇인가? [조대]요소의 원인인 미세요소이다. 그것(미세요소)은 원자를 단일한 부분으로 갖고, 보편 양태와 특수 양태를 본질로 가지며, "[자신을 구성하는] 다양한 부분들이 분리되지 않고 성립된 것에 들어맞는 집합"이라고 하는 이와 같은 것(실체)이 모든 미세요소들이다. 이러한 것이 셋째이다._6

이제 요소들의 넷째 양태는 지각력과 활동과 정체의 성향을 지닌 질들(3질)이며, [이것들의] 결과를 본성과 적합시키는 것은 [3질과의] 연계라는 말로써 묘사된다._7

이제 이것들의 다섯째 양태는 유목적성이다. 향수와 해탈이라는 목적성은 질들 속에 내재해 있고, 질들은 미세요소와 조대요소와 물질들 속에 [내재해 있다.] 따라서 모든 것은 목적을 지닌다._8

[이상과 같은] 다섯 양태를 지닌 바로 그러한 다섯 요소들에 총제함으로써 이러저러한 양태의 본성을 지각하게 되고, 그 양태를 정복하

....

"분리되어 성립된 것들이란 부분들이 간격을 갖고 별개로 성립된 것들이며, [앞에서] '짐승 떼, 숲'이라고 말한 것과 같은 그것(집합)이 여기에 속한다." (yuta-siddhāḥ pṛthak-siddhāḥ sāntarālā avayavā yasya sa tathoktaḥ/ yūthaṃ vanam iti/)
앞에서 설명한 두 종류의 집합은 말(언어 개념)에 의한 구분이다. 여기서는 그중 '몸, 나무, 짐승 떼, 숲'으로 예시한 집합을 다시 둘로 분류한다. 이 중 '몸, 나무'는 부분들이 분리되지 않고 성립된 집합이다.

게 된다. 거기서 [요기는] 다섯 요소의 본성들을 정복하여 요소의 정복자가 되며, 그것들을 정복함으로써 마치 [어미] 소가 송아지를 뒤따르듯이 요소들의 원질(원인)들[121]은 그(요기)의 의지에 순응하게 된다._9

제45경: 그로부터 극소화 따위(8신통)가 실현되어 신체는 완전하게 되고, 그것(요소)들의 속성에 의한 장해가 없게 된다.

그중에서 ①극소화는 원자가 되는 것이다. ②경량화는 가볍게 되는 것이다. ③거대화는 크게 되는 것이다. ④도달력(연장력)은 손가락 끝으로도 달에 미치는 것이다. ⑤수의력(隨意力)은 원하는 것에 대한 장해가 없는 것으로서, 마치 물속에서처럼 땅속에서 꿰뚫어 가거나 헤어나는 것이다. ⑥지배력은 요소와 물질들에 대해 지배자가 되는 것이며, 다른 것들에게 지배되지 않는 것이다. ⑦주재력은 그것들(요소와 물질)의 생성과 소멸과 배열[122]을 관장하는 것이다. ⑧원하는 대로 결정하는 능력

....

121 Āraṇya는 이것을 '5조대요소와 5미세요소'로 해석했으나 이는 TV와 YV의 해설과는 부합하지 않는다. TV는 "요소들의 원질들이란 요소들의 본성들이다."(bhūta-prakṛtayo bhūta-svabhāvāh)라고 약술한다. 이 경우 '요소들의 본성'은 이 경문이 의도하는 총제의 대상, 즉 '다섯 양태를 지닌 다섯 요소들의 본성'일 것이다. 이것이 본문의 맥락과도 부합한다. 한편 YV는 이보다 더 구체적으로 해설한다.
"요소들의 원질들이란 [조대]요소들의 원인들, 즉 순수정신의 목적에 이르기까지 그 [요소들] 속에 있는 3질을 의미한다." (bhūta-prakṛtayo bhūta-kāraṇāni triguṇa-tat-stha-puruṣārtha-paryantānīty arthaḥ/)
이에 의하면 '요소들의 원질'은 결국 3질을 의미하는 것으로 귀결된다.

122 Woods와 Leggett를 제외한 영역자들은 이 배열(vyūha)을 단순히 집성(aggregation)으로 이해했다. 그러나 TV는 "생성은 발생하는 것, 소멸은 절멸하는 것, 배열은 적절하게 진열하는 것"(prabhava utpādo yaś cāpy ayo vināśo yaś ca vyūho yathāvad

은 요소들과 그 성질들의 상태가[123] 의도하는 대로 되도록 목적을 실현하는 것이다._1

그러나 능력 있는 자일지라도 사물을 변경시키지는 못한다. 왜 그러한가? 원하는 대로 결정하는 능력을 가진 자로서 먼저 목적을 달성한 다른 자(자재신)가 그와 같은 요소들을 의도대로 [결정했기] 때문이다. 이것들이 여덟 가지 초능력이다.[124] 신체가 완전하게 됨은 다음에

avasthāpanaṃ)이라고 해설하여 그 의미를 명료하게 밝힌다.

123 '요소들과 그 성질'은 YV의 해설을 참고한 번역이다. Rukmani와 Āraṇya의 번역도 이와 같다. 그러나 다른 역자들은 이의 원어(bhūtaprakṛti)를 저마다 다르게 이해하여 Woods는 '전개 원인인 요소'로, Prasāda는 '요소들의 성질'로, Yardi는 '요소들의 원인'으로, 本多는 '질료인(質料因)인 원소'로 번역했다. YV는 이 대목을 다음과 같은 단어 풀이로 해설한다.
"요소들과 그 성질들은 [3]질과 [5]미세요소 따위들이며, 상태는 특수한 변화이다." (bhūta-prakṛtīnāṃ guṇa-tanmātrādīnām avasthānaṃ pariṇāma-viśeṣaḥ/)
여기서 '상태'가 '특수한 변화'를 의미한다는 것은 이 여덟째 초능력의 특성을 잘 드러낸다. 이에 의하면 이 초능력은 한마디로 말해서 사물의 성질을 특수하게 변화시키는 능력이다. 이 점을 TV와 YV는 동일한 예를 들어 설명한다.
TV: "[다른 사람에게] 먹인 독(毒)도 감로의 효과를 의도하면 [그 사람을] 살려낸다." (viṣam apy amṛtakārye saṃkalpya bhojayañ jīvayatīti/)
YV: "[다른 사람에게] 먹인 독도 감로의 효용을 의도하면 살아 있는 세계를 즐기게 한다." (viṣam apy amṛtasyārthaṃ saṃkalpya bhojayan jīvalokaṃ sukhākarotīti/)

124 여기서 열거한 8신통(초능력)은 바로 앞의 제44경에서 요소들을 정복하는 총제의 대상으로 열거한 ⓐ조대성, ⓑ본성, ⓒ미세성, ⓓ[3질과의] 연계성, ⓔ유목적성과 밀접한 연관이 있다. 이 다섯 가지에 대한 총제의 결과로 얻을 수 있는 초능력을 화살표로 표시하면 다음과 같다.
ⓐ조대성 → ①극소화, ②경량화, ③거대화, ④도달력. ⓑ본성 → ⑤수의력. ⓒ미세성 → ⑥지배력. ⓓ[3질과의] 연계성 → ⑦주재력. ⓔ유목적성 → ⑧원하는 대로 결정하는 능력.

[제46경으로] 설명될 것이다._2

그리고 "그것(요소)들의 속성에 의한 장해가 없게 된다."[라고 설한 것은 다음과 같은 의미이다.] ①지(地)는 고체이지만 요기의 신체 따위의 활동을 방해하지 못한다. 즉 그(요기)는 바위 속으로도 들어간다는 것이다. ②수(水)는 액체이지만 [그를] 젖게 하지 못한다. ③화(火)는 열이지만 [그를] 태우지 못한다. ④풍(風)은 구부리게 하지만 [그를] 옮기지 못한다. ⑤그는 은폐하는 성질이 없는 공(空) 속에서도 몸을 감출 수 있고, 성취자들에게도 드러나지 않을 수 있게 된다._3

제46경: 신체가 완전하게 됨이란 미모, 매력, 힘, 금강석의 견고함[을 갖는 것]이다.[125]

[신체가 완전하게 됨이란] 아름답고, 사랑스럽고, 탁월한 힘을 갖고, 금강석처럼 견고하다는 것이다._1

제47경: [감관의] 지각, 본성, 자아의식(자기 존재성), 연계성, 유목적성에 총제함으로써 감관들을 정복한다.

보편 양태와 특수 양태를 본질로 갖는 소리 따위가 지각 대상이고, 이것들에 대한 감관들의 작용이 지각이다. 그리고 그것(감관들의 작용)은 보편 양태만을 지각하는 양상을 갖지는 않는다. 즉 감관으로 인지하지 못하는 그 특수한 대상을 어떻게 마음으로 지각할 수 있겠느냐는 것이다.[126]_1

---

125 제45경의 내용을 계속 설명한 것이다.

126 보편 양태와 특수 양태는 앞의 제44경에서 설명되었다. 이것을 전제로 여기서 강

그러나 본성은 조명을 본질로 갖고 통각의 순질에 속하는 보편 양태와 특수 양태의 집합으로서, "[자신을 구성하는] 다양한 부분들이 분리되지 않고 성립된 것에 들어맞는 집합인 실체"이자 감관이다.[127] _2

그것(감관)들의 셋째 양태는 자아의식(자기 존재성)을 특징으로 갖는 아만(我慢)이다. 이 보편 양태의 특수 양태가 감관들이다.[128] _3

넷째 양태는 결정력을 본질로 갖고 조명과 활동과 정체(停滯)의 성향을 지닌 질들(3질)이며,[129] 아만과 함께 감관들은 이것들의 전변이다._4

....

조하는 것은 5조대요소(5大)와 같은 보편 양태뿐만 아니라 소리 따위의 5미세요소(5唯)로 불리는 특수 양태도 감관의 지각 대상이라는 것이다. 지각이란 외적 감관이 접촉하는 것을 내적 기관인 마음이 인지하는 것이다. 그래서 눈이라는 감관이 손상되어 색깔을 보지 못하면 마음도 그 색깔을 인지하지 못하는 장님이 된다. TV는 이 대목을 다음과 같이 해설한다.

"지각은 보편 양태만을 대상으로 갖지는 않는다. 왜냐하면 외적 감관에 의존하는 마음이 외계에 대해 작용하기 때문이다. 그렇지 않다면 장님이나 벙어리 따위도 없다고 인정해야 할 것이다. 그래서 이 경우, 감관이 특수 양태를 대상으로 갖지 않는다면, 그것(감관)으로는 이것(특수 양태)을 지각하지 못할 것이니, 어떻게 마음으로 [그 특수 양태를] 지각할 수 있겠는가? 따라서 감관의 지각은 보편 양태와 특수 양태를 대상으로 갖는다." (na sāmānaya-mātra-gocaraṃ grahaṇam/ bāhyendriya-tantraṃ hi mano bāhye pravartate/ anyathāndha-badhirādy-abhāva-prasaṅgāt/ tad iha yadi na viśeṣa-viṣayam indriyaṃ tenāsāv anālocito viśeṣa iti kathaṃ manasānuvyavasīyeta/ tasmāt sāmānya-viśeṣa-viṣayam indriyālocanam iti/)

127 따옴표 부분은 앞에서(3.44_5) 인용한 파탄잘리의 말씀을 그대로 적용한 것이고, 여기에 '감관'만 추가하여 본성을 정의하고 있다.

128 이 말은 "이 아만이 보편 양태라면, 이에 대해 감관들은 특수 양태이다."라는 의미이다.

129 앞에서(3.44_7) "이제 요소들의 넷째 양태는 지각력과 활동과 정체의 성향을 지닌 질들(3질)이며"라고 말한 것 중 '지각력'이 '결정력'으로 바뀌었다.

다섯째 양태는 질들(3질) 중에서 어느 것에나 적용되는 것으로서 순수정신의 [향수와 해탈을 위함이라는] 목적을 지니는 것이다._5[130]

[요기는] 그러한 감관의 다섯 양태들에 순서대로 총제한다. [즉] 그 경우마다 정복을 실현하여 다섯 양태를 정복함으로써 요기에게는 감관의 정복이 실현된다._6

제48경: 그로부터(감관들을 정복함으로써) 마음처럼 신속하게 되고, 신체 없이 활동하고, 근본원질을 정복한다.

마음처럼 신속하게 되는 것이란, 신체가 최상의 [신속함으로] 이동을 향유하는 것이다. 신체 없이 활동하는 것이란, 육신으로부터 벗어난 감관들이 원하는 장소와 시간과 대상에[131] 필요한 작용을 향유하는 것이다. 근본원질을 정복하는 것이란, 모든 원질과 [이것의] 변형(결과)을 지배하는 것이다._1

이러한 세 가지 초능력은 '꿀을 머금은 것'으로 불리며, 이것들은 기관(감관)[132]의 다섯 본성[133]을 정복함으로써 획득된다._2

....

130 앞에서(3.44_8) 설명한 내용을 축약하여 반복한 것이다.

131 장소와 시간과 대상을 TV는 다음과 같이 예시한다. "장소란 카슈미르 따위이고, 시간이란 과거 따위이며, 대상이란 미세요소 따위이다." (deśaḥ kāśmīrādiḥ/ kālo 'tītādiḥ/ viṣayaḥ sukṣmādiḥ/)

132 SK 제29송에서 헤아리는 13종의 신체 기관(karaṇa)인 통각, 아만, 마음, 5지각기관, 5행위기관. 이것들은 넓은 의미로 감관(indriya)의 동의어이다. ↪ 「주제별 역주」 1-4.

133 일부 판본들은 앞의 제47경에서 양태(rūpa)로 표기했던 것을 여기서는 본성(svarūpa)으로 표기한다.

제49경: [통각의] 순질과 순수정신의 차이를 지각하는 자만이 모든 존재를 지배하는 자가 되고, 모든 것을 아는 자(全智者)가 된다.

동질과 암질의 오염이 제거된 통각의 순질을 지닌 자, [지성이] 최상으로 청명한 상태에서 최상으로 [오염을] 진압하는 의식 상태에 있는 자, 즉 오직 [통각의] 순질과 순수정신의 차이를 지각하는 데 특히 확고한 자는 모든 존재를 지배하는 자가 된다. 이 말의 의미는, 모든 것의 본질이면서 결정하는 성질과 결정될 대상의 성질을 지닌 질들(3질)이 주인인 지전자(순수정신)[134] 앞에 남김 없이 지각될 대상의 본질로서 드러난다는 것이다._1

모든 것을 아는 자가 된다는 것은, 모든 것의 본질이면서 정지되고(과거) 일어나고(현재) 한정되지 않은(미래) 속성을 지닌 것[135]으로서 출현하는 질들(3질)에 대한 앎(지혜)이 식별로부터 발생하여 일시에 솟아난다는 의미이다._2

이것이 곧 '비애로부터 벗어남'라고 불리는 초능력이다. 요기는 이것을 획득하여 '모든 것을 아는 자'가 되고, 번뇌와 속박을 소멸한 지배자로서 유유자적한다._3

....

134 제2장의 각주 69 참조.

135 제3장의 제14경을 인용한 설명이다. "실체는 정지됨(과거)과 일어남(현재)과 한정되지 않음(미래)이라는 속성을 수반하는 것으로서 [존재한다.]"

제50경: 과실(過失)의 종자가 소멸할 때, 그것(초능력)들에 대해서도 초연함으로써 독존이 [도래한다.]

[과실의 종자가 소멸할 때, 즉] 번뇌와 업이 소멸하는 그때, 그(요기)는 다음과 같이 [생각하게] 된다. "이 식별의 관념은 순질의 속성이며, 순질은 파기되어야 할 부류에 속한다. 그러나 순수정신은 전변하지 않고 청정하며, 순질과는 다르다."[136]_1

이와 같이 그것(순질)에 무관심한 그에게는 타버린 볍씨처럼 산출 능력이 없는 번뇌의 종자들이 마음과 함께 소멸해간다. 그것들이 [원질 속으로] 환멸(還滅)하면, 이 순수정신은 다시는 세 가지 고통을 향수(경험)하지 않는다._2

업과 번뇌와 과보의 형태로서 마음에 현현하는 바로 이 질들(3질)이 목적을 달성하여 근원으로 회귀한 그때, 순수정신이 완전히 질들(3질)과 단절된 것이 독존이다. 그때 그 자체로서 존속하는 '지성의 능력'(정신력)이 곧 순수정신이다._3

....

136 이 구문의 취지는 식별지(識別智)를 파기해야 한다는 것이 아니라, 이 구문처럼 생각하는 것이 바로 식별지라는 것이다. TV는 다음과 같은 해설로 이 같은 취지를 밝힌다.
"번뇌와 업이 소멸하고 나서 그 요기가 이와 같은 지혜를 가질 때 이것은 어떤 종류의 지혜인가? '이 식별의 관념은 순질의 속성이며 ...'는 이에 대해 답한 것이다." (yadāsya yoginaḥ kleśa-karma-kṣaya evaṃ jñānaṃ bhavati/ kiṃ bhūtam ity āha/ sattvasyāyaṃ viveka-pratyayo dharmaḥ/)

제51경: [요기는] 높은 지위에 있는 자(神)가 권유할 때, 집착과 자만을 일으키지 않는다. 바람직하지 않은 것이 또다시 발생할 수 있기 때문이다.

참으로 이 요기들은 네 부류이다. 즉 ①초보자, ②꿀의 단계에 들어선 자, ③혜안(慧眼)을 얻은 자, ④초월의 경지에 도달한 자이다._1

그중에서 첫째는 광휘가 [이제 막] 시작될 뿐인 수련자이다. 둘째는 진리를 보유한 예지를 가진 자이다.[137] 셋째는 요소들과 감관들을 정복한 자이며, ⓐ계발된 것들과 ⓑ계발되어야 할 것들을 모두 보호하고 보존하는 자이며, ⓒ이루어져야 할 것의 성취 수단 따위를 가진 자[138]이다.[139]

---

137 제1장 제48경에서 교시한 '진리의 보유자'와 직결되어 있다. YsV는 제1장 제48, 49경의 주석 및 교시를 그대로 반영하여 다음과 같이 해설한다.
"여기서 '진리의 보유자인 예지'는 진리, 즉 진실만을 보유한다는 뜻에서 유래하여, [전승과 추리에 의한 예지와는] 다른 어떤 것에 대한 직관만을 의도하는 말이다." (ṛtaṃ satyam eva bibharttīti vyutpattyā para-pratyakṣam eva ṛtaṃbharā prajñātra vivikṣitāḥ/)

138 이 ⓒ를 Woods(1973:285)가 "이미 이루어진 것과 이제 이루어져야 할 것을 위한 성취 수단 따위를 가진 자"로 번역한 것은 다른 판본의 원문(kṛta-kartavya-sādhanādimān)에 의거한 듯하다. 그러나 '이미 이루어진 것을 위한 성취 수단'이라는 관념은 불합리하다. 이 원문을 채택한다면 "이루어져야 할 것을 실행하는 성취 수단 따위를 가진 자"라는 번역이 더 타당할 것이다. 한편 YsV는 이 대목이 '이루어져야 할 것의 성취 수단을 가진 자'를 의미한다는 것을 명시한다. 다음 각주 참조.

139 이 셋째 부류의 요기에 대한 설명 중 ⓐⓑⓒ는 후대 주석자들의 해설을 참조하지 않으면 이해하기 어렵다. 그러나 TV, YV, YsV의 해설을 번역한 영역자들의 원문 이해는 모호하거나 일치하지 않다. 더욱이 후대 주석자들의 해설도 다음과 같이 견해의 차이를 드러낸다. 괄호 안의 숫자는 관련 설명이 있는 『요가주』의 출처를 역자가 제시한 것이다.
TV: "모든 것들 중 ⓐ'계발된 것들'이란 달성되었다는 것이며, 요소와 감관을 정복 그러나 넷째인 '초월의 경지에 도달한 자'의 유일한 목적은 마음의 소멸 [뿐]이다. 그(요기)에게는 일곱 가지의 최종 단계인 예지가 있다.[140]_2

....

함으로써(3.47) 타인의 마음 따위를 아는 것(3.19)과 같은 것들이다. '보호하고 보존하는 것'이란 이리하여 그것들로 인해 동요하지 않는 것이다. ⓑ'계발되어야 할 것들'이란 달성되어야 한다는 것인데, 비애로부터 벗어남(1.36; 3.49) 따위이며 지고한 이욕(1.18)을 완결하는 것들이다. ⓒ'이루어져야 할 것의 성취 수단을 가진'다는 것은, 오직 성취 수단에 속하는 인간의 노력이 성취되어야 할 것을 달성하기 때문이다." (sarveṣu ⓐbhāviteṣu niṣpāditeṣu bhūtendriya-jayāt para-cittādi-jñānādiṣu, kṛta-rakṣābandho yatas tebhyo na cyavate, ⓑbhāvanīyeṣu niṣpādanīyeṣu viśokādiṣu paravairāgya-paryanteṣu, ⓒkartavya-sādhanavān puruṣa-prayatnasya sādhana-viṣayasyaiva sādhya-niṣpādakatvāt/)

YV: "모든 것들 중 ⓐ'계발된 것들'이란 초래되었다는 것이며, 무심(無尋) 따위의 요가들이다. 그(요기)는 [계발된] 이것으로 그와 같이 잘 보호하고 보존한다. 또한 ⓑ'계발되어야 할 것들'이란 초래되어야 한다는 것인데, 비애로부터 벗어남 따위와 초능력 따위이며 무상[삼매까지]를 완결하는 것들이다. ⓒ['이루어져야 할 것의 성취 수단을 가진'다는 것은] 완성된 성취 수단을 가진다는 것이다." (sarveṣu ⓐbhāviteṣūtpāditeṣu nirvitarkādi-yogeṣu kṛto rakṣārūpo bandho yena sa tathā, tathā ⓑbhāvanīyeṣūtpādanīyeṣu viśokādi-siddhyādiṣv asamprajñāta-paryanteṣu ⓒvihita-sādhanavān ity arthaḥ/)

YsV: "그러나 그(요기)는 계발된 것들과 계발되어야 할 것들인 모든 것들 중 [ⓐ계발된 것들, 즉] 직관된 것들과 정복된 것들을 보호하고 보존한다. 왜냐하면 획득된 것은 보호받아야 하기 때문이다. [그중에서] ⓑ'계발되어야 할 것들'이란 직관되어야 할 것들이다. 그리고 kartavyatā-sādhanavān에서 kartavyatā-sādhana는 '이루어져야 할 것의 성취 수단'들, 즉 수련과 이욕(1.12-16) 따위들이며, 이것들의 소유자가 곧 ⓒ'이루어져야 할 것의 성취 수단을 가진 자'이다." (sa tu sarveṣu ⓐbhāviteṣu bhāvanīyeṣu sākṣātkṛteṣu jiteṣu ca kṛta-rakṣābandhaḥ, upāttasya hi rakṣā vidhānīyā, ⓑbhāvanīyeṣu sākṣātkaraṇīyeṣu ⓒkartavyatā-sādhanavāṃś ca/ kartavyatāyāḥ sādhanāni kartavyatā-sādhanāni abhyāsa-vairāgyādīni yasya saḥ kartavyatā-sādhanavān/)

140 이미 상세히 설명한 제2장 제27경을 그대로 인용한 것이다.

높은 지위에 있는 신들은 그 [넷] 중에서 '꿀을 가진 단계'(둘째 단계)를 직관하고 있는 바라문에게 순질의 청정함이 있음을 알아채고서 [좋은] 거처들로써 [그를 다음과 같이] 유도한다._3

"여보게! 이리 앉으시게. 여기서 즐기시게. 이 향락은 즐길 만한 것이라네. 이 처녀는 사랑스럽다네. 이 불로장생약은 노화와 죽음을 저지한다네. 이 수레는 공중을 난다네. 저것들은 소원을 들어주는 나무라네. 성스런 천상의 강이 있다네. 성취자들과 위대한 성현들이 있다네. 가장 빼어나고 상냥한 요정들이 있다네.[141] 귀와 눈은 신묘하게 되고 몸은 금강석처럼 빼어나게 된다네. 그대는 자신의 덕(guṇa)들로 이 모든 것을 얻는다오. 소멸하지 않고, 늙지 않고, 신들이 아끼는 이 불사의 거처에 이르시게."_4

이와 같은 말을 듣는 자는 [다음과 같이] 집착의 과실들을 떠올릴 것이다._5

'무서운 윤회의 숯불들 속에서 구워지고 있고 삶과 죽음의 암흑 속에서 헤매고 있는 내가 도대체 어떻게 번뇌의 어둠을 해소하는 요가의 등불을 얻을 것인가? 그런데 탐욕으로부터 일어나는 이러한 [감각적] 대상의 바람들은 그것(요가의 등불)의 적이다. 참으로 빛을 얻은 그러한 내가 어떻게 [감각적] 대상이라는 신기루에 의해 현혹되어, 또다시 내 자신을 타오르는 윤회의 불길의 연료가 되게 하겠는가? 그대들에게, [즉] 꿈과 같고 불쌍한 중생들이나 구걸할 [감각적] 대상들에게 안녕을 고하노라!'_6

141 앞의 제26경에 의하면(3.26_18), 위대한 인드라의 세계에 거주하는 여섯 무리의 신들은 이 요정들의 시중을 받는다.

이와 같이 결연한 의지를 가진 자는 삼매에 전념할 것이다. 그는 집착을 일으키지 않고서, '신들도 이와 같은 나를 소망할 것이다'라는 자만도 일으키지 않을 것이다._7

[이와는 반대로] 자만에 빠져 이것(자만)을 좋은 상태에 있는 것으로 생각할 경우, 그는 죽음의 신에게 머리채가 붙들린 것처럼 그 자신을 통제하지 못할 것이다. 이와 마찬가지로 항상 결점과 약점을 경계하는 그의 많은 노력은 태만하게 되고 손상을 입게 되어, 번뇌들을 야기할 것이다. 이 때문에 바람직하지 않은 것이 또다시 발생할 수 있다._8

이와 같이 [생각하여] 집착하지도 않고 자만하지도 않는 그에게는 [이미] 계발된 대상은 확고하게 될 것이고, [이제] 계발되어야 할 대상은 [눈앞에] 현전하게 될 것이다._9

제52경: 찰나와 이것의 상속(相續)에 총제함으로써 '식별로부터 발생하는 지혜'(식별지)가 [현출한다.]

축소의 종말에 이른 실체가 원자이듯이, 극단적인 축소의 종말에 이른 시간이 찰나이다. 혹은 동요하는 원자가 이전의 지점을 버리고 나중의 지점에 도달할 때까지의 그 시간이 찰나이다. 그리고 그것(찰나)이 단절 없이 흐르는 것이 상속이다.[142]_1

찰나와 이것의 상속 사이에는 실제의 결합이 없다.[143] 분, 낮, 밤 따

....

142 YsV의 판본에 따르면 "단절 없는 흐름이 예정된 그것(찰나)의 연속이 상속이다." (tasya pravāhāviccheda-bhāvinaḥ ānantaryaṃ kramaḥ/)

143 이 구문을 "찰나와 이것의 상속은 실체로서 결합될 수 없다."라는 의미로 이해할 수 있다. 그래서 YV는 다음과 같이 해설한다.

위는 통각에 의한 결합이다. 실로 이러한 그 시간은 실체성도 없고, 통각에 의해 형성된 것이고, 말[이 가리키는] 지식 내용[144]을 따르는 것이며, 크게 빗나간 견해[145]를 가진 세상 사람들에게는 본성을 갖고 실재하는 것처럼 나타난다._2

그러나 찰나는 실재하는 것에 속해 있고 상속에 의존한다. 그리고 상속은 찰나의 연속을 본질로 갖는다.[146] 요기들은 그것(상속)을 일컬어 시간에 정통한 자의 시간이라고 한다.[147]_3

....

"장애 없이 연속하는 형태인 찰나들과 이것들의 상속에서는 한데 뭉쳐 결합된 실체가 있을 수 없다. 따라서 분, 낮, 밤 따위는 통각이 구상한 결합일 뿐이다. [저자의 설명은] 이러한 의미이다." (kṣaṇeṣu tat-krameṣu cāvyavahitānantarya-rūpeṣu vastubhūtaḥ samāhāro milanaṃ nāsti/ ato muhūrtāho-rātrādayo buddhi-kalpita-samāhāra evety arthaḥ/) TV는 찰나와 이것이 상속이 실체가 될 수 없는 이유를 다음과 같이 설명한다. "상속은 동시에 존재하지 않는 찰나의 성질을 갖기 때문에, [이런] 찰나의 집합은 허구의 것이기 때문에, 찰나와 이것의 상속도 허구의 것이다." (ayugapadbhāvi-kṣaṇa-dharmatvāt kramasya kṣaṇa-samāhārasyāvāstavatvāt kṣaṇa-tat-kramayor apy avāstavatvam/)

144 말-인식(śabda-jñāna)이라는 복합어를 Woods는 '말이나 인식'으로, Rukmani는 '말에 의한 인식'으로 번역했다. 말과 인식은 모두 통각이 형성한 것이므로, 양쪽 번역이 원의의 맥락과는 어긋나지 않는다. 이에 해당하는 원어(śabda-jñāna-anupātī)는 제1장 제9경에서 동일하게 구사된다. 그러므로 여기서도 이 복합어를 앞의 경우와 동일하게 번역했다.

145 YV는 이것을 '불교도의 생각'(bauddhamata)으로 간주한다. 물론 이 경우의 불교도는 흔히 삼세실유(三世實有)를 주장한 것으로 알려진 설일체유부를 지칭할 것이다.

146 여기서 『요가주』의 저자는 시간의 실체성은 부정하지만 찰나의 실체성은 인정한 것으로 이해된다. Woods(1973:288, n. 1)는 이런 관념에 대해 다음과 같이 부연한다. "찰나는 실재하는 대상에 속한다. 그러나 찰나들의 상속이 없이는 시간도 없다. 이와 같은 시간론은 불교와 바이셰쉬카(Vaiśeṣika) 학파의 중간에 위치하며, 자이나의 교의(*Umāsvāti*, 5.39)와 유사하다."

147 Woods를 제외한 영역자들은 이 구문을 "시간에 정통한 요기들은 그것(상속)을

그런데 두 찰나가 공존할 수는 없다. 또한 공존하는 [그] 둘 사이에 상속이 있을 수는 없다. [그러한 공존은] 불가능하기 때문이다. 이전 것의 다음에 있을 수밖에 없는 찰나의 연속이 곧 상속이다._4

따라서 현재는 오직 한 찰나일 뿐이고, 앞과 뒤의 찰나들은 [별도로] 존재하지 않는다. 그러므로 그것들(전후의 찰나)의 결합은 있을 수 없다. 그리고 과거와 미래의 찰나들은 전변에 내재된 것으로 설명되어야 한다._5

모든 세계는 그 한 찰나에 전변을 겪는다. 실로 이 모든 속성들(과거, 현재, 미래)은 그 찰나 속에 도달해 있다. [그러므로] 찰나와 이것의 상속이라는 그 둘에 총제함으로써 그 둘에 대한 직관이 [가능하다.] 그리고 이로부터 '식별로부터 발생하는 지혜'(식별지)가 현출한다._6

[다음 경문에서는] 대상을 구별하는 그것(식별지)의 [기능이] 언급된다._7

제53경: 유사한 둘에 대해서는 종류, 특징, 장소로써 차이가 구별되지 않기 때문에, 그것(식별지)을 통해 [차이를] 지각한다.

유사한 둘의 장소와 특징이 동일한 경우에는 종류를 구분하는 것

....

시간으로 부른다."라고 번역했다. 여기서 '시간에 정통한 자'가 요기를 지칭한다면 이 번역이 타당하다. 다음과 같은 YV의 해설은 '시간에 정통한 자'를 요기로 이해한 듯하다.

"바로 이 교전(요가수트라)에서는 시간은 찰나일 뿐이라는 것이 정설이다. 그러나 혹자가 여기(이 대목)서 '시간은 인정되지 않는다'라고 지절거리는 것은 주석(『요가주』)의 의미를 제대로 파악하지 못한 탓이다." (tad asmin śāstre kṣaṇa eva kāla iti siddhāntaḥ/ kālo 'tra nābhyupagamyata iti kasyacit pralāpas tu bhāṣyārthāviveka-mūla iti/)

이 차별의 원인(근거)이 된다. [예를 들어] "이것은 암소이고, 이것은 암말이다."라고 한다. 유사한 장소와 종류에 속한 것일 경우에는 특징이 차별을 일으킨다. [예를 들어] "검은 눈을 가진 암소, 길상을 지닌 암소"라고 한다._1

두 개의 아말라카(āmalaka) 열매의 경우에는 종류와 특징이 동일하기 때문에, 장소를 구분하여 차별한다. [예를 들어] "이것은 앞에 있는 것이고, 이것은 뒤에 있는 것이다."라고 한다. 그러나 앞에 있었던 아말라카 열매가 다른 것에 열중한 인식자의 뒤쪽으로[148] 돌려져 있을 때, 장소가 유사하기 때문에[149] "이것은 앞에 있는 것이고, 이것은 뒤에 있는 것이다."라는 구분은 불가능하다.[150]_2

그런데 진실한 지혜는 의심할 여지가 없어야 한다. 따라서 [경문에서는] 그것을 통해, 즉 '식별로부터 발생하는 지혜'(식별지)를 통해

....

148 YsV의 해설에서는 여기에 "또한 뒤에 있는 것이 앞쪽으로"(pūrdeśe cottaram)를 추가한다.

149 YV는 이 말을 "종류 따위의 셋(즉 종류, 특징, 장소)이 유사하기 때문에"(jātyādi-trika-sāmyāt)라고 해설한다. 이는 바른 구분이 불가능한 경우로 먼저 예시한 종류와 특징의 유사성도 포괄한 것일 뿐이다.

150 이런 경우, 인식자는 뒤쪽에 있는 두 개의 열매를 보고 원래 앞에 있었던 것과 뒤에 있었던 것을 판단해야 한다. 그러나 종류와 특징이 동일한 열매를 위치한 장소로만 구분했으므로, 두 열매가 뒤쪽이라는 유사한 장소에 함께 있을 경우에는 그 둘의 차이를 구분할 수 없게 된다. 이러한 취지로 설명하는 이 대목의 요지는, 보통 사람들은 인식하지 못하는 사이에 일어난 위치 변경까지 구분할 수는 없다는 것이다. 한편 "장소가 유사하기 때문에 ... 구분은 불가능하다."라는 마지막 구문을 Woods는 "저것은 앞에 있는 것이고, 저것은 뒤에 있는 것이라고 생각할 만큼 장소가 대등하다면, 바른 구분은 불가능하다."라고 번역했다. 이것은 앞과 뒤라는 장소의 유사성을 부각시키려는 의역으로 이해된다.

[차이를] 지각한다라고 그렇게 말한 것이다._3

왜 그러한가? 앞에 있는 아말라카 열매와 일치하는 찰나의 장소는 뒤에 있는 아말라카 열매와 일치하는 찰나의 장소와는 구분된다. 그리고 그 두 아말라카 열매는 각자의 장소[와 일치하는] 찰나를 지각함으로써 구분된다. 그래서 다른 장소[와 일치하는] 찰나를 지각하는 것은 그 둘을 차별하는 데 원인(수단)이 된다._4

이러한 실례에 의해, 종류와 특징과 장소가 유사한 [두] 원자의 경우, 앞에 있는 원자의 장소와 일치하는 찰나를 직관함으로써 뒤에 있는 원자가 그것(일치하는 찰나)의 장소와 부합하지 않을 때, 뒤에 있는 것(원자)의 그 장소에 대한 지각은 [장소와] 일치하는 찰나의 차이 때문에 [앞의 장소에 대한 지각과는] 구분된다. 유능한 요기에게는 [이처럼] 그 둘을 차별하는 관념이 있다._5

그러나 다른 이들(바이쉐쉬카)[151]은 최종의 특수가 차별의 관념을 일으킨다고 설명한다. 거기서도 장소와 특징의 차이, 그리고 형체와 간격과[152] 종류의 차이는 차별의 원인이 된다._6

그러나 찰나의 차이는 오직 요기의 통각에 의해 이해될 수 있다.

....

151 TV와 YV는 이들을 Vaiśeṣika로 지목한다.

152 YV의 해설은 형체(mūrti)와 간격(vyavadhi)을 각각 배합(saṃsthāna)과 원격성(vyavahita)이라는 단어로 대체하는 데 그친다. 이에 대해 TV는 형체를 상술하지만, 배합을 의미한다는 데는 YV와 동일하고 신체(śarīra)를 예로 든다. 그러나 간격에 대해서는 "쿠샤 주(洲)와 푸슈카라 주처럼 고유한 형태의 장소를 가진 둘의 경우와 같다"(yathā kuśa-puṣkara-dvīpayor deśa-svarūpayor iti/)라고 해설하는 데 그친다. Woods는 이에 따라 간격을 '개재 공간'으로 번역했다. 원격성의 개념은 제4장 제9경의 주석에서 이보다 명료하게 드러난다.

이 때문에 바르샤간야(Vārṣagaṇya)는 이렇게 말했다. "형체와 간격과 종류의 차이가 없기 때문에, 근원(근본원질)에서의 별개성(차이)은 존재하지 않는다."[153]_7

제54경: 식별로부터 발생하는 지혜(식별지)란 구제자(직관)이며, 모든 것을 대상으로 하고 모든 시간을 대상으로 하여 즉각 발생하는 것이다.

구제자[154]란 자신의 지력으로부터 발생하는 것이고, [타인의] 교시에 의존하지는 않는 것이라는 의미이다. 모든 것을 대상으로 한다는 것은 이것(식별지)에게 대상이 되지 않는 것은 어떠한 것도 없다라는 의미이다._1

모든 시간을 대상으로 한다는 것은 과거, 미래, 현재의 모든 것을 진행 방식들에 의해 어느 관점에서나 안다라는 의미이다. 즉각 발생한다는 것이란 한 찰나에 [통각에] 떠오른 모든 것을 언제든지 파악한다라는 의미이다._2

식별로부터 발생한 지혜는 이처럼 완전한 것이다. 꿀을 가진 단계

153 TV는 이 인용구의 요지를 "세계의 근원인 근본원질은 별개성, 즉 차이를 갖지 않는다는 의미이다."(jagan-mūlasya pradhānasya pṛthaktvaṃ bhedo nāstīty arthaḥ/)라고 제시한다. 그러나 이 인용구의 의미만으로는 이것을 인용한 의도가 선뜻 이해되지는 않는다. 다만 이것이 찰나를 구분하는 능력과 결부되어 있음을 고려하면 그 의도를 다음과 같이 이해할 수 있다. "경문에서 말한 '유사한 둘에 대해서는' 찰나의 차이만 있을 뿐인데, 요기만이 이것을 식별지로써 알 수 있다."

154 제3장 제33경의 주석에서는 '직관'을 구제자와 동일시했다. 여기서는 구제자의 의미를 더 구체적으로 제시한다.

를 비롯하여 그(요기)의 종국에 이르기까지[155] 요가의 등불은 오직 이것(식별지)의 일부이다._3

[다음 경문은] 식별로부터 발생하는 지혜를 얻거나 식별로부터 발생하는 지혜를 얻지 못한 경우에 대해 [교시한다.]_4

제55경: [통각의] 순질과 순수정신의 청정함이 동일할 때 독존이 [성취된다.]

동질과 암질의 불순물이 제거된 통각의 순질은 순수정신과는 다른 것이라는 확신(관념)에만 진력하여 번뇌의 씨앗을 소진한 상태가 될 때, 그것(통각의 순질)은 순수정신과 동일한 듯한 청정함을 얻게 된다. 그때, 순수정신에게 비유적으로 적용된 향수(享受)가 없게 된 것이 [순수정신의] 청정함이다._1

이 경우에는 유능한 자에게든 무능한 자에게든, 식별로부터 발생하는 지혜(식별지)를 얼마큼 갖춘 자에게든 그렇지 않은 자에게든 독존이 있다. 왜냐하면 번뇌의 씨앗을 소진한 자의 지혜에서는 또다시 필요한 것이 어떠한 것도 없기 때문이다._2

순질을 정화함으로써 삼매에서 발생하는 이 초능력과 지혜는 먼저 취급되었다.[156] 그러나 진실한 의미에서는 지혜를 통해 그릇된 인식

---

155 제3장 제51경의 주석에서 첫머리에 열거한 네 단계 중 첫 단계(초보자)를 제외한 나머지 세 단계를 가리킨다.

156 이 제3장의 제16경부터 제48경에 이르기까지 온갖 초능력을 소개했고, 제49경 이후에는 식별의 지혜를 역설했다(↪ 「주제별 역주」 3-5). 그런데 TV는 특히 초능력을 먼저 취급했다는 언급에 특별한 의미를 부여한다. 즉 TV의 저자는 이 언급에 초

이 사라진다. 이것이 사라질 때, 번뇌는 더 이상 존재하지 않는다._3

번뇌가 없으므로 업의 과보도 없다. 그리고 이 상태에서 임무를 완수한 질들(3질)은 순수정신에게 또다시 지각되어야 할 것으로서 현전하지는 않는다. 이것이 순수정신의 독존이다. 그때 순수정신은 오직 그 자체로서 빛이 되고, 순수하게 되며, 독존자가 된다._4

이상으로 성자 파탄잘리에서 유래한 상키야의 교설인 요가의 교전에 대한 비야사의 주석 중, 셋째인 초능력의 장(신통품)이 [끝났다.][157]

....

능력의 가치를 간접적으로 인정한다는 의미가 함축되어 있다고 해석한다. 그는 범어 문법에서 수단을 표현하는 제3격(구격)에 관한 파니니(Pāṇini)의 규정(2.3.21)을 인용하면서 다음과 같이 설명한다.

"제3격은 이러저러한 정황을 표시하는 데 사용된다. 초능력들은 독존을 위해 절대적으로 수단이 되지 않는 것이 아니라, 직접적으로는 [수단이] 되지 않는다는 의미이다." (ittham-bhūta-lakṣaṇe tṛtīyā/ nātyantam ahetavaḥ kaivalye vibhūtayaḥ kiṃtu na sākṣād ity arthaḥ/)

실제로 제3장의 제16경 이후 초능력을 설명하는 과정에서 『요가주』의 주안점은 초능력을 식별지의 계발 및 완성과 결부시키는 데 있음을 감지할 수 있다. ↪「주제별 역주」 3-6.

157 판본에 따른 이 종결구의 차이는 다음과 같다.

YsV: "이상으로 성자 파탄잘리에서 유래하는 요가수트라의 주석으로서, 존귀한 지식을 가진 비야사가 작성한 것 중, 셋째인 초능력의 장이 [끝났다.]"

YV: "이상으로 성자 파탄잘리에서 유래하는 상키야의 교설인 요가의 교전 중, 셋째인 초능력의 장이 [끝났다.]"

Āraṇya: "이상으로 성자 파탄잘리에서 유래하고 비야사가 작성한 상키야의 교설 중, 셋째인 초능력의 장이 [끝났다.]"

제4장

독 존

제1경: 초능력은 출생이나 약초나 주문이나 고행이나 삼매로부터 발생한다.

[다른] 몸속으로 들어간 것이 출생에 의한 초능력이다.[1] 약초들에 의한 [초능력이란] 아수라의 거처들에서 불로장생의 영약에 의해 [획득되는 것과] 같은 따위이다. 주문들에 의한 [초능력이란] 공중을 [날아] 다니거나 원자처럼 미세하게 되는 따위[의 힘]을 획득하는 것이다. 고행에 의한 [초능력이란] 뜻하는 대로 형체를 취하고 어디로든 뜻하는 대로 가는 것과 같은 따위의 의지의 실현이다.[2] 삼매로부터 발생하

1 후대 주석자들은 현세의 업을 주요한 조건으로 간주한다. 예를 들어 YV는 이것을 다음과 같이 해설한다.
"출생으로부터 발생한 것이란, 현세의 업에 의해 신(神) 따위의 다른 몸으로 바로 출생할 수 있는 극소화 따위의 신통력을 의미한다." (aihikena karmaṇā devādi-dehāntare janma-mātrena bhavantī, aṇimādi-siddhir janmajety arthaḥ/)

2 여기서 말하는 신통력들은 제3장 제45경의 주석에서 설명한 8신통의 일부이다.

는 초능력들은 [이미] 설명되었다.[3]_1

그중에서 신체와 감관들이 다른 출생으로 변형되는 것에 대해 [다음과 같이 교시한다.]_2

제2경: 원질의 충만을 통해 다른 출생으로 전변한다.

선행하는 전변이 사라질 때, 그것들(신체와 감관의 원질들)이[4] 새로운 [신체와 감관의] 부분으로 침투하기 때문에 후속의 전변이 발생하게 된다. 그리고 신체와 감관의 원질들은 선(善) 따위의 동력인에 의

....

3 제3장 제16경 이하의 경문들을 가리킨다.

4 '그것들'이라는 대명사가 '신체와 감관'을 지칭한다는 것은 구문의 맥락으로 보아 자명하다. 그러나 '신체와 감관'이 '침투'한다는 관념은 아무래도 불합리해 보인다. 이 때문에 일부 영역자들은 고민한 듯하다. 그래서 Woods는 이 부분을 "[이 신체와] 이것(감관)들이 부분들의 새로운 [배열]로 침투하기 때문에"로 번역한 반면, Rukmani는 '그것들'을 아예 '창조의 원인들'로 해석했다. 이 경우 창조의 원인이란 '원질'을 가리킨다. 두 역자의 해석은 부분적으로 타당하다. 양자를 조합하면 '신체와 감관의 원질들'이 되는데, 이것이 '그것들'의 원의일 것이다. 서술의 맥락으로 보면 이 구문은 비유적인 설명이고 실제 의미는 후속 구문으로 설명되어 있다. 즉 '그것들'의 의미는 후속 구문의 주어인 '신체와 감관의 원질들'로 시사되어 있다. TV와 YV의 해설도 이와 같이 이해했음을 감지할 수 있다. TV는 이 대목을 다음과 같이 해설한다.

"인간의 출생으로 변형하게 된 신체와 감관들이 [다시] 신이나 짐승의 출생으로 전변하는 것, 이것은 실로 원질의 충만 때문이다. 실로 신체의 원질은 지(地) 따위의 조대요소들이고, 감관들의 원질은 자아의식(아만)이다. [원질이] 이것(신체와 감관)들의 부분으로 침투하는 것이 충만이며, 이로부터 [전변이] 있다." (manuṣya jāti-pariṇatānāṃ kāyendriyāṇāṃ yo deva-tiryag-jāti-pariṇāmaḥ sa khalu prakṛty-āpūrāt/ kāyasya hi prakṛtiḥ pṛthivyādīni bhūtāni/ indriyāṇāṃ ca prakṛtir āsmitā/ tad-avayavānupraveśa āpūras tasmād bhavati/)

지하여 충만으로써 제각기 자신의 변형을 육성한다.[5]_1

제3경: 동력인은 원질들을 [직접] 이끌지 않고 단지 농부처럼 장애를 제거하여, 이로부터 [원질들의 충만을 이끈다.]

실로 선(善) 따위의 동력인은 원질들을 [직접] 이끄는 것이 아니다. [이 말은] 결과가 [원질인] 원인을 야기하지는 않는다는 것이다.[6] 그렇다면 어떻게 [작용하는가]? "단지 농부처럼 장애를 제거하여, 이로부터 [원질들의 충만을 이끈다.]"_1

예를 들면, 물들이 가득 찬 논으로부터 [둑의 높이가] 같거나 낮거나 더욱 낮은 다른 논으로 물을 채우고자 하는 농부는, 물들을 손으로 끌어내리지 않고 그것들의 장애를 제거한다. 그것(장애)이 제거될 때, 물들은 곧장 저절로 다른 논으로 흘러넘친다._2

그와 마찬가지로 선(善)은 원질들에게 장애가 되는 악(惡)을 제거한다. 그것(악)이 제거될 때, 곧장 저절로 원질들은 제각기 자신의 변형

....

5 TV는 원질들의 침투와 충만으로 전변이 성립된다는 것을 다음과 같이 예를 들어 부연한다.
"이로써 동일한 신체가 어떻게 어린애, 소년, 청년, 노인 등의 단계에 도달할 수 있는지 또는 니야그로다(nyagrodha) 씨앗이 어떻게 니야그로다 나무가 될 수 있는지 또는 짚더미에 놓인 불씨가 어떻게 수천의 불꽃을 날림으로써 공중으로 퍼져나갈 수 있는지가 설명된다."

6 요가의 이론적 기반인 상키야 철학에 의하면 선이나 악 따위는 원질이 전변한 결과에 속한다. 그래서 TV도 이 점을 다음과 같이 명시한다.
"사실 선(善) 따위가 동력인이기는 하지만 [원질들을] 이끄는 것은 아니다. 그것들도 원질의 결과이기 때문이다." (satyaṃ dharmādayo nimittaṃ na tu prayojakās teṣām api prakṛti-kāryatvāt/)

으로 흘러넘친다._3

또한 다른 예를 들면, [앞서 말한] 바로 그 농부가 [장애를 제거한] 바로 그 논에서, 물속이나 땅속의 양분들을 곡물의 뿌리들로 침투시킬 수는 없다. 그렇다면 어떻게 하는가? 그는 콩류, 잡초, 기장 따위를 그로부터 뽑아버린다. 그것들을 뽑아버릴 때, 양분들은 곧장 저절로 곡물의 뿌리들로 침투한다._4

그와 마찬가지로 선은 단지 악을 소멸하기 위한 원인이다. 청정함과 불결함은 결코 양립할 수 없기 때문이다. 그러나 선은 원질의 활성화를 위한 [직접적인] 원인이 되지 않는다. 이에 대해서는 신이 된 난디(Nandi) 따위들을 예로 들 수 있다. 또한 반대로 악은 선을 격퇴하고, 이로부터 불결함의 전변이 있다는 것이다. 이에 대해서도 뱀으로 변한 나후샤(Nahuṣa) 따위들을 예로 들 수 있다.[7]_5

그런데 요기가 많은 신체들을 생성할 때, 그들은 하나의 마음을 갖게 되는가, 아니면 많은 마음을 갖게 되는가? [이에 대해 다음과 같이 교시한다.]_6

제4경: 화생심(化生心)[8]들은 오직 자아의식으로부터 [발생한다.]

그(요기)는 오직 자아의식을 마음의 원인으로 사용하여 화생심들

7 제2장 제12경의 주석에서는 다음과 같이 예시했다. "예를 들면 동자(童子)가 된 행운의 자재신이 인간이라는 변신을 버리고서 신격으로 변한 것처럼, 신들의 우두머리가 된 나후샤도 자신의 변신을 잃고서 [뱀이라는] 축생으로 변한 것과 같다." 신화의 상세 내용은 제2장의 각주 30 참조.

8 제1장 제25경의 주석에서 언급한 개념이다. 의미와 용례는 제1장의 각주 47, 48 참조.

을 만들어낸다. 이로부터 그것(신체)들[9]은 [각각의] 마음을 지닌다._1

제5경: [마음의] 활동은 다양하지만, 많은 것을 이끄는 마음은 하나이다.[10]

어떻게 많은 마음이 하나의 마음의 의도에 부응하여 활동하는가? [이에 대해 답하자면] 그(요기)는 모든 마음을 이끄는 하나의 마음을 생성한다. 이로부터(이 하나의 마음으로부터) [마음의] 활동이 다양하게 된다._1

9 이 간략한 설명으로는 '그것'의 의미가 모호하다. 후대 주석자들의 해설에 따르면 '그것'은 신체, 특히 '요기가 생성한 신체'를 의미한다. TV는 이 대목을 다음과 같이 해설한다.
"신체가 살아 있는 한, 그 신체는 모두 제각기 특정한 마음과 결부되어 있는 것으로 존재한다. 예를 들면 차이트라 또는 마이트라와 같은 사람들의 신체가 그러하다. [요기가] 생성한 신체들도 그러하다. 따라서 이것들도 별개의 마음을 갖는다는 것이 확실하다는 뜻으로 [저자는 이와 같이] 말한 것이다." (yad yāvaj jīvac charīraṃ tat sarvam ekaikāsādhāraṇa-cittānvitaṃ dṛṣṭam/ tad yathā caitra-maitrādi-śarīram/ tathā ca nirmāṇakāyā iti siddhaṃ teṣām api prātisvikaṃ mana ity abhiprāyeṇāha/)

10 TV는 "마음이 여럿이라면 하나의 의도에 부응할 수도 없고 [과거를] 회상할 수도 없을 것이다." (aneka-cittatva ekābhiprāyānurodhaś ca pratisaṃdhānaṃ ca na syātām)라고 하는 반론에 대답한 것이 이 경문이라고 해설한다. YV에 의하면 이 경문은 "생성된 많은 마음들 중에서도 특별한 것"(aneka-citta-nirmāṇe 'pi viśeṣam)을 설명한다. 그리고 이 '특별한 것'의 의미는 다음과 같은 후속 설명에 드러나 있다.
"요기는 이미 완성했던 바로 그 마음을 모든 마음들을 이끄는 것(하나의 마음)으로 만들어낸다." (yogī pūrva-siddhaṃ yac cittaṃ tad eva sarva-cittānāṃ prayojakaṃ karoti/)

제6경: 그중에서 정려(= 삼매)로부터 발생한 것은 잠재력(= 잠재업)을 갖지 않는다.[11]

화생심은 5종, 즉 출생, 약초, 주문, 고행, 삼매로부터 발생한 초능력[을 지닌 마음]이다._1

그중에서 정려(삼매)로부터 발생한 마음은 결코 [업의] 잠재력을 갖지 않는다. 즉 그것에게만 탐욕 따위로 발동하는 잠재력이 없으며, 또한 선(善)이나 악(惡)과의 결합도 없다. 요기는 번뇌를 소멸하기 때문이다.

그러나 다른 것들(삼매 이외의 넷)에게는 업의 잠재력이 존재한다._2

이에 관하여 [다음과 같이 교시한다.]_3

제7경: 요기의 업은 비백비흑(非白非黑)이고, 다른 사람들의 [업은] 3종이다.

실로 이 업의 종류는 ①흑(黑), ②백흑(白黑), ③백(白), ④비백비흑(非白非黑)이라는 넷으로 구분된다.[12]_1

....

11 아래 주석에서 명시하고 있듯이, '그중에서'는 '앞의 제1경에서 열거한 다섯 초능력 중에서'라는 의미이다. 그러므로 여기서는 정려(靜慮)가 삼매의 동의어로 사용되어 있다. 잠재력은 '업의 잠재력'이므로, 이것은 제2장 제13경의 주석에서 설명한 잠재업을 가리킨다.

12 업을 이처럼 넷으로 분류한 관념은 불전에서 『요가주』보다 먼저 통용되었다. 일례로 중아함경에서는 다음과 같이 설명한다.
"①업이 검다면 검은 과보가 있고, ②업이 하얗다면 하얀 과보가 있으며, ③업이 검기도 하고 하얗기도 하다면 검기도 하고 하얗기도 한 과보가 있고, ④업이 검지도 않고 하얗지도 않다면 과보가 없고 업은 저마다 소진한다." (或有業黑有黑報. 或

그중에서 ①흑(黑)은 악인들의 [업이다.] ②백흑(白黑)은 외부의 수단[13]으로 초래되는 [업이다.] 이 경우엔 오직 다른 것을 괴롭히거나 이롭게 함으로써 업의 잠재력이 축적된다. ③백(白)은 고행과 [성전의] 학습과 정려에 전념하는 사람들의 [업이다.] 왜냐하면 그것(白)은 오로지 마음에만 의존하는 것이기 때문에 외부의 수단에 의존하지 않으며, 다른 것들을 괴롭히고서 존재하지는 않는다. ④비백비흑(非白非黑)은 번뇌를 소멸하고 최후의 신체를 지닌 출세간의 은둔자들의 [업이다.]_2

그중에서 오로지 요기의 것(업)은 결과(과보)를 포기하기 때문에

....

有業白有白報. 或有業黑白黑白報. 或有業不黑不白無報. 業業盡. 대정장 1:600a)
장아함경(대정장 1:37a)에서도 이 같은 설명을 볼 수 있다. 이러한 아함경의 설명은 아비달마집이문족론, 아비달마발지론, 아비달마대비바사론, 아비달마순정리론, 유가사지론과 같은 후대의 논서에서 전문어로 고착되어 사용되었다. 아비달마대비바사론을 예로 들면 이 4종의 업이 다음과 같이 명명되어 있다(대정장 27:589c).

①흑흑이숙업(黑黑異熟業): 검다면 검은 과보를 초래하는 업이라는 뜻으로 『요가주』의 흑업과 동일하다.

②백백이숙업(白白異熟業): 하얗다면 하얀 과보를 초래하는 업이라는 뜻으로 『요가주』의 백업과 동일하다.

③흑백흑백이숙업(黑白黑白異熟業): 검기도 하고 하얗기도 하다면, 검기도 하고 하얗기도 한 과보를 초래하는 업이라는 뜻으로 『요가주』의 백흑업에 상당한다.

④비흑비백무이숙업(非黑非白無異熟業): 검지도 않고 하얗지도 않다면 과보를 초래하지 않는 업이라는 뜻으로 『요가주』의 비백비흑업과 동일하다.

13 TV는 '외부의 수단'을 다음과 같이 해설한다.
"쌀과 같은 것이 수단이다. 탈곡하면서 개미를 죽일 수도 있기 때문에 다른 것을 해치지 않는다고는 말할 수 없다. 그리고 결국 씨앗을 파괴함으로써 줄기 따위의 성장을 차단한다. 반면에 바라문(사제) 등이 공물을 받을 때, 이 업은 이로움을 낳는다."

비백(非白)이며, 취하지 않기 때문에 비흑(非黑)이다.[14] 그러나 이 밖의 중생들에게는 [4종의 업 중] 오직 앞의 3종이 있다._3

제8경: 이로부터(3종의 업들로부터) 오직 그것들(3업)의 과보에 상응하는 훈습들이 현현한다.

"이로부터"라고 말한 것은 '3종의 업들로부터'라는 의미이다._1

"오직 그것들의 과보에 상응하는"이라고 말한 것은, 어떤 종류에 속하는 그 업의 과보에 상응하는 훈습들이 업의 과보에 부착하는데, 오직 그것들만이 현현한다는 의미이다. 왜냐하면 신에 속하는 업이 성숙하면서 지옥이나 축생이나 인간의 훈습을 현현시키는 원인이 될 수는 없기 때문이다. 그러나 그것(신에 속하는 업)의 훈습은 신적인 것과 상응하는 것으로서만 현현한다._2

그리고 이러한 방식과 동일한 고찰이 지옥이나 축생이나 인간의

....

14 여기서 요기의 업이 비백(非白)과 비흑(非黑)이 되는 이유는 잘 납득되지 않는다. 다음과 같은 TV의 해설도 모호하기는 하지만, 요기의 업은 백(白)과 흑(黑)이라는 구분이 적용될 여지가 없기 때문인 것으로 이해할 수 있다.
"실로 업을 포기한 자들은 업이 없기 때문에 외부의 수단으로 초래될 수 있는 어떠한 업에도 쏠리지 않는다. 그래서 이들의 잠재업은 비흑(非黑)이다. 요가를 실행하여 초래될 수 있는 잠재업의 결과(과보)는 자재신에게 양도되기 때문에 [이들의] 잠재업은 비백(非白)이다. 완전무결한 결과가 백(白)으로 불리기 때문이다. 결과가 전혀 없는 자에게 어떻게 완전무결한 결과(즉 白)인 것이 있겠는가? [저자의 설명은] 이와 같은 의미이다." (karmāsaṃbhavāt/ karma-saṃnyāsino hi kvacid bahiḥ-sādhana-sādhye karmaṇi pravṛttā iti na caiṣām asti kṛṣṇaḥ karmāśayaḥ/ yogānuṣṭhāna-sādhyasya karmāśaya-phalasyeśvare samarpaṇān na śuklaḥ karmāśayaḥ/ niratyaya-phalo hi śukla ucyate/ yasya phalam eva nāsti kutas tasya niratyaya-phalatvam ity arthaḥ/)

경우에도 [적용된다.]_3

제9경: 기억과 잠세력은 동질성을 갖기 때문에, [과보가] 출생이나 장소나 시간에 의해 분리된 경우에도 [훈습의] 연속이 있다.[15]

[출생의 예를 들면] 고양이로서의 과보가 발생한 것은 자신을 명시하는 징표가 현현된 것이다.[16] 만약 그것(과보)이 100[종]의 [다른] 출생, 혹은 장소의 원격성(遠隔性), 혹은 100겁으로 분리되어 있으면서도 ①오직 자신을 명시하는 징표로서 다시 발생한다면, ②그것은 예전에 경험했던 고양이로서의 과보에 의해 형성된 훈습으로서 그만큼 빠르게 [잠세력을] 취하여 현현될 것이다.[17]_1

....

15 제2장 제13경의 주석에 이와 연관된 설명이 있다. "기억의 원인인 잠세력들이 곧 훈습이며, 이것(훈습)은 시작도 없는 긴 세월에 속한 것이라고 말하는 것이다." (2.13_8) 기억과 잠세력과 훈습의 관계에 관한 개념적 이해는 「주제별 역주」 4-1 참조.

16 YsV의 판본에 따르면 "고양이라는 과보 따위는 자신의 업을 명시하는 징표이다." (vṛṣadaṃśa-vipākādayaḥ sva-karma-vyañjakāñjanāḥ)가 된다.

17 이 설명을 보다 쉽게 이해하자면, 다음과 같이 의역할 수 있다. "만약 그것(과보)이 100[종]의 [다른] 출생, 혹은 장소의 원격성, 혹은 100겁으로 분리되더라도, ①그것은 오직 자신을 명시하는 징표로서 다시 발생할 것이다. ②즉 예전에 경험했던 고양이로서의 과보에 의해 형성된 훈습이 그만큼 빠르게 [잠세력을] 취하여 현현될 것이다." YV는 이 대목을 다음과 같이 해설한다.
"만약 그것이 100[종]의 [다른] 출생 따위에 의해 분리된 채 ①징표를 얻고 나서 발생한다면, ②그때 그것은 예전에 얻은 고양이로서의 과보에 의해 생성된 잠세력들을 그만큼 빠르게, 즉 신속하게 파악하고 난 후에서야 현현하게 된다. [왜냐하면] 훈습들은 분리되어 있는 동안에도 유사한(동일 종류의) 업을 함축하기 때문이라는 것이다. 이 점에서 사실상 오직 [훈습의] 연속이 존재한다는 의미이다. (sa

왜 그러한가? [출생과 장소와 시간 중의] 어느 것에 의해 분리된 경우에도 이것(훈습)들과 유사한 것으로서 업을 현현시키는 것이 원인(동력인)이 되기 때문이다. 따라서 오직 [훈습의] 연속이 있다. 그렇다면 어떻게 그러한가? 기억과 잠세력은 동질성을 갖기 때문이다. 경험은[18] 있는 그대로 잠세력이 된다. 그리고 그것들은 업의 훈습에 상당한다._2

그런데 훈습들은 있는 그대로 기억이 된다. 따라서 출생이나 장소나 시간에 의해 [분리되어 있더라도 그렇게] 분리된 잠세력들로부터 기억이 있고, 기억으로부터 다시 잠세력들이 있다. 이와 같이 이러한 기억과 잠세력들은 잠재업의 활동으로 얻은 힘을 통해[19] 현현된다._3

그리고 이 점에서 [출생이나 장소나 시간에 의해] 분리된 경우에도 원인과 결과의 존재 방식은 파괴되지 않기 때문에, 오직 [훈습의] 연속이 입증된다._4

제10경: 그리고 그것(훈습)들에게 시초가 없는 것은 [생존하려는] 소망이 항존하기 때문이다.

그 훈습들에게는 [생존하려는] 소망이 항존하기 때문에 시초가

....

yadi jāti-śatādi-vyavadhānena ①vyañjakaṃ prāpyodiyāt ②tadā drāg ity eva śīghraṃ pūrva-prāpta-vṛṣadaṃśa-vipākena janitān saṃskārān gṛhītvaiva vyakto bhavati, vyavahitānām api vāsanānāṃ sadṛśa-karma-vyaṅgyatvād ity ata ānantaryam evārthād bhavatīty arthaḥ/) 결국 "훈습은 유사한 업을 함축한 것으로서 연속한다"는 것이 이 설명의 요점이다.

18 YsV의 판본에 따르면 "훈습, 즉 경험은"

19 YsV의 판본에서는 "힘을 통해"가 "힘과 병합함으로써"라고 더 구체적으로 서술되어 있다. 잠재업과 연관되는 기억, 잠세력, 특히 훈습에 관해서는 「주제별 역주」 4-2 참조.

없다. '나는 없어지지(죽게 되지) 않기를,[20] 나는 존재하기를'[21]이라고 모든 사람에게 생각되는 이러한 '자기에 대한 소망'은 선천적인 것이 아니다._1

왜 그러한가? [선천적인 것이라면 경험 없이도 일어날 수 있어야 할 것이다. 그러나] 갓 태어나, 죽음을 경험하지 않은 상태의 아이에게 혐오와 고통을 상기(想起)하는 데서 야기되는 '죽음의 공포'가 어떻게 일어날 수 있겠는가?_2

더욱이 선천적인 것은 동력인을 필요로 하지 않는다. 따라서 시초가 없는 훈습으로 뒤섞인 이 마음이 동력인의 힘을 통해 오직 모종의 훈습(즉 전생의 경험)들을 회복하여,[22] 순수정신의 향수를 위해 재발한다.[23]_3

병(甁)이나 궁전의 등불처럼 수축하거나 확장하는 마음은 신체만 한 형상의 크기를 갖는다고 다른 이들은[24] 생각한다. 그리고 그와 같이

....

20 YsV의 판본에서는 "나는 죽게 되지 않기를" (maraṇaṃ mā na bhūt)

21 이 표현은 제2장 제9경의 주석에서도 사용되었다. "'나는 없어지지 않기를, 나는 존재하기를'이라고 하여, 모든 중생은 이렇게 자아가 영원하기를 희구한다." (2.9_1)

22 TV와 YV는 동력인과 회복의 의미를 다음과 같이 해설한다.
TV: "동력인이란 과보의 시기를 얻은 업이며, 회복이란 '현현'이다." (nimittaṃ labdha-vipāka-kālaṃ karma/ pratilambho 'bhivyaktiḥ/)
YV: "동력인이란 과보를 대기하는 업이며, '회복하여'란 '파악하여'이다." (nimittaṃ vipākonmukhaṃ karma, pratilabhya gṛhītvā)

23 재발한다(upāvartate)를 Woods는 '자신을 드러낸다'로, Āraṇya는 '현현한다'로 번역했으나, 이는 재발하는 양태를 표현한 것이므로 의미상의 차이는 없다.

24 YV의 해설에 의하면 '다른 이들'이란 상키야 학파를 지칭한다. 즉 "다른 이들이란 상키야의 추종자들이 말했다는 뜻이다."(apare sāṃkhyā āhur ity arthaḥ)라고 한다. "니야야 학파는 마음이 원자 크기라고 주장하고, 미망사 학파는 마음이 편재한다

중유(中有)가 있으며, 윤회는 타당하다고 [그들은 생각한다.][25]_4

[그러나 우리의] 스승은 수축하거나 확장하는 것은 이 편재하는 마음의 작용일 뿐이라고 한다. 그리고 그것(마음)은 [작용할 경우,] 선(善) 따위를 동력인으로 요구한다. 또한 [그] 동력인은 외적인 것과 내적인 것이라는 두 가지이다. 신체 따위를 수단으로 요구하는 찬사, 보시, 예배 따위는 외적인 것에 속한다. 오로지 마음에 종속하는 신앙 따위는 내적인 것에 속한다._5

다음과 같이 말한 것이 그와 같다. "명상에 잠긴 자들의 소일거리인 이러한 호의 따위는 외적인 수단에 힘입지 않는 특성을 갖고 탁월한 선(善)을 달성한다."_6

둘 중에서 정신적인 것이 더욱 강력하다. 왜 그러한가? 무엇이 지혜와 이욕(離欲)을 능가하겠는가?(즉 어떠한 것도 지혜와 이욕을 능가하지 못한다.) 또한 마음의 힘이 없이 누가 육체적인 행동으로 단다카 숲을 공터로 만들 수 있을 것이며, 혹은 아가스티야처럼 대양을 마실

....

고 생각하며, 상키야 학파는 마음이 지탱자라는 매체의 크기에 따라 변한다고 믿는다." cf. Rukmani(1989) p. 30, n. 2.

25 Āraṇya(1983:360)는 이 구문을 다음과 같이 의역했다. "그들의 견해에서 설명하는 것은 중간 상태가 어떻게 있을 것인가, 즉 마음이 어떻게 하나의 신체를 버리고 다른 신체를 취하여 죽음과 재생 사이의 공백을 채우느냐는 점, 그리고 또 윤회이다." 그러나 이는 다음과 같은 YsV의 해설을 반영한 것으로 보인다.
"죽음 이후의 시기와 출생 이전의 그 중간에 있다는 것이 중유(中有)이다. 윤회란 건너가게 하는 항해이자 미세신(微細身)인 신체로서, 마음은 편재하지 않는다는 것을 입증한다. 그들은 이와 같이 말한 것이다." (maraṇād uttara-kālaṃ janmanaś ca prāg etasmin antarāle bhavatīty antarābhāvaḥ saṃsaraṇaṃ sañcaraṇaṃ yena sañcarati tad api śarīram ātivāhikaṃ cittasyāvibhutve yuktam iti bruvanti/)

수 있겠는가?[26]_7

제11경: [훈습은] ①원인, ②결과, ③내적 의지처, ④외적 의지처[27]에 의해 축적되기 때문에,[28] 이것들이 없으면 그것(훈습)은 존재하지 않는다.

①원인이란 [다음과 같은 것이다.] 선(善)으로 인해 즐거움이, 불선(악)으로 인해 고통이, 즐거움으로 인해 탐욕이, 고통으로 인해 혐오가 [일어나며,] 또한 그로 인해[29] 활동이 [일어나는데,] 마음이나 말이나 신체에 의한 그것(활동, 즉 3업)으로 흥분하는 자는 타인을 친절히 대하거나 해친다._1

....

26 서사시 *Rāmāyaṇa*에서 라마(Rāma)는 아가스티야(Agastya) 성현의 조언으로 인드라 신의 무기를 얻어, 단다카(Daṇḍaka)의 숲에서 고행자들을 위협하고 있는 악마들을 살육했다. 여기서 아가스티야는 '악어들과 큰 물고기들로 가득 찬 바다를 마셔 버린 자'로 묘사된다. 대서사시 *Mahābhārata*에 수록된 신화 중 '강가(Gaṅgā)의 하강'(3.104-108)에 의하면, 대지에 물이 없게 된 것은 그가 바다를 모두 마셔버렸기 때문이다.

27 후대 주석자들의 해설을 고려하면, '외적 의지처'란 자극을 일으키는 외적 계기나 대상을 가리킨다.

28 Woods는 이 중 결과(phala)를 '동기'로, 내적 의지처(āśraya)를 '정신적 기반'으로, 외적 의지처(ālambana)를 '자극'으로 이해하여 이 대목을 "[훈습은] 원인, 동기, 정신적 기반, 자극과 연합하므로"라고 번역했다. 여기서 외적 의지처를 '자극'으로 이해한 것은 생소한 듯하지만, 이는 TV에서 '애인과의 접촉 따위'로 외적 의지처를 설명한 데 기인한다. 다음 각주 32 참조.

29 '그로 인해'란 요컨대 '즐거움과 고통으로 인해'라는 뜻이다. YsV는 이것을 "그로 인해, 즉 즐거움을 취하고 고통을 피할 때, 앞서 말한 것과 같은 활동이 있다." (tataḥ sukhopārjane duḥkha-parihāre ca pūrvavad eva prayatnaḥ)라고 해설한다.

그로부터 다시 선과 악, 즐거움과 고통, 탐욕과 혐오가 [일어난다.] 이리하여 이 여섯 바퀴살을 가진 윤회의 바퀴가 회전한다. 그리고 끊임없이 회전하고 있는 이것을 이끄는 것이 무지이며, 이 무지는 모든 번뇌의 뿌리이다. 이와 같은 것이 곧 ①원인이다._2

반면에 ②결과란 어떤 것(원인, 즉 훈습)에 의지하여 그 어떤 것의 선(善) 따위가 재발하게 되는 것이다.[30] 왜냐하면 이전에 없었던 것이 발생하지는 않기 때문이다._3

그러나 임무[31]를 지닌 마음은 훈습들의 ③내적 의지처이다. 왜냐

....

30 이 설명에는 '원인으로서의 훈습은 재생에서 발휘될 선 따위를 유사한 형태로 이미 담지하고 있다'는 관념이 깔려 있는 것으로 이해된다. '반면에 결과란'(phalaṃ tu)으로 시작하는 이 대목을 YV는 다음과 같이 간명하게 해설한다.
"순수정신의 목적을 지향하여 선 따위가 발생하는 바로 그것이 훈습들에게도 결과가 된다." (yaṃ puruṣārtham uddiśya dharmādy-utpannaṃ tad eva vāsanānām api phalam/)
한편 YsV는 이보다 상세하게 다음과 같이 해설한다.
"어떤 것이 목적(동기)에 의지하여 재발하게 되는 것이 곧 그것(목적=동기)의 결과이다. 이것(결과)은 또한 훈습들의 집합이다. 그것(결과)이 없으면 훈습의 현현은 없기 때문이며, 즐거움 따위의 결과는 훈습이 초래한 것이기 때문이다." (yam artham āśritya yasya pratyutpannatā tat tasya phalam/ tad api vāsanānāṃ saṃgrāhakam/ tad-abhāve vāsanābhivyakty-abhāvāt/ sukhādi-phalasya vāsanādhāyitvāt/)
그러나 TV에는 이에 관한 해설이 없다. 이 때문에 TV에 의거하여 『요가주』를 번역한 Woods도 이 대목을 다소 모호하게 "그러나 동기란 [인간의 목적이] 바른 삶과 같은 어떤 조건(yasya)과 관련하여 [현재에] 작용하게 되는 것이다."라고 번역했다. 다른 영역자들의 번역은 이보다 더 모호하거나 부정확하다. 이 대목은 극히 단순한 관계대명사 구문으로 서술된 탓으로 영역자들도 원의를 파악하는 데 혼동을 일으킨 듯하다.

31 YsV와 YV에 의하면 임무란 순수정신의 목적(puruṣārtha)을 의미한다. 이 같은 임무의 의미는 제1장의 각주 17 참조.

하면 마음이 임무를 완성할 경우, 내적 의지처가 없어진 훈습들은 존속할 수 없기 때문이다._4

어떤 것과 대면해 있으면서 어떤 훈습을 현현시키는 것이 곧 그것(훈습)의 ④외적 의지처이다.[32]_5

이와 같이 모든 훈습은 그러한 ①원인, ②결과, ③내적 의지처, ④외적 의지처에 의해 축적된다. 이것들이 없으면 그것들에 의지하는 훈습도 없다.[33]_6

존재하지 않는 것의 생기(生起)는 있을 수 없고, 존재하는 것의 소멸은 있을 수 없다. 그렇다면 실재하는 것으로서 생기하고 있는 훈습들이 어떻게 소멸하겠는가?[34] [이 같은 의문에 다음과 같이 답한다.]_7

....

32 Rukmani가 이 구문을 "대상과 대면하여 현현되는 훈습이 그 훈습의 의지처이다." 라고 간명하게 의역한 것은 TV나 YV의 해설을 반영한 것으로 보인다. TV와 YV는 다음과 같이 '대면해 있는 것'을 예로 들어 설명함으로써 외적 의지처의 의미를 드러낸다.

TV: "어떤 것과 대면해 있는 것이란 애인과의 접촉 따위이다." (yad abhimukhī-bhūtaṃ vastu kāminī-saṃparkādiḥ/)

YV: "대면한 것이란, 해탈의 시기에 있을지라도 애인 따위와 같은 것들은 열망의 훈습을 현현시킨다는 의미이다." (yad abhimukham iti/ mokṣa-kāle kāminī-rūpādīnāṃ rāga-vāsanāv yañjakānāṃ sattve 'pi/)

한편 Rukmani(1989)는 이 대목의 취지를 다음과 같이 이해했다. "여전히 목적을 갖고 있거나 무지가 파괴되지 않은 마음만이 대상과 대면하여 각성된 훈습의 의지처가 될 수 있다. 그러나 번뇌를 극복한 마음은 그렇지 않다."(p. 39. n. 5)

33 YsV는 이 설명을 "마치 일산(日傘)이 없으면 그림자가 사라지는 것과 같다." (chatrābhāve chāyā-nivṛttavat)라고 비유한다.

34 앞의 제10경에서 훈습은 '시초가 없는 것', 즉 상주하는 것이라고 교시한 것과 연관하여, 훈습은 소멸하지 않는다는 것을 강조하는 반어법의 표현이다. 다음 경문에서는 주제를 '3세(世)의 실재'로 전환하여, 훈습도 이에 따라 항존한다는 점을

제12경: 속성들은 시간 양태(시간적 행로)의 차이를 갖기 때문에, 과거와 미래는 그 고유한 형태로 존재한다.[35]

미래란 도래할 현현이고, 과거란 경험한 현현이며, 현재란 자신의 기능에 도달한 것(즉 자신의 기능을 발휘하는 것)이다. 그런데 이 세 가지 실재는 [요기에게 직관적] 지식의 대상이다. 그리고 만약 이것(세 가지 실재)이 그 고유한 형태로 존재하지 않는다면, 대상이 없는 이러한 [직관적] 지식은 발생하지 않을 것이다. 따라서 과거와 미래는 그 고유한 형태로 존재한다고 말하는 것이다._1

더욱이 향수(경험)와 결부되거나 해탈과 결부되는 업의 경우, 발생하려고 하는(즉 미래의) 결과가 실재하지 않는 것이라고 한다면, 어진 자의 실천 행위는 그 목적, 즉 그 동기와 부합하지 않게 될 것이다.[36] 그리고 동기는 [이미] 존재하는 결과를 현재에 일으킬 수 있지만, 이전

....

시사하며, 훈습은 제24경에 가서야 다시 거론된다.

35 Woods는 "그러므로 훈습들은 소멸하지 않는다."라는 의미가 여기에 함축된 것으로 파악했다. 이는 바로 앞에 있는 『요가주』의 도입구를 반영한 해석이다. 위의 각주 참조.

36 이 설명의 요지를 이해하는 데는 Prasāda와 Leggett의 의역이 무난하다.
Prasāda: "더욱이 경험을 야기하거나 해탈을 야기하는 업의 결과가 요기에게 규정될 수 없다면, 현자의 행위는 그 의도와 목적에 상응하지 않을 것이다."
Leggett: "만약 경험을 지향하거나 해탈을 지향하는 업의 잠재적인 결과가 없다면, 그것은 결국 존재하지 않는 것이 된다."
TV는 이 대목을 다음과 같이 해설한다. "어진 자란 현명한 자이다. [어떤 것을] 실행할 경우에도 무엇이든 동기가 되는 것은 결과가 있을 때만 특별한 것을 초래한다." (kuśalo nipuṇaḥ/ anuṣṭheye 'pi ca yad yan nimittaṃ tat sarvaṃ naimittike saty eva viśeṣam ādhatte/)

에 없는 것을 산출할 수는 없다. 유력한 동기는 결과에 특별한 원조를 제공하지만, 이전에 없는 것을 발생시키는 않는다.[37]_2

또한 실체란 많은 속성을 본성으로 갖는 것이며, 그것(실체)의 시간 양태의 차이에 따라 속성들은 특정한 상태에 있다.[38] 그리고 실제로(실체에서)[39] 특수한 현현을 얻은 것이 현재이지만, 과거와 미래는 그

....

37 TV는 현재의 경우와 똑같이 과거와 미래의 존재성도 인정해야 한다는 것을 다음과 같이 부연한다.
"그러나 만약 현재에는 존재하지 않는다는 이유로 과거와 미래를 존재하지 않는 것으로 간주한다면, 아뿔싸! 이보게, 현재 또한 존재하지 않을 것이다. 왜냐하면 과거와 미래에는 [현재가] 존재하지 않기 때문이다." (yadi tu vartamānatvābhāvād atītānāgatayor asattvaṃ hanta bho vartamānasyāpy abhāvo 'tītānāgatatvābhāvāt/)

38 여기서는 '시간 양태의 차이'가 그것(실체)의 조건이 아니라 속성들의 조건이 되는 것으로 이해할 수도 있다. 그래서 Reggett는 "그것의 속성들은 시간 국면의 차이에 따라 특정한 상태에 있다."라고 번역했다. 그러나 실체와 속성의 관계에서 속성은 실체에 귀속되는 것이며, '시간 양태(국면)'가 바로 속성이다(「주제별 역주」 3-1 참조). 더욱이 YsV의 해설은 다음과 같이 '시간 양태의 차이'가 그것(실체)에 귀속되어 있음을 명시한다.
"<u>또한 실체란 많은 속성을 본성으로 갖는 것</u>, 즉 많은 속성을 본질로 갖는 것이다. 예를 들어 금덩어리는 정지되었거나(과거) 발생하거나(현재) 아직 한정되지 않은(미래) 목걸이나 귀고리 따위의 속성을 본질로 갖는다. <u>그것</u>, 즉 실체의 <u>시간 양태의 차이에 따라</u>, 즉 과거 따위와 같은 특성의 차이에 따라 <u>속성들은 특정한 상태에 있다</u>." (<u>dharmī cāneka-dharma-svabhāvo</u> 'neka-dharmātmā/ yathā kanaka-piṇḍaḥ śāntoditāvyapadeśya-rucaka-kuṇḍalādi-dharmātmakaḥ/ <u>tasya</u> dharmiṇaḥ <u>adhva-bhedena</u> atītādi-lakṣaṇa-bhedena <u>dharmāḥ pratyavasthitāḥ</u>/) 한편 TV는 "특정한 상태란 '각각의 단일한 상태'를 일컫는다."(pratyekam avasthānaṃ pratyavasthitir iti)라고 해설한다.

39 TV는 이것을 다음과 같이 해설한다. "실제로(dravyatas)란 '속성을 지닌 실체에서'라는 의미이다. 접미사 tas는 모든 격에 적용된다." (dravyata iti dravye dharmiṇi sārva-vibhaktikas tasiḥ/)

와 같이 존재하지는 않는다._3

어떻게 그러한가? 미래는 현현되어야 할(아직 현현되지 않은) 그 자신만의 고유한 형태로 존재하며, 과거는 현현을 [이미] 경험한 그 자신의 고유한 형태로 존재한다. [그 자신의] 고유한 형태가 현현인 것은 오직 현재의 시간 양태에 속하며, 그것(현현 자체)은 과거와 미래의 시간 양태에 속하지 않는다.[40]_4

그리고 하나의 시간 양태가 있을 때, 두 가지 시간 양태는 실체에 [미현현의 상태로] 준비되어 있을 뿐이다.[41] 세 가지 시간 양태가 비존재로부터 존재하게 되지는 않는다._5

제13경: 그것(속성)들은 현현되거나 미세한 것들로서 그 자체가 [3]질인 것들이다.

그것들이란 실로 그 세 가지 시간 양태를 갖는 속성들이다. [즉] 현

---

40 YV는 "여기서 제6격(속격)은 제7격(처격)을 의미한다."(ṣaṣṭhī cātra saptamy arthe)라고 부연한다. 이에 따르면 이 구문의 의미는 "오직 현재의 시간 양태에만 [그 자신의] 고유한 형태의 현현이 있고, 과거와 미래의 시간 양태에는 그것(현현)이 없다."라고 한결 쉽게 이해된다.

41 YV는 이 설명을 다음과 같은 반론에 대답한 것으로 해설한다.
"그렇지 않다. 그렇다면 하나의 시간 양태가 있을 때는 다른 [두 가지] 시간 양태가 없기 때문에, 바로 그 [하나의] 시간 양태에서는 인중유과(因中有果)가 파기된다." (nanu tathāpy ekādhva-samaye 'parādhvābhāvād adhvany eva satkārya-hāniḥ)
그리고 이 문제에 관해서는 제3장 제13경에서 충분히 설명되었다고 지적한다(YBh 3.13_3~5). 한편 Leggett는 이 구문에 불변화사 na(아니다)가 삽입된 판본을 채택하여 이 대목을 다음과 같이 의역했다. "실제로 일어나고 있는 것은 과거나 미래의 시간 국면이 아니라 오직 현재의 시간 국면에 속한다. 하나의 시간 국면인 경우에 다른 둘은 결코 실체에 함께 나타날 수 없다."

재는 그 자체가 현현인 것들이며, 과거와 미래는 그 자체가 미세한 것들로서 여섯 무차별[42]의 양상이다._1

이 모든 것(세계)은 질들(3질)의 특수한 배합일 뿐이므로 실제로는 (진실한 의미에서는) 그 자체가 질(質)인 것들이다. 그래서 논서에서는 그와 같이 "질들의 궁극적인 모습은 시야에 들어오지 않는다. 그렇다면 시야에 들어온 것은 환영처럼 순전히 공허한 것이다."[43]라고 교시한다._2

그러나 모든 것이 질들이라면 어떻게 소리가 따로 있고 감관이 따로 있겠는가?[44]_3

제14경: 전변의 단일성(일원성)을 통해 사물은 실재하는 것이 된다.

지각하고 활동하고 침체하는 기질을 지닌 질들(3질)이 '인식하는 [주체의] 성질'을 형성할 경우에는 수단(감관)이 됨으로써 단일한 전변은 청각 기관이 되며, '인식되어야 할 [객체의] 성질'을 형성할 경우에는 소리가 됨으로써 단일한 전변은 소리라는 대상이 된다._1

물질 요소의 일반 부류에 속하는 소리 따위의 단일한 전변이 [5]미세요소를 부분(구성 요소)으로 갖는 지(地)의 극미이다.[45] 그리고 그것

....

42 제2장 제19경의 주석에서 충분히 설명되었다. 특히 제2장의 각주 79 참조.

43 TV는 이 인용의 출처를 *Ṣaṣṭitantra*(六十科論)로 제시한다. 이 논서의 저자는 일반적으로 판차쉬카(Pañcaśikha)로 알려져 있지만, TV의 저자(Vācaspati Miśra)는 다른 저서에서 이 인용구의 작자를 바르샤간야(Vārṣagaṇya)로 제시한다(Woods 1973:317, n. 3). 그의 견해에 따르면 *Ṣaṣṭitantra*의 저자는 판차쉬카가 아니라 바르샤간야가 된다.

44 뒤따르는 제14경에 이러한 의문의 답이 함축되어 있다는 뜻이다.

45 "[5]미세요소를 부분(구성 요소)으로 갖는 지(地)의 극미"라는 번역은 다음과 같

(극미)들의 단일한 전변은 땅, 소, 나무, 산 따위와 같은 것들이 된다.[46] _2

[5조대요소 중 지(地) 이외의] 다른 요소들의 경우에도 [수(水)의 경우엔] 습기, [화(火)의 경우엔] 열, [풍(風)의 경우엔] 굴성(屈性), [공(空)의 경우엔] 공간 제공[47]을 고려하여 단일한 변형(=전변)의 발단인 공통의 것(3질)을 성찰해야 한다.[48] _3

....

은 YV의 해설에 의거한 것이다.

"그리고 그(저자)는 지(地)의 극미가 부분을 갖지 않는다는 오해를 제거하기 위해 오직 5미세요소가 부분들이라는 뜻으로 '미세요소를 부분으로 갖는'(tanmātrāvayavaḥ) 이라고 말한 것이다. [이 말은] 소유 복합어로 분석해야 한다." (tasya ca pārthiva-paramāṇor niravayavatva-bhrama-nirāsāya pañca-tanmātrāṇy evāvayavā ity āha/ tanmātrāvayava iti/ bahuvrīhi-vigrahaḥ/)

여기서는 조대요소의 원인이 되는 미세요소를 극미로 간주하고 있다. 제2장 제19경의 주석에 의하면, 地는 다섯 미세요소가 모두 원인으로 작용한 전변의 결과(聲+觸+色+味+香→地)이다. 제2장의 각주 81 참조.

46 이상의 설명에 의하면 전변의 단일성이란 일원성(一元性) 또는 동질성(同質性)을 의미한다. 즉 전변의 결과는 다양하더라도 그것은 근본원질(일원)의 3질이 전변하는 단일한 인과율에서 벗어나지 않는다. 그리고 다양한 결과는 모두 3질이라는 동질(同質)의 원인으로 귀속된다.

47 제3장 제44경의 주석에서는 5조대요소의 본성을 이와 유사하게 제시한다(3.44_2).

48 '고려하여'(upādāya)의 어근은 ①upa-ā-√dā이고, '성찰해야 한다'(samādheya)의 어근은 ②sam-ā-√dhā이다. 그런데 이 둘은 각기 상이한 두 가지 이상의 의미로 사용될 수 있다. ①은 추가 또는 포함, 지각 또는 고려라는 두 가지 의미를 지닌다. ②는 구성(형성) 또는 배열, 확립 또는 인정, 명상 또는 성찰이라는 세 가지 의미를 지닌다. Woods는 ①의 의미를 추가 또는 포함, ②의 의미를 구성(형성)으로 파악했다. 그의 견해를 채택하면 이 대목을 다음과 같이 번역할 수 있다.

"[5조대요소 중 지(地) 이외의] 다른 요소들의 경우에도 [수(水)의 경우엔] 습기, [화(火)의 경우엔] 열, [풍(風)의 경우엔] 굴성(屈性), [공(空)의 경우엔] 공간 제공을 포함하여 단일한 변형의 시발인 보편적인 것이 형성될 것이다."

그러나 이 번역은 앞의 제13경을 고려할 경우 부적합하다. 제13경의 주석에 의하

①"식별 작용을 동반하지 않는 대상은 존재하지 않지만, 대상을 동반하지 않는 인식 작용은 꿈 따위에서 조작되어 존재한다."라고 하는 ② 이러한 예증으로 사물의 본성을 거부하고, ③"오로지 인식 작용이 만들어낸 사물은 꿈속의 대상처럼 실제로는 존재하지 않는다."라고 말했던 자들, ④이들은 [사실을] 말하자면 사물이 그 자체의 효력으로 이렇게 현전해 있는데도, ⑥증거 능력이 없는 망상의 인식력으로 사물의 본성을 팽개치고서[49] ⑦그것(현전해 있는 사물)만을 부정하고 있으니, ⑤어떻게 ⑧[그들의 주장이] 믿을 만한 말일 수 있겠는가?[50]_4

……………

면, 이 모든 것은 질들의 특수한 배합일 뿐이지만, 질들의 궁극적인 모습은 시야에 들어오지 않는다(4.13_2). 이에 대해 제14경의 주석은 쉽게 지각될 수 없는 질들에 의해 단일한 전변이 진행되어 다양한 사물이 실재한다는 것을 설명한 것으로 이해된다. 그러므로 이 대목의 요지도 단일한 전변의 발단이 '공통의 것', 즉 3질이라는 사실을 성찰 또는 인정해야 한다는 것이다. 한편 Rukmani는 "단일한 변형의 발단인 공통의 것(3질)을 성찰해야 한다."를 "유사한 속성을 가진 단일한 전변의 시초가 있다는 것을 명상으로 이해해야 한다."라고 번역했다.

49 YsV의 판본에 따르면 '사물의 본성을 팽개치고서'는 '사물 자체를 인정하고서'가 된다. 이에 따른 번역 및 맥락의 차이는 아래 각주 참조.

50 문장에 있는 번호는 난해한 원문의 구조를 한눈에 파악할 수 있도록 역자가 부여한 것이다. TV와 YV는 이 설명이 불교의 유식학파를 지칭하는 Vijñāvādin(식론자)의 견해를 비판하고 있는 것으로 해설한다. TV와 YV의 해설은 매우 장황하지만, 유식학파의 주장을 따른다면 인식 주체와 인식 대상은 동일한 것이 되어 해탈도 속박도 무의미하게 된다는 것이 비판의 요지이다. 이에 따른 결론은 대상을 인식하는 것이 마음(지각기관)이므로, 인식 주체(마음)와 인식 대상을 차별해야 한다는 것이다. YsV는 ④ 이하의 설명에 대해 원문의 술어를 풀이하는 방식으로 다음과 같이 해설한다.

"④그들 자신은 그 자체의 효력으로 현전해 있는 [이] 사물을 [꿈속에서는] '그럴 것이다'라고 동의하고 나서는, ⑥증거 능력이 없는 망상의 인식력으로 사물 자체를 인정하고서, 즉 동의하고서 ⑦동의한 바로 그것을 발뺌하고 있으니, 즉 '이것

그런데 이것(사물)은 왜 [인식과] 부합하지 않는가?_5

제15경: 사물(대상)이 동일하더라도 마음[의 양상]은 다양하기 때문에 그 둘(사물과 인식)의 행로는 다르다.

하나의 사물(대상)은 많은 마음의 기반(인식 근거)이 되는 공통의 것이다. 그것은 참으로 하나의 마음이 지어낸 것도 아니고 많은 마음이 지어낸 것도 아니라, 스스로 확립되어 있는 것이다._1

왜 그러한가? "사물(대상)이 동일하더라도 마음[의 양상]은 다양하기 때문이다." 즉 사물이 동일하더라도 선(善)에 의존할 경우에는 마음은 안락한 인식을 갖게 되고, 악에 의존할 경우에는 바로 그 [동일한 사물]로부터 불편한 인식을 갖게 되며, 무지에 의존할 경우에는 바로 그 [동일한 사물]로부터 우둔한 인식을 갖게 되고, 바른 통찰에 의존할 경우에는 바로 그 [동일한 사물]로부터 공평한 인식을 갖게 된다._2

[그렇다면] 누구의 마음이 그것(사물)을 지어낼 것인가?[51] 더욱이 어떤 사람의 마음이 지어낸 대상에 의해 다른 사람의 마음이 감염된다는 것은 타당하지 않다. 따라서 인식되어야 할 것(인식 대상)과 인식하는 것(인식 기관)의 차이로 구분되는 사물과 인식의 행로는 다르다. 이

....

[은 있다]'라고 동의하고 나서 '이것은 없다'라고 부정하고 있는 것이 ⑤어떻게 ⑧믿을 만한 말일 수 있겠는가?" (④te svayaṃ tatheti abhyupagamya svamāhātmyena pratyupasthitam [idaṃ] vastu ⑤katham ⑥apramāṇātmakena vikalpa-jñāna-balena vastu svayam upagṛhya abhyupagamya ⑦tad eva abhyupagataṃ apalapantaḥ idam ity abhyupetya idaṃ nāstīty apahnuvānāḥ ⑧śraddheya-vacanāḥ syuḥ//)

51 사물(대상)이 마음을 일으킨다는 저자의 관점에서, 사물은 누군가의 마음에 의해 구상된 것이라고 하는 주장이 부당함을 지적하는 반어법.

둘 사이에는 뒤섞임의 흔적도 없다._3

또한 상키야(sāṃkhya)의 지론에 의하면, 사물은 3질이고 질들의 작용은 일정하지 않다. 따라서 그것(사물)은 선(善) 따위의 동력인에 의존하여 마음들과 연결된다.[52] 그리고 그것은 동력인에 상응하여 제각

....

52 TV는 상키야의 지론을 다음과 같이 해설한다.

"3질의 전변일 뿐인 동일한 외적 사물은 세 가지 양태를 구비하고 있다. [이에 대해] '그렇다고 하더라도 모든 것은 차별 없이 즐거움과 고통과 미혹으로 이루어진 식별 작용을 가질 것이다.'[라고 반론한다면,] 이에 답하여 '선(善) 따위의 동력인에 의존하여'라고 말한 것이다. 동질(rajas)을 동반하고 선에 의존하는 순질(sattva)은 안락한 인식을 일으킨다. 그러나 바로 그 순질은 동질을 고갈시키고 지혜에 의존하여 공평한 인식을 일으킨다. 그리고 그 선(善) 따위가 언제나 모든 사람에게 있는 것은 아니다." (ekasyaiva bāhyasya vastunas traiguṇya-pariṇāmasya trairūpyam upapannam/ evam api sarveṣām aviśeṣeṇa sukha-duḥkha-mohātmakaṃ vijñānam syād ity ata āha dharmādi-nimittāpekṣaṃ rajaḥ-sahitaṃ sattvaṃ dharmāpakṣaṃ sukha-jñānaṃ janayati/ sattvam eva tu vigalita-rajaskaṃ vidyāpekṣaṃ mādhyasthya-jñānam iti/ te ca dharmādayo na sarve sarvatra puruṣe santi/)

한편 YV의 해설은 다음과 같다.

"상키야 학파의 견해에 의하면, 즐거움과 고통과 미혹으로 이루어져 있는 것이 사물이며, 마음은 그 성질이 변덕스러운 것이다. 이 때문에 사물은 선(善) 따위의 동력인의 힘으로 오직 즐거움 따위를 위해 마음들과 연결된다. 따라서 언제나 [사물에 대한] 인식이 있는 것은 아니다. 그와 같이 사물은 선 따위의 동력인에 따라 즐거움 따위로 이루어진 관념을 지향하여 오직 즐거움 따위의 성질을 형성함으로써 원인이 된다. 이렇게 원인이 되는 것의 특성을 구분하기 때문에 둘째 것(마음=인식?)도 과오가 되지는 않는다. [저자의 설명은] 이와 같은 의미이다." (sāṃkhyānusārimate sukha-duḥkha-mohātmakaṃ bhavati vastu cittaṃ cala-svabhāva-mato dharmādi-nimitta-vaśāt sukhādy-artham eva cittair vastu saṃbadhyata iti na sarvadā jñānam/ tathā dharmādi-nimittānurūpaṃ sukhādy-ātmaka-pratyayaṃ prati sukhādy-ātmakatvenaiva vastu hetur bhavatīti kāraṇatā'vacchedaka-bhedān na dvitīyo 'pi doṣa ity arthaḥ//)

기 스스로 일어나고 있는 관념의 원인이 된다._4

어떤 사람들[53]은 말하길, "즐거움 따위처럼 향수(경험)되어야 하기 때문에 대상은 인식과 [동시에] 공존할 뿐이다."라고 했다. 이와 같은 식으로 그들은 [앞서 말한 사물의] 공통성[54]을 배척하고, 앞뒤의 찰나들에도 있는 바로 그 사물 자체를 부정한다.[55]_5

....

53　'어떤 사람들'이 지칭하는 것이 불교도인 것은 분명하지만, 불교의 어떤 유파인지를 특정하기는 곤란하다. 유식학파를 지칭하지는 않는다고 견해도 있고(Sinha 1938:94-95), 경량부로 간주하는 듯한 견해도 있으며(Dasgupta 1973:36), 찰나멸론자를 지칭할 수도 있다. 다만 직전의 제14경에서 유식설을 집중적으로 비판했던 TV의 해설을 고려하면, 여기서 거론하는 '어떤 사람들'은 유식학파도 포함한 것으로 이해할 수 있다.

54　이 제15경의 주석을 시작하면서 "하나의 사물(대상)은 많은 마음의 기반(인식 근거)이 되는 공통의 것이다."라고 말한 것을 가리킨다.

55　Woods는 이 진술을 제16경의 도입구로 간주했다. TV는 '어떤 사람들'의 주장을 상술하면서 저자의 취지를 다음과 같이 해설한다.
"이에 대해 어떤 사람들, 즉 반론자들은 '즐거움 따위처럼 향수되어야 하기 때문에 대상은 인식과 [동시에] 공존할 뿐이다.'라고 했다. 이것은 다음과 같이 말하는 것이다. '대상이 인식과는 다르다고 하자. 그렇다고 하더라도 그것은 무감각한 것이기 때문에 인식이 없이는 지각될 수 없으며, 인식에 의해 조명되어야 한다. 따라서 그것은 증거가 없으므로 다른 때에는 존재하지 않고 인식의 시점에만 존재한다.' 이에 대해 이 『주석』의 저자는 경문에서 빗나간 이것을 곧장 '이와 같은 식으로 그들은'이라고 논박한다. 실로 사물은 일반 관찰자들에 의해 모든 마음에 공통하고, 많은 찰나들의 연속으로 유지되며, 전변의 성질을 갖는 것으로 경험되는 것이다. 만약 그것(사물)이 인식과 공존한다면, 그것은 바로 그와 같은 [인식의] 일종(형태)이 될 것이다. 만약 그렇다면, 이제 [배(腹)와 등(背)처럼 사물의 어느] 부분에 관해서는 도대체 무엇이 역시 부정될 수는 없을(즉 인정할 수밖에 없을) 그것(부분)과 일치하겠는가? [저자의 논박은] 이러한 의미이다." (atra kecid āhuḥ prāvādukā jñāna-sahabhūr evārtho bhogyatvāt sukhādivad iti/ etad uktaṃ bhavati, bhavatv artho jñānād vyatiriktas tathāpy asau jaḍatvān na jñānam antareṇa śakyaḥ pratipattum/

제16경[56]: 또한 사물은 단일한 마음에 의존하지 않는다. [만약 단일 한 마음에 의존한다면] 그것(사물)이 [그 단일한 마음으로는] 확인되지 않을 때, 그것은 무엇이 될 것인가?[57]

만약 사물이 단일한 마음에 의존하여 존재한다면, 그때 마음이 산란하거나(다른 것에 쏠리거나) 억제되어 있을 경우, 그것(사물)은 무형의 것에 불과하게 되어 그것(마음)과 접촉하지 않게 되고, 다른 것(마음)의 대상이 되지 않게 되고, 확인되지 않게 되어, 그 어느 것에 의해서도 그 자신의 존재 상태가 인식되지 않게 될 것이다. 그때 그것(사물)이 존재할 수 있겠는가? 그리고 마음과 연결되어 있는 그것이 어떤 원인으로부터 다시 발생할 수 있겠는가?[58]_1

……………

jñānena tu bhāsanīyaḥ/ tathā ca jñāna-samaya evāsti nānyadā pramāṇābhāvād iti/ tad etad utsūtraṃ tāvad dūṣayati bhāṣya-kāraḥ ta etayā dvāreti/ vastu khalu sarva-citta-sādhāraṇam aneka-kṣaṇa-paramparohyamānaṃ pariṇāmātmakam anubhūyate laukika-parīkṣakaiḥ/ tac ced vijñānena saha bhaven nūnam evaṃ vidham evaṃ ced idam aṃśasyopari ko 'yam anurodho yena so 'pi nāpahnūyetety arthaḥ//)

이 해설의 종결부에 있는 반문은 약간 난해하다. Woods(1973:325-6)는 이 부분을 다음과 같이 번역했지만, 의미는 약간 모호하다. "만약 그것이 인식과 공존한다면, 그것은 [그 출몰이 인식의 출몰과 공존하는] 이런 종류의 것이 될 것이다. 그렇다면 어떻게 어느 하나가 그것을 동시에 부정하지 못할 이 대상 요소(idamaṃśa)에 대응(anurodha)할 수 있겠는가?"

56 TV는 "대상은 인식과 공존할 뿐이라고 하자."(jñāna-sahabhūr evāstv arthaḥ)라는 가정을 세운 다음, 이 경문은 이 가정에 대해 답한 것이라고 해설한다.

57 TV의 해설에 의하면, '그것은 무엇이 될 것인가?'란 '그것은 존재할 수 없다'라는 의미이다.(kiṃ tat syān na syād ity athaḥ/)

58 YV는 이 대목을 다음과 같이 차분하게 해설한다. 이에 의하면 『요가주』의 설명은 '사물의 원인'을 따지는 것으로 '사물이 단일한 마음에 의존하여 존재한다'라는

....

주장을 배척한다.

"원인이라는 말이 지닌 바로 이러한 의미를 주석의 저자는 '단일한'이라고 말했다. [즉 '단일한 마음'이라고 말한 것은 사물의 원인에 관한 언급이다. 따라서 사물의 원인에 관해] 만약 사물이 단일한 마음에 묶여 있다면, 그때 그 마음이 다른 대상과 접촉하거나 억제되어 있을 경우, 그 사물은 무형의 것에 불과하게 될 것이다. 따라서 그때 그것(사물)이 존재할 수 있겠는가? [『요가주』의] 나머지는 무형의 것이 됨에 대한 이유이다. 그것이 '확인되지 않게 된다'라고 하는 이것을 설명하여 '그 어느 것에 의해서도 그 자신의 존재 상태가 인식되지 않게 될 것이다.'라고 한다. '그리고 마음과 연결되어 있는'이라고 말하여 저자 스스로 [경문의] 여분을 채운다. 그것은 마음과 동시에 존재하기 때문에, 어떤 원인으로부터 [다시] 발생할 수 있겠는가? 아무런 원인도 없다. [저자의 설명은] 이와 같은 의미이다." (hetu-padasyemam evārthaṃ bhāṣya-kāro āha eketi/ eka-citta-niyataṃ ced vastu syāt tadā tac citte viṣayāntara-sañcāriṇi niruddhe sati asvarūpam eva tad vastu/ atas tadānīṃ kiṃ syāt/ śeṣam asvarūpatve hetuḥ/ tad apramāṇakam ity asya vivaraṇaṃ kenacit agṛhīta-sva-bhāvakam iti/ svayam adhikaṃ pūrayati sambadhyamānaṃ ceti/ cittena samakāla-bhāvitvāt kuta utpadyeta/ na kuto 'pīty arthaḥ/)

한편 TV는 논리학의 전문 지식을 동원하여 다음과 같이 해설한다.

"마음과 연결되어 있는 항아리 혹은 그 사물에 대한 식별이 어떤 원인으부터 발생할 수 있겠는가? 왜냐하면 결과들은 '논리적 결합(긍정적 주연 관계)과 분리(부정적 주연 관계)'에 의해 한정된 원인과 합치해 있기 때문에, 자신의 원인을 초월하여 다른 원인을 통해 존재할 수는 없다. 원인이 없는 상태에서 그것(결과)들이 우연히 발생하는 모순은 있을 수 없다. 그리고 인식의 원인이 되는 바로 그것(사물)이 그 자신의 원인도 된다고 하는 것은 타당하지 않다. 기대 속의 사탕 과자와 [실제의] 사탕 과자를 적용할 경우, 맛과 효력과 소화 따위가 동일하게 되는 사태(즉 상상의 사물과 실제의 사물이 그 기능에서 동일하게 되는 사태)가 발생할 수 있기 때문이다. 따라서 현자가 말하길 '혹은(그리고) 마음과 연결되어 있는 [그것이 어떤 원인으로부터 다시 발생할 수 있겠는가?]'라고 한 것이다." (sambadhyamānaṃ ca cittena tad vastu-viveko vā ghaṭo vā kuta utpadyeta/ niyata-kāraṇānvaya-vyatirekānuvidhāyi-bhāvāni hi kāryāṇi na sva-kāraṇam ativartya kāraṇāntarād bhavitum īśate/ mā bhūd akāraṇatve teṣāṃ kādācitkatva-vyāghātaḥ/ na ca taj jñāna-kāraṇatvam eva tat-kāraṇatvam

더욱이 이것(사물)의 부분으로서 [마음에] 드러나지(인식되지) 않은[59] 것들은 이것에게 없는 것이 될 것이다. 이와 마찬가지로 등(背)이 없다고 한다면 배(腹)도 [실재하는 것으로] 인식될 수 없을 것이다.[60]_2

따라서 대상은 [마음으로부터] 자립해 있고 모든 순수정신에 공통하는 것이다. 그리고 [대상으로부터] 자립해 있는 마음들은 각각의 순수정신에게 봉사한다. 그 둘(대상과 마음)의 결합을 통해 순수정신

....

iti yuktam/ āśā-modakasya modakasya copayujyamānasya rasa-vīrya- vipākādi-sāmya-prasaṅgāt/ tasmāt sādhūktaṃ saṃbadhyamānaṃ vā(ca) punaś cītteneti/)

59 TV는 "'드러나지 않은'이란 '인식되지 않은'이다."(anupasthitā ajñātāḥ)라고 부연한다.

60 설명의 요점은 다음과 같은 것이다.
"우리는 눈으로 자신의 등(背)을 직접 볼 수는 없지만 볼 수 없다고 해서, 즉 인식할 수 없다고 해서 우리에게 등(背)이 없다고 말할 수는 없다. 반면에 등(背)을 직접 볼 수 없으므로 등(背)이 없다고 한다면, 이 등(背)과 필수적으로 연관되어 있는 배(腹)도 없다고 말해야 할 것이다. 이것은 분명히 모순이다."
등(背)과 배(腹)의 실례는 인도 논리학의 주요 개념인 vyāpti(불변의 수반, 遍充)를 적용한 설명이다. 이 '불변의 수반(隨伴)'은 예를 들어 "등이 있으면 배가 있다."(yatra pṛṣṭhaḥ tatra udaraḥ)라고 표현된다. YV는 이 실례를 다음과 같이 해설한다.
"인식되고 있는 이 대상 중에서 알려져 있지 않는 것들과 등(背) 따위의 그 부분들도 [감관으로] 입증되지 않기 때문에 존재하지 않게 될 것이다. 그리고 이와 마찬가지로 등(背) 따위가 존재하지 않기 때문에, 배(腹)는 [실재하는 것으로] 알려져 있더라도 인식될 수 없을 것이다. [『요가주』의 이 서술에는] '실재하는 것으로'라는 말을 보충해야 한다. 배(腹)에 대한 등(背)의 관계와 같은 '불변의 수반'에 의해, 등(背) 따위가 존재하지 않는 데서는 배(腹)의 존재가 성립하지 않기 때문이라는 것이 [『요가주』에서 말하는] 의미이다." (asyārthasya gṛhyamāṇasyāpratīyamānā ye ca pṛṣṭhādy-aṃśās te 'py aprāmāṇikatvād asantaḥ syuḥ, evaṃ ca pṛṣṭhādy-abhāvād udaraṃ pratīyamānam api na gṛhyeta, satyatayeti śeṣaḥ/ udarasya pṛṣṭhādi-vyāptatayā pṛṣṭhādy-abhāve nodara-bhāva-siddher iti bhāvaḥ/)

의 향수(경험)인 지각(인식)이 있다._3

제17경: 마음은 사물의 영향에 따라 그것(사물)을 인식하기도 하고 인식하지 못하기도 한다.

자석과 같은 대상들은 철과 같은 마음과 결합하여 마음에 영향을 준다. 그런데 마음에 영향을 주는 바로 그 대상이 인식되고, 이 밖에 그것과는 다른 것은 인식되지 않는다. 사물은 인식되기도 하고 인식되지 않기도 하는 본성을 갖기 때문에, [이것의 영향을 받아] 마음이 전변한다._1

그러나 바로 그 마음을 자신의 대상으로 갖는 것(순수정신)에 관해서는 [다음 경문으로 교시한다.]_2

제18경: 순수정신은 전변하지 않기 때문에, 마음의 작용들은 그 [마음의] 주인(순수정신)에게 항상 인식된다.[61]

만약 주인인 순수정신도 마음처럼 전변한다면, 이로 인해 그 [순수정신의] 대상인 마음 작용들은 소리 따위의 대상처럼 인식되기도 하고 인식되지 않기도 할 것이다. 그러나 [마음 작용인] 의식이 그 [의식의] 주인에게 항상 인식된다는 것은 [주인인] 순수정신이 전변하지 않는 것임을 추론하게 한다.[62]_1

....

61 바로 앞의 제17경에 의하면, 마음은 대상(사물)의 영향에 따라 그 대상을 인식하기도 하고 인식하지 못하기도 한다. 이에 비해 순수정신은 대상인 마음 작용을 항상 인식한다. 이는 순수정신이 전변을 겪지 않기 때문에 가능하다.

62 TV는 이 설명의 요점을 다음과 같이 제시한다. "그와 같이 전변하지 않는 그 순수정신은 전변하는 마음과는 다르다는 것이 [『요가주』에서 말하는] 의미이다."

"오로지 마음이 불처럼 자신을 비추고 대상을 비출 것이다."[63]라고 하는 반론이 있을지 모른다. [이에 대해 다음과 같이 교시한다.]_2

제19경: 그것(마음)은 지각되어야 하는 것(지각 대상)이기 때문에 자신을 비추지는 못한다.[64]

다른 감관들과 소리 따위는 지각되어야 하는 것이기 때문에 그 자신들을 비추지 못하듯이, 의식(마음 작용)도 그와 같다고 인정되어야 한다. 그리고 이 경우에 불은 예증이 되지 않는다. 왜냐하면 불은 [아직] 발광하지 않은 자신의 형태 자체를 밝히지는 않기 때문이다. 또한 이러한 발광[이라는 작용]은 피사체(被射體)와 발광체의 연관에서 지각되는데, [발광체] 자신의 형태만으로는 연관이 있을 수 없다.[65]_1

....

(tathā cāpariṇāminas tasya puruṣasya pariṇāminaś cittād bheda iti bhāvaḥ//)

63 TV와 YV에 의하면 이것도 절멸론자(vaināśika)의 주장이다.

64 마음은 순수정신이 인식하는 대상이므로, 그 자신을 대상으로 인식하지는 못한다는 뜻이다.

65 TV는 '불의 예증'에 대해 다음과 같이 상술한다.
"요컨대 불은 다른 불을 통해 발광하는 것이 아니라 [불을 조명하는 순수정신의] 식별을 통해 발광하고, 스스로는 발광하지 않으며, [자신을 비추는 불과 다른 것을 비추는 불로서] 따로따로 존재하는 것이 아니라는 의미이다. '또한 이러한 발광은'이라고 말하는 데서 '이러한'이란 순수정신의 본성인 발광과는 구분하는 것이며, 말하자면 작용의 일종인 발광이라는 것이다. 이것은 다음과 같이 말하는 것이다. 작용은 어떠한 것이든 저마다 작자와 수단과 대상의 연합에 의해 지각된다. 차이트라[라는 요리사]와 불과 쌀의 연합에 의해 지각되는 요리가 그와 같고, 혹은 조명이 그와 같다. 따라서 발광도 작용이므로, 여하튼 그와 같이 [세 가지 관계로] 존재할 수밖에 없다. 그리고 차별에 의존하는 연합은 차별이 없으면 불가능하다는 의미이다." (mā nāmāgnir agny-antarāt prakāśiṣṭa vijñānāt tu prakāśata iti na

더욱이 "마음이 자신을 비춘다"라는 말은, [마음은] 결코 어느 것의 인식 대상이 아니라는 의미가 된다.[66] 예를 들어, 허공이 자기 자신을 근거로 갖는다는 것은 다른 것을 근거로 갖지는 않는다는 의미이다._2

중생들의 활동은 [그들] 자신의 통각(마음)의[67] 동태를 성찰함으로써 '나는 화난다, 나는 두렵다, 저기에(저 사람에게) 나의 애정이 있다, 저기에(저 사람에게) 나의 분노가 있다'라고 지각된다. 자신의 통각에 대한 인식이 없다면, 이러한 것은 성립되지 않는다._3

....

svayaṃ prakāśata iti na vyabhicāra ity arthaḥ/ prakāśaś cāyam iti/ ayam iti puruṣasya bhāvāt prakāśād vyavacchinatti, kriyārūpaḥ prakāśa iti yāvat/ etad uktaṃ bhavati yā yā kriyā sā sā sarvā kartṛ-karaṇa-karma-saṃbandhena dṛṣṭā/ yathā pāko dṛṣṭaś caitrāgni-taṇḍula-saṃbandhena yathā vā prakāśanam/ tathā ca prakāśo 'pi kriyeti tathāpi tathā bhavitavyam/ saṃbandhaś ca bhedāśrayo nābhede saṃbhavatīty arthaḥ/)

여기서 예시한 '요리'의 비유는 제3장 제17경의 주석에서(3.17_9) 언어의 문제를 취급하면서 적용되었다.

66 여기서는 마음은 순수정신의 인식 대상일 뿐이라는 것을 전제로 하여, 마음은 자신을 비출 수 없다는 사실을 설명한다. 즉 마음이 자신을 비춘다면, 마음은 순수정신처럼 그 자신에 의해서만 인식될 수 있을 것이지만, 사실은 그렇지 않다는 것을 우선 허공의 예로 입증한다. 마음이 자신을 비춘다면, 마음은 허공처럼 다른 근거가 전혀 없이 그 자체로만 존재할 것이다. 그러나 마음은 순수정신에 예속되어 있다(앞의 제18경 참조). 더욱이 우리가 어떤 감정을 느끼는 것은 바로 그 마음이 인식의 대상으로 성찰되기 때문이라는 것을 후속하는 설명으로 입증한다. 그런데 YsV는 "마음이 자신을 비춘다."라는 말은 "마음이 자신을 비추지 못한다."라는 의미를 함축한 반어법의 표현이라고 독특하게 해설한다. ↬ 「주제별 역주」 4-3.

67 TV는 "통각은 마음이다."(buddhiś cittam)라고 명시한다. ↬ 「주제별 역주」 4-3.

제20경: 그리고 동시에는 둘(마음과 대상)을 확인하지 못한다.

그리고 한 찰나에 자신과 타자의 형태를 확인한다는 것은 타당하지 않다. 찰나멸을 주장하는 자는 "존재한다는 것은 곧 행동(작용)이고, 또한 조작 수단[68]이다."라고 인정한다.[69]_1

....

68 '조작 수단'의 원어인 kāraka가 제3장 제17경의 주석(3.17_9)에서는 범어 문법의 격(格)을 의미하는 특수 용어로 구사되지만, 여기서는 굳이 그 의미를 채택할 필요가 없다. YD(p. 128)는 SK 10에 대한 주석에서 이 kāraka라는 개념을 중시하여 불교 측의 찰나멸론을 비판하는데, 이 경우의 kāraka는 생산자(만들어내는 것)라는 개념으로 원질(prakṛti)을 지칭한다.

69 YV는 이 설명의 취지를 다음과 같이 상술한다.
"[『요가주』에서] '그리고 ~ 않다'는 다음과 같은 의미이다. '발생하는 오직 한 찰나에 자신과 타자를 확인한다는 것도 타당하지 않다. 먼저 존재하는 것만이 직접 지각의 대상이 되는데, [나중의 것을 지각할 찰나에는 먼저 지각한 것이] 자신의 앞에 존재하지 않기 때문이다.' [이에 대해] 반론자는 '그와 같이 자신[의 마음]이 발생한 다음에 자신[의 마음]에 대한 인식이 있다고 하자.'라고 전제한다. 이러한 맥락에서 '찰나멸을 주장하는 자는 ~'이라고 말한 것이다. 찰나멸론에 의하면, 사물의 발생은 곧 행동이자 그것(사물)의 결과이며, 그것(행동)은 곧 그것(사물)에 대한 행위자 따위와 같은 조작 수단의 집합이다. 이러한 견해에서는 모든 것은 원인을 갖지 않은 채 사물의 발생만을 결과로 갖고 오로지 저절로 존재한다는 것이 결론이다. 그래서 이와 같이 말하길, 어떤 경우에나 존재하는 것은 곧 행동이고, 이것(행동)이 곧 조작 수단이라고 한다. 그렇다면 이 말은, 마음이 발생한 다음에 자신[의 마음]을 인식하기 위한 행동은 있을 수 없다는 의미가 된다. 우리의 견해에서도 의미하는 것은, 소리를 판별하는 활동이 멈춘 후에는 기능이 없으므로 하나의 작용이 두 가지 대상을 인식할 수는 없다는 것이다." (na ca nāpy ekasminn utpatti-kṣaṇa eva sva-parāvadhāraṇaṃ yuktam pūrvaṃ sata eva pratyakṣa-gocarāt svasya ca prāg asattvād ity arthaḥ/ nanv evaṃ svotpatty-anantaraṃ sva-grahaṇam astu/ tatrāha kṣaṇiketi/ kṣaṇikavādi-mate yā vastuna utpattiḥ saiva kriyā, tasya kāryaṃ saiva ca tasya kartrādi-kāraka-vargaḥ, tan-mate sarvaṃ vastūtpatti-mātra-phalakaṃ nirhetukaṃ svayam eva bhavatīti sidhāntaḥ/ tathā coktam bhūtir yeṣāṃ kriyā saiva kārakam saiva cocyate/ iti/

자신의 취향에 따라 정지된 마음을 곧장 후속하는 다른 마음이 인식한다는 견해가 있을 수도 있다. [이에 대해 다음과 같은 교시한다.]_2

제21경: [마음이] 다른 마음에 의해 지각될 경우, 통각에 대한 통각[70]으로 인해 무한 소급과 기억의 혼란이 [발생할 것이다.]

이제 만약 마음이 다른 마음에 의해 인식된다면, 통각에 대한 통각은 무엇에 의해 인식되는가? "그것(통각)도 다른 것(통각)에 의해, 이것도 [다시] 다른 것에 의해"라고 하는 무한 소급이 [발생할 것이다.][71]_1

....

atrotpatty-anantaraṃ cittasya sva-grahaṇārthā kriyā na saṃbhavatīty arthaḥ/ asman-mate 'pi śabda-buddhi-karmaṇāṃ viramya vyāpārābhāvād ekasyā vṛtter dvy-artha- grāhakatvaṃ na sambhavatīti bhāvaḥ//)

여기서 YV는 찰나멸을 주장하는 반론자의 견해를 두 가지로 분석하여 그 결점을 자파(요가 철학)의 주장으로 해소하고자 한다. 먼저 반론자에 의하면, 사물의 발생은 그대로 행동(작용)이자 결과이면서 조작 수단이 된다. 그러나 이 같은 관념은, 인식 이전에 그 대상이 먼저 원인으로 존재해야 한다는 상식에 어긋난다. 다음으로 반론자의 결론에 따르면, 마음이 발생한 것은 하나의 존재이므로 '행동'이고, 이 마음을 인식하기 위한 행동은 '조작 수단'이 된다. 그런데 반론자의 주장으로는 행동이 곧 조작 수단이므로, 발생한 마음(즉 행동)을 인식할 조작 수단이 따로 없게 된다. 여기서 '마음의 발생'은 사실상 인식을 의미한다. 그렇다면 반론자의 주장은 인식 수단과 인식 자체가 공존할 수 없다는 결론에 도달하게 된다. YV는 바로 이 결론이 '우리의 견해'에 해당한다고 지적한다. YV가 맨 끝에서 "하나의 작용이 두 가지 대상을 인식할 수는 없다."라고 말한 것이 이것이다. Rukmani (1989:85, n. 3)는 이 말을 "하나의 동일한 작용이 대상을 인식하는 수단인 동시에 인식 자체가 될 수는 없다."라는 의미로 이해했다.

70 TV에 의하면 이 통각도 마음의 동의어이다. 따라서 '통각에 대한 통각'이란 '마음을 인식하는 마음'을 의미한다. 다음 각주 참조.

71 이제까지는 마음은 인식의 대상이 된다는 것을 설명하는 데 주력했다. 그렇다고

그리고 기억의 혼란이 [발생할 것이다.] 즉 통각에 대한 통각들의 경험들이 있는 그만큼의 기억들이 나타날 것이다. 그래서 그것(기억)들의 혼란으로 인해, 특정한(하나의 통각이 경험한) 기억에 대한 한정이 없게 될 것이다. 통각을 의식하는 순수정신을 부정하는 절멸론자들(불교도)에 의해 이와 같이 그 모든 것은 착란된다. 더욱이 그들은 향수자(순수정신)와 같은 것을 아무 데에서나 구상하여, 논리와 합치하지 않는다._2

그런데 어떤 이들은 단지 존재일 뿐인 것도 상정하여, "이 5온(蘊)을 버리고 나서 다른 것들(5온)을 다시 모으는 것이 곧 존재이다."라고 말하고서는 바로 그것(존재)을 다시 부정한다. 마찬가지로 그들은 "나는 5온에 대해 크게 무관심하고, 냉정하고, 생성이 없고, 평정하기 위해 스승의 곁에서 금욕을 실천할 것이다."라고 말하고서 존재가 다시 존재하게 되는 것만을 부정한다._3

해서 마음이 다른 어떤 마음의 인식 대상이 되는 것은 아니다. 여기서 무한 소급은 인식자와 인식 대상의 관계가 꼬리를 물고 무한하게 연속되는 사태를 일컫는다. 만약 우리의 현재 마음은 이전의 다른 마음에 의해 인식된 것이라고 한다면, 최초의 인식자를 찾는 과정에서는 이 같은 무한 소급의 오류에 빠지게 된다. TV는 이 같은 사태를 다음과 같이 약술한다.

"통각이란 마음을 의미한다. 후속하는 통각이 인식되지 않으면 선행하는 통각을 인식할 수 없다. 왜냐하면 선행하는 통각이 [후속하는] 통각과 연관되지 않고서 각성되어 있을 수는 없기 때문이다. [예를 들면] 곤봉을 인식하지 못한 자는 경찰을 인지할 수 없기 때문이다. 이 때문에 '무한'이라고 말한 것이다." (buddhir iti cittam ity arthaḥ/ nāgṛhītā caramā buddhiḥ pūrva-buddhi-grahaṇa-samarthā/ na hi buddhyā'saṃbaddhā pūrva-buddhir buddhā bhavitum arhati/ na hy agṛhīta-daṇḍo daṇḍinam avagantum arhati/ tasmād anavastheti/)

그러나 상키야와 요가를 비롯한 통설[72]은 '자신'이라는 말로써 오직 순수정신인 주인이 마음의 향수자(경험자)[73]라고 이해한다._4

어떻게 그러한가?_5

제22경: [대상과] 혼융하지 않는 지성(순수정신)은 [통각이][74] 그것(지성)의 형상을 취할 때, 자신의 통각을 지각한다.[75]

"실로 향수자(순수정신)의 능력은 전변하지 않고 [대상과] 혼융하지 않지만, 마치 전변하는 대상(통각) 속에 혼융해 있는 것처럼 그것(대상)의 작용을 따른다. 그리고 그것(향수자의 능력)이 지성(향수자)의

....

72 TV는 여기에 Vaiśeṣika를 우선적으로 포함시킨 반면, YV는 Vedānta를 포함시킨다.

73 『요가주』 원문의 어순을 바꾼 YV의 해설에 따르면 "오직 순수정신이 마음의 주인이자 향수자"가 된다.

74 TV의 해설에 의거한 보충어이다. 이 해설을 참고하지 않으면, "지성(순수정신)은 그것(통각)의 형상을 취할 때"라고 달리 번역될 수 있다. 다음과 같은 YV의 해설로 이 같은 번역이 가능하지만, 의미상의 차이는 없다. "지성(순수정신)은 활동하지 않지만, 오직 통각이 작용하는 형상을 취함으로써 그 자신에 속하는 통각의 작용에 대한 인식이 발생한다는 의미이다." (apratisaṃcārāyā api citeḥ svīya-buddhi-vṛtti-darśanaṃ buddhi-vṛtty-ākāratāpattyaiva bhavatītyarthaḥ/) 다음 각주 참조.

75 Rukmani의 의역을 채택하면 이 경문은 "지성(순수정신)은 아무런 활동이 없이 반영으로써 마음과의 단일성을 얻을 때, 그 자신의 통각을 안다."라는 의미가 된다. TV는 이 경문을 제1장 제4경과 결부시켜 다음과 같이 해설한다.

"[제1장 제4경에서] '이 밖의 경우에 [보는 자(순수정신)는 마음의] 작용과 동일한 양상을 갖는다.'라고 말했던 것은 곧 이로부터 유래한다. 통각이 지성(순수정신)의 반영을 수용함으로써 그것(지성)의 형상을 취할 때, 즉 그것(지성)과 닮은 상태로 바뀌게 될 때, 지성은 자신의 통각을 지각한다." (yat tad avocad vṛtti-sārūpyam itaratreti tad itaḥ samutthitam/ citeḥ sva-buddhi-saṃvedanaṃ buddhis tad-ākārāpattau citi-pratibimbādhāratayā tad-rūpatāpattau satyām/)

조력을 얻는 것을 본성으로 갖는 [즉 지성의 영향을 받는] 통각의 작용과 닮아 있는 한, 그것은 실로 통각의 작용과 다를 바 없는 인식 작용으로 불린다."[76]_1

또한 다음과 같이 말한 것이 그와 같다. "영원한 브라만이 의탁하는 은둔처는 지하 세계도 아니고 산의 동굴도 아니며, 결코 암흑도 아니고 해저의 동굴도 아니다. 현자들은 [그 은둔처를 브라만의 작용과] 다를 바 없는 '통각의 작용'으로 간주한다."[77]_2

그리고 이로부터 다음과 같이 인정된다._3

제23경: 지각자와 지각 대상의 영향을 받은 마음이 모든 대상을 [반영한다.]

실로 마음은 사유되는 대상에 의해 영향을 받는다. 그리고 그 자신은 [순수정신의] 대상이기 때문에, 그 자신의 작용에 의해 주체인 순

....

76 판차쉬카(Pañcaśikha)의 단편으로 알려져 있는 이 구문은 이미 제2장 제20경의 주석(2.20_6)에서 인용되었다.

77 TV에 의하면, 이 구문은 인식 작용이 통각의 작용과 다를 바 없음을 알리기 위해 인용한 것이다. YV와 YsV는 이 대목을 다음과 같이 해설한다.

YV: "[여기서] '의탁하는'이란 '숨어 있는'이라는 말이다. 그 운둔처는 지하 세계 따위가 아닐 뿐만 아니라, 현자들, 즉 학자들은 [그것을] 브라만의 작용과 다를 바 없는 '통각의 작용'일 뿐인 것으로 생각한다." (nihitaṃ saṃguptam iti sā guhā na pātālādi kiṃ tu brahma-vṛtty-aviśiṣṭāṃ buddhi-vṛttim eva kavayaḥ paṇḍitāḥ paśyantīti/)

YsV: "[『요가주』 중] '다를 바 없는 통각의 작용'에서 '다를 바 없는'이란 '분리되지 않는'이고, '그들(현자들)은 간주한다'에서 그들이란 '식별하는 자들'이다." (aviśiṣṭām apṛthag-bhūtāṃ buddhi-vṛttim aviśiṣṭāṃ vedayante vivekinaḥ/)

수정신과 결부된다. 바로 이러한 마음이 곧 지각자와 지각 대상의 영향을 받아 대상 및 주체인 것처럼 되고, 의식 및 비의식과 같은 성질을 갖게 되는데, 대상의 성질을 가지면서도 대상의 성질을 갖지 않은 것처럼 되고 의식하지 못하면서도 의식하는 것처럼 되어, 마치 수정처럼 모든 대상을 [반영한다]고 설명된다._1

바로 이러한 '마음과의 유사성'에 의해 현혹된 어떤 이들은 오직 그것(마음)만이 의식이라고 말했다. 다른 이들은 "이 모든 것은 오직 마음일 뿐이고, 실로 이 세계는 소와 항아리 따위처럼 원인을 가진 것으로서 존재하지는 않는다."라고 말한다. 그들을 불쌍히 여겨야 한다.[78]_2

왜 그러한가? 왜냐하면 온갖 종류의 형상을 비추어내는 그들의 마음은 착란의 근원이기 때문이다. 삼매의 예지에서 직관되어야 할 대상으로서 [마음에] 반영되는 것(순수정신)은 그것(마음)의 기반이 되기

78 TV에 의하면 여기서 언급하는 두 부류는 모두 불교도를 지칭한다. 다음과 같은 TV의 해설에서는 빈번히 거론했던 절멸론자를 유식론자(vijñānamātravādin)와 구분한다.

"그것(마음)에 영상이 맺히는 것은 순수정신의 작용이다. 그런데 절멸론자는 마음이 이렇게 지성(순수정신)의 영상으로 바뀐다는 것을 인정해야 할 것이다. 그렇지 않다면 어떻게 이들이 지성을 마음의 탓으로 돌렸겠는가? 그래서 [『요가주』에서는] '바로 이러한 ~'이라고 말한 것이다. 어떤 이들이란 외적 대상(즉 外界의 실재)을 주장하는 절멸론자들이고, 다른 이들이란 유식(唯識)을 주장하는 자들이다." (tac-chāyāpattiḥ puruṣasya vṛttiḥ/ iyaṃ ca caitanya-cchāyāpattiś cittasya vaināśikair abhyupetavyā/ katham anyathā citte caitanyam eta āropayāṃ babhūvur ity āha/ tad aneneti/ kecid vaināśikā bāhyārthavādinaḥ/ apare vijñānamātravādinaḥ/)

TV의 이 같은 진술을 고려하면, 절멸론자란 불교의 부파 중 유식론의 이전 단계에서 유형상지식론(有形象知識論)을 주장한 Sautrāntika(經量部)를 지칭한 것으로 보인다.

때문에 [마음과는] 다르다.[79] 만약 그 대상이 마음일 뿐이라면, 어떻게 바로 그 예지로써 예지의 형태를 확인할 수 있겠는가?_3

따라서 [삼매의] 예지에서 반영되는 대상을 확인하는 것은 순수정신이다.[80] 이와 같이 '인식자, 인식 기관, 인식 대상'처럼 마음을 구별함으로써 종류에 따라 이것(마음)을 세 가지로도 분류하는 그들은 바른 관찰력을 가진 자들이다.[81] 순수정신은 그들에 의해 체득된다._4

그런데 어떻게 그러한가?_5

....

79 TV 및 YV의 설명을 참조하여 적용하지 않으면 이 주석의 원문은 저마다 다르게 해석되어 원의를 곡해하기 쉽다. '반영되는 것'(pratibimbī-bhūtas)이란 '마음에 반영되는 것'으로서 자아(ātman), 즉 순수정신을 가리킨다고 파악할 때라야 주석의 원의가 바르게 전달된다. TV에 의거하여 '반영되는 것'을 자아(순수정신)로 이해할 수 있다. "그것(마음)의 기반이 되기 때문에 [마음과는] 다르다."라고 번역한 것은 YV의 해설에 의거한 것이다.

TV: "삼매의 예지에서 직관되어야 할 대상, 즉 자아(순수정신)로서 [마음에] 반영되는 것은 [마음과는] 다르다. 무엇 때문인가? 그것, 즉 자아는 [마음의] 기반이 되기 때문이다." (samādhi-prajñāyāṃ prajñeyo 'rtha ātmā pratibimbī-bhūto 'nyaḥ kasmāt tasyātmana ālambanī-bhūtatvāt/)

YV: "대상에 대한 진상을 이해하기 위해 '삼매의 예지에서 직관되어야 할 ~'이라고 말한 것이다. 그리고 그 의미는 다음과 같다. 논의의 범위에 있는 대상으로서 마음에 반영되는 것을 경험하는 자(순수정신)는 그것의, 즉 마음의 기반이 되기 때문에 마음과는 다르다." (samādhi-prajñāyāṃ prajñeya ity uktam arthasya satyatva-lābhāya/ tathā cāyam arthaḥ/ vivāda-gocaro 'rthaś citte pratibimbito yo 'nubhūyate sa tasya cittasyālambanībhūtvāc cittād anyaḥ/)

80 대상(=마음)을 식별할 주체로서 순수정신이 존재한다는 것이다.

81 제1장 제41경과 연관성을 지닌 설명이다.

제24경: 그것(마음)은 무수한 훈습들에 의해 얼룩져 있지만, [다른 요소들과] 결합하여 작용하는 것이기 때문에 타자(他者)를 위해 [존재한다.]

그것, 즉 이 마음은 오직 무수한 훈습들에 의해 잡다하게 착색되어 있지만, 다른 것을 위해, 즉 그 자신을 위해서가 아니라 타자의 향수와 해탈을 위해 [존재한다.] 마치 집의 경우처럼 [다른 요소들과] 결합하여 작용하기[82] 때문이다._1

결합하여 작용하는 마음은 그 자신을 위한 것일 수 없다. 즉[83] 즐거운 마음은 [마음의] 즐거움을 위해 존재하지 않고, 지식은 [마음의] 지식을 위해 존재하지 않으며, 이 둘(즐거움과 지식)도 타자를 위해 존재한다.[84]_2

....

82 YV는 '집'의 비유를 다음과 같이 해설한다. "집은 침대와 육신 따위의 도움에 의해서만 휴식 따위의 임무를 이행한다." (gṛhaṃ śayanādi-kāryam āstaraṇa-śarīrādi-sāhāyyenaiva karoti/)

83 YsV의 판본에 따르면 "왜냐하면~ 때문이다."라는 구문이 된다.

84 TV는 즐거운 마음과 지식의 의미를 다음과 같이 간결하게 제시한다. "즐거운 마음이란 향수(경험)를 암시한다. 그것은 '괴로운 마음'도 고려한 것이다. 지식이란 해탈을 가리킨다." (sukha-cittam iti bhogam upalakṣayati/ tena duḥkha-cittam api draṣṭavyam/ jñānam ity apavarga uktaḥ/)

한편 YV의 해설에 의하면 지식의 구체적인 의미는 '진실한 원리를 아는 것'이다. 즉 YV는 다음과 같이 상술한다.

"즐거운 마음, 즉 향수하는 마음은 즐거움 자체를 위한 것이 아니며, 마음의 향수를 위한 것이 아니다. 이와 마찬가지로 진실한 원리를 아는 마음과 해탈하는 마음은 마음의 해탈을 위한 것이 아니다. [만약 마음의 해탈을 위한 것이라면,] 향수와 해탈의 경우도 마음의 결과가 됨으로써 [모든 결과는] 목적성을 동반한다는 법칙에 의해 무한소급의 사태가 발생할 수 있기 때문이다. 실로 모두가 동의하는 것은 그리고 향수와 해탈을 위해서라는 목적을 가진 순수정신이 바로 그 '타자'이고, 그저 일반적인 타자[85]가 아니다. 그러나 절멸론자가 '본래의 것으로'(자아인 것처럼) 지칭할 수 있는 '모종의 것'은 그저 일반적인 타자이고, 이것은 결합하여 작용하는 것이기 때문에, 그 모두는 오직 타자를 위한 것이 될 것이다.[86]_3

....

'결과는 곧 목적을 동반한다'라는 것이다. 따라서 [『요가주』의 설명은] 마음에 속하는 그 둘(향수와 해탈)도 타자를 위한 것이라는 의미이다." (sukha-cittaṃ bhoga-cittaṃ na sukhārthaṃ na cittasya bhogārthaṃ tathā tattvajñāna-cittam apavarga- cittaṃ ca na cittasyāpavargārtham/ cittasya bhogāpavargayor api kāryatayā sārthakatva-niyamenānavasthā-prasaṅgāt/ yat kāryaṃ tat sārtham iti hi sarva-saṃmatam/ ataś cittasya tad-ubhayam api parārtham ity arthaḥ/)

85 Rukmani가 '일반적 타자'를 굳이 '동일한 부류의 [마음에 속하는] 다른 것'(any other of same class [of mind])이라고 번역한 것은 주석적 근거가 없다. 그러나 다음과 같은 해설은 원문의 취지를 이해하는 데 적합하다.

"경험(향수)과 해탈은 그 자체로 끝나기 때문에, 그것들은 더 이상의 목적을 가질 수 없다. 더욱이 모든 결과는 목적을 갖는다. 만약 경험과 해탈이 마음의 결과라면, 마음은 그것들의 원인이 되므로, 그것들은 그 원인인 마음의 목적에 봉사할 수 없다. 예를 들어 항아리는 그 원인인 진흙에 봉사하지 않고 다른 것에 봉사한다. 이와 마찬가지로 경험과 해탈은 순수정신인 타자의 목적에 봉사한다." Rukmani(1989) p. 110, n. 2.

86 이 설명을 이해하는 데 관건이 되는 것은 '본래의 것으로'와 '모종의 것'의 의미이다. 우선 요점부터 말하자면, '본래의 것으로'란 '자아인 것처럼'(요가측의 용어로는 '향수자인 것으로')이라는 뜻이고, '모종의 것'이란 5온(蘊)과 같은 것을 지칭한다. 여기에는 다음과 같은 생각이 깔려 있다. 불교의 무아설에서는 5온(蘊)을 주장하지만, 5온은 자아에 해당하며, 이 5온도 집합인 한은 '결합하여 작용하는 것'으로서 결국 타자(他者)를 위한 것이 된다. 대부분의 영역자들은 이 구문에서 '본래의 것으로'(svarūpeṇa)라는 술어를 무시했는데, 그 이유를 알 수 없다. 후대 주석서들 중에서는 YV만이 이 술어를 다음과 같이 해설한다.

"본래의 것으로, 즉 '자아인 것처럼'이란 말하자면 '향수자인 것으로'라는 의미이다." (svarūpeṇa, ātmarūpeṇa bhoktṛtayeti yāvat/)

그런데 그 타자는 특수한 것으로서, 결합하여 작용하지 않는 순수 정신이다._4

....

한편 이 구문에 대해서는 YsV만이 장황한 해설을 할애하여 불교측의 견해를 논박하는 데 주력한다. 이 중 다음과 같은 해설로 이 구문의 취지를 이해할 수 있다. "그대(불교도)가 타자를 위해 결합된 마음에 의지할 수 있는 수단은 '신체와 감관들의 집합'으로 불리는 것이지만, 그대에게는 사실상 이것(집합)도 없다. 참으로 실재하지 않는 것이 어떻게 목적을 갖겠는가? 그대는 또한 신체와 감관 따위들을 제외하고는 다른 종류의 것으로 결합된 타자를 인정하지 않는다. 그대가 만약 보이지 않는 다른 종류의 어떤 것을 향수와 해탈을 위해 적합한 것으로 상정한다면, 바로 그것이야말로 우리가 말한 타자(他者)이다. 그리고 [그대가 상정한] 그것이 결합된 것일 경우, 자아를 갖지 않고 [누구나] 볼 수 있는 것은 타자에 해당하지 않는다. 따라서 '결합체가 아닌 것'이 향수와 해탈의 목적을 가진 '타자'이다." (nāpi śarīrendriyāṇāṃ saṅghāto nāma vastuto bhavato vidyate, yena cittaṃ saṃhata-parārthaṃ prārthayethāḥ/ avastuno hi katham arthitvam/ nāpi śarīrendriyādibhyo 'nyaṃ saṃhata-bhinna-jātīyaṃ pratijānīṣe/ yadi bhinna-jātīyaṃ bhogāpavargābhyām arthavantam adṛṣṭaṃ parikalpayethāḥ, sa evāsmābhir uktaḥ para iti/ tasya ca saṃhatatve paratvaṃ dṛṣṭānātmavan nopakalpate/ pariśeṣāt tu asaṃhato bhogāpavargābhyām arthī para iti//) 이 해설에서 '신체와 감관들의 집합'이란 5온을 지칭한 것임을 쉽게 감지할 수 있다. 불교에서 5온은 자아를 부정하면서 자아를 대신하는 개념이다. 무아와 무상(無常)의 실상으로 제시한 것이 5온이므로, 이 5온으로는 자아(순수정신)의 향수와 해탈이라는 목적이 성립되지 않는다. 다만 5온 자체만 보면, 이것도 집합(결합체)이므로 결합하여 작용하는 것이 된다. 그리고 결합하여 작용하는 것은 순수정신인 타자가 될 수 없고 단지 '타자를 위한 것'일 뿐이다.

제25경: 특수한 것[87]을 지각하는 자에게는 자아의 존재 상태에 대한 성찰이 정지된다.[88]

우기(雨期)에 풀의 싹이 터져 나옴으로써 그 씨앗의 존재가 추론된다. 이와 마찬가지로 털이 곤두서는 것(전율)과 눈물이 흐르는 것을 경험하는 혹자의 경우, 해탈의 방도를 들음으로써 거기에도(그 경우의 사람에게도)[89] 특수한 것에 대한 지각의 씨앗이자 해탈과 연결되는 것으로서 [전생에] 생성되었던 업[90]이 있다고 추론된다._1

……………

87 바로 앞에 있는 『요가주』의 도입구로 보면 '특수한 것'은 순수정신을 가리키지만, TV의 해설에 의하면 이 경문에서는 '마음의 순질(sattva)과 순수정신 사이의 차이'를 의미한다. 즉 TV는 다음과 같이 해설한다.
"자아의 존재 상태에 대한 성찰이 있는 자로서 8지 요가의 교시를 추종하여 실행하는 자의 경우, 그 결과로 마음의 순질과 순수정신 사이의 차이를 지각함으로써 자아의 존재 상태에 대한 성찰이 정지된다." (yasyātma-bhave bhāvanāsti tasyāṣṭāṅgayogopadeśād anutiṣṭhato yuñjānasya tat-paripākāc citta-sattva-puruṣayor viśeṣa-darśanād ātma-bhava-bhāvanā nivartate/)

88 TV는 이 경문 앞에 다음과 같은 해설로 경문의 취지를 먼저 제시한다.
"이와 같이 독존의 근본 종자이자 논증에 의거한 '자기 자신에 대한 관찰'을 이렇게 말하고 나서, 그 교시에 적합한 사람과 부적합한 다른 사람을 구별하여 [다음과 같이] 말했다." (tad evaṃ kaivalya-mūlabījaṃ yuktim ayam ātma-darśanam uktvā tad-upadeśādhikṛtaṃ puruṣam anadhikṛta-puruṣāntarād vyāvṛttam āha/)
이처럼 TV는 이 경문이 해탈에 적합한 사람과 부적합 사람의 차이를 지적한 것으로 이해한다. 그러나 YV는 해탈에 단계가 있다고 생각하여 이 경문을 해탈의 첫 단계로 이해한 듯하다. cf. Rukmani(1989) p. 113, n. 1.

89 YV는 "거기에도"라는 말에는 '사람'이라는 말이 생략되었다고 해설한다. 이에 따라 "거기에도"라는 표현은 "그 경우의 사람에게도"라는 의미를 함축한다.

90 TV는 '생성되었던 업'에 대해 다음과 같이 해설한다.
"진실한 원리에 대한 관찰의 씨앗이자 해탈과 연결되는 것으로서, 8지 요가를 실

그에게는 자아의 존재 상태에 대한 성찰이 선천적인 것으로서 발생한다.[91] [다만] 그러한 것(업, 특히 선업)이 없기 때문에 다음과 같은 말씀이 있다. "어떤 이들의 경우에는 [업의] 결함으로 인해 [자아의 존재 상태에 대해 성찰하는] 본성을 포기하고서 반대편(내세를 부정하는 견해)을 좋아함이 있고, [진실한 원리의] 확인을 싫어함이 있다."[92]_2

그 경우, 자아의 존재 상태에 대한 성찰이란 "나는 누구였는가? 나는 어떻게 있었는가? 이것은 도대체 무엇인가? 이것은 도대체 어떻게

....

행하거나 그 일부를 실행하는 업은 전생에 생성되었던 것이라고 추론된다." (prāgbhāvīyaṃ tattva-darśana-bījam apavarga-bhagīyaṃ yat karmāṣṭāṅgayogānuṣṭhānaṃ tad ekadeśānuṣṭhānaṃ vā tad abhnirvartitam astīty anumīyate/)

91 TV는 여기에 함축된 의미를 드러내어 이 구문을 다음과 같이 재구성한다. "그런데 그에게는 사물에 대한 [명상의] 수련이 없더라도 자아의 존재 상태에 대한 성찰이 선천적인 것으로서 반드시 발생한다." (tasya cātma-bhāva-bhāvanāvaśyam eva svabhāvikī vastv-abhyāsaṃ vināpi pravartate/)
Rukmani(1989:114, n. 4)는 이 구문의 취지를 "여기서 강조하는 것은, '자아의 존재 상태에 대한 성찰'이 현생의 업 때문이 아니라 전생에 지은 업 때문이라는 것이다."라고 이해했다.

92 YV는 주석에서 인용문을 제시한 취지와 인용문의 의미를 다음과 같이 해설한다. "그러한 것, 즉 업이 없기 때문에 옛 스승들이 말씀한 '결과'로서 언급될 바로 그것을 '본성을 ~'이라고 말한 것이다. 본성, 즉 자아의 존재 상태를 버린 후, 좋은 업이 없는 이들에게는 반대편, 즉 무상한 육체 따위의 자기 자신인 것만을 좋아함, 즉 너무 신뢰함이 있고, 진실한 원리의 확인을 싫어함이 있다는 의미이다." (yasya karmaṇo 'bhāvād idaṃ vakṣyamāṇaṃ phalam uktaṃ pūrvācāryaiḥ/ yad evāha svabhāvam iti/ svabhāvam ātma-bhāvam tyaktvaiṣāṃ satkarma-śūnyānāṃ pūrvapakṣe 'nitya-dehādy-ātmatāyām eva ruciḥ śraddhātiśayo bhavaty arucíś ca tattva-nirṇaya ity arthaḥ/)
한편 TV의 다음과 같은 해설에 의하면 반대편이란 내세를 부정하는 견해이다. "반대편이란 내세에 거주하는 자가 없으므로 업보는 없으며 내세는 존재하지 않는다는 것이다." (pūrvapakṣo nāsti karma-phalaṃ paralokino 'bhāvāt paralokābhāva iti/)

있는가? 우리는 무엇이 될 것인가, 혹은 우리는 어떻게 될 것인가?"[93]라는 것이다._3

그러나 그것(성찰)은 특수한 것(마음의 순질과 순수정신의 차이)을 지각하는 자에게는 정지된다. 왜 그러한가?_4

이렇게 다양한 전변은 오직 마음에 속하지만, 무지가 없다면 순수정신은 청정하고 마음의 속성들과 접촉하지 않는다. 따라서 [무지가 없는] 이러한 현자에게는 자아의 존재 상태에 대한 성찰이 정지된다._5

제26경: 그때 마음은 식별[지]로 기울어 독존으로 쏠린다.

그때 대상으로 쏠려 있고 무지에 기울어 있던 그의 마음은 그에게 달라지게 된다. 즉 독존으로 쏠리게 되고, 식별로부터 발생하는 지혜로 기울게 된다._1

제27경: 그것(마음)의 틈새들에는 잠세력들로 인한 다른 관념들이 있다.

마음이 관념에 대한 식별로 기울고, 순질과 순수정신의 차이를 지각하는 데로만 흐르는 경우에도, 그것의 틈새들에는 '[이것이] 나다'라든가 '나의 것이다'라든가 '나는 안다'라든가 '나는 모른다'라고 하는 다른 관념들이 있다. 무슨 까닭인가?_1

소멸되고 있는 종자들인 이전의 잠세력들 때문이다._2

93 제2장 제39경의 주석(2.39_2)에서도 이와 동일한 의문구가 구사되었다.

제28경: 이것(잠세력)들의 제거는 번뇌의 경우처럼[94] 언급된다.

타버린 종자의 상태로 있는 번뇌들은 발아할 수 없듯이, 지혜의 불로 타버린 종자의 상태로 있는 이전의 잠세력은 관념을 생성하지 않는다._1

그러나 지혜의 잠세력들은 마음의 임무가 완수되기까지[95] [마음과] 유착해 있으므로 [제거의 대상으로] 고려되지 않는다.[96]_2

....

94 제2장의 제10~11경을 가리킨다.

95 '마음의 임무'란 순수정신의 향수(경험)를 위한 마음의 활동이므로 결국 번뇌에 해당한다. 따라서 '마음의 임무가 완수되기까지'란 '번뇌가 다할 때까지'를 의미한다.

96 이 구문의 취지는 다음과 같은 후대 주석자들의 해설로 충분히 이해된다. 먼저 '지혜의 잠세력'을 YsV는 '바른 관찰의 잠세력'으로 표현하고, TV는 '지고한 이욕(離欲)의 잠세력'으로 해석한다. 영역자 중 Woods는 이것을 '[직관하는] 지혜의 잠세력'으로 번역했다. 아래 주석자들의 해설을 고려하면, 이것은 어쨌든 '억제의 잠세력'의 일환으로 간주된다.

YV: "'그러나 지혜의 잠세력들은'이라는 말에는 '양립하기 때문에'라는 말을 보충해야 한다. 그렇다면 그것들은 어떻게 소멸할 것인가라고 한다면, 이에 대해 답한 것이 '고려되지 않는다'라는 것이다. 임무가 완수될 때 바로 마음과 함께 그것들은 소멸하기 때문에, 그것들의 제압을 근심할 필요가 없다는 의미이다." (jñāna-saṃskārās tv iti/ aviruddhatvād iti śeṣaḥ/ tarhi kathaṃ teṣāṃ nāśaḥ syād iti? tatrāha iti na cintyanta iti/ adhikāra-samāptau cittena sahaiva teṣāṃ nāśāt tat-sādhana-cintā nāstīty arthaḥ/)

YsV: "그러나 그 바른 관찰의 잠세력들은 마음의 임무가 완수되기까지 [마음과] 유착한다. 즉 오로지 유착하여 목적을 달성한 마음과 함께 소멸한다. 그리고 다시는 마음이 임무에 종사하게 만들지 않는다. 임무의 원인인 무지는 지혜의 적이기 때문이다." (te tu samyag-darśana-saṃskārāś cittādhikāra-parisamāptim anuśerate/ sahaivāśrayeṇāvasita-prayojanena cittena pralīyante/ na punaś cittam adhikāra-pravaṇaṃ kurvanti/ adhikāra-hetor avidyāyāḥ pratipakṣatvāj jñānasya/)

제29경: 높은 지위(경지)에 있으면서도 여분의 소득을 취하지 않는 자[97]에게는 언제나 식별지(識別智)로부터 법운(法雲) 삼매가 [발생한다.][98]

이 바라문이 높은 지위에 있으면서도 여분의 소득을 취하지 않을 때, 즉 그로부터도(그 지위로부터도) 아무것도 바라지 않을 때, 그는 거

....

TV: "이제 각성의 잠세력들은 식별지(識別智)의 잠세력들에 의해 제지되어야 하고, 식별의 잠세력들은 억제의 잠세력들에 의해 제지되어야 한다. 그러나 억제의 잠세력들의 경우에는 외적 제한을 갖지 않는 것으로 주지되어 있으므로, 억제의 수단이 충분히 고려되어야 한다. 따라서 '그러나 지혜의 잠세력들은'이라고 말한 것은 '지고한 이욕(離欲)의 잠세력들'을 의미한다." (atha vyutthāna-saṃskārā vivekajñāna-saṃskārair niroddhavyā viveka-saṃskārāś ca nirodha-saṃskārair nirodha-saṃskārāṇāṃ tv abāhya-viṣayatvaṃ darśitaṃ nirodhopāyaḥ prāyaś cintanīya ity ata āha jñāna-saṃskārās tv iti/ paravairāgya-saṃskārā ity arthaḥ/) 여기서 Woods(1973:340, n. 4)는 "억제의 수단이 충분히 고려되어야 한다"라는 서술 앞에 "지혜의 잠세력들을 제외한"이라는 예외가 함축된 것으로 번역하고, 그 이유를 "지혜의 잠세력들은 저절로 소멸하기 때문"이라고 제시했다.

97 비유적으로 표현된 원문을 직역하면 "빚을 청산하는 데서도 이자를 취하지 않는 자"이다. 이 같은 비유적 표현을 Woods와 Rukmani는 "높은 지위에 있으면서도 고리를 받지 않는 자"로, Reggett는 "식별지에 철두철미한 자"로, Yardi(1979:254)는 "이 지혜에서도 거래를 하지 않는 자"로 의역했다. 후대 주석서들 중 YV는 이것을 다음과 같이 해설한다.
"'높은 지위'란 식별의 직관이다. 거기서도 '여분의 소득을 취하지 않는 자'는 [이자를 취하지 않는 부유한] 농부처럼, 모든 존재에 대한 지배권 따위와 같은 능력을 바라지 않는다." (prasaṃkhyānaṃ viveka-sākṣātkāraḥ/ tatrāpi yo 'kusīdaḥ kṛṣīvalavat sarva-bhāvādhiṣṭhātṛtvādi-rūpāṃ siddhiṃ na prārthayate/)

98 YV는 다음의 제30경을 포함한 이 경문의 취지를 "[제28경에서] 말했던 잠세력 제거의 방식을 두 경문(제29, 제30)으로 말했다."(uktasya saṃskāra-hānasya prakāram āha sūtra-dvayena)라고 제시한다.

기서도 초탈하여 언제나 식별지만을 갖게 된다. 이리하여 잠세력의 종자가 소멸하기 때문에 그에게는 다른 관념들이 발생하지 않는다._1

이때, 그에게는 법운(法雲)[99]이라는 이름의 삼매가 발생한다.[100]_2

제30경: 그(법운 삼매)로부터 번뇌와 업은 사라진다.

그것(법운 삼매)을 얻음으로써 무지 따위의 번뇌들이 완전히 근절되며, 선하거나 악한 잠재업들이 완전히 일소된다._1

번뇌와 업이 사라질 때, 현자는 살아 있으면서도 해탈한다. 왜 그러한가? 왜냐하면 [번뇌와 업에 의한] 전도(顚倒)가 [윤회하는] 세상의 원인인데, 실로 어느 누구도 전도를 소진한 출생을 어떠한 것도 어디에서도 본 적이 없기 때문이다._2

제31경: 그때 모든 장애의 불순물로부터 벗어난 지혜는 무한정하기 때문에, [이제] 알려져야 할 것(인식할 대상)은 거의 없다.

번뇌와 업이라는 모든 장애로부터 해방된 지혜는 무한정하게 된

....

99 제1장 제2경의 주석에서는 '법운 정려'가 언급된다. 법운의 의미는 제1장의 각주 10 참조.

100 TV는 이 주석의 취지를 다음과 같이 제시한다.
"[결론적으로] 다음과 같이 말하는 것이다. 높은 지위에서 초탈하여 그것(높은 경지에서 발생하는 마음 작용)의 억제를 추구해야 하고, 법운 삼매에 전념해야 한다. 그래서 그것에 전념할 때 언제나 식별지가 발생한다. 그리고 이와 같이 그는 그것의 억제를 완수한다." (etad uktaṃ bhavati/ prasaṃkhyāne viraktas tan-nirodham icchan dharmameghaṃ samādhim upāsīta/ tad-upāsane ca sarvathā vivekakhyātir bhavati/ yathā ca taṃ niroddhuṃ pārayatīti//)

다. 무한정한 지혜의 순질(純質)은 어둡게 하는 암질(暗質)에 의해 억눌리고 은폐되지만, 언제든지 동질(動質)에 의해 발동하고 개방되어 인식 활동에 적합하게 된다._1

그 경우, 모든 장애의 불순물이 사라질 때, 그것(지혜)은 무한정하게 된다. 지혜가 무한정하기 때문에, 마치 하늘에 있는 반딧불이처럼[101] 알려져야 할 것은 거의 없게 된다._2

이에 관해서는 다음과 같은 말씀이 있다. "맹인이 구슬을 꿰뚫었다. 손가락이 없는 사람이 그것을 [실로] 꿰었다. 목이 없는 사람이 그것을 [목에] 걸었다. 혀가 없는 사람이 그것을 경배(칭송)했다."[102]_3

....

101 YsV는 이 비유를 다음과 같이 해설한다.
"마치 하늘에 있는 반딧불이처럼이란, [무궁한] 하늘을 고려하면 반딧불이는 전혀 없는 것과 같듯이, 이처럼(하늘처럼 무궁한) 그 지혜를 고려하면 알아야 할 것은 아무것도 없는 것과 같다는 의미이다." (yathākāśe khadyota iti/ yathākāśāpekṣayā khadyoto na kiṃcid evam etaj-jñānābhisamīkṣayā jñeyaṃ na kiṃcid iti/)
이것을 Rukmani(2001:201. n. 5)는 "이는 알아야 할 것으로 남아 있는 것이 사소함을 강조하는 것이지, 완전히 아무것도 남아 있지 않다는 것은 아니다."라고 이해했다.

102 Woods(1973:342, n. 2)에 의해 *Taittirīya Āraṇyaka*(1.11)에서 유래한 것으로 알려진 이 인용구는 TV의 해설에 따르면 '불가능한 사태에 관한 일상의 격언'이다. 후대의 주석자들은 이것을 저마다 다르게 해설하는데, YsV에 의하면 이 격언은 "장애가 제거된 진실한 지혜의 상태에서는 순수정신을 위한 어떠한 목적도 없는 상태가 된다는 것을 설명하기 위한 실례"이다. ↪ 「주제별 역주」 4-4.

제32경: 그로부터 목적을 달성한 [3]질들은 전변의 상속을 종료한다.[103]

그 법운 [삼매]가 출현함으로써, 목적을 달성한 질들(3질)에게는 전변의 상속이 완결된다. 왜냐하면 향수와 해탈을 달성하고 [전변의] 상속을 완결한 것들(3질)은 한순간이라도 존속할 수 없기 때문이다._1

그렇다면 이 상속이라는 것은 무엇인가?_2

제33경: 찰나적으로 서로 연관되어, 전변의 최종에 파악될 수 있는 것이 상속이다.

상속은 본질적으로 찰나의 연속이며 전변의 최종인 결말에 파악된다. 왜냐하면 [새로운] 옷은 상속의 찰나를 거친 끝에 낡게 되기 때문이다.[104] 더욱이 영원한 것들에도 상속은 존재한다. 그런데 이 영원성

....

103 TV는 이 경문의 취지를 다음과 같이 해설한다.
"오로지 스스로 변형(전변)을 일으키는 성향을 갖는 것(3질)들이 왜 그와 같은(앞서 말한 지혜를 갖춘) 순수정신에 대해서도 신체와 감관 따위를 생성하지 않는가? 이에 대해 답한 것이 '그로부터 목적을 달성한 질들(3질)은 전변의 상속을 종료한다.'라는 것이다. [오로지 스스로 변형(전변)을 일으키는] 이 성향을 가진 바로 그 질들이 제각기 목적을 달성한 것(순수정신)에 대해서는 작용하지 않는다는 것이 [경문의] 의미이다." (svata eva vikāra-karaṇa-śīlāḥ kasmāt tādṛśam api puruṣaṃ prati dehendriyādīn nārabhata ity ata āha/ tataḥ kṛtārthānāṃ pariṇāma-krama-samāptir guṇānām/ śīlam idaṃ guṇānāṃ yad amī ye prati kṛtārthaṃ prati na pravartanta iti bhāvaḥ//)

104 YsV는 상속을 옷의 변화에 비유하여, "옷의 현현에서 낡음을 일으키는 것이 곧 상속이다." (yeneyaṃ purāṇatā vastrasyābhivyaktim upasaṃprāpitā sa kramaḥ)라고 정의한다.

은 불변의 영원성과 가변의 영원성이라는 두 가지이다._1

그중에서 불변의 영원성은 순수정신에 속하고, 가변의 영원성은 질들(3질)에 속한다.[105] 변형되고 있더라도 본질이 파괴되지 않는 그것이 영원한 것이다. 그런데 그 둘은 본질을 손상하지 않으므로 영원성을 갖는다. 그중 질들의 속성인 통각 따위의 경우에는 전변의 최종에 파악될 수 있는 상속이 종말에 도달하지만, 영원한 실체인 질들 [자신]의 경우에는 종말에 도달하지 않는다._2

영원불변하고 자신의 본성에만 확립되어 있는 해탈한 순수정신들의 경우에는 그 본성의 실재가 오직 상속으로서 경험된다. 따라서 이 경우에도 [상속은] 종말에 도달하지 않으며, 말의 배후로써 존재의 운행을 통해 추리된다.[106]_3

....

105 YsV의 해설에 의하면 질들에 속하는 가변의 영원성은 3질의 본성인 고유한 기능을 가리킨다. 즉 순질의 본성인 즐거움과 조명의 기능, 동질의 본성인 고통와 활성화의 기능, 암질의 본성인 미망과 침체의 기능이다.

106 여기서는 '불변의 영원성'을 설명한다. 해탈한 순수정신이 가진 본성의 실재가 곧 '불변의 영원성'이다. 그런데 이 같은 본성의 실재는 직접 지각될 수 있는 것이 아니라 '있었다, 있다, 있을 것이다'와 같이 상속을 표현하는 말로써 추론된다. 이렇게 말로 표현되는 것이 '존재의 운행'이며, 그런 말에 전제되어 있는 존재의 본성이 '말의 배후'이다. 다만 말은 망상의 기능을 갖기 때문에 이런 추론이 가능하다. 이와 같은 이해는 다음과 같은 YV와 TV의 해설을 참조한 것이다.

YV: "식별 없는 마음에 의해 속박된 것(속박된 순수정신)들에게는 때로는 전변의 가탁이 있을 수도 있다는 점에 의거하여, '자신의 본성에만 확립되어 있는'이라고 말한 것이다. 바로 이 경우에 '자신의 본성'이라고 말한 것은 '해탈한 순수정신들'을 가리킨다. 그리고 '그 본성의 실재'란 '지금 존속하고 나서 다음에도 존속할 것이다'라는 표현법을 통해, 각각의 찰나만큼 그 [본성의] 상속이 순수정신들에게도 존재한다는 것이다. 그렇지 않으면 모든 시간과 연결된 형태의 영원성은 성립하지 않기 때문이다. 그러므로 이 경우에도 [상속은] 종말에 그런데 질들[로 형성된 상태]에서 정주(定住)와 이전(移轉)으로써 진행하고 있는 이 윤회의 경우, 상속의 종료가 있는가 혹은 없는가라고 묻는다면, 이에 대해서는 [단정적으로] 말할 수 없다.[107]_4

왜 그러한가? 단정적으로 대답할 수 있는 질문이 있다. [예를 들어] "태어난 자는 모두 죽을 것인가?"[라는 질문에 대해서는] "물론 그렇소"라고 [대답할 수 있다.] 그런데 "모든 사람이 죽은 다음에 [다시] 태

....

도달하지 않는다. 여기에는 '상속은'이라는 말을 보충해야 한다." (baddhānāṃ cittāvivekena kadācit pariṇāmādhyāso 'pi syād ity āśayena svarūpamātra-pratiṣṭheṣv ity uktam, tasyaiva svarūpākhyānam, mukta-puruṣeṣv iti/ svarūpāstitā ca tat tat kṣaṇamātraṃ tat-kramaś ca puruṣeṣv apy asti, idānīṃ sthitvā paścāt sthāsyatīti vyavahārāt, anyathā sarva-kāla-sambandha-rūpa-nityatā'nupapatteś cety ataḥ/ tatrāpy alabdha-paryavasāna iti/ krama iti śeṣaḥ/)

TV: "그 경우, 속박된 것들은 무분별한 그릇된 관념의 마음으로 인해 그 결과로서 전변의 가탁을 갖는다. 그러나 해탈한 것들은 존재의 운행을 통해, 실재하지는 않지만 미망으로서 상정된 전변을 갖는다. [즉] 말이 선행함으로써 그것에 뒤따르는 망상이 존재의 운행을 추정한다." (tatra baddhānāṃ cittāvyatirekābhimānāt tat-pariṇāmena pariṇāmādhyāsaḥ/ muktānāṃ cāsti-kriyām upādāyāvāstavo 'pi pariṇāmo moha-kalpitaḥ, śabdasya puraḥsaratayā tat-pṛṣṭho vikalpo 'sti-kriyām upādatta iti/)

107 정주와 이전의 의미는 TV와 YsV의 해설에 다음과 같이 드러나 있다. YsV는 원의를 직접적으로 드러낸 반면, TV는 거시적인 안목으로 우주론적 의미를 드러냈다.

TV: "'정주로써'는 '[우주의] 대해체의 국면에서'를 의미하고, '이전으로써'는 '[우주의] 창조에서'를 의미한다." (sthityeti mahāpralayāvasthāyām/ gatyeti sṛṣṭau/)

YsV: "그런데 질들[로 형성된 상태]에서 정주로써, 즉 원질의 형태로, 이전으로써, 즉 변형(전변)의 순서대로, 말하자면 질들(3질)로 이루어진 이 두 가지로 진행하고 있는 이 윤회의 경우, 상속의 종료가 있는가 혹은 없는가라고 묻는다면" (athāsya saṃsārasya sthityā pradhāna-rūpeṇa gatyā vikārātmanā, dvayaṃ ca guṇātmakam iti, guṇeṣu vartamānasya asti krama-parisamāptir na veti)

어날 것인가?"라고 묻는다면, 이에 대해서는 [둘로] 구분하여 대답해야 한다. [즉] "제각기 명백히 인식하고(식별지가 떠오르고) 갈망이 사라진 현자는[108] 태어나지 않을 것이지만, 다른 사람은 태어날 것이다." [라고 대답해야 한다.]_5

마찬가지로 "인간으로 태어나는 것이 더욱 우월한가 혹은 열등한가?"라고 이와 같이 물을 경우에도, [둘로] 구분하여 질문에 대답해야 한다. [즉] "짐승에 비해서는 보다 우월하고, 신들과 성현들에 비해서는 그렇지 않다."라고 [대답해야 한다.]_6

그러나 "이 윤회는 유한한가, 아니면 무한한가?"라고 하는 이러한 질문에 대해서는 [단정적으로] 말할 수 없다. [왜냐하면] "현자에게는 윤회의 상속의 종료가 있지만, 다른 사람에게는 없다."[라고 대답해야 하기 때문이다.] 둘(유한과 무한) 중의 하나를 단정할 경우에는 과실이 된다.[109] 따라서 이러한 질문은 반드시 [둘로] 분석되어야 한다._7

질들의 임무인 상속이 완수될 때, [이 상태가] 독존으로 불린다. 이것의 본성은 [다음 경문에서] 확인된다._8

제34경: 독존이란 순수정신을 위함[이라는 목적]이 없게 된 [3]질들이 [전변 이전으로] 환원하는 것이며, 혹은 지성의 능력(정신력)이 자신의 본성에 확립되는 것이다.

결과와 원인의 본체인 질들이 향수와 해탈을 성취하고, 순수정신

....

108 이는 제1장 제16경의 교시에 의하면 '이욕(離欲)을 성취한 자'가 된다.

109 Āraṇya의 판본을 채택하면 "두 사람 중 어느 한쪽을 한정할 때 과실이 없다."라는 의미로 번역된다.

을 위함[이라는 목적]이 없게 되어, 환원하는 것이 곧 독존[110]이다. 자신의 본성에 확립됨이란 통각의 순질과는 다시는 결합하지 않음으로써 순수정신에게는 지성의 능력만이 단독으로 존재한다는 것이다. 그것(지성의 능력)이 항상 바로 그와 같이 존속하는 것을 독존이라고 한다.[111]_1

....

110 상키야 및 요가에서 해탈과 독존은 동의어이기는 하지만, 그 용도에는 차이가 있다. 이 점을 Āraṇya(1983:405)는 다음과 같이 설명한다. "해탈(apavarga)과 독존(kaivalya)은 모두 해방을 지칭하기는 하지만, 둘 사이에는 차이가 있다. 전자가 인식 대상에 적용되는 해방 상태(YBh 2.18)인 반면, 후자는 순수정신에 적용되는 해방 상태(YS 2.25)이다."

111 이 마지막 경문은 요가수트라의 대미를 장식하는 만큼 요가의 궁극 목적인 독존을 설명한다. TV는 다음과 같은 충실한 해설로 『요가주』의 설명을 보완한다. "해야 할 것을 달성함으로써 순수정신을 위함[이라는 목적]이 없게 된 것들(3질)은 자신의 원인인 원질로 환원한다. 즉 병합된다. [이 과정을 구체적으로 말하면] 결과와 원인의 성질로 이루어진 그 질들에 속하는 각성과 삼매와 억제의 잠세력들은 마음에서 소멸하며, 마음은 자아의식에서, 자아의식은 표징뿐인 것(즉 통각)에서, 표징뿐인 것은 표징이 없는 것(즉 원질)에서 [소멸한다.] 결과와 원인의 성질로 이루어진 그 질들이 바로 이렇게 붕괴되는 것이 곧 독존이다. 어떠한 순수정신에 대해서도 원질이 해방되는 것이 '자신의 본성에 확립됨'이며, 혹은 순수정신이 해방된다는 뜻으로 '자신의 본성'이라고 말한 것이다. 물론 [우주의] 대해체에서도 자신의 본성에 확립된 지성의 능력은 존재한다. 그러나 이 경우에는 해방이 없다. 이 때문에 '다시는'(즉 '통각의 순질과는 다시는 결합하지 않음으로써')이라고 말한 것이다. 경문에서 '라고 한다'(iti)라는 말은 [이] 교전의 완결을 의미한다." (kṛta-karaṇīyatayā puruṣārtha-śūnyānāṃ yaḥ pratiprasavaḥ svakāraṇe pradhāne layasteṣāṃ kārya-kāraṇātmakānāṃ guṇānāṃ vyutthāna-samādhi-nirodha-saṃskārā manasi līyante, mano 'smitāyām asmitā liṅge liṅgamaliṅga iti/ yo 'yam guṇānāṃ kārya-kāraṇātmakānāṃ pratisargas tat kaivalyam/ yaṃ kaṃcit puruṣaṃ prati pradhānasya mokṣaḥ svarūpa-pratiṣṭhā vā puruṣasya mokṣa ity āha svarūpeti/ asti hi mahāpralaye 'pi svarūpa-pratiṣṭhā citiśaktiḥ/ na cāsau mokṣa ity ata āha punar iti/ sautra itiśabdaḥ śāstraparisamāptau//)
이 해설에서 '표징뿐인 것'과 '표징이 없는 것'의 의미와 용도는 제1장의 각주 92

이상으로 성자 파탄잘리에서 유래한 상키야의 교설로서 요가의 교전인 비야사의 주석 중, 넷째인 독존의 장(독존품)이 [끝났다.][112]_2

············

참조.

112 YsV의 판본에서는 "이상으로 성자 파탄잘리에서 유래하는 요가수트라의 주석으로서, 존귀한 지식을 가진 비야사가 작성한 것 중, 넷째인 독존의 장(독존품)이 [끝났다.]"라고 한다.

부 록

부록 1

주제별 역주

↬는 주제와 관련되어 있는 본문의 위치를 표시

1-1. 요가수트라의 개시 선언 ↬ 1.1_1

『요가주』의 첫 구문에 대한 Woods의 번역은 그 시비를 가리기 이전에 유익한 지식을 제공한다는 점에서 주목할 만하다. Woods는 "이제란 여기서는 '시작'을 의미한다."로 번역되는 원문을 "이제라는 표현은 별개의 주제가 여기서 시작된다는 것을 가리킨다."라고 번역했다. 이 경우, 그는 '의미'에 해당하는 원어 artha를 '별개의 주제'로 번역한 것이다. 그 이유는 그의 각주에[1] 드러나 있다. 이에 의하면 그는 『요가주』가 미망사 철학의 해석학을 반영한 것으로 이해했다. 미망사 철학의 해석학적 고찰에 의하면, '이제'(atha)라는 말로 주제를 소개(adhikāra-artha)하거나 목적을 제시(prastāva-artha)하거나 논의의 주제를 진술(ārambha-

1 Woods(1973) p. 3, n. 2.

artha)할 수 있다. 이 중 첫째인 '주제의 소개'에 해당하는 원어가 『요가주』에서는 '이제'의 의미를 서술하는 표현으로 구사되어 있다.

'이제'라는 말은 미망사 학파나 베단타 학파의 근본 교전에서도 맨 처음에 구사된다. 즉 『베단타 수트라』(*Vedānta-sūtra*)는 "이제 이로부터 브라만에 대한 탐구가 [시작된다]."(athāto brahmajijñāsā), 『미망사 수트라』(*Mīmāṃsā-sūtra*)는 "이제 이로부터 다르마에 대한 탐구가 [시작된다]."(athāto dharmajijñāsā)라는 구문으로 출발하고 있다. 양 학파의 주석자들은 학파의 이념을 동원하여 '이제'에 매우 복합적인 의미를 부여했다. 그러나 이러한 의미는 다음과 같이 주석자들이 고안해낸 관념이다.

> "주석서들에서 이 말의 의미에 대해 매우 번쇄한 설명을 개진하고 있으나, atha(이제) 혹은 athāto(이제 이로부터)라는 말의 의미는 원래 학술서(철학서, 의학서, 문법서 등)의 맨 앞에 두는 불변화사이다. 원래 atha라는 말은 브라마나(제식서) 문헌의 새로운 계층에서 새로운 제식을 기술할 경우, 문장의 맨 앞에서 '거기서' '이제'라는 정도의 의미로 사용했다. 또한 우파니샤드에서도 다른 설명을 새롭게 시작할 경우, athāto라는 말을 사용하는 것이 통례이다. 따라서 여기(『브라마 수트라』의 제1경)서도 그러한 관습을 수용한 것일 뿐이다. 이것을 주해서들이 저마다 철학적 입장에 따라 여기서 끌어내고자 하는 의미는 수트라의 작자와는 무관하다."[2]

....

2 中村 元(1951) p. 118.

그러나 주석자들이 '이제'로 시작하는 개시 선언에 특별한 의미를 부여하는 것은 하나의 관습으로 통용되어 왔다. 『요가주』의 주석자들도 이 관습에 따라 『요가주』의 미흡한 해설을 나름대로 보충하였다. 이 경우, 후대 주석자들의 해석은 특히 요가수트라의 위상과 직결되어 있다. 『요가주』에 대한 3대 주석 중 TV와 YV는 베단타 철학의 우위성을 바탕에 깔고서 요가수트라가 부수적인 교전임을 자인하는 것으로 해석한다. 이는 결국 베단타 철학에 대한 요가 철학의 격하를 인정한 것이다. 반면에 YsV는 미망사 철학의 해석학을 도입하여, 요가수트라가 그러한 해석과 부합하는 권위를 갖춘 것으로 해석한다. 이는 결국 요가수트라의 위상을 부수적 교전보다 격상한 것이다.[3]

1-2. 요가는 삼매이다 ↬ 1.1_2

TV에 의하면 "요가는 삼매이다."라는 정언(定言)에 대해, "삼매도 앞으로 설명될 전체인 요가의 부분이다. 부분인 것은 결코 전체일 수 없다."[4]라는 반론에 제기될 수 있다. TV는 『요가주』가 이에 답하여 "그리고 그것은 [마음의] 모든 단계에 관한 마음의 속성이다."라고 설명했다고 이해한다. 여기서 '그리고'의 원어 ca는 '그러나'의 의미로도 사용될 수 있다. 이 점을 적용하여 TV는 "그리고는 '그러나'라는 의미로 부분과 전체를 구분한다."[5]라고 설명한다. 이에 의하면 "요가는 삼매이다. 그리고 그것은 [마음의] 모든 단계에 관한 마음의 속성이다."라는

3 이에 관한 상세한 고찰은 정승석(2008) pp. 51-81 참조.

4 samādhir api vakṣyamāṇasyāṅgino yogasyāṅgam/ na cāṅgam evāṅgīti/

5 cas tv-artho 'ṅgād aṅginaṃ bhinatti/

『요가주』의 설명을 다음과 같이 이해할 수 있다. "전체적으로 보면 요가는 삼매이다. 그러나 부분적으로 보면 삼매로서의 요가는 마음의 모든 단계에 관한 마음의 속성이다." 이와 같은 맥락에서 YV는 "다만 부분과 전체의 차이가 없음을 표현하고자 삼매라는 말로 요가의 이중성을 말한 것이다."[6]라고 설명한다.

한편 '마음의 속성(dharma)'이란 다음과 같은 YsV의 설명에 의하면 '집중된 상태'를 의미한 것으로 이해된다. "[그것은] 순수자아(ātman) 등이 아니라 마음의 속성이다. 그리고 그 마음은 다른 것에 의지하지 않기 때문에 오직 자기 자신에게 집중된다."[7] 여기서 집중은 삼매를 의미한다. 따라서 이 해설의 취지를 다음과 같이 이해할 수 있다. "우리가 순수자아의 상태에 있다면 삼매는 필요하지 않다. 삼매는 순수자아를 실현하지 못한 상태의 마음에서 적용된다. 이 때문에 요가 또는 삼매는 마음의 속성으로 간주된다." 이와 같은 삼매를 TV와 YV는 마음의 모든 단계에 적용되는 공통의 성질로 간주한다.

이 문제에 관한 TV와 YV의 공통적 인식은 마음의 모든 단계에서 삼매는 발생한다는 것이다. 다만 그 지속성이나 강도는 동요, 미혹, 산란, 집중, 억제라는 마음의 다섯 상태에서 단계별로 차별된다.

1-3. 물질 원리의 공통 요소인 3질 ↪ 1.2_1

상키야 및 요가 철학에서 원질은 순수정신을 제외한 모든 실체들의 최종 원인이며, 물리적 심리적 생리적인 모든 실체의 으뜸이 되는

....

6 yoga-dvayam aṅgāṅginor abheda-vivakṣayaiva samādhi-śabdenoktam …

7 cittasya dharmo nātmādinām/ tac ca cittaṃ svayam eva samādhīyate 'ntara-nirapekṣatvāt//

원리이다. 이 원질의 최종 상태, 즉 '근본원질'은 3질(tri-guṇa)이 평형을 유지한 상태를 일컫는다.[8] 이 평형이 깨질 때 원질은 구체적인 형태로 변하게 된다. 이에 따른 3질의 이론은 그 비중이 큰 만큼 원전들 및 학자들 사이에서도 충분할 만큼 취급되어 있다. 이에 대한 『요가주』의 인식은 "이 모든 것(세계)은 질들의 특수한 배합일 뿐이므로 실제로는 그 자체가 질(質)인 것들이다."(4.13_2)라고 언급하는 데서 잘 나타나 있다. 3질은 물질 세계 전체와 동일시된다. 즉 모든 것은 3질의 배합에 불과하다. 이하에서는 3질의 기능과 의의를 주로 Chakravarti(1975:208-211)의 설명에 의거하여 소개한다.

상키야 철학의 논사들이 우주를 설명하는 데 견지한 우주적 진화라는 관점은 에너지의 보존, 변환, 소실의 법칙에 의거한 것이기도 하다. 이들에 의하면 우주란 guṇa로 불리는 3요소를 질(質)로 갖는 것이다. 이것들은 실체들을 구성하는 원자 하부의 양자(量子)들, 실체라기보다는 세력이라고 말할 수 있다. 이것들의 다양한 변환과 결합은 온갖 종류의 배합을 일으키고, 이 배합이 우리가 경험하는 세계로 현현된다. 3질의 기능은 다음과 같이 대비된다.

....

8 원질이 '스스로 추진되는 역동성'을 지닌다고 설명하는 것은 이 3질을 지목한 것이다. 즉 3질로 이루어진 것이 원질이기 때문에, 원질은 정지(평형) 상태에서도 그 자신의 내부에서는 작동하고 있는 것으로 이해된다. 이 같은 원질은 깊은 수면 상태에서도 호흡이 진행되는 것과 같다. 호흡이 멈춘다면 영원한 잠으로부터 깨어날 수 없게 된다. 이와 마찬가지로 원질은 그 자신의 내부에서 항상 작동하고 있다. 원질을 작동시킬 수 있는 외적 매체는 없으므로, 원질은 항상 독자적으로 존재하면서 운동을 내재한다. 원질은 외부로부터 작동하는 기계가 아니라 내부로부터 작용하는 유기적 통일체와 같다. cf. Chakravarti(1975) p. 229. 원질을 이와 같이 이해할 수 있게 하는 것이 3질이다.

3질(guṇa)	기능			
순질(sattva)	즐거움, 기쁨	가벼움	밝음	조명
동질(rajas)	고통, 불쾌	지탱	운동	발동
암질(tamas)	우둔함, 낙담	무거움	덮음	속박

순질의 특성은 인식이 가능하도록 드러내는 것이며, 현상을 조명하는 성질이다. 순질이 이 기능을 발휘하지 않으면 순수정신은 어떠한 인식도 체험할 수 없다. 따라서 순수정신의 모든 정신 활동에는 순질이 매체로서 봉사한다. 동질은 일종의 동력과 같다. 이것은 운동을 일으키고, 저항을 극복하여 작업하는 성질이다. 암질은 일종의 무기력이며, 다른 두 질의 기능을 방해하는 양적 요소이다.

인간의 활동에서 육체와 정신을 불문하고 고요함과 평온함은 순질에서 기인한다. 자극, 운동, 힘, 에너지 따위의 모든 것은 동질에서 기인한다. 무겁고, 무기력하고, 흐릿한 모든 것은 암질에서 기인한다. 물질 세계에서 동질만이 작용한다면, 이 우주는 고정된 구조를 형성하지 못하고 불필요한 활기가 범람하게 될 것이다. 이것을 저지하는 것은 무거움과 무기력을 본성으로 지닌 암질이다. 그리고 순질의 조명력이 없다면, 의식적 규제와 적응이 없게 되어, 우리가 경험하는 세계는 우연의 방식으로 작용하는 맹목적 힘에 불과하게 될 것이다.

3질은 불가분리로 상호 의존하고 연관하여 작용한다. 육체와 정신을 불문한 모든 실체에서 셋 중의 하나는 우세하고 다른 둘은 이에 종속한다. 후자는 전자의 기능을 상쇄하지 못하고, 오히려 전자를 협조한다. 예를 들어 심지와 기름은 불의 작용과는 대립하지만 불과 접촉할 경우에도 조명이라는 목적을 위해서 협력하듯이, 3질은 서로 모순하는 속성을 지니면서도 하나의 목적을 위해 협력할 수 있다.

1-4. 마음의 의미, 전변설, 식별지 ↝ 1.4_{1}, 1.41_{3}, 1.45, 2.2_{2}, 2.5_{6}, 2.19.

요가 철학은 상키야 철학의 주요 이론 및 용어를 대부분 수용했다. 그러나 요가 철학에서 기본 용어로 시종일관 사용되는 마음(citta)라는 말을 상키야 철학에서는 거의 사용하지 않는다. 상키야 철학에서는 마음을 세 가지로 구분하여 내적 기관으로 간주한다. 그 셋은 통각(buddhi), 아만(ahaṃkāra), 의식(manas)이다.

상키야 철학의 전변설에 의하면, 근본원질(mūla-prakṛti)로부터 맨 먼저 변형되어 출현하는 원리가 통각이다. 통각은 인식 내용을 최종으로 판단하고 결정하는 기관이며, 일상의 정신 활동에서는 지성의 주체로서 기능한다. 그 이유는 모든 물질 원리의 3질 중 순질(sattva)이 가장 우세하기 때문이다. 이 통각으로부터 변형되어 출현하는 것이 아만이다. 아만은 자기 중심의 자아의식으로서 기능한다. 이 아만으로부터 나머지 모든 원리들이 출현하는데, 의식도 이로부터 출현한다. 이 경우의 의식은 흔히 말하는 마음에 해당하며, 생각 또는 사유를 담당한다. 이러한 전변설의 인과 관계를 전체적으로 조망하면 다음과 같다.

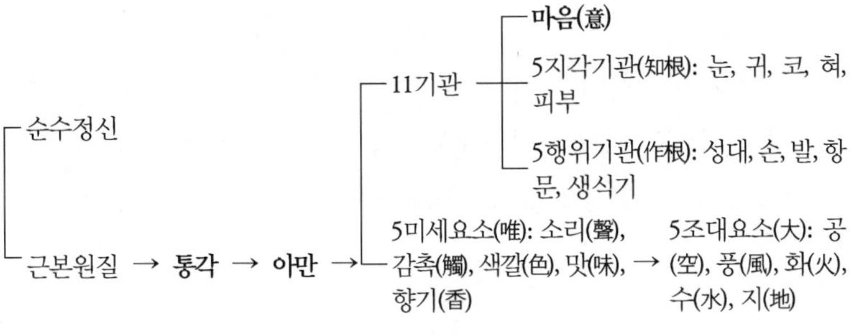

요가 철학에서 말하는 마음은 위의 통각과 아만과 의식을 포괄한다. 요가 철학의 기본 입장은 이 셋을 '마음'이라는 말로 통합하여, 이 마음의 종합적 기능을 수행의 소재로 검토함으로써 마음의 작용을 억제해 나가는 것이다. 그러나 그 셋 중에서 가장 근간이 되는 것은 통각이므로, 마음은 종종 통각을 지칭하기도 한다. 예를 들어 TV는 『요가주』의 저자가 "마음이라는 말로 내적 기관인 통각을 함축한다."[9]라고 설명한다. 이 같은 통각으로서의 마음은 궁극의 삼매에 도달하기 이전까지 순수정신인 것처럼 착각되기 일쑤이다.

물질 원리의 3질 중 순질은 지성의 기능으로 작용한다. 그리고 통각은 다른 물질 원리들보다 이 순질이 특히 우세하기 때문에, 일상 의식의 상태에서는 순수정신으로 오인된다. 따라서 그렇게 오인된 순수정신이 사실은 통각의 순질에 불과할 뿐이고 그 둘의 지성은 서로 다르다고 확실하게 알게 될 때, 수행자는 순수정신을 회복하여 해탈에 도달할 수 있다. 여기서 통각의 순질이 순수정신과는 전혀 다르다고 아는 지혜를 식별지라고 한다.

1-5. 유상 삼매와 등지의 분류 ↪ 1.17, 1.42~1.44

요가수트라에서는 유상 삼매를 심(尋), 사(伺), 환희, 자아의식(我見)라는 4종으로 분류하고(제1장 제17경), 등지를 유심(有尋), 무심(無尋), 유사(有伺), 무사(無伺)라는 4종으로 분류한다(제1장 제42~44경). 삼매 또는 등지를 이와 같이 분류한 것은 집중의 대상에 따라 그 정신적 경지의 질도 달라진다는 명상의 원리에 따른 것이다. 각 삼매의 대

9 citta-śabdenāntaḥkaraṇaṃ buddhim upalakṣayati/ TV 1.1.

상은 『요가주』에 설명되어 있다. 그런데 후대 주석자들 사이에서는 그 대상의 문제를 둘러싸고 유상 삼매를 6종 또는 8종으로 분류하는 견해 차이를 드러낸다.

우선 TV와 YV는 삼매에서 심(尋), 사(伺), 환희, 자아의식의 대상이 순서대로 4, 3, 2, 1로 감소한다는 데 일치한다. 그러나 요가수트라는 이 삼매를 등지로 표현하면서 심(尋)과 사(伺)를 각각 유(有)와 무(無)로 차별하여 4종으로 열거한다. 이 경우, 삼매를 등지로 환언한 것은 상키야의 형이상학을 적용하여 요가 철학 고유의 명상론을 전개한 것으로 이해된다. 다만 삼매와 등지의 분류 내용을 고려하면 등지는 삼매보다 한정된 개념이다.[10]

요가수트라의 경문에 의하면, 4종의 등지는 수행자가 명상을 통해 극미에서 극대에 이르는 대상을 제압함으로써 마음의 안정을 획득하는 과정이다.[11] 여기서 4종을 구분하는 원리는 간명하다. 즉 심(尋)은 5대(大)라는 조대한 대상에 대한 명상의 강도에 따라 유심과 무심으로 구분되고, 사(伺)는 5유(唯)를 비롯한 미세한 대상의 성격(미세성의 차이)에 따라 유사와 무사로 구분된다. 다만 심(尋)의 경우에 조대한 대상은 일상적 의식의 영역에 있는 모든 것까지 포함하며,[12] 사(伺)의 경우에 미세한 대상은 5유뿐만 아니라 아만, 통각, 원질까지 포함한다.[13]

10 YV의 저자는 등지를 삼매로 표현할지라도 삼매는 등지를 내포한다는 점에서, 등지는 결코 삼매의 동의어가 아니라고 단언한다. Rukmani(1981) p. 239, n. 7.

11 제1장 제39경: "혹은 무엇이든 바라는 것에 대한 명상(정려)을 통해 [마음은 안정을 얻는다.]" 제1장 제40경: "그(요기)는 극미에서 극대에 이르기까지 제압한다."

12 Cf. Dasgupta(1973) p. 151.

13 『요가주』는 이것을 제1장 제45경에서 상술한다.

후대 주석자들은 이와 같이 구분된 4종의 등지를 4종의 삼매에 접합하면서 현학적인 의견 차이를 드러낸다. 먼저 TV는 심(尋), 사(伺), 환희, 자아의식(아견)을 각각 유와 무로 차별하여 총 8종으로 확장한다. 따라서 삼매 또는 등지는 유심, 무심, 유사, 무사, 유환희, 무환희, 유아견, 무아견으로 분류된다. 그러나 YV는 이 중 환희와 자아의식을 각각 유무로 구분한 것에 동조하지 않는다.

YV는 제1장의 제17경을 해설하면서 "마음의 향수이자 직접적 지각인 감관의 양상을 환희라고 설명한다."[14]라고 하는 견해를 논박한다. 이 견해는 TV의 것으로 간주된다. 즉 TV는 "조대한 대상으로서의 감관에 대해 마음이 향수하는 기쁨이 환희이다."[15]라고 환희를 설명한다. 이에 대해 YV가 논박하는 요점은 감관도 조대한 대상이므로, 감관에 대한 직접지각은 심(尋)에 속할 수밖에 없다는 것이다. 또한 YV는 자아의식을 유와 무의 2종으로 구분하는 것도 오류임을 지적한다.[16] 따라서 YV에 의하면 삼매 또는 등지는 유심, 무심, 유사, 무사, 환희, 자아의식으로 분류된다.[17]

2-1. 『요가주』와 『구사론』에서 상통하는 업의 관념 ↪ 2.12, 2.13.

『요가주』 제2장 제12경에서 설명하는 것은 '두 가지 업의 조건'이다. 이 설명과 거의 동일한 관념이 『구사론』의 업품(業品)에서도 발견

....

14 indriya-rūpo yaś cittasyābhogaḥ sākṣātkāraḥ sa ānanda ity arthaṃ vadati/

15 indriye sthūla ālambane cittasyābhogo hlāda ānandaḥ/ TV 1.17.

16 Cf. Rukmani(1981) pp. 107-109, 242.

17 이상은 정승석(2005) pp. 33-36 참조.

된다. 양자의 상통성이 현저하게 드러난 대목은 업품의 제54~56송이다. 그 실례는 다음과 같다.

업품 제54송: "①강한 번뇌나 ②청정한 [마음]에 의해 조성된 것, ③지속적으로 [조성된 것], ④공덕전(功德田)에 대해 [조성된 것], ⑤부모의 살해는 정[업]이다."[18]라고 하여, 정업(定業)이 되는 업을 5종으로 제시한다. 이는 정업의 조건에 상당한다.

업품 제56송: 반드시 순현법수업(順現法受業)이 되는 업을 제시하기를, "滅盡[定], 無諍[定], 慈悲[定], 見[道], 阿羅漢果로부터 나온 자들을 괴롭히고 경멸하는 결과는 즉시 감수된다."[19]라고 한다. 여기서 다섯 가지로 열거한 사람들은 공덕의 터전, 즉 공덕전으로 불릴 수 있는 성자들이다.[20]

위의 설명에 의하면, 선이든 악이든 질적으로 여세가 크거나 계속 반복되는 업, 청정한 마음으로 이루어지는 업이 정업이 되며, 특히 공덕전에 해당하는 성자를 괴롭히거나 경멸하는 업은 순현법수업이 된다. 이와 유사하게 『요가주』에서는 강한 자극과 강한 번뇌는 즉시 과보를 초래하는 업이 된다고 설명하며, 현자에 대한 공경, 삼매, 고행자에 대한 반복적 위해 따위를 예로 들고 있다. 『요가주』에서 언급하는 자재

....

18 tīvrakleśa-prasādena sātatyena ca yat kṛtam/ guṇakṣetre ca nityaṃ tat pitor ghātakaṃ ca yat/

19 ye nirodhāraṇā-maitrī-darśanārhat-phalotthitāḥ/ teṣu kārāpakārasya phalaṃ sadyo 'nubhūyate//

20 "여기서 공덕전이란 3보(佛法僧)이며, 혹은 뭔가 탁월한 결과나 삼매를 얻은 탁월한 사람이다." (tatra guṇakṣetraṃ trīṇi ratnāni/ pudgala-viśeṣo vā kaścit phala-samāpatti-viśeṣa-prāptaḥ/)

신, 현자, 고행자 등은 구사론에서 말하는 공덕전에 상당한다.

업품 제55송: "그 결과가 현세에 있는 업(순현법수업)은 [공덕의] 터전(田)과 의향(意向)이 훌륭한 데서 유래한다. [행위자가 처한] 그 단계에서 완전히 세속적 욕구로부터 벗어나 있기 때문이다. 실로 [이 경우의 업은] 과보에 대한 정[업]이다."[21]

이에 대한 세친(世親)의 주석에서는 공덕전을 비방하는 순현법수업을 예시한다. 즉 "예를 들면, 승가에 대해 '[너희들은] 여자이다'라고 공공연히 말함으로써 성징(性徵)이 바뀌었다라고 들은 바와 같다."[22]라고 한다. 여기서는 의미가 선명하지 않은 이 전설을 칭우(稱友, Yaśomitra)는 다음과 같이 더 선명하게 소개하고 있다.

> 참으로 처벌에 의해 추방된 어떤 비구가 승가에 말을 걸기를 "너희들은 여자다."라고 했는데, 그에게는 바로 그 현세에서 남성의 표징이 사라지고 여성의 표징이 나타났다고 한다.[23]

현실적으로는 납득하기 어려운 이 전설은, 승가라는 공덕의 터전이 강력하기 때문에 승가에 대한 악업은 현세에서 그 과보를 초래한다고 말하는 것으로 이해된다.[24] 이 같은 예시는 『요가주』에서 "신들의

....

21 dṛṣṭadharma-phalaṁ karma kṣetrāśaya-viśeṣataḥ/ tad-bhūmy-atyanta-vairāgyād vipāke niyataṁ hi yat/

22 yathā saṃgha-strīvāda-samudācārād vyañjana-parivṛttiḥ śrūyate/

23 bhikṣuṇā kila kenacid vyavahāra-parājitena saṃghaḥ striyo yūyam iti samudācaritaḥ/ tasya dṛṣṭa eva dharme puruṣa-vyaṃjanam aṃtarhitaṃ. strī-vyaṃjanaṃ ca prādurbhūtam iti/ Wogihara(1971) p. 394.

24 舟橋一哉(1987) p. 276, n. 1 참조. 이 전설에 대해 稱友는 "바로 이것은 터전이 수승하

우두머리가 된 나후샤도 자신의 변신을 잃고서 축생으로 변한 것과 같다."(2.12_3)라고 인용한 전설과 그 취지가 동일함을 엿볼 수 있다. 여기서 나후샤는 성현들을 모욕했다가 그들의 위력에 의해 뱀으로 바뀌고 말았다. 그렇다면 이 성현들은 구사론의 공덕전에 상당한다.

『요가주』에서 언급하는 '현생에서 감수되어야 할 잠재업'(現生受業)은 구사론에서 말하는 순현법수업의 관념에서 벗어나지 않음을 확인할 수 있다. 다만 『요가주』에서 설명의 목적은, 번뇌가 사라진 자들에게는 내생에서 감수되는 업이 없다는 점을 표방하는 데 있기 때문에, 구사론의 경우와 같은 다각적인 사변을 필요로 하지 않는다.

2-2. 3종의 단식 방법 ↬ 2.32_3

YsV에서는 크릿츠라(kṛcchra), 찬드라야나(cāndrāyaṇa), 산타파나(sāntapana)를 다음과 같이 설명한다.

> 그것들은 무엇인가? 크릿츠라 따위이다. 크릿츠라는 프라자파티에서 유래하는[25] 것 따위인데, "3일 동안은 아침에[만], [그다음] 3일 동안은 저녁에[만 먹고], [그다음] 3일 동안은 청하지 않았는데도 주는 음식[만]으로 지내며"(Manu 11.210),[26] [그다음] 3일 동안은

....

기 때문에 현세에서 감수되는 것이다." (tad idam kṣetra-viśeṣād dṛṣṭadharma-vedanīyaṃ bhavati)라고 그 이유를 첨언한다. Wogihara(1971) p. 394.

25 *Chāndogya-up*(8.7-12)에서 바이로차나(Vairocana)는 모든 것 속에 보이는 진실한 그것(아트만)을 인식하기 위해 프라자파티(Prajāpati)의 가르침을 받아 수행한다.

26 '청하지 않았는데도 주는 음식'이란 예를 들어 아내가 묻지도 않고 자발적으로 가져온 음식이다. cf. Bühler(1886) p. 474. 여기서 제시한 Manu(마누 법전)의 출처는

단식하는 것이다.[27]

찬드라야나는 낟알 같은 허리(하루에 한입으로 시작하여 15일에 이를 때까지 한입씩 증가하고, 다시 반대로 줄여 나간다), 개미 같은 허리(하루 15회 한입씩 먹는 것으로 시작하여 하루 한입까지 줄여 나가고, 다시 반대로 증가) 따위이다. 전승서에서 음식을 "단계적으로 … 늘려 가야 한다."(Manu 11.215)라는 등으로 설하는 것이 그것이다.[28]

산타파나는 "쇠오줌, 쇠똥, 우유, 발효시킨 우유, 정제한 버터, 말린(달인) 쿠샤 풀[로 연명하고], 하루와 한 밤 내내 단식하는 것이 '산타파나 크릿츠라'(해와 연관하여 여위어 가는 고행)로 불린다."(Manu 11.211)[라고 알려져 있는 것과 같다.] 이러한 일들을 세 번 반복 실행하는 것이 탁월한 산타파나이다.[29]

2-3. 16분에 대한 지식(Ṣoḍaśakalāvidyā) ↪ 2.42_1

16은 다양한 부분이 완전하게 합일됨을 표시하는 수로서 바라문

....

Jhā(1939:437-8)의 판본에 의거한 것이다. Bühler(1886:473)가 사용한 판본에 의하면 Manu 11.212이고, Rukmani(2001.1:354)가 제시한 출처도 이에 따른다.

27 kāni tāni ? kṛcchrādīni/ kṛcchraṃ prājāpatyādi/ "tryahaṃ prātas tryahaṃ sāyaṃ tryaham adyād ayācitam/" upoṣaṇaṃ tryaham iti/

28 cāndrāyaṇaṃ yava-madhya-pipīlikā-madhyādi/ "ekaikaṃ … vardhayet" grāsam ity ādi smṛtiḥ/ 번역에서 괄호로 부여한 서술은 Rukmani(2001.1:354)가 마누 법전을 참고한 설명이다. 마누 법전의 설명(Manu 11.215-216)에 의하면, 그믐으로 향하는 반 달 동안 한입씩 줄여 나가고, 보름으로 향하는 반 달 동안 한입씩 늘려 나가는 것이 '달의 고행'(cāndrāyaṇa)이다.

29 sāntapanam — "gomūtraṃ gomayaṃ kṣīraṃ dadhi sarpiḥ kuśodakam/ eka-rātropavāsaś ca kṛcchraḥ sāntapanaḥ smṛtaḥ/" etāny eva dravyāṇi trir abhyastāni mahā-sāntapanam/

교 계통에서는 예부터 중요시되어 있다. 즉 모든 것을 넷으로 나누고, 4분의 1이 넷으로 합하여 전체가 구성된다는 사상은 고대의 『리그베다』 이래 존속했으며, 우파니샤드나 베단타 학파로 계승되어 있다.[30] 나아가 그 4분의 1을 다시 넷으로 나누어, 절대자 브라만은 합계 16분의 1이 16으로 합하여 구성되어 있다고 하는 '16분에 대한 지식'이 초기 우파니샤드(Chāndogya-up 4.4-9)에 설해져 있다. 또 베단타 학파의 근본 성전인 『브라마 수트라』 및 미망사 학파에서 중요한 『상카르샤나 편』이 4편으로 되어 있고, 그 4편의 하나하나가 다시 4절(pāda)로 되어 있다. 이 점은 우파니샤드 이래의 이 관념을 받아들인 것이라고 학자들은 추정한다.[31] 그런데 『무량수경』의 범본 및 『대보적경』을 비롯한 한역(漢譯)에 의하면, 여러 불국토들이 특수한 방각에 배당되어 있는데, 초기 우파니샤드에서도(Chāndogya-up 4.5.2) 브라만의 16분의 1을 낱낱의 방각에 배당하고 있다. 그렇다면 16분의 1이라는 관념은 어디로부터 유래한 것일까? 이는 달이 변하는 모양에서 유래한 것 같다. 『마하바라타』에서는 다음과 같이 말한다.

"제15의 부분은 [달의] 시원이다. 그 거처는 알려진다. [그러나] 그대는 이것을 영원한 것, 제16의 부분, 소마(달 자체, 불사자)라고 알라. 그렇지 않은 자는 [제15의] 부분에서 항상 반복하여 태어난다. … 그런데 제16의 부분은 미세하다(지각될 수 없다.) 그것이 곧 [진정한] 소마가 된다고 고찰하라."(Mbh 12.304.3-6)

....

30 *Ṛgveda* 10.90.3. *Chāndogya-up* 3.12.6. *Maitrī-up* 7.11.7(cf. 6.19; *Chāndogya-up* 8.7-12). *Māṇḍūkya-up* 中村 元(1951) pp. 607 ff.

31 Paul Daussen, *System des Vedānta*, S. 41-42. ; 中村 元(1951) pp. 113 ff.

여기서 말하는 요지는, 제16의 부분은 달 자체로서 감추어져 볼 수 없지만, 다른 15의 부분은 우리에게 알려진다는 것이다. 이것이 인도에 본래 있었던 견해를 받아들인 것이라는 점은 분명하다. 따라서 불전의 경우에는 범본이 완성된 시대, 즉 산스크리트 부흥 시대에는 바라문교의 사상적 지배가 현저하게 되었기 때문에 불국토의 숫자를 16으로 늘려, 바라문교의 전통적 관념에 적합하도록 했을 것이다.

한편 '16분의 1'이라는 표현은 팔리어 성전에도 등장한다. 예를 들어, 생명체로 가득차 있는 대지를 정복하여 각종 제사의 주최자로서 편력하는 성왕도 자비로 충만된 마음을 잘 닦은 사람의 16분의 1마저도 미치지 못한다는 것이다.[32] 그런데 이러한 표현은 팔리어 성전의 게송(시구)에서만 나타난다. 게송은 불교의 초창기, 즉 아직 바라문교의 세력이 강했던 시대에 작성된 것이며, 불교도마저도 바라문교적인 관념을 이용하여 가르침을 설하지 않을 수 없었던 시대에 작성되었던 것이다. 그러나 불교도의 세력이 번성하게 되자, 불교도는 그러한 표현에 의지하지 않게 되었다. 이후 약 600년을 지나 다시 바라문교의 세력이 강해졌던 시대에는 다시 그러한 관념에 의지하게 되었을 것이다.[33]

....

32 *Itivuttaka* 제27 게송; *Aṅguttara-nikāya* 4, pp. 150-1.

33 이상의 출처는 中村 元(1963) pp. 131-133. 한역 불전 중에서는 중허마하제경(衆許摩訶帝經)에 16분의 1이라는 표현이 다음과 같이 구사되어 있다.
"그러한 보시로는 부처님을 향해 한 걸음 나아가는 공덕의 16분의 1에도 미치지 못한다." (以斯布施. 不如向佛前進一步十六分之一分功德. 대정장 3:966b)

2-4. 좌법 해석의 다양한 양상 ↪ 2.46_1

『요가주』는 여러 가지 좌법에 대해 구체적인 설명을 하지 않고 명칭들만을 열거하므로, 원래 의도했던 자세는 후대의 주석에 의거하여 파악할 수밖에 없다. 주석자들 및 하타 요가의 문헌들은 여기서 열거하는 좌법들을 다음과 같이 설명한다. 설명의 차이를 통해 좌법은 시대의 추이에 따라 하타 요가의 곡예적 자세로 변형되어 갔음을 알 수 있다.[34]

①연화좌(蓮華坐, padmāsana)

YsV: 신들의 거처(사원)나 산의 동굴이나 강의 모래톱 따위와 같은 청청한 곳이되 불이나 흐르는 물에 너무 가깝지 않고 곤충의 방해가 없고 자갈이 없는 그러한 곳에서, 전통적인 방법으로 물을 찔끔찔끔 마시고 전 우주의 유일한 지배자인 최상의 신과 성자들과 요가의 대가들과 자신의 스승들을 예배하고 나서, 불편하지 않도록 천이나 가죽이나 쿠샤 풀을 위에 덮은[35] 자리에 올라, 동쪽이나 북쪽을 향하고서 [이제 설명할] 이것들 중의 어느 한 좌법을 고수해야 한다. 그중에서 연화좌로 불리는 것은 [이러하다.] 왼발을 끌어 당겨 오른쪽 [다리] 위에 얹고, 오른[발]을 바로 그와 같이 왼쪽 [다리] 위에 얹는다. 그리고 엉덩이와 가슴과 목을 견고하게 펴고서, 죽거나 잠든 것처럼 시선을 코끝에 고정한

....

34 이하 소개한 좌법들이 원전의 설명과 가장 근접하게 구현된 실제 양태는 정승석(2004a) pp. 247-283 ; 정승석(2004b) pp. 69-90 참조.

35 Leggett(1992:273)는 "쿠샤 풀 위에 영양의 가죽을 깔고 그 위에 천을 덮은"이라고 해석한다. 이에 따르면 좌법을 실행할 자리는 극히 편안해야 한다는 것으로 이해되어, '불편하지 않도록'이라는 조건과 부합한다.

다. 입술은 둥근 [보물] 상자처럼 반구형으로 다물고, 이빨들로는 이빨 끝을 악물게 하지 않으며, 턱은 가슴으로부터 한 주먹 너비의 간격이 되도록 당겨서 떼어 놓고, 혀끝은 앞니의 안쪽에 고정하며, 거북 모양 혹은 브라마 합장으로 형성한 두 손은 양쪽 뒤꿈치 위에 [놓는다.] 일단 이와 같이 고정된 상태로서 신체의 사지와 신체의 자세가 특별한 노력이 없이 반복하여 존속하는 그러한 방식으로 앉아야 하는 것이 곧 연화좌이다.[36]

TV와 YM: 연화좌는 잘 알려져 있는 것이다.[37]

YV: 수승한 현자여! 두 발바닥을 두 넓적다리 위에 짓고 나서, 두 손으로 어긋나게(반대 방향으로) 두 엄지발가락을 단단히 붙들기 때문에, 이 연화좌는 오직 모든 사람들에게 숭배될 수 있다.[38]

GS와 HP: 오른발을 왼쪽 넓적다리 위에 밀착시키고, 마찬가지로 왼발을 오른쪽 넓적다리 위에 [밀착시키고 나서], 뒤쪽에서 두 손으로 두 발의 두 엄지발가락을 단단히 붙든 다음, 가슴에 턱을

....

36 tatra śucau deva-nilaya-giri-guhā-nadī-pulinādau jvalana-salilāsamīpe jantu-vivārjite nir-a(ṅga)śmake śuciḥ samyag ācamya, parameśvaram akhila-bhuvanaikanāthaṃ abhivandyāṃś ca yogeśvarān ātmagurūṃś ca praṇipatya, cailājina-kuśottaram aduḥkhakaraṃ prāṅmukha udaṅmukho vā viṣṭaram adhiṣṭhāya, anyatama-deṣām āsanaṃ nirbadhnīyāt// tatra padmāsanaṃ nāma savyaṃ pādam upasaṃhṛtya dakṣiṇopari nidadhīta/ tathaiva dakṣiṇaṃ savyasyopariṣṭāt/ kaṭy-uro-grīvaṃ ca viṣṭabhya, mṛ(ga)ta-suptavan nāsikāgra-nihita-dṛṣṭiḥ, samudgakavad apihitauṣṭha-samputaḥ, dantair dantāgram aparāmṛśan, muṣṭi-mātrāntara-viprakṛṣṭa-cibukoraḥ-sthalaḥ, rājadantāntara-nihita-rasanāgraḥ, hastau pārṣṇyor upari kacchapakaṃ brahmāñjaliṃ vā kṛtvā, sakṛd āsthāpitetthaṃ saṃsthānaḥ, punaḥ punaḥ śarīrāvayava-śarīra-vinyāsa-viśeṣa-parityakta-prayatnaḥ san yenāsīta, tat padmāsanam//

37 padmāsanaṃ prasiddham/

38 aṅguṣṭhau sannibandhnīyād hastābhyāṃ vyutkrameṇa tu/ ūrvor upari viprendra kṛtvā pādatale ubhe// padmāsanaṃ bhaved etat sarveṣām eva pūjitam/

고정하고서 코끝을 바라보아야 한다. 이것이 질병을 제거하고 절멸시키는 연화좌로 불린다.[39]

HP: 다른 견해에서는 [이렇게 설명한다.] 발바닥이 위로 향한 두 발을 단단히 두 넓적다리 위에 고정시킨 다음, 넓적다리들 사이에 그와 같이 손바닥이 위로 향하도록 두 손을 형성하고서 양쪽 시선을 코끝에 두어야 하며, 혀로 앞니의 양끝을 받치고,[40] 턱을 가슴에 내밀고, 숨을 고요하게 [다스린다.][41] 연화좌로 불리며 모든 질병을 파괴하는 이것은 아무나 습득할 수 있는 것이 아니지만, 지상에서 현자라면 누구나 습득하는 것이다.[42]

....

39 vāmorūpari dakṣiṇaṃ hi caraṇaṃ saṃsthāpya vāmaṃ tathā dakṣorūpari paścimena vidhinā kṛtvā karābhyāṃ dṛḍham/ aṅguṣṭhau hṛdaye nidhāya cibukaṃ nāsāgram ālokayed etad vyādhi-vināśa-nāśanakaraṃ padmāsanaṃ procyate// GSv 2.8(p. 13). HP의 설명도 이와 동일하다. 다른 점은 "질병을 제거하고 절멸시키는"이 "질병을 절멸시키고 제어하는 자들의"(vyādhi-vināśakāri yamināṃ)로 바뀐 것뿐이다(HP 1.44).

40 혀의 위치에 대한 설명은 연화좌에 대한 샹카라의 설명과 대체로 일치한다. 이것을 "혀[의 끝]은 앞니의 뿌리에 두고"라고 영역(HP, p. 17)한 것은 원문과 일치하지 않는다.

41 "숨을 고요하게 [다스린다.]"에 해당하는 원문을 "[Mūla-bandha로 항문을 수축하여] 프라나(prāṇa)를 서서히 끌어 올린다."라고 영역(ibid.)한 것은, 하타 요가 특유의 기법을 고려한 역자의 주관적 해석이 반영된 것이다.

42 matāntare uttānau caraṇau kṛtvā ūru-saṃsthau prayatnataḥ/ ūru-madhye tathottānau pāṇī kṛtvā tato dṛśau//1.45// nāsāgre vinyased rājadanta-mūle tu jihvayā/ uttambhya cibukaṃ vakṣasyutthāpya pavanaṃ śanaiḥ//1.46// idaṃ padmāsanaṃ proktaṃ sarva-vyādhi-vināśanam/ durlabhaṃ yena kenāpi dhīmatā labhyate bhuvi//1.47//

②영웅좌(또는 용맹좌, vīrāsana)

YsV: 마찬가지로 한쪽 다리를 굽히고, 다른 쪽 무릎을 바닥에 놓는 영웅좌는 어디에서나 특성이 그와 같이 언급되고 있다.[43]

TV: 안정된(똑바로 앉은) 자의 어느 한쪽 발이 바닥에 있고, 다른 쪽 [의 발]이 굽힌 무릎 위에 놓이는 이것이 영웅좌이다.[44]

YV: 한쪽 발을 다른 한쪽 넓적다리 위에 두고 나서, [다른 쪽] 발을 다른 쪽 [넓적다리] 위에 그와 같이 [두고] 고정하는 것이 영웅좌로 불린다.[45]

GS: 한쪽 발을 다른 한쪽 [넓적다리] 위에 내려 놓아야 한다. 다음으로 위에 있는 넓적다리를 다른 쪽 [발] 위에 그와 같이 [고정하는] 것이 영웅좌로 불린다.[46]

HP: 한쪽 발을 다른 쪽 넓적다리 위에 고정하듯이, [나머지] 넓적다리를 다른 쪽 [발] 위에 고정해야 하는 것이 영웅좌로 불린다.[47]

....

43 tathā kuñcitānyatara-pādam avani-vinyastāparajānukaṃ vīrāsanam/ ucyamāna eva viśeṣaḥ sarvatra// Leggett의 번역(p. 274): "한쪽 다리를 [발바닥이 바닥에 편평하게 닿도록] 굽히고 무릎[부터 발가락까지] 다른 쪽 [다리]를 바닥에 두는 것이 영웅좌이다. 이에 대한 모든 묘사에서 상술되는 좌법의 특별한 요점이 바로 이것이다." Maas(2018:66)는 이 설명의 뒷구절을 "경우마다 나는 특유의 것만을 설명하고 있다."라고 번역한다. 그는 저자가 좌법을 설명할 때마다 특별히 다른 것만을 설명하겠다는 뜻을 밝힌 것으로 원문을 이해한 듯하다.

44 sthitasyaikataraḥ pādo bhū-nyasta ekataraś cākuñcita-jānor upari nyasta ity etad vīrāsanam/

45 ekapādam athaikasmin vinyasyorau ca saṃsthitaḥ// itarasmiṃs tathā pādaṃ vīrāsanam udāhṛtam/ Rukmani(1983:218)는 YV의 원문을 "한쪽 발을 [반대쪽] 넓적다리 위에 올리고, 다른 쪽 발이 전처럼 유지되면, 이것이 영웅좌이다."라고 번역하고서, '전처럼'(tathā)이란 '연화좌처럼'을 의미한다고 해석한다. 그러나 YV가 설명하는 연화좌는 난해한 하타 요가적 자세이므로, 그의 번역으로는 이 영웅좌를 그 연화좌와 차별해서 그려낼 수 없다.

46 ekapādam athaikasmin vinyased ūru-saṃsthitam/ itarasmiṃs tathā paścād vīrāsanam itīritam// GSv 2.17(p. 15) ; GSg 2.15(p. 136).

47 ekaṃ pādam tathaikasmin vinyased ūruṇi sthiram/ itarasmiṃs tathā coruṃ vīrāsanam itīritam// 1.21.

③행운좌(幸運坐, bhadrāsana)

YsV: 오른쪽 다리를 왼쪽 [다리] 위에 얹고 오른손을 왼손 위에 놓은 후, 그와 같은 자세로 앉는 것이 행운좌이다. 다른 것은 [연화좌와] 동일하다.[48]

TV: 두 발바닥을 음낭 부근에서 사발 모양을 만들어[49] 그 위에 거북 모양의 손을 만들어야 하는 그것이 행운좌이다.[50]

YV: 오직 이것(영웅좌)의 반절은 반(半) 좌법이라고도 불린다.[51] 즉 두 발목을 음낭 밑 솔기(항문과 음낭 사이, 즉 회음)의 양쪽에 집어 넣고, 두 발의 옆구리를 두 손으로 견고하게 붙들고 나서, 전혀 동요하지 않는 이 행운좌는 모든 질병의 해독제가 될 수 있다.[52]

YM: 두 발바닥을 음낭 부근에서 사발 모양으로 만들어, [그] 사발 모양[의 공간] 위에 사발 모양(혹은 거북 모양[53])의 [두] 손을 두

....

48 tathā dakṣiṇaṃ pādaṃ savyasyopari kṛtvā, hastaṃ ca dakṣiṇaṃ savyahastasyopari nidhāya, yenāste, tat bhadrāsanam/ anyat samānam// Leggett(1992:274)의 영역도 내용상으로는 이와 동일하다. "[단지] 오른발을 왼쪽 다리 위에 얹고 오른손을 왼손 위에 놓은 채 앉는 자세가 행운좌이다. 다른 요점들은 연화좌의 경우와 동일하다."

49 여기서 '사발 모양'이란 두 발바닥으로 빈 그릇 같은 공간을 형성한 모양을 가리킨다. 本多惠(1978:145)는 "양발의 안쪽으로 고환 부근에 구멍을 만들어."라고 번역한다.

50 pādatale vṛṣaṇa-samīpe saṃpuṭīkṛtya tasyopari pāṇi-kacchapikāṃ kuryāt tad bhdrāsanam/

51 YV는 이 행운좌뿐만 아니라 다음에 설명할 길상좌도 영웅좌의 반절에 상당하는 좌법으로 간주한다. YV에서 설명하는 영웅좌는 사실상 연화좌(결가부좌)에 상당한다.

52 asyaivārdham ardhāsanam apy ucyate/ tathā gulphau ca vṛṣaṇasyādhaḥ sīvanyāḥ pārśvayoḥ kṣipet/ pārśvapādau ca pāṇibhyāṃ dṛḍhaṃ badhvā suniścalaḥ// bhadrāsanaṃ bhaved etat sarva-vyādhi-viṣāpaham/

53 다른 판본들에서는 -samputịkāṃ(사발 모양)이 kacchapikāṃ(거북 모양)으로 되어 있다. '사발 모양'이라면 두 손바닥을 포갠 자세이고, 거북 모양이라면 두 손을 깍

어야 하는 것이 행운좌이다.[54]

GS: 두 발목이 음낭 아래에서 그와 같은 순서로(연화좌처럼 교차하여) 결합된 것이다. 두 발의 엄지발가락을 두 손으로 뒤쪽에서 고정하고서, 잘란다라 [무드라]에 전념하여 코끝을 바라보아야 한다. 이 행운좌는 모든 질병을 제거할 수 있다.[55]

HP: 두 발목을 음낭 밑, 솔기의 양옆에, [즉] 왼쪽에는 왼쪽 발목을, 오른쪽에는 오른쪽 발목을 [발바닥이 마주하도록] 놓는다. 그리고 나서 두 손으로 두 발의 양옆을 단단히 붙잡고 부동의 상태를 유지한다. 이것이 모든 질병을 파괴하는 행운좌이다.[56]

④길상좌(吉祥坐, svastika) 또는 만자좌(卍字坐)

YsV: 왼쪽 넓적다리와 장딴지로 오른발의 발가락을 보이지 않게 붙들고, 이와 같이 오른쪽 넓적다리와 장딴지로 왼발의 발가락을 보이지 않게 붙들고 나서, 양쪽 뒤꿈치로 인해 양쪽 고환이 아프지 않도록 그렇게 앉는 것이 곧 길상좌이다.[57]

....

지낀 자세이다.

54 dve pādatale vṛṣaṇa-samīpe samputīkṛtya samputopari pāṇi-samputikāṃ nyased iti bhdrāsanaṃ/

55 gulphau ca vṛṣaṇasyādho yat-krameṇa samāhitaḥ/ pādāṅguṣṭhau karābhyāñ ca dhṛtvā ca pṛṣṭha-deśataḥ//2.9// jālaṃdharaṃ samāsādya nāsāgram avalokayet/ bhadrāsanaṃ bhaved etat sarva-vyādhi-vināśakam//2.10// GSv(p. 13). GSg 2.9(p. 135)에서는 yatkrameṇa가 vyutkrameṇa로, 맨 끝의 -vināśakam이 -vināśaṇam으로 되어 있으나, 의미상의 차이는 없다.

56 gulphau ca vṛṣaṇasyādhaḥ sīvanyāḥ pārvayoḥ kṣpet/ savyagulphaṃ tathā savye dakṣa-gulphaṃ tu dakṣiṇe//1.53// pārśva-pādau pāṇibhyāṃ dṛḍhaṃ baddhvā suniścalam/ bhadrāsanaṃ bhaved etat sarva-vyādhi-vināśanam/1.54//

57 dakṣiṇaṃ pādāṅguṣṭhaṃ savyenoru-jaṅghena parigṛhyādṛśyaṃ kṛtvā, tathā savyaṃ

TV: 굽힌 왼발을 오른쪽 장딴지와 넓적다리 사이에, 또한 굽힌 오른발을 왼쪽 장딴지와 넓적다리 사이에 넣어야 하는 이것이 길상좌이다.[58]

YV: "양쪽 무릎과 넓적다리 사이에 두 발의 옆구리를 완전히 짓고 나서,[59] 몸을 똑바로 세우고 안락하게 앉는 이것을 길상좌라고 한다."[60]

YM: 굽힌 왼발을 오른쪽 장딴지와 넓적다리 사이에, [굽힌 오른발을 왼쪽 장딴지와 넓적다리 사이에] 넣어야 하는 것이 길상좌이다.[61]

GS: 무릎과 넓적다리 안쪽에 두 발을 [밀착하게] 만들고서, 몸을 펴고 바르게 앉는 것이다. 이것을 길상좌라고 한다.[62]

HP: 두 발바닥을 양쪽 넓적다리와 무릎 사이에 바르게 놓고 나서, 몸을 곧게 세우고 안정된 상태로 앉아야 한다. 이것이 길상좌로 불린다.[63]

....

pādāṅguṣṭhaṃ dakṣiṇenorujaṅghenādṛśyaṃ parigṛhya, yathā ca pārṣṇibhyāṃ vṛṣaṇayor apīḍanaṃ tathā yenāste, tat svastikāsanam//

58 savyam ākuñcitaṃ caraṇaṃ dakṣiṇa-jaṅghorv-antare dakṣiṇaṃ cākuñcitaṃ vāma-jaṅghorv-antare nikṣiped etat svasthikāsanam/

59 Rukmani(1983:218, n. 10)는 "오른쪽 발바닥을 왼쪽 넓적다리와 무릎 사이에 두고, 왼쪽 발바닥을 오른쪽 넓적다리와 무릎 사이에 둔다."라고 구체적으로 예시한다.

60 jānūrvor antare samyak kṛtvā pādatale ubhe/ ṛjukāyaḥ sukhāsīnaḥ svastikaṃ tat pracakṣate//

61 savyam ākuñcita-caraṇaṃ dakṣiṇa-jaṅghorv-antare nikṣiped iti svasthikāsanam/

62 jānūrvor antare kṛtvā yogī pādatale ubhe/ ṛjukāyaḥ samāsīnaḥ svastikaṃ tat pracakṣate// GSv 2.13(p. 14) ; GSg 2.12(p. 135).

63 jānūrvor antare samyak kṛtvā pādatale ubhe/ ṛjukāyaḥ samāsīnaḥ svastikaṃ tat pracakṣate//1.19.

⑤장좌(杖坐, daṇḍāsana)

YsV: 양쪽 발목과 양쪽 엄지발가락과 양쪽 무릎이 평행한 상태로 막대기처럼 양쪽 다리를 뻗어, 이러한 자세로 앉아 있는 것이 장좌이다.[64]

TV: 앉아서 양쪽 엄지발가락을 붙이고, 양쪽 발목을 붙이고, 양쪽 장딴지와 넓적다리와 발을 바닥에 붙인 채 뻗어서 장좌를 수습해야 한다.[65]

YV: 『요가 프라디파』(Yoga-pradīpa) 등에 언급된 다른 좌법들은 [다음과 같이] 간략하게 설명된다. 장좌란 앉아서 양쪽 엄지발가락을 붙이고, 양쪽 발목을 붙이고, 양쪽 장딴지와 넓적다리와 발을 바닥에 붙인 채 막대기처럼 뻗고서 편하게 두는 것이다.[66]

⑥보조물 사용(sopāśraya)

YsV: 요가의 보조물에 의존하는 것과 같은 것이 '보조물 사용'이다.[67]

TV: 요가의 보조물을 사용하기 때문에 '보조물 사용'이다.[68]

....

64 samagulphau samāṅguṣṭhau prasārayan samajānū pādau daṇḍavad yenopaviśet, tat daṇḍāsanam//

65 upaviśya śliṣṭāṅgulikau śliṣṭa-gulphau bhūmi-śliṣṭa-jaṅghoru-pādau prasārya daṇḍāsanam abhyaset/

66 itarāṇy āsanāni Yogapradīpādy-uktāni saṃkṣepāt kathyante/ daṇḍāsanam upaviśya śliṣṭāṅgulikau śliṣṭa-gulphau bhūmi-śliṣṭa-jaṅghoru-pādau prasārya daṇḍavac chayanam/

67 yogapaṭṭa-saṃstambhādy-āśryaṃ vā sopāśrayam// YsV의 판본에는 판독을 확정할 수 없는 부분이 있지만, 다른 문헌들의 설명을 고려할 때, 이 원문은 무난하다. 원문에서 yogapaṭṭa는 명상하는 동안 신체의 안정을 위해 두 무릎과 등을 둘러매는 천이나 끈을 가리킨다. 이것은 신체의 안정에 필요한 보조 수단을 허용한 것이므로, 여기서는 '요가의 보조물'이라는 넓은 의미로 번역했다.

68 yogapaṭṭaka-yogāt sopāśrayam/

YV: 보조물 사용이란 요가의 보조물을 사용하여 앉는 것이다.[69]

YM: 요가의 보조물에 의해 [실행되므로] '보조물을 사용하는 좌법' 이다.[70]

⑦옥좌 자세(또는 침상 자세, paryaṅka)

YsV: [두] 팔을 [두] 무릎에까지 뻗어서 편하게 두는 것이 옥좌 자세 이다.[71]

TV, YV, YM: 두 팔을 무릎 위에 뻗어서 편하게 두는 것이 옥좌 자세 이다.(또는 "두 팔을 무릎에 뻗고서 눕는 것이 침상 자세이다.")[72]

⑧마도요 자세(krauñca-niṣadana) ; ⑨코끼리 자세(hasti-niṣadana) ; ⑩낙타 자세(uṣṭra-niṣadana)

YsV: 마도요 좌법, 코끼리 좌법, 낙타 좌법은 마도요 따위가 앉는 모습과 비슷하기 때문에 그와 같이 [불리는 것으로] 간주되어야 한다.[73]

TV, YV: 마도요 좌법 등은 마도요 따위가 앉는 모습으로 보이기 때문이라고 이해되어야 한다.[74]

....

69 sopāśrayaṃ yogapaṭṭaka-yogenopaveśanam/

70 yogapaṭṭena sopāśrayāsanam/

71 ājānu-prasārita-bāhu-śayanaṃ paryaṅkāsanam//

72 jānu-prasārita-bāhoḥ śayanaṃ paryaṅkaḥ(TV) ; jānu-prasārita-bāhoḥ śayanam(YV) ; jānu-prasārita-bāhoḥ śayanaṃ paryaṅkāsanam(YM). 원문의 śayana를 '편하게 쉰다'와 '눕는다'로 해석함에 따라 전자는 옥좌 자세가 되고, 후자는 침상 자세가 된다.

73 krauñca-niṣadanaṃ hasti-niṣadanaṃ uṣṭra-niṣadanaṃ ca krauñcādi-niṣadana-saṃsthāna-sādṛśyād eva draṣṭavyam//

74 krauñca-niṣadadanādīni krauñcādīnāṃ niṣaṇṇānāṃ saṃsthāna-darśanāt pratyetavyāni/

YM: 마도요, 낙타, 코끼리 따위처럼 앉는 것이 마도요 따위의 좌법 이다.[75]

⑪평탄한 상태(sama-saṃsthāna)[76]

YsV: 넓적다리와 장딴지를 바닥에 쭉 펴는 것이 평탄한 상태이다.[77]

TV: 뒤꿈치와 발부리에 의해 구부린 두 [다리]가 서로 압박하는 것이 평탄한 상태이다.[78]

YV: 양쪽 무릎 위에 두 손을 두고 몸과 머리와 목이 똑바로 선 상태로 안주하는 것이 평탄한 상태이다.[79]

⑫견고하고 안락한 것(sthira-sukha)

YsV: [견고하고 안락한 것이란] 고요히 있는 이완이다. 다른 방식으

....

75 krauñcoṣṭra-gajādivat upaveśanaṃ krauñcādy-āsanam/

76 판본들에 따라 이 용어는 sama-saṃsthita 또는 sam-avasthāna 등으로 표현되지만, 의미상 큰 차이는 없다.

77 bhūmau nyastoru-jaṅghaṃ sama-saṃsthitam// Leggett(1992:274)는 이 자세를 '확립된 것'으로 번역한다. 그리고 그는 YsV의 원문을 철저히 의역하여 "확립된 것이란 자신에게 적절할 수 있도록 뭔가 다르게 정돈된 것이다. 즉 불편하지 않은 자세로 앉는 것을 '확립된 것'이라고 부른다."라고 해석한다. 그렇다면 "불편하지 않은 자세로 앉는 것"은 '확립된 것'이라는 개념보다 '편한 상태'라는 개념에 더욱 적합하다.

78 pārṣṇy-agrapādābhyāṃ dvayor ākuñcitayor anyoanya-saṃpīḍanaṃ sama-saṃsthānaṃ/

79 jānvor upari hastau kṛtvā kāya-śiro-grīvasyāvakra-bhāvenāvasthānaṃ sam-avasthānam/ 이 YV의 설명이 TV 등의 문헌들과 일치하지 않은 점에 대해 Rukmani(1983:219, n. 3)는 다음과 같이 부연한다. "Miśra와 Āraṇyaka에 의하면 이 좌법은 뒤꿈치와 발부리를 모두 한데 모으는 방식으로 발을 유지하는 것이지만, Bhikṣu는 이와 다르게 묘사하고 있다. 아마 Bhikṣu 학파의 전통은 이와 달랐을 가능성이 크다." 여기서 Miśra란 TV를 가리키고, Bhikṣu는 YV를 가리킨다.

로도 스스로 생각해 내어 [실행하는 것이] 고요히 있는 이완이 다. 어떤 것에 의해 편안하게 될 때, 그 어떤 것도 '고요히 있는 이완'으로 불리는 좌법이다. 그리고 '안락한 그대로'[에 대해서 말하자면,] 그 형태로 앉아 있는 자에게 안락함이 있게 하는 그것이 '안락한 그대로'이다. [『요가주』에서 언급한] '따위'라는 말을 통해, 스승이 교시한 그와 같은 좌법으로서 다른 것도 있다고 알아야 한다.[80]

TV: 그 모습으로 지속하는 자에게 견고함과 안락함을 성취하게 하는 좌법이 곧 '견고하고 안락한 것'이다. 바로 이것이 경문(요가수트라)의 작자인 존자에 의해 입증되고, 그가 '안락한 그대로'의 것으로서 설파한 것이라고 [비야사는] 말하는 것이다.[81]

YV: [『요가주』의 저자는] 이에 대한 설명으로 '안락한 그대로'라고 말하는 것이다. '따위'라는 말로써 공작 따위의 좌법들이 [있음을] 간파해야 한다. ['따위'라는 말은] 바로 생명체의 종류들만큼이나 많은 좌법들이 있다고 약술한 것이다.[82]

....

80 sthita-prasrabdhiḥ/ anyenāpi prakāreṇa svayam utprekṣya sthita-prasrabdhiḥ// anāyāso yena bhavati tad apy āsanaṃ sthita-prasrabdhir nāma// yathā-sukhaṃ ca yena rūpeṇāsīnasya sukhaṃ bhavati tad* yathā-sukhaṃ/ ādi-śabdād anyad api yathā cāryopadiṣṭam āsanaṃ draṣṭavyam// *tat를 tad로 교정.

81 yena saṃsthānenāvasthitasya sthairyaṃ sukhaṃ ca sidhyati tad āsanaṃ sthira-sukham/ tad etad bhagavataḥ sūtrakārasya saṃmataṃ, tasya vivaraṇaṃ yathā-sukhaṃ ceti//

82 sthira-sukhaṃ ca sūtropāttam/ tasya vyākhyānaṃ yathā-sukhaṃ iti/ ādi-śabdena māhūrādy-āsanāni grāhyāṇi/ yāvatyo jīva-jātayas tāvanty evāsanānīti saṃkṣepaḥ//

2-5. 레차카, 푸라카, 쿰바카 ↬ 2.49_1

요가수트라 제2장의 제49경에 의하면 조식은 "들숨과 날숨의 진행을 중지하는 것"으로 정의된다. TV는 이 정의를 부연 설명하는 데서 주석자들 중에서는 처음으로 레차카(recaka), 푸라카(pūraka), 쿰바카(kumbhaka)라는 특수 용어를 구사한다.

> '호흡(들숨과 날숨) 진행의 중지'는 레차카, 푸라카, 쿰바카에 있다. 이것이 조식의 보편적인 특징이다. 즉 푸라카에서 외부의 공기가 흡입되어 내부에 존속할 때, 거기에 '호흡 진행의 중지'가 있다. 레차카에서 뱃속의 공기가 방출되어 외부에 존속할 때도 거기에 '호흡 진행의 중지'가 있다. 쿰바카에서도 그와 같다. [즉 '호흡 진행의 중지'가 있다.] 『요가주』는 바로 이것을 일컬어 '좌법에 [능통해] 있을 때'라고 말한다.[83]

여기서 TV는 레차카, 푸라카, 쿰바카를 이중적 의미로 사용하고 있는데, 이 경우는 축소된 의미이다. 제2장 제50경에서 구사하는 본래 의미에 의하면 레차카는 조식의 외적 작용(날숨 → 중지), 푸라카는 내적 작용(들숨 → 중지), 쿰바카는 억제 작용(호흡 중지)이다. 즉 제50경에서 TV는 다음과 같이 『요가주』의 설명을 보충한다.

83 recaka-pūraka-kumbhakeṣv asti śvāsa-praśvāsayor gati-viccheda iti prāṇāyāma-sāmānya-lakṣaṇam etad iti/ tathā hi yatra bāhyo vāyur ācamyāntar dhāryate pūrake tatrāsti śvāsa-praśvāsayor gati-vicchedaḥ/ yatrāpi kauṣṭhyo vāyur virecya bāhir dhāryate recake tatrāsti sapraśvāsayor gati-vicchedaḥ/ evaṃ kumbhake 'pīti/ tad etad bhāṣyeṇocyate saty āsana iti//

레차카를 '여기서 숨을 내쉬고 [나서 진행이 없는 것이 그 외적 작용이다.]'라고 설명했고, 푸라카를 '여기서 숨을 들이쉬고 [나서 진행이 없는 것이 그 내적 작용이다.]'라고 설명했으며, 쿰바카를 '셋째[인 억제 작용이란 여기서 단번의 노력을 통해 숨이 들고 나는 그 둘이 없게 되는 것이다.]'라고 설명했다.[84]

2-6. 제3 조식과 제4 조식 ↪ 2.51_4

『요가주』 제2장 제51경에서 설명한 제3 조식과 제4 조식의 차이를 다음과 같은 TV의 설명으로 좀더 명료하게 이해할 수 있다.[85]

그런데 이 넷째 것은 셋째 것처럼 단번의 노력으로 즉각 발생하지는 않는다. 그러나 그것(넷째)은 실행되면서 어떤 각각의 상태를 정복하는 순서에 따라 그 각각의 상태가 된다. [『요가주』에서] '단계를 정복함으로써'라고 말한 것이 이것이다.[86]

반론: 억제 작용(셋째)에서도 그 둘(들숨과 날숨)의 진행은 없게 된다. 그렇다면 이것(셋째)과 그것(넷째)의 차이는 무엇인가?[87]

대답: [『요가주』에서] '셋째 것은'이라고 설명한 것이 그것이다. 셋째 것은 [범위를] 먼저 고려하지 않고 단번의 노력으로 성취되는 것이다. 그러나 넷째 것은 [범위를] 먼저 고려하고 많은 노력으

....

84 recakam āha—yatra praśvāseti/ pūrakam āha—yatra śvāseti/ kumbhakam āha—tṛtīya iti/ 번역에서 [ ]의 내용은 TV의 저자가 『요가주』의 서술을 생략한 부분.

85 보다 상세한 고찰은 정승석(2007) pp. 119-122 참조.

86 na cāsau caturthas tṛtīya iva sakṛt-prayatnād ahnāya jāyate kiṃ tv abhyasyamānas tāṃ tām avasthām āpannas tat tad avasthā-vijayānukrameṇa bhavatīty āha bhūmi-jayād iti/

87 nanūbhayor gaty-abhāvaḥ stambha-vṛttāv apy astīti ko 'smādasya viśeṣa iti/

로 성취될 수 있는 것이다. 이것이 [그 둘의] 차이이다.[88]

이 설명에 의하면, 제3 조식과 제4 조식 사이에는 노선의 차이가 아니라 질적 차이가 있을 뿐이다. 그러므로 제4 조식은 제3 조식의 변형이다.[89] 제3 조식은 그 자체로서 최후에 제4 조식으로 변형된다. 즉 제4 조식이란 조식의 완성을 일컫는다. 실제의 호흡 수련에서 제3 조식인 쿰바카는 레차카와 푸라카 중의 어느 하나에 주력하는 것이다. "범위를 고려하지 않고 오직 단번에 착수된 것"(2.51_3)이란 바로 이것을 의미한다. 이것의 다음 단계가 제4 조식이므로, "들숨과 날숨의 범위를 확인하는 것으로부터"란 제3 조식의 성취가 자각된 시점에서 출발한다는 것을 의미한다. 이에 따라 양자의 차이를 다음과 같이 대비할 수 있다.

	제3 조식	제4 조식
범위	고려하지 않음: 숙달된 레차카와 푸라카 중 어느 하나로 개시.	확인: 쿰바카의 성취가 자각된 시점에서 개시.
노력 과정	한시성: 레차카 ⇄ 푸라카 → 단번의 노력 → 즉각 성취	지속성: 쿰바카 자각 → 많은 노력 → 단계적으로 성취

88 ata āha tṛtīya iti/ anālocana-pūrvaḥ satkṛt-prayatna-nirvartitas tṛtīyaḥ/ caturthas tvālocana-pūrvo bahu- prayatna-nirvartanīya iti viśeṣaḥ/

89 "이 조식(제4 조식)은 쿰바카(제3 조식)의 변형이다. 이것은 지속적 실천을 통해 이루어지는 반면, 제50경에서 설명하는 쿰바카는 단일한 노력을 통해 얻게 되는 결과이다." Rukmani(1983) p. 224, n. 1.

3-1. 요가 철학의 전변설과 유부의 4논사 ↬ 3.9~3.15

요가수트라 제3장의 제9경에서부터 제13경에 걸쳐 교시된 전변설은 마음 작용의 변화 양상들을 다음과 같이 3종으로 유형화한다.

3.9. 억제 전변: 각성(활동) 잠세력의 퇴각, 억제 잠세력의 출현.
3.11. 삼매 전변: 산만의 소멸, 집중의 발생.
3.12. 집일 전변: "상념 → 진정 → 후속 상념 → 진정"의 과정을 거치면서 균일하게 집중되는 상태.
3.13. 이상의 셋은 속성(法), 시간적 형태(相), 상태(位)의 전변.

『요가주』는 이 중에서 특히 제13경(3.13)을 해설하는 데 심혈을 쏟았다. 그 논의는 매우 장황하지만 핵심적 요점만 추출하자면 다음과 같다.

①속성의 전변: 제9경에서 교시한 억제 전변에 상당.
②시간적 형태의 전변: 억제와 각성의 반복.
③상태의 전변: 억제 강화, 각성 약화.
④하나의 전변: 전변의 실제 방식은 오직 한 가지. 즉 항존하는 하나의 실체에서 속성이 순차로 출몰하는 것.

요가수트라는 후속하는 제14～15경에서 과거, 현재, 미래가 실체의 속성이며, 이 3세가 순차적으로 출몰하는 것이 곧 실체의 전변이라고 교시한다. 그리고 이 경우의 '실체'는 이후의 교시를 고려할 때 '마음'을 지목하고 있다. 즉 요가수트라 제3장의 주제는 '초능력'인데, 이와 같은 전변설을 먼저 교시한 것은 이후 열거할 초능력들도 마음을 제어하는 과정에서 경험하는 전변의 양상에 불과하다는 점을 시사한다. 이에 의하면 모든 현상, 특히 초능력과 같은 특이 현상도 마음의 전변일 뿐이다. 요가 철학에서 전변설을 거론하는 취지는 여기에 있다.

그런데 위의 제13경에서 언급한 속성(法), 시간적 형태(相), 상태(位)의 전변이라는 개념은 불교의 설일체유부(說一切有部)에 속하는 논사들의 주장과 매우 흡사하다. 실제 이에 관한 『요가주』의 해설에서는 그 논사들의 주장과 거의 일치하는 내용을 발견할 수 있다.

불교에서 '유부의 4논사'로 불리는 인물은 Dharmatrāta(法救), Ghoṣaka(妙音), Vasumitra(世友), Buddhadeva(覺天)이다. 이들의 쟁점도 속성(현상)과 실체의 관계를 시간과 관련하여 설명하는 데 있다.[90] 이들의 주장은 일찍이 『구사론』, 『대비바사론』, 『순정리론』 등[91]을 통해 잘 알려져 있지만, 범본 중에서는 *Tattvasaṃgraha*(眞理綱要)에 대한 Kamalaśīla(蓮華戒)[92]의 주석(*Pañjikā*)에 잘 소개되어 있다. 이 주석에서

....

90 Dharmatrāta에 의하면 변화 과정상 속성은 다른 시간에 다른 양태를 지니며, 자신을 완전히 잃지는 않는다. 즉 존재 방식은 변하지만 본질은 변하지 않는다. Ghoṣaka에 의하면 속성이 과거로 들어갈 때, 과거 및 현재와 분리되지 않고 과거 양상을 보유한다. 또한 속성이 현재로 들어갈 때, 과거 및 미래와 분리되지 않은 채 현재 양상을 보유한다. Vasumitra에 의하면 속성이 그 기능을 낳지 않은 상황이 미래, 낳고 있는 상황이 현재, 이미 낳아 기능을 멈춘 때가 과거이다. 속성의 본질 자체가 아니라 조건이 어디에서나 변화한다. Buddhadeva는 한 사람의 여자가 자식에게는 어머니가 되고, 어머니에게는 딸이 되는 것과 같은 관계로 속성을 이해한다. cf. Chakravarti(1975) pp. 95-96.

91 구사론(대정장 29:104c), 대비바사론(대정장 27:396a), 순정리론(대정장 29:631ab).

92 *Tattvasaṃgraha*의 저자는 대승불교의 유명한 논사인 Śāntarakṣita(寂護)이고, Kamalaśīla는 그의 제자이다.

소개하는 그들의 주장은 다음과 같다.

(1) Dharmatrāta: 존자 다르마트라타(法救)는 존재 양태가 다르다고 주장[93]하는 자로서, 그는 다음과 같이 말했다. "[세 가지] 시간들 중에서 현재의 속성에는 오직 존재 양태가 다르다는 사실만 있을 뿐이고, 본질(실체)의 경우에는 그렇지 않다." 예를 들면, 금이라는 본질의 경우에는, [다시 말해서] 금팔찌, 금목걸이, 금귀걸이 등으로 불리는 것의 원인의 경우에는, [그렇게 불리는] 성질이 다르게 되는 사태는 있지만, 금 [자체가] 다르게 되는 사태는 없다. 이와 마찬가지로 속성의 경우에도 미래 따위의 존재 양태로 인해 다르게 되는 사태가 있다. 실로 그와 같이 속성은 미래라는 존재 양태를 버림으로써 현재라는 존재 양태로 들어가고, 현재라는 존재 양태를 버림으로써 과거라는 존재 양태로 들어간다. 그러나 본질이 다르게 되는 것은 아니다. 어느 경우에나 본질의 단절은 없기 때문이다.[94]

(2) Ghoṣaka: 존자 고샤카(妙音)는 [시간적] 위상(형태)이 다르다고 주장[95]하는 자로서, 그는 다음과 같이 말했다. "시간들 중에서 현재라는 속성은 과거의 위상과 결합하여 과거가 되고, 미래와 현재라

....

93 한역 불전에서는 이 주장을 '類(bhāva)의 不同'으로 규정하여 '類說'이라고 약칭한다.

94 tatra bhāvānyathā-vādī bhadanta-dharmatrātaḥ/ sa kilāha "dharmasyādhvasu vartamānasya bhāvānyathātvam eva kevalam, na tu dravyasya" iti/ yathā suvarṇa-dravyasya kaṭaka-keyūra-kuṇḍalādy-abhidhāna-nimittasya guṇasyānyathātvaṃ na suvarṇasya, tathā dharmasyānāgatādi-bhāvādanyathātvam/ tathā hi anāgata-bhāva-parityāgena vartamāna-bhāvaṃ pratipadyate dharmaḥ, vartamāna-bhāva-parityāgena cātīta-bhāvam, na tu dravyānyathātvam, sarvatra dravyasyāvyabhicārāt/ TSp, p. 614.

95 한역 불전에서는 이 주장을 '相(lakṣaṇa)의 不同'으로 규정하여 '相說'이라고 약칭한다.

는 두 가지 위상과 단절되지 않는다. 예를 들면, 한 여자에게 열중한 남자가 다른 여자들에 대해 무관심하지 않는 것과 같다. 미래와 현재에 대해서도 그와 같이 설명된다."[96]

(3) Vasumitra: 존자 바수미트라(世友)는 상황(작용 상태)이 다르다고 주장[97]하는 자로서, 그는 다음과 같이 말했다. "시간들 중에서 현재라는 속성은, 본질이 [다르기] 때문이 아니라 상황이 다르기 때문에, 이러저러한 상황에 서로 다르게 도달한 것으로서 나타나는 것이다. [이는] 세 가지 시간들에서도 본질은 파기되지 않기 때문이다. 예를 들면, 흙구슬이 1이라는 선에 던져지면 1이라고 하고, 100이라는 선에 던져지면 100이라고 하며, 1000이라는 선에 던져지면 1000이라고 말하는 것과 같다. 그와 같이 작용에 참여된 상태가 현재이고, 그로부터 물러난 것이 과거이며, 그것에 도달하지 않은 것이 미래이다."[98]

(4) Buddhadeva: 붓다데바(覺天)는 상호 [관계가] 다르다고 주장[99]하는 자로서, 그는 다음과 같이 말했다. "시간들 중에서 현재라는 속

96 lakṣaṇānyathā-vādī bhadanta-ghoṣakaḥ/ sa kilāha "dharmo 'dhvasu vartamāno 'tīto 'tīta-lakṣaṇa-yukto 'nāgata-pratyutpannābhyāṃ lakṣaṇābhyām aviyuktaḥ/" yathā puruṣa ekasyāṃ striyāṃ raktaḥ śeṣāsv aviraktaḥ, evam anāgata-pratyutpannāv api vācyau/ TSp, p. 614.

97 한역 불전에서는 이 주장을 '位(avasthā)의 不同'으로 규정하여 '位說'이라고 약칭한다.

98 avasthānyathā-vādī bhadanta-vasumitraḥ/ sa kilāha "dharmo 'dhvasu vartamāno 'vasthām avasthāṃ prāpyānyo 'nyo nirdiśyate 'vasthāntarataḥ, na dravyataḥ; dravyasya triṣv api kāleṣv abhinnatvāt/ yathā mṛd-guḍikā ekāṅke prakṣiptā ekam ity ucyate, śatāṃke śatam, sahastrāṃke sahastram; tathā kāritre 'vasthito bhāvo vartamānaḥ tataḥ pracyuto 'tītaḥ, tad-aprāpto 'nāgataḥ" iti/ TSp, p. 614.

99 한역 불전에서는 이 주장을 '待(apekṣā)의 有別'로 규정하여 '待說'이라고 약칭한다.

성은 전(前)과 후(後)에 의존하여 서로 다른 것으로서 말해진 것이다. 예를 들면, 한 여자가 어머니라고 불리고 딸이라고 불리는 것과 같다."[100]

이상과 같은 불교측 4논사의 주장이 『요가주』에 반영되었다는 것은 요가 철학이 4논사의 견해를 모두 인정한다는 것을 시사한다. 그러나 불교측 유부의 입장에서는 4논사 중 Vasumitra(世友)의 견해만을 인정하고 다른 것들을 배척한다. 그들 중 특히 Dharmatrāta(法救)의 주장은 상키야 철학의 관점과 동일한 것으로 지적된다.[101] 불교측의 이 같은 시각을 고려하면, 요가 철학에서 전개한 전변설은 상키야 철학에서 유래한 것이고, 상키야 철학의 전변설이 유부 4논사의 견해에 다소 영향을 미쳤을 것이라는 추론이 성립된다.[102]

3-2. 우주의 전체 구도 ↬ 3.26_1~7

『요가주』의 설명에 따르면 우주 전체는 일곱 세계로 구성된다. 그 설명을 그대로 반영하여 우주 전체의 구도를 아래와 같이 도식화할 수 있다. 수미산(수메루)은 대지의 한 가운데 위치하고 대지의 일곱 주(洲)는 그 둘레에 배치되지만, 이 표에서는 일곱 주를 언급하는 순서대로

....

100 anyathānyathiko buddhadevaḥ/ sa kilāha "dharmo 'dhvasu vartamānaḥ pūrvāparam apekṣyānyonya ucyate" iti/ yathaika strī mātā cocyate, duhitā ceti/ TSp, p. 615.

101 예를 들어 *Tattavsaṃgraha*에서는 "그중에서 첫째(法救의 견해)는 전변론자가 되기 때문에 상키야의 견해와 다르지 않다."(tatra prathamaḥ pariṇāmavāditvāt sāṃkhya-matān na bhidyate/)라고 지적한다.

102 Cf. Chakravarti(1975) p. 98.

수미산의 다음에 배열해두었다. 『요가주』는 중생의 세계인 잠부 주를 상설하는 데 주력하고 나머지 여섯 주에 대해서는 명칭을 열거하는 데 그친다.

<table>
<tr><th>위치</th><th>서열</th><th colspan="9">내역</th></tr>
<tr><td rowspan="5">천상 세계</td><td>1</td><td rowspan="3">브라만의 세계(Brāhma)</td><td colspan="8">진실 세계(Satya)</td></tr>
<tr><td>2</td><td colspan="8">고행자의 세계(Tapas)</td></tr>
<tr><td>3</td><td colspan="8">중생의 세계(Jana)</td></tr>
<tr><td>4</td><td colspan="9">프라자파티의 거대 세계(Prājāpatya Mahar)</td></tr>
<tr><td>5</td><td colspan="9">위대한 인드라의 세계(Mahendra)</td></tr>
<tr><td rowspan="2">중간 세계</td><td rowspan="2">6</td><td colspan="9">북극성</td></tr>
<tr><td colspan="9">행성, 항성 따위의 별</td></tr>
<tr><td rowspan="7">지상 세계</td><td rowspan="14">7</td><td>맹암(盲暗) 지옥</td><td rowspan="6">수미산</td><td rowspan="6">잠부</td><td rowspan="6">샤카</td><td rowspan="6">쿠샤</td><td rowspan="6">크라운차</td><td rowspan="6">샬말라</td><td rowspan="6">고메다</td><td rowspan="6">푸슈카라</td></tr>
<tr><td>흑승(黑繩) 지옥</td></tr>
<tr><td>대규환(大叫喚) 지옥</td></tr>
<tr><td>규환(叫喚) 지옥</td></tr>
<tr><td>유과(油鍋) 지옥</td></tr>
<tr><td>대흑(大黑) 지옥</td></tr>
<tr><td>무간(無間) 지옥</td><td colspan="8">대지</td></tr>
<tr><td rowspan="7">지하 세계</td><td>파탈라</td><td colspan="8" rowspan="7"></td></tr>
<tr><td>탈라탈라</td></tr>
<tr><td>비탈라</td></tr>
<tr><td>수탈라</td></tr>
<tr><td>아탈라</td></tr>
<tr><td>라사탈라</td></tr>
<tr><td>마하탈라</td></tr>
</table>

지하 세계: 파탈라(pātāla), 탈라탈라(talātala), 비탈라(vitala), 수탈라(sutala), 아탈라(atala), 라사탈라(rasātala), 마하탈라(mahātala).

대지의 일곱 주(洲): 잠부(jambū), 샤카(śāka), 쿠샤(kuśa), 크라운차(krauñca), 샬말라(śālmala), 고메다(gomedha), 푸슈카라(puṣkara). 이 중 고메다는 마가다(magadha)로도 불린다.

3-3. 잠부 주(염부제)의 구조 ↬ 3.26_9~12

『요가주』의 제3장 제26경에 의하면 잠부 주(Jambu-dvīpa)는 우주 전체를 구성하는 일곱 세계 중 지상 세계에 속해 있다. 지상 세계의 중심은 수메루(수미산)이고, 잠부 주는 수메루를 둘러싸고 있으며, 잠부 주 바깥을 여섯 주(洲)가 차례로 둘러싸고 있다. 이처럼 잠부 주는 일곱 주의 한가운데 배치된 만큼, 『요가주』는 이 잠부 주의 구조를 설명하는 데 주력한다. 그러나 『요가주』의 설명은 불충분하여 잠부 주의 구조를 어떻게 상정하고 있는지 정확히 가늠하기 곤란하다. 이러한 난점을 후대 주석자들도 인식하고 있었던 듯하다. 특히 *Yoga-vārttika*(YV)는 『요가주』의 설명에서 모호한 부분을 구체적으로 부연하여 해설하고 있으므로, 이 해설을 적용하면 잠부 주의 구조를 다음과 같은 평면도로 제시할 수 있다.

위의 구조에서 9산(山)과 9경역(境域)으로 이루어진 잠부 주 전체는 바깥의 큰 원으로 표시한 대양으로 둘러싸여 있다. 이 대양은 '소금 바다'로 불린다.

9산: 북방의 ⓐ닐라(nīla), ⓑ슈웨타(śveta), ⓒ슈링가바트(śṛṅgavat), 남방의 ⓓ니샤다(niṣadha), ⓔ헤마쿠타(hemakūṭa), ⓕ히마샤일라(himaśaila), 동방의 ⓖ말리야바트(mālyavat), 서방의 ⓗ간다마다나(gandhamādana), 중앙의 수메루(sumeru).

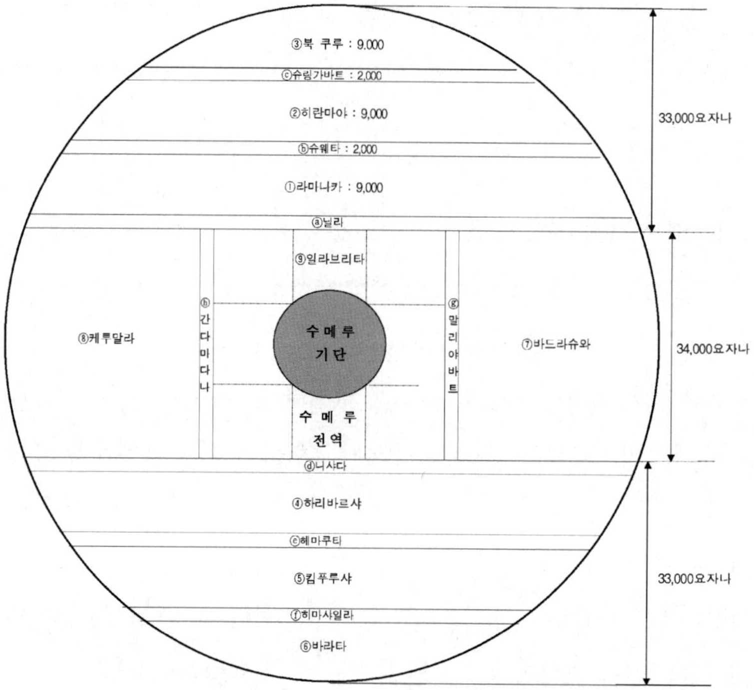

9경역: 북방의 ①라마나카(ramaṇaka), ②히란마야(hiraṇmaya), ③북방의 쿠루(kuru), 남방의 ④하리바르샤(harivarṣa), ⑤킴푸루샤(kiṃpuruṣa), ⑥바라타(bhārata), 동방의 ⑦바드라슈와(bhadrāśva), 서방의 ⑧케투말라(ketumāla), 중앙의 ⑨일라브리타(ilāvṛta).

중앙의 수메루는 버섯과 같은 형태로 상정되어 있다. 평면도에서 수메루 기단은 버섯의 줄기에 상당하고, 수메루 전역(全域)은 버섯의 갓에 덮여 있는 지상의 영역이다. 잠부 주를 둘러싼 대양 바깥에는 다시 6주와 6대양이 '샤카(śāka) - 대양 - 쿠사(kuśa) - 대양 - 크라운차(krauñca) - 대양 - 샬말라(śālmala) - 대양 - 고메다(gomedha) - 대양 - 푸슈카라

(puṣkara) – 대양'의 순서로 배열된다. 이 중 마지막 대양은 로카로카(lokāloka) 산으로 에워싸여 있다. 로카로카 산의 바깥은 비세계(非世界)로 불린다.

3-4. 다섯 가지 숨(5풍) ↬ 3.39

인도 철학에서는 우파니샤드 이래 숨(prāṇa)을 다섯 가지로 세분하여 5風(vāyu)으로 일컬었다. *Maitrī-upaniṣad*(2.6)에서는 5풍을 다음과 같이 설명한다.

> 프라자파티가 많은 존재를 창조했으나 그것들에게 의식이 없음을 보고서는 '그들에게 의식을 일깨우기 위해 내가 그들 속으로 들어가야겠다'라고 결심했다. 그는 바람(風)과 같은 형태로 변신하여 그들 속으로 들어갔다. 그러나 혼자서는 역부족이므로 자신을 다섯으로 분할하였다. 상승하는 것이 prāṇa(生氣), 하강하는 것이 apāna(下氣), 그 양자를 결합하여 유지하는 것이 vyāna(媒氣), apāna로 방출하는 영양분으로서 사지(四肢)에서 전달되는 것이 samāna(等氣), 음식을 삼키거나 소화하는 것이 udāna(上氣)이다.

위의 설명 중 일부는 『요가주』 제3장 제39경의 설명과는 약간 다르다. 호흡 수련을 중시하는 상키야 및 요가 철학에서는 5풍의 작용을 더욱 구체적으로 고찰하였는데, 『요가주』에서 설명하는 것은 하나의 전형이 된다. 이보다 후대에 상키야 철학의 YD는 SK 제29송을 주석하면서 5풍을 상세히 설명하는데, 이 설명에 따르면 5풍의 개념과 기능을 다음과 같이 요약할 수 있다.

①prāṇa(生氣): 들어오는 숨, 들숨. 코와 입을 통해 몸 안으로 들어오는 숨.
②apāna(下氣): 하강하는 숨, 날숨. 숨을 내쉴 때 하강하여 항문으로 나가는 기운. 분비물, 배설물, 정액, 월경 등을 배출하는 작용.
③samāna(等氣): 균배하는 숨. 심장 안에 존재하면서 들숨과 날숨을 통제하는 작용. 외적으로는 타자(他者)와의 결속력으로 작용.
④udāna(上氣): 상승하는 숨. 머리로 상승하는 기운. 언어의 현시력, 자기 우월감으로 작용.
⑤vyāna(媒氣): 편재하는 숨. 전신에 편재하여 기운을 활성화하며, 친밀과 결속의 원인으로 작용.

여기서 5풍을 열거한 번호는 YD의 설명에 따라 그 강도가 약한 것부터 강한 것의 순서로 부여한 것이다. 즉 신체에서 작용하는 힘은 ①prāṇa가 가장 약하고 ⑤vyāna가 가장 강하다.

3-5. 초능력 일람 ↬ 3.16~3.55

요가수트라 제3장의 제16경부터 열거하는 잡다한 초능력의 종류를 정확한 숫자로 헤아리기는 곤란하다. 그 이유는 한 가지 총제로부터 둘 이상의 초능력을 열거하는 경우가 있고, 종결부에서는 식별지를 설명하는 데 주력하기 때문이다. 그러나 초능력은 반드시 대응하는 총제와 결부되어 있음을 기준으로 하면, 요가수트라의 초능력들을 다음의 표와 같은 목록으로 작성할 수 있다. 여기서 초능력을 낳는 총제의 대상은 26종이다. 요가수트라는 이 26종의 총제로부터 발생하는 초능력을 30경에 걸쳐 예시한다.

요가수트라의 경문만으로는 그 의미가 모호할 경우, 『요가주』의 설명을 반영하여 이 목록을 작성하였다.

YS	총제의 대상	성취된 능력
3.16	3종(속성, 시간적 형태, 상태)의 전변	과거와 미래에 통달
3.17	말과 대상(의미)과 관념의 차이	모든 생물의 소리에 통달
3.18	선악의 잠세력	전생에 통달(숙명통)
3.19	자기 또는 타인의 관념	타인의 마음에 통달(타심통)
3.21	신체의 형상	신체의 은몰
3.22	빠르거나 느린 과보의 업	죽음에 통달
3.23	자애(慈), 연민(悲), 기쁨(喜)	불굴의 용기
3.24	코끼리 따위의 힘	코끼리 따위와 같은 힘
3.25	마음의 빛	투시력과 같은 인식력
3.26	태양	모든 세계(지리적 형세 등)에 통달
3.27	달	천체에 통달
3.28	북극성	천문에 통달
3.29	배꼽	신체 구조에 통달
3.30	목구멍	기아와 갈증의 소멸
3.31	거북 모양의 맥관	마음의 안정
3.32	이마의 광휘	성취자(초능력자)를 지각
3.34	심장	마음에 통달
3.35	순수정신의 관념(순수한 의식)	예지(반야)
3.36	순수정신의 관념(순수한 의식)	직관, 초인적 감각
3.38	순수정신의 관념(순수한 의식)	다른 신체로 마음의 이동
3.39	상승하는 숨(上氣)	사후 승천
3.40	균배하는 숨(等氣)	광채
3.41	청각과 공(空)의 관계	신묘한 청각
3.42	신체와 공의 관계, 솜처럼 가벼운 것	공중 부양
3.43	신체 이탈의 마음	번뇌, 업, 과보의 소멸
3.44	5조대요소와 5미세요소의 양태	요소들을 정복
3.45~46.	5조대요소와 5미세요소의 양태	8신통, 완전한 신체
3.47	감관의 다섯 양태	감관들을 정복
3.48	감관의 다섯 양태	신속이동, 감관의자재력, 근본원질 정복
3.52	찰나와 이것의 상속	식별지

3-6. 초능력과 식별지 ↪ 3.16~3.55

요가수트라의 관점에서 초능력은 식별지를 달성하는 과정에서 얻을 수 있는 부수적인 능력이다. 다만 이것은 요가의 여덟 지분 중 가장 중요하게 취급되는 총제(總制)에 의해서만 가능하다. 총제는 하나의 대상에 대한 총지(總持)와 정려(靜慮)와 삼매를 한 마디로 일컫는 일련의 명상 수단이며, 이 셋은 유기적으로 작용하여 억제와 집중에 의한 '철저한 직관'을 도모한다. 그리고 철저한 직관의 완성형을 '식별지'로 일컫는다. 요가 수행의 목표인 무종 삼매 또는 독존(해탈)은 이 식별지로써 가능하다.

그러므로 식별지야말로 최상의 초능력이 된다. 이 식별지를 제외한 초능력들은 삼매의 등급으로 말하면 유상(有想) 삼매의 부산물이다. 수행자가 이 부산물에 안주할 경우에는 더 상의 진전이 없다. 다시 말하면 그는 결코 독존을 달성할 수 없는 사이비에 불과하게 된다. 그럼에도 불구하고 요가수트라에서 초능력을 중요하게 취급한 데에는 두 가지 이유가 있다.

첫째, 최상의 집중 수단인 총제의 기능과 효과를 초능력으로 역설한다.[103] 초능력이 발생하는 논리는 단순하다. 즉 집중의 대상에 따라 그 대상에 관한 지각이나 능력도 극대화된다. 예를 들면 시간적 형태의 전변에 총제(철저한 집중)함으로써 과거와 미래에 통달할 수 있다(YS 3.16). 또한 말에 총제함으로써, 즉 소리가 음절, 단어, 문장을 통해 의미

....

103 단적인 예로 『요가주』는 제3장 제16경 이하에서 열거하는 초능력들을 다음과 같이 '총제의 영역'으로 간주한다. "이제 알고자 하는 목적을 달성하기 위해, 모든 수단을 사용하는 요기의 총제(總制)의 영역이 설명된다."(YBh 3.15_10)

와 관념을 형성하는 변화에 총제함으로써 모든 생물의 소리에 통달할 수 있다(YS 3.17).

둘째, 명상의 과정에서 초능력은 식별지의 전조가 된다. 초능력이 발생한다는 것은 그만큼 식별지에 근접해 있다는 신호탄으로 간주된다. 이 점에서 초능력은 요가에 대한 수행자의 신념이나 믿음을 강화하는 정신적 방편이 될 수 있다.

이와 같이 요가수트라에서 초능력은 독자적인 가치를 갖지 못한다. 그것은 일차적으로 식별지의 계발을 지향하고, 궁극적으로는 식별지를 완성하여 독존에 도달하는 과정으로 서술된다. 아래의 표는 초능력 서술의 지향점을 한눈에 보여준다. 이 표는 초능력 서술의 대요를 세 단계로 파악한 것이다.[104]

	YS	초능력의 내용	초능력의 대상
①	3.16~35	지각에 관한 초능력의 생기	개별적
	3.35	식별지의 초기 단계	
②	3.36~48	정복이라는 초능력의 생기	개별적
	3.49	식별지의 완성	
③	3.49~54	식별지에 의거한 초능력	일체
	3.55	독존	

①단계 초능력의 공통성은 지각 능력이다. 다양한 지적 능력의 최후 단계에 순수정신에 대한 예지가 발생한다. 이는 식별지의 초기 단계에 상당한다.[105]

104 村田 裕美(2005) p. 905 참조.

105 "순수정신에 속하는 관념인 것, 바로 거기에 총제함으로써 순수정신을 대상으로

②단계 초능력의 공통성은 정복 능력이다. 다양한 초감각적 정복 능력의 종국에 물질의 근원(근본원질)까지 정복한다. 이로부터 요기는 '모든 것을 아는 자'(全智者)가 될 수 있다. 이는 식별지의 완성 단계에 상당한다.[106]

③단계는 식별지의 발생과 적용 과정이다. 여기서는 초능력까지도 초월함으로써 독존(해탈)을 성취한다.[107] 이때 식별지는 독존의 직접적인 수단이다.

4-1. 훈습과 잠세력과 기억의 관계 ↝ 4.9, 2.13

『요가주』는 제2장 제13경의 주석에서 훈습은 기억의 원인이 되는 잠세력이라고 정의하므로(2.13_8), 잠세력인 훈습과 기억은 원인과 결과의 관계에 있는 것으로 이해된다. 그러나 제4장 제9경의 주석에서 기억과 잠세력은 훈습의 기능으로 설명되므로, '훈습=기억=잠세력'의 관계가 성립하는 것으로 이해될 수 있다. 더욱이 여기서 기억과 잠세력은 잠재업의 작용을 통해 진전된다고 하므로, 이 잠재업과 훈습의 기능에도 유사성이 있는 것으로 이해된다. 이로 인해 업의 인과를 설명하기 위한 이 개념들, 즉 잠재업, 훈습, 기억, 잠세력의 독자적인 기능과 상호관계가 모호해진다.

....

하는 예지(반야)가 발생한다."(YBh 3.35_3)

106 "[통각의] 순질과 순수정신의 차이를 지각하는 자만이 모든 존재를 지배하는 자가 되고, 모든 것을 아는 자가 된다."(YS 3.49); "요기는 이것을 획득하여 '모든 것을 아는 자'가 되고, 번뇌와 속박을 소멸한 지배자로서 유유자적한다."(YBh 3.49_3)

107 "과실(過失)의 종자가 소멸할 때, 그것(초능력)들에 대해서도 초연함으로써 독존이 [도래한다.]"(YS 3.50)

이 모호성을 해결하기 위해서는 우선 제4장 제9경의 주석(YBh 4.9)을 분석할 필요가 있다. 이를 위해 주석의 전문을 설명의 추이에 따라 세분하면 개념들의 관계가 더 명료하게 드러난다.

YS 4.9: 기억과 잠세력은 동질성을 갖기 때문에, [과보가] 출생이나 장소나 시간에 의해 분리된 경우에도 [훈습의] 연속이 있다.

YBh: (1) [출생의 예를 들면] 고양이로서의 과보가 발생한 것은 자신을 명시하는 징표가 현현된 것이다. 만약 그것(과보)이 100 [종]의 [다른] 출생, 혹은 장소의 원격성, 혹은 100겁으로 분리되더라도, ①그것은 오직 자신을 명시하는 징표로서 다시 발생할 것이다. ②즉 예전에 경험했던 고양이로서의 과보에 의해 형성된 훈습이 그만큼 빠르게 [잠세력을] 취하여 현현될 것이다.

(2) 왜 그러한가? [출생과 장소와 시간 중의] 어느 것에 의해 분리된 경우에도 이것(훈습)들과 유사한 것으로서 업을 현현시키는 것이 원인이 되기 때문이다. 따라서 오직 [훈습의] 연속이 있다. 그렇다면 어떻게 그러한가? 기억과 잠세력은 동질성을 갖기 때문이다.

(3) 경험(=훈습)[108]은 있는 그대로 잠세력이 된다. 그리고 그것들(잠세력이 되는 경험)은 업의 훈습에 상당한다.

(4) ①그런데 "훈습들은 있는 그대로 기억이 된다." 따라서 출생이나 장소나 시간에 의해 [분리되어 있더라도 그렇게] 분리된 ②"잠세력들로부터 기억이 있고,[109] 기억으로부터 다시 잠세력들이 있다."

....

108 YsV의 판본에서는 '훈습인 경험'이다.

109 이 관계는 "경험한 대상을 잃지 않는 것이 기억이다."(YS 1.11)라는 경문을 설명하는 데서 이미 시사되어 있다. 여기서는 "마음은 관념에 대해 기억하는가 혹은 대상에 대해 기억하는가?"라는 의문을 먼저 제기한다. 이에 대한 답변의 요점은 대

(5) 이와 같이 이러한 기억과 잠세력들은 잠재업의 활동으로 얻은 힘을 통해 현현된다.

(6) 그리고 이 점에서 [출생이나 장소나 시간에 의해] 분리된 경우에도 원인과 결과의 존재 방식은 파괴되지 않기 때문에, 오직 [훈습의] 연속이 입증된다.

여기서 『요가주』는 주요 개념들의 상호 관계를 언급함으로써 훈습은 업과 그 과보를 직접적으로 매개한다는 사실을 입증하고 있다. 이 설명에 따른 주요 개념들의 관계를 다음과 같은 도식으로 정리할 수 있다. 도식에 있는 번호는 위에 제시한 본문의 번호와 대응한다.

(1) 업 → 훈습 → 과보(업의 현현): 업이 훈습을 생성하여 과보를 현시한다.

(2) 훈습(기억 = 잠세력) → 과보: 훈습과 유사한 요소인 기억과 잠세력의 작용으로 과보가 발생한다.

(3) 경험(= 훈습) = 잠세력: 훈습으로서 존속하는 경험은 잠세력이 된다.

(4) ① 훈습 = 기억: 훈습은 기억이 된다.

② 잠세력 → 기억, 기억 → 잠세력: 잠세력과 기억은 서로 원인이 된다.

(5) 잠재업 → 기억과 잠세력: 잠재업의 작용에 의해 기억과 잠세력도 작용한다.

....

상의 영향을 받은 관념이 기억을 형성한다는 것이다. 그리고 그 과정은 "대상의 영향을 받은 관념 → 두 가지 양태(인식된 대상과 인식하는 작용) → 같은 종류의 잠세력 → 기억"의 단계로 설명된다(YBh 1.11_2).

위의 (1)(업→훈습→과보)은 업이 과보를 초래하는 인과율을 개괄적으로 설명한다. 여기서는 과보를 초래하는 업력, 즉 업의 여세를 훈습으로 표현하고 있다. 따라서 훈습이란 업의 여세를 총괄적으로 표현하는 개념이며, 이것에 상당하는 또 하나의 개념은 잠재업이다. (1)은 이 중에서 훈습으로써 인과의 필연성을 설명하는 것이다.

그런데 (2)('기억=잠세력'→과보)에 의하면, 훈습의 구체적인 양태는 기억과 잠세력이다. 훈습이라는 '업의 여세'는 기억과 잠세력으로서 존속하면서 이것들을 통해 과보를 발생시킨다.

(3)과 (4)는 훈습과 잠세력, 훈습과 기억의 관계를 시사하면서, 잠세력과 기억의 기능을 명시한다. (3)(훈습=잠세력)과 (4)①(훈습=기억)에 의하면, 잠세력과 기억은 훈습의 동일한(잠세력=기억) 양태이다. 그리고 이 동일한 양태(잠세력=기억)는 '업의 여세가 의식의 심층에 잠복하는 양태'를 가리키는 것으로 이해할 수 있다.

기억은 의식의 표면으로 떠오를 때서야, 다시 말해서 표상을 형성할 때서야 그 존재가 인식된다. 그러나 의식의 표면으로 떠오르지 않는다고 하여 기억이 존재하지 않는다고 말할 수는 없다. 잠복된 인상이 표상으로 떠오를 때, 그것은 기억이라고 인식된다. 잠복된 인상과 표출된 인상은 동일한 것이다. 기억은 이처럼 잠복과 표출이라는 양면적 기능으로 존속한다. 따라서 (3)(훈습=잠세력: 훈습으로서 존속하는 경험은 잠세력이 된다)의 잠세력은 잠복된 인상, 즉 '잠복 상태의 기억'을 가리키며, 경험된 것(훈습)이 표상을 형성하지 않은 기억의 양태로 존속하는 상태를 가리킨다. (4)①(훈습=기억: 훈습은 기억이 된다)은 이 점을 지적한 것으로 이해된다.

이 잠복 상태의 기억이 잠세력으로 불리는 이유는 그것의 표출 가능성 때문이다. 이에 따라 "요가에서 잠세력은 기억 자취일 뿐만 아니라 미래의 행위를 추진하는 힘이다."[110]라고 하는 이해가 성립된다. 잠복된 기억이 의식의 표면으로 떠오르는 양태를 (4)의 ②에서는 "잠세력들로부터 기억이 있고"(잠세력 → 기억)라고 명시한다. 이것은 잠복된 기억으로서 존속하는 잠세력이 표상으로 표출되는 양태를 가리키는 것이라고 이해된다.[111]

그러므로 (4)②(잠세력⇄기억: 잠세력과 기억은 서로 원인이 된다)로 명시된 관계는 업의 여세가 부단히 잠복되고 표출되는 훈습의 기능을 총괄적으로 파악한 것이라고 이해할 수 있다. '잠세력⇄기억'이라는 상호 관계에서 '잠세력 → 기억'(잠세력들로부터 기억)은 훈습의 잠세력이 기억으로 표출되어 과보 또는 번뇌가 된다는 사실을 지시한다. 또 '기억 → 잠세력'(기억으로부터 다시 잠세력들)은 새로운 과보 또는 번뇌로서의 업이 기억으로서 잠복(=훈습)됨으로써 잠세력이 된다는 사실을 지시한다.

이상을 종합하면, 훈습은 업의 여세인 '기억과 잠세력'의 기능을 총괄하는 개념이며,[112] '잠세력 → 기억'은 기억의 표출력(기억된 것이

....

110 Coward(1983) p. 50.

111 Dasgupta(1973:108)는 잠세력과 기억의 관계를 다음과 같이 파악했다. "잠세력과 기억의 차이는 전자가 숨어 있는 상태인 반면 후자가 드러난 상태에 있다는 사실일 뿐이다. 따라서 기억과 잠세력은 성격상 동일하며, 잠세력이 소생할 때마다 이것은 잠세력에 잠복 상태로 보존되어 있는 똑같은 경험의 기억이 드러남을 의미할 뿐이다."

112 특히 (2)(3)(4)를 고려하면 훈습='잠세력⇄기억'이라는 도식이 성립한다. 이 도식은 훈습이 서로 원인이 되는 잠세력과 기억으로서 존속함을 의미한다.

과보를 표출하는 기능)을 표현하는 관념이고, '기억→잠세력'은 기억의 잠복력(경험된 것이 기억으로서 잠복하는 기능)을 표현하는 관념이다. 이러한 관념에 의해 훈습은 잠세력과 기억이 되며, 잠세력과 기억은 동일한 것이라고 표현될 수 있다.

4-2. 잠재업과 훈습의 관계 ↬ 2.13_8, 4.9_3

『요가주』에서는 "기억과 잠세력들은 잠재업의 활동으로 얻은 힘을 통해 현현된다."(4.9_3)라고 하여, 잠세력과 잠재업을 구분한다. 이 관념에서는, 즉 '잠재업 → 기억과 잠세력'(잠재업의 작용에 의해 기억과 잠세력도 작용한다)이라는 인과율을 인정한다. 그런데 앞의 「주제별 역주」 4-1에서 얻은 결론은 '기억과 잠세력'의 기능을 총괄하는 개념이 훈습이라는 것이다. 따라서 잠재업과 훈습은 업의 인과율에서 유사한 위치에 있는 것으로 보인다.

그러나 잠재업은 훈습의 원인으로 이해되기도 한다.[113] 그런데 앞의 고찰에 의하면, 잠재업은 훈습에 중첩되는 원인으로 이해할 수는 있을지언정, 직선적 인과 관계에서 훈습에 선행하는 독립 원인이라고 이해하기는 곤란하다. '업 → 훈습 → 과보'의 인과에서, 잠재업은 업이 남긴 여세로서 훈습과 대등한 위치에 있는 것으로 이해할 수밖에 없기 때문이다. 더욱이 요가 철학에서는 'saṃskāra(잠세력) = karma(업) = vāsanā(훈습)'이라는 등식이 성립한다[114]고 파악할 때, 잠재업은 이 등식

....

113 "분명한 것은 과보를 지향하는 잠재업이 잠복 형태로 마음에 이미 존재하는 훈습을 현현시키는 원인이라는 점이다." Dasgupta(1973) p. 108.

114 山下幸一(1976) p. 153.

의 업에 상당하는 것으로 이해된다.

그렇다면 잠재업과 훈습의 관계에서 잠재업은 훈습의 선행 원인이 아니라 병렬적인 상관의 보조 원인 또는 훈습과 병행하면서 결부되는 원인일 것으로 간주된다.[115] 『요가주』는 제2장 제13경에서 잠재업과 훈습의 병렬적 인과 관계를 설명하고 있다. 여기서 잠재업은 '하나의 생존에서 유래하는 것', 즉 일생업(一生業)인 반면, 훈습은 '많은 전생에서 유래하는 것', 즉 다생업(多生業)이다.[116] 전자는 행위자가 당면한 한 차례의 삶에서 업의 여세가 축적되거나 현현함을 의미하고, 후자는 업의 여세가 여러 차례의 삶을 거치면서 지속됨을 뜻한다. 양자의 차이는 다음과 같은 설명에 잘 반영되어 있다.

> 훈습은 경험의 축적이나 그 기억이 한 차례의 삶에서가 아니라 숱한 삶에서 이루어진 결과이다. 그래서 또 이것은 한 차례의 삶에서 축적되어 선악의 행위를 재연하고서는 그 성숙의 결과로서 또 다른 출생과 경험과 수명을 낳는 잠재업과는 대조되는 것으로서, '많은 생존에서 유래하는 것'(anekabhavika)으로 불린다.[117]

YBh 2.13과 YBh 4.9에 의하면, 요가 철학에서는 업의 인과율을 두

....

115 이 같은 이해의 일례로 Āraṇya(1983:133)는 이 둘의 관계에 대해 "훈습은 저 홀로 어떤 결과를 낳지 않지만, 어떤 잠재업이 결과를 낳는 데에는 훈습이 필요하다. 잠재업은 씨앗과 같고, 훈습은 밭과 같으며 … "라고 양자의 상관성을 설명한다.

116 "따라서 이렇게 '많은 전생에서 유래하는 것들'(多生業)이 훈습이다. 반면에 잠재업인 그것은 바로 그렇게 '하나의 생존에서 유래하는 것'(一生業)으로 불린다." (YBh 2.13_8)

117 Dasgupta(1973) p. 107.

가지 차원에서 파악하고 있음을 알 수 있다. 그 둘은 '업 → 잠재업 → 과보'와 '업 → 훈습 → 과보'라는 관념이다. 전자는 행위자가 존재하는 하나의 생존, 즉 당면한 현생 또는 차생(次生)[118]에 적용되는 업의 인과이며, 후자는 행위자의 모든 생존에서 적용될 수 있는 업의 인과이다. 전자는 업의 인과가 적용되는 단기적이고 직접적인 양식이며, 후자는 업의 인과가 적용되는 장기적이고 간접적인 양식이라고 이해할 수 있다.

훈습과 잠재업이 잠세력 또는 기억으로서 기능을 발휘하는 방식은 동일하다. 다만 당면한 한 차례의 삶에서 형성되어 업의 보편적인 여세인 훈습에 중첩되기도 하고 또는 훈습을 자극함으로써 그 영향으로 인해 그 한 차례의 삶에서 과보를 현현시키는 업의 여세가 잠재업이라고 이해된다.[119] 그리고 잠재업이 훈습에 중첩될 때, 잠재업은 그 특성을 잃고 훈습의 존재 양태(훈습='잠세력 ⇄ 기억': 서로 원인이 되는 잠세력과 기억으로서 존속하는 훈습)에 편입된다. 그러므로 잠재업이 그 기능을 발휘하고 있을 때, 그것은 잠세력으로 불릴 수 있으며, 그 작용의 결과는 언젠가는 과보를 초래하게 될 훈습을 형성한다.[120]

....

118 YV에 의하면 다음 생(次生)에서 과보를 초래하는 것이 잠재업이다. 제2장의 각주 43 참조.

119 이 같은 과보의 현현 과정에서는 훈습이 작용하며, 훈습이 반영되기도 할 것이다. Dasgupta(1973:108)가 이미 존재하는 훈습을 현현시키는 원인이 잠재업이라고 이해하고, Āraṇya(1983:133)가 잠재업의 결실에 필요한 것이 훈습이라고 이해한 것은 훈습의 반영과 작용을 고려했기 때문일 것이다.

120 "잠재업(karmāśaya)은 그러한 결과(출생, 수명, 고락의 경험)를 일으키는 잠세력(saṃskāra)이다. 결과가 일어날 때, 그로부터 경험되는 감정에 바탕을 둔 잠세력이 훈습(vāsanā), 즉 잠재의식의 잠복으로 불린다." Āraṇya(1983) p. 133.

잠재업, 훈습, 잠세력이라는 개념에는 이상과 같은 관념이 저변에 깔려 있으므로, 그 셋은 편의상 유사 개념으로 사용될 수 있었을 것이다. 이로 인해 이 개념들에 관한 주석자들의 설명도 다소 혼동을 초래한다.

YBh 2.13가 "번뇌들이 존재하는 한 잠재업은 과보를 생성하지만"이라는 언급으로 시작하고 있듯이, 잠재업은 현실에서 당면한 번뇌의 인과를 설명하는 데 적절한 개념으로 사용되고 있다. 이에 비해 YBh 4.9 이하에서 훈습은 제거되어야 할 궁극적 번뇌로서[121] 그 인과의 보편성을 설명하는 데 적절한 개념으로 사용되고 있다. 따라서 전자는 주로 업론 또는 윤회론의 관념을 반영하고, 후자는 주로 수행론의 관념을 반영한다고 이해할 수 있다.

4-3. 마음의 객체성 논증 ↬ 4.19.

요가의 삼매 수행에서 일관된 필수 과정은 마음을 관찰하는 것이다. 그러므로 마음은 인식의 대상일 수밖에 없다. 이 점에서 마음은 객체성을 가진다. 『요가주』는 제4장 제19경에서 이 점을 비교적 간결하게 설명하지만, TV와 YsV의 저자는 이 문제를 심도 있게 고찰한다. 특히 비교적 간략한 해설로 일관하는 YsV의 저자가 이 문제에 주력한 점이나 독특하게 해설한 점은 주목할 만하다. TV와 YsV의 해설은 다음과 같다.

121 훈습에 관한 논의는 다음과 같은 결론으로 끝난다. "이와 같이 모든 훈습은 그러한 원인, 결과, 내적 의지처, 외적 의지처에 의해 축적된다. 이것들이 없으면 그것들에 의지하는 훈습도 없다."(YBh 4.11_6)

TV의 해설:

[다음과 같은 반론이 있을 수 있다.] "그럴지도 모른다. [그러나] 마음이 인식 대상일 수는 없다. 왜냐하면 원인도 아니고 [마음에] 편재하지도 않는 인식이 정지할 때, 마음의 정지가 [뒤따르는 일이] 없을 것이기 때문이다." 이에 대해 [『요가주』의 저자는] '자신의 통각'이라고 말했다. 통각은 마음이다. [『요가주』에서 말하는] 동태란 작용이고, 중생이란 살아 있는 존재이다. 마음의 다양한 작용들인 분노나 탐욕 따위는 자신의 근거인 마음 및 자신의 대상과 함께 각각의 자아(=순수정신)에 의해 경험되어, 마음은 인식 대상이 되지 않는다는 것(반론)을 타파한다. 그(『요가주』의 저자)가 '나는 화난다, …'라고 말하는 것은 바로 그 '자신의 통각(마음)의 동태를 성찰함'을 설명하는 것이다.[122]

YsV의 해설:

①그런데 "더욱이 마음이 자신을 비춘다."라고 언급될 경우, 이와 같은 말의 의미는 "마음이 인식 대상일 수는 없다."라는 것이다. 왜냐하면 "자신을 비춘다."라고 말한 것은 다른 것에 의해 조명되지 않는다, 즉 인식되지 않는다는 의미이기 때문이다. 그러나 [마음이] 스스로 자신을 인식한다고 말하는 것은 아니다. 그와 같은 방식의 말의 용법들에서 말은 반대의 의미가 된다.[123]

....

122 syād etat/ mā bhūd grāhyaṃ cittam/ na hi grahaṇasyākāraṇasyāvyāpakasya ca nivṛttau citta-nivṛttir ity ata āha sva-buddhīti/ buddhiś cittaṃ, pracārā vyāpārāḥ, sattvāḥ prāṇinaḥ, cittasya vṛtti-bhedāḥ krodha-lobhādayaḥ svāśrayeṇa cittena sva-viṣayeṇa ca saha pratyātmam anubhūyamānāś cittasyāgrāhyatāṃ vighaṭayantīty arthaḥ/ sva-buddhi-pracāra-pratisaṃvedanam eva viśadayati kruddho 'ham iti//

123 즉 "자신을 비춘다."라는 말은 반대로 "다른 것에 의해 비추어진다."라는 뜻을 함

②"예를 들어, 허공이 자기 자신을 근거로 갖는다."라는 말의 의미는 '근거가 없다'는 것이다. 이와 마찬가지로 데바닷타가 자신에 의존한다는 것은 건강하다는 의미이지만, 자신의 자아(=순수정신)에 의존한다는 것은 아니다. 거기서(제4장 제19경) "지각되어야 하는 것(지각 대상)이기 때문에"라고 말한 이유의 불완전함을 직접지각에 어긋나고, 사람들의 견해에 어긋나고, 일상사를 교란한다는 것으로 지적한 경우에 대해, [『요가주』의 저자는 이렇게] 말했다. "중생들, 즉 살아 있는 존재들의 활동은 [그들] 자신의 통각(마음)의 동태를 성찰함으로써 지각된다."

③[중생들은] "나는 화난다, 나는 두렵다, 저기에 나의 애정이 있다, 저기에 나의 분노가 있다."라고 이와 같이 활동하고 있는 각자(各自)의 통각을 성찰하여 지각하고 나서, 분노나 탐욕 따위를 제거하기 위해, 나의 마음은 청정하다, 불결하고 어리석다라고 그와 같이 '식별을 지닌 자'(통각)들의 활동을 확인한다. 그러므로 "자신의 통각에 대한 인식이 없다면, 이러한 것은 성립되지 않는다." 왜냐하면 동요를 제압하고 난 다음의 통각은 지각되지 않는다고 말할 수는 없기 때문이다.[124]

....

축한다는 것이다. 결국 자신을 스스로 비추지는 못한다는 뜻이 된다.

124 ①kiṃ ca svābhāsaṃ cittam iti ucyamāne ca agrāhyam eva cittaṃ syād iti/ evaṃ śabdārthaḥ/ svābhāsam iti hy ukte anyena nāvabhāsyate na gṛhyata ity athaḥ/ na tu svayam ātmānaṃ gṛhṇātīty ucyate/ evam ādi-śabda-prayogeṣu śabdasya viparītārthatvam//
②tad yathā svātma-pratiṣṭham ākāśam apratiṣṭham iti śabdārthaḥ/ tathā svastho devadatta iti nīroga ity arthaḥ, na tu svātmani sthita iti/ tatra dṛśyatvād iti hetor asiddhim ācakṣāṇasya pratyakṣa-virodho loka-virodho vyavahāra-vilopaś cety āha sva-buddhi-pracāra- pratisaṃvedanāt sattvānāṃ prāṇināṃ pravṛttir dṛśyate//
③kruddho 'haṃ bhīto 'ham amutra me rāgo 'mutra me krodha iti svāṃ svāṃ buddhim

위에서 YsV는 결론을 이중 부정의 표현법으로 서술하여 의미가 약간 모호하다. 그러나 이것을 바꾸어 말하면, 통각(=마음)이 심리적 동요를 제압하여 평정 상태에 있다는 것도 당연히 통각에 대한 자아(=순수정신)의 인식이라는 것이다. 즉 그것은 자아가 통각의 상태를 그렇게 인식한 내용이 된다. 그러므로 통각은 어떤 상태로 있든 항상 자아에게는 대상으로 지각된다.

4-4. 불가능한 사태의 비유 ↬ 4.31_3.

제4장 제31경에서『요가주』는 '모든 장애의 불순물이 사라질 때 지혜는 무한정하게 된다'는 것을 두 가지 비유로 설명한다. 그중에서 격언을 인용한 다음과 같은 비유는 저자의 의도를 가늠하기 어려운 수수께끼처럼 보인다.

> "맹인이 구슬을 꿰뚫었다. 손가락이 없는 사람이 그것을 [실로] 꿰었다. 목이 없는 사람이 그것을 [목에] 걸었다. 혀가 없는 사람이 그것을 경배했다."

이 비유에 관해서는 후대의 주석자들도 서로 관점이 다른 이해를 드러낸다. Rukmani는 이 같은 차이를 다음과 같이 개괄했다.

....

evaṃ carantīṃ pratisaṃvedya dṛṣṭvā krodha-lobhādi-parihārāya vivekavatāṃ pravṛttir upalabhyate/ tathā prasannaṃ me cittaṃ kaluṣitaṃ mūḍham iti ca/ tat etat sva-buddher agrahaṇe, na yuktam iti/ na hi niśāmya parispandinīṃ buddhir adṛśyet yuktaṃ vaktum//

Miśra(TV)와 Āraṇya는 이것을 원인이 없을 때 결과가 절멸한다는 것을 설명하는 것으로 간주한다. 즉 전지(全智)를 얻은 후에 재생한다면, 맹인이 구슬 따위를 꿰뚫는 것과 같다는 것이다. Bhoja는 이에 대해 전혀 언급하지 않는다. 그러나 Bhikṣu(YV)는 이것이 요기의 위상을 조롱하는 불교도의 진술인 것으로 간주한다. Bhikṣu를 옹호하자면, 이 부분이 『요가주』의 선행 진술과는 직접적 관련이 없다고 말할 수 있다. 만약 Bhikṣu가 이 구절을 그 당시 어떤 무신론자의 문헌에서 보았다고 한다면, 그의 주장이 정당화될 수도 있다. 반면에 Miśra는 이 구절을 성전의 전승에 속한 것으로 간주하는 데 조금도 의심의 여지가 없다. 만약 사실이 그러했다면 그 역시 정당화될 수도 있다. *Taittirīya Āraṇyaka* 1.11에 있는 구절이 이와 유사한 것을 보인다.[125] (괄호는 역자)

주석자들은 저마다 이 비유를 다르게 설명했다. Bhoja의 주석에는 이 부분이 없는데, 그는 이것을 포함해야 할 만큼 중요한 것으로 생각하지 않았던 듯하다. *Vivaraṇa* (YsV)의 저자는 이것을 곧장 무지의 상태를 설명하는 것으로 간주한다. … Miśra(TV)와 Āraṇya는 이 부분이 성전의 진술이기 때문에 설명하기에 곤란했지만, *Vivaraṇa*의 저자에게는 성전의 진술이라는 인식이 없다. Bhikṣu(YV)도 이것을 성전의 진술로 명시하지는 않으므로, 무지를 논의의 대상으로 취급하는 *Vivaraṇa* 저자의 설명이 타당한 것으로 보인다.[126] (괄호는 역자)

125 Rukmani(1989) p. 126. n. 1.

126 Rukmani(2001) p. 202. n. 1.

이제 아래에 제시한 TV, YV, YsV의 해설을 직접 확인해보면, 위에서 Rukmani가 표명한 것처럼 이 비유의 취지를 이해하는 데는 YsV의 해설이 가장 적절해 보인다.

TV의 해설:

만약 원인이 근절된 다음에도 결과가 생성된다면, 아뿔사! 여보시오! 맹인과 같은 사람들에게 구슬을 꿰뚫는 것과 같은 일들이 눈앞에서 벌어질 것이다. 또한 마찬가지로 '맹인이 구슬을 꿰뚫었다'라는 불가능한 사태에 관한 일상의 격언은 합당한 의미가 될 것이다. '꿰었다'라는 것은 연결했다는 것이고, '걸었다'라는 것은 [목에] 감았다는 것이며, '경배했다'라는 것은 칭송했다는 것이다.[127]

YV의 해설:

맹인이 구슬을 꿰뚫는 따위처럼이라고 하는 이 같은 전지성(全智性)은 세상에서 극히 불가사의한 일이다. 그(저자)는 불교도가 조롱하는 방식으로 "이에 관해서는 ~"이라고 [비유를] 제시한다. 이 경우에는 비천한 중생들도 요가의 힘을 통해 이와 같은 전지(全智)를 갖는다는 데 관해, 불교도가 만들어낸 이 비유는 불가능함을 보여주기 위해 조롱하여 말한 것이라는 의미이다. 그것이 무엇인가? '맹인이'라고 시작하여 말한 것이 그것이다.[128]

....

127 kāraṇa samucchedād api cet kāryaṃ kriyate hanta bho maṇi-vedhādayo 'ndhādibhyo bhaveyuḥ pratyakṣāḥ/ tathā cānupapannārthatāyām ābhāṇako laukika upapannārthaḥ syāt/ avidhyad andho maṇim iti/ āvayad grathitavān/ pratyamuñcat pinaddhavān abhyapūjayat stutavān iti//

128 etādṛśaṃ sarvajñatvaṃ loke 'tīvāścaryam andha-maṇi-vedhādivad iti bauddhopahāsa-

YsV의 해설:

가장 진실한 의미의 지혜의 상태에서는, 즉 모든 전도된 생각이 사라질 때, 순수정신을 위한 어떠한 목적도 없는 상태가 된다라고 하는 이것을 설명하기 위한 실례로 "이에 관해서는 다음과 같은 말씀이 있다. '맹인이 구슬을 꿰뚫었다. 손가락이 없는 사람이 그것을 [실로] 꿰었다. 목이 없는 사람이 그것을 [목에] 걸었다. 혀가 없는 사람이 그것을 경배(칭송)했다.'"라고 말한 것이다. 맹인과 같은 사람들의 경우에 구슬을 꿰뚫는 따위의 일이 불가능하지만, 전도된 생각을 가진 자는 맹인이 구슬을 꿰뚫었다고 말한다. 이와 마찬가지로 인식(지혜)과 인식 대상의 교섭도 전도된 생각의 단계에서만 일어난다. 그러나 전도된 생각이 없을 때, 질들(3질)은 순수정신을 위한 어떠한 목적도 전혀 갖지 않게 된다.[129]

....

mukhena darśayati yatredam iti/ yatra kṣudrāṇām api jīvānāṃ yogabalād etādṛśa-sārvajñye bauddhair idaṃ dṛṣṭānta-jātam asambhava-darśanāyoktam upahasadbhir ity arthaḥ/ kiṃ tat? tad āha/ andha ity ādi/

129 paramārtha-jñānāvasthāyām aśeṣa-viparyaya-tirodhāne sarva-puruṣārtha-śūnyatā cety etat pradarśanārtham udāharaṇam āha/ yatredam uktam "andho maṇim avindat (-avidhyat) tam anaṅgulir āvayat/ agrīvaḥ [taṃ] pratyamuñcat tam ajihvo 'bhyapūjayat//" iti/ yathā andhādīnāṃ maṇi-vedhādikam asambhavad api viparyayeṇāndho maṇim avidhyad iti vyavahriyate, tathā jñāna-jñeya-saṃvyavahāro 'pi viparyayāvasthāyām eva/ viparyayābhāve tu sarva-puruṣārtha-śūnyā eva guṇāḥ sampadyanta iti//

부록 2

『요가수트라 주석』의 원문

* 이하 원문이 채택한 판본은 TV(1917, 1978)이다. 이 부록에서는 띄어쓰기가 한정된 데바나가리 판본의 관행적 표기 형태를 역자의 판독에 따라, 복합어에 붙임표(-)를 삽입하거나 띄어쓰기로 변경해두었다. 다만 복합어에서 모음이 연성된 경우와 쉽게 판독될 수 있는 경우에는 그대로 두었다. 역자가 단락마다 부여한 번호는 번역문의 단락 번호와 일치한다.

* 각주에서는 이하 『요가주』의 원문을 참고문헌에 제시한 출판본만을 대상으로 대조한 차이를 기재했다. 다른 판본들 중 의미에 변화가 없는 어순의 차이는 무시했으며, 명백한 오기나 연성법의 오류 등은 낱낱이 지적하지 않고 교정해두었다. 주석자들이 채택한 원문의 차이로 인해 발생하는 중요한 문제는 본문의 각주에서 취급했다.

제1장 prathamaḥ samādhipādaḥ

1.1. atha yogānuśāsanam ||

athety ayam adhikārārthaḥ | yogānuśāsanaṃ śāstram adhikṛtaṃ veditavyam |_1

yogaḥ samādhiḥ | sa ca sārvabhaumaś cittasya dharmaḥ | kṣiptaṃ mūḍhaṃ vikṣiptam ekāgraṃ niruddham iti citta-bhūmayaḥ | tatra vikṣipte cetasi vikṣepopasarjanī-bhūtaḥ samādhir na yogapakṣe vartate |_2

yas tv ekāgre cetasi sadbhūtam arthaṃ pradyotayati kṣiṇoti ca kleśān karma-bandhanāni ślathayati nirodham abhimukhaṃ karoti sa saṃprajñāto yoga ity ākhyāyate | sa ca vitarkānugato vicārānugata ānandānugato 'smitānugata ity upariṣṭāt pravedayiṣyāmaḥ | sarva-vṛtti-nirodhe tv asaṃprajñātaḥ samādhiḥ ||_3

tasya lakṣaṇābhidhitsayedaṃ sūtram pravavṛte |_4

1.2. yogaś citta-vṛtti-nirodhaḥ ||

sarva-śabdāgrahaṇāt saṃprajñāto 'pi yoga ity ākhyāyate | cittaṃ hi prakhyā-pravṛtti-sthiti-śīlatvāt triguṇam | prakhyārūpaṃ hi citta-sattvaṃ rajas-tamobhyāṃ saṃsṛṣṭam aiśvarya-viṣaya-priyaṃ bhavati |_1

tad eva tamasānuviddham adharmājñānāvairāgyānaiśvaryopagaṃ bhavati | tad eva prakṣīṇa-mohāvaraṇaṃ sarvataḥ pradyotamānam anuviddhaṃ rajo-mātrayā dharma-jñāna-vairāgyaiśvaryopagaṃ bhavati | tad eva rajo-leśamalāpetaṃ svarūpa-pratiṣṭhaṃ sattva-puruṣānyatā-khyāti-mātraṃ dharmamegha-dhyānopagaṃ bhavati | tat paraṃ prasaṃkhyānam ity ācakṣate dhyāyinaḥ |_2

citi-śaktir apariṇāminy apratisaṃkramā darśita-viṣayā śuddhā cānantā ca sattva-guṇātmikā ceyam ato viparītā vivekakhyātir iti ı atas tasyāṃ viraktaṃ cittaṃ tām api khyātiṃ niruṇaddhi ı tad avasthaṃ saṃskāropagaṃ bhavati ı sa nirbījaḥ samādhiḥ ı na tatra kiṃcit samprajñāyata ity asaṃprajñātaḥ ı_3

dvividhaḥ sa yogaś citta-vṛtti-nirodha iti ıı_4

tad-avasthe cetasi viṣayābhāvād buddhi-bodhātmā puruṣaḥ kiṃ svabhāva iti_5

1.3. tadā draṣṭuḥ svarūpe 'vasthānam ıı

svarūpa-pratiṣṭhā tadānīṃ citi-śaktir yathā kaivalye ı vyutthāna-citte tu sati tathāpi bhavantī na tathā ıı_1

kathaṃ tarhi ı darśita-viṣayatvāt ı_2

1.4. vṛtti-sārūpyam itaratra ıı

vyutthāne yāś citta-vṛttayas tad-aviśiṣṭa-vṛttiḥ puruṣaḥ ı tathā ca sūtram ekam eva darśanaṃ khyātir eva darśanam iti ı_1

cittam ayaskāntamaṇi-kalpaṃ sannidhi-mātropakāri dṛśyatvena svaṃ bhavati puruṣasya svāminaḥ ı tasmāc citta-vṛtti-bodhe puruṣasyānādiḥ saṃbandho hetuḥ ıı_2

tāḥ punar niroddhavyā bahutve sati cittasya ı_3

1.5. vṛttayaḥ pañcatayyaḥ kliṣṭākliṣṭāḥ ıı

kleśa-hetukāḥ karmāśaya-pracaya-kṣetrī-bhūtāḥ kliṣṭāḥ ı khyāti-viṣayā guṇādhikāra-virodhinyo 'kliṣṭāḥ ı kliṣṭa-pravāha-patitā apy akliṣṭāḥ ı kliṣṭa-cchidreṣv apy akliṣṭā bhavanti ı akliṣṭa-cchidreṣu kliṣṭā iti ı_1

tathājātīyakāḥ saṃskārā vṛttibhir eva kriyante ı saṃskāraiś ca vṛttaya iti ı evaṃ vṛtti-saṃskāra-cakram aniśam āvarttate । tad evam bhūtaṃ cittam avasitādhikāram ātma-kalpena vyavatiṣṭhate pralayaṃ vā gacchatīti ॥_2

tāḥ kliṣṭāś cākliṣṭāś ca pañcadhā vṛttayaḥ ।_3

1.6. pramāṇa-viparyaya-vikalpa-nidrā-smṛtayaḥ ॥

tatra_1

1.7. pratyakṣānumānāgamāḥ pramāṇāni ॥

indriya-praṇālikayā cittasya bāhya-vastūparāgāt tad-viṣayā sāmānya-viśeṣātmano 'rthasya viśeṣāvadhāraṇa-pradhānā vṛttiḥ pratyakṣaṃ pramānam । phalam aviśiṣṭaḥ pauruṣeyaś citta-vṛtti-bodhaḥ । buddheḥ pratisaṃvedī puruṣa ity upariṣṭād upapādayiṣyāmaḥ ।_1

anumeyasya tulya-jātīyeṣv anuvṛtto bhinna-jātīyebhyo vyāvṛttaḥ saṃbandho yas tad-viṣayā sāmānyāvadhāraṇa-pradhānā vṛttir anumānam । yathā deśāntara-prāpter gatimac candra-tārakaṃ caitravat, vindhyaś cāprāptir agatiḥ ।_2

āptena dṛṣṭo 'numito vārthaḥ paratra svabodha-saṃkrāntaye śabdenopadiśyate । śabdāt tad-artha-viṣayā vṛttiḥ śrotur āgamaḥ । yasyāśraddheyārtho vaktā na dṛṣṭānumitārthaḥ sa āgamaḥ plavate । mūla-vaktari tu dṛṣṭānumitārthe nirviplavaḥ syāt ॥3

1.8. viparyayo mithyā-jñānam atadrūpa-pratiṣṭham ॥

sa kasmān na pramāṇam । yataḥ pramāṇena bādhyate । bhūtārtha-viṣayatvāt pramāṇasya । tatra pramāṇena bādhanam apramāṇasya dṛṣṭam । tad yathā dvi-candra-darśanaṃ sad-viṣayeṇaikacandra-darśanena bādhyata iti ।_1

seyaṃ pañca-parvā bhavaty avidyā । avidyāsmitā-rāga-dveṣābhiniveśāḥ kleśā iti । eta eva svasaṃjñābhis tamo moho mahāmohas tāmisraḥ andha-tāmisra iti । ete citta-mala-prasaṅgenābhidhāsyante ॥_2

1.9. śabda-jñānānupātī vastu-śūnyo vikalpaḥ ॥

sa na pramāṇopārohī । na viparyayopārohī ca । vastu-śūnyatve 'pi śabda-jñāna-māhātmya-nibandhano vyavahāro dṛśyate । tad yathā caitanyaṃ puruṣasya svarūpam iti । yadā citir eva puruṣas tadā kim atra kena vyapadiśyate । bhavati ca vyapadeśe vṛttir yathā caitrasya gaur iti ।_1

tathā pratiṣiddha-vastu-dharmo niṣkriyaḥ puruṣaḥ । tiṣṭhati vāṇaḥ sthāsyati sthita iti gati-nivṛttau dhātv-artha-mātraṃ gamyate ।_2

tathā anutpatti-dharmā puruṣa iti । utpatti-dharmasyābhāva-mātram avagamyate na puruṣānvayī dharmaḥ । tasmād vikalpitaḥ sa dharmas tena cāsti vyavahāra iti ॥_3

1.10. abhāva-pratyayālambanā vṛttir nidrā ॥

sā ca saṃprabodhe pratyavamarśāt pratyaya-viśeṣaḥ ।_1

kathaṃ । sukham aham asvāpsam । prasannaṃ me manaḥ prajñāṃ me viśāradī-karoti । duḥkham aham asvāpsaṃ styānaṃ me mano bhramaty anavasthitam । gāḍhaṃ mūḍho 'ham asvāpsam । gurūṇi me gātrāṇi । klāntaṃ me cittam alasaṃ muṣitam iva tiṣṭhatīti ।_2

sa khalv ayaṃ prabuddhasya pratyavamarśo na syād asati pratyayānubhave tad-āśritāḥ smṛtayaś ca tad-viṣayā na syuḥ । tasmāt pratyaya-viśeṣo nidrā । sā ca samādhāv itara-pratyayavan niroddhavyeti ॥_3

1.11. anubhūta-viṣayāsaṃpramoṣaḥ smṛtiḥ ||

kiṃ pratyayasya cittaṃ smaraty āhosvid viṣayasyeti |_1

grāhyoparaktaḥ pratyayo grāhya-grahaṇobhayākāra-nirbhāsas tathājātīyakaṃ saṃskāram ārabhate | sa saṃskāraḥ sva-vyañjakāñ janas tad-ākārām eva grāhya-grahaṇobhayātmikāṃ smṛtiṃ janayati |_2

tatra grahaṇākāra-pūrvā buddhiḥ | grāhyākāra-pūrvā smṛtiḥ | sā ca dvayī bhāvita-smartavyā cābhāvita-smartavyā ca | svapne bhāvita-smartavyā | jāgrat-samaye tv abhāvita-smartavyeti |_3

sarvāḥ smṛtayaḥ pramāṇa-viparyaya-vikalpa-nidrā-smṛtīnām anubhavāt prabhavanti | sarvāś caitā vṛttayaḥ sukha-duḥkha-mohātmikāḥ | sukha-duḥkha-mohāś ca kleśeṣu vyākhyeyāḥ | sukhānuśayī rāgaḥ | duḥkhānuśayī dveṣaḥ | mohaḥ punar avidyeti |_4

etāḥ sarvā vṛttayo niroddhavyāḥ | āsāṃ nirodhe saṃprajñāto vā samādhir bhavati asaṃprajñāto veti ||_5

athāsāṃ nirodhe ka upāya iti |_6

1.12. abhyāsa-vairāgyābhyāṃ tan-nirodhaḥ ||

citta-nadī nāmobhayato-vāhinī vahati kalyāṇāya vahati pāpāya ca | yā tu kaivalya-prāgbhārā viveka-viṣaya-nimnā sā kalyāṇa-vahā | saṃsāra-prāgbhārā aviveka-viṣaya-nimnā pāpa-vahā |_1

tatra vairāgyeṇa viṣaya-srotaḥ khilī-kriyate | viveka-darśanābhyāsena viveka-srota udghāṭyate | ity ubhayādhīnaś citta-vṛtti-nirodhaḥ ||_2

1.13. tatra sthitau yatno ’bhyāsaḥ ॥

cittasya avṛttikasya praśānta-vāhitā sthitiḥ । tad-arthaḥ prayatnaḥ vīryam utsāhaḥ । tat sampipādayiṣayā tat-sādhanānuṣṭhānam abhyāsaḥ ॥_1

1.14. sa tu dīrghakāla-nairantarya-satkārāsevito dṛḍha-bhūmiḥ ॥

dīrghakālāsevito nirantarāsevitaḥ satkārāsevitaḥ । tapasā brahmacaryeṇa vidyayā śraddhayā ca sampāditaḥ satkāravān dṛḍha-bhūmir bhavati । vyutthāna-saṃskāreṇa drāg ity evānabhibhūta-viṣaya ity arthaḥ ॥_1

1.15. dṛṣṭānuśravika-viṣaya-vitṛṣṇasya vaśīkāra-saṃjñā vairāgyam ॥

striyaḥ annapānam aiśvaryam iti dṛṣṭa-viṣaya-vitṛṣṇasya svarga-vaidehya-prakṛti-layatva-prāptāv ānuśravika-viṣaye vitṛṣṇasya divyādivya-viṣaya-saṃprayoge ’pi cittasya viṣaya-doṣa-darśinaḥ prasaṃkhyāna-balād anābhogātmikā heyopādeya-śūnyā vaśīkāra-saṃjñā vairāgyam ॥_1

1.16. tat paraṃ puruṣa-khyāter guṇa-vaitṛṣṇyam ॥

dṛṣṭānuśravika-viṣaya-doṣa-darśī viraktaḥ puruṣa-darśanābhyāsāt tac-chuddhi-pravivekāpyāyita-buddhir guṇebhyo vyaktāvyakta-dharmakebhyo virakta iti । tad dvayaṃ vairāgyam । tatra yad uttaraṃ taj jñāna-prasāda-mātram ।_1
yasyodaye [sati yogī][1] pratyudita-khyātir evaṃ manyate । prāptaṃ prāpaṇīyaṃ, kṣīṇāḥ kṣetavyāḥ kleśāḥ, chinnaḥ śliṣṭa-parvā bhava-saṃkramaḥ, yasyāvicchedāj janitvā mriyate mṛtvā ca jāyata iti ।

jñānasyaiva parā kāṣṭhā vairāgyam etasyaiva hi nāntarīyakaṃ kaivalyam iti ||_2
atha upāyadvayena niruddha-citta-vṛtteḥ katham ucyate saṃprajñātaḥ samādhir iti |_3

1.17. vitarka-vicārānandāsmitā-rūpānugamāt saṃprajñātaḥ ||

vitarkaḥ cittasya ālambane sthūla ābhogaḥ | sūkṣmo vicāraḥ | ānandaḥ hlādaḥ | ekātmikā saṃvid asmitā |_1
tatra prathamaś catuṣṭayānugataḥ samādhiḥ savitarkaḥ | dvitīyo vitarkavikalaḥ savicāraḥ | tṛtīyo vicāra-vikalaḥ sānandaḥ | caturthas tad-vikalo 'smitā-mātra iti | sarva ete sālambanāḥ samādhayaḥ ||_2
athāsaṃprajñāta-samādhiḥ kim upāyaḥ kiṃ svabhāvo veti |_3

1.18. virāma-pratyayābhyāsa-pūrvaḥ saṃskāra-śeṣo 'nyaḥ ||

sarvavṛtti-pratyastamaye saṃskāra-śeṣo nirodhaś cittasya samādhiḥ asaṃprajñātaḥ | tasya paraṃ vairāgyam upāyaḥ | sālambano hi abhyāsas tat-sādhanāya na kalpata iti | virāma-pratyayo nirvastuka ālambanī kriyate | sa ca artha-śūnyaḥ | tad-abhyāsa-pūrvaṃ cittaṃ nirālambanam abhāva-prāptam iva bhavatīti eṣa nirbījaḥ samādhir asaṃprajñātaḥ ||_1
sa khalv ayaṃ dvividhaḥ | upāya-pratyayo bhava-pratyayaś ca | tatra upāya-pratyayo yogināṃ bhavati |_2

....

1 Prasāda: "sati yogī" 삽입

1.19. bhava-pratyayo videha-prakṛti-layānām ||

videhānāṃ devānāṃ bhava-pratyayaḥ | te hi svasaṃskāra-mātropayogena cittena kaivalya-padam ivānubhavantaḥ svasaṃskāra-vipākaṃ thatā-jātīyakam ativāhayanti | tathā prakṛti-layāḥ sādhikāre cetasi prakṛti-līne kaivalya-padam ivānubhavanti yāvan na punar āvartate adhikāra-vaśāc cittam iti ||_1

1.20. śraddhā-vīrya-smṛti-samādhi-prajñā-pūrvaka itareṣām ||

upāya-pratyayo yogināṃ bhavati |_1

śraddhā cetasaḥ saṃprasādaḥ | sā hi jananīva kalyāṇī yoginaṃ pāti | tasya hi śraddadhānasya vivekārthinaḥ vīryam upajāyate | samupajāta-vīryasya smṛtir upatiṣṭhate | smṛty-upasthāne ca cittam anākulaṃ samādhīyate | samāhita-cittasya prajñā-viveka upāvartate | yena yathārthaṃ[2] vastu jānāti | tad-abhyāsāt tad-viṣayāc ca vairāgyād asaṃprajñātaḥ samādhir bhavati ||_2

te khalu nava yoginaḥ mṛdu-madhyādhimātropāyā bhavanti | tad yathā mṛdūpāyaḥ | madhyopāyaḥ | adhimātropāya iti | tatra mṛdūpāyo 'pi trividhaḥ mṛdu-saṃvegaḥ | madhya-saṃvegaḥ | tīvra-saṃvega iti | tathā madhyopāyas tathādhimātropāya iti |_3

tatrādhimātropāyānām_4

1.21. tīvra-saṃvegānām āsannaḥ ||

samādhi-lābhaḥ samādhi-phalaṃ ca bhavatīti ||_1

....

2 Āraṇya: yathāvad

1.22. mṛdu-madhyādhimātratvāt tato 'pi viśeṣaḥ ॥

mṛdu-tīvro madhya-tīvro 'dhimātra-tīvra iti । tato 'pi viśeṣaḥ । tad viśeṣān mṛdu-tīvras-aṃvegasyāsannaḥ । tato madhya-tīvra-saṃvegasyāsanna-taraḥ । tasmād adhimātra-tīvra-saṃvegasyādhimātropāyasyāsanna-tamaḥ samādhi-lābhaḥ samādhi-phalaṃ ceti ॥_1

kim etasmād evāsanna-tamaḥ samādhir bhavati । athāsya lābhe bhavati anyo 'pi kaścid upāyo na veti ।_2

1.23. īśvara-praṇidhānād vā ॥

praṇidhānād bhakti-viṣeṣād āvarjita īśvaras tam anugṛhṇāti abhidhyāna-mātreṇa । tad-abhidhyānād api yogina āsanna-tamaḥ samādhi-lābhaḥ phalaṃ ca bhavati iti ॥_1

atha pradhāna-puruṣa-vyatiriktaḥ ko 'yam īśvaro nāmeti ।_2

1.24. kleśa-karma-vipākāśayair aparāmṛṣṭaḥ puruṣa-viśeṣa īśvaraḥ ॥

avidyādayaḥ kleśāḥ । kuśalākuśalāni karmāṇi । tat-phalaṃ vipākas tad-anuguṇā vāsanā āśayāḥ । te ca manasi vartamānāḥ puruṣe vyapadiśyante sa hi tat-phalasya bhokteti । tathā jayaḥ parājayo vā yoddhṛṣu vartamānaḥ svāmini vyapadiśyate । yo hy anena bhogena aparāmṛṣṭaḥ sa puruṣa-viśeṣa īśvaraḥ ।_1

kaivalyaṃ prāptās tarhi santi ca bahavaḥ kevalinaḥ । te hi trīṇi bandhanāni chittvā kaivalyaṃ prāptāḥ । īśvarasya ca tat-saṃbandho na bhūto na bhāvī yathā muktasya pūrvā bandha-koṭiḥ prajñāyate naivam īśvarasya । yathā vā prakṛti-līnasyottarā bandha-koṭiḥ saṃbhāvyate naivam īśvarasya । sa tu sadaiva muktaḥ sadaiveśvara iti ।_2

yo 'sau prakṛṣṭa-sattvopādānād īśvarasya śāśvatika utkarṣaḥ sa kiṃ sanimittaḥ । āhosvin nirnimitta iti । tasya śāstraṃ nimittam । śāstraṃ punaḥ kiṃ nimittam । prakṛṣṭa-sattva-nimittam । etayoḥ śāstrotkarṣayor īśvara-sattve vartamānayor anādiḥ saṃbandhaḥ । etasmāt etad bhavati sadaiveśvaraḥ sadaiva mukta iti ।_3

tac ca tasyaiśvaryaṃ sāmyātiśaya-vinirmuktaṃ । na tāvad aiśvaryāntareṇa tad atiśayyate । yad evātiśayi syāt tad eva tat syāt । tasmād yatra kāṣṭhā-prāptir aiśvaryasya sa īśvaraḥ ।_4

na ca tat-samānam aiśvaryam asti । kasmād dvayos tulyayor ekasmin yugapat kāmite 'rthe navam idam astu purāṇam idam astu ity ekasya siddhau itarasya prākāmya-vighātād ūnatvaṃ prasaktaṃ । dvayoś ca tulyayor yugapat kāmitārtha-prāptir nāsty arthasya viruddhatvāt ।_5

tasmāt yasya sāmyātiśayair vinirmuktam aiśvaryaṃ sa īśvaraḥ । sa ca puruṣa-viśeṣa iti ॥_6

kiṃ ca ।_7

1.25. tatra niratiśayaṃ sarvajña-bījam ॥

yad idam atītānāgata-pratyutpanna-pratyeka-samuccayātīndriya-grahaṇam alpaṃ bahu iti sarvajña-bījam । etad dhi vardhamānaṃ yatra niratiśayaṃ sa sarvajñaḥ ।_1

asti kāṣṭhā-prāptiḥ sarvajña-bījasya sātiśayatvāt parimāṇavad iti । yatra kāṣṭhā-prāptiḥ jñānasya sa sarvajñaḥ sa ca puruṣa-viśeṣa iti ।_2

sāmānya-mātropasaṃhāre kṛtopakṣayam anumānaṃ na viśeṣa-pratipattau samartham iti tasya saṃjñādi-viśeṣa-pratipattir āgamataḥ paryanveṣyā । tasyātmānugrahābhāve 'pi bhūtānugrahaḥ prayojanaṃ jñāna-dharmopadeśena kalpa-pralaya-mahāpralayeṣu saṃsāriṇaḥ puruṣān uddhariṣyāmīti ।_3

tathā coktam ādividvān nirmāṇa-cittam adhiṣṭhāya kāruṇyād bhagavān paramarṣir āsuraye jijñāsamānāya tantram provāceti ॥_4

sa eṣaḥ_5

1.26. pūrveṣām api guruḥ kālenānavacchedāt ॥

pūrve hi guravaḥ kālena avacchedyante । yatrāvacchedārthena kālo nopāvarttate sa eṣa pūrveṣām api guruḥ । yathāsya sargasyādau prakarṣagatyā siddhas tathātikrānta-sargādiṣv api pratyetavyaḥ ॥_1

1.27. tasya vācakaḥ praṇavaḥ ॥

vācya īśvaraḥ praṇavasya । kim asya saṃketa-kṛtaṃ vācya-vācakatvam atha pradīpa-prakāśavad avasthitam iti ।_1

sthito 'sya vācyasya vācakena saha saṃbandhaḥ । saṃketas tv īśvarasya sthitam evārtham abhinayati । yathāvasthitaḥ pitā-putrayoḥ sambadhaḥ saṃketenāvadyotyate । ayam asya pitā ayam asya putra iti ।_2

sargāntareṣv api vācya-vācaka-śakty-apekṣas tathaiva saṃketaḥ kriyate sampratipatti-nityatayā nityaḥ śabdārtha-saṃbandha ity āgaminaḥ pratijānate ॥_3

vijñāta-vācya-vācakatvasya yoginaḥ ।_4

1.28. taj-japas tad-artha-bhāvanam ॥

praṇavasya japaḥ praṇavābhidheyasya ceśvarasya bhāvanā । tad asya yoginaḥ praṇavaṃ japataḥ praṇavārthaṃ ca bhāvayataś cittam ekāgraṃ sampadyate ।_1
tathā coktaṃ svādhyāyād yogam āsīta yogāt svādhyāyam āsate[3] ।
svādhyāya-yoga-saṃpattyā paramātmā prakāśata iti ॥_2
kiṃ cāsya bhavati ।_3

1.29. tataḥ pratyak-cetanādhigamo ’py antarāyābhāvaś ca ॥

ye tāvad antarāyā vyādhi-prabhṛtayas te tāvad īśvara-praṇidhānān na bhavanti । svarūpa-darśanam apy asya bhavati । yathaiveśvaraḥ puruṣaḥ śuddhaḥ prasannaḥ kevalo ’nupasargas tathāyam api buddheḥ pratisaṃvedī yaḥ puruṣa ity evam adhigacchati ॥_1
atha ke ’ntarāyā ye cittasya vikṣepakāḥ । ke punas te kiyanto veti ।_2

1.30. vyādhi-styāna-saṃśaya-pramādālasyāvirati-bhrānti-darśanālabdha-bhūmikatvānavasthitatvāni citta-vikṣepās te ’ntarāyāḥ ॥

navāntarāyāś cittasya vikṣepāḥ । sahaite citta-vṛttibhir bhavanti । eteṣām abhāve na bhavanti pūrvoktaś citta-vṛttayaḥ ।_1
①vyādhir dhātu-rasa-karaṇa-vaiṣamyaṃ । ②styānam akarmaṇyatā cittasya । ③saṃśaya ubhayakoṭi-spṛg-vijñānaṃ syād idam evaṃ naivaṃ syād iti । ④pramādaḥ samādhi-sādhanānām abhāvanam । ⑤ālasyaṃ kāyasya cittasya ca gurutvād

....

3 YV: āsate → āmanet

apravṛttiḥ । ⑥aviratiś cittasya viṣaya-saṃprayogātmā gardhaḥ । ⑦bhrānti-darśanaṃ viparyaya-jñānam । ⑧alabdha-bhūmikatvaṃ samādhi-bhūmer alābhaḥ । ⑨anavasthitatvaṃ yal labdhāyāṃ bhūmau cittasyāpratiṣṭhā । samādhi-pratilambhe hi sati tad avasthitaṃ syād iti ।_2

ete citta-vikṣepā nava yogamalā yoga-pratipakṣā yogāntarāyā ity abhidhīyante ॥_3

1.31. duḥkha-daurmanasyāṅgamejayatva-śvāsa-praśvāsā vikṣepa-sahabhuvaḥ ॥

duḥkham ādhyātmikam ādhibhautikam ādhidaivikaṃ ca ।_1

yenābhihatāḥ prāṇinas tad-apaghātāya[4] prayatante tad duḥkham । daurmanasyam icchāvighātāc cetasaḥ kṣobhaḥ । yad aṅgāny ejayati kampayati tad aṅgamejayatvam । prāṇo yad bāhyaṃ vāyum ācāmati sa śvāsaḥ । yat kauṣṭhyaṃ vāyuṃ niḥsārayati sa praśvāsaḥ ।_2

ete vikṣepa-sahabhuvo vikṣipta-cittasyaite bhavanti । samāhita-cittasyaite na bhavanti ॥_3

athaite vikṣepāḥ samādhi-pratipakṣās tābhayām evābhyāsa-vairāgyābhyān niroddhavyāḥ । tatrābhyāsasya viṣayam upasaṃharann idam āha ।_4

1.32. tat-pratiṣedhārtham eka-tattvābhyāsaḥ ॥

vikṣepa-pratiṣedhārtham eka-tattvāvalambanaṃ cittam abhyaset । yasya tu praty-artha-niyataṃ pratyaya-mātraṃ kṣaṇikaṃ ca cittaṃ tasya sarvam eva cittam ekāgraṃ nāsty eva vikṣiptam । yadi punar idaṃ sarvataḥ

....

4 Āraṇya: tad-upaghātāya

pratyāhṛtyaikasminn arthe samādhīyate tadā bhavaty ekāgram ity ato na praty-artha-niyatam |_1

yo 'pi sadṛśa-pratyaya-pravāheṇa cittam ekāgraṃ manyate tasya ekāgratā yadi pravāha-cittasya dharmas tadaikaṃ nāsti pravāha-cittaṃ kṣaṇikatvād | atha pravāhāṃśasyaiva pratyayasya dharmaḥ sa sarvaḥ sadṛśa-pratyaya-pravāhī vā visadṛśa-pratyaya-pravāhī vā praty-artha-niyatatvād ekāgra eveti vikṣipta-cittānupapattiḥ | tasmād ekam anekārtham avasthitaṃ cittam iti |_2

yadi ca cittenaikenānanvitāḥ svabhāva-bhinnāḥ pratyayā jāyeran atha katham anya-pratyaya-dṛṣṭasyānyaḥ smartā bhavet | anya-pratyayopacitasya ca karmāśayasyānyaḥ pratyaya upabhoktā bhavet | kathaṃcit samādhīyamānam apy etad gomaya-pāyasīya-nyāyam ākṣipati[5] |_3

kiṃ ca svātmānubhavāpahnavaś cittasyānyatve prāpnoti | kathaṃ yad aham adrākṣaṃ tat spṛśāmi yac cāsprākṣaṃ tat paśyāmīty aham iti pratyayaḥ sarvasya pratyayasya bhede sati pratyayiny abhedenopasthitaḥ | ekapratyaya-viṣayo 'yam abhedātmāham iti pratyayaḥ katham atyanta-bhinneṣu citteṣu vartamānaḥ sāmānyam ekaṃ pratyayinam āśrayet | svānubhava-grāhyaś cāyam abhedātmāham iti pratyayaḥ | na ca pratyakṣasya māhātmyaṃ pramāṇāntareṇābhibhūyate | pramāṇāntaraṃ ca pratyakṣabalenaiva vyavahāraṃ labhate |_4

tasmād ekam anekārtham avasthitaṃ ca cittam ||_5

yasya cittasyāvasthitasyedaṃ[6] śāstreṇa parikarma nirdiśyate | tat katham |_6

....

5 Āraṇya: gomaya-pāyasīyaṃ nyāyamākṣipati

6 TV(1917): yad idaṃ. Āraṇya: yasyedaṃ

1.33. maitrī-karuṇā-muditopekṣāṇāṃ sukha-duḥkha-puṇyāpuṇya-viṣayāṇāṃ bhāvanātaś citta-prasādanam ||

tatra sarva-prāṇiṣu sukha-saṃbhogāpanneṣu maitrtīṃ bhāvayet | duḥkhiteṣu karuṇāṃ | puṇyātmakeṣu muditām | apuṇyātmakeṣūpekṣām |_1
evam asya bhāvayataḥ śuklo dharma upajāyate | tataś ca cittaṃ prasīdati | prasannam ekāgraṃ sthitipadaṃ labhate ||_2

1.34. pracchardana-vidhāraṇābhyāṃ vā prāṇasya ||

kauṣṭhyasya vāyor nāsikā-puṭābhyāṃ prayatna-viśeṣād vamanaṃ pracchardanam | vidhāraṇaṃ prāṇāyāmaḥ | tābhayāṃ vā manasaḥ sthitiṃ sampādayet ||_1

1.35. viṣayavatī vā pravṛttir utpannā manasaḥ sthiti-nibandhanī ||

nāsikāgre dhārayato 'sya yā divya-gandha-saṃvit sā gandha-pravṛttiḥ | jihvāgre rasa-saṃvit[7] | tāluni rūpa-saṃvit | jihvāmadhye sparśa-saṃvit | jihvāmūle śabda-saṃvid ity etā vṛttaya[8] utpannāś cittaṃ sthitau nibadhnanti saṃśayaṃ vidhamanti samādhi-prajñāyāṃ ca dvārī-bhavantīti |_1
etena candrāditya-graha-maṇi-pradīpa-raśmy-ādiṣu[9] pravṛttir utpannā viṣayavaty eva veditavyā |_2
yady api hi tattac-chāstrānumānācāryopadeśair avagatam artha-tattvaṃ

....

7 Āraṇya: divya-rasa-saṃvit

8 Āraṇya: -āḥ pravṛttaya

9 Āraṇya: -pradīpa-ratnādiṣu

sadbhūtam eva bhavati । eteṣāṃ yathā bhūtārtha-pratipādana-sāmarthyāt । tathāpi yāvad ekadeśo 'pi kaścin na svakaraṇa-saṃvedyo bhavati tāvat sarvaṃ parokṣam ivāpavargādiṣu sūkṣmeṣv artheṣu na dṛḍhāṃ buddhim utpādayati ।_3
tasmāc chāstrānumānācāryopadeśopodbalanārtham evāvaśyaṃ kaścid artha-viśeṣaḥ pratyakṣī-karttavyaḥ । tatra tad-upadiṣṭārthaikadeśa-pratyakṣatve[10] sati sarvaṃ susūkṣma-viṣayam apy āpavargāc chraddhīyate[11] । etad artham evedaṃ citta-parikarma nirdiśyate ।_4
aniyatāsu vṛttiṣu tad-viṣayāyāṃ vaśīkāra-saṃjñāyām upajātāyāṃ[12] samarthaṃ syāt tasya tasyārthasya pratyakṣī-karaṇāyeti । tathā ca sati śraddhā-vīrya-smṛti-samādhayo 'syāpratibandhena bhaviṣyantīti ॥_5

1.36. viśokā vā jyotiṣmatī ॥

pravṛttir utpannā manasaḥ sthiti-nibandhanīty anuvarttate ।_1
hṛdaya-puṇḍarīke dhārayato yā buddhi-saṃvid, buddhi-sattvaṃ hi bhāsvaram[13] ākāśa-kalpaṃ, tatra sthiti-vaiśāradyāt pravṛttiḥ sūryendu-graha-maṇi-prabhārūpākāreṇa vikalpate ।_2
tathāsmitāyāṃ samāpannaṃ cittaṃ nistaraṅga-mahodadhi-kalpaṃ śāntam anantam asmitā-mātraṃ bhavati । yatredam uktaṃ tam aṇu-mātram ātmānam anuvidyāsmīty evaṃ tāvat samprajānīta iti ।_3
eṣā dvayī viśokā viṣayavatī, asmitā-mātrā ca pravṛttir jyotiṣmatīty ucyate ।

....

10 Āraṇya: tatra tad-upadiṣṭārthaikadeśasya pratyakṣatve

11 Āraṇya: susūkṣma-viṣayam api ā apavargāt suśraddhīyate

12 Āraṇya: upajātāyāṃ cittaṃ

13 YsV: prabhāsvaram

yayā yoginaś cittaṃ sthitipadaṃ labhata iti ॥_4

1.37. vīta-rāga-viṣayaṃ vā cittam ॥

vīta-rāga-cittālambanoparaktaṃ vā yoginaś cittaṃ sthitipadaṃ labhata iti ॥_1

1.38. svapna-nidrājñānālambanaṃ vā ॥

svapna-jñānālambanaṃ vā nidrājñānālambanaṃ vā tad-ākāraṃ yoginaś cittaṃ sthitipadaṃ labhata iti ॥_1

1.39. yathābhimata-dhyānād vā ॥

yad evābhimataṃ tad eva dhyāyet । tatra labdha-sthitikam anyatrāpi sthitipadaṃ labhata iti ॥_1

1.40. parama-mahattvānto 'sya vaśīkāraḥ ॥

sūkṣme niviśamānasya paramāṇvantaṃ sthitipadaṃ labhata iti । sthūle niviśamānasya paramamahattvāntaṃ shtitipadaṃ cittasya ।_1
evaṃ tām ubhayīṃ koṭim anudhāvato yo 'syāpratighātaḥ sa paro vaśīkāraḥ । tad-vaśīkārāt paripūrṇaṃ yoginaś cittaṃ na punar abhyāsakṛtaṃ parikarmāpekṣata iti ॥_2
atha labdha-sthitikasya cetasaḥ kiṃsvarūpā kiṃviṣayā vā samāpattir iti, tad ucyate ।_3

1.41. kṣīṇavṛtter abhijātasyeva maṇer grahītṛ-grahaṇa-grāhyeṣu tat-stha-tad-añjanatā samāpattiḥ ||

kṣīṇavṛtter iti pratyastamita-pratyayasyety arthaḥ | abhijātasyeva maṇer iti dṛṣṭāntopādānam |_1

yathā sphaṭika upāśraya-bhedāt tattad-rūpoparakta upāśraya-rūpākāreṇa nirbhāsate tathā grāhyālambanoparaktaṃ cittaṃ grāhya-samāpannaṃ grāhya-svarūpākāreṇa nirbhāsate |_2

bhūtasūkṣmoparaktaṃ bhūtasūkṣma-samāpannaṃ bhūtasūkṣma-svarūpābhāsaṃ bhavati | tathā sthūlālambanoparaktaṃ sthūla-rūpābhāsaṃ bhavati | tathā viśvabhedoparaktaṃ viśvabheda-samāpannaṃ viśva-rūpābhāsaṃ bhavati |_3

tathā grahaṇeṣv api indriyeṣv api draṣṭavyam | grahaṇālambanoparaktaṃ grahaṇa-samāpannaṃ grahaṇa-svarūpākāreṇa nirbhāsate | tathā grahītṛ-puruṣālambanoparaktaṃ grahītṛ-puruṣa-samāpannaṃ grahītṛ-puruṣasvarūpākāreṇa nirbhāsate | tathā muktapuruṣālambanoparaktaṃ muktapuruṣa-samāpannaṃ muktapuruṣa-svarūpākāreṇa nirbhāsata iti[14] |_4

tad evam abhijātamaṇi-kalpasya cetaso grahītṛ-grahaṇa-grāhyeṣu puruṣendriya-bhūteṣu yā tat-stha-tad-añjanatā teṣu sthitasya tad-ākārāpattiḥ sā samāpattir ity ucyate ||_5

....

14 Āraṇya: nirbhāsate

1.42. tatra śabdārtha-jñāna-vikalpaiḥ saṃkīrṇā savitarkā samāpattiḥ ||

tad yathā gaur iti śabdo gaur ity artho gaur iti jñānam ity avibhāgena vibhaktānām api grahaṇaṃ dṛṣṭam | vibhajyamānāś cānye śabda-dharmā anye 'rtha-dharmā anye vijñāna-dharmā ity eteṣāṃ vibhaktaḥ panthāḥ |_1

tatra samāpannasya yogino yo gavādy-arthaḥ samādhi-prajñāyāṃ samārūḍhaḥ sa cec chabdārtha-jñāna-vikalpānuviddha upāvarttate sā saṃkīrṇā samāpattiḥ savitarkety ucyate ||_2

yadā punaḥ śabda-saṃketa-smṛti-pariśuddhau śrutānumāna-jñāna-vikalpa-śūnyāyāṃ samādhi-prajñāyāṃ svarūpa-mātreṇāvasthito 'rthas tat-svarūpākāra-mātratayaiva avacchidyate | sā ca nirvitarkā samāpattiḥ |_3

tat paraṃ pratyakṣam | tac ca śrutānumānayor bījam | tataḥ śrutānumāne prabhavataḥ | na ca śrutānumāna-jñāna-sahabhūtaṃ tad darśanam | tasmād asaṃkīrṇaṃ pramāṇāntareṇa yogino nirvitarka-samādhijaṃ darśanam iti |_4

nirvitarkāyāḥ samāpatter asyāḥ sūtreṇa lakṣaṇaṃ dyotyate |_5

1.43. smṛti-pariśuddhau svarūpa-śūnyevārtha-mātra-nirbhāsā nirvitarkā ||

yā śabda-saṃketa-śrutānumāna-jñāna-vikalpa-smṛti-pariśuddhau grāhya-svarūpoparaktā prajñā svam iva prajñārūpaṃ grahaṇātmakaṃ tyaktvā padārthamātra-svarūpā grāhya-svarūpāpanneva bhavati sā tadā nirvitarkā samāpattiḥ |_1

tathā ca vyākhyātam | tasyā ekabuddhy-upakramo hy arthātmā

aṇupracaya-viśeṣātmā gavādir ghaṭādir vā lokaḥ । sa ca saṃsthāna-viśeṣo bhūtasūkṣmāṇāṃ sādhāraṇo dharma ātma-bhūtaḥ phalena vyaktenānumitaḥ svavyañjakāñjanaḥ prādurbhavati । dharmāntarasya kapālāder udaye[15] ca tirobhavati ।_2

sa eṣa dharmo 'vayavīty ucyate । yo 'sā vekaś ca mahāṃś cāṇīyāṃś ca sparśavāṃś ca kriyā-dharmakaś cānityaś ca tenāvayavinā vyavahārāḥ kriyante ।_3

yasya punar avastukaḥ sa pracaya-viśeṣaḥ sūkṣmaṃ ca kāraṇam anupalabhyam avikalpasya tasyāvayavy-abhāvād atadrūpa-pratiṣṭhaṃ mithyā-jñānam iti prāyeṇa sarvam eva prāptaṃ mithyā-jñānam iti ।_4

tadā ca samyag-jñānam api kiṃ syād viṣayābhāvāt । yad yad upalabhyate tat tad avayavitvenāmnātaṃ ।[16] tasmād asty avayavī yo mahattvādi-vyavahārāpannaḥ samāpatter nirvitarkāyā viṣayo bhavati ।_5

1.44. etayaiva savicārā nirvicārā ca sūkṣma-viṣayā vyākhyātā ॥

tatra bhūta-sūkṣmakeṣv abhivyakta-dharmakeṣu deśa-kāla-nimittānubhavāvacchinneṣu yā samāpattiḥ sā savicārety ucyate । tatrāpy ekabuddhi-nirgrāhyam evodita-dharma-viśiṣṭaṃ bhūta-sūkṣmam ālambanī-bhūtaṃ samādhi-prajñāyām upatiṣṭhate ।_1

yā punaḥ sarvathā sarvataḥ śāntoditāvyapadeśya-dharmānavacchinneṣu sarva-dharmānupātiṣu sarva-dharmātmakeṣu samāpattiḥ sā nirvicārety ucyate ।_2

15 Āraṇya: "dharmāntarasya kapālāder udaye" → dharmāntarodaye

16 Āraṇya: avayavitvenāghrātaṃ

evaṃ svarūpaṃ hi tad-bhūta-sūkṣmam etenaiva svarūpeṇālambanī-bhūtam eva samādhi-prajñā-svarūpam uparañjayati ı prajñā ca svarūpa-śūnyevārtha-mātrā yadā bhavati tadā nirvicārety ucyate ı_3

tatra mahad-vastu-viṣayā savitarkā nirvitarkā ca, sūkṣma-vastu-viṣayā[17] savicārā nirvicārā ca ı evam ubhayor etayaiva nirvitarkayā vikalpa-hānir vyākhyāteti ıı_4

1.45. sūkṣma-viṣayatvaṃ cāliṅga-paryavasānam ıı

pārthivasyāṇor gandhatanmātraṃ sūkṣmo viṣayaḥ ı āpyasya rasatanmātram ı taijasasya rūpatanmātram ı vāyavīyasya sparśatanmātram ı ākāśasya śabdatanmātram iti ı_1

teṣām ahaṃkāraḥ ı asyāpi liṅga-mātraṃ sūkṣmo viśayaḥ ı liṅga-mātrasyāpy aliṅgaṃ sūkṣmo viṣayaḥ ı_2

na cāliṅgāt paraṃ sūkṣmam asti ı nanv asti puruṣaḥ sūkṣma iti ı satyaṃ ı yathā liṅgāt param aliṅgasya saukṣmyaṃ na caivaṃ puruṣasya ı_3

kiṃ tu liṅgasyānvayi-kāraṇaṃ puruṣo na bhavati, hetus tu bhavatīti ı ataḥ pradhāne saukṣmyaṃ niratiśayaṃ vyākhyātam ıı_4

1.46. tā eva sabījaḥ samādhiḥ ıı

tāś catasraḥ samāpattayo bahir-vastu-bījā iti samādhir api sabījaḥ ı tatra sthūle ’rthe savitarko nirvitarkaḥ sūkṣme ’rthe savicāro nirvicāra iti caturdhopasaṃkhyātaḥ samādhir iti ıı_1

....

17 Āraṇya: sūkṣma-viṣayā

1.47. nirvicāra-vaiśāradye 'dhyātma-prasādaḥ ॥

aśuddhyāvaraṇa-malāpetasya prakāśātmano buddhi-sattvasya rajas-tamobhyām anabhibhūtaḥ svacchaḥ sthiti-pravāho vaiśāradyam ।_1
yadā nirvicārasya samādher vaiśāradyam idaṃ jāyate tadā yogino bhavaty adhyātma-prasādo bhūtārtha-viṣayaḥ kramānanurodhī[18] sphuṭaḥ prajñālokaḥ ।_2
tathā coktaṃ prajñā-prasādam āruhya[19] aśocyaḥ śocato janān । bhūmiṣṭhān iva śailasthaḥ sarvān prājño 'nupaśyati ॥_3

1.48. ṛtaṃbharā tatra prajñā ॥

tasmin samāhita-cittasya yā prajñā jāyate tasyā ṛtaṃbhareti saṃjñā bhavati । anvarthā ca sā, satyam eva vibharti na ca tatra viparyāsa-jñāna-gandho 'py astīti ।_1
tathā coktam āgamenānumānena dhyānābhyāsa-rasena ca । tridhā prakalpayan prajñāṃ labhate yogam uttamam iti ॥_2
sā punaḥ_3

1.49. śrutānumāna-prajñābhyām anya-viṣayā viśeṣārthatvāt ॥

śrutam āgama-vijñānaṃ tat sāmānya-viṣayam । na hy āgamena śakyo viśeṣo 'bhidhātum । kasmāt । na hi viśeṣeṇa kṛta-saṃketaḥ śabda iti ।_1
tathānumānaṃ sāmāny-aviṣayam eva । yatra prāptis tatra gatir yatrāprāptis tatra na bhavati gatir ity uktam । anumānena ca sāmānyenopasaṃhāraḥ ।_2

....

18 YsV: kramānurodhī

19 YsV: -prāsādamāruhya

tasmāc chrutānumāna-viṣayo na viśeṣaḥ kaścid astīti |_3

na cāsya sūkṣma-vyavahita-viprakṛṣṭasya vastuno loka-pratyakṣeṇa grahaṇam asti | na cāsya viśeṣasyāprāmāṇakasyābhāvo 'stīti samādhi-prajñā-nirgrāhya eva sa viśeṣo bhavati bhūta-sūkṣma-gato vā puruṣa-gato vā |_4

tasmāc chutānumāna-prajñābhyām anyaviṣayā sā prajñā viśeṣārthatvād iti ||_5

samādhi-prajñā-pratilambhe yoginaḥ prajñākṛtaḥ saṃskāro navo navo jāyate |_6

1.50. tajjaḥ saṃskāro 'nya-saṃskāra-pratibandhī ||

samādhi-prajñā-prabhavaḥ saṃskāro vyutthāna-saṃskārāśayaṃ bādhate | vyutthāna-saṃskārābhibhavāt tat-prabhavāḥ pratyayā na bhavanti | pratyaya-nirodhe samādhir upatiṣṭhate |_1

tataḥ samādhijā prajñā, tataḥ prajñākṛtāḥ saṃskārā iti navo navaḥ saṃskārāśayo jāyate | tataś ca prajñā tataś ca saṃskārā iti |_2

katham asau saṃskārātiśayaś[20] cittaṃ sādhikāraṃ na kariṣyatīti | na te prajñākṛtāḥ saṃskārāḥ kleśa-kṣaya-hetutvāc cittam adhikāra-viśiṣṭaṃ kurvanti |_3

cittaṃ hi te svakāryād avasādayanti | khyāti-paryavasānaṃ hi citta-ceṣṭitam iti ||_4

kiṃ cāsya bhavati |_5

....

20 YsV: saṃskārāśayaś

1.51. tasyāpi nirodhe sarva-nirodhān nirbījaḥ samādhiḥ[21] ॥

sa na kevalaṃ samādhi-prajñā-virodhī prajñākṛtānām api saṃskārāṇāṃ pratibandhī bhavati । kasmāt । nirodhajaḥ saṃskāraḥ samādhijān saṃskārān bādhata iti ।_1

nirodha-sthiti-kāla-kramānubhavena nirodha-cittakṛta-saṃskārāstitvam anumeyam । vyutthāna-nirodha-samādhi-prabhavaiḥ saha kaivalya-bhāgīyaiḥ saṃskaraiś cittaṃ svasyām prakṛtāv avasthitāyām pravilīyate ।_2

tasmāt te saṃskārāś cittasyādhikāra-virodhino na sthitihetavo bhavantīti ।_3

yasmād avasitādhikāraṃ saha kaivalya-bhāgīyaiḥ saṃskāraiś cittaṃ nivartate,[22] tasmin nivṛtte puruṣaḥ svarūpamātra-pratiṣṭho 'taḥ śuddhaḥ kevalo mukta ity ucyata iti ॥_4

iti śrī-pātañjale sāṃkhya-pravacane yogaśāstre śrīmad-vyāsa-bhāṣye prathamaḥ samādhipādaḥ ॥[23]_5

....

21 YsV: samādhir iti

22 Āraṇya: vinivarttate

23 YsV: iti śrī-pātañjala-yogasūtrabhāṣye śrīmad-veda-vyāsa-kṛte prathamaḥ samādhipādaḥ ॥
Āraṇya: iti śrī-pātañjale sāṃkhya-pravacane vaiyāsike samādhipādaḥ prathamaḥ ।

제2장 dvitīyaḥ sādhanapādaḥ

uddiṣṭaḥ samāhita-cittasya yogaḥ । kathaṃ vyutthita-citto 'pi yoga-yuktaḥ syād ity etad ārabhyate ।_1

2.1. tapaḥ-svādhyāyeśvara-praṇidhānāni kriyāyogaḥ ॥

nātapasvino yogaḥ sidhyati । anādi-karma-kleśa-vāsanā-citrā pratyupasthita-viṣaya-jālā cāśuddhir nāntareṇa tapaḥ sambhedam āpadyata iti tapasa upādānam । tac ca citta-prasādanam abādhamānam anenāsevyam iti manyate ।_1

svādhyāyaḥ praṇavādi-pavitrāṇāṃ japo mokṣa-śāstrādhyayanaṃ vā ।_2

īśvara-praṇidhānaṃ sarvakriyāṇāṃ parama-gurāv arpaṇaṃ tat-phala-saṃnyāso vā ॥_3

sa hi kriyāyogaḥ_4

2.2. samādhi-bhāvanārthaḥ kleśa-tanūkaraṇārthaś ca ॥

sa hy āsevyamānaḥ samādhim bhāvayati kleśāṃś ca pratanūkaroti । pratanūkṛtān kleśān prasaṃkhyānāgninā dagdha-bīja-kalpān aprasavadharmiṇaḥ kariṣyatīti ।_1

teṣāṃ tanūkaraṇāt punaḥ kleśair aparāmṛṣṭā sattva-puruṣānyatāmātra-khyātiḥ sūkṣmā prajñā samāptādhikārā pratiprasavāya kalpiṣyata iti ॥_2

atha ke te kleśāḥ kiyanto veti ।_3

2.3. avidyāsmitā-rāga-dveṣābhiniveśāḥ kleśāḥ[1] ||

kleśā iti pañca viparyayā ity arthaḥ | te spandamānā guṇādhikāraṃ draḍhayanti pariṇāmam avasthāpayanti kārya-kāraṇa-srota unnamayanti parasparānugraha-tantrī-bhūtvā karma-vipākaṃ cābhinirharantīti ||_1

2.4. avidyā kṣetram uttareṣāṃ prasupta-tanu-vicchinnodārāṇām ||

atrāvidyā kṣetraṃ prasavabhūmir uttareṣām asmitādīnāṃ caturvidha-vikalpitānāṃ prasupta-tanu-vicchinnodārāṇām |_1

tatra kā prasuptiḥ | cetasi śakti-mātra-pratiṣṭhānāṃ bīja-bhāvopagamaḥ | tasya prabodha ālambane sammukhībhāvaḥ |_2

prasaṃkhyānavato dagdha-kleśa-bījasya sammukhībhūto 'py ālambane nāsau punar asti, dagdha-bījasya kutaḥ praroha iti | ataḥ kṣīṇakleśaḥ kuśalaś caramadeha ity ucyate |_3

tatraiva sā dagdha-bīja-bhāvā pañcamī kleśāvasthā nānyatreti | satāṃ kleśānāṃ tadā bīja-sāmarthyaṃ dagdham iti viṣayasya sammukhībhāve 'pi sati na bhavaty eṣāṃ prabodha ity uktā prasuptir dagdha-bījānām aprarohaś ca |_4

tanutvam ucyate pratipakṣa-bhāvanopahatāḥ kleśās tanavo bhavanti |_5

tathā vicchidya vicchidya tena tenātmanā punaḥ punaḥ samudācarantīti vicchinnāḥ | kathaṃ |_6

rāga-kāle krodhasyādarśanāt | na hi rāga-kāle krodhaḥ samudācarati | rāgaś ca kvacid dṛśyamāno na viṣayāntare nāsti | naikasyāṃ striyāṃ caitro rakta ity

....

1 Āraṇya: kleśāḥ → pañca kleśāḥ

anyāsu strīṣu viraktaḥ[2] | kiṃ tu tatra rāgo labdha-vṛttir anyatra tu[3] bhaviṣyad-vṛttir iti | sa hi tadā prasupta-tanu-vicchinno bhavati |_7

viṣaye yo labdha-vṛttiḥ sa udāraḥ |_8

sarve evaite kleśa-viṣayatvaṃ nātikrāmanti | kas tarhi vicchinnaḥ prasuptas tanur udāro vā kleśa iti | ucyate satyam evaitat | kiṃ tu viśiṣṭānām eviateṣāṃ vicchinnāditvam | yathaiva pratipakṣa-bhāvanāto nivṛttas tathaiva sva-vyañjakāñjanenābhivyakta iti |_9

sarva evāmī kleśā avidyā-bhedāḥ | kasmāt | sarveṣv avidyaivābhiplavate | yad avidyayā vastv ākāryate tad evānuśerate kleśā viparyāsa-pratyaya-kāle upalabhyante kṣīyamāṇāṃ cāvidyām anu kṣīyanta iti ||_10

tatrāvidyā-svarūpam ucyate |_11

2.5. anityāśuci-duḥkhānātmasu nitya-śuci-sukhātma-khyātir avidyā ||

anitye kārye nitya-khyātiḥ | tad yathā dhruvā pṛthivī, dhruvā sacandra-tārakā dyauḥ, amṛtā divaukasa iti |_1

tathāśucau paramabī-bhatse kāye[4] sthānād bījād upaṣṭambhān niḥsyandān nidhanād api | kāyam ādheya-śaucatvāt paṇḍitā hy aśuciṃ viduḥ || ity aśucau śuci-khyātir dṛśyate |_2

naveva śaśāṅka-lekhā kamanīyeyaṃ kanyā madhv-amṛtāvayava-nirmiteva candraṃ bhittvā niḥsṛteva jñāyate, nīlotpala-pattrāyatākṣī

....

2 Āraṇya: virakta iti

3 Āraṇya: tu 결락

4 Prasāda, Āraṇya: "sthānād … viduḥ ||"에 후속하는 "ity aśucau śuci-khyātir dṛśyate" 대신 "śuci-khyātiḥ | uktaṃ ca"를 여기에 추가

hāva-garbhābhyāṃ locanābhyāṃ jīvalokam āśvāsayantīveti kasya kenābhisaṃbandhaḥ। bhavati caivam aśucau śuci-viparyāsapratyaya iti।_3

etenāpuṇye puṇya-pratyayas tathaivānarthe cārtha-pratyayo vyākhyātaḥ।_4

tathā duḥkhe sukha-khyātiṃ vakṣyati।

pariṇāmatāpasaṃskāraduḥkhairguṇavṛttivirodhāc ca duḥkham eva sarvaṃ vivekina iti। tatra sukha-khyātir avidyā।_5

tathānātmany ātma-khyātir bāhyopakaraṇeṣu cetanācetaneṣu bhogādhiṣṭhāne vā śarīre puruṣopakaraṇe vā manasy anātmany ātma-khyātir iti।_6

tathaitad atroktam। vyaktam avyaktaṃ vā sattvam ātmatvenābhipratītya tasya sampadam anu nandaty ātma-sampadaṃ manvānas tasya vyāpadam anu śocaty ātma-vyāpadaṃ manyamānaḥ sa sarvo 'pratibuddha iti।_7

eṣā catuṣpadā bhavaty avidyā mūlam asya kleśa-santānasya karmāśayasya ca savipākasyeti। tasyāś cāmitrāgoṣpadavad vastu-satattvaṃ vijñeyaṃ।_8

yathā nāmitro mitrābhāvo na mitra-mātraṃ kiṃ tu tad-viruddhaḥ sapatnaḥ। yathā vā 'goṣpadaṃ na goṣpadābhāvo na goṣpada-mātraṃ kiṃ tu deśa eva tābhyām anyad vastv-antaram। evam avidyā na pramāṇaṃ na pramāṇābhāvaḥ kiṃ tu vidyā-viparītaṃ jñānāntaram avidyeti॥_9

2.6. dṛg-darśana-śaktyor ekātmatevāsmitā॥

puruṣo dṛk-śaktir buddhir darśana-śaktir ity etayor eka-svarūpāpattir ivāsmitā kleśa ucyate।_1

bhoktṛ-bhogya-śaktyor atyanta-vibhaktayor atyantāsaṃkīrṇayor avibhāga-prāptāv iva satyāṃ bhogaḥ kalpate। svarūpa-pratilambhe tu tayoḥ kaivalyam eva bhavati kuto bhoga iti। tathā coktam।_2

buddhitaḥ paraṃ puruṣam ākāra-śīla-vidyādibhir vibhaktam apaśyan kuryāt tatrātma-buddhim mohena iti ||_3

2.7. sukhānuśayī[5] rāgaḥ ||

sukhābhijñasya sukhānusmṛti-pūrvaḥ sukhe tat-sādhane vā yo gardhas tṛṣṇā lobhaḥ sa rāga iti ||_1

2.8. duḥkhānuśayī[6] dveṣaḥ ||

duḥkhābhijñasya duḥkhānusmṛti-pūrvo duḥkhe tat-sādhane vā yaḥ pratigho manyur jighāṃsā[7] krodhaḥ sa dveṣa iti ||_1

2.9. svarasavāhī viduṣo 'pi tathārūḍho 'bhiniveśaḥ ||

sarvasya prāṇina iyam ātmāśīr nityā bhavati mā na bhūvaṃ[8] bhūyāsam iti | na cānanubhūta-maraṇa-dharmakasyaiṣā bhavaty ātmāśīḥ | etayā ca pūrva-janmānubhavaḥ pratīyate |_1
sa cāyam abhiniveśaḥ kleśaḥ sva-rasa-vāhī kṛmer api jāta-mātrasya | pratyakṣānumānāgamair asambhāvito maraṇa-trāsa uccheda-dṛṣṭyātmakaḥ pūrva-janmānubhūtaṃ maraṇa-duḥkham anumāpayati |_2
yathā cāyam atyanta-mūḍheṣu dṛśyate kleśas tathā viduṣo 'pi vijñāta-pūrvāparāntasya rūḍhaḥ kasmāt | samānā hi tayoḥ kuśalākuśalayor

....

5 YsV: sukhānujanmī

6 YsV: duḥkhānujanmī

7 YsV: "yaḥ pratigho manyur jighāṃsā" → "yo manyuḥ ujjihāsā"

8 YsV: "mā na bhūvaṃ" → "maraṇaṃ mānvabhūvaṃ"

maraṇa-duḥkhānubhavād iyaṃ vāsaneti ॥_3

2.10. te pratiprasava-heyāḥ sūkṣmāḥ ॥

te pañca kleśā dagdha-bīja-kalpā yoginaś caritādhikāre cetasi pralīne saha tenaivāstaṃ gacchanti ॥_1

sthitānān tu bīja-bhāvopagatānām ।_2

2.11. dhyāna-heyās tad-vṛttayaḥ ॥

kleśānāṃ yā vṛttayaḥ sthūlās tāḥ kriyāyogena tanūkṛtāḥ satyaḥ prasaṃkhyānena dhyānena hātavyā yāvat sūkṣmīkṛtā yāvad dagdha-bīja-kalpā iti ।_1

yathā ca vastrāṇāṃ sthūlo malaḥ pūrvaṃ nirdhūyate paścāt sūkṣmo yatnenopāyena cāpanīyate tathā svalpa-pratipakṣāḥ sthūlā vṛttayaḥ kleśānāṃ, sūkṣmās tu mahā-pratipakṣā iti ॥_2

2.12. kleśa-mūlaḥ karmāśayo dṛṣṭādṛṣṭajanma-vedanīyaḥ ॥

tatra puṇyāpuṇya-karmāśayaḥ kāma[9]lobha-moha-krodha-bhavaḥ[10] । sa dṛṣṭajanma-vedanīyaś cādriṣṭajanma-vedanīyaś ca ।_1

tatra tīvra-saṃvegena mantra-tapaḥ-samādhibhir nirvarttita īśvara-devatā-maharṣi-mahānubhāvānām ārādhanād vā yaḥ parinispannaḥ sa sadyaḥ paripacyate puṇya-karmāśaya iti ।_2

....

9 YV: kāma 결락

10 Āraṇya: -bhavaḥ → -prasavaḥ

tathā tīvra-kleśena bhīta-vyādhita-kṛpaṇeṣu viśvāsopagateṣu vā mahānubhāveṣu vā tapasviṣu[11] kṛtaḥ punaḥ punar apakāraḥ sa cāpi pāpa-karmāśayaḥ sadya eva paripacyate । yathā nandīśvaraḥ kumāro manuṣya-pariṇāmaṃ hitvā devatvena pariṇataḥ । tathā nahuṣo 'pi devānām indraḥ svakaṃ pariṇāmaṃ hitvā tiryaktvena pariṇata iti ।_3

tatra nārakāṇāṃ nāsti dṛṣṭajanma-vedanīyaḥ karmāśayaḥ । kṣīṇa-kleśānām api nāstya-dṛṣṭajanma-vedanīyaḥ karmāśaya iti ॥_4

2.13. sati mūle tadvipāko jāty-āyur-bhogāḥ ॥

satsu kleśeṣu karmāśayo vipākārambhī bhavati nocchinna-kleśa-mūlaḥ । yathā tuṣāvanaddhāḥ śāli-taṇḍulāḥ adagdha-bīja-bhāvāḥ praroha-samarthā bhavanti nāpanīta-tuṣā dagdha-bīja-bhāvā vā, tathā kleśāvānaddhaḥ karmāśayo vipāka-prarohī bhavati nāpanīta-kleśo na prasaṃkhyāna-dagdha-kleśa-bīja-bhāvo veti ।_1

sa ca vipākas trividho jātir āyur bhoga iti । tatredaṃ vicāryate । ①kim ekaṃ karmaikasya janmanaḥ kāraṇam ②athaikaṃ karmānekaṃ janmākṣipatīti । ③dvitīyā vicāraṇā kim anekaṃ karmānekaṃ janma nirvartayati ④athānekaṃ karmaikaṃ janma nirvartayatīti ।_2

①na tāvad ekaṃ karmaikasya janmanaḥ kāraṇam । kasmāt । anādikāla-pracitasyāsaṃkhyeyasyāvaśiṣṭasya karmaṇaḥ[12] sāmpratikasya ca phala-kramāniyamād anāśvāso lokasya prasaktaḥ, sa cāniṣṭa iti ।_3

....

11 YsV: 관대대명사yaḥ를 추가

12 Āraṇya: -śiṣṭa-karmaṇaḥ

②na caikaṃ karmānekasya janmanaḥ kāraṇam | kasmāt | anekeṣu karmasv ekaikam eva karmānekasya janmanaḥ kāraṇam ity avaśiṣṭasya vipāka-kālābhāvaḥ prasaktaḥ, sa cāpy aniṣṭa iti |_4

③na cānekaṃ karmānekasya janmanaḥ[13] kāraṇam | kasmāt | tad anekaṃ janma yugapanna sambhavatīti krameṇaiva[14] vācyam | tathā ca pūrvadoṣānuṣaṅgaḥ |_5

④tasmāj janma-prāyaṇāntare kṛtaḥ puṇyāpuṇya-karmāśaya-pracayo vicitraḥ pradhānopasarjana-bhāvenāvasthitaḥ prāyaṇābhivyakta eka-praghaṭṭakena[15] maraṇaṃ prasādhya saṃmūrcchita ekam eva janma karoti |_5

tac ca janma tenaiva karmaṇā labdhāyuṣkaṃ bhavati | tasminn āyuṣi tenaiva karmaṇā bhogaḥ sampadyata iti | asau karmāśayo janmāyur-bhoga-hetutvāt trivipāko 'bhidhīyata iti | ata ekabhavikaḥ karmāśaya ukta iti |_6

dṛṣṭajanma-vedanīyas tv eka-vipākārambhī bhoga-hetutvād dvi-vipākārambhī vāyur-bhoga-hetutvān nandīśvaravan nahuṣavad veti |_7

kleśa-karma-vipākānubhava-nirvartitābhis[16] tu vāsanābhir anādikāla-sammūrcchitam idaṃ cittaṃ citrīkṛtam iva sarvato matsya-jālaṃ granthibhir ivātatam ity etā anekabhava-pūrvikā vāsanāḥ | yas tv ayaṃ karmāśaya eṣa evaikabhavika ukta iti | ye saṃskārāḥ smṛti-hetavas tā vāsanās tāś cānādikālīnā iti |_8

yas tv asāv ekabhavikaḥ karmāśayaḥ sa niyata-vipākaś cāniyata-vipākaś ca |_9

....

13 Āraṇya: 불변화사 ca 추가

14 Āraṇya: krameṇa

15 Āraṇya: militvā 추가

16 Āraṇya: -nirvartitābhis → -nimittābhis

tatra dṛṣṭajanma-vedanīyasya[17] niyata-vipākasyaivāyaṃ niyamo na tv adṛṣṭajanma-vedanīyasyāniyata-vipākasya |_10

kasmāt | yo hy adṛṣṭajanma-vedanīyo 'niyata-vipākas tasya triyī gatiḥ ①kṛtasyāvipakvasya vināśaḥ, ②pradhānakarmaṇy āvāpagamanaṃ vā, ③niyata-vipāka-pradhāna-karmaṇābhibhūtasya vā ciram avasthānam iti |_11

tatra ①kṛtasyāvipakvasya nāśo yathā śukla-karmodayād ihaiva nāśaḥ kṛṣṇasya | yatredam uktam | dve dve ha vai karmaṇī veditavye pāpakasyaiko rāśiḥ puṇyakṛto 'pahanti | tad icchasva karmāṇi sukṛtāni kartum ihaiva te karma kavayo vedayante |_12

②pradhāna-karmaṇy āvāpa-gamanam | yatredam uktaṃ syāt svalpaḥ saṃkaraḥ saparihāraḥ sapratyavamarṣaḥ kuśalasya nāpakarṣāyālam | kasmāt | kuśalaṃ hi me bahv anyad asti yatrāyam āvāpaṃ gataḥ svarge 'py apakarṣam alpaṃ kariṣyatīti |_13

③niyata-vipāka-pradhāna-karmaṇābhibhūtasya vā ciram avasthānam | katham iti | adṛṣṭajanma-vedanīyasyaiva niyata-vipākasya karmaṇaḥ samānaṃ maraṇam abhivyakti-kāraṇam uktam, na tv adṛṣṭajanma-vedanīyasyāniyata-vipākasya |_14

yat tv adṛṣṭajanma-vedanīyaṃ karmāniyata-vipākaṃ tan naśyed āvāpaṃ vā gacched abhibhūtaṃ vā ciram apy upāsīta yāvat samānaṃ karmābhivyañjakaṃ nimittam asya na vipākābhimukhaṃ karotīti |_15

tad-vipākasyaiva deśa-kāla-nimittānavadhāraṇād iyaṃ karma-gatir citrā[18] durvijñānā ceti | na cotsargasyāpavādān nivṛttir ity ekabhavikaḥ karmāśayo

....

17 YsV, YV: "tatra dṛṣṭajanma-vedanīyasya" → tatrādṛṣṭajanma-vedanīyasya

18 Āraṇya: citrā → vicitrā

'nujñāyata iti ‖_16

2.14. te hlāda-paritāpa-phalāḥ puṇyāpuṇya-hetutvāt ‖

te janmāyur-bhogāḥ puṇya-hetukāḥ sukha-phalā apuṇya-hetukāḥ duḥkha-phalā iti । yathā cedaṃ duḥkhaṃ pratikūlātmakam evaṃ viṣaya-sukha-kāle 'pi duḥkham asty eva pratikūlātmakaṃ yoginaḥ ‖_1

kathaṃ tad upapadyate ।_2

2.15. pariṇāma-tāpa-saṃskāra-duḥkhair guṇa-vṛtti-virodhāc ca duḥkham eva sarvaṃ vivekinaḥ ‖

sarvasyāyaṃ rāgānuviddhaś cetanācetana-sādhanādhīnaḥ sukhānubhava iti tatrāsti rāgajaḥ karmāśayaḥ । tathā ca dveṣṭi duḥkha-sādhanāni muhyati ceti dveṣa-moha-kṛto 'py asti karmāśayaḥ ।_1

tathā coktam ।[19] nānupahatya bhūtāny upabhogaḥ sambhavatīti hiṃsākṛto 'py asti śārīraḥ karmāśaya iti । viṣaya-sukhaṃ cāvidyety uktam ।_2

yā bhogeṣv indriyāṇāṃ tṛpter upaśāntis tat sukham । yā laulyād anupaśāntis tad duḥkham । na cendriyāṇāṃ bhogābhyāsena vaitṛṣṇyaṃ kartuṃ śakyaṃ । kasmāt । yato bhogābhyāsam anu vivarddhante rāgāḥ kauśalāni cendriyāṇām iti । tasmād anupāyaḥ sukhasya bhogābhyāsa iti ।_3

sa khalv ayaṃ vṛścika-viṣa-bhīta ivāśīviṣeṇa daṣṭo yaḥ sukhārthī viṣayānuvāsito mahati duḥkha-paṅke nimagna iti । eṣā pariṇāma-duḥkhatā nāma pratikūlā sukhāvasthāyām api yoginam eva kliśnāti ।_4

....

19 YsV: coktam 결락

atha kā tāpa-duḥkhatā | sarvasya dveṣānuviddhaś cetanācetana-sādhanādhīnas tāpānubhava iti tatrāsti dveṣajaḥ karmāśayaḥ |_5

sukha-sādhanāni ca prārthayamānaḥ kāyena vācā manasā ca parispandate tataḥ param anugṛhṇāty upahanti[20] ceti parānugraha-pīḍābhyāṃ dharmādharmāv upacinoti | sa karmāśayo lobhān mohāc ca bhavatīty eṣā tāpa-duḥkhatocyate |_6

kā punaḥ saṃskāra-duḥkhatā | sukhānubhavāt sukha-saṃskārāśayo duḥkhānubhavād api duḥkha-saṃskārāśaya iti | evaṃ karmabhyo vipāko 'nubhūyamāne sukhe duḥkhe vā punaḥ karmāśaya-pracaya iti |_7

evam idam anādi duḥkha-sroto viprasṛtaṃ yoginam eva pratikūlātmakatvād udvejayati | kasmāt | akṣipātra-kalpo hi vidvān iti | yathorṇā-tantur akṣipātre nyastaḥ sparśena duḥkhayati na cānyeṣu gātrāvayaveṣu | evam etāni duḥkhāny akṣipātra-kalpaṃ yoginam eva kliśnanti netaraṃ pratipattāram |_8

itaraṃ tu sva-karmopahṛtaṃ duḥkham upāttam upāttaṃ tyajantaṃ tyaktaṃ tyaktam upādadānam anādi-vāsanā-vicitrayā citta-vṛttyā samantato 'nuviddham ivāvidyayā hātavya evāhaṃkāra-mamakārānupātinaṃ jātaṃ jātaṃ bāhyādhyātmikobhaya-nimittās triparvāṇas tāpā anuplavante |_9

tad evam anādinā[21] duḥkha-srotasā vyuhyamānam[22] ātmānaṃ bhūta-grāmaṃ ca dṛṣṭvā yogī sarva-duḥkha-kṣaya-kāraṇaṃ samyag-darśanaṃ śaraṇaṃ prapadyata iti |_10

guṇa-vṛtti-virodhāc ca duḥkham eva sarvaṃ vivekinaḥ |

....

20 YsV, Āraṇya: apahanti

21 Āraṇya: anādi-

22 TV(1917), Prasāda: vyūhyamānam

prakhyā-pravṛtti-sthitirūpā buddhi-gunāḥ parasparānugraha-tantrībhūtvā[23] śāntaṃ ghoraṃ mūḍhaṃ vā pratyayaṃ triguṇam evārabhante ।_11
calaṃ ca guṇa-vṛttam iti kṣipra-pariṇāmi cittam uktam । rūpātiśayā vṛtty-atiśayāś ca parasparena virudhyante । sāmānyāni tv atiśayaiḥ saha pravarttante ।_12
evam ete guṇā itaretarāśrayeṇopārjita-sukha-duḥkha-moha-pratyayāḥ[24] sarve sarvarūpā bhavanti । guṇa-pradhāna-bhāva-kṛtas tv eṣāṃ viśeṣa iti । tasmād duḥkham eva sarvaṃ vivekina iti । tad asya mahato duḥkha-samudāyasya prabhava-bījam avidyā । tasyāś ca samyag-darśanam abhāva-hetuḥ ।_13
yathā cikitsā-śāstraṃ catur-vyūhaṃ rogo roga-hetur ārogyam bhaiṣajyam iti, evam idam api śāstraṃ catur-vyūham eva । tad yathā saṃsāraḥ saṃsāra-hetur mokṣo mokṣopāya iti । tatra duḥkha-bahulaḥ saṃsāro heyaḥ । pradhāna-puruṣayoḥ saṃyogo heya-hetuḥ । saṃyogasyātyantikī nivṛttir hānam । hānopāyaḥ samyag-darśanam ।_14
tatra hātuḥ svarūpam upādeyaṃ vā heyaṃ vā na bhavitum arhatīti[25] hāne tasyocchedavāda-prasaṅga[26] upādāne ca hetuvādaḥ । ubhaya-pratyākhyāne[27] śāśvatavāda ity etat samyag-darśanam ॥_15
tad etac chāstraṃ catur-vyūham ity abhidhīyate ।_16

....

23 Āraṇya: -tantrībhūtvā → -tantrā bhūtvā

24 Āraṇya: -pratyayā iti

25 TV(1917): arhatīti → arhati

26 YsV: tv asyo-

27 Āraṇya: 불변화사 ca 추가

2.16. heyaṃ duḥkham anāgatam II

duḥkham atītam upabhogenātivāhitaṃ na heya-pakṣe varttate I vartamānaṃ ca svakṣaṇe bhogārūḍham iti na tat kṣaṇāntare heyatām āpadyate I_1
tasmād yad evānāgataṃ duḥkhaṃ tad evākṣipātra-kalpaṃ yoginaṃ kliśnāti netaraṃ pratipattāram I tad eva heyatām āpadyate II_2
tasmād yad eva heyam ity ucyate tasyaiva kāraṇaṃ pratinirdiśyate I_3

2.17. draṣṭṛ-dṛśyayoḥ saṃyogo heya-hetuḥ II

draṣṭā buddheḥ pratisaṃvedī puruṣaḥ I dṛśyāḥ buddhi-sattvopārūḍhāḥ sarve dharmāḥ I tad etad dṛśyam ayaskāntamaṇi-kalpaṃ sannidhimātropakāri dṛśyatvena bhavati puruṣasya svaṃ dṛśi-rūpasya svāminaḥ I anubhava-karma-viṣayatām āpannaṃ yataḥ I anya-svarūpeṇa[28] pratilabdhātmakaṃ svatantram api parārthatvāt para-tantram I_1
tayor dṛg-darśana-śaktyor anādir artha-kṛtaḥ saṃyogo heya-hetur duḥkhasya kāranam ity arthaḥ I tathā coktam I tat-saṃyoga-hetu-vivarjanāt syād ayam ātyantiko duḥkha-pratīkāraḥ I_2
kasmāt I duḥkha-hetoḥ parihāryasya pratīkāra-darśanāt I tad yathā pādatalasya bhedyatā, kaṇṭakasya bhettṛtvaṃ, parihāraḥ kaṇṭakasya pādānadhiṣṭhānaṃ pāda-trāṇa-vyavahitena vādhiṣṭhānam I_3
etat trayaṃ[29] yo veda loke sa tatra pratīkāram ārabhamāṇo bhedajaṃ duḥkhaṃ nāpnoti I kasmāt I tritvopalabdhi-sāmarthyād iti I atrāpi tāpakasya

28 TV(1917): 다음에 pratipannam anya-svarūpeṇa 추가

29 YsV: etad dvayaṃ

rajasaḥ sattvam eva tapyam ।_4

kasmāt । tapikriyāyāḥ karma-sthatvāt । sattve karmaṇi tapikriyā nāpariṇāmini niṣkriye kṣetrajñe । darśita-viṣayatvāt । sattve tu tapyamāne tad-ākārānurodhī puruṣo 'nutapyata iti[30] ॥_5

dṛśya-svarūpam ucyate ।_6

2.18. prakāśa-kriyā-sthiti-śīlaṃ bhūtendriyātmakaṃ bhogāpavargārthaṃ dṛśyam ॥

prakāśa-śīlaṃ sattvam । kriyā-śīlaṃ rajaḥ । sthiti-śīlaṃ tama iti ।_1

ete guṇāḥ parasparoparakta-pravibhāgāḥ pariṇāminaḥ[31] saṃyoga-vibhāga[32]-dharmāṇa itaretaropāśrayeṇopārjita-mūrtayaḥ parasparāṅgāṅgitve 'py asambhinna-śakti-pravibhāgās tulya-jātīyātulya-jātīya-śakti-bhedānupātinaḥ pradhāna-velāyām upadarśita-sannidhānā guṇatve 'pi ca vyāpāra-mātreṇa pradhānāntarṇītānumitāstitāḥ puruṣārtha-kartavyatayā prayukta-sāmarthyāḥ sannidhi-mātropakāriṇo 'yaskāntamaṇi-kalpāḥ pratya-yam antareṇaikatamasya vṛttim anuvartamānāḥ pradhāna-śabda-vācyā bhavanti । etad dṛśyam ity ucyate ।_2

tad etad[33] bhūtendriyātmakaṃ bhūta-bhāvena pṛthivyādinā sūkṣma-sthūlena pariṇamate । tathendriya-bhāvena śrotrādinā

....

30 Āraṇya: 다음에 dṛśyate 추가

31 Āraṇya: pariṇāminaḥ 결락

32 YsV: -vibhāga → -viyoga

33 Āraṇya: tadetaddṛśyaṃ

sūkṣma-sthūlena pariṇamata iti । tat tu nāprayojanam api tu prayojanam urarīkṛtya pravartata iti bhogāpavargārthaṃ hi tad dṛśyaṃ puruṣasyeti ।_3

tatreṣṭāniṣṭa-guṇa-svarūpāvadhāraṇam avibhāgāpannaṃ bhogo bhoktuḥ svarūpāvadhāraṇam apavarga iti । dvayor atiriktam anyad darśanaṃ nāsti । tathā coktam ।_4

ayaṃ tu khalu triṣu guṇeṣu kartṛṣv akartari ca puruṣe tulyātulya-jātīye caturthe tat-kriyā-sākṣiṇy upanīyamānān sarva-bhāvān upapannān anupaśyann adarśanam anyac chaṅkata iti ।_5

tāv etau bhogāpavargau buddhi-kṛtau buddhāv eva vartamānau kathaṃ puruṣe vyapadiśyete iti । yathā vijayaḥ[34] parājayo vā yoddhṛṣu vartamānanaḥ svāmini vyapadiśyate, sa hi tat-phalasya[35] bhokteti ।_6

evaṃ bandha-mokṣau buddhāv eva vartamānanau puruṣe vyapadiśyete, sa hi tat-phalasya bhokteti । buddher eva puruṣārthāparisamāptir bandhas tad-arthāvasāyo mokṣa iti ।_7

etena grahaṇa-dhāraṇohāpoha-tattva-jñānābhiniveśā buddhau vartamānanāḥ puruṣe 'dhyāropita-sadbhāvāḥ । sa hi tat-phalasya bhokteti ॥_8

dṛśyānāṃ tu guṇānāṃ svarūpa-bhedāvadhāraṇārtham idam ārabhyate ।_9

2.19. viśeṣāviśeṣa-liṅga-mātrāliṅgāni guṇa-parvāṇi[36] ॥

tatrākāśa-vāyv-agny-udaka-bhūmayo bhūtāni śabda-sparśa-rūpa-rasa-gandha-tanmātrāṇām aviśeṣāṇāṃ viśeṣāḥ । tathā

....

34 TV(1917): vijayaḥ → ca jayaḥ

35 Āraṇya: tat-phalasya → tasya phalasya

36 YsV: guṇa-parvāṇaḥ

śrotra-tvak-cakṣur-jihvā-ghrāṇāni buddhīndriyāṇi |
vāk-pāṇi-pāda-pāyūpasthāni[37] karmendriyāṇi | ekādaśaṃ manaḥ sarvārtham ity etāny asmitā-lakṣaṇasyāviśeṣasya viśeṣāḥ |_1
guṇānām eṣa ṣoḍaśako viśeṣa-pariṇāmaḥ | ṣaḍ aviśeṣāḥ | tad yathā śabdatanmātraṃ sparśatanmātraṃ rūpatanmātraṃ rasatanmātraṃ gandhatanmātraṃ cety eka-dvi-tri-catuṣ-pañca-lakṣaṇāḥ śabdādayaḥ pañcāviśeṣāḥ ṣaṣṭhaś cāviśeṣo 'smitā-mātra iti |_2
ete sattā-mātrasyātmano mahataḥ ṣaḍ aviśeṣa-pariṇāmāḥ | yat tat param aviśeṣebhyo liṅga-mātraṃ mahat-tattvaṃ tasminn ete sattā-mātre mahaty ātmany avasthāya vivṛddhi-kāṣṭhām anubhavanti | pratisaṃsṛjyamānāś ca tasminn eva sattā-mātre mahaty ātmany avasthāya yat tan niḥsattāsattaṃ niḥsadasan nirasad avyaktam aliṅgaṃ pradhānaṃ tat pratiyantīti |_3
eṣa teṣāṃ liṅga-mātraḥ parīṇāmaḥ niḥsattāsattaṃ cāliṅga-pariṇāma iti | aliṅgāvasthāyāṃ na puruṣārtho hetuḥ | nāliṅgāvasthāyām ādau puruṣārthatā kāraṇaṃ bhavatīti |_4
na tasyāḥ puruṣārthatā kāraṇaṃ bhavatīti | nāsau puruṣārtha-kṛteti nityākhyāyate |_5
trayāṇāṃ tv avasthā-viśeṣāṇām ādau puruṣārthatā kāraṇaṃ bhavati | sa cārtho hetur nimittaṃ kāraṇaṃ bhavatīty anityākhyāyate | guṇās tu sarva-dharmānupātino na pratyastam ayante nopajāyante | vyaktibhir evātītānāgata-vyayāgamavatībhir guṇānvayinībhir upajananāpāya[38]-dharmakā iva pratyavabhāsante |_6

....

37 TV(1917): -pāyūpasthāḥ

38 Āraṇya: upajananāpāya → upajanāpāya

yathā devadatto daridrāti । kasmāt । yato 'sya mriyante gāva iti । gavām eva maraṇāt tasya daridrāṇam[39] na svarūpa-hānād iti samaḥ samādhiḥ ।$_{7}$

liṅga-mātram aliṅgasya pratyāsannaṃ tatra tat saṃsṛṣṭaṃ vivicyate kramān ativṛtteḥ । tathā ṣaḍ aviśeṣā liṅga-mātre saṃsṛṣṭā vivicyante pariṇāma-krama-niyamāt । tathā teṣv aviśeṣeṣu bhūtendriyāṇi saṃsṛṣṭāni vivicyante ।$_{8}$

tathā coktaṃ purastāt । na viśeṣebhyaḥ paraṃ tattvāntaram astīti viśeṣāṇāṃ nāsti tattvāntara-pariṇāmaḥ । teṣāṃ tu dharma-lakṣaṇāvasthā-pariniāmā vyākhyāyiṣyante ॥$_{9}$

vyākhyātaṃ dṛśyam atha draṣṭuḥ svarūpāvadhāraṇārtham idam ārabhyate ।$_{10}$

2.20. draṣṭā dṛśi-mātraḥ śuddho 'pi pratyayānupaśyaḥ ॥

dṛśi-mātra iti dṛk-śaktir eva viśeṣaṇāparāmṛṣṭety arthaḥ । sa puruṣo buddheḥ pratisaṃvedī । sa buddher na sarūpo nātyantaṃ virūpa iti ।$_{1}$

na tāvat sarūpaḥ । kasmāt । jñātājñāta-viṣayatvāt pariṇāminī hi buddhiḥ । tasyāś ca viṣayo gavādir ghaṭādir vā jñātaś cājñātaś ceti pariṇāmitvaṃ darśayati ।$_{2}$

sadā jñāta-viṣayatvaṃ tu puruṣasyāpariṇāmitvaṃ paridīpayati । kasmāt । na hi buddhiś ca nāma puruṣa-viṣayaś ca syād gṛhītāgṛhītā ceti siddhaṃ puruṣasya sadā jñāta-viṣayatvaṃ tataś cāpariṇāmitvam iti ।$_{3}$

kiṃ ca parārthā buddhiḥ saṃhatya-kāritvāt, svārthaḥ puruṣa iti । tathā sarvārthādhyavasāyakatvāt triguṇā buddhis triguṇatvād acetaneti । gunānāṃ

....

39 TV(1917): daridratā

tūpadraṣṭā puruṣa ity ato na sarūpaḥ । astu tarhi virūpa iti । nātyantaṃ virūpaḥ । kasmāt ।_4

śuddho 'py asau pratyayānupaśyo yataḥ । pratyayaṃ bauddham anupaśyati । tam anupaśyanna tad-ātmāpi tad-ātmaka iva pratyavabhāsate ।_5

tathā coktam apariṇāminī hi bhoktṛ-śaktir apratisaṃkramā ca pariṇāminy arthe pratisaṃkrānteva tad-vṛttim anupatati[40] । tasyāś ca prāpta-caitanyopagraha-rūpāyā buddhi-vṛtter anukāra-mātratayā buddhi-vṛtty-aviśiṣṭā hi jñāna-vṛttir ity ākhyāyate ॥_6

2.21. tad-artha eva dṛśyasyātmā ॥

dṛśi-rūpasya puruṣasya karma-rūpatām[41] āpannaṃ dṛśyam iti tad-artha eva dṛśyasyātmā bhavati ।[42] svarūpaṃ bhavatīty arthaḥ ।_1

svarūpaṃ[43] tu para-rūpeṇa pratilabdhātmakaṃ bhogāpavargārthatāyāṃ kṛtāyāṃ puruṣeṇa na dṛśyata iti । svarūpa-hānād asya nāśaḥ prāpto na tu vinaśyati ॥_2

kasmāt ।_3

2.22. kṛtārthaṃ prati naṣṭam apy anaṣṭaṃ tad anya-sādhāraṇatvāt ॥

kṛtārtham ekaṃ puruṣaṃ prati dṛśyaṃ naṣṭam api nāśaṃ prāptam apy

....

40 YsV, TV(1978): tad-vṛttim anu patati

41 YsV: karma-rūpatām → karma-viṣayatām

42 Āraṇya: bhavati 결락

43 YV, Āraṇya: svarūpaṃ → ta-tsvarūpaṃ

anaṣṭaṃ tad anya-puruṣa-sādhāraṇatvāt । kuśalam puruṣaṃ prati nāśaṃ prāptam apy akuśalān puruṣān prati na kṛtārtham[44] iti teṣāṃ dṛśeḥ karma-viṣayatām āpannaṃ labhata eva para-rūpeṇātma-rūpam iti ।_1
ataś ca dṛg-darśana-śaktyor nityatvād anādiḥ saṃyogo vyākhyāta iti । tathā coktaṃ dharmiṇām anādi-saṃyogād dharma-mātrāṇām apy anādiḥ saṃyoga iti ॥_2
saṃyoga-svarūpābhidhitsayedaṃ sūtraṃ pravavṛte ।_3

2.23. sva-svāmi-śaktyoḥ svarūpopalabdhi-hetuḥ saṃyogaḥ ॥

puruṣaḥ svāmī dṛśena svena darśanārthaṃ saṃyuktaḥ । tasmāt saṃyogād dṛśyasyopalabdhir yā sa bhogaḥ । yā tu draṣṭuḥ svarūpopalabdhiḥ so 'pavargaḥ ।_1
darśana-kāryāvasānaḥ saṃyoga iti darśanaṃ viyogasya kāraṇam uktam । darśanam adarśanasya pratidvaṃdvīty adarśanaṃ saṃyoga-nimittam uktam ।_2
nātra darśanaṃ mokṣa-kāraṇam adarśanābhāvād eva bandhābhāvaḥ sa mokṣa iti । darśanasya bhāve bandha-kāraṇasyādarśanasya nāśa ity ato darśanaṃ jñānaṃ[45] kaivalya-kāraṇam uktam ।_3
kiṃ cedam adarśanaṃ nāma ①kiṃ guṇānām adhikāraḥ । ②āhosvid dṛśi-rūpasya svāmino darśita-viśayasya pradhāna-cittasyānutpādaḥ । svasm indṛśye vidyamāne yo[46] darśanābhāvaḥ । ③kim arthavattā guṇānām । ④ athāvidyā sva-cittena saha niruddhā sva-cittasyotpatti-bījam । ⑤kiṃ

....

44 Āraṇya: prati na kṛtārtham → praty akṛtārtham

45 Āraṇya: darśanaṃ jñānaṃ → darśana-jñānaṃ

46 Āraṇya: yo 결락

sthiti-saṃskāra-kṣaye gati-saṃskārābhivyaktiḥ I_4

yatredam uktaṃ pradhānaṃ sthityaiva vartamānanaṃ vikārākaraṇād apradhānaṃ syāt I tathā gatyaiva vartamānanaṃ vikāra-nityatvād apradhānaṃ syāt I ubhayathā cāsya vṛttiḥ[47] pradhāna-vyavahāraṃ labhate nānyathā I kāraṇāntareṣv api kalpiteṣv eṣa[48] samānaś carcaḥ I_5

⑥darśana-śaktir evādarśanam ity eke I pradhānasyātma-khyāpanārthā pravṛttir iti śruteḥ I sarva-bodhya-bodha-samarthaḥ prākpravṛtteḥ puruṣo na paśyati sarva-kārya-karaṇa-samarthaṃ dṛśyaṃ tadā na dṛśyata iti I_6

⑦ubhayasyāpy adarśanaṃ dharma ity eke I tatredaṃ dṛśyasya svātma-bhūtam api puruṣa-pratyayāpekṣaṃ darśanaṃ dṛśya-dharmatvena bhavati I tathā puruṣasyānātma-bhūtam api dṛśya-pratyayāpekṣaṃ puruṣa-dharmatvenevādarśanam avabhāsate I[49]_7

⑧darśanaṃ jñānam[50] evādarśanam iti kecid abhidadhati I_8

ity ete śāstra-gatā vikalpāḥ I_9

tatra vikalpa-bahutvam etat sarva-puruṣāṇāṃ guṇāṇāṃ saṃyoge sādhāraṇa-viṣayam II_10

yas tu pratyak-cetanasya svabuddhi-saṃyogaḥ I[51]_11

....

47 Āraṇya: pravṛttiḥ

48 TV(1978): eva, YV: api

49 YsV: puruṣadharmatvenaivādarśanam-

50 Āraṇya: darśana-jñānaṃ

51 YsV, YV: tatra … svabuddhi-saṃyogaḥ I → tatra vikalpa-bahutvam etat II sarva-puruṣāṇāṃ guṇa-saṃyogāviśeṣaḥ I asādhāraṇa-viṣayas tu pratyak-cetanasya svabuddhi- saṃyogaḥ I

2.24. tasya hetur avidyā ॥

viparyaya-jñāna-vāsanety arthaḥ ।_1

viparyaya-jñāna-vāsanāvāsitā ca[52] na kārya-niṣṭhāṃ puruṣa-khyātiṃ buddhiḥ prāpnoti sādhikārā punar āvartate । sā tu puruṣa-khyāti-paryavasānāṃ[53] kārya-niṣṭhāṃ prāpnoti । caritādhikārā nivṛttādarśanā bandha-kāraṇābhāvān na punar āvartate ।_2

atra kaścit paṇḍakopākhyānenodghāṭayati mugdhayā bhāryayā abhidhīyate paṇḍa-kārya-putra apatyavatī me bhaginī kim arthaṃ nāma[54] nāham iti । sa tām āha mṛtas te 'ham apatyam utpādayiṣyāmīti । tathedaṃ vidyamānaṃ jñānaṃ citta-nivṛttiṃ na karoti, vinaṣṭaṃ kariṣyatīti kā pratyāśā ।_3

tatrācārya-deśīyo vakti nanu buddhi-nivṛttir eva mokṣaḥ । adarśana-kāraṇābhāvād buddhi-nivṛttiḥ । tac cādarśanaṃ bandha-kāraṇaṃ darśanān nivartate ।_4

tatra citta-nivṛttir eva mokṣaḥ । kim artham asthāna evāsya mati-vibhramaḥ ॥_5

heyaṃ duḥkhaṃ heya-kāraṇaṃ ca saṃyogākhyaṃ sanimittam uktam । ataḥ paraṃ hānaṃ vaktavyam ।_6

2.25. tad-abhāvāt saṃyogābhāvo hānaṃ tad dṛśeḥ kaivalyam ॥

tasyādarśanasyābhāvād buddhi-puruṣa-saṃyogābhāva ātyantiko bandhanoparama ity arthaḥ । etad hānam । tad dṛśeḥ kaivalyam

52 Āraṇya: ca 결락

53 SY, Āraṇya: -paryavasānā

54 Āraṇya: nāma 결락

puruṣasyāmiśrībhāvaḥ punar asaṃyogo guṇair ity arthaḥ ı_1

duḥkha-kāraṇa-nivṛttau duḥkhoparamo hānaṃ ı tadā svarūpa-pratiṣṭhaḥ puruṣa ity uktam ıı_2

atha hānasya kaḥ prāptyupāya iti_3

2.26. vivekakhyātir aviplavā hānopāyaḥ ıı

sattva-puruṣānyatāpratyayo vivekakhyātiḥ ı sā tv anivṛtta-mithyā-jñānā plavate ı_1

yadā mithyā-jñānaṃ dagdha-bīja-bhāvaṃ bandhya-prasavaṃ saṃpadyate tadā vidhūta-kleśa-rajasaḥ sattvasya pare vaiśāradye parasyāṃ vaśīkāra-saṃjñāyāṃ vartamānasya viveka-pratyaya-pravāho nirmalo bhavati ı_2

sā vivekakhyātir aviplavā hānopāyaḥ[55] ı tato mithyā-jñānasya dagdha-bīja-bhāvopagamaḥ punaś cāprasava ity eṣa mokṣasya mārgo hānasyopāya iti ıı_3

2.27. tasya saptadhā prānta-bhūmiḥ prajñā ıı

tasyeti pratyudita-khyāteḥ pratyāmnāyaḥ ı saptadheti aśuddhy-āvaraṇa-malāpagamāc cittasya pratyayāntarānutpāde sati sapta-prakāraiva prajñā vivekino bhavati ı_1

tad yathā ①parijñātaṃ heyaṃ nāsya punaḥ parijñeyam asti ı ②kṣīṇā heya-hetavo na punar eteṣāṃ kṣetavyam asti ı ③sākṣātkṛtaṃ nirodha-samādhinā hānam ı ④bhāvito vivekakhyāti-rūpo hānopāya iti ı_2

....

55 Āraṇya: hānasyopāyaḥ

eṣā catuṣṭayī kāryā vimuktiḥ prajñāyāḥ । citta-vimuktis tu trayī ।_3

⑤caritādhikārā buddhiḥ । ⑥guṇā giriśikhara-taṭa-cyutā[56] । iva grāvāṇo niravasthānāḥ svakāraṇe pralayābhimukhāḥ saha tenāstaṃ gacchanti । na caiṣāṃ pravilīnānāṃ[57] punar asty utpādaḥ prayojanābhāvād iti । ⑦etasyām avasthāyāṃ guṇa-saṃbandhātītaḥ svarūpamātra-jyotir amalaḥ kevalī puruṣa iti[58] ।_4

etāṃ saptavidhāṃ prāntabhūmi-prajñām anupaśyan puruṣaḥ kuśala ity ākhyāyate । pratiprasave 'pi cittasya muktaḥ kuśala ity eva bhavati guṇātītatvād iti ॥_5

siddhā bhavati vivekakhyātir hānopāya iti । na ca siddhir antareṇa sādhanam ity etad ārabhyate ।_6

2.28. yogāṅgānuṣṭhānād aśuddhikṣaye jñānadīptir ā vivekakhyāteḥ ॥

yogāṅgāni aṣṭāv abhidhāyiṣyamāṇāni । teṣām anuṣṭhānāt pañca-pavaṇo viparyayasyāśuddhi-rūpasya kṣayo nāśaḥ । tat-kṣaye samyag-jñānasyābhivyaktiḥ । yathā yathā ca sādhanāny anuṣṭhīyante tathā tathā tanutvam aśuddhir āpadyate ।_1

yathā yathā ca kṣīyate tathā tathā kṣaya-kramānurodhinī jñānasyāpi dīptir vivarddhate । sā khalv eṣā vivṛddhiḥ prakarṣam anubhavatyā vivekakhyāteḥ । ā guṇa-puruṣa-svarūpa-vijñānād ity arthaḥ ।_2

....

56 Āraṇya, YsV, YV: giriśikhara-kūṭa-cyutā

57 YsV, YV: pratipralīnānāṃ. Āraṇya: vipralīnānāṃ

58 YV: "amalaḥ kevalī puruṣa iti" → "puruṣaḥ kevalī śuddha iti"

yogāṅgānuṣṭhānam aśuddher viyoga-kāraṇaṃ yathā paraśuś chedyasya ।
vivekakhyātes tu prāpti-kāraṇaṃ yathā dharmaḥ sukhasya nānyathā kāraṇam ।_3
kati caitāni kāraṇāni śāstre bhvanti । navaivety āha । tad yathā ।_4
utpatti-sthity-abhivyakti-vikāra-pratyayāptayaḥ । viyogānyatva-dhṛtayaḥ
kāraṇaṃ navadhā smṛtam iti ।_5
①tatrotpatti-kāraṇaṃ mano bhavati vijñānasya । ②sthiti-kāraniaṃ manasaḥ
puruṣārthatā, śarīrasyevāhāra iti ।_6
③abhivyakti-kāraṇaṃ yathā rūpasyālokas tathā rūpa-jñānam ।_7
④vikāra-kāraṇaṃ manaso viṣayāntaraṃ । yathāgniḥ pākyasya ।_8
⑤pratyaya-kāraṇaṃ dhūma-jñānam agni-jñānasya ।_9
⑥prāpti-kāraṇaṃ yathā yogāṅgānuṣṭhānaṃ vivekakhyāteḥ ।_10
⑦viyoga-kāraṇaṃ tad evāśuddheḥ ।_11
⑧anyatva-kāraṇaṃ yathā suvarṇasya suvarṇakāraḥ । evam ekasya
strī-pratyayasyāvidyā mūḍhatve dveṣo duḥkhatve rāgaḥ sukhatve
tattva-jñānaṃ mādhyasthye ।_12
⑨dhṛti-kāraṇaṃ śarīram indriyāṇāṃ tāni ca tasya । mahābhūtāni śarīrāṇāṃ
tāni ca parasparaṃ sarveṣāṃ tairyagyauna-mānuṣa-daivatāni ca
parasparārthatvāt ।_13
ity evaṃ nava kāraṇāni ।_14
tāni ca yathā-sambhavaṃ padārthāntareṣv api yojyāni ।_15
yogāṅgānuṣṭhānaṃ tu dvidhaiva kāraṇatvaṃ labhata iti ॥_16
tatra yogāṅgāny avadhāryante ।_17

2.29. yama-niyamāsana-prāṇāyāma-pratyāhāra-dhāraṇā-dhyāna-samādhayo 'ṣṭāv aṅgāni ||

yathā-kramam eteṣām anuṣṭhānaṃ svarūpaṃ ca vakṣyāmaḥ ||_1

tatra_2

2.30. ahiṃsā-satyāsteya-brahmacaryāparigrahā yamāḥ ||

①tatrāhiṃsā sarvathā sarvadā sarva-bhūtānām anabhidrohaḥ |_1

uttare ca yama-niyamās tan-mūlās tat-siddhi-paratayā tat-pratipādanāya pratipādyante | tad-avadāta-rūpa-karaṇāyaivopādīyante |_2

tathā coktaṃ sa khalv ayaṃ brāhmaṇo yathā yathā vratāni bahūni samāditsate tathā tathā pramāda-kṛtebhyo hiṃsā-nidānebhyo nivartamānas tām evāvadāta-rūpām ahiṃsāṃ karotīti |_3

②satyaṃ yathārthe vāṅ-manase | yathā dṛṣṭaṃ yathānumitaṃ yathā śrutaṃ tathā vāṅ manaś ceti |_4

paratra sva-bodha-saṃkrāntaye vāg uktā sā yadi na vañcitā bhrāntā vā pratipatti-bandhyā vā bhaved iti | eṣā sarva-bhūtopakārārthaṃ pravṛttā na bhūtopaghātāya | yadi caivam apy abhidhīyamānā bhūtopaghāta-paraiva syān na satyaṃ bhavet pāpam eva bhavet |_5

tena puṇyābhāsena puṇya-pratirūpakeṇa kaṣṭaṃ tamaḥ prāpnuyāt | tasmāt parīkṣya sarva-bhūta-hitaṃ satyaṃ brūyāt |_6

steyam aśāstrapūrvakaṃ dravyāṇāṃ parataḥ svīkaraṇaṃ | tat-pratiṣedhaḥ punar aspṛhārūpam ③asteyam iti |_7

④brahmacaryaṃ guptendriyasyopasthasya saṃyamaḥ |_8

viṣayāṇām arjanara-kṣaṇa-kṣaya-saṅga-hiṃsā-doṣa-darśanād asvīkaraṇam aparigraha ity ete yamāḥ ॥_9

te tu_10

2.31. jāti-deśa-kāla-samayānavacchinnāḥ sārva-bhaumā mahāvratam ॥

tatrāhiṃsā jāty-avacchinnā matsya-bandhakasya matsyeṣv eva nānyatra hiṃsā ।_1

saiva deśāvacchinnā na tīrthe haniṣāmīti ।_2

saiva kālāvacchinnā na caturdaśyāṃ na puṇye 'hani haniṣyāmīti ।_3

saiva tribhir uparatasya samyāvacchinnā deva-brāhmaṇārthe nānyathā haniṣyāmīti । yathā ca kṣatriyāṇāṃ yuddha eva hiṃsā nānyatreti ।_4

ebhir jāti-deśa-kāla-samayair anavacchinnā ahiṃsādayaḥ sarvathaiva paripālanīyāḥ । sarva-bhūmiṣu sarva-viṣayeṣu sarvathaivāvidita-vyabhicārāḥ sārva-bhaumā mahāvratam ity ucyate ॥_5

2.32. śauca-santoṣa-tapaḥ-svādhyāyeśvara-praṇidhānāni niyamāḥ ॥

tatra ①śaucaṃ mṛj-jalādi-janitaṃ medhyābhyavaharaṇādi ca bāhyam । ābhyantaraṃ citta-malānām ākṣālanam ।_1

②santoṣaḥ saṃnihita-sādhanād adhikasyānupāditsā ।_2

③tapo dvaṃdva-sahanam । dvaṃdvaś ca jighatsā-pipāse śītoṣṇe sthānāsane kāṣṭha-maunākāra-maune ca । vratāni caiva yathā-yogaṃ kṛcchra-cāndrāyaṇa-sāntapanādīni ।_3

④svādhyāyaḥ mokṣa-śāstrāṇām adhyayanaṃ praṇava-japo vā ।_4

⑤-īśvara-praṇidhānaṃ tasmin parama-gurau sarva-karmārpaṇam ।

śayyāsanastho 'tha pathi vrajan vā svasthaḥ parikṣīṇa-vitarka-jālaḥ ।

saṃsāra-bīja-kṣayam īkṣamāṇaḥ syān nityam ukto 'mṛta-bhoga-bhāgī ॥_5

yatredam uktaṃ tataḥ pratyak-cetanādhigamo 'py antarāyābhāvaś ceti ॥_6

eteṣāṃ yama-niyamānām_7

2.33. vitarka-bādhane pratipakṣa-bhāvanam ॥

yadāsya brāhmaṇasya hiṃsādayo vitarkā jāyeran haniśyāmy aham apakāriṇam anṛtam api vakṣyāmi dravyam apy asya svīkariṣyāmi dāreṣu cāsya vyavāyī bhaviṣyāmi parigraheṣu cāsya svāmī bhaviṣyāmīti । evam unmārga-pravaṇa-vitarka-jvareṇātidīptena bādhyamānas tat-pratipakṣān bhāvayet ।_1

ghoreṣu saṃsārāṅgāreṣu pacyamānena mayā śaraṇam upāgataḥ sarva-bhūtābhaya-pradānena yoga-dharmaḥ । sa khalv ahaṃ tyaktvā vitarkān punas tān ādadānas tulyaḥ śvavṛtteneti bhāvayet ।_2

yathā śvā vāntāvalehī tathā tyaktasya punar ādadāna ity evamādi sūtrāntareṣv api yojyam ॥_3

2.34. vitarkā hiṃsādayaḥ kṛta-kāritānumoditā lobha-krodha-moha-pūrvakā mṛdu-madhyādhimātrā duḥkhājñānānanta-phalā iti pratipakṣa-bhāvanam ॥

tatra hiṃsā tāvat kṛtā kāritānumoditeti tridhā । ekaikā punas tridhā lobhena māṃsa-carmārthena krodhenāpakṛtam aneneti mohena dharmo me bhaviṣyatīti । lobha-krodha-mohāḥ punas trividhāḥ mṛdu-madhyādhimātrā iti | evaṃ saptaviṃśati-bhedā bhavanti hiṃsāyāḥ |_1

mṛdu-madhyādhimātrāḥ punas tridhā mṛdu-mṛduḥ madhya-mṛduḥ tīvra-mṛdur iti | tathā mṛdu-madhyaḥ madhya-madhyaḥ tīvra-madhya iti tathā mṛdu-tīvro madhya-tīvro 'dhimātra-tīvra iti evam ekāśīti-bhedā hiṃsā bhavati |_2

sā punar niyama-vikalpa-samuccaya-bhedād asaṃkhyeyā prāṇabhṛd-bhedasyāparisaṃkhyeyatvād iti |_3

evam anṛtādiṣv api yojyam |_4

te khalv amī vitarkā duḥkhājñānānanta-phalā iti pratipakṣa-bhāvanam | duḥkham ajñānaṃ cānantaṃ phalaṃ yeṣām iti pratipakṣa-bhāvanam | tathā ca hiṃsakaḥ prathamaṃ tāvad vadhyasya vīryam ākṣipati | tataś ca śastrādi-nipātena duḥkhayati | tato jīvitād api mocayati |_5

tato vīryākṣepādasya cetanācetanam upakaraṇaṃ kṣīṇavīryaṃ bhavati | duḥkhotpādān naraka-tiryak-pretādiṣu duḥkham anubhavati | jīvita-vyaparopaṇāt pratikṣaṇam ca jīvitātyaye vartamāno maraṇam icchann api duḥkha-vipākasya niyata-vipāka-vedanīyatvāt kathaṃcid evocchvasiti | yadi ca kathaṃcit puṇyāvāpagatā[59] hiṃsā bhavet tatra sukha-prāptau bhaved alpāyur iti |_6

evam anṛtādiṣv api yojyaṃ yathāsambhavam |_7

evaṃ vitarkāṇāṃ cāmum evānugataṃ vipākam aniṣṭaṃ bhāvayan na vitarkeṣu manaḥ praṇidadhīta | pratipakṣa-bhāvanād dhetor heyā vitarkāḥ ||_8

yadāsya syur aprasava-dharmāṇas tadā tatkṛtam aiśvaryaṃ yoginaḥ siddhi-sūcakaṃ bhavati | tad yathā_9

....

59 YsV, Āraṇya: puṇyādapagatā

2.35. ahiṃsā-pratiṣṭhāyāṃ tat-saṃnidhau vairatyāgaḥ ॥

sarvaprāṇināṃ bhavati ॥_1

2.36. satya-pratiṣṭhāyāṃ kriyā-phalāśrayatvam ॥

dhārmiko bhūyā iti bhavati dhārmikaḥ । svargaṃ prāpnuhīti svargaṃ prāpnoti । amoghāsya vāg bhavati ॥_1

2.37. asteya-pratiṣṭhāyāṃ sarva-ratnopasthānam ॥

sarva-dik-sthāny asyopatiṣṭhante ratnāni ॥_1

2.38. brahmacarya-pratiṣṭhāyāṃ vīrya-lābhaḥ ॥

yasya lābhād apratighān guṇān utkarṣayati । siddhaś ca vineyeṣu jñānam ādhātuṃ samartho bhavatīti ॥_1

2.39. aparigraha-sthairye janma-kathaṃtā-saṃbodhaḥ ॥

asya bhavati ।_1

ko 'ham āsaṃ katham aham āsaṃ kiṃsvid idaṃ kathaṃsvid idaṃ ke vā bhaviṣyāmaḥ kathaṃ vā bhaviṣyāma ity evam asya pūrvānta-parānta-madhyeṣv ātma-bhāva-jijñāsā svarūpeṇopāvarttate ।_2

etā yama-sthairye siddhayaḥ ॥_3

niyameṣu vakṣyāmaḥ ।_4

2.40. śaucāt svāṅga-jugupsā parair asaṃsargaḥ ||

svāṅge jugupsāyāṃ śaucam ārabhamāṇaḥ kāyāvadya-darśī kāyānabhiṣvaṅgī yatir bhavati |_1

kiṃ ca parair asaṃsargaḥ kāya-svabhāvāvalokī svam api kāyaṃ jihāsur mṛj-jalādibhir ākṣālayann api kāya-śuddhim apaśyan kathaṃ parakāyair atyantam evāprayataiḥ saṃsṛjyeta ||_2

kiṃ ca_3

2.41. sattva-śuddhi[60]-saumanasyaikāgryendriya-jayātmadarśana-yogyatvāni ca ||

bhavantīti vākyaśeṣaḥ |_1

śuceḥ sattva-śuddhis tataḥ saumanasyaṃ tata ekāgryaṃ tata indriya-jayas tataś cātma-darśana-yogyatvaṃ buddhi-sattvasya bhavati |_2

ity etac chauca-sthairyād adhigamyata iti ||_3

2.42. santoṣād anuttamaḥ sukha-lābhaḥ ||

tathā coktaṃ yac ca kāma-sukhaṃ loke yacca divyaṃ mahat-sukham |
tṛṣṇā-kṣaya-sukhasyaite nārhataḥ ṣoḍaśīṃ kalām iti ||_1

2.43. kāyendriya-siddhir aśuddhi-kṣayāt tapasaḥ ||

nirvarttyamānam eva tapo hinasty aśuddhy-āvaraṇa-malaṃ

....

60 Prasāda: sattva-śuddhau

tad-āvaraṇa-malāpagamāt kāya-siddhir aṇimādyā । tathendriya-siddhir dūrāc chravaṇa-darśanādyeti ॥_1

2.44. svādhyāyād iṣṭa-devatā-saṃprayogaḥ ॥

devā ṛṣayaḥ siddhāś ca svādhyāya-śīlasya darśanaṃ gacchanti kārye cāsya varttanta iti ॥_1

2.45. samādhi-siddhir īśvara-praṇidhānāt ॥

īśvarārpita-sarva-bhāvasya samādhi-siddhir yayā sarvam īpsitam avitathaṃ jānāti deśāntare dehāntare kālāntare ca । tato 'sya prajñā yathā-bhūtaṃ prajānātīti ॥_1

uktāḥ saha siddhibhir yama-niyamā āsanādīni vakṣyāmaḥ । tatra_1

2.46. sthira-sukham āsanam ॥

tad yathā ①padmāsanaṃ ②vīrāsanaṃ[61] ③bhadrāsanaṃ ④svastikaṃ ⑤daṇḍāsanaṃ ⑥sopāśrayaṃ ⑦paryaṅkaṃ ⑧krauñca-niṣadanaṃ ⑨hasti-niṣadanaṃ ⑩uṣṭra-niṣadanaṃ ⑪sama-saṃsthānaṃ ⑫sthira-sukhaṃ yathā-sukhaṃ cety evam ādīni ॥_1

61 TV(1978): vīrāsanaṃ 결락

2.47. prayatna-śaithilyānanta[62]-samāpattibhyām ॥

bhavatīti vākya-śeṣaḥ ।_1

prayatnoparamāt sidhyaty āsanaṃ yena nāṅgamejayo bhavati । anante vā samāpannaṃ cittam āsanaṃ nirvarttayatīti ॥_2

2.48. tato dvaṃdvānabhighātaḥ ॥

śītoṣṇādibhir dvaṃdvair āsana-jayān nābhibhūyate ॥_1

2.49. tasmin sati śvāsa-praśvāsayor gati-vicchedaḥ prāṇāyāmaḥ

saty āsanajaye bāhyasya vāyor ācamanaṃ śvāsaḥ । kauṣṭhyasya vāyor niḥsāraṇaṃ praśvāsaḥ । tayor gati-viccheda ubhayābhāvaḥ prāṇāyāmaḥ ॥_1

sa tu_2

2.50. bāhyābhyantara-stambha-vṛttir deśa-kāla-saṃkhyābhiḥ paridṛṣṭo dīrgha-sūkṣmaḥ ॥

yatra praśvāsa-pūrvako gaty-abhāvaḥ sa bāhyaḥ । yatra śvāsa-pūrvako gaty-abhāvaḥ sa ābhyantaraḥ ।_1

tṛtīyaḥ stambha-vṛttir yatrobhayābhāvaḥ sakṛt-prayatnād bhavati । yathā tapte nyastam upale jalaṃ sarvataḥ saṅkocam āpadyeta tathā dvayor yugapad gaty[63]-abhāva iti ।_1

trayo 'py ete deśena paridṛṣṭā iyān asya viṣayo deśa iti ।_2

....

62 YsV: -ānantya

63 Āraṇya: gaty- → bhavaty-

kālena paridṛṣāḥ kṣaṇānām iyattāvadhāraṇenāvacchinnā ity arthaḥ ।_3

saṃkhyābhiḥ paridṛṣṭā etāvadbhiḥ śvāsa-praśvāsaiḥ prathama udghātas tadvan nigṛhītasyaitāvadbhir dvitīya udghāta evaṃ tṛtīya evaṃ mṛdur evaṃ madhya evaṃ tīvra iti saṃkhyā-paridṛṣṭaḥ ।_4

sa khalv ayam evam abhyasto dīrgha-sūkṣmaḥ ॥_5

2.51. bāhyābhyantara-viṣayākṣepī caturthaḥ ॥

deśa-kāla-saṃkhyābhir bāhya-viṣaya-paridṛṣṭa[64] ākṣiptaḥ । tathābhyantara-viṣayaḥ paridṛṣṭa[65] ākṣiptaḥ । ubhayathā dīrgha-sūkṣmaḥ ।_1

tat-pūrvako bhūmi-jayāt krameṇobhayor gaty-abhāvaś caturthaḥ prāṇāyāmaḥ ।_2

tṛtīyas tu viṣayānālocito gaty-abhāvaḥ sakṛd-ārabdha eva deśa-kāla-saṃkhyābhiḥ paridṛṣṭo dīrgha-sūkṣmaḥ ।_3

caturthas tu śvāsa-praśvāsayor viṣayāvadhāraṇāt krameṇa bhūmi-jayād ubhayākṣepa-pūrvako gaty-abhāvaś caturthaḥ prāṇāyāma ity ayaṃ viśeṣa iti[66] ॥_4

2.52. tataḥ kṣīyate prakāśāvaraṇam ॥

prāṇāyāmān abhyasyato 'sya yoginaḥ kṣīyate vivekajñānāvaraṇīyaṃ karma । yat tad ācakṣate mahāmoha-mayenendra-jālena prakāśa-śīlaṃ sattvam āvṛtya tad evākārye niyuṅkta[67] iti ।_1

....

64 Āraṇya: -viṣayaḥ paridṛṣṭa

65 Āraṇya: -viṣayaḥ paridṛṣṭa

66 Āraṇya: viśeṣa iti → viśeṣaḥ

tad asya prakāśāvarāṇaṃ karma saṃsāra-nibandhanaṃ prāṇāyāmābhyāsād durbalaṃ bhavati pratikṣaṇaṃ ca kṣīyate । tathā coktaṃ tapo na paraṃ prāṇāyāmāt tato viśuddhir malānāṃ dīptiś ca jñānasyeti ॥_2

kiṃ ca_3

2.53. dhāraṇāsu ca yogyatā manasaḥ ॥

prānāyāmābhyāsād eva । pracchardana-vidhāraṇābhyāṃ vā prāṇasyeti vacanāt ॥_1

atha kaḥ pratyāhāraḥ ।_2

2.54. svaviṣayāsaṃprayoge cittasya svarūpānukāra[68] ivendriyāṇāṃ pratyāhāraḥ ॥

sva-viṣaya-saṃprayogābhāve citta-sva-rūpānukāra iveti citta-nirodhe cittavan-niruddhānīndriyāṇi netarendriya-jayavad-upāyāntaram apekṣante ।_1

yathā madhukara-rājaṃ makṣikā utpatantam anūtpatanti niviśamānam anu niviśante tathendriyāṇi citta-nirodhe niruddhānīty eṣa pratyāhāraḥ ॥_2

2.55. tataḥ paramā vaśyatendriyāṇām ॥

śabdādiṣv avyasanam indriya-jaya iti kecit । saktir vyasanaṃ vyasyaty enaṃ śreyasa iti ।_1

aviruddhā pratipattir nyāyyā[69] । śabdādi-saṃprayogaḥ svecchayety anye ।_2

....

67 YsV: niyuṅkta → viniyuṅkta

68 YV: cittasya svarūpānukāra → citta-svarūpānukāra

rāga-dveṣābhāve sukha-duḥkha-śūnyaṃ śabdādi-jñānam indriya-jaya iti kecit |_3

cittaikāgryād apratipattir eveti jaigīṣavyaḥ |_4

tataś ca paramā tv iyaṃ vaśyatā yac citta-nirodhe niruddhānīndriyāṇi netarendriya-jayavat prayatna-kṛtam upāyāntaram apekṣante yogina iti ||_5

iti śrī-pātañjale sāṃkhya-pravacane yogaśāstre śrīmad-vyāsa-bhāṣye dvitīyaḥ sādhanapādaḥ ||[70]_6

....

69 YsV: pratipattir nyāyyā → pratipattir vā nyāyyaḥ

70 YsV: iti śrī-pātañjala-yogasūtra-bhāṣye śrīmad-veda-vyāsakṛte dvitīyaḥ sādhanapādaḥ ||
YV: iti śrī-maharṣi-patañjali-viracite yogaśāstre dvitīyaḥ sādhanapādaḥ ||
Āraṇya: iti śrī-pātañjale sāṃkhya-pravacane vaiyāsike sādhanapādo dvitīyaḥ ||

제3장 tṛtīyo vibhūtipādaḥ

uktāni pañca bahir-aṅgāni sādhanāni । dhāraṇā vaktavyā ।_1

3.1. deśa-bandhaś cittasya dhāraṇā ॥

nābhicakre hṛdaya-puṇḍarīke mūrddhni jyotiṣi nāsikāgre jihvāgra ity evamādiṣu deśeṣu bāhye vā viśaye cittasya vṛtti-mātreṇa bandha iti dharaṇā ॥_1

3.2. tatra pratyayaikatānatā dhyānam ॥

tasmin deśe dhyeyālambanasya pratyayasyaikatānatā sadṛśaḥ pravāhaḥ pratyayāntareṇāparāmṛṣṭo dhyānam ॥_1

3.3. tad evārtha-mātra-nirbhāsaṃ svarūpa-śūnyam iva samādhiḥ ॥

dhyānam eva dhyeyākāra-nirbhāsaṃ pratyayātmakena svarūpeṇa śūnyam iva yadā bhavati dhyeya-svabhāvāveśāt tadā samādhir ity ucyate ॥_1

3.4. trayam ekatra saṃyamaḥ ॥

tad etad dhāraṇādhyāna-samādhi-trayam ekatra saṃyamaḥ ।_1

ekaviṣayāṇi trīṇī sādhanāni saṃyama ity ucyate । tad asya trayasya tāntrikī paribhāṣā saṃyama iti ॥_2

3.5. taj-jayāt prajñālokaḥ ॥

tasya saṃyamasya jayāt samādhi-prajñāyā bhavaty āloko yathā yathā saṃyamaḥ sthira-pado bhavati tathā tathā samādhi-prajñā viśāradī bhavati ॥_1

3.6. tasya bhūmiṣu viniyogaḥ ||

tasya saṃyamasya jita-bhūmer yānantarā bhūmis tatra viniyogaḥ | na hy ajitādhara-bhūmir anantara-bhūmiṃ vilaṅghya prānta-bhūmiṣu saṃyamaṃ labhate | tad-abhāvāc ca kutas tasya prajñālokaḥ |_1

īśvara-prasādāj[1] jitottara-bhūmikasya ca nādhara-bhūmiṣu para-citta-jñānādiṣu saṃyamo yuktaḥ | kasmāt | tad-arthasyānyata evāvagatatvāt |_2

bhūmer asyā iyam anantarā bhūmir ity atra yoga evopādhyāyaḥ | katham | evaṃ hy uktam |[2]_3

yogena yogo jñātavyo yogo yogāt pravarttate | yo 'pramattas tu yogena sa yoge ramate ciram | iti ||_4

3.7. trayam antar-aṅgaṃ pūrvebhyaḥ ||

tad etad dhāraṇādhyāna-samādhi-trayam antar-aṅgaṃ saṃprajñātasya samādheḥ pūrvebhyo yamādibhyaḥ pañcabhyaḥ sādhanebhya[3] iti ||_1

3.8. tad api bahir-aṅgaṃ nirbījasya ||

tad api antar-aṅgaṃ sādhana-trayaṃ nirbījasya yogasya bahir-aṅgaṃ bhavati[4] | kasmāt | tad-abhāve bhāvād iti ||_1

....

1 YsV: īśvara-prasādāj 결락 / Prasāda: īśvara-prasādāj → īśvara-praṇidhānāj

2 Āraṇya: evaṃ hy uktam → evam uktam

3 Āraṇya: "yamādibhyaḥ pañcabhyaḥ sādhanebhya" → yamādi-sādhanebhya

4 Āraṇya: bhavati 결락

atha nirodha-citta-kṣaṇeṣu calaṃ guṇa-vṛttam iti kīdṛśas tadā citta-pariṇāmaḥ ।_2

3.9. vyutthāna-nirodha-saṃskārayor abhibhava-prādurbhāvau nirodha-kṣaṇa-cittānvayo nirodha-pariṇāmaḥ ॥

vyutthāna-saṃskārāś citta-dharmā na te pratyayātmakā iti pratyaya-nirodhe na niruddhāḥ । nirodha-saṃskārā api citta-dharmāḥ ।_1

tayor abhibhava-prādurbhāvau vyutthāna-saṃskārā hīyante nirodha-saṃskārā ādhīyante । nirodha-kṣaṇaṃ cittam anveti tad ekasya cittasya pratikṣaṇam idaṃ saṃskārānyathātvaṃ nirodha-pariṇāmaḥ ।_2

tadā saṃskāra-śeṣaṃ cittam iti nirodha-samādhau vyākhyātam ॥_3

3.10. tasya praśāntavāhitā saṃskārāt ॥

[nirodha-saṃskārān][5] nirodha-saṃskārābhyāsa-pāṭavāpekṣā praśānta-vāhitā cittasya bhavati । tat-saṃskāra-māndye vyutthān-adharmiṇā saṃskāreṇa nirodha-dharma-saṃskāro 'bhibhūyata iti ॥_1

3.11. sarvārthataikāgratayoḥ kṣayodayau cittasya samādhi-pariṇāmaḥ ॥

sarvārthatā citta-dharmaḥ । ekāgratā citta-dharmaḥ । sarvārthatāyāḥ kṣayaḥ tirobhāva ity arthaḥ । ekāgratāyā udaya āvirbhāva ity arthaḥ । tayor dharmitvenānugataṃ cittam ।_1

....

5 Āraṇya, YV에 추가된 구절

tad idaṃ cittam apāyopajananayoḥ svātma-bhūtayor dharmayor anugātaṃ samādhīyate sa cittasya samādhi-pariṇāmaḥ ‖_2

3.12. tataḥ punaḥ śāntoditau tulya-pratyayau cittasyaikāgratā-pariṇāmaḥ ‖

samāhita-cittasya pūrva-pratyayaḥ śānta uttaras tatsadṛśa uditaḥ ǀ samādhi-cittam ubhayor anugātaṃ punas tathaivā[6] samādhi-bhreṣād iti ǀ_1

sa khalv ayaṃ dharmiṇaś cittasyaikāgratā-pariṇāmaḥ ‖_2

3.13. etena bhūtendriyeṣu dharma-lakṣaṇāvasthā-pariṇāmā vyākhyātāḥ ‖

etena pūrvoktena citta-pariṇāmena dharma-lakṣaṇāvasthā-rūpeṇa bhūtendriyeṣu dharma-pariṇāmo lakṣaṇa-pariṇāmo 'vasthā-pariṇāmaś cokto veditavyaḥ ǀ_1

tatra vyutthāna-nirodhayor dharmayor[7] abhibhava-prādurbhāvau dharmiṇi ①dharma-pariṇāmaḥ ǀ_2

②lakṣaṇa-pariṇāmaś ca ǀ nirodhas trilakṣaṇas tribhir adhvabhir yuktaḥ ǀ sa khalv anāgata-lakṣaṇam adhvānaṃ prathamaṃ hitvā dharmatvam anatikrānto vartamāna-lakṣaṇaṃ[8] pratipannaḥ ǀ yatrāsya svarūpeṇābhivyaktiḥ ǀ eṣo 'sya dvitīyo 'dhvā ǀ na cātītānāgatābhyāṃ

....

6 tathaivā는 "tathā eva ā"로 분석된다.

7 YsV: dharmayor 결락

8 Āraṇya: vartamāna-lakṣaṇaṃ → "vartamānaṃ lakṣaṇaṃ" (이하 동일)

lakṣaṇābhyāṃ viyuktaḥ ।_3

tathā vyutthānaṃ trilakṣaṇaṃ tribhir adhvabhir yuktaṃ vartamāna-lakṣaṇaṃ hitvā dharmatvam anatikrāntam atītalakṣaṇaṃ pratipannam । eṣo 'sya tṛtīyo 'dhvā । na cānāgata-vartamānābhyāṃ lakṣaṇābhyāṃ viyuktam ।_4

evaṃ punar vyutthānam upasampadyamānam anāgataṃ lakṣaṇaṃ hitvā dhamatvam anatikrāntaṃ vartamāna-lakṣaṇaṃ pratipannaṃ । yatrāsya svarūpābhivyaktau satyāṃ vyāpāraḥ । eṣo 'sya dvitīyo 'dhvā । na cātītānāgatābhyāṃ lakṣaṇābhyāṃ viyuktam iti ।_5

evaṃ punar nirodha evaṃ punar vyutthānam iti ।_6

③tathāvasthā-pariṇāmaḥ । tatra nirodha-kṣaṇeṣu nirodha-saṃskārā balavanto bhavanti durbalā vyutthāna-saṃskārā iti । eṣa dharmāṇām avasthā-pariṇāmaḥ ।_7

tatra dharmiṇo dharmaiḥ pariṇāmo dharmāṇāṃ tryadhvanāṃ[9] lakṣaṇaiḥ pariṇāmo lakṣaṇānām apy avasthābhiḥ pariṇāma iti । evaṃ dharma-lakṣaṇāvasthā-pariṇāmaiḥ śūnyaṃ na kṣaṇam api guṇa-vṛttam avatiṣṭhate । calaṃ ca guṇa-vṛttam । guṇa-svābhāvyaṃ tu pravṛtti-kāraṇam uktaṃ guṇānām iti ।_8

etena bhūtendriyeṣu dharm-adharmi-bhedāt trividhaḥ pariṇāmo veditavyaḥ । paramārthatas tv eka eva pariṇāmaḥ । dharmi-svarūpa-mātro hi dharmo dharmi-vikriyaivaiṣā dharma-dvārā prapañcyata iti ।_9

tatra dharmasya dharmiṇi vartamānasyaivādhvasv atītānāgata-vartamāneṣu bhāvānyathātvaṃ bhavati na tu[10] dravyānyathātvam । yathā

....

9 Āraṇya: tryadhvanāṃ 결락

suvarṇa-bhājanasya bhittvānyathā-kriyamāṇasya bhāvānyathātvaṃ bhavati na suvarṇānyathātvam iti |_10

apara āha | dharmānabhyadhiko dharmī pūrva-tattvānatikramāt | pūrvāparāvasthā-bhedam anupatitaḥ kauṭasthyenaiva[11] viparivarteta yady anvayī syād iti |_11

ayam adoṣaḥ | kasmād | ekāntānabhyupagamāt | tad etat trailokyaṃ vyakter apaiti [kasmāt][12] nityatva-pratiṣedhāt | apetam apy asti | vināśa-pratiṣedhāt | saṃsargāc cāsya saukṣmyaṃ saukṣmyāc cānupalabdhir iti |_12

lakṣaṇa-pariṇāmo dharmo 'dhvasu vartamāno 'tīto 'tīta-lakṣaṇa-yukto 'nāgata-vartamānābhyāṃ lakṣaṇābhyām aviyuktaḥ | tathānāgato 'nāgata-lakṣaṇa-yukto vartamānātītābhyāṃ lakṣaṇābhyām aviyuktaḥ | tathā vartamāno vartamāna-lakṣaṇa-yukto 'tītānāgatābhyāṃ lakṣaṇābhyām aviyukta iti | yathā puruṣa ekasyāṃ striyāṃ rakto na śeṣāsu virakto bhavatīti |_13

atra[13] lakṣaṇa-pariṇāme sarvasya sarva-lakṣaṇa-yogād adhva-saṃkaraḥ prāpnotīti parair doṣaś codyata iti | tasya parihāraḥ | dharmāṇāṃ dharmatvam aprasādhyam | sati ca dharmatve lakṣaṇa-bhedo 'pi vācyo na vartamāna-samaya evāsya dharmatvam | evaṃ hi na cittaṃ rāga-dharmakaṃ syāt krodha-kāle rāgasyāsamudācārād iti |_14

kiṃ ca trayāṇāṃ lakṣaṇānāṃ yugapad ekasyāṃ vyaktau nāsti saṃbhavaḥ | krameṇa tu svavyañjakāñjanasya bhāvo bhaved iti | uktaṃ ca rūpātiśayā

....

10 Āraṇya: tu 결락

11 Āraṇya: kauṭasthyena / YsV: kauṭasthyāpi

12 YV, Āraṇya에서 추가

13 YV, Āraṇya: atha

vṛtty-atiśayāś ca [paraspareṇa][14] virudhyante sāmānyāni tv atiśayaiḥ saha pravarttante । tasmād asaṃkaraḥ ।_15

yathā rāgasyaiva kvacit samudācāra iti na tadānīm anyatrābhāvaḥ kiṃ tu kevalaṃ sāmānyena samanvāgata ity asti tadā tatra tasya bhāvaḥ । tathā lakṣaṇasyeti ।_16

na dharmī tryadhvā । dharmās tu tryadhvānaḥ । te lakṣitā alakṣitāś । tatra lakṣitās[15] tāṃ tām avasthāṃ prāpnuvanto 'nyatvena pratinirdiśyante 'vasthāntarato na dravyāntarataḥ । yathaikā rekhā śatasthāne śataṃ daśasthāne daśaikā[16] caikasthāne । yathā caikatve 'pi strī mātā cocyate duhitā ca svasā ceti ।_17

avasthā-pariṇāme kauṭasthya-prasaṅga-doṣaḥ kaiścid uktaḥ । katham । adhvano vyāpāreṇa vyavahitatvāt । yadā dharmaḥ svavyāpāraṃ na karoti tadānāgato yadā karoti tadā vartamāno yadā kṛtvā nivṛttas tadātīta ity evaṃ dharma-dharmiṇor lakṣaṇānām avasthānāṃ ca kauṭasthyaṃ prāpnotīti parair doṣa ucyate ।_18

nāsau doṣaḥ । kasmāt । guṇinityatve 'pi guṇānāṃ vimarda-vaicitryāt । yathā saṃsthānam ādimad dharma-mātraṃ śabdādīnāṃ guṇānāṃ[17] vināśy avināśinām evaṃ liṅgam ādimad dharma-mātraṃ sattvādīnāṃ guṇānāṃ vināśy avināśinām । tasmin vikāra-saṃjñeti ।_19

tatredam udāharaṇaṃ mṛd-dharmī piṇḍākārād dharmād dharmāntaram

....

14 YV, Āraṇya에서 추가

15 Āraṇya: "tatra lakṣitās" → ca

16 Āraṇya: daśaikā → daśaikaṃ

17 YsV, Āraṇya: guṇānāṃ 결락

upasampadyamāno dharmataḥ pariṇamate ghaṭākāra iti । ghaṭākāro 'nāgataṃ lakṣaṇaṃ hitvā vartamāna-lakṣaṇaṃ pratipadyata iti lakṣaṇataḥ pariṇamate । ghaṭo nava-purāṇatāṃ pratikṣaṇam anubhavann avasthā-pariṇāmaṃ pratipadyata iti ।_20

dharmiṇo 'pi dharmāntaram avasthā dharmasyāpi lakṣaṇāntaram avasthety eka eva dravyapariṇāmo bhedenopadarśita iti । evaṃ padārthāntareṣv api yojyam iti ।_21

ta[18] ete dharma-lakṣaṇāvasthā-pariṇāmā dharmi-svarūpam anatikrāntā ity eka eva pariṇāmaḥ sarvān amūn viśeṣān abhiplavate ।_22

atha ko 'yaṃ ca pariṇāmaḥ । avasthitasya dravyasya pūrva-dharma-nivṛttau dharmāntarotpattiḥ pariṇāma iti[19] ॥ tatra_23

3.14. śāntoditāvyapadeśya-dharmānupātī dharmī ॥

yogyatāvacchinnā dharmiṇaḥ śaktir eva dharmaḥ । sa ca phala-prasava-bhedānumita-sad-bhāva ekasyānyo 'nyaś ca paridṛṣṭaḥ ।_1

tatra vartamānaḥ svavyāpāram anubhavan dharmo dharmāntarebhyaḥ śāntebhyaś cāvyapadeśyebhyaś ca bhidyate । yadā tu sāmānyena samanvāgato bhavati tadā dharmi-svarūpa-mātratvāt ko 'sau kena bhidyeta ।_2

tatra ye khalu[20] dhramiṇo dhramāḥ śāntā uditā avyapadeśyā śceti, tatra śāntā ye kṛtvā vyāpārānuparatāḥ । savyāpārā uditāḥ । te cānāgatasya lakṣaṇasya samanantarāḥ । vartamānasyānantarā atītāḥ ।_3

....

18 Āraṇya: ta 결락

19 Āraṇya: pariṇāma iti → pariṇāmaḥ

20 "tatra ye khalu" → Āraṇya: "tatra trayaḥ khalu" / YsV: "te khalu" / YV: "trayaḥ khalu"

kim artham atītasyānantarā na bhavanti vartamānāḥ। pūrva-paścimatāyā abhāvāt। yathānāgata-vartamānayoḥ pūrva-paścimatā naivam atītasya। tasmān nātītasyāsti samanantaraḥ। tad-anāgata eva samanantaro bhavati vartamānasyeti।_4

athāvyapadeśyāḥ ke। sarvaṃ sarvātmakam iti। yatroktaṃ jala-bhūmyoḥ pāriṇāmikaṃ rasādi-vaiśvarūpyaṃ sthāvareṣu dṛṣṭam। tathā sthāvarāṇāṃ jaṅgameṣu jaṅgamānāṃ sthāvareṣv ity evaṃ jāty-anucchedena sarvaṃ sarvātmakam iti।_5

deśa-kālākāra-nimittāpabandhān na khalu samānakālam ātmanām abhivyaktir iti। ya eteṣv abhivyaktānabhivyakteṣu dharmeṣv anupātī sāmānya-viśeṣātmā so 'nvayī dharmī।_6

yasya tu dharmamātram evedaṃ niranvayaṃ tasya bhogābhāvaḥ। kasmāt। anyena vijñānena kṛtasya karmaṇo 'nyat kathaṃ bhoktṛtvenādhikriyeta। tat-smṛty-abhāvaś ca nānyadṛṣṭasya smaraṇam anyasyāstīti।_7

vastu-pratyabhijñānāc ca sthito 'nvayī dharmī yo dharmānyathātvam abhyupagataḥ pratyabhijñāyate। tasmān nedaṃ dharma-mātraṃ niranvayam iti॥_8

3.15. kramānyatvaṃ pariṇāmānyatve hetuḥ॥

ekasya dhrmiṇa eka eva pariṇāma iti prasakte kramānyatvaṃ pariṇāmānyatve hetur bhavatīti। tad yathā cūrṇamṛt piṇḍamṛd ghāṭamṛt kapālamṛt kaṇamṛd iti ca kramaḥ।_1

yo yasya dharmasya samanantaro dharmaḥ sa tasya kramaḥ। piṇḍaḥ pracyavate ghaṭa upajāyata iti dharma-pariṇāma-kramaḥ।_2

lakṣaṇa-pariṇāma-kramo ghaṭasyānāgata-bhāvād vartamāna-bhāvaḥ kramaḥ[21]

। tathā piṇḍasya vartamāna-bhāvād atīta-bhāvaḥ kramaḥ ।_3

nātītasyāsti kramaḥ । kasmāt । pūrva-paratāyāṃ satyāṃ samanantaratvam । sā tu nāsty atītasya । tasmād dvayor eva lakṣaṇayoḥ kramaḥ ।_4

tathāvasthā-pariniāma-kramo 'pi ghaṭasyābhinavasya prānte purāṇatā dṛśyate । sā ca kṣaṇa-paramparānupātinā krameṇābhivyajyamānā parāṃ vyaktim āpadyata iti । dharma-lakṣaṇābhyāṃ ca viśiṣṭo 'yaṃ tṛtīyaḥ pariṇāma iti ।_5

ta ete kramā dharma-dharmi-bhede sati pratilabdha-svarūpāḥ । dharmo 'pi dharmī bhavaty anyadharma-svarūpāpekṣayeti ।_6

yadā tu paramārthato dharmiṇy abhedopacāras tad-dvāreṇa sa evābhidhīyate dharmas tadāyam ekatvenaiva kramaḥ pratyavabhāsate ।_7

cittasya dvaye dharmāḥ paridṛṣṭāś cāparidṛṣṭāś ca । tatra pratyayātmakāḥ paridṛṣṭāḥ । vastu-mātrātmakā aparidṛṣṭāḥ ।_8

te ca saptaiva bhavanty anumānena prāpita-vastu-mātra-sadbhāvāḥ । nirodha-dharma-saṃskārāḥ pariṇāmo 'tha jīvanam । ceṣṭā śaktiś ca cittasya dharmā darśana-varjitāḥ । iti ॥_9

ato yogina upātta-sarva-sādhanasya bubhutsitārtha-pratipattaye saṃyamasya viṣaya upakṣipyate ।_10

3.16. pariṇāma-traya-saṃyamād atītānāgata-jñānam ॥

dharma-lakṣaṇāvasthā-pariṇāmeṣu saṃyamād yogināṃ bhavaty atītānāgata-jñānam ।_1

....

21 Āraṇya: -bhāvaḥ kramaḥ → -bhāva-kramaḥ

dhāraṇā-dhyāna-samādhi-trayam ekatra saṃyama uktaḥ । tena pariṇāma-trayaṃ sākṣāt-kriyamāṇam atītānāgata-jñānaṃ teṣu saṃpādayati ॥_2

3.17. śabdārtha-pratyayānām itaretarādhyāsāt saṃkaras tat-pravibhāga-saṃyamāt sarva-bhūta-ruta-jñānam ॥

tatra vāg varṇeṣv evārthavatī । śrotraṃ ca dhvani-pariṇāma-mātra-viṣayam । padaṃ punar nādānusaṃhāra-buddhi-nirgrāhyam iti ।_1

varṇā ekasamayāsaṃbhavitvāt paraspara-niranugrahātmānaḥ । te padam asaṃspṛśyānupasthāpyāvirbhūtās tirobhūtāś ceti pratyekam apada-svarūpā ucyante ।_2

varṇaḥ punar ekaikaḥ padātmā sarvābhidhāna-śakti-pracitaḥ sahakāri-varṇāntara-pratiyogitvād vaiśvarūpyam ivāpannaḥ pūrvaś cottareṇottaraś ca pūrveṇa viśeṣe 'vasthāpita iti । evaṃ bahavo varṇāḥ kramānurodhino 'rtha-saṃketenāvacchinnā iyanta ete sarvābhidhāna-śakti-parivṛttā gakāraukāra-visarjanīyāḥ sāsnādimantam arthaṃ dyotayantīti ।_3

tad eteṣām artha-saṃketenāvacchinnānām upasaṃhṛta-dhvani-kramāṇāṃ ya eko buddhi-nirbhāsas tat-padaṃ vācakaṃ vācyasya saṃketyate ।_4

tad ekaṃ padam ekabuddhi-viṣayam ekaprayatnākṣiptam abhāgam akramam avarṇaṃ bauddham antya-varṇa-pratyaya-vyāpāropasthāpitaṃ paratra pratipipādayiṣayā varṇair evābhidhīyamānaiḥ śrūyamāṇaiś ca śortṛbhir anādi-vāg-vyavahāra-vāsanānuviddhayā loka-buddhyā siddhavat-saṃpratipattyā pratīyate ।_5

tasya samketa-buddhitaḥ pravibhāga etāvatām evaṃ jātīyako 'nusaṃhāra ekasyārthasya vācaka iti । saṃketas tu pada-padārthayor itaretarādhyāsarūpaḥ smṛty-ātmako yo ’yaṃ śabdaḥ so ’yam artho yo ’yam arthaḥ so ’yaṃ śabda[22] iti । evam itaretarādhyāsarūpaḥ[23] saṃketo bhavatīti । evam ete śabdārtha-pratyayā itaretarādhyāsāt saṃkīrṇā gaur iti śabdo gaur ity artho gaur iti jñānam ।_6

ya eṣāṃ pravibhāga-jñaḥ sa sarvavit ।_7

sarva-padeṣu cāsti vākya-śaktiḥ । vṛkṣa ity[24] ukte ’stīti gamyate । na sattāṃ padārtho vyabhicaratīti ।_8

tathā[25] na hy asādhanā kriyāstīti । tathā ca pacatīty ukte sarva-kārakāṇām ākṣepo niyamārtho ’nuvādaḥ kartṛ-karaṇa-karmānāṃ[26] caitrāgni-taṇḍulānām iti ।_9

dṛṣṭaṃ ca vākyārthe pada-racanaṃ śrotriyaś chando ’dhīte jīvati prāṇān dhārayati ।_10

tatra vākye padārthābhivyaktiḥ tataḥ padaṃ pravibhajya vyākaraṇīyaṃ kriyā-vācakaṃ vā kāraka-vācakaṃ vā । anyathā bhavaty aśvo ’jāpaya ity evamādiṣu nāmākhyāta-sārūpyād anirjñātaṃ kathaṃ kriyāyāṃ kārake vā vyākriyeteti ।_11

teṣāṃ śabdārtha-pratyayānāṃ pravibhāgaḥ । tad yathā śvetate prāsāda iti kriyārthaḥ । śvetaḥ prāsāda iti kārakārthaḥ śabdaḥ । kriyā-kārakātmā tad-arthaḥ pratyayaś ca । kasmāt । so ’yam ity abhisaṃbandhād ekākāra eva

....

22 “yo ’yam arthaḥ so ’yaṃ śabdaḥ,” → Āraṇya: “yo ’rthaḥ sa śabda” / YsV: “yo ’yam arthaḥ so ’yaṃ śabdaḥ, yaś ca pratyayaḥ so ’rthaḥ śabdaś ca”

23 Āraṇya: -dhyāsarūpaḥ → vibhāgarūpaḥ

24 Prasāda: “vākya-śaktiḥ । vṛkṣa ity” → “vākya-śakti-vṛkṣa ity”

25 YV: yathā

26 Āraṇya: -karaṇa-karmānāṃ → karma-karaṇānāṃ

pratyayaḥ saṃketa iti ।_12

yas tu śveto 'rthaḥ sa "śabda-pratyayayor ālaṃbanī-bhūtaḥ । sa hi svābhir avasthābhir vikriyamāṇo na"[27] śabda-sahagato na buddhi-sahagataḥ । evaṃ śabda evaṃ pratyayo netaretara-sahagata ity anyathā śabdo 'nyathārtho 'nyathā pratyaya iti vibhāgaḥ ।_13

evaṃ tat-pravibhāga-saṃyamād yoginaḥ sarva-bhūta-ruta-jñānaṃ sampadyata iti ॥_14

3.18. saṃskāra-sākṣāt-karaṇāt pūrva-jāti-jñānam ॥

dvaye khalv amī saṃskārāḥ smṛti-kleśa-hetavo vāsanā-rūpā vipāka-hetavo dharmādharma-rūpāḥ । te pūrva-bhavābhisaṃskṛtāḥ pariṇāma-ceṣṭānirodha-śakti-jīvana-dharmavad aparidṛṣṭāś citta-dharmāḥ ।_1

teṣu saṃyamaḥ saṃskāra-sākṣāt-kriyāyai samarthaḥ । na ca deśa-kāla-nimittānubhavair vinā teṣām asti sākṣāt-karaṇam । tad itthaṃ saṃskāra-sākṣāt-karaṇāt pūrva-jāti-jñānam utpadyate yoginaḥ ।_2

paratrāpy evam eva saṃskāra-sākṣāt-karaṇāt para-jāti-saṃvedanam ।_3

atredam ākhyānaṃ śrūyate । bhagavato jaigīṣavyasya saṃskāra-sākṣāt-kāraṇād daśasu mahāsargeṣu janma-pariṇāma-kramam anupaśyato vivekajaṃ jñānaṃ prādurabhūt[28] ।_4

atha bhagavān āvaṭyas tanudharas tam uvāca । daśasu mahāsargeṣu bhavyatvād anabhibhūta-buddhi-sattvena tvayā

....

27 YV: " " 부분 결락은 편집 오류일 수 있다.

28 Āraṇya: prādurabhūt → prādurabhavat

naraka-tiryag-garbha-saṃbhavaṃ duḥkhaṃ saṃpaśyatā deva-manuṣyeṣu punaḥ punar utpadyamānena sukha-duḥkhayoḥ kim adhikam upalabdham iti |_5

bhagavantam āvaṭyaṃ jaigīṣavya uvāca | daśasu mahāsargeṣu bhavyatvād anabhibhūta-buddhi-sattvena mayā naraka-tiryag-bhavaṃ duḥkhaṃ saṃpaśyatā deva-manuṣyeṣu punaḥ punar utpadyamānena yat kiṃcid anubhūtaṃ tat sarvaṃ duḥkham eva pratyavaimi |_6

bhagavān āvaṭya uvāca | yad idam āyuṣmataḥ pradhāna-vaśitvam anuttamaṃ ca santoṣa-sukhaṃ kim idam api duḥkha-pakṣe nikṣiptam iti |_7

bhagavān jaigīṣavya uvāca | viṣaya-sukhāpekṣayaivedam anuttamaṃ santoṣa-sukham uktaṃ kaivalya-sukhāpekṣayā[29] duḥkham eva | buddhi-sattvasyāyaṃ dharmas triguṇaḥ | triguṇaś ca pratyayo heya-pakṣe nyasta iti | duḥkha-svarūpas tṛṣṇā-tantuḥ | tṛṣṇā-duḥkha-saṃtāpāpagamāt tu prasannam abādhaṃ sarvānukūlaṃ sukham idam uktam iti ||_8

3.19. pratyayasya para-citta-jñānam ||

pratyaye saṃyamāt pratyayasya sākṣāt-karaṇāt[30] tataḥ prara-citta-jñānam ||_1

3.20.[31] na ca tat sālambanaṃ tasyāviṣayī-bhūtatvāt ||

raktaṃ pratyayaṃ jānāty amuṣminn ālambane raktam iti na jānāti |

....

29 Āraṇya: kaivalyāpekṣayā

30 YsV: sākṣāt-karaṇāt → sākṣāt-karaṇam |

31 Prasāda: 이 경문과 주석이 앞의 3.19에 통합되어, 이하 경문의 번호가 하나씩 줄어든 상태로 편집됨.

para-pratyayasya yad ālambanaṃ tad yogi-cittena nālambanīkṛtam ı
para-pratyayamātraṃ tu yogi-cittasyālambanī-bhūtam iti ॥_1

3.21. kāya-rūpa-saṃyamāt tad-grāhya-śakti-stambhe cakṣuḥ-prakāśāsaṃprayoge 'ntardhānam ॥

kāya-rūpe[32] saṃyamād rūpasya yā grāhyā śaktis tāṃ pratibadhnāti ı
grāhya-śakti-stambhe sati cakṣuḥ-prakāśāsaṃprayoge 'ntardhānam
utpadyate yoginaḥ ı_1
etena śabdādy-antardhānam uktaṃ veditavyam ॥_2

3.22. sopakramaṃ nirupakramaṃ ca karma tat-saṃyamād aparānta-jñānam ariṣṭebhyo vā ॥

āyur-vipākaṃ karma dvividhaṃ[33] sopakramaṃ nirupakramaṃ ca ı tatra
yathārdraṃ vastraṃ vitānitaṃ laghīyasā[34] kālena śuṣyet tathā sopakramaṃ ı
yathā ca tad eva sampiṇḍitaṃ cireṇa saṃśuṣyed evaṃ nirupakramam ı_1
yathā cāgniḥ śuṣke kakṣe mukto vātena[35] samantato yuktaḥ[36] kṣepīyasā kālena
dahet tathā sopakramam ı yathā vā sa evāgnis tṛṇarāśau kramaśo 'vayaveṣu[37]
nyastaś cireṇa dahet tathā nirupakramam ı_2

....

32 YsV: kāyasya rūpe

33 YsV: dvividhā

34 YsV: kṣepīyasā

35 YsV: "yathā cāgniḥ śuṣke kakṣe mukto vātena" → yathā vāgniḥ śuṣke kakṣe yuktavāte

36 YsV: niyuktaḥ

37 YsV: krameṇa

tad aikabhavikam āyuṣkaraṃ karma dvividhaṃ sopakramaṃ nirupakramaṃ ca । tat-saṃyamād aparāntasya prāyaṇasya jñānam । ariṣṭebhyo veti ।_3

trividham ariṣṭam ādhyātmikam ādhibhautikam ādhidaivikaṃ ceti । tatrādhyātmikaṃ ghoṣaṃ svadehe pihita-karṇo na śṛṇoti jyotir vā netre 'vaṣṭabdhe na paśyati ।_4

tathādhibhautikaṃ yama-puruṣān paśyati pitṝn atītān akasmāt paśyati[38] । tathādhidaivikaṃ[39] svargam akasmāt siddhān vā paśyati[40] । viparītaṃ vā sarvam iti ।_5

anena vā jānāty aparāntam upasthitam iti ॥_6

3.23. maitry-ādiṣu balāni ॥

maitrī-karuṇā-muditeti tisro bhāvanāḥ ।_1

tatra bhūteṣu sukhiteṣu maitrīṃ bhāvayitvā maitrī-balaṃ labhate । duḥkhiteṣu karuṇāṃ bhāvayitvā karuṇā-balaṃ labhate । puṇya-śīleṣu muditāṃ bhāvayitvā muditā-balaṃ labhate ।_2

bhāvanātaḥ samādhir yaḥ sa saṃyamaḥ tato balāny abandhya-vīryāṇi jāyante । pāpa-śīleṣūpekṣā na tu bhāvanā । tataś ca tasyāṃ nāsti samādhir ity ato na balam upekṣātas tatra saṃyamābhāvād iti ॥_3

....

38 YsV: "atītān akasmāt" → "atītān āgatān akasmāt"

39 Āraṇya: ādhidaivikaṃ

40 YsV: "siddhān vā" → siddhādīn

3.24. baleṣu hasti-balādīni ॥

hasti-bale saṃyamād hasti-balo bhavati । vainateya-bale saṃyamād vainateya-balo bhavati । vāyu-bale saṃyamād vāyu-balo[41] bhavatīty evamādi ॥_1

3.25. pravṛtty-āloka-nyāsāt sūkṣma-vyavahita-viprakṛṣṭa-jñānam ॥

jyotiṣmatī pravṛttir uktā manasaḥ । tasyā[42] ya ālokas taṃ yogī sūkṣme vā vyavahite vā viprakṛṣṭe vārthe vinyasya tam artham adhigacchati ॥_1

3.26. bhuvana-jñānaṃ sūrye saṃyamāt ॥

tat-prastāraḥ sapta lokāḥ ।_1

tatrāvīceḥ prabhṛti meru-pṛṣṭhaṃ yāvad ity evaṃ bhūrlokaḥ । meru-pṛṣṭhād ārabhya ādhruvād[43] graha-nakṣatra-tārā-vicitro 'ntarikṣa-lokaḥ ।_2

tataḥ paraḥ[44] svarlokaḥ pañca-vidho māhendras tṛtīyo lokaḥ । caturthaḥ prājāpatyo maharlokaḥ[45] । trividho brāhmaḥ । tad yathā janalokas tapolokaḥ satyaloka iti ।_3

brāhmas tribhūmiko lokaḥ prājāpatyas tato mahān । māhendraś ca svar ity ukto divi tārā bhuvi prajāḥ ॥ iti saṃgraha-ślokaḥ ।_4

tatrāvīcer upary upari niviṣṭāḥ ṣaṇ-mahānaraka-bhūmayo ghana-salilānalānilākāśa-tamaḥ-pratiṣṭhā

....

41 Āraṇya: bhavati 결락

42 YsV: tasyāṃ

43 YV: merupṛṣṭhādārabhyādhruvād

44 Āraṇya: tat-paraḥ

45 YsV: maholokaḥ

mahākālāmbarīṣa-raurava-mahāraurava-kālasūtrāndhatāmisrāḥ | yatra svakarmopārjita-duḥkha-vedanāḥ prāṇinaḥ kaṣṭam āyur dīrgham ākṣipya jāyante | 5

tato mahātala-rasātalātala-sutala-vitala-talātala-pātālākhyāni sapta pātālāni | 6

bhūmir iyam aṣṭamī sapta-dvīpā vasumatī yasyāḥ sumerur madhye parvata-rājaḥ kāñcanaḥ | tasya rājata-vaidūrya-sphaṭika-hema-maṇi-mayāni śṛṅgāṇi | tatra vaidūrya-prabhānurāgān nīlotpala-patra-śyāmo nabhaso dakṣiṇo bhāgaḥ | śvetaḥ pūrvaḥ | svacchaḥ paścimaḥ | kuraṇḍakābha uttaraḥ | 7

dakṣiṇa-pārśve cāsya jambūḥ | yato 'yaṃ jambū-dvīpaḥ | tasya sūrya-pracārād rātriṃdivaṃ lagnam iva vartate[46] | 8

tasya nīla-śveta-śṛṅgavanta udīcīnās trayaḥ parvatā dvisāhasrāyāmāḥ[47] | tad-antareṣu trīṇi varṣāṇi nava nava yojana-sāhasryāṇi ramaṇakaṃ hiraṇmayam uttarāḥ kurava iti | 9

niṣadha-hemakūṭa-himaśailā dakṣiṇato dvisāhasrāyāmāḥ | tad-antareṣu trīṇi varṣāṇi nava nava yojana-sāhasrāṇi harivarṣaṃ kiṃpuruṣaṃ bhāratam iti | 10

sumeroḥ prācīnā bhadrāśva-mālyavat-sīmānaḥ pratīcīnāḥ ketumālā gandhamādana-sīmānaḥ | madhye varṣam ilāvṛtam | 11

tad etad yojana-śatasāhasraṃ sumeror diśi diśi tad-ardhena vyūḍham | sa khalv ayaṃ śatasāhasrāyāmo jambū-dvīpas tato dviguṇena lavaṇodadhinā valayā-kṛtinā veṣṭitaḥ | 12

tataś ca dviguṇā dviguṇāḥ śāka-kuśa-krauñca-śālmala-gomedha[48]-puṣkara-

....

46 Āraṇya: vivartate

47 Āraṇya, YV: 이하 sāhasra → sahasra

48 Āraṇya: gomedha → magadha

dvīpāḥ । [sapta][49] samudrāś ca sarṣapa-rāśi-kalpāḥ savicitra-śailāvataṃsā
ikṣurasa-surā-sarpir-dadhi-maṇḍa-kṣīra-svādūdakāḥ ।_13
sapta samudra-pariveṣṭitā[50] valayā-kṛtayo lokālokaparvata-parivārāḥ
pañcāśad yojana-koṭi-parisaṃkhyātāḥ । tad etat sarvaṃ
supratiṣṭhita-saṃsthānam aṇḍa-madhye vyūḍham । aṇḍaṃ ca
pradhānasyāṇur avayavo yathākāśe khadyota iti[51] ।_14
tatra pātāle jaladhau parvateṣv eteṣu devanikāyā
asura-gandharva-kiṃnara-kiṃpuruṣa-yakṣa-rākṣasa-bhūta-preta-piśācāpas
mārakāpsaro-brahmarākṣasa-kūṣmāṇḍa[52]-vināyakāḥ prativasanti ।_15
sarveṣu dvīpeṣu puṇyātmāno deva-manuṣyāḥ । sumerus tridaśānām
udyāna-bhūmiḥ । tatra miśravanaṃ nandanaṃ caitrarathaṃ sumānasam ity
udyānāni । sudharmā deva-sabhā । sudarśanaṃ puraṃ । vaijayantaḥ prāsādaḥ ।_16
graha-nakṣatra-tārakās tu dhruve nibaddhā
vāyu-vikṣepa-niyamenopalakṣita-pracārāḥ sumeror upary upari saṃniviṣṭā
divi[53] viparivartante ।_17
māhendra-nivāsinaḥ ṣaḍ-deva-nikāyāḥ । tridaśā agniṣvāttā yāmyās tuṣitā
aparinirmita-vaśa-vartinaḥ parinirmita-vaśa-vartinaś ceti । sarve
saṃkalpa-siddhā aṇimādy-aiśvaryopapannāḥ kalpāyuṣo vṛndārakāḥ
kāma-bhogina aupapādika-dehā uttamānukūlābhir apsarobhiḥ

....

49 Prasāda, Āraṇya: sapta 삽입

50 YsV, YV: -pariveṣṭitā → -veṣṭitā

51 YsV, YV: khadyotaḥ

52 YsV, YV: kuṣmāṇḍa

53 Āraṇya: divi 결락

kṛta-paricārāḥ[54] |_18

mahati loke prājāpatye pañca-vidho deva-nikāyaḥ | kumudā ṛbhavaḥ pratardanā añjanābhāḥ pracitābhā iti | ete mahābhūta-vaśino dhyānāhārāḥ kalpasahasrāyuṣaḥ |_19

prathame brahmaṇo janaloke catur-vidho deva-nikāyo brahma-purohitā brahma-kāyikā brahma-mahākāyikā amarā[55] iti | te[56] bhūtendriya-vaśino dviguṇa-dviguṇottarāyuṣaḥ |_20

dvitīye tapasi loke trividho deva-nikāyaḥ | ābhā-svarā mahābhā-svarāḥ satya-mahābhā-svarā iti | te[57] bhūtendriya-prakṛti-vaśino dviguṇa-dviguṇottarāyuṣaḥ sarve dhyānāhārā ūrdhva-retasa ūrdhvam apratihata-jñānā adhara-bhūmiṣv anāvṛta-jñāna-viṣayāḥ |_21

tṛtīye brahmaṇaḥ satya-loke catvāro deva-nikāyā "acyutāḥ śuddha-nivāsāḥ satyābhāḥ saṃjñāsaṃjñinaś ceti | te cākṛtabhavana-nyāsāḥ"[58] svapratiṣṭhā upary upari sthitāḥ pradhāna-vaśino yāvat sargāyuṣaḥ |_22

tatrācyutāḥ savitarka-dhyāna-sukhāḥ śuddha-nivāsāḥ savicāra-dhyāna-sukhāḥ satyābhā ānanda-mātra-dhyāna-sukhāḥ saṃjñāsaṃjñinaś cāsmitā-mātra-dhyāna-sukhāḥ | te 'pi trailokya-madhye pratiṣṭhanti[59] |_23

....

54 Āraṇya: kṛta-parivārāḥ

55 YV: ajarāmarā

56 Āraṇya: ete

57 Āraṇya: ete

58 YsV: " " 부분이 "akṛtabhavana-nyāsāḥ"로 축약된 것은 편집 오류일 수 있다. Prasāda, Āraṇya: "te cākṛta-bhavana-nyāsāḥ" → akṛta-bhavana-nyāsāḥ

59 YsV: pratitiṣṭhanti

ta ete sapta lokāḥ sarva eva brahmalokāḥ । videha-prakṛti-layās tu mokṣapade varttante[60] na lokamadhye nyastā iti ।_24

etad yoginā sākṣāt-karaṇīyaṃ[61] sūrya-dvāre saṃyamaṃ kṛtvā tato 'nyatrāpi । evaṃ tāvad abhyased yāvad idaṃ sarvaṃ dṛṣṭam iti ॥_25

3.27. candre tārā-vyūha-jñānam ॥

candre saṃyamaṃ kṛtvā tārāṇāṃ vyūhaṃ[62] vijānīyāt ॥_1

3.28. dhruve tad-gati-jñānam ॥

tato dhruve saṃyamaṃ kṛtvā tārāṇāṃ gatiṃ vijānīyāt[63] । ūrdhva-vimāneṣu kṛta-saṃyamas tāni vijānīyāt ॥_1

3.29. nābhicakre kāya-vyūha-jñānam ॥

nābhicakre saṃyamaṃ kṛtvā kāya-vyūhaṃ vijānīyāt । vāta-pitta-śleṣmāṇas trayo doṣāḥ[64] । dhātavaḥ sapta tvag-lohita-māṃsa-snāyv-asthi-majjā-śukrāṇi[65] । pūrvaṃ pūrvam eṣāṃ bāhyam ity eṣa vinyāsaḥ ॥_1

....

60 YsV, YV: vartanta iti

61 Āraṇya: sākṣāt-kartavyaṃ

62 Āraṇya: "tārāṇāṃ vyūhaṃ" → tārāvyūhaṃ

63 Āraṇya: jānīyāt

64 SY: 다음에 santiḥ 첨가.

65 YsV: -majjā-śukrāṇi → -medo-majjā-śukrāṇi

3.30. kaṇṭha-kūpe kṣut-pipāsā-nivṛttiḥ ॥

jihvāyā adhastāt tantuḥ । tato[66] 'dhastāt kaṇṭhaḥ । tato 'dhastāt kūpaḥ । tatra saṃyamāt kṣut-pipāse na bādhete[67] ॥_1

3.31. kūrma-nāḍyāṃ sthairyam ।

kūpād adha[68] urasi kūrmākārā[69] nāḍī । tasyāṃ kṛta-saṃyamaḥ sthira-padaṃ labhate । yathā sarpo godhā veti ॥_1

3.32. mūrdha-jyotiṣi siddha-darśanam ॥

śiraḥ-kapāle 'ntaś chidraṃ prabhāsvaraṃ jyotiḥ । tatra saṃyamāt[70] siddhānāṃ dyāvā-pṛthivyor antarālacāriṇāṃ darśanam ॥_1

3.33. prātibhād vā sarvam ॥

prātibhaṃ nāma tārakam । tad vivekajasya jñānasya pūrva-rūpaṃ yathodaye prabhā bhāskarasya । tena vā sarvam eva jānāti yogī prātibhasya jñānasyotpattāv iti[71] ॥_1

....

66 YsV: tantor

67 YsV: pratibādhete

68 YsV: "kūpād adha" → kūpasyādhastāt

69 YsV: kūrmā nāma

70 YsV: saṃyamaṃ kṛtvā

71 YsV: tena ··· jñānasyotpattāv iti ॥ → tasmād vā sarvam vijānanti yoginaḥ prātibhasya jñānasyotpādād iti ॥

3.34. hṛdaye citta-saṃvit ॥

yad idam asmin brahma-pure daharaṃ puṇḍarīkaṃ veśma tatra vijñānaṃ tasmin saṃyamāc citta-saṃvit ॥_1

3.35. sattva-puruṣayor atyantāsaṃkīrṇayoḥ pratyayāviśeṣo bhogaḥ parārthāt[72] svārtha-saṃyamāt puruṣa-jñānam ॥

buddhi-sattvaṃ prakhyā-śīlaṃ samāna-sattvopanibandhane rajas-tamasī vaśīkṛtya sattva-puruṣānyatā-pratyayena pariṇatam । tasmāc ca sattvāt pariṇāmino 'tyanta-vidharmā śuddho 'nyaś citimātra-rūpaḥ[73] puruṣaḥ ।_1
tayor atyantāsaṃkīrṇayoḥ pratyayāviśeṣo bhogaḥ puruṣasya darśita-viṣayatvāt । sa bhoga-pratyayaḥ sattvasya parārthatvād dṛśyaḥ ।_2
yas tu tasmād viśiṣṭaś citimātra-rūpo 'nyaḥ pauruṣeyaḥ pratyayas tatra saṃyamāt puruṣa-viṣayā prajñā jāyate ।_3
na ca puruṣa-pratyayena buddhi-sattvātmanā puruṣo driśyate । puruṣa eva taṃ[74] pratyayaṃ svātmāvalambanaṃ[75] paśyati । tathā hy uktaṃ vijñātāram are kena vijānīyād iti ॥_4

3.36. tataḥ prātibha-śrāvaṇa-vedanādarśāsvāda-vārtā jāyante ॥

prātibhāt sūkṣma-vyavahita-viprakṛṣṭātītānāgata-jñānam । śrāvaṇād

....

72 Āraṇya, SY: parārthatvāt

73 YsV: "śuddho 'nyaś citimātra-rūpaḥ" → viśuddho 'nyaś cinmātra-rūpaḥ

74 Āraṇya: taṃ 결락

75 YsV: svālambanaṃ

divya-śabda-śravaṇam । vedanād divya-sparśādhigamaḥ । ādarśād divya-rūpa-saṃvit । āsvādād divya-rasa-saṃvit । vārtāto[76] divya-gandha-vijñānam ity etāni nityaṃ jāyante ॥_1

3.37. te samādhāv upasargā vyutthāne siddhayaḥ ॥

te prātibhādayaḥ samāhita-cittasyotpadyamānā upasargās tad-darśana-pratyanīkatvāt । vyutthita-cittasyotpadyamānāḥ siddhayaḥ ॥_1

3.38. bandha-kāraṇa-śaithilyāt pracāra-saṃvedanāc ca cittasya para-śarīrāveśaḥ ॥

lolībhūtasya manaso 'pratiṣṭhasya śarīre karmāśaya-vaśād[77] bandhaḥ pratiṣṭhety arthaḥ । tasya karmaṇo bandha-kāraṇasya śaithilyaṃ samādhi-balād bhavati ।_1

pracāra-saṃvedanaṃ ca cittasya samādhijam eva । karma-bandha-kṣayāt sva-cittasya pracāra-saṃvedanāc ca yogī cittaṃ sva-śarīrān niṣkṛṣya śarīrāntareṣu nikṣipati ।_2

nikṣiptaṃ cittaṃ cendriyāṇy anupatanti । yathā madhukara-rājānaṃ makṣikā utpatantam anūtpatanti niviśamānam anu niviśante tathendriyāṇi para-śarīrāveśe cittam anuvidhīyanta iti ॥_3

....

76 YsV: 이 다음의 구절이 "saṃvyavahāratatva-rūpaṃ yathāvat adhigacchati"로 대체됨.

77 YsV: karmāśād

3.39. udāna-jayāj jala-paṅka-kaṇṭakādiṣv asaṅga utkrāntiś ca ||

samastendriya-vṛttiḥ prāṇādi-lakṣanā jīvanam |_1

tasya kriyā pañcatayī | prāṇo mukha-nāsikāgatir āhṛdaya-vṛttiḥ | samaṃ nayanāt samānaś cānābhi-vṛttiḥ | apanayanād apāna āpādatala-vrttiḥ | unnayanād udāna āśiro-vṛttiḥ | vyāpī vyāna iti | eṣāṃ pradhānaṃ[78] prāṇaḥ |_2

udāna-jayāj jala-paṅka-kaṇṭakādiṣv asaṅga utkrāntiś ca prāyaṇa-kāle bhavati | tāṃ vaśitvena[79] pratipadyate ||_3

3.40. samāna-jayāj jvalanam ||

jita-samānas tejasa upadhmānaṃ kṛtvā jvalayati[80] ||_1

3.41. śrotrākāśayoḥ saṃbandha-saṃyamād divyaṃ śrotram ||

sarva-śrotrāṇām ākāśaṃ pratiṣṭhā sarva-śabdānāṃ[81] ca | yathoktaṃ[82] tulya-deśa-śravaṇānām ekadeśa-śrutitvaṃ[83] sarveṣām bhavatīti | tac caitad ākāśasya liṅgam anāvaraṇaṃ[84] coktam | [85]tathāmūrtasyānāvaraṇa-darśanād vibhutvam api prakhyātam ākāśasya |_1

....

78 Āraṇya: eṣāṃ pradhānaṃ → teṣāṃ pradhānaḥ

79 YsV: vaśīkṛtya

80 Āraṇya: jvalati

81 YsV: sarva-śabdānāṃ → śabdānāṃ

82 YsV: yathā coktaṃ

83 YsV: ekaśrutitvaṃ

84 YsV: anāvaraṇaṃ → anāvaraṇātmakaṃ

85 YsV: tathā mūrtasyānyatrākāśādāvaraṇa-

śabda-grahaṇānumitaṃ [tu][86] śrotram | badhirābadhirayor ekaḥ śabdaṃ gṛhṇāty aparo na gṛhṇātīti | tasmāc chrotram eva śabda-viṣayam |_2 śrotrākāśayoḥ saṃbandhe kṛta-saṃyamasya yogino divyaṃ śrotraṃ pravartate ||_3

3.42. kāyākāśayoḥ saṃbandha-saṃyamāl laghutūla-samāpatteś cākāśa-gamanam ||

yatra kāyas tatrākāśam | tasyāvakāśādānāt kāyasya tena saṃbandhaḥ prāptiḥ[87] |_1 tatra kṛta-saṃyamo jitvā tat-saṃbandhaṃ laghuṣu vā tūlādiṣv ā paramāṇubhyaḥ samāpattiṃ labdhvā[88] jita-saṃbandho laghur bhavati[89] | laghutvāc ca jale pādābhyāṃ viharati | tatas tūrṇanābhi-tantu-mātre vihṛtya raśmiṣu viharati | tato yatheṣṭam ākāśagatir asya bhavatīti ||_2

3.43. bahir akalpitā vṛttir mahāvidehā tataḥ prakāśāvaraṇa-kṣayaḥ ||

śarīrād bahir manaso vṛtti-lābho[90] videhā nāma dhāraṇā | sā yadi śarīra-pratiṣṭhasya[91] manaso bahir-vṛtti-mātreṇa bhavati sā kalpitety ucyate | yā tu śarīra-nirapekṣā bahir-bhūtasyaiva manaso bahir-vṛttiḥ sā khalv akalpitā |_1

....

86 YsV에서 추가

87 Āraṇya: 다음에 "(sambandhāvāptir iti pāṭhāntaram)" 첨가.

88 YsV: "samāpattiṃ labdhvā" → samāpatteḥ

89 Āraṇya: bhavati 결락

90 YsV: vṛtti-lābho → "yā vṛttiḥ sā"

91 YsV: -asyaiva

tatra kalpitayā sādhayaty akalpitāṃ mahāvidehām iti yayā para-śarīrāṇy āviśanti yoginaḥ । tataś ca dhāraṇātaḥ prakāśātmano buddhi-sattvasya yad āvaraṇaṃ kleśa-karma-vipāka-trayaṃ rajas-tamo-mūlaṃ tasya ca kṣayo bhavati ॥_2

3.44. sthūla-svarūpa-sūkṣmānvayārthavattva-saṃyamād bhūta-jayaḥ ॥

tatra pārthivādyāḥ[92] śabdādayo viśeṣāḥ sahākārādibhir dharmaiḥ sthūla-śabdena paribhāṣitāḥ । etad bhūtānāṃ prathamaṃ rūpam ।_1
dvitīyaṃ rūpaṃ sva-sāmānyaṃ[93] mūrtir bhūmiḥ sneho jalaṃ vahnir uṣṇatā vāyuḥ praṇāmī[94] sarvatogatir ākāśa ity etat svarūpa-śabdenocyate । asya[95] sāmānyasya śabdādayo viśeṣāḥ । tathā coktam ekajāti-samanvitānām eṣāṃ dharma-mātra-vyāvṛttir iti । sāmānya-viśeṣa-samudāyo 'tra dravyam ।_2
dviṣṭho hi samūhaḥ pratyastamita-bhedāvayavānugataḥ[96] śarīraṃ vṛkṣo yūthaṃ vanam iti । śabdenopātta-bhedāvayavānugataḥ samūha ubhaye deva-manuṣyāḥ । samūhasya devā eko bhāgo manuṣyā dvitīyo bhāgaḥ । tābhyām evābhidhīyate samūhaḥ ।_3
sa ca bhedābheda-vivakṣitaḥ[97] । āmrāṇāṃ vanaṃ brahmaṇānāṃ saṃgha

....

92 YsV: pārthivāḥ

93 YsV: sāmānyaṃ

94 YsV: praṇāmitvaṃ

95 YsV: tasya

96 YsV: pratyastamita-bhedāvayavaḥ

97 YsV: "bhedābhedo vivakṣitaḥ"

āmravaṇaṃ brahmaṇa-saṃgha iti ।_4

sa punar dvividho yuta-siddhāvayavo 'yuta-siddhāvayavaś ca । yuta-siddhāvayavaḥ samūho vanaṃ saṃgha iti । ayuta-siddhāvayavaḥ saṃghātaḥ śarīraṃ vṛkṣaḥ paramāṇur iti । ayuta-siddhāvayava-bhedānugataḥ samūho dravyam iti patañjaliḥ । etat svarūpam ity uktam ।_5

atha kim eṣāṃ sūkṣma-rūpam । tanmātraṃ bhūta-kāraṇam । tasyaiko 'vayavaḥ paramāṇuḥ sāmānya-viśeṣātmāyuta-siddhāvayava-bhedānugataḥ samudāya ity evaṃ sarva-tanmātrāṇy etat tṛtīyam ।_6

atha bhūtānāṃ caturthaṃ rūpaṃ khyāti-kriyā-sthiti-śīlā guṇāḥ kārya-svabhāvānupātino[98] 'nvaya-śabdenoktāḥ ।_7

athaiṣāṃ pañcamaṃ rūpam arthavattvam । bhogāpavargārthatā guṇeṣv anvayinī, guṇās tanmātra-bhūta-bhautikeṣv iti sarvam arthavat ।_8

teṣv idānīṃ bhūteṣu pañcasu pañca-rūpeṣu saṃyamāt tasya tasya rūpasya svarūpa-darśanaṃ jayaś ca prādurbhavati । tatra pañca bhūta-svarūpāṇi jitvā bhūta-jayī bhavati । taj-jayād vatsānusāriṇya iva gāvo 'sya sāṃkalpānuvidhāyinyo bhūta-prakṛtayo bhavanti ॥_9

3.45. tato 'ṇimādi-prādurbhāvaḥ kāya-saṃpat tad-dharmānabhighātaś ca ॥

tatrāṇimā ①bhavaty aṇuḥ । ②laghimā laghur bhavati । ③mahimā mahān bhavati । ④prāptir aṅguly-agreṇāpi spṛśati candramasam । ⑤prākāmyam icchānabhighātaḥ । bhūmāv unmajjati nimajjati yathodake । ⑥vaśitvaṃ

98 YsV: kārya-svabhāvānupātino → kārya-svarūpānupātino

bhūta-bhautikeṣu vaśī[99] bhavaty avaśyaś cānyeṣām । ⑦īśitṛtvaṃ[100] teṣāṃ prabhavāpyaya-vyūhānām īṣṭe । ⑧yatra kāmāvasāyitvaṃ satya-saṃkalpatā yathā saṃkalpas tathā bhūta-prakṛtīnām avasthānaṃ ।_1

na ca śakto 'pi padārtha-viparyāsaṃ karoti । kasmāt । anyasya yatra kāmāvasāyinaḥ pūrva-siddhasya tathā bhūteṣu[101] saṃkalpād iti । etāny[102] aṣṭāv aiśvaryāṇi । kāya-sampad vakṣyamāṇā ।_2

tad-dharmānabhighātaś ca ①pṛthvī mūrtyā na niruṇaddhi yoginaḥ śarīrādi-kriyāṃ, śilām apy anuviśatīti[103] । ②nāpaḥ snigdhāḥ kledayanti । ③nāgnir uṣṇo dahati । ④na vāyuḥ praṇāmī vahati । ⑤anāvaraṇātmake 'py ākāśe bhavaty āvṛta-kāyaḥ[104] siddhānām apy adṛśyo bhavati ॥_3

3.46. rūpa-lāvaṇya-bala-vajra-saṃhananatvāni kāya-saṃpat ॥

darśanīyaḥ kāntimān atiśaya-balo vajra-saṃhananaś ceti ॥_1

3.47. grahaṇa-svarūpāsmitānvayārthavattva-saṃyamād indriya-jayaḥ ॥

sāmānya-viśeṣātmā śabdādir grāhyaḥ[105] । teṣv indriyāṇāṃ vṛttir grahaṇam । na

....

99 YsV: "bhūtabhautikeṣu vaśī" → bhūtabhautika-vaśī

100 YsV: īśitvaṃ

101 YsV: teṣu

102 YsV: etānn

103 Āraṇya: anupraviśatīti

104 YsV: āvṛta-kāyaḥ → āvṛtaḥ

105 YsV: grāhyaḥ → viṣayaḥ

ca tat sāmānyamātra-grahaṇākāram |[106] katham anālocitaḥ sa viṣaya-viśeṣa[107] indriyeṇa manasānuvyavasīyeteti |_1

svarūpaṃ punaḥ prakāśātmano buddhi-sattvasya[108] sāmānya-viśeṣyor ayuta-siddhāvayava-bhedānugataḥ[109] samūho dravyam indriyam |_2

teṣāṃ tṛtīyaṃ rūpam asmitā-lakṣaṇo 'haṃkāraḥ | tasya sāmānyasyendriyāṇi viśeṣāḥ |_3

caturthaṃ rūpaṃ vyavasāyātmakāḥ prakāśa-kriyā-sthiti-śīlā guṇā yeṣām indriyāṇi sāhaṃkārāṇi pariṇāmāḥ |_4

pañcamaṃ rūpaṃ guṇeṣu yad anugataṃ puruṣārthavattvam iti |_5

pañcasv eteṣv indriya-rūpeṣu yathā-kramaṃ saṃyamas tatra tatra jayaṃ kṛtvā pañca-rūpa-jayād indriya-jayaḥ prādurbhavati yoginaḥ ||_6

3.48. tato manojavitvaṃ[110] vikaraṇa-bhāvaḥ pradhāna-jayaś ca ||

kāyasyānuttamo gati-lābho manojavitvam | videhānām indriyāṇām abhipreta-deśa-kāla-viṣayāpekṣo vṛtti-lābho vikaraṇa-bhāvaḥ | sarva-prakṛti-vikāra-vaśitvaṃ pradhāna-jaya iti |_1

etās tisraḥ siddhayo madhu-pratīkā ucyante | etāś ca karaṇa-pañcaka-svarūpa[111]-jayād adhigamyante ||_2

....

106 YsV: tatsāmānyamātre grahaṇākārāḥ |

107 YsV: sa viṣaya-viśeṣa → sva-viṣaya-viśeṣa

108 YsV: buddhi-sattvasya 결락

109 YsV: -bhedānugataṃ

110 YsV: manojavatvaṃ

111 Āraṇya: karaṇa-pañcaka-rūpa

3.49. sattva-puruṣānyatā-khyāti-mātrasya sarva-bhāvādhiṣṭhātṛtvaṃ sarva-jñātṛtvaṃ ca II

nirdhūta-rajas-tamo-malasya buddhi-sattvasya pare vaiśāradye parasyāṃ vaśīkāra-saṃjñāyāṃ vartamānasya sattva-puruṣānyatā-khyāti-mātra-rūpa-pratiṣṭhasya sarva-bhāvādhiṣṭhātṛtvam I sarvātmāno guṇā vyavasāyavyavaseyātmakāḥ[112] svāminaṃ kṣetrajñaṃ praty-aśeṣa-dṛśyātmatvenopasthitā[113] ity arthaḥ I_1

sarvajñātṛtvaṃ sarvātmanāṃ[114] guṇānāṃ śāntoditāvyapadeśya-dharmatvena vyavasthitānām akramopārūḍhaṃ vivekajaṃ jñānam ity arthaḥ I_2

ity eṣā viśokā nāma siddhir yāṃ prāpya yogī sarvajñaḥ kṣīṇa-kleśa-bandhano vaśī viharati II_3

3.50. tad-vairāgyād api doṣa-bīja-kṣaye kaivalyam II

yadāsyaivaṃ bhavati kleśa-karma-kṣaye sattvasyāyaṃ viveka-pratyayo[115] dharmaḥ sattvaṃ ca heya-pakṣe nyastaṃ puruṣaś cāpariṇāmī śuddho 'nyaḥ sattvād iti I_1

evam asya tato virajyamānasya yāni kleśa-bījāni dagdha-śālibīja-kalpāny aprasava-samarthāni[116] tāni saha manasā pratyastaṃ gacchanti I teṣu pralīneṣu puruṣaḥ punar idaṃ tāpa-trayaṃ na bhuṅkte I_2

....

112 YsV: "sarvātmāno guṇā vyavasāyavyavaseyātmakāḥ" → "sarvātmanā guṇādhyavasāyātmakāḥ"

113 Āraṇya: -dṛśyātmatvenopasthitā → -dṛśyātmatvenopatiṣṭhanta

114 YsV: sarvātmakānāṃ

115 YsV: viveka-pratyayo → "vivekī pratyayo"

116 YsV: prasavāsamarthāni

tad eteṣāṃ[117] guṇānāṃ manasi karma-kleśa-vipāka-svarūpeṇābhivyaktānāṃ caritārthānāṃ pratiprasave puruṣasyātyantiko guṇa-viyogaḥ kaivalyaṃ । tadā svarūpa-pratiṣṭhā citi-śaktir eva puruṣa iti ॥_3

3.51. sthāny-upanimantraṇe saṅga-smayākaraṇaṃ punar aniṣṭa-prasaṅgāt ॥

catvāraḥ khalv amī yoginaḥ ①prāthama-kalpiko ②madhu-bhūmikaḥ ③prajñā-jyotir ④atikrānta-bhāvanīyaś ceti ।_1

tatrābhyāsī pravṛtta-mātra-jyotiḥ[118] prathamaḥ । ṛtaṃbhara-prajño dvitīyaḥ । bhūtendriya-jayī tṛtīyaḥ sarveṣu ⓐbhāvitesu ⓑbhāvanīyeṣu kṛta-rakṣā-bandhaḥ [kṛta-][119]ⓒkartavya[120]-sādhanādimān । caturtho yas tv atikrānta-bhāvanīyas tasya citta-pratisarga [eva][121] eko 'rthaḥ । sapta-vidhāsya[122] prānta-bhūmi-prajñā ।_2

tatra madhumatīṃ bhūmiṃ sākṣāt-kurvato brāhmaṇasya sthānino devāḥ sattva-viśuddhim anupaśyantaḥ sthānair upanimantrayante_3

bho ihāsyatām iha ramyatāṃ, kamanīyo 'yaṃ bhogaḥ, kamanīyeyaṃ kanyā, rasāyanam idaṃ jarā-mṛtyuṃ bādhate, vaihāyasam idaṃ yānam, amī kalpadrumāḥ, puṇyā mandākinī, siddhā maharṣayaḥ, uttamā anukūlā

....

117 "tad eteṣāṃ" → YsV: "tad eṣāṃ" / Āraṇya: tadaiteṣāṃ

118 YsV: pravṛtta-jyotiḥ

119 YV, Āraṇya에서 추가

120 YsV: kartavya → kartavyatā

121 YsV에서 추가

122 YsV: sapta-vidhāsya → "sapta-vidhā tasya"

apsarasaḥ, divye śrotra-cakṣuṣī, vajropamaḥ kāyaḥ, svaguṇaiḥ sarvam idam upārjitam āyuṣmatā, pratipadyatām idam akṣayam ajaram amarasthānaṃ devānāṃ priyam iti ।_4

evam abhidhīyamānaḥ saṅga-doṣān bhāvayet ।_5

ghoreṣu saṃsārāṅgāreṣu pacyamānena mayā janana-maraṇāndhakāre viparivartamānena kathaṃcid āsāditaḥ kleśa-timira-vināśī yoga-pradīpaḥ । tasya caite tṛṣṇāyonayo viṣaya-vāyavaḥ pratipakṣāḥ । sa khalv ahaṃ labdhālokaḥ katham anayā viṣaya-mṛgatṛṣṇayā vañcitas tasyaiva punaḥ pradīptasya saṃsārāgner ātmānam indhanīkuryām iti । svasti vaḥ svapnopamebhyaḥ kṛpaṇa-jana-prārthanīyebhyo viṣayebhya iti ।_6

evaṃ niścitamatiḥ samādhiṃ bhāvayet । saṅgam akṛtvā smayam api na kuryād evam ahaṃ devānām api prārthanīya iti ।_7

smayād ayaṃ susthitaṃmanyatayā mṛtyunā keśeṣu gṛhītam ivātmānaṃ na bhāvayiṣyati । tathā cāsya cchidrāntaraprekṣī nityaṃ yatnopacayaḥ pramādo labdha-vivaraḥ kleśān uttambhayiṣyati । tataḥ punar aniṣṭaprasaṅgaḥ ।_8

evam asya saṅga-smayāv akurvato bhāvito 'rtho dṛḍhī-bhaviṣyati । bhāvanīyaś cārtho 'bhimukhī-bhaviṣyatīti ॥_9

3.52. kṣaṇa-tat-kramayoḥ saṃyamād vivekajaṃ jñānam ॥

yathāpakarṣa-paryantaṃ dravyaṃ paramāṇur evaṃ paramāpakarṣa-paryantaḥ[123] kālaḥ kṣaṇaḥ । yāvatā vā samayena calitaḥ[124]

....

123 paramāpakarṣa- → YsV: apakarṣa- / YV: paramākarṣa-

124 YsV: vicalitaḥ

paramāṇuḥ pūrva-deśaṃ jahyād uttara-deśam upasampadyeta[125] sa kālaḥ kṣaṇaḥ । tat-pravāhāvicchedas tu kramaḥ ।_1

kṣaṇa-tat-kramayor nāsti vastu-samāhāra iti buddhi-samāhāro[126] muhūrtāho-rātrādayaḥ । sa khalv ayaṃ kālo vastu-śūnyo 'pi[127] buddhi-nirmāṇaḥ śabda-jñānānupātī[128] laukikānāṃ vyutthita-darśanānāṃ vastu-svarūpa ivāvabhāsate[129] ।_2

kṣaṇas tu vastu-patitaḥ[130] kramāvalambī । kramaś ca kṣaṇānantaryātmā । taṃ kālavidaḥ kāla ity ācakṣate yoginaḥ ।_3

na ca dvau kṣaṇau saha bhavataḥ । kramaś ca na dvayoḥ sahabhuvor asaṃbhavāt । pūrvasmād uttara-bhāvino[131] yad ānantaryaṃ kṣaṇasya sa kramaḥ ।_4

tasmād vartamāna evaikaḥ kṣaṇo na pūrvottara-kṣaṇāḥ santīti । tasmān nāsti tat-samāhāraḥ । ye tu bhūta-bhāvinaḥ kṣaṇās te pariṇāmānvitā[132] vyākhyeyāḥ ।_5

tenaikena kṣaṇena kṛtsno lokaḥ pariṇāmam anubhavati । tat-kṣaṇopārūḍhāḥ khalv amī sarve dharmāḥ । tayoḥ kṣaṇa-tat-kramayoḥ saṃyamāt tayoḥ sākṣātkaraṇam । tataś ca vivekajaṃ jñānaṃ prādurbhavati ॥_6

tasya viṣaya-viśeṣa upakṣipyate ।_7

....

125 YsV: abhisaṃpadyeta

126 YsV: buddhi-samāhārāt

127 Āraṇya: 'pi 결락

128 YsV: śabda-dharmānupātī

129 YsV: ivābhāsate

130 YsV: vastu-rūpaḥ

131 YsV, YV: uttara-bhāvino → "uttarasya bhāvino"

132 YsV: pariṇāmāstitayā

3.53. jāti-lakṣaṇa-deśair anyatānavacchedāt tulyayos tataḥ pratipattiḥ ॥

tulyayor deśa-lakṣaṇa-sārūpye jāti-bhedo 'nyatāyā hetur gaur iyaṃ vaḍaveyam iti । tulya-deśa-jātīyatve[133] lakṣaṇam anyatva-karaṃ[134] kālākṣī gauḥ svastimatī guar iti ।_1

dvayor āmalakayor jāti-lakṣaṇa-sārūpyād[135] deśa-bhedo 'nyatvakara idaṃ pūrvam idam uttaram iti । yadā tu pūrvam āmalakam anya-vyagrasya jñātur uttara-deśa upāvartyate[136] tadā tulya-deśatve pūrvam etad uttaram etad iti pravibhāgānupapattiḥ ।_2

asaṃdigdhena ca tattva-jñānena bhavitavyam ity ata idam uktaṃ tataḥ pratipattir vivekaja-jñānād iti ।_3

katham । pūrvāmalaka-sahakṣaṇo deśa uttarāmalaka-sahakṣaṇād[137] deśād bhinnaḥ । te cāmalake sva-deśa-kṣaṇānubhava-bhinne anya-deśa-kṣaṇānubhavas tu[138] tayor anyatve hetur iti ।_4

etena dṛṣṭāntena paramāṇos tulya-jāti-lakṣaṇa-deśasya pūrva-paramāṇu-deśa-sahakṣaṇa-sākṣāt-karaṇād uttarasya paramāṇos tad-deśānupapattāv[139] uttarasya tad-deśānubhavo bhinnaḥ sahakṣaṇa-bhedāt[140]

....

133 YsV: tulya-deśa-jātitve

134 YsV: anyatvāvaccheda-karaṃ

135 YsV: -sārūpye

136 YsV: upāvartate

137 Āraṇya: -sahakṣaṇa-deśād

138 YsV: tu 결락

139 YsV: -deśānupapattā → -deśāpavṛtāv

140 YsV: "tad-deśānubhavo bhinnaḥ sahakṣaṇa-bhedāt" → "tad-deśānubhava-bhinnaḥ kṣaṇaḥ ।

tayor īśvarasya yogino ’nyatva-pratyayo bhavatīti |_5

apare tu varṇayanti ye ’ntyā viśeṣās te ’nyatā-pratyayaṃ kurvantīti | tatrāpi deśa-lakṣaṇa-bhedo mūrti-vyavadhi-jāti-bhedaś cānyatve hetuḥ |_6

kṣaṇa-bhedas tu yogi-buddhi-gamya eveti | ata uktaṃ mūrti-vyavadhi-jāti-bhedābhāvān nāsti mūla-pṛthaktvam iti vārṣagaṇyaḥ ||_7

3.54. tārakaṃ sarva-viṣayaṃ sarvathā-viṣayam akramaṃ ceti vivekajaṃ jñānam ||

tārakam iti sva-pratibhottham anaupadeśikam ity arthaḥ | sarva-viṣayaṃ nāsya kiṃcid aviṣayī-bhūtam ity arthaḥ |_1

sarvathā-viṣayam atītānāgata-pratyutpannaṃ sarvaṃ paryāyaiḥ sarvathā jānātīty arthaḥ | akramam ity eka-kṣaṇopārūḍhaṃ sarvaṃ sarvathā gṛhṇātīty arthaḥ |_2

etad vivekajaṃ jñānaṃ paripūrṇam | asyaivāṃśo yoga-pradīpo madhumatīṃ bhūmim upādāya yāvad asya parisamāptir iti ||_3

prāpta-vivekaja-jñānasyāprāpta-vivekaja-jñānasya vā |_4

3.55. sattva-puruṣayoḥ śuddhi-sāmye kaivalyam iti ||

yadā nirdhūta-rajas-tamo-malaṃ buddhi-sattvaṃ puruṣasyānyatā-pratīti-mātrādhikāraṃ[141] dagdha-kleśa-bījaṃ bhavati tadā puruṣasya śuddhi-sārūpyam ivāpannaṃ bhavati | tadā

....

kṣaṇa-bhedāt”

141 YsV: -pratyayamātraṃ / Āraṇya: -pratyayamātrādhikāraṃ

puruṣasyopacarita-bhogābhāvaḥ śuddhiḥ ।_1

etasyām avasthāyāṃ kaivalyaṃ bhavatīśvarasyānīśvarasya vā vivekaja-jñāna-bhāgina itarasya vā । na hi dagdha-kleśa-bījasya jñāne punar apekṣā kācid asti ।_2

sattva-śuddhi-dvāreṇaitat samādhijam aiśvaryaṃ [ca][142] jñānaṃ copakrāntam । paramārthatas tu jñānād adarśanaṃ nivartate । tasmin nivṛtte na santy uttare kleśāḥ ।_3

kleśābhāvāt karma-vipākābhāvaḥ । caritādhikārāś caitasyām avasthāyāṃ guṇā na puruṣasya punar darśyatvenopatiṣṭhante[143] । tat puruṣasya kaivalyam । tadā puruṣaḥ svarūpa-mātra-jyotir amalaḥ kevalī bhavati ॥_4

iti śrī-pātañjale sāṃkhya-pravacane yogaśāstre vyāsa-bhāṣye vibhūtipādas tṛtīyaḥ ।[144]

....

142 Āraṇya: ca 추가

143 "punar darśyatvenopatiṣṭhante" → TV: "punar dṛśyatvenopatiṣṭhante" / YsV: "punar dṛśyatvenātiṣṭhante" / YV: "dṛśyatvena punar upatiṣṭhante"

144 YsV: iti śrī-pātañjala-yogasūtra-bhāṣye śrīmad-veda-vyāsakṛte vibhūtipādas tṛtīyaḥ ॥
YV: iti śrī-pātañjale sāṃkhya-pravacane yogaśāstre vibhūtipādas tṛtīyaḥ ॥
Āraṇya: iti śrī-pātañjale sāṃkhya-pravacane vaiyāsike vibhūtipādas tṛtīyaḥ ॥

제4장 caturthaḥ kaivalyapādaḥ

4.1. janmauṣadhi-mantra-tapaḥ-samādhijāḥ siddhayaḥ ॥

dehāntaritā janmanā siddhiḥ । oṣadhibhir asura-bhavaneṣu rasāyanenety evamādiḥ । mantrair ākāśa-gamanāṇimādi-lābhaḥ । tapasā saṃkalpa-siddhiḥ kāmarūpī yatra tatra[1] kāmaga ity evamādiḥ । samādhijāḥ siddhayo vyākhyātāḥ ॥_1 tatra kāyendriyāṇām anya-jātīya-pariṇatānām[2] ।_2

4.2. jāty-antara-pariṇāmaḥ prakṛty-āpūrāt ॥

pūrva-pariṇāmāpāya uttara-pariṇāmopajanas teṣām apūrvāyavānupraveśād[3] bhavati । kāyendriya-prakṛtayaś ca svaṃ svaṃ vikāram anugṛhṇanty āpūreṇa dharmādi-nimittam apekṣamāṇā[4] iti ॥_1

4.3. nimittam aprayojakaṃ prakṛtīnāṃ varaṇa-bhedas tu tataḥ kṣetrikavat ॥

na hi dharmādi-nimittaṃ prayojakaṃ prakṛtīnāṃ bhavati । na kāryeṇa kāraṇaṃ pravartyata iti । kathaṃ tarhi, varaṇa-bhedas tu tataḥ kṣetrikavad ।_1 yathā kṣetrikaḥ kedārād apāṃ pūraṇāt kedārāntaraṃ piplāvayiṣuḥ samaṃ nimnaṃ nimnataraṃ vā nāpaḥ pāṇināpakarṣaty āvaraṇaṃ tv āsāṃ[5] bhinatti ।

....

1 YsV에 결락

2 YsV: -jātīya- → -jāti-

3 YsV: apūrvāyavānupraveśāna

4 YsV: avekṣamāṇā

5 YsV: tāsāṃ

tasmin bhinne svayam evāpaḥ kedārāntaram āplāvayanti |_2

tathā dharmaḥ prakṛtīnām āvaraṇam adharmaṃ bhinatti, tasmin bhinne svayam eva prakṛtayaḥ svaṃ svaṃ vikāram āplāvayanti |_3

yathā vā sa eva kṣetrikas tasminn eva kedāre na prabhavaty audakān bhaumān vā rasān dhānya-mūlāny anupraveśayitum | kiṃ tarhi mudga-gavedhuka-śyāmākādīṃs[6] tato 'pakarṣati | apakṛṣṭeṣu teṣu svayam eva rasā dhānya-mūlāny anupraviśanti |_4

tathā dharmo nivṛttimātre kāraṇam adharmasya śuddhy-aśuddhyor atyanta-virodhāt | na tu prakṛti-pravṛttau dharmo hetur bhavatīti | atra nandīśvarādaya[7] udāhāryāḥ | viparyayeṇāpy adharmo dharmaṃ bādhate | tataś cāśuddhi-pariṇāma iti | tatrāpi nahuṣājagarādaya udāhāryāḥ ||_5

yadā tu yogī bahūn kāyān nirmimīte tadā kim eka-manaskās te bhavanty athāneka-manaskā iti |_6

4.4. nirmāṇa-cittāny asmitā-mātrāt ||

asmitā-mātraṃ citta-kāraṇam upādāya nirmāṇa-cittāni karoti | tataḥ sacittāni[8] bhavantīti ||_1

4.5. pravṛtti-bhede prayojakaṃ cittam ekam anekeṣām ||

bahūnāṃ cittānāṃ katham eka-cittābhiprāya-puraḥsarā pravṛttir iti

....

6 YsV: mudga-tinduka-gavīthuka-śyāmākādīṃs

7 YsV: -ādaya → -prabhṛtaya

8 YsV: sacittāḥ

sarva-cittānāṃ prayojakaṃ cittam ekaṃ nirmimīte tataḥ pravṛtti-bhedaḥ ॥_1

4.6. tatra dhyānajam anāśayam ॥

pañca-vidhaṃ nirmāṇa-cittaṃ janmauṣadhi-mantra-tapaḥ-samādhijāḥ siddhaya iti ।_1

tatra yad eva dhyānajaṃ cittaṃ tad evānāśayam । tasyaiva nāsty āśayo rāgādi-pravṛttiḥ । nātaḥ puṇya-pāpābhisaṃbandhaḥ kṣīṇa-kleśatvād yogina iti । itareṣāṃ tu vidyate karmāśayaḥ ॥_2

yataḥ_3

4.7. karmāśuklākṛṣṇaṃ yoginas tri-vidham itareṣām ॥

catuṣpadī[9] khalv iyaṃ karma-jātiḥ । kṛṣṇā śuklakṛṣṇā śuklāśuklākṛṣṇā ceti ।_1

tatra ①kṛṣṇā durātmanāṃ । ②śuklakṛṣṇā bahiḥ-sādhana-sādhyā । tatra para-pīḍānugraha-dvāreṇaiva[10] karmāśaya-pracayaḥ । ③suklā tapaḥ-svādhyāya-dhyānavatām । sā hi kevale manasy āyattatvād bahiḥ-sādhanānadhīnā[11] na parān pīḍayitvā bhavati । ④aśuklākṛṣṇā saṃnyāsināṃ kṣīṇa-kleśānāṃ carama-dehānām iti ।_2

tatrāśuklaṃ yogina eva phala-saṃnyāsād akṛṣṇaṃ cānupādānāt । itareṣāṃ tu bhūtānāṃ pūrvam eva[12] tri-vidham iti ॥_3

....

9 YV: catuṣpadā / Āraṇya: catuṣpāt

10 Āraṇya: -dvāreṇa

11 YsV: abahiḥ-sādhanādhīnā

12 YsV: iva

4.8. tatas tad-vipākānuguṇānām evābhivyaktir vāsanānām ॥

tata iti tri-vidhāt karmaṇaḥ ।_1

tad-vipākānuguṇānām eveti yaj jātīyasya karmaṇo yo[13] vipākas tasyānuguṇā yā vāsanāḥ karma-vipākam anuśerate tāsām evābhivyaktiḥ । na hi daivaṃ karma vipacyamānaṃ nāraka-tiryaṅ-manuṣya-vāsanābhivyakti-nimittaṃ saṃbhavati[14] । kiṃ tu daivānuguṇā evāsya vāsanā vyajyante[15] ।_2

nāraka-tiryaṅ-manuṣyeṣu caivaṃ samānaś carcaḥ ॥_3

4.9. jāti-deśa-kāla-vyavahitānām apy ānantaryaṃ smṛti-saṃskārayor ekarūpatvāt ॥

vṛṣadaṃśa-vipākodayaḥ sva-vyañjakāñjanābhivyaktaḥ[16] । sa[17] yadi jāti-śatena vā dūra-deśatayā vā kalpa-śatena vā vyavahitaḥ ①punaś ca sva-vyañjakāñjana evodiyād[18] ②drāg ity evaṃ[19] pūrvānubhūta-vṛṣadaṃśa-vipākābhisaṃskṛtā vāsanā upādāya vyajyeta[20] ।_1

kasmāt । yato vyavahitānām apy āsāṃ sadṛśaṃ karmābhivyañjakaṃ nimittī-bhūtam ity ānantaryam eva । kutaś ca । smṛti-saṃskārayor

....

13 YsV: yādṛśo

14 Āraṇya: bhavati

15 YsV: abhivyajyante

16 YsV: sva-karma-vyañjakāñjanāḥ ।

17 YsV: sa 결락

18 YsV: "sva-vyañjakāñjana evodiyād" → sva-vyañjakāñjanodayāḥ

19 YsV, Āraṇya: eva

20 YsV: abhivyajyeta

ekarūpatvāt । yathānubhavās tathā saṃskārāḥ । te ca karma-vāsanānurūpāḥ[21] ।_2

yathā ca vāsanās tathā smṛtir[22] iti jāti-deśa-kāla-vyavahitebhyaḥ saṃskārebhyaḥ smṛtiḥ[23] smṛteś[24] ca punaḥ saṃskārā ity evam[25] ete smṛti-saṃskārāḥ karmāśaya-vṛtti-lābha-vaśād vyajyante[26] ।_3

ataś ca vyavahitānām api nimitta-naimittika-bhāvānucchedād ānantaryam eva siddham iti ॥_4

4.10. tāsām anāditvaṃ cāśiṣo nityatvāt ॥

tāsāṃ vāsanānām āśiṣo nityatvād anāditvam । yeyam ātmāśīr mā na bhūvaṃ[27] bhūyāsam iti sarvasya dṛśyate sā na svābhāvikī ।_1

kasmāt । jāta-mātrasya jantor ananubhūta[-janana][28]-maraṇa-dharmakasya dveṣa-duḥkhānusmṛti-nimitto maraṇa-trāsaḥ kathaṃ bhavet ।_2

na ca svābhāvikaṃ vastu nimittam upādatte । tasmād[29] anādi-vāsanānuviddham idaṃ cittaṃ nimitta-vaśāt kāścid eva vāsanāḥ pratilabhya puruṣasya bhogāyopāvartata iti ।_3

ghaṭa-prāsāda-pradīpa-kalpaṃ saṃkocavikāsi cittaṃ

....

21 YsV: karma- 결락

22 YsV: "yathā ca vāsanās tathā smṛtir" → "yathā vāsanāḥ smṛtayaḥ"

23 YsV: smṛtayaḥ

24 YsV: smṛtibhyaś

25 Āraṇya: evam 결락

26 YsV: "-vaśād vyajyante" → "-vaśāveśād abhivyajyante"

27 YsV: "mā na bhūvaṃ" → "maraṇaṃ mā na bhūt"

28 YsV: janana 삽입

29 YsV: yasmād

śarīra-parimāṇākāra-mātram ity apare pratipannāḥ । tathā cāntarābhāvaḥ saṃsāraś ca yukta[30] iti ।_4

vṛttir evāsya vibhunaś cittasya saṃkoca-vikāsinīty ācāryaḥ[31] । tac ca dharmādi-nimittāpekṣam । nimittaṃ ca dvividhaṃ bāhyam ādhyātmikaṃ ca । śarīrādi-sādhanāpekṣaṃ bāhyaṃ stuti-dānābhivādādi[32] । citta-mātrādhīnaṃ śraddhādy ādhyātmikam ।_5

tathā coktam । ye caite maitryādayo dhyāyināṃ vihārās te bāhya-sādhana-niranugrahātmānaḥ[33] prakṛṣṭaṃ dharmam abhinirvartayanti ।_6

tayor mānasaṃ balīyaḥ । kathaṃ । jñāna-vairāgye kenātiśayyete । daṇḍa-kāraṇyaṃ ca[34] citta-bala-vyatirekeṇa śārīreṇa karmaṇā śūnyaṃ kaḥ kartum utsaheta samudram agastyavad vā pibet ॥_7

4.11. hetu-phalāśrayālambanaiḥ saṃgṛhītatvād eṣām abhāve tad-abhāvaḥ ॥

①hetur dharmāt sukham adharmād duḥkhaṃ sukhād[35] rāgo duḥkhād[36] dveṣas tataś ca prayatnas tena manasā vācā kāyena vā parispandamānaḥ param anugṛhṇāty upahanti vā ।_1

....

30 YsV: "saṃsāraś ca yukta" → "saṃsaraṇaṃ ca yuktam"

31 YsV: ācāryāḥ

32 YsV: stuty-abhivādanādi

33 YsV: niranugrahātmānaḥ → niranugrahāḥ

34 Āraṇya: ca 결락

35 YsV: sukhānuśayī

36 YsV: duḥkhānuśayī

tataḥ punar dharmādharmau sukha-duḥkhe rāga-dveṣāv iti pravṛttam idaṃ ṣaḍ-araṃ saṃsāra-cakram । asya ca pratikṣaṇam āvartamānasyāvidyā netrī mūlaṃ sarva-kleśānām ity eṣa ①hetuḥ ।_2

②phalaṃ tu yam āśritya yasya pratyutpannatā dharmādeḥ । na hy apūrvopajanaḥ ।_3

manas tu sādhikāram ③āśrayo vāsanānāṃ । na hy avasitādhikāre manasi nirāśrayā vāsanāḥ sthātum utsahante ।_4

yad abhimukhī-bhūtaṃ vastu yāṃ vāsanāṃ vyanakti tasyās tad-④ālambanam ।_5

evaṃ hetu-phalāśrayālambanair etaiḥ saṃgṛhītāḥ sarvā vāsanāḥ । eṣām abhāve tat-saṃśrayāṇām api vāsanānām abhāvaḥ ॥_6

nāsty asataḥ sambhavo na cāsti sato vināśa iti dravyatvena saṃbhavantyaḥ kathaṃ nivartiṣyante vāsanā iti ।_7

4.12. atītānāgataṃ svarūpato 'sty adhva-bhedād dharmāṇām ॥

bhaviṣyad vyaktikam anāgatam । anubhūta-vyaktikam[37] atītam । sva-vyāpāropārūḍhaṃ vartamānam । trayaṃ caitad vastu jñānasya jñeyam । yadi caitat svarūpato nābhaviṣyan nedaṃ nirviṣayaṃ jñānam udapatsyata । tasmād atītānāgataṃ svarūpato 'stīti ।_1

kiṃ ca bhoga-bhāgīyasya vāpavarga-bhāgīyasya vā karmaṇaḥ phalam utpitsu yadi nirupākhyam iti tad-uddeśena tena nimittena kuśalānuṣṭhānaṃ[38] na yujyeta । sataś ca phalasya nimittaṃ vartamānī-karaṇe samarthaṃ

37 YsV: bhūta-

38 YsV: kuśalānujñānaṃ

nāpūrvopajanane ı siddhaṃ nimittaṃ naimittikasya viśeṣānugrahaṇaṃ[39] kurute nāpūrvam utpādayatīti[40] ı_2

dharmī cāneka-dharma-svabhāvaḥ ı tasya cādhva-bhedena dharmāḥ praty-avasthitāḥ ı na ca yathā vartamānaṃ vyakti-viśeṣāpannaṃ dravyato 'sty evam atītam anāgataṃ ca[41] ı_3

katham[42] tarhi, svenaiva vyaṅgyena svarūpeṇānāgatam asti ı svena cānubhūta-vyaktikena svarūpeṇātītam iti ı vartamānasyaivādhvanaḥ svarūpa-vyaktir iti na sā bhavaty atītānāgatayor adhvanoḥ ı_4

ekasya cādhvanaḥ samaye dvāv adhvānau dharmi-samanvāgatau [na][43] bhavata eveti nābhūtvā bhāvas trayāṇām adhvanām iti ıı_5

4.13. te vyakta-sūkṣmā guṇātmānaḥ ıı

te khalv amī try-adhvāno dharmā vartamānā vyaktātmāno 'tītānāgatāḥ sūkṣmātmānaḥ ṣaḍ-aviśeṣa-rūpāḥ ı_1

sarvam idaṃ guṇānāṃ sanniveśa-viśeṣa-mātram iti paramārthato guṇātmānaḥ ı tathā ca śāstrānuśāsanam ı guṇānāṃ paramaṃ rūpaṃ na dṛṣṭi-patham ṛcchati ı yat tu dṛṣṭi-pathaṃ prāptaṃ tan māyeva sutucchakam ıı iti ıı_2

yadā tu sarve guṇāḥ kathamekaḥ śabda ekam indriyam iti ı_3

....

39 YsV: viśeṣānugrahaṃ

40 YsV: utpādayati

41 Āraṇya: vā

42 YsV: kiṃ

43 YsV에 삽입

4.14. pariṇāmaikatvād vastu-tattvam ||

prakhyā-kriyā[44]-sthiti-śīlānāṃ guṇānāṃ grahaṇātmakānāṃ karaṇa-bhāvenaikaḥ pariṇāmaḥ śrotram indriyaṃ[45] | grāhyātmakānāṃ śabda-bhāvenaikaḥ pariṇāmaḥ śabdo viṣaya iti |_1

śabdādīnāṃ mūrti-samāna-jātīyānām ekaḥ pariṇāmaḥ pṛthivī-paramāṇus tanmātrāvayavaḥ | teṣāṃ caikaḥ pariṇāmaḥ pṛthivī gaur vṛkṣaḥ parvata ity evamādiḥ |_2

bhūtāntareṣv api snehauṣṇya-praṇāmitvāvakāśa-dānāny upādāya sāmānyam ekavikārārambhaḥ samādheyaḥ |_3

①nāsty artho vijñāna-visahacaraḥ | asti tu jñānam[46] artha-visahacaraṃ svapnādau kalpitam ity ②anayā[47] diśā ye vastu-svarūpam apahnuvate ③jñāna-parikalpanā-mātraṃ vastu svapna-viṣayopamaṃ na paramārthato 'stīti ya āhus ④te tatheti pratyupasthitam idaṃ svamāhātmyena vastu ⑤katham ⑥apramāṇātmakena vikalpa-jñāna-balena vastu-svarūpam utsṛjya[48] ⑦tad evāpalapantaḥ ⑧śraddheya-vacanāḥ syuḥ ||_4

kutaś caitad anyāyyam |_5

....

44 YsV: prakhyā-kriyā → prakhyā-pravṛtti

45 YsV: "śrotram indriyaṃ" → śrotrendriyaṃ

46 YsV: vijñānam

47 YsV: amuyā

48 YsV: "vastu-svarūpam utsṛjya" → "vastu svayam upagṛhya"

4.15. vastusāmye citta-bhedāt tayor vibhaktaḥ panthāḥ ॥

bahu-cittālambanī-bhūtam[49] ekaṃ vastu sādhāraṇam । tat khalu naikacitta-parikalpitaṃ nāpy aneka-citta-parikalpitaṃ kiṃ tu sva-pratiṣṭham[50] ।_1

katham । vastu-sāmye citta-bhedāt । dharmāpekṣaṃ cittasya vastu-sāmye 'pi sukha-jñānaṃ bhavaty adharmāpekṣaṃ tata eva duḥkh-ajñānam avidyāpekṣaṃ tata eva mūḍha-jñānaṃ samyag-darśanāpekṣaṃ tata eva mādhyasthya-jñānam iti ।_2

kasya tac cittena parikalpitaṃ । na cānyacitta-parikalpitenārthenānyasya cittoparāgo yuktaḥ । tasmād vastu-jñānayor grāhya-grahaṇa-bheda-bhinnayor vibhaktaḥ panthāḥ । nānayoḥ saṃkara-gandho 'py astīti ।_3

sāṃkhya-pakṣe punar vastu triguṇaṃ calaṃ ca guṇa-vṛttam iti dharmādi-nimittāpekṣaṃ cittair abhisaṃbadhyate । nimittānurūpasya ca pratyayasyotpadyamānasya tena tenātmanā hetur bhavati ।_4

kecid āhuḥ । jñāna-sahabhūr evārtho bhogyatvāt sukhādivad iti । ta etayā dvārā sādhāraṇatvaṃ bādhamānāḥ pūrvottara-kṣaṇeṣu[51] vastur-ūpam evāpahnuvate ॥_5

4.16. na caikacitta-tantraṃ vastu tad-apramāṇakaṃ tadā kiṃ syāt ॥

eka-citta-tantraṃ ced vastu syāt tadā citte[52] vyagre niruddhe vāsvarūpam eva

....

49 Āraṇya: -cittālambanī- → -cittāvalambanī-

50 YsV: svarūpa-pratiṣṭham

51 Āraṇya: pūrvottareṣu kṣaṇeṣu

52 YsV: citte → "tac citte"

tenāparāmṛṣṭam anyasyāviṣayī-bhūtam apramāṇakam agṛhīta-svabhāvakaṃ kenacit tadānīṃ kiṃ tat syāt । saṃbadhyamānaṃ ca[53] punaś cittena kuta utpadyeta ।_1

ye cāsyānupasthitā bhāgās te cāsya na syuḥ । evaṃ nāsti pṛṣṭham ity udaram api na gṛhyeta[54] ।_2

tasmāt svatantro 'rthaḥ sarva-puruṣa-sādhāraṇaḥ svatantrāṇi ca cittāni prati-puruṣaṃ pravartante । tayoḥ saṃbandhād upalabdhiḥ puruṣasya bhoga iti ॥_3

4.17. tad-uparāgāpekṣitvāc[55] cittasya vastu jñātājñātam ॥

ayaskāntamaṇi-kalpā viṣayā ayaḥ-sadharmakaṃ cittam abhisaṃbandhyoparañjayanti[56] । yena ca viṣayeṇoparaktaṃ cittaṃ sa viṣayo jñātas tato 'nyaḥ punar ajñātaḥ । vastuno jñātājñāta-svarūpatvāt pariṇāmi cittam ॥_1

yasya tu tad eva cittaṃ viṣayas tasya ।_2

4.18. sadā jñātāś citta-vṛttayas tat-prabhoḥ puruṣasyāpariṇāmitvāt ॥

yadi cittavat prabhur api puruṣaḥ pariṇamet[57] tatas tad-viṣayāś citta-vṛttayaḥ śabdādi-viṣayavaj jñātājñātāḥ syuḥ । sadā jñātatvaṃ tu manasas tat-prabhoḥ

....

53 YsV: vā

54 YsV: gṛhyeta → "syād eva"

55 YsV: -uparāgāpekṣitvāc → -uparāgāpekṣatvāc

56 YsV, YV, SY, Āraṇya: abhisaṃbadhyo-

57 YV, Āraṇya: pariṇameta

puruṣasyāpariṇāmitvam anumāpayati ॥_1

syād āśaṅkā cittam eva svābhāsaṃ viṣayābhāsaṃ ca bhaviṣyatīty[58] agnivat ।_2

4.19. na tat svābhāsaṃ dṛśyatvāt ॥

yathetarāṇīndriyāṇi śabdādayaś ca dṛśyatvān na svābhāsāni tathā mano 'pi pratyetavyam । na cāgnir atra dṛṣṭāntaḥ । na hy agnir ātma-svarūpam aprakāśaṃ prakāśayati । prakāśaś cāyaṃ prakāśya-prakāśaka-saṃyoge dṛṣṭaḥ । na ca svarūpa-mātre 'sti saṃyogaḥ ।_1

kiṃ ca svābhāsaṃ cittam ity agrāhyam eva kasyacid iti[59] śabdārthaḥ । tad yathā svātma-pratiṣṭham ākāśaṃ na para-pratiṣṭham[60] ity arthaḥ ।_2

sva-buddhi-pracāra-pratisaṃvedanāt sattvānāṃ pravṛttir dṛśyate kruddho 'haṃ bhīto 'ham amutra me rāgo 'mutra me krodha iti । etat svabuddher agrahaṇe na yuktam iti ॥_3

4.20. ekasamaye cobhayānavadhāraṇam ॥

na caikasmin kṣaṇe sva-para-rūpāvadhāraṇaṃ[61] yuktam । kṣaṇikavādino[62] yad bhavanaṃ saiva kriyā tad eva ca kārakam ity abhyupagamaḥ ॥_1

syān matiḥ svarasa-niruddhaṃ cittaṃ cittāntareṇa samanantareṇa gṛhyata iti ।_2

....

58 YV, Āraṇya: bhaviṣyatīty → bhaviṣyaty

59 YsV: "kasyacid iti" → "cittaṃ syād iti"

60 YsV: para-pratiṣṭham → apratiṣṭham

61 YsV: sva-parobhyāvadhāraṇaṃ

62 YsV: kṣaṇavādino

4.21. cittāntara-dṛśye buddhi-buddher atiprasaṅgaḥ smṛti-saṃkaraś ca ||

atha cittaṃ cec cittāntareṇa gṛhyeta buddhi-buddhiḥ kena gṛhyate, sāpy anyayā sāpy anyayety atiprasaṅgaḥ |_1

smṛti-saṃkaraś ca yāvanto buddhi-buddhīnām anubhavās tāvatyaḥ smṛtayaḥ prāpnuvanti | tat-saṃkarāc caikasmṛty-anavadhāraṇaṃ ca syād ity evaṃ buddhi-pratisaṃvedinaṃ puruṣam apalapadbhir vaināśikaiḥ sarvam evākulīkṛtaṃ | te tu bhoktṛ-svarūpaṃ yatra kvacana kalpayanto na nyāyena saṃgacchante |_2

kecit tu[63] sattva-mātram api parikalpyāsti sa sattvo ya etān pañca skandhān niḥkṣipyānyāṃś ca pratisaṃdadhātīty uktvā tata eva punas trasyanti | yathā skandhānāṃ mahānirvedāya virāgāyānutpādāya praśāntaye guror antike brahmacaryaṃ cariṣyāmīty uktvā sattvasya punaḥ sattvam evāpahnuvate |_3

sāṃkhya-yogādayas tu pravādāḥ sva-śabdena puruṣam eva svāminaṃ cittasya bhoktāram upayantīti ||_4

katham_5

4.22. citer apratisaṃkramāyās tad-ākārāpattau svabuddhi-saṃvedanam ||

apariṇāminī hi bhoktṛ-śaktir apratisaṃkramā ca pariṇāminy arthe pratisaṃkrānteva tad-vṛttim anupatati | tasyāś ca prāpta-caitanyopagraha-svarūpāyā buddhi-vṛtter anukāramātratayā

....

63 Āraṇya: tu 결락

buddhi-vṛtty-aviśiṣṭā hi jñāna-vṛttir[64] ākhyāyate ।_1

tathā coktam । na pātālaṃ na ca[65] vivaraṃ girīṇāṃ naivāndhakāraṃ[66] kukṣayo nodadhīnām । guhā yasyāṃ nihitaṃ brahma śāśvataṃ buddhi-vṛttim aviśiṣṭāṃ kavayo vedayante ॥ iti ॥_2

ataś caitad abhyupagamyate ।_3

4.23. draṣṭṛ-dṛśyoparaktaṃ cittaṃ sarvārtham ॥

mano hi mantavyenārthenoparaktam[67] । tat[68] svayaṃ ca viṣayatvād viṣayiṇā puruṣeṇātmīyayā vṛttyābhisaṃbaddham । tad etac cittam eva draṣṭṛ-dṛśyoparaktaṃ viṣaya-viṣayi-nirbhāsaṃ cetanācetana-svarūpāpannaṃ viṣayātmakam apy[69] aviṣayātmakam ivācetanaṃ cetanam iva sphaṭikamaṇi-kalpaṃ sarvārtham ity ucyate ।_1

tad anena citta-sārūpyeṇa bhrāntāḥ kecit tad eva cetanam ity āhuḥ । apare citta-mātram evedaṃ sarvaṃ nāsti khalv ayaṃ gavādir ghaṭādiś ca sakāraṇo[70] loka iti । anukampanīyāste ।_2

kasmāt । asti hi teṣāṃ bhrānti-bījaṃ sarvarūpākāra-nirbhāsaṃ cittam iti । samādhi-prajñāyāṃ prajñeyo 'rthaḥ pratibimbī-bhūtas tasyālambanī-bhūtatvād anyaḥ । sa ced arthaś cittamātraṃ syāt kathaṃ

....

64 YsV: jñāna-vṛttir → "jñavṛttir ity"

65 YsV: "na ca" → no

66 YsV: naivāndhakāraṃ → naivāndhakāraḥ

67 YsV: "mano hi mantavyen-" → "mano 'abhimantavyen-"

68 YsV: tat 결락

69 YsV: iva

70 YsV: svākāreṇa

prajñayaiva prajñā-rūpam avadhāryeta ।_3

tasmāt pratibimbī-bhūto 'rthaḥ prajñāyāṃ yenāvadhāryate sa puruṣa iti । evaṃ grahītṛ-grahaṇa-grāhya-svarūpa-citta-bhedāt trayam apy etaj jātitaḥ pravibhajante te samyag-darśinas tair adhigataḥ puruṣaḥ[71] ॥_4

kutaś caitat[72]_5

4.24. tad asaṃkhyeya-vāsanābhiś citram[73] api parārthaṃ saṃhatya-kāritvāt ॥

tad etac cittam asaṃkhyeyābhir vāsanābhir eva citrīkṛtam api parārthaṃ parasya bhogāpavargārthaṃ na svārthaṃ saṃhatya-kāritvād gṛhavat ।_1

saṃhatya-kāriṇā cittena na svārthena bhavitavyam । na[74] sukha-cittaṃ sukhārthaṃ na jñānaṃ[75] jñānārtham । ubhayam apy etat parārthaṃ ।_2

yaś ca bhogenāpavargeṇa cārthenārthavān puruṣaḥ sa eva paro na paraḥ sāmānya-mātram[76] । yat tu kiṃcit paraṃ sāmānya-mātraṃ[77] svarūpeṇodāhared vaināśikas tat sarvaṃ[78] saṃhatya-kāritvāt parārtham[79] eva syāt ।_3

yas tv asau paro viśeṣaḥ sa na saṃhatya-kārī puruṣa iti ॥_4

....

71 YV, Āraṇya: puruṣa iti

72 TV(1978), YsV: "kutaś caitat" → "kutaś ca"

73 YsV: "-vāsanābhiś citram" → -vāsanā-citram

74 YsV: na hi

75 YsV: jñāna-cittaṃ

76 YsV: "paraḥ sāmānya-mātram" → "para-sāmānya-mātram"

77 YsV: "paraṃ para-sāmānya-mātraṃ" → "para-sāmānya-mātraṃ"

78 YsV: "tat sarvaṃ" → "sa sarvaḥ"

79 YsV: parārtham → parārtha

4.25. viśeṣa-darśina ātma-bhāva-bhāvanā-vinivṛttiḥ ॥

yathā prāvṛṣi tṛṇāṅkurasyodbhedena tad-bīja-sattānumīyate tathā mokṣa-mārga-śravaṇena yasya romaharṣāśrupātau dṛśyete tatrāpy asti viśeṣa-darśana-bījam apavarga-bhāgīyaṃ karmābhinirvartitam ity anumīyate ।_1

tasyātma-bhāva-bhāvanā svābhāvikī pravartate । yasyābhāvād[80] idam uktaṃ svabhāvaṃ muktvā doṣād yeṣāṃ[81] pūrvapakṣe rucir bhavaty aruciś ca nirṇaye bhavati ।_2

tatrātma-bhāva-bhāvanā ko 'ham āsaṃ katham aham āsaṃ kiṃsvid idaṃ kathaṃsvid idaṃ ke bhaviṣyāmaḥ kathaṃ vā bhaviṣyāma iti ।_3

sā tu viśeṣa-darśino nivartate । kutaḥ ।_4

cittasyaivaiṣa vicitraḥ pariṇāmaḥ puruṣas tv asatyām avidyāyāṃ śuddhaś citta-dharmair aparāmṛṣṭa iti । [82]tato 'syātma-bhāva-bhāvanā kuśalasya nivartata iti ॥_5

4.26. tadā viveka-nimnaṃ kaivalya-prāgbhāraṃ cittam ॥

tadānīṃ yad asya "cittaṃ viṣaya-prāgbhāram ajñāna-nimnam āsīt tad asyānyathā"[83] bhavati kaivalya-prāgbhāraṃ vivekaja-jñāna-nimnam[84] iti ॥_1

....

80 YsV: tasyābhāvād

81 YsV: "svabhāvaṃ muktvā doṣād yeṣāṃ" → "svabhāva-doṣād eṣāṃ"

82 YsV: "tato 'syātma-" → tasyātma-

83 YsV: "cittaṃ ajñāna-prāgbhāram viṣaya-nimnam āsīt tad asyānyathā"로 어순을 경문과 부합하게 재구성.

84 YsV: viveka-nimnam

4.27. tac-chidreṣu pratyayāntarāṇi saṃskārebhyaḥ ||

pratyaya-viveka-nimnasya[85] sattva-puruṣānyatā-khyāti-mātra-pravāhiṇaś cittasya[86] tac-chidreṣu pratyayāntarāṇy asmīti vā mameti vā[87] "jānāmīti vā na jānāmīti vā"[88] | kutaḥ |_1

kṣīyamāṇa-bījebhyaḥ[89] pūrva-saṃskārebhya iti ||_2

4.28. hānam eṣāṃ kleśavad uktam ||

yathā kleśā dagdha-bīja-bhāvā na praroha-samarthā bhavanti tathā jñānāgninā dagdha-bīja-bhāvaḥ pūrva-saṃskāro na pratyaya-prasūr bhavati |_1

jñāna-saṃskārās tu cittādhikāra-samāptim anuśerata iti na cintyante ||_2

4.29. prasaṃkhyāne 'py akusīdasya sarvathā vivekakhyāter dharmameghaḥ samādhiḥ ||

yadāyaṃ brāhmaṇaḥ prasaṃkhyāne 'py akusīdas tato 'pi na kiṃcit prārthyate | tatrāpi viraktasya[90] sarvathā vivekakhyātir eva bhavatīti saṃskāra-bīja-kṣayān nāsya pratyayāntarāṇy utpadyante |_1

tadāsya dharmamegho nāma samādhir bhavati ||_2

....

85 YsV: "viveka-nimnasya"로 'pratyaya-' 결락

86 YsV: -pravāhiṇaś → -pravāhādhirohiṇaś

87 YV: "mameti vā" 결락

88 YsV: " " 부분 결락

89 YsV: -bījasya

90 YsV: viraktaḥ

4.30. tataḥ kleśa-karma-nivṛttiḥ ||

tal-lābhād avidyādayaḥ kleśāḥ samūlakāṣaṃ kaṣitā bhavanti | kuśalākuśalāś ca karmāśayāḥ samūlaghātaṃ hatā bhavanti |_1

kleśa-karma-nivṛttau jīvann eva vidvān vimukto bhavati | kasmāt | yasmād viparyayo bhavasya kāraṇaṃ | na hi kṣīṇa-viparyayaḥ kaścit kenacit kvacij jāto dṛśyata iti ||_2

4.31. tadā sarvāvaraṇa-malāpetasya jñānasyānantyāj jñeyam alpam ||

sarvaiḥ kleśa-karmāvaraṇair vimuktasya jñānasyānantyaṃ bhavati | āvarakeṇa tamasābhibhūtam āvṛtam anantaṃ[91] jñāna-sattvaṃ kvacid eva rajasā pravartitam udghāṭitaṃ grahaṇa-samarthaṃ bhavati |_1

tatra yadā sarvair āvaraṇa-malair apagatam [alaṃ][92] bhavati tadā bhavaty asyānantyaṃ | jñānasyānantyāj jñeyam alpaṃ sampadyate | yathākāśe khadyotaḥ[93] |_2

yatredam uktam[94] | andho maṇim avidhyat tam anaṅgulir āvayat | agrīvas taṃ pratyamuñcat tam ajihvo 'bhyapūjayat || iti ||_3

....

91 Āraṇya: "āvṛtam anantaṃ jñāna-sattvaṃ" → "āvṛta-jñāna-sattvaṃ"으로 'anantaṃ' 결락

92 Āraṇya: alaṃ 추가

93 YV: "yathākāśe khadyotaḥ" → yathā

94 YV: "yatredam uktam" 결락

4.32. tataḥ kṛtārthānāṃ pariṇāma-krama-samāptir[95] guṇānām ॥

tasya dharmameghasyodayāt kṛtārthānāṃ guṇānām pariṇāma-kramaḥ parisamāpyate । na hi kṛta-bhogāpavargāḥ[96] parisamāpta-kramāḥ kṣaṇam apy avasthātum utsahante ॥_1

atha ko 'yaṃ kramo nāmeti ।_2

4.33. kṣaṇa-pratiyogī pariṇāmāparānta-nirgrāhyaḥ kramaḥ ॥

kṣaṇānantaryātmā pariṇāmasyāparāntenāvasānena gṛhyate[97] kramaḥ । na hy ananubhūta-krama-kṣaṇā[98] [navasya][99] purāṇatā[100] vastrasyānte bhavati । nityeṣu ca kramo dṛṣṭaḥ । dvayī ceyaṃ nityatā kūṭastha-nityatā pariṇāmi-nityatā ca ।_1

tatra kuṭastha-nityatā puruṣasya । pariṇāmi-nityatā guṇānām । yasmin pariṇamyamāne[101] tattvaṃ na vihanyate tan nityam । ubhayasya[102] ca tattvānabhighātān nityatvam । tatra guṇa-dharmeṣu buddhyādiṣu[103] pariṇāmāparānta-nirgrāhyaḥ kramo labdha-paryavasāno nityeṣu dharmiṣu

....

95 samāptir → YsV, YV: parisamāptir / Āraṇya: samāptir

96 YsV: kṛta-bhogāpavargāḥ → kṛta-bhogāpavargārthāḥ

97 YsV: nigṛhyate

98 YsV: ananubhūtakramā

99 navasya가 TV와 YsV에는 결락, YV와 Āraṇya에는 삽입,

100 Prasāda: "[navasya] purāṇatā" → nava-purāṇatā

101 YsV: pariṇamamāne

102 YsV: ubhayatra

103 YsV: mahadādiṣu

guṇeṣv alabdha-paryavasānaḥ ।_2

kūṭastha-nityeṣu svarūpa-mātra-pratiṣṭheṣu[104] mukta-puruṣeṣu svarūpāstitā krameṇaivānubhūyata iti tatrāpy alabdha-paryavasānaḥ śabda-pṛṣṭhenāstikriyām upādāya kalpita[105] iti ।_3

athāsya saṃsārasya sthityā gatyā ca guṇeṣu vartamānasyāsti krama-samāptir na veti । avacanīyam etat ।_4

katham । asti praśna ekānta-vacanīyaḥ sarvo jāto mariṣyati । oṃ bho iti । atha sarvo mṛtvā janiṣyata iti । vibhajya vacanīyam etat । praty-uditakhyātiḥ kṣīṇa-tṛṣṇaḥ kuśalo na janiṣyata itaras tu janiṣyate ।_5

tathā manuṣya-jātiḥ śreyasī na vā śreyasīty evaṃ paripṛṣṭe vibhajya vacanīyaḥ praśnaḥ paśūn adhikṛtya[106] śreyasī devān ṛṣīṃś cādhikṛtya neti ।_6

ayaṃ tv avacanīyaḥ praśnaḥ saṃsāro 'yam antavān athānanta iti । kuśalasyāsti saṃsāra-krama[107]-samāptir netarasyeti । anyatarāvadhāraṇe doṣaḥ[108] । tasmād vyākaraṇīya evāyaṃ praśna iti ॥_7

guṇādhikāra-krama-samāptau[109] kaivalyam uktaṃ tat-svarūpam avadhāryate ।_8

....

104 YV: "svarūpamātra-pratiṣṭheṣu" 결락

105 YsV: vikalpita

106 Āraṇya: uddiśya

107 YsV: saṃsāra-krama → saṃsāra-cakra

108 Āraṇya: doṣaḥ → 'doṣaḥ

109 YsV: -samāptau → -parisamāptau

4.34. puruṣārtha-śūnyānāṃ guṇānāṃ pratiprasavaḥ kaivalyaṃ svarūpa-pratiṣṭhā vā citi-śaktir iti ||

kṛta-bhogāpavargāṇāṃ puruṣārtha-śūnyānāṃ yaḥ pratiprasavaḥ kārya-kāraṇātmanāṃ guṇānāṃ tat kaivalyaṃ svarūpa-pratiṣṭhā punar buddhi-sattvānabhisaṃbandhāt[110] puruṣasya citi-śaktir eva kevalā tasyāḥ sadā tathaivāvasthānaṃ kaivalyam iti[111] ||_1

iti śrī-pātañjale sāṃkhya-pravacane yogaśāstre vyāsa-bhāṣye[112] kaivalyapādaś caturthaḥ ||[113]_2

....

110 *YsV*: -sattvānabhisaṃbandhāt → -sattvānabhisaṃbandhinī

111 YsV: iti → "om iti"

112 Āraṇya: vyāsa-bhāṣye → vaiyāsike

113 YsV: iti śrī-pātañjala-yogasūtra-bhāṣye śrīmad-veda-vyāsakṛte || caturthaḥ kaivalyapādaḥ ||

부록 3

용어 풀이

3질(tri-guṇa): 순질(sattva)과 동질(rajas)과 암질(tamas)을 총괄하여 일컫는 개념. 상키야 및 요가 철학의 형이상학을 구축하는 핵심 개념으로 전변을 추진하는 세 가지 요소 또는 성질. 이 셋은 근본원질의 성분인 동시에 이로부터 전개되는 모든 원리들의 공통 요소. 순수정신을 제외한 모든 것들은 3질의 배합에 불과함. 흔히 3덕(德), 3질(質)이라는 번역어로 통용됨.

5대(五大, pañca-bhūta): 다섯 가지 조대요소. 공(空), 풍(風), 화(火), 수(水), 지(地). ↪ 조대요소

5미세요소: 5유(唯), 즉 다섯 가지 미세요소. ↪ 미세요소

5유(五唯, pañca-tanmātra): 다섯 가지 미세요소. 성(聲), 촉(觸), 색(色), 미(味), 향(香). ↪ 미세요소

5작근(作根, pañca-karmendriya): 다섯 가지 행위기관. ↪ 작근

5조대요소: 5대(大), 즉 다섯 가지 조대요소. ↪ 조대요소

5지근(五知根, pañca-jñānendriya): 다섯 가지 지각기관. ↪ 지근

8지(八支, aṣṭāṅga) 요가: 여덟 단계로 실천하는 요가. 여덟 단계의 과정을 수행하여 독존을 성취하는 요가 철학 특유의 실천법.

각성(覺醒, vyutthāna): 삼매 또는 전변의 양태를 지칭할 경우, 억제와 대립하는 개념으로 잠세력의 활성화 상태 또는 마음의 작용이 발동하는 것. 잠세력이 활동 상태로 바뀌는 것을 잠에서 깨어난 것에 비유한 개념.

권계(勸戒, niyama): 요가의 8지 중 제2지. 요가 수행의 조건으로서 권장 사항에 해당하는 다섯 가지 노력. ①청정, ②만족, ③고행, ④자기 학습(성전 공부), ⑤신에 대한 헌신.

근본원질(根本原質, pradhāna, mūlaprakṛti): 순수정신과 대립하는 원리. 순수정신 이외의 모든 물질적 생리적 현상의 근원. 일반적으로는 원질(prakṛti)의 동의어이지만, 3질로 이루어진 원리들의 통칭으로 사용되는 원질과는 차별하여, 이 원질의 근본이 되는 유일한 원인을 지칭.

금계(禁戒, yama): 요가의 8지 중 제1지. 요가 수행의 필수 조건으로 반드시 준수해야 할 다섯 가지 덕목. ①불상해(不傷害), ②진실, ③불투도(不偸盜), ④금욕, ⑤무소유.

기억(記憶, smṛti): 잠세력이 관념으로 표상화하거나 관념이 잠세력으로 내재하는 방식으로 존재하는 잠재의식, 즉 훈습의 한 양태.

다생업(多生業, anekabhavika-karman): 일생업과 대립하는 개념으로 많은 전생에서 유래하는 업. 『요가주』에서는 훈습의 특성을 설명하는 개념.

독존(獨存, kaivalya): 해탈의 상태를 묘사하는 상키야 및 요가 철학의 전용어. 이론적으로는 통각과 순수정신의 결합이 없는 상태 또는 순수정신이 3질과 완전히 단절된 상태를 의미.

동질(動質, rajas): 원질의 3질 중 동력으로 기능하는 속성. 자극, 운동, 에너지 따위로 작용하고 고통과 불쾌를 야기함.

등지(等至, samāpatti): 마음의 평정 상태를 의미하는 전문어로 보통은 삼매의 동의어. 그러나 삼매와 차별할 경우에 등지는 삼매에 포섭되는 개념.

마음(心, citta): 상키야 철학에서 3종의 내적 기관으로 분류한 통각과 아만과 의식(manas)의 기능을 포괄하는 일상의 인식 기관. 개념상으로는 세 내적 기관 중 의식에 상당하지만, 요가 철학에서는 간혹 통각을 지칭하는 경우가 있음.

마하트(mahat): 통각의 별칭. 원질로부터 전개되는 전변의 23원리들 중 가장 먼저 출현하는 중요한 위치에 있으므로 '위대한 것'(大)으로 불림. ↪ 통각

무사(無伺, nirvicāra): 등지(또는 삼매)를 4종으로 구분한 것 중 넷째 단계. 유사(有伺)의 대상보다 더욱 미세한 대상(아만, 통각, 원질)에 집중한 명상의 경지.

무상(無想, asaṃprajñāta): 삼매의 심도를 구분하는 개념 중 하나. 명상에 몰입한 이후 정신 집중의 심도를 차별하여 대상을 의식하지 않는 상태, 즉 대상에 대한 분별이 없는 의식 상태를 가리킴. 『요가주』에서는 '잠세력은 잔존하고 마음은 억제된 것'을 무상 삼매로 정의함.

무심(無尋, nirvitarka): 등지(또는 삼매)를 4종으로 구분한 것 중 둘째 단계. 명칭 및 개념에 의한 고정관념(망상)을 떨쳐버리고, 조대한 대상을 있는 그대로 직관하는 한층 진전된 수준의 명상.

무종(無種, nirbīja): 삼매의 최종 단계를 지칭하는 개념. 잠세력을 종자에

비유하여 모든 잠세력이 완전히 억제된 상태를 지칭. 『요가주』에서는 무종 삼매를 요가의 최종 목적인 독존(해탈)의 경지로 간주.

무지(無知, avidyā): 불전의 용어로는 무명(無明). 모든 번뇌의 기반이자 원천이 되는 미망. 전도(顚倒)된 인식으로 정의되며, 포괄적으로는 모든 번뇌를 의미.

무차별(無差別, aviśeṣa): 전변의 23원리 중 6원리, 즉 5미세요소(聲, 觸, 色, 味, 香)와 자아의식(我慢)을 총칭하는 전문어.

미세요소(微細要素, tanmātra): 평범한 감각 능력으로는 지각할 수 없는 미세한 5종의 물질적 요소, 즉 성(聲), 촉(觸), 색(色), 미(味), 향(香)을 총칭하는 개념. 불전에서는 이것을 유(唯)라는 전문어로 번역함.

방편연(方便緣, upāya-pratyaya): 『요가주』에서만 사용된 전문어로 정신적 수단을 원인으로 갖는 것, 즉 정신적 수단에 의거하는 것. 해탈을 추구하는 사람에게 적합한 수단으로 신념, 정진, 기억, 삼매, 예지를 가리킴.

법운(法雲, dharma-megha) 삼매: '덕(德)의 구름'이라는 의미의 삼매. 최상의 삼매를 비로 대지에 은혜를 베푸는 구름에 비유한 것. 『요가주』에 의하면 무종 삼매의 별칭.

사(伺, vicāra): 유상 삼매(등지)를 4종으로 구분하는 개념 중의 하나로 미세한 사고. 명상의 대상이 미세한 것일 경우를 가리키며, 그 대상의 미세성의 차이에 따라 유사(有伺)와 무사(無伺)로 구분됨.

삼매(三昧, samādhi): 집중에 의한 마음의 평정 상태. 『요가수트라』에는 일반 의미와 특수 의미가 모두 적용되어 있다. 일반 의미로는 어떤 대상에 의식을 집중하여 마음이 안정된 상태를 가리킨다. 특수 의미로는 요가의 8지 중 최종 단계인 제8지, 즉 집중이 최고조에 도달한 경지를 가리킴.

상속(相續, krama): 전변의 순차적 단계. 특히 찰나들이 단절 없이 연속하는 것.

상키야(sāṃkhya): 인도의 전통 철학 중 이원론을 주창한 학파의 이름. 요가 철학은 이 학파의 형이상학을 거의 그대로 수용하거나 약간 변용함.

성취자(成就者, siddha): 초인간적 능력을 얻었지만 신격에 도달하지는 못한 단계의 초능력자. 흔히 신인족(神人族) 또는 반신족(半神族)으로 번역.

수련(修練, abhyāsa): 요가 수행의 기본 원리로 간주되는 보편적인 2대 수단 중 하나. 마음의 안정을 위한 지속적인 노력. 요가수트라에서는 오랜 기간과 지속성과 주의력으로 열심히 실천하는 것을 수련으로 간주.

순수자아(純粹自我, ātman): 순수정신을 지칭하는 자아.

순수정신(純粹精神, puruṣa): 근본원질의 반대 개념. 지성의 원천으로 앎을 가능하게 하는 원리. 일상의 인식에서는 원질의 3질 중 순질의 지적 능력으로 오인되지만, 이 지적 능력은 순수정신의 반영에 의해서만 발휘됨.

순수정신의 목적(puruṣārtha): 순수정신의 향수(경험)와 해탈이라는 목적. 순수정신이 목적을 갖는다는 의미가 아니라, 순수정신의 향수와 해탈을 위해 활동하는 것. 원질에 속하는 원리들(특히 통각)이 순수정신의 향수와 해탈을 위해 활동한다는 관념을 일컬음.

순질(純質, sattva): 원질의 3질 중 인식이 가능하도록 조명하는 속성. 가벼움, 밝음, 즐거움 따위로 작용하고 고요함과 평온함을 도모함.

식별지(識別智, vivekakhyāti): 식별로부터 생긴 지혜. 통각의 순질에 의한 지적 능력과 순수정신의 지성을 서로 다른 것으로 구별하여 아는 것. 요컨대 철저한 직관의 완성형을 일컬음.

심(尋, vitarka): 유상 삼매(등지)를 4종으로 구분하는 개념 중의 하나로 개략적 사고. 명상의 대상이 5대(大) 따위의 조대한 것일 경우를 가리키며, 그 대상에 대한 명상의 강도에 따라 유심(有尋)과 무심(無尋)으로 구분됨.

아만(我慢, ahaṃkāra): 원질의 전변에서 통각으로부터 변형되어 출현하는 원리. 자기 중심의 자아의식으로서 기능하며, 이로부터 나머지 모든 원리들이 출현.

암질(暗質, tamas): 원질의 3질 중 다른 두 질의 기능을 방해하는 무기력의 속성. 무거움, 덮음, 속박 따위로 작용하고 우둔함과 낙담을 야기함.

억제(抑制, nirodha): 삼매 또는 전변의 양태를 지칭할 경우, 각성과 대립하는 개념. 마음의 발동을 저지하는 것.

요기(yogī): 요가를 실천하는 수행자.

원질(原質, prakṛti): 순수정신과 대립하는 원리로 물질적 근원. 순수정신을 제외한 모든 실체들의 질료인이자 동력인이 되는 최종 원인. 간혹 3질로 이루어진 원리들을 통칭하여 복수로 사용되기도 하지만, 단수로 사용될 경우에는 대체로 근본원질의 동의어가 됨.

유사(有伺, savicāra): 등지(또는 삼매)를 4종으로 구분한 것 중 셋째 단계. 미세요소에 집중하여 마음이 미세한 대상과 하나가 된 명상의 경지.

유상(有想, saṃprajñāta): 삼매의 심도를 구분하는 개념 중 하나. 명상에 몰입한 이후 정신 집중의 심도를 차별하여 대상을 의식하는 상태,

즉 대상에 대한 분별이 있는 의식 상태를 가리킴.

유심(有尋, savitarka): 등지(또는 삼매)를 4종으로 구분한 것 중 첫째 단계. 조대한 대상을 명칭 및 개념에 의한 고정관념(망상)과 혼합된 상태로 명상하는 가장 낮은 수준의 집중.

유종(有種, sabīja): 무상 삼매까지 포함하여, 무종 삼매에 도달하기 이전의 모든 삼매를 총칭하는 개념. 잠세력을 종자에 비유하여 억제의 잠세력까지 종식되지 않은 상태의 삼매를 일컬음.

이욕(離欲, vairāgya): 요가 수행의 기본 원리로 간주되는 보편적인 2대 수단 중 하나. 탐욕과 집착을 버리는 것. 요가수트라에서는 세속의 대상에 대한 열망을 제압하는 의식으로 정의됨.

인중유과(因中有果, satkārya): 모든 결과는 이미 원인에 내재되어 있다는 관념을 내포하여, 상키야 및 요가 철학에서 전변의 인과율을 묘사하는 개념. 원인과 결과는 3질로만 성립되며, 결과의 3질은 원인의 3질과 동일하므로 결과는 원인에 내재해 있음.

일생업(一生業, ekabhavika-karman): 다생업과 대립하는 개념으로 하나의 생존(탄생과 임종 사이)에서 유래하여 다른 하나의 생존을 이루는 업. 또는 하나의 생존에 국한되는 업. 『요가주』에서는 잠재업의 특성을 설명하는 개념.

임무(任務, adhikāra): 요가 철학의 전문어로는 전변이 순수정신의 독존이라는 목적을 지향한다는 것을 함축하는 개념. 순수정신에게 향수(경험)를 제공하여 종국에는 독존에 도달하게 하는 것. 따라서 3질 또는 마음의 작용은 독존을 달성하기 위한 임무로 간주됨. 이 경우 임무는 '마음의 작용'이라는 부정적인 현상에 '목적을 위함'이라는 긍적적인 의미를 부여한 개념이 됨.

자아(自我, ātman): 순수정신의 통칭. 상키야 및 요가 철학의 전문어로는 순수정신이지만, 일반 용어로는 이 순수정신을 자기 자신이라는 의미로 통칭한 개념.

자아의식(自我意識, asmitā): 흔히 아견(我見)으로 번역되며, 기본적으로는 아만(我慢)의 속성을 일컫는 개념. 마음(통각)의 활동을 순수정신의 작용으로 혼동하여 자기 존재성을 의식하는 것. 다른 한편으로는 유상 삼매(등지)를 4종으로 구분하는 개념 중 최상인 넷째 단계로서, 순수정신과 대상의 동일성을 의식하는 상태.

작근(作根, karmendriya): 운동의 기능으로 작용하는 신체의 행위기관. 성대, 손, 발, 항문, 생식기의 총칭.

잠세력(潛勢力, saṃskāra): 의식에 잠복하여 미래에 동일한 행위를 반복하려고 하는 성향. 기억과 동질이며, 요가 철학에서 특별히 주목하는 보편적 업력.

잠재업(潛在業, karmāśaya): 업의 잠재력. 잠세력이나 기억을 발동시키지만 한시성을 갖는 업력.

전변(轉變, pariṇāma): 일반 의미로는 변화 또는 변형. 베단타를 비롯하여 상키야 및 요가 철학의 형이상학적 개념으로는, 실체의 본질은 변하지 않고 실체의 속성이 다양한 결과로 변형되는 것을 일컬음. 여기에는 결과는 원인에 내재된 속성의 변형이라는 인중유과의 관점이 전제되어 있음.

전지자(全智者, sarvajña): 식별지를 달성하여 모든 것을 아는 자. 불전의 용어는 일체지자(一切智者)로 번역됨.

정려(靜慮, dhyāna): 불전의 번역어로는 선정(禪定). 요가의 8지 중 제7지. 고도의 명상에 돌입한 둘째 단계. 『요가주』에서는 집중의 대상을 지탱하는 관념이 오직 한 가지로 지속하는 상태로 정의된다. 이 밖의 일반 의미로는 삼매의 경우처럼 명상에 몰입한 상태를 가리킴.

제감(制感, pratyāhāra): 요가의 8지 중 제5지. 마음을 제어하여 감관들의 작용을 억제하는 것. 명상의 시작 단계에 해당함.

조대요소(粗大要素, mahābhūta, bhūta): 물질 세계를 형성하는 근본 요소로서 일상의 감각 능력으로 지각할 수 있는 다섯 가지. 공(空), 풍(風), 화(火), 수(水), 지(地).

조식(調息, prāṇāyāma): 요가의 8지 중 제4지. 숨(호흡)을 억제하는 것. 『요가주』에 의하면, 좌법에 숙달한 이후 들숨과 날숨을 최대한으로 중지하는 것.

존재연(存在緣, bhava-pratyaya): 세속을 원인으로 갖는 것, 즉 세속에 의거하는 것. 세속에서 통용되는 일시적인 억제의 수단.

좌법(坐法, āsana): 요가의 8지 중 제3지. 명상에 몰입하기 위해 견고하고 안락하게 앉는 것.

지근(知根, jñānendriya): 지각 또는 감각을 담당하는 신체 기관, 즉 지각기관 또는 감관. 귀, 피부, 눈, 혀, 코의 총칭이며 이 다섯은 각각 한자어로는 이(耳), 촉(觸), 안(眼), 설(舌), 비(鼻)로 번역됨.

지전자(知田者, kṣetrajña): 순수정신을 지칭하는 비유적 개념. 본래 의미는 '밭을 아는 자'. 밭은 육체, 즉 원질을 비유하고, 아는 자는 자아, 즉 순수정신을 비유함.

질(質, guṇa): 원질의 실체를 구성하는 요소 또는 성질. 철학 일반의 용어로는 속성을 의미하지만, 상키야 및 요가 철학의 전문어로는 3질을 지칭함. ↪ 3질

집일(集一, ekāgratā): 여러 상념이 하나로 집중되는 것. 선행하는 관념과

후속하는 관념이 동일하게 된 상태.

차별(差別, viśeṣa): 전변의 23원리 중 16원리, 즉 5조대요소(空, 風, 火, 水, 地)와 5지각기관(귀, 피부, 눈, 혀, 코)과 5행위기관(성대, 손, 발, 항문, 생식기)과 마음(意)을 총칭하는 전문어.

총제(總制, saṃyama): 철저한 집중 또는 직관. 요가의 8지 중 마지막 3지인 총지와 정려와 삼매를 총칭한 일련의 명상 수단. 이 셋은 요가의 내적 수단으로 간주됨.

총지(總持, dhāraṇā): 요가의 8지 중 제6지. 마음이 한곳에 고정된 상태. 고도의 명상에 돌입한 첫 단계.

통각(統覺, buddhi): 원질로부터 전변하는 23원리들 중 첫째로 출현하는 원리. 일상적 인식 활동의 주체로서 인식 내용을 최종으로 판단하고 결정하는 최심층의 내적 기관. 이것의 지적 능력은 흔히 순수정신의 지성을 대변하는 것으로 오인됨.

표징(表徵, liṅga): 요가 철학의 전문어로서 전변의 원리들을 분류하는 개념. 이 경우의 표징은 원인을 갖고 있음을 지칭. 간혹 원질로부터 전변한 23원리 전체를 포괄하여 지칭한 경우도 있음.

행작(行作, kriyā) 요가: 본격적인 요가 수행을 원조하는 기본적이고 필수적인 노력을 총칭한 것.

향수(享受, bhoga): 감각이나 지각으로 대상을 경험한다는 것을 먹거나 마시는 데서 발생하는 즐거움에 비유한 전문어. 실제 의미는 경험 또는 체험. 전변의 활동 또는 이 결과로 나타난 모든 물리적 생리적 현상은 순수정신에게 경험의 대상이 된다는 사실을 일컬음.

화생심(化生心, nirmāṇa-citta): 단지 의지에 의해 생성된 요기의 마음. 어떤 목적을 갖고 자신의 의지로 일으킨 마음.

환멸(還滅, pralaya, pralīna): 전변의 결과인 심신(心身)의 원리와 활동이 원질 상태로 소멸하는 것. 환원의 동의어.

환원(還元, pratiprasava): 전변의 결과인 심신(心身)의 원리와 활동이 전변 이전의 상태로 회귀하는 것. 환멸의 동의어.

환희(歡喜, ānanda): 유상 삼매(등지)를 4종으로 구분하는 개념 중 셋째 단계로서, 즐거움과 기쁨으로 싸인 상태.

훈습(熏習, vāsanā): 업의 지속적인 습기(習氣). 잠재업과 동질이지만 거의 무한한 지속성을 갖는 업력. 잠세력과 기억의 양태로 존속함.

약호 및 참고문헌

1. 약호

『요가주』: 이 역서의 원서인 『요가수트라 주석』, 즉 Vyāsa의 Yogasūtra-bhāṣya.

대정장: 大正新脩大藏經.*

GS: *Gheranda-saṃhita.*

GSg: Shyam Ghosh. *The Original Yoga as expounded in Śiva-Samhitā, Gheraṇḍa-Samhitā, and Pātañjala Yoga-sūtra.* Delhi: Munshiram Manoharlal Publishers Pvt. Ltd., 1980.

GSv: Rai Bahadur Srisa Chandra Vasu. trans. *The Gheranda Samhita.* Delhi: Sri Satguru Publications, 1981.

HP: Svātmārāma의 *Haṭhayoga-pradīpikā. The Haṭhayogapradīpikā of Svātmārāma.* Chennai: The Adyar Library and Research Centre, 1972.

JM: *Jayamaṅgalā.*

Manu: *Manu-smṛti.*

Mbh: *Mahābhārata.*

Pāṇ: *Aṣṭādhyāyī.* Sumitra M. Katre. trans. *Aṣṭādhyāyī of Paṇini.* Delhi: Motilal Banarsidass, 1989.

SC: *Sāṃkhya-candrikā.*

SK: Īśvarakṛṣṇa의 *Sāṃkhya-kārikā.*

SY: *Yogasūtra-bhāṣya, Pātañjalarahasya, Tattva-vaiśāradī, Yoga-vārttika, Bhāsvatī*의 합본. Śrī Gosvāmī Dāmodara Śāstrī. ed. *Sāṃkhyayogadarśanam or Yogadarśana of Patañjali with the Scholium of Vyāsa and the Commentaries.* reprinted Varanasi:

* 페이지의 약호(p.)를 쌍점(:)으로 대체하고, 숫자 다음의 a, b, c는 각각 해당 페이지의 상단, 중단, 하단을 표시함.

Chaukhambha Sanskrit Sansthan, 1990.

TSp: Kamalaśīla의 *Tattvasaṃgraha-pañjikā*. Swami Dwarikadas Shastri. ed. *Tattvasaṅgraha of Ācārya Shāntarakṣita with the Commentary 'Pañjikā' of Shri Kamalashīla*, Vol. 2. Bauddha Bharati Series 2. Varanasi: Bauddha Bharati, 1968.

TV: Vācaspati Miśra의 *Tattva-vaiśāradī*.

(1978) *Pātañjala-yogasūtrāṇiḥ*, Ānandāśrama Sanskrit Series, Vol. 47. Pune: Ānandāśrama, 1978.

(1917) Rajaram Shastri Bodas ed. *The Yogasūtras of Patañjali with the Scholium of Vyāsa and the Commentary of Vācaspatimiśra*, Bombay Sanskrit and Prakrit Series, No. 46. 2nd ed. ; Bombay: The Government General Press, 1917.

up: *Upaniṣad*.

YBh: 『요가수트라 주석』, 즉 Vyāsa의 *Yogasūtra-bhāṣya* 또는 *Yoga-bhāṣya*.

YD: *Yuktidīpikā. Sāṃkhya-kārikā*에 대한 주석. Albrecht Wezler & Shujun Motegi. ed. *Yuktidīpikā: The Most Significant Commentary on the Sāṃkhya-kārikā*. Stuttgart: Steiner, 1998.

YM: Rāmānanda Sarasvatī의 *Yoga-maṇīprabhā*. Bala Krishnan. *The Yogamaṇīprabhā of Rāmānandasarasvati with the Gloss Svasaṇketa*. Delhi: Nag Publisher, 1996.

YS: Patañjali의 *Yogasūtra*.

YsV: Śaṅkara의 *Yogasūtra-bhāṣya Vivaraṇa*. Polakam Sri Rama Sastri & S. R. Krishnamurthi Sastri ed. *Pātñjalā Yogasūtra Bhāṣya Vivarāṇam of Śaṅkara Bhagavatpāda*. Madras: Government Oriental Manuscripts Library, 1952.

YV: Vijñāna Bhikṣu의 *Yoga-vārttika*. → Rukmani(1981, 1983, 1987, 1989)

2. 참고문헌

Āraṇya, Swāmi Hariharānanda

1983 *Yoga Philosophy of Patañjali*. Albany: State University of New York Press.*

2000 *Yoga Philosophy of Patañjali with Bhāsvatī*. 1st ed. 1963 ; 4th ed. Kolkata: University of Calcutta.

Bühler, Georg. trans. (1886). *The Laws of Manu*. F. Max Müller ed. *The Sacred Books of the East*, Vol. XXV. Oxford: The Clarendon Press.

Chakravarti, Pulinbihari (1975). *Origin and Development of the Sāṃkhya System of Thought*. 2nd ed. ; New Delhi: Oriental Books Reprint Corporation.

Coward, Harold G. (1983). "Psycholgy and Karma", *Philosophy East* & *West*, Vol. 33, No. 1. Honolulu: The University of Hawaii Press.

Dasgupta, S. N. (1973). *Yoga as Philosophy and Religion*. 1st ed. 1924 ; Delhi: Motilal Banarsidass.

Jhā, Gaṅgānātha Mahāmahopādhyāya. ed. (1939). *Manu-smṛti: With the 'Manubhāṣya' of Medhātithi*, Vol. II. Calcutta: Asiatic Society of Bengal.

Larson, Gerald & Bhattacharya, Ram Shankar. ed. (2008). *Yoga: India's Philosophy of Meditation*. ENCYCLOPEDIA OF INDIAN PHILOSOPHIES, Vol. XII. Delhi: Motilal Banarsidass Publishers Private Limited..

Leggett, Trevor. trans. (1992). *Śaṅkara on the Yoga Sūtras*. Delhi: Motilal Banarsidass Publishers.

Philipp, André (2018). ""Sthirasukham Āsanam": Posture and Performance in Classical Yoga and Beyond", *Yoga in Transformation: Historical and Contemporary Perspectives*. Vienna: Vienna University Press.

Prasāda, Rāma. trans. (2000). *Pātañjali's Yoga Sūtras with the commentary of Vyāsa and the gloss of Vāchaspati Miśra*. 1st ed. 1912 ; New Delhi: Munshiram Manoharlal Publishers Pvt. Ltd..

Rukmani, T. S. trans.

1981 *Yogavārttika of Vijñānabhikṣu*, Vol. 1. Delhi: Munshiram Manoharlal Publishers Pvt. Ltd.

1983 *Yogavārttika of Vijñānabhikṣu*, Vol. 2. Delhi: Munshiram Manoharlal Publishers Pvt. Ltd.

....

* 이 책은 원래 아래의 판본(초판 1963)에 수록된 것을 분리하여 출판한 것이다.

1987 *Yogavārttika of Vijñānabhikṣu*, Vol. 3. Delhi: Munshiram Manoharlal Publishers Pvt. Ltd.

1989 *Yogavārttika of Vijñānabhikṣu*, Vol. 4. Delhi: Munshiram Manoharlal Publishers Pvt. Ltd.

2001.1. *Yogasūtrabhāṣyavivaraṇa of Śaṅkara*, Vol. 1. Delhi: Munshiram Manoharlal Publishers Pvt. Ltd.

2001.2. *Yogasūtrabhāṣyavivaraṇa of Śaṅkara*, Vol. 2. Delhi: Munshiram Manoharlal Publishers Pvt. Ltd.

Sinha, Jadunath (1938). *Indian Realism*. 1st ed. 1938 ; London, Routledge Kegan Paul Ltd. Reprinted Delhi, Motilal Banarsidass.

Wogihara, Unrai. ed. (1971). *Sphuṭārthā Abhidharmakośavyākhyā*. Tokyo: Sankibo Buddhist Book Store.

Woods, James Haughton (1973). *Yoga-System of Patañjali Or the Ancient Hindu Doctrine of Concentration of Mind*. 1st ed. 1914 ; New York: Gordon Press.

Yardi, M. R. (1979). *The Yoga of Patañjali*. Poona: Bhandarkar Research Institute.

다스굽타, 수렌드라나트 (1997). 『인도의 신비사상』. 오지섭 역. 서울: 도서출판 영성생활. [Dasgupta, S. N. *Hindu Mysticism*. 1st ed 1927 ; Delhi: Motilal Banarsidass, 1983]

木村 泰賢(1915). 『印度六派哲学』. 東京: 丙午出版社.

山下 幸一(1976). 「ヨーガ学派に於けるSaṁskāraについて」, 『印度学仏教学研究』, 25-1.

舟橋 一哉(1987). 『倶舍論の原典解明--業品』. 京都: 法藏館.

本多 惠(1978). 『ヨ-ガ書註解』. 京都: 平樂寺書店.

上村 勝彦(1981). 『インド神話』. 東京: 東京書籍.

岸本 英夫(1955). 『宗教神秘主義——ヨ-ガの思想と心理』. 東京: 大明堂.

宇井 伯壽(1932). 『印度哲学史』. 東京: 岩波書店.

中村 元

1951　『ブラフマ·ストラの哲学』. 東京: 岩波書店.

1963　「極樂淨土の觀念のインド学的解明とチベット的変容」,『印度学仏教学研究』, 11-2.

1996　『ヨ-ガとサ-ンキヤの思想』, インド六派哲学 I. 中村元選集 決定版 第24巻. 東京: 春秋社.

정승석

1992　『인도의 이원론과 불교』. 서울: 민족사.

2001　「상키야 철학에서 차별의 개념」,『인도철학』, 제10집.

2004a　「고전 요가 坐法의 다의성」,『인도철학』, 제16집.

2004b　「고전 요가의 부수적 坐法」,『인도철학』, 제17집.

2005　「요가 철학의 삼매 분류」,『인도철학』, 제19집.

2007　「고전 요가의 호흡법의 원리」,「인도철학』, 제22집.

2008　「요가수트라 개시 선언의 해석학적 의미」,『인도철학』, 제24집.

村田 裕美(2005).「Yogasūtra及び-bhāṣyaにおける超能力論: 一切智について」,『印度学仏教学研究』, 53-2.

찾아보기

*굵게 표시된 부분은 해당 어휘가 비교적 상세하게 설명되어 있음을 나타낸다.

/ㄱ/

가나쿠라(金倉) 16
가르베 8
가변의 영원성 285
가탁(假託) 124, 286
각성(覺醒) 47, 48, 90, 164, 166, 288
각성(활동) 167
간격(vyavadhi) 233, 234
간다르바(gandharva, 乾達婆) 200
간다마다나(gandhamādana) 197, 329
간다마다나(gandhamādana.) 329
감관(indriya) 44, 76, 113, 121, 140, 157, 158, 211, 221~223, 238, 255, 265, 333
감로 220
강가(Gaṅgā) 249
강도(强度, saṃvega) 57
개념(jñāna) 78, 80
거대화 219, 220
거북 모양 314
겁 201, 245
겨자씨 198, 199
견고하고 안락한 것(sthira-sukha) 151, **318**
결과(phala) 249, 250, 251, 253, 262, 275, 287, 343
결과(과보) 243
결합 274, 276
경량부 260
경량화 219, 220
경험 246, 337, 338
경험(향수) 118, 119, 208
고뇌 112
고메다(gomedha) 198, 328~330
고샤카(妙音) 325
고통 65, 112, 113, 117, 119, 249, 250
고행 94, 104, 144, 150, 237
고행자의 세계 193
공(空) 76, 85, 124, 213, 214, 216, 221, 256, 333
공덕전(功德田) 303, 304
과거 60, 169, 170, 172, 174, 175, 177, 179, 223, 231, 234, 252~325, 333
과보 59, 105, 106, 111, 185, 236, 244, 245, 333, 338, 339, 341, 343, 344
과실(過失) 225
관계(格) 182~184
관념(인식) 68, 81, 139, 140, 179, 182, 184, 187, 233, 235, 279, 294
관습 143
관찰 132, 133

광음천(光音天) 201
교전(教典) 37, 69, 289
구사론 104, 166, 302, 304, 305, 324
구업(口業) 94, 112, 113
구제자(직관) 206, 234
권계(勸戒) 141, **144**, 145, 149, 151
규환(叫喚) 194
규환(叫喚) 지옥 328
균배(均配)하는 숨 212, 213
그릇된 인식 44, **45**, 46 49
그릇된 지각 64
극대 75
극미 75, 215, 255
극소화 219, 220
근본원질 58, 85, 122, 126, 133, 223, 234, 297, 336
근본원질(mūla-prakṛti) 299
근본원질(pradhāna) 58, 133
금강석 221, 228
금계(禁戒) **141～143**, 145, 146, 151, 163
금시조(金翅鳥, Garuḍa) 192
금욕 141, 142, 148, 269
금칠십론(金七十論) 66
기무라 다이켄(木村 泰賢) 8
기쁨(喜) 191, 333
기억 44, **48**, 49, 56, 73, 123, 181, 185, 245, 246, **336**, 337～341, 343
기억의 혼란 268, 269
길상좌(吉祥坐, svastika) **314**, 315
길상좌(卍자좌) 151
길상초(吉祥草) 198
꿈 74

/ㄴ/

나 114
나라야나 62
나의 것 114
나태 64, 65
나후샤(Nahuṣa) 105, 108, 240
낙담 65, 66
낙타 자세(uṣṭra-niṣadana) 151, **317**
난다나(nandana) 200
난디(Nandi) 240
날숨 65, 66, 153, 154, 320, 321
내생 107, 108, 117
내생수업(來生受業) 104, 105, 110, 111
내적 의지처 249, 250, 251
내적 작용 153
논리적 결합(긍정적 주연 관계) 262
논리학 262
눈의 빛(cakṣuḥ-prakāśa) 189
능력 178, 185
니샤다(niṣadha) 197, 329
니야그로다(nyagrodha) 239
니야야 217, 247
니야야 학파 214
닐라(nīla) 196, 197, 329

/ㄷ/

다르마트라타(法救) **325**
다른 경우(paratra) 185
다른 마음 268
다생업(多生業) 106, 108, 109, 342

[다섯] 번뇌 **95**
단다카(Daṇḍaka) 248, 249
단멸론(斷滅論) 116, 117
단식 **305**
단일성(일원성) 255
단일한 마음(eka-citta) 68, 261, 262
단일한 변형 256
달 204
달의 고행(cāndrāyaṇa) 306
대규환(大叫喚) 194
대규환(大叫喚) 지옥 328
대보적경 307
대비바사론 166, 324
대상 44, 46, 48, 63, 72, 113, 171, 180, 182, 187, 223, 234, 257, 260, 263, 265, 267, 338
대상(의미) 179, 184
대상 요소(idamaṃśa) 261
대서계(大誓戒) 143
대응(anurodha) 261
대응수습(對應修習) 96
대이신(大離身) 215
대주석(大註釋, Mahābhāṣya) 7~9
대치(大癡) 46
대흑(大黑) 194
대흑(大黑) 지옥 328
덕(guṇa) 228
데바닷타 127, 346
도달력(연장력) 219, 220
독(毒) 220
독존(kaivalya) 41, 42, 49, 52, 55, **59**, 90, 91, 95, 132, 136, 187, 225, **235**, 236, 277, 279, 287, 288, 334~336
독존(해탈) 41, 89, 125
독존의 장(독존품) 289
독존자 236
동기 252, 253
동력인(動力因, nimitta) 85, 238, **239**, 247, 248
동류인(同類因) 85
동질(動質, rajas) 39, 40, 86, 115, 120, 121, 136, 216, 224, 235, 259, 283, 298
동질성(同質性) 256
들숨 65, 66, 153, 154, 320, 321
들숨과 날숨 152, 155, 156, 320
들어오는 숨 211, 212
등기(等氣) 212, 252, 253, 333
등불 247
등지(等至, samāpatti) 75, **76**, 78, 85, 214, 300~302

/ㄹ/

라마(Rāma) 249
라마나카(ramaṇaka) 196, 330
라사탈라(rasātala) 194, 328
라자 마르탄다(Rāja-mārtaṇḍa) 7
라크샤사(rākṣasa, 羅刹) 200
레차카(recaka) 152, 153, 320~322
로카로카(lokāloka) 199, 331
리그베다 307
리부(ṛbhu) 201

/ㅁ/

마가다(magadha) 329

마도요 자세(krauñca-niṣadana) 151, **317**
마음(citta) 38, 42～44, 67～71, 75, 100, 101, 124, 157, 206, 223, 240, 241, 251, 262～268, 272, 274, 279, 288, 299, 300, 344, 345, 347
마음(지각기관) 257
마음(통각) 101
마음[의 양상] 258
마음의 산란 64
마음의 속성 38, 178
마음의 임무 91, 280
마음의 작용 39, 41, 42, 44, 52, 97, 207, 216, 264
마음의 정화 68, 72
마음의 향수자(경험자) 270
마음의 활동 241
마음 작용 49, 282
마이트라 68, 241
마하바라타 61, 307
마하탈라(mahātala) 194, 328
마하트(mahat) 115, 125, 126
마하트(통각) 125
만자좌(卍字坐) 314
만족 144, 150
말(소리) 179, 182, 184
말(음성) 179
말리야바트(mālyavat) 197, 329
망고나무 217
망상(vikalpa) 44, 46, 49, 78, 80
매기(媒氣) 212
맥관 205
맹암(盲暗) 46, 194
맹암(盲暗) 지옥 328
메루(=수메루) 196
메루 산 193
명상 58, 104, 161, 162, 165, 191, 248, 335
명상 수단 334
명상(정려) 75
명상론 301
명상자(요기) 96, 207
명칭(śabda) 78
목구멍 204
목적 216, 252
목화나무 199
무간 [지옥] 193, 194
무간(無間) 지옥 193, 203, 328
무관심(捨) 191, 192
무구분(avibhāga) 179
무드라 314
무량수경 307
무사(無伺) 52, 83, 85, 300, 302
무사(無伺) 등지 82, **83**
무사(無伺) 삼매 **86**
무상(無常) 276
무상(無想) 41, 98
무상 삼매 49, 53, 54, 56, 73
무상(無想) 삼매 38, 227
무색계 202
무소유 141, 148
무심(無尋) 52, 81, 83, 85, 227, 300, 302
무심(無尋) 등지 **79**, 80, 82, 84
무심(無尋) 삼매 79
무아 276

무아견 302
무아설 275
무절제 64, 65
무종(無種) 163
무종(無種) 삼매 40, 41, 54, 89, 334
무지(avidyā) 46, 49, 95, 98, 100, 113, 114, 129, 140, 250, 280
무지의 본성 98
무차별 124, 125, 127
무차별 전변 125
무한 소급 268, 269
무환희 302
물수리 199
물질 296
물질적 원인 85
미(味) 76, 85, 124
미래 60, 117, 169, 170, 172, 174, 175, 177, 179, 231, 234, 252～254, 325, 333
미망사 247, 293～295, 307
미망사 수트라(Mīmāṃsā-sūtra) 294
미세 254
미세성 216, 220
미세신(微細身) 248
미세요소 82, 83, 85, 218, 223
미세한 요소 76
미슈라바나(miśravana) 200
미유(味唯) 125
미현현 100

/ㅂ/

바드라슈와(bhadrāśva) 197, 330
바라문(사제) 145, 217, 228, 243
바라타(bhārata) 197, 330
바르샤간야(Vārṣagaṇya) 115, 234, 255
바른 인식 **44**, 45, 46, 49
바수미트라(世友) **326**
바이로차나(Vairocana) 305
바이셰쉬카(Vaiśeṣika) 230, 233
바이자얀타(vaijayanta) 200
바차스파티 미슈라(Vācaspati Miśra) 18, 20, 21, 23
반대의 것에 대한 명상 145, 147
반야(般若) 56, 333
반영되는 것(pratibimbī-bhūtas) 273
발생 139
방일(放逸) 64
방편연(方便緣) 54, **56**
배꼽 바퀴 204
배합(saṃsthāna) 233
백(白) 242～244
백백이숙업(白白異熟業) 243
백업(白業) 110
백흑(白黑) 242, 243
번뇌 41, 43, 46, 52, 59, 94～97, 103～105, 185, 225, 236, 280, 282, 333, 344
법(dharma) 40
법구(法救) 327
법운 삼매 40, 282, 284
법운 정려 282
법운(法雲) **281**, 282
베다 51, 183
베단타 294

베단타 수트라(Vedānta-sūtra) 294
베단타 학파 307
변화 139, 140
별 204
병(瓶) 64, 65, 247
보는 자(순수정신) 128, 132
보자데바(Bhojadeva) 7
보조물 사용(sopāśraya) 151, 316, 317
보편 양태 216~218, 221, 222
보편성 44, 175
본성(svarūpa) 42, 68, 131, 216, 220~223, 278, 285, 288
부정업(不定業) 105, 109~111
부주의 64, 65
부타(bhūta, 浮陀) 200
북구루월(北鳩婁越) 196
북극성 204
북울단월(北鬱單越) 196
분리(부정적 주연 관계) 139, 140, 262
분사(焚死) 213
불교 56, 202, 257, 260, 267, 269, 272, 275, 276, 308, 324, 327
불교도 230, 349
불변의 영원성 285
불상해 143, 147
불선(악) 249
불안정 64, 65
불의 예증 265
불투도(不偸盜) 141, 142, 148
붓다데바(覺天) **326**
브라마(Brahmā) 61, 62
브라마나(제식서) 294
브라마라크샤사(brahmarākṣasa) 200
브라마 수트라 294, 307
브라만 201~203, 206, 271, 328
브라만(Brahman)의 세계 193
비(悲) 70
비갸나 비크슈(Vijñāna Bhikṣu) 20
비나야카(vināyaka, 毘那夜迦) 200
비백(非白) 243
비백비흑(非白非黑) 242, 243
비상비비상처(非想非非想處) 202
비슈누(Viṣṇu) 61
비야사(Vyāsa) 91, 159, 217, 236, 289, 319
비존재 254
비탈라(vitala) 194, 328
비흑(非黑) 244
비흑비백무이숙업(非黑非白無異熟業) 243
빈디야 45
빈디야바사(Vindhyavāsa, 頻闍訶婆娑) 20

/ㅅ/

사(伺) 38, 52, 53, 83, 300~302
사(捨) 70
사나카 74
사물 255, 257, 259~262, 264, 278
사물(artha) 78
사물(대상) 258
사발 모양 314
사티(Satī) 213
사프란(saffron) 175
산만한 마음 93
산스크리트 308

산타파나(sāntapana) 144, 305, 306
삼매 38, 40, 41, 48, 53, 57, 58, 65, 66, 71, 73, 75, 88～90, 94, 104, 141, 151, **162**, 163, 179, 191, 192, 210, 211, 229, 235, 242, 272, 273, 281, 288, 295, 296, 301～303, 334
삼매 수행 344
삼매 전변 **165**, 323
[삼매의] 예지 88
삼세실유(三世實有) 230
상기(上氣) 212, 333
상상된 것(kalpitā) 216
상속(相續) 229～231, 284～287, 333
상승하는 숨 211, 212
상주 251
상주론(常住論) 116
상카르샤나 편 307
상키야(sāṃkhya) 39, 42, 43, 61, 62, 66, 91, 120, 159, 207, 208, 236, 247, 259, 270, 288, 289, 296, 297, 299, 327, 331
상키야 철학 46, 55, 65, 84, 125, 207, 327
상태(位) 127, 166, 178, 323, 324, 333
상태의 전변 **167**, 172, 179, 323
색(色) 76, 85, 124
색계(色界) 201, 202
색유(色唯) 125
생기(生氣) 178, 185, 212
생활(vṛtti) 210
샤카(śāka) 198, 328～330
샬말라(śālmala) 198, 328～330
샹카라(Śaṅkara) 19
선(善) 70, 112, 113, 238～240, 248, 249, 250, 258, 259
선과 악 178, 185
선업 278
설일체유부(說一切有部, Sarvāstivādin) 81, 230, 324
섬부제(贍部提) 195
성(聲) 76, 85, 124
성언(聖言, āgama) 44, **45**, 87, 103
성언(성전) 63
성언(전승) 80
성유(聲唯) 125
성전 61, 72, 87
성전 공부 26, 31, 94, 144, 150
성취자(siddha) 148, 333
세 가지 고통 225
세 가지 시간 양태 254
세 가지 전변 179
세우(世友) 172
세친(世親) 304
소(牛) 180, 182
속박 211
속성 169, 170, 172～179, 185, 252～254, 333
속성(dhama, 法) 127, 166, 168, 217, 296, 323, 324
속성의 전변 323, **166**
수(數) 154
수(水) 76, 84, 124, 216, 221, 256
수(호흡의 횟수) 153, 156
수다르만(sudharman) 200

수다르샤나(sudarśana) 200
수단(sādhana) 112, 216, 268
수단의 장(실수품) 159
수련 49, **50**, 52, 53, 56, 87, 227
수마나사(sumānasa) 200
수메루(sumeru) 195~198, 200, 329, 330
수면 44, 47~49, 74, 95
수미산(수메루) 193, 195, 327, 328, 329
수슘나 203
수의력(隨意力) 219, 220
수탈라(sutala) 194, 328
수행론 344
수행자 152
숙고 123
순수자아(ātman) 296
순수정신(puruṣa) 40~47, 51, 52, 58~61, 77, 85, 91, 95, 100~102, 116, 118, 120, 122, 123, 126~128, 131, 132, 134, 136, 138, 206~208, 224, 225, 235, 236, 247, 250, 263~266, 272, 273, 275~277, 279, 285, 287, 288, 300, 345~347, 350
순수정신의 목적(puruṣārtha) 126, 250
순수정신의 인식 209
순정리론 324
순질(純質, sattva) 39, 40, 59, 86, 95, 100, 115, 120, 121, 125, 136, 149, 150, 156, 172, 186, 207, 208, 224, 225, 235, 259, 277, 279, 283, 288, 300
순현법수업(順現法受業) 303, 304
숨(prāṇa) 70, 331
쉬바(Śiva) 61
슈링가바트(śṛṅgavat) 196, 197, 329
슈웨타(śveta) 196, 197, 329
스승의 교시 72
시간 143, 153~156, 173, 175, 185, 223, 230, 234, 245, 246, 325
시간 양태 252~254
시간적 형태(相) 127, 166, 170, 177~179, 323, 324, 333
시간적 형태의 전변 **166**, 169, 323
식(識) 176
식별 204, 225, 234, 265
식별 작용 257
식별력 99, 112, 115, 116
식별의 잠세력 281
식별지(識別智) 40, 41, 43, 49, 51, 56, 89, 95, 136, 138, 186, 206, 225, 229, 231, 232, **234**, 235, 279, 281, 282, 287, **299**, 300, 333, **334**, 335, 336
식별하는 자들 271
신경총 204, 205
신념 73
신념(믿음) 56
신묘한 청각 213, 214
신업(身業) 94, 112, 113
신에 대한 헌신(īśvara-praṇidhāna) 94, 144, 151, 163
신의 길(神道, devāyāna) 213
신체 214, 215, 221, 238, 239, 241, 248
신체(śarīra) 233
신체 기관(karaṇa) 223

신체 이탈 215
신체의 동요 65, 66
실례 173, 233
실수품(實修品) 93
실체 171, 173, **174**, 176, 178, 208, 253, 285, 296, 298, 325
실체(dharmin) 217
실체(dravya) 217
심(尋) 38, 52, 53, 83, 300, 301, 302

/ㅇ/

아가스티야(Agastya) 248, 249
아견(我見) 53
아견 삼매 53
아만(我慢, ahaṃkāra) 82, 85, 222, 223, 299, 300
아말라카(āmalaka) 232, 233
아바티야(Āvaṭya) 186
아비달마대비바사론 243
아비달마발지론 243
아비달마순정리론 243
아비달마집이문족론 243
아사나(āsana) 151
아수라(阿修羅, asura) 200, 237
아수리(Āsuri) 61
아유스(Ayus) 105
아집 46
아탈라(atala) 194, 328
아트만 305
아파스마라카(apasmāraka, 阿婆娑摩羅) 200
아프사라스(apsaras, 阿婆娑羅) 200
아함경 243
아홉 원인 140
악(惡) 70, 112, 113, 239, 240, 250
안자나바(añjanābha) 201
암(暗) 46
암질(暗質, tamas) 39, 86, 121, 216, 224, 235, 283, 298
애착(abhiniveśa) 46, 95, 102, 103, 123
야마(yama) 191, 201
야코비(Jacobi) 14
야크샤(yakṣa, 夜叉) 200
양태(rūpa) 216, 218, 222, 223
양태(類) 166
억제 90, 164, 178, 185
억제 삼매 164
억제 작용 153
억제 전변 **164**, 323
억제의 잠세력 280, 281, 288
언표 63
업 59, 94, 190, 211, 225, 236, 242, 243, 252, 278, 282, **302**, 303, 333, 338, 339, 343
업력(業力) 104
업론(業論) 104, 344
업보 278
업의 결과 252
업의 종류 242
업품(業品) 302
여덟 가지 초능력 220
연계성 220, 221
연민(悲) 191, 333
연속 관계 175

연화심(蓮花心) 205
연화좌(蓮華坐, padmāsana) 151, **309**, 310～314
열망 74
염부제(閻浮提) 195
영웅좌(또는 용맹좌, vīrāsana) 151, **312**, 313
영혼(jīva) 203
예지(叡智) 48, **56**, 73, 81, 86, **87**, 88～90, 95, **137**, 138, 227, 272, 273, 333
예지(반야) 208
오장육부 217
옥좌 자세(침상 자세, paryaṅka) **317**
옥좌 [자세] 151
옴(Om) **63**, 94, 144
외적 의지처(ālambana) 251, 249
외적 작용 153
요가 **37～41**, 63, 94, 163, 227, 270, 288, 289, 295, 349
요가 철학 39, 43, 104, 120, 208, 268, 296, 299, 300, 323, 327
요가 프라디파(Yoga-pradīpa) 316
요가 학파 42, 214
요가수트라 40, 46, 49, 58, 91, 95, 116, 231, 236, 288, 289, 293, 295, 300, 301, 320, 323, 332, 334, 335
요가의 교전 159, 236
요가의 등불 228, 235
[요가의] 여덟 지분 141
요가의 지분(支分) 138, 139, 141
요가의 힘 213
[요가의] 단계를 얻지 못함 64, 65
요가주 37, 40～42, 44, 58, 67, 71, 74, 76, 78, 80, 89, 104, 105, 109, 110, 112, 115, 117, 130, 148, 151, 155, 158, 164, 166, 178, 185, 191, 194, 196, 198, 199, 203, 207, 208, 210, 211, 217, 226, 230, 231, 236, 242, 243, 252, 261～264, 267, 270～272, 275, 277, 288, 293～297, 300～305, 309, 320, 321, 323, 324, 327～329, 331, 332, 336, 338, 341, 342, 344～347
요기 52, 54, 56, 57, 61, 63, 64, 71, 88, 89, 96, 112～115, 117, 137, 138, 158, 179, 185, 189, 192, 203, 206, 214, 216, 219, 223, 226, 230, 231, 233, 240, 241, 252, 334, 336
요기의 것(업) 243
(요기)의 대상 188
요기의 마음 63, 73～75, 103, 188
요기의 업 242
요기의 통각 233
요자나(yojana) 195～199
욕계 202
용맹좌(vīrāsana) 151, 312
우드가타(udghāta) 154, 155
우이 하쿠쥬(宇井 伯壽) 7, 16
우제(牛祭) 199
우즈(Woods) 8, 9, 16～18
우파니샤드 206, 208, 212, 307, 331
울다라구로(鬱多羅拘盧) 196
원격성(vyavahita) 233
원인(동력인) 118, 119, 131, 185, 246, 249～251, 262, 268, 275, 287,

296, 340~343
원인 **139**
원자 247
원질(prakṛti) 55, 58, 82, 84, 85, 87, 115, 126, 127, 172, 238, 239, 267
원질(원인) 219
원하는 대로 결정하는 능력 219, 220
위대한 맹세 143
위대한 신체 이탈 215
유가사지론 243
유가행파(Yogācāra) 81
유과(油鍋) 194
유과(油鍋) 지옥 328
유목적성 220, 221
유부(有部) 166, 168, 171, 327
유부 4논사 **323**, 324, 327
유사(有伺) [등지] **82**
유사(有伺) 52, 83, 85, 300, 302
유사(有伺) 정려 202
유상(有想) 39, 49
유상(有想) 삼매 52, 54, 163, 164, **300**, 334
유상(有想) 요가 38
유식(唯識) 272
유식(唯識) 학파 176, 257, 260
유식론자(vijñānamātravādin) 176, 272
유식학(唯識學) 67
유심(有尋) 52, 83, 85, 300, 302
유심(有尋) 등지 **78**, 80
유심(有尋) 삼매 53, 78
유심(有尋) 정려 202
유아견 302
유인론(有因論) 116, 117
유종(有種) 삼매 85
유형상지식론(有形象知識論) 272
유환희 302
윤회 49, 116, 145, 206, 228, 248, 250, 287
윤회론 344
윤회의 원인 116
음절(자모) 179~181
의(疑) 64
의내고(依內苦) 66, 115
의미(대상) 181
의식 47, 272, 300
의식(manas) 299
의식(識) 176
의식(마음 작용) 265
의식 상태(saṃprajñāta) 38
의식자 45
의심 64, 65
의업(意業) 94, 113
의외고(依外苦) 66, 114
의천고(依天苦) 66, 114
의탁(adhyāsa) 179, 181, 271
이마의 광휘 205
이욕(vairāgya, 離欲) 40, 41, **49**, **51**, 52, 53, 56, 57, 227, 248, 287
이욕(離欲)의 잠세력 280, 281
이원론 207
이전(移轉) 286
인과 106, 344
인과 관계 299
인과율 341, 342

인과응보 106
인도 197
인도 논리학 263
인도 철학 331
인도철학사 3
인드라 201, 228, 328
인드라의 세계 193
인식 52, 123, 182, 260, 264, 347, 350
인식 기관 76, 77, 101, 273
인식 능력(darśana) 101, 119
인식 대상(ālambana) 77, 188, 257, 258, 273, 345, 350
인식 수단 69
인식 자체 268
인식 작용 257
인식 주체(마음) 257
인식자 77, 273
인중유과(因中有果) 254
일곱 세계 192, 193, 202, 203
일곱 주(洲) 195, 327, 329
일라브리타(ilāvṛta) 198, 330
일산(日傘) 251
일상(vārta) 210
일생업(一生業) 106, 108, 109, 342
일원성(一元性) 256
임무 37, 43, 103, 122, 134, 250, 280, 287
임무 완수 43
입식(入息) 70, 152

/ㅈ/

자(慈) 70
자기 학습(성전 공부) 26, 31, **94**, **144**, 150
자아(ātman) 63, 73, 98, 99, 100, 102, 117, 125, 126, 208, 273, 277, 278, 347
자아(순수정신) 276
자아의식 38, 52, 53, 73, 95, **101**, 124, 125, 221, 222, 240, 288, 301, 302
자아의식(asmitā) 46
자아의식(我見) 300
자아의식(아만) 238
자애(慈) 191, 333
자이기샤비야(Jaigīṣavya) 158, 186, 187
자이나 230
자이나교 143
자재신 58～60, 62～64, 108, 220
작용 상태(位) 166
작자 182
잠부(jambū) 328, 329
잠부 주(jambū-dvīpa, 염부제) 195, 198, 199, 328, **329**, 330
잠세력(saṃskāra, 潛勢力) 41, 44, 48, 53, 55, 88～91, 99, 112, 114, 132, 164, 165, 178, 185, 186, 246, 279, 280, 281, 333, **336**, 337～341, 343, 344
잠재력 59, 242, 243
잠재업(karmāśaya) 43, 68, 100, 104～107, 113, 211, 242, 246, 338, 339, **341**, 342～344
장소 143, 154～156, 175, 185, 223, 231～233, 245, 246
장아함경 243
장애 64

장좌(杖坐, daṇḍāsana) 151, **316**
재인식 176
적정(寂靜) 50
전능성 60
전도(顚倒) 45, 282, 350
전변 95, 99, 112, 126, 168, 173, 176~178, 185, 186, 222, 231, 238, 255, 256, 259, 270, 284, 286, 324
전변론자 327
전변설 **299**, **323**, 327
전변의 결과 256
전생 185
전승(śruta) 44, 87
전지(全智) 348, 349
전지성(全智性) 349
전지자(全智者) 60~62, 224
절멸론자(vaināśika) 67, 176, 265, 269, 272, 275
정려(靜慮) 40, 71, 87, 104, 141, 161~163, 179, 202, 242, 334
정신적 원인 85
정업(定業) 105, 109, 111, 303
정주(定住) 286
정지(靜止) 53, 133, 135, 297, 345
정진 56, 73
제3 조식 156, 321, 322
제4 조식 156, 321, 322
제감(制感) 141, **157**
조대성 216, 220
조대요소 218, 219, 238, 256
조대한 요소 76
조령신(祖靈神) 201
조식(調息) 70, 141, **152**, **153**, **155**, **156**, 320
조작 수단 267, 268
존재 양태(bhāva) 168
존재연(存在緣) 54, **55**
존재의 운행 285, 286
종류 231~233
종성 143
좌법(坐法) 141, 151, **152**, 309
주도적인 것(praghaṭṭaka) 107
주의력 50
주재력 219, 220
중간 세계 193, 202
중생의 세계 193
중암(重暗) 46
중유(中有) 248
중허마하제경(衆許摩訶帝經) 308
즐거움 70, 112, 113, 187, 249, 250
증오 46
지(地) 76, 124, 216, 221, 238, 255, 256
지(地)의 극미 255
지각 42, 158, 174, 221, 222, 224, 265, 268
지각 대상 118, 121, 122, 128, 130, 131, 221, 271, 272, 346
지각력(식별지) 51, 137
지각자 118, 136, 271, 272
지배력 219, 220
지상 세계 193, 202
지성(순수정신) 270
지속성 50, 155, 296, 322
지식(止息) 70,

지옥 186, 194
지전자(知田者) 120
지탱 139, 140
지혜 162, 186, 248
지혜의 잠세력 280, 281
직관 56, 101, 119, 185～187, 203, **206**, 209, 210, 334
직관 능력(dṛś) 101
직접지각 **44**, 69, 71, 72, 87, 103, 189
진(瞋) 104
진리를 보유한 예지 226
진리의 보유자 86, 226
진실 141, 142, 148
진실 세계 193
질(質) 116, **124**, 255, 297
질들(3질) 132, 218
질료인(質料因, upādāna) 85
집일(集一) 전변 165, 323
징표 214, 245

/ㅊ/

차별 124, 125, 127, 139, 140
차별의 원인 232, 233
차이트라(Caitra) 45, 47, 68, 97, 182, 241, 265
차이트라라타(caitraratha) 200
착란 272
찬드라야나(cāndrāyaṇa) 144, 305, 306
찰나 154, 155, 177, 229～231, 233, 234, 260, 267, 284, 333
찰나멸 267, 268
찰나멸론 267
찰나멸론자 260
찰나의 장소 233
천계 193
천상 세계 202
천신 55
청각 213
청련 199
청정 144, 149, 150
초능력 39, 51, 71, 147, 150, 151, 209, 210, 223, 235～237, 242, **332**, 334～336
초능력의 장(신통품) 236
초능력자 333
초인적 미각 209
초인적 시각 209
초인적 청각 209
초인적 촉각 209
초인적 후각 209
촉(觸) 76, 85, 124
촉유(觸唯) 125
총제(總制) 71, **162**, 163, 179, 184, 185, 187, 189～192, 203, 204, 209, 213, 214, 220, 229, 332, 334
총지(總持) 71, 141, 157, **161**, 179, 215, 216, 334
추리 44, **45**, 61, 72, 80, 87, 103, 121, 214, 285
출식(出息) 70, 152
치(癡) 46, 104
침상 자세(paryaṅka) **317**
침체 64, 65
칭우(稱友, Yaśomitra) 304

/ㅋ/

카슈미르 223
카필라(Kapila) 61, 62
케투말라(ketumāla) 197, 330
코끼리 자세(hasti-niṣadana) 151, **317**
쿠루(kuru) 196, 330
쿠무다(kumuda) 201
쿠샤(kuśa) 198, 328, 329, 330
쿠샤 주(洲) 233
쿠슈만다(kūṣmāṇḍa) 200
쿰바카(kumbhaka) 152, 320～322
크라운차(krauñca) 198, 328～330
크릿츠라(kṛcchra) 144, 305
킨나라(kiṃnara, 緊那羅)) 200
킴푸루샤(kiṃpuruṣa) 197, 200, 330

/ㅌ/

타인의 관념(para-pratyayasya) 187
타인의 마음 **187**, 188
타자(他者) 118, 119, 186, 207, 274～276
탈라탈라(talātala) 194, 328
탐(貪) 104
탐욕(rāga) 46, 49, 95, 96, 102, 112, 170, 171, 249, 250
태양의 문 203
통각(統覺, buddhi) 40, 42～45, 51, 64, 82, 84～86, 101, 102, 115, 118, 119, 123, 125, 127～130, 134, 173, 180, 181, 186, 192, 208, 223, 230, 268～271, 288, 299, 300, 345～347
통각(마음) 266
통각의 순질 207, 208, 216, 222, 224, 235
통각의 작용 271
통각의 평정 135
특수 276, 279
특수 양태 217, 218, 221, 222
특수성 44, 175
특수한 것 277
특수한 대상 87
특수한 현현 253
특징 231～233
티크나무 198

/ㅍ/

파니니(Pāṇini) 110, 183, 236
파탄잘리(Patañjali) 38, 91, 159, 222, 236, 289
파탈라(pātāla) 194, 328
판차쉬카(Pañcaśikha) 42, 61, 115, 119, 130, 133, 167, 213, 271
팔리어 308
편재하는 숨 212
평탄한 상태 **151**
표징(liṅga) 84, 85, 124, 127, 172, 288
푸라나(Purāṇa) 199
푸라카(pūraka) 152, 153, 320～322
푸슈카라(puṣkara) 198, 328～330
푸슈카라 주 233
풍(風) 65, 76, 85, 98, 124, 204, 216, 221, 256
프라나(prāṇa) 311
프라자파티(Prajāpati) 193, 305, 328, 331

프라치타바(pracitābha) 201
프라타르다나(pratardana) 201
프레타(preta, 畢隷多) 200
피샤차(piśāca, 毘舍遮) 200
피지각(被知覺) 능력 189
피향수자 101
필례다(畢隷多) 200

/ㅎ/

하강하는 숨 212
하기(下氣) 212
하나의 가변(可變) 상태(ekalolībhāva) 107, 108
하나의 마음 241
하나의 원리 66
하나의 전변 323
하리바르샤(harivarṣa) 197, 330
하우어(Hauer) 12, 13
하타 요가 311
해탈(apavarga) 41, 43, 59, 60, 77, 91, 95, 116, 121~123, 126, 130, 132, 135, 137, 203, 218, 252, 274~277, 282, 287, 288, 300, 334, 336
해탈의 수단 116
해태(懈怠) 64
행상(行相) 211
행운좌(幸運坐, bhadrāsana) 151, **313**, 314
행위기관 124
행작(行作) **94**
행작(行作) 요가 104
향(香) 76, 124
향수(享受) **52**, 55, 59, 99, 105, 106, 112, 113, 117, 121, 122, 130, 176, 207, 218, 235, 247, 275, 276, 280, 287
향수(경험) 126, 132, 225, 252, 260, 274
향수자(순수정신) 59, 101, 123, 124, 129, 269
향유(香唯) 125
허공 266, 346
허위의 지식 45, 82, 136
헤마쿠타(hemakūṭa) 197, 329
현생수업(現生受業) 104
현재 60, 169, 170, 172, 174, 175, 177, 231, 234, 252~254, 325
현현 100, 139, 140, 244, 247, 252, 254
혐오(dveṣa) 46, 49, 95, 102, 249, 250
형상 189
형체(mūrti) 233, 234
형태 175
호흡 320
호흡 중지 320
혼다 메구무(本多 惠) 9, 16, 18
혼침(惛沈) 64
화(火) 76, 85, 124, 216, 256
화생심(化生心) 61, 62, 240, 242
환멸(還滅) 225
환원 95, 103, 169, 287, 288
환희 38, 52, 300~302
환희 삼매 53
활동(노력) 178, 185
획득 139, 140
효력 257

훈습(熏習) 59, 94, 244, 245, 246, 249~251, 274, 336~339, 341, 342~344
훈습의 의지처 251
흑(黑) 242~244
흑백업(黑白業) 110
흑백흑백이숙업(黑白黑白異熟業) 243
흑승(黑繩) 194
흑승(黑繩) 지옥 328
흑업(黑業) 110
흑흑이숙업(黑黑異熟業) 243
희(喜) 70
희생제(犧牲祭) 111
히란마야(hiraṇmaya) 196, 330
히마샤일라(himaśaila) 197, 329
히말라야 197

/숫자/

3계(界) 168, 202
3독(毒) 104
3보(佛法僧) 303
3세(世) 169, 171, 251
3업 113, 244, 249
3종의 과보 216
3종의 전변 167, 179
3질(質, tri-guṇa) 39, 43, 44, 51, 58, 83, 99, 112, 115, 116, 121~123, 127, 129, 134, 167, 172, 173, 187, 220, 222~224, 236, 245~257, 259, 284, 285, 287, 288, **296**~300, 350
4무량심(無量心) 70
4선천(禪天) 201
4종의 등지 301, 302
4종의 삼매 302
4종의 업 244
5風(vāyu) 212, **331**, 332
5대(大) 76, 77, 124, 125, 140, 301
5미세요소(5唯) 85, 125, 172, 173, 189, 220, 222, 255, 256, 333
5온(蘊) 275, 276
5유(唯) 76, 77, 124, 125, 301
5작근(作根) 99, 124
5조대요소(5大) 84, 125, 172, 222, 256, 333
5지각기관 223
5지근(知根) 99, 124
6대양 330
6무차별 126
6주 330
7주(洲) 194
8신통(초능력) 219, 220, 237, 333
8지(支) 요가 40, 141, 277
9경역(境域) 329, 330
9산(山) 329
9종 원인 139
11[기관] 124
14거처 202, 203
16분 306
16분의 1 307, 308
16차별 전변 124
33천 200
37조도법(助道法) 56
100겁 337

/로마자/

abhiniveśa 46
adhikaraṇa(처격) 183
adhikāra 37, 43
adhikāra-artha 293
adhyāsa 179
Advayabhagavatpāda 21
āgama 44
aggregation 219
agoṣpada 100, 101
ajāpayas 183, 184
ahaṃkāra 299
ākṣepī 155
ālambana 74
aliṅga 84
amitra(적) 100
anāgata 117
andha-tāmisra 46
añjanābha 201
Aṅguttara-nikāya 308
Antarikṣa 193
apādāna(탈격) 183
apāna(下氣) 331, 332
apasmāraka 200
apavarga 288
apekṣā 326
apsaras 200
Āraṇya 79, 81, 90, 91, 94, 98, 101, 118, 132, 134, 147, 153, 155, 158, 179, 196, 207, 208, 209, 211, 213, 219, 220, 236, 247, 248, 287, 288, 342, 343, 348
Āraṇyaka 318
artha 78, 293
āsana 151
asmitā 46
āśraya 249
Aṣṭādhyāyī(Pāṇ) 183
aśvah 183, 184
atala 194, 328
ātman 130, 273, 296
avasthā 326
Āvaṭya 186
avayava 217
avayavin 217
avibhāga 179
avidyā 46, 100
Baladeva Miśra 15
bauddhamata 230
bhadrāsana 313
Bhāgavata Purāṇa 61
Bhāsvatī 21, 22
bhāva 168, 183, 325
Bhāvāgaṇeśa Dīkṣita 15
bhava-pratyaya 54
bhavati 183, 184
Bhāgavata Purāṇa 61
Bhikṣu 186, 318, 348
Bhoja 66, 348
Bhojadeva 7, 15
Bhū 184, 193
bhūta 200
bhūtaprakṛti 220
brahman 19
brahmarākṣas 200
Bṛhadāraṇyaka-up 208, 212, 213

Pātañjala Rahasya 21
Pātañjalavṛtt 15
Pātañjala-yogasūtra 6
Patañjali 6, 23, 38
Paul Daussen 307
phala 249
piśāca 200
pracitābha 201
pradhāna 58
praghaṭṭaka 107
prajāpati 193, 305
Prājāpatya Mahar 193, 328
prajñā 56
prakṛti 58, 84, 87, 267
prāṇa(生氣) 311, 331, 332
Prasāda 71, 98, 107, 149, 153, 163, 203, 210, 220, 252
praśvāsa 152, 153
pratardana 201
preta 200
pūraka 152, 320
purāṇa 199
puruṣa 40, 58, 130
puruṣārtha 126, 250
puṣkara 198, 199, 329, 331
Radhakrishnan 5, 16
rāga 46
Rāghavānanda Sarasvati 21
Rājamārtaṇḍa 15
rajas 39, 259, 298
rākṣasa 200
ramaṇaka 196, 197, 330
Rāmānanda Sarasvatī 15, 66
Rāmāyaṇa 249
rasātala 194, 328
ṛbhu 201
recaka 152, 320
Reggett 253, 281
Ṛgveda 307
Rukmani 71, 74, 80, 84, 107, 108, 117, 119, 132, 153, 154, 155, 158, 161, 172, 179, 186, 187, 189, 198, 199, 205, 210, 213, 216, 217, 220, 238, 248, 251, 257, 268, 270, 275, 277, 278, 281, 301, 302, 306, 312, 315, 318, 322, 347, 348, 349
rūpa 223
śabda 78
śabdajñāna 230
Sadāśivendra Sarasvatī 15
sādhana 112
Sādhana-pāda 10
śāka 198, 329, 330
Samādhi-pāda 10
śālmala 198, 199, 329, 330
samāna(等氣) 331, 332
samāpatti 75, 214
sama-saṃsthāna **318**
Sāṃkhya-candrikā(SC) 46
Sāṃkhya-kārikā(SK) 46, 87, 115, 223, 267, 331
sampradāna(여격) 183
saṃprajñāta 38
samputikāṃ(사발 모양) 313

saṃskāra 341, 343
saṃsthāna 233
saṃvega 57
Sanaka 74
Śaṅkara 18, 19, 24
sāntapana 144, 305
Śāntarakṣita(寂護) 324
śarīra 233
Ṣaṣṭitantra(六十科論) 255
Satī 213
sattva 39, 125, 208, 259, 277, 298, 299
Satya 194, 328
Sautrāntika(經量部) 272
Sinha 260
sopāśraya **316**
śṛṅgavat 196, 330
śruta 44
sthira-sukha **318**
sudarśana 200
sudharman 200
Śukadeva 74
sumānasa 200
sutala 194, 328
Svar 193
svarūpa 223
svastika **314**
śveta 196, 329
Taittirīya Āraṇyaka 283, 348
talātala 194, 328
tamas 39, 47, 298
tāmisra 46
Tapas 198, 328
tathā 312
Tattva-vaiśāradī(TV) **20**, 38～42, 50, 51, 54, 55, 57, 61, 62, 64, 66～68, 71, 80, 81, 83～85, 90, 97, 98, 99, 106～108, 110, 114～116, 118, 119, 120, 121, 123, 124, 128～130, 134, 137, 152～155, 163, 164, 167, 168～170, 172, 174～176, 178, 185～187, 189, 191, 195, 199, 202, 203, 206, 209, 210～214, 216, 217, 219, 220, 222, 223, 225, 226, 230, 233～235, 238, 239, 241, 243, 244, 247, 249～253, 255, 257, 259, 260～266, 268～274, 277, 278～286, 288, 295, 296, 300～302, 310, 312, 313, 315～319, 320～322, 344, 345, 348, 349
Tattvasaṃgraha(眞理綱要) 324, 327
Tattvasaṃgraha-panjikā(TSp) 325～327
tri-guṇa 39, 83, 297
udāna(上氣) 331, 332
udghāta 154
Umāsvāti 230
upāya-pratyaya 54
uṣṭra-niṣadana **317**
uttara 196
uttara-kuru 196
uttarāḥ kuravaḥ 196
vāc 180
Vācaspati 66, 115, 186
Vācaspati Miśra 18, 20, 255
vaijayanta 200

98, 99, 104, 106, 107, 109, 110, 119, 120, 123, 130, 134, 151, 154, 155, 159, 185～187, 189, 191, 194, 195～199, 202～206, 213, 217, 219, 220, 226, 227, 229～233, 236～238, 241, 245, 247, 250, 251, 254, 256, 257, 259, 261, 263, 265, 267, 268, 270, 271, 273～275, 277, 278, 280, 281, 285, 295, 296, 301, 302, 310, 312, 313, 315～319, 329, 343, 348, 349

yogyatā 174, 189

yojana 191

yuga 185

Yuktidīpikā(YD) 46, 115, 267, 331, 332

저자 및 역자 소개

/ 지은이 /

비야사(Vyāsa)

6세기 전후에 생존한 학자라는 사실 외에 그 이상으로 알려진 것이 없다. 원래 비야사라는 이름은 인도 문학의 가장 위대한 작가이자 성현으로 유명하다. 비야사는 인도의 대서사시 『마하바라타』를 저술한 전설적 인물로 알려져왔기 때문이다. 이 위대한 이름을 이 책의 지은이에게 부여한 것이 분명하다. 이 때문에 인도의 학자들 사이에서는 그의 정체성에 관해 두 가지 억측이 있었다. 하나는 『요가수트라』의 편찬자인 파탄잘리(Patañjali)가 이 책의 실제 지은이라는 것이다. 다른 하나는 초기 상키야 철학의 대가인 빈디야바신(Vidhyavāsin)을 지은이로 간주하는 것이다. 그러나 이 책의 내용에 의거한 문헌학적 연구로 보면 이들은 이 책이 출현하기 이전에 생존했던 인물들이다.

/ 옮긴이 /

정승석(鄭承碩)

동국대학교 대학원에서 철학박사 학위를 취득하고, 동국대학교의 불교대학 인도철학전공 교수로 불교대학·불교대학원장과 일반대학원장을 역임했으며, 현재는 동국대학교 석좌교수로 연구에 주력하고 있다. 저서로는 『인도의 이원론과 불교』, 『윤회의 자아와 무아』, 『인간을 생각하는 다섯 가지 주제』, 『법화경: 민중의 흙에서 핀 꽃』, 『상식에서 유식으로』, 『버리고 비우고 낮추기』 등이 있으며, 편저로는 『불전해설사전』, 『고려대장경 해제』가 있다. 이 밖에 역서로 『리그베다』, 『대승불교개설』, 『불교철학의 정수』, 『유식의 구조』, 『딴뜨라불교 입문』 등이 있다. 논문은 「불전과 Mahābhārata에 수용된 Rāmāyan.a의 소재」, 「상키야 철학에서 인식의 동시성과 순차성 문제」, 「상키야의 지각 정의를 비판한 디그나가의 쟁점」, 「유식(唯識)의 이유에 대한 요가 철학의 비판」을 비롯하여 90여 편이 있다.

요가수트라 주석 개정판

초판인쇄 2020년 9월 10일
초판발행 2020년 9월 15일
초판 2쇄 2023년 8월 14일

저 자 비야사(Vyāsa)
역 자 정승석
펴 낸 이 김성배
펴 낸 곳 도서출판 씨아이알

책임편집 박영지, 최장미
디 자 인 쿠담디자인, 윤미경
제작책임 김문갑

등록번호 제2-3285호
등 록 일 2001년 3월 19일
주 소 (04626) 서울특별시 중구 필동로8길 43(예장동 1-151)
전화번호 02-2275-8603(대표)
팩스번호 02-2265-9394
홈페이지 www.circom.co.kr

I S B N 979-11-5610-866-5 (93150)
정 가 28,000원